中国文物古迹保护思想史研究文集

吕舟　主编

U0362262

清华大学出版社

北京

图书在版编目(CIP)数据

中国文物古迹保护思想史研究文集 / 吕舟主编. —北京：清华大学出版社，2021.10

ISBN 978-7-302-57309-8

Ⅰ.①中…　Ⅱ.①吕…　Ⅲ.①文化遗产—保护—思想史—中国—文集　Ⅳ.①K203-53

中国版本图书馆CIP数据核字(2021)第005958号

责任编辑： 刘秀青　李玉萍
封面设计： 傅进雯
责任校对： 周剑云
责任印制： 曹婉颖
出版发行： 清华大学出版社
　　　　　　网　　　址：http://www.tup.com.cn, http://www.wqbook.com
　　　　　　地　　　址：北京清华大学学研大厦A座　　邮　　编：100084
　　　　　　社 总 机：010-62770175　　　　　　邮　　购：010-62786544
　　　　　　投稿与读者服务：010-62776969, c-service@tup.tsinghua.edu.cn
　　　　　　质量反馈：010-62772015, zhiliang@tup.tsinghua.edu.cn
　　　　　　课件下载：http://www.tup.com.cn, 010-62791865
印 装 者： 三河市龙大印装有限公司
经　　销： 全国新华书店
开　　本： 185mm×260mm　　**印　张：** 25.25　　**字　数：** 611千字
版　　次： 2021年10月第1版　　　　　　　　　**印　次：** 2021年10月第1次印刷
定　　价： 128.00元

产品编号：090454-01

序　言

　　20 世纪下半叶是文化遗产保护观念蓬勃发展的时期，基于民族意识觉醒的对历史文化传统的普遍关注，这 50 年间出现了一系列具有重要意义的文化遗产保护实践，既有试图基于对历史文化遗产历史、艺术、科学价值的普遍性认知建立文化遗产的世界通用标准的努力，有国际合作共同抢救保护具有世界性价值文化遗产的实践，也有以文化遗产保护为目的的政府间国际机构和非政府专家组织的建立。这些实践构成了 20 世纪文化遗产保护的绚丽图景。

　　20 世纪 90 年代以后，伴随着对文化多样性的关注，人们开始关注和探讨文化遗产保护与其所在文化区域的文化背景、文化传统之间的关系问题。对这一问题的思考为认识文化遗产保护的发展方向提供了一个新的视角，即如果把对文化遗产的保护视为一种文化行为，在鼓励这一文化行为的过程中如何关照和促进文化多样性。这一问题的答案在 1994 年的《奈良真实性文件》中得到了清晰的表达。但如同其他许多具有前瞻性的文件一样，在其之后二十多年的实践过程中，多样性与统一性、标准化的观念在话语权争夺中不断对冲、不断影响着文化遗产价值及保护目标的表达。

　　20 世纪也是中国现代文化遗产保护观念、体系建设和实践探索的成型时期。自 20 世纪 30 年代至今的近一百年时间，中国在自身历史演进、文化观念发展及外来影响的综合作用下形成了独特的文物古迹保护体系。中国文物古迹保护体系从较为狭义的文物保护，到 21 世纪初的文化遗产保护呈现出系统性、宏大叙事的特征。在此过程中，观念拉动技术发展，传统观念与引入的新观念的碰撞不断促进新的保护体系建设，这些发展历程都反映了中国传统文化、社会、政治制度和经济发展对文物古迹保护的深刻影响。

　　进入 21 世纪之后，中国开展了大量重要的文化遗产保护项目，进行了广泛的国际合作，中国文物古迹保护成为国际文化遗产保护的重要组成部分，并产生越来越重要的国际影响力。在此背景下，探讨中国文物古迹保护思想的形成过程，研究形成这种思想的影响因素，就具有了重要的理论价值和现实意义。2018 年，在国家自然科学基金的资助下，我们开始了"中国文物古迹保护思想史"的课题研究，通过对重要人物、事件、不同类型文物古迹保护观念的梳理，探讨中国文物古迹保护思想的特征和形成过程。我们相信，研究中国文物古迹保护思想的演变和发展，其意义或许并不仅仅在于厘清中国自身文物古迹保护思想的形成和变化过程，同时也在于在文化多样性背景下，思考世界保护历史文化遗产大趋势中的多元包容。

　　这本论文集主要收录参与本课题研究的中青年学者论文。这些论文从不同视角出发，探讨中国文物古迹保护思想的多个方面。希望这些文章能够给读者带来思考和启发。

编　者

目　录

20世纪中国文物建筑保护思想的发展①

吕 舟②

【摘要】在传统文化的影响下，在历史研究，特别是建筑历史研究需求的促进下，中国的文物建筑保护作为一种非传统观念，逐渐形成了自身的特色。20世纪80年代国际文化遗产保护原则的引入，导致保存真实历史信息与强调以恢复原状为修复目标的观念碰撞，影响了中国文物保护原则的形成和调整。2000年通过的《中国文物古迹保护准则》实现了中国文物建筑保护与国际文化遗产保护理念接轨，为21世纪中国从文物保护向文化遗产保护的跨越式发展奠定了基础。

【关键词】历史建筑保护；中国；不改变文物原状

20 世纪中国的文物建筑保护源于中国自身史学研究思想的发展。特别是在中国建筑史学初步建立之后，对古代建筑的研究，衍生出对那些时代久远、弥足珍贵的古代建筑和具有典型性的建筑类型、建筑材料、工艺手法的建筑遗存作为历史实证的保护，反映了对于这些建筑所具有的价值的理解，保护是为了延续或凸显这些对象的价值。

文物保护与历史研究密切相关，梁启超曾在其《中国历史研究法》中，把史料归结为"文字记录以外的"和"文字记录的"两类，其中"文字记录以外的"又包括"现存之实迹及口碑""实迹之部分存留者"，在这部分中梁启超对一些重要的城市或建筑做了描述："……例如埃及之金字塔及塔中所藏物，得此而五六千年前之情状略可见焉；如意大利之三四名都，文艺复兴时代遗物触目皆是，此普遍实迹之传留者也……如万里长城一部分为秦时遗物，众所共见也。如始皇所开驰道，参合诸书，尚能察其路线，而两千年来官驿之一部分多因其旧……又如今之北京城，其大部分为明永乐四年至十八年（1405—1420 年）间所造，诸城堞宫殿乃至天坛、社稷坛等皆其遗构。15 世纪之都会，其规模如此其宏壮而又大段完整以传至今，全世界实无此比"[1]43；以及"已湮之史迹其全部意外发现者""原物之实存或再现者""实物之模型及图影"。基于这种分类方法，地上文物（包括文物建筑）属于"实迹"之类，是中国历史研究的重要史料。在梁启超等人之前，历史研究领域对这些"实迹"的关注远不如对文献类资料的关注。之后，这一变化促进了中国建筑史研究的萌发。

一、文物建筑保护观念和价值认知的产生

文物对中国历史学界而言是一个传统的概念。它与金石学的发展密切相关。对于金石文物的保护也长期存在于中国历史之中。但建筑，由于长期属于建造和工匠的范畴，未能

---

① 本文发表于《建筑师》2018 年第 8 期。
② 吕舟，清华大学建筑学院教授，博士生导师。

与历史研究紧密关联，也就没有成为历史学研究的重要对象。把古代建筑作为研究的对象，认为古代建筑甚至包括建造这些建筑的工艺、做法都具有文物的价值，则始于中国营造学社。

20 世纪 30 年代，中国营造学社以重新刊行北宋李明仲《营造法式》为契机，以研究中国营造传统为目标，把古代建筑和建造方法及制度作为主要的研究对象。"中国之营造学，在历史上，在美术上，皆有历劫不磨之价值……深惧文物沦胥，传述渐替，爰发起中国营造学社。"[2] 作为学社的发起人，朱启钤先生提出中国营造学社的工作至少包括两部分。第一，"属于沟通儒匠，浚发智巧者"，包括读、释《营造法式》，收集古今中外匠作文献、图录，寻访匠师；第二，"属于资料之征集者"，包括实物、图样、摄影、金石拓本、古籍和长途调研等工作。之后，相关工作基本都在这样一个框架中进行。中国营造学社试图通过对建筑制度、建造技艺的研究展现中国文化发展的过程。他们对近 200 个县、2000 余处古代建筑进行的调查也是在这样的动机下展开的。这种动机使得对古代建筑的研究更倾向于探寻其初建时的原貌，认识和阐释那一时代的社会、经济、文化状况。这种探寻，促使梁思成先生等人对中国建筑历史展开深入研究，推动了对中国历史演化的不同时期建筑制度和建筑风格的复原研究。在之后相当长的一段时期中，这种方法成为中国建筑历史研究的基本方法。作为近代中国最早开始进行古代建筑调查研究的学术团体，中国营造学社在调查、研究古代建筑的同时，也成为保护这些古代建筑的先驱。他们对于古代建筑的研究方法和侧重点也反映在文物建筑保护体系的建构上。

继 1930 年国民政府颁布《古物保存法》后，1935 年又颁布了《暂定古物之范围及种类大纲》，对受保护的古物作了界定。古物的种类包括："一、古生物：包括古动、植物之遗迹遗骸及化石等。二、史前遗物：包括史前人类之遗迹、遗物及遗骸等。三、建筑物：包括城郭、关塞、宫殿、衙署、书院、宅第、园林、寺塔、祠庙、陵墓、桥梁、堤闸及一切遗址等。四、绘画：包括前代画家之各种作品，以及宫殿、寺庙、冢墓之壁画与美术之绣绘、织绘、漆绘等。五、雕塑：包括一切建筑之雕刻，以及宗教的、礼俗的雕像塑像与施于金、石、竹、木、骨、角、齿、牙、陶匏之美术雕刻等。六、铭刻：包括甲骨刻辞及金石竹木砖瓦之铭记、玺印符，契书版之雕刻等。七、图书：包括简牍图籍档案，契券以及金石拓本，法书墨迹等。八、货币：包括古贝以及金属之刀币钱锭，纸属之交付票券及其他交易媒介物等。九、舆服：包括车舆、船舰、马具、冠帽、衣裳、鞋履、佩饰物及织物等。十、兵器：包括攻击防御及刑具等。十一、器具：包括礼器、乐器、农具、工具、各种仪器、模型，以及日用饮食之器、宗教之法器、随葬之物品、文具、食具、玩具、剧具、博具等。十二、凡不列以上各类之古物，皆属之。"而这些古物的价值则包括："古物本身有科学的，历史的，或艺术的价值者。"[3]635 这种价值认知贯穿于之后 20 世纪中国文物保护的过程之中。

从古物的分类和价值表述不难看到，所谓历史的价值是指这些对象对于历史的实证价值；艺术的价值是这些对象的美学价值；科学价值则是古动植物之遗迹、遗骸及化石对古生物学和人类学研究所具有的价值。这种价值认知在 20 世纪上半叶对整个世界而言，具有普遍意义。

从审美的角度，梁思成、林徽因在 1932 年发表的《平郊建筑杂录》一文中，相对于"诗意"和"画意"，提出了"建筑意"的概念："无论哪一个巍峨的古城楼，或一角倾颓的殿基的灵魂里，无形中都在诉说，乃至于歌唱，时间上漫不可信的变迁；由温雅的儿女佳话，到血流成河的杀戮。他们所给的'意'的确是'诗'与'画'的。但是建筑师需要郑重的声明，那里面还有超出这'诗''画'以外的'意'存在。眼睛在接触人的智力和生活所产生的一个结构，在光影可人中，和谐的轮廓，披着风露所赐与的层层生动的色彩；潜意识里更有'眼看他起高楼，眼看他楼塌了'凭吊与兴衰的感慨；偶然更发现一片，只要一片，极精致的雕纹，一位不知名匠师的手笔，请问那时的锐感，即不叫他作'建筑意'，我们也得要临时给他制造个同样狂妄的名词，是不？"[4]293 显然，这种带有浪漫主义特征的对于古代建筑审美，构成了一种"形而上"的文化意义的价值认知。这种价值认知影响了那些中国文物建筑和历史城市保护重要事件的出现，例如 20 世纪 50 年代关于保护北京古城的"梁陈方案"。这些事件又影响了 20 世纪后期中国文物建筑、历史文化名城保护的发展。

这一时期的学者对于他们所研究的古代建筑和城市所具有的价值和意义，并非简单地因为是古代的遗物，能够作为历史的实证，或是审美对象具有崇高的地位。他们同时也站在现代主义城市规划和建筑学的角度进行批判性的价值认知。

对于古代建筑的保护观念，在这一时期受到多种因素的影响，当时民族文化的衰微也是促成有识之士推动保护古代建筑这样一些传统文化物质遗存的重要因素。林徽因先生在 1933 年 10 月 7 日天津《大公报·文艺副刊》写道："在这整个民族和他的文化，均在挣扎着他们重危的命运的时候，凭你有多少关于古代艺术的消息，你只感到说不出的难受"[5]315，"但反过来说，如果我们到了连祖宗传留下来的家产都没有能力清理，或保护；乃至于让家里的至宝毁坏散失，或竟拿到旧货摊上变卖：这现象却又恰恰证明我们这做子孙的没出息，智力德行都已经到了不能再堕落的田地"[5]315。这种带有强烈感情色彩的对古代建筑的认知角度，也影响了对古代建筑价值的判断。尽管这种价值认知仍可归类于对古代建筑历史价值和艺术价值的认识，但其中内涵的人文精神却远超学术范畴的历史价值和艺术价值，成为之后中国文物建筑保护的一种内在力量和特质。

中国营造学社极大地促进和推动了中国古代建筑及建筑史的研究，对古代建筑的研究又促进了对古代建筑的保护。对于中国营造学社以梁思成等为代表的建筑史家而言，古代建筑最重要的价值是通过这些建筑去认识中国建筑发展的历史，认识建筑形态形成过程，研究建筑结构、构造及工艺的发展过程。他们通过现存的建筑实例，构建中国建筑发展演变的谱系。基于这种对中国古代建筑史体系的建构需求，古代建筑时代特征的典型性无论是对于建筑史研究实证的需要还是从审美的角度对完美的追求，都具有更高的价值。而民族文化的衰微，使得对古代建筑的保护担负起了保存民族文化的责任，保护行为本身变成对民族文化的延续，这也影响了对于古代建筑价值的认识。这种价值取向深刻地影响了中国文物建筑保护观念的发展。

二、恢复原状和保存现状的保护原则

1930 年《古物保存法》并未涉及古物保护所应遵循的原则。对于以中国营造学社为代表的研究者而言，古代建筑是研究中国营造（包括建筑和美术）的重要实证。"近代学者治学之道，首重证据，以实物为理论后盾，俗谚所谓'百闻不如一见'，适合科学方法。艺术之鉴赏，就造型美术言，尤须重'见'……故研究古建筑，非作遗物之实地调查测绘不可。"[6]161 但存世的古代建筑往往在其存在的历史过程中曾多次被修缮和改动，现存状态大多不能清晰、准确地表达其始建时的样式，而出于对古代建筑形制的研究，始建时的样貌、形式、制度是大部分研究者最为关心的问题。如何根据现存建筑的不同时期留下的痕迹，恢复和重现始建时的建筑形态，是这一时期研究者普遍采用的研究方法。

1932 年《中国营造学社汇刊》第三卷第二期上刊发了梁思成的《蓟县独乐寺观音阁山门考》一文。这也是自 1930 年中国营造学社出版《中国营造学社汇刊》之后刊发的第一篇中国古代建筑的实地考察报告。在这一报告的最后关于蓟县独乐寺观音阁和山门"今后之保护"部分中，梁思成提出：

保护之法，首须引起社会注意，使知建筑在文化上之价值；使知阁、门在中国文化史上及中国建筑史上之价值，是为保护之治本办法。[6]221

保护问题"可分为两大类，即修及复原是也。破坏部分，须修补之，如瓦之翻盖及门窗之补制。有失原状者，须恢复之，如内檐斗栱间填塞之土取出，上檐清式外栏杆之恢复辽式，两际山花板之拆去等皆是。二者中，复原问题较为复杂，必须主其事者对原物形制有绝对根据，方可实施；否则仍非原形，不如保存现有部分，以志建筑所受每时代影响之为愈……而愚见则以保存现状为保存古建筑之最良方法，复原部分，非有绝对把握，不宜轻易施行"[6]221。

梁先生的这一思想反映了当时对古代建筑的基本态度，也构成了中国文物保护观念之后发展的基础。

营造学社的学者在 20 世纪 30 年代曾提出了多项重要古代建筑的修缮设计。在《中国营造学社汇刊》中发表了多项修缮设计报告，如故宫文渊阁楼面修理计划（蔡方荫、刘敦桢、梁思成）、修理故宫景山万春亭计划（梁思成、刘敦桢）、曲阜孔庙修葺计划（梁思成）等。这些项目有大量对建筑现状的研究，也提出了针对性的保护措施。这些保护措施并不拘泥于传统的技术方法，在许多地方提出了采用现代材料和技术的建议。如故宫文渊阁楼面修理计划针对主要承重构件"大柁"出现的弯垂，提出了五种可能的加固修缮方法：第一种更换原有木柁；第二种用弓子钢梁加固；第三种采用钢桁架对弯垂的木柁进行支持；第四种采用拉杆的方法把弯垂的木柁与上层梁架相连接，减轻木柁的荷载；第五种方法采用钢筋混凝土现浇梁替代原有木柁。方案推荐的意见是采用钢筋混凝土现浇梁。这些方法也影响了 20 世纪 50 年代的一些保护维修工程。

古代建筑的复原对于建筑历史的研究具有重要的意义，20 世纪 30 年代中后期随着中国营造学社对于重要历史建筑调查以及对《营造法式》《工部工程做法则例》研究的展开，已逐步形成了一套古代建筑复原研究的方法。梁思成在 1935 年发表的《杭州六和塔复原状计划》一文中对复原方法作了较为清晰的阐述，在对建筑现状遗存进行充分调研的前提下，比照同时代、同地域、同类型、同结构的建筑；比较同地、约略同时、外表相似的其他结构、材质的建筑；比较时代接近的类似建筑；参照与之时代接近的建筑法式制度。[7]357-359 这一方法也成为以后古代建筑复原研究的基本方法。

20 世纪 50 年代苏联的文物保护模式也影响到中国的文物建筑保护，1953 年罗哲文在《文物参考资料》第 10 期上翻译了一篇题为《苏联建筑文物的保护、研究和宣传普及问题》的文章，其中涉及许多关于文物建筑复原的内容："研究各个时代，考查古代的档案，遍阅古史，编订修缮大事记，以便恢复所研究的文物的历史。其最后目的是为科学和人民揭开建筑纪念文物的真正的面貌，使之能继续保存下去！修缮家们仔细和精密地从古代建筑物的墙上，揭去后来涂抹上去的东西，力图恢复它们的原貌"[8]168，"苏维埃人民最伟大的历史和艺术文物——莫斯科克里姆林宫，在苏维埃时代，得到了定期修缮和恢复……剔除了一切后来改变的和在外表加抹的泥灰、粉饰与颜色，恢复了 15 世纪到 18 世纪重要的建筑——克里姆林宫内的大寺院、庙宇、教堂（主教的宫殿）武器库、楼阁皇宫等的原貌"[8]169，"在经过 1948 年至 1950 年的修缮之后，克里姆林宫那漂亮的尖塔及白色大教堂灿烂夺目的金色宝顶，在太阳下闪耀着光辉，显得那么美丽而庄严"[8]169。1955 年罗哲文编译了苏联建筑纪念物保护的相关内容，以"苏联建筑纪念物的保护"为题，发表在 1955 年《文物参考资料》第 7 期上，其中提到："苏联的建筑纪念物修复工作，按照修理的性质，分为修复工作与修理工作两种：修复工作是恢复或重建被损坏或是被歪曲或是变了形的纪念物面貌的一部分或是全部，要求恢复或是重建纪念物原来的形状，或是恢复它被肯定的有科学根据的最早的形式。修理修复工作是恢复和照旧保存纪念物的现状，不得改变它历史艺术的面貌，其工作是修理屋顶和排水，更换糟朽的古代屋顶和梁架的结构及修理门窗等。"[9]187

与上述内容相对比，1961 年国务院颁发了《文物保护管理暂行条例》，其中第十一条规定："一切核定为文物保护单位的纪念建筑物，古建筑、石窟寺、石刻雕塑（包括建筑物的附属物），在修缮、保养的时候，必须严格遵守恢复原状或者保存现状的原则，在保护范围内不得进行其他的建设工程。"[10]32

显然，20 世纪 60 年代提出恢复原状或保存现状的原则一方面是基于中国营造学社和梁思成等人的思想和实践，另一方面则是基于以苏联为代表的"国际经验"。这一原则对中国文物建筑的保护产生了深远影响。

1981 年祁英涛在他的《中国古代建筑的维修原则和实例》一文中写道："恢复原状是对修理工程的最高要求。所谓原状，应该是指一座建筑物或一个建筑群原来建筑时的面貌，不一定就是它最早历史年代的式样。因为我们保存古代建筑的目的之一，就是它可以作为历史上的实物例证，只有它的原貌，也就是开始建筑时的面貌，才能真正确实地说明当时的历史情况和科学技术水平，任何修改的、不按原来式样的，不论是好是坏，都不能说明当时的真实情况，从而也就有损于它作为实物例证的科学价值。"[11]125 "恢复原状的工程，必须经过深入的考证，取得充分的科学依据，具有精湛的技术力量和相应的财力、物力才能进行。我们对此要十分谨慎从事。三十年来在这一原则指导下所进行的工程，数量是不多的，而且有的是带有试验性的。"[11]125

祁英涛是北京文物整理委员会及后来中国文物研究所工程组和古建组的负责人，他的观点无论是在文物保护理论的层面，还是实践的层面都具有代表性。他的这种看法反映了20 世纪 70 年代末到 80 年代初，中国文物保护领域关于古代建筑复原修复的基本观念。

比较 1932 年梁思成关于修复问题的表述和 1981 年祁英涛对这一问题的阐述，不难看到中国古代建筑保护在这 50 年时间中的延续性。换言之，经过这 50 年的发展，古代建筑的复原修复思想已成为中国文物保护的传统。

20 世纪 70 年代到 80 年代有两项重要的文物建筑复原修复工程：一项是五台山南禅寺大殿；另一项是福州华林寺大殿。

五台山南禅寺大殿 1953 年经当时国内建筑史和文物保护专家的勘察，被确定为唐代建筑遗存。但由于历史上的多次维修及改动，建筑的椽子被锯短，屋顶瓦件缺失，外墙、门窗皆被改动，已失去唐代建筑的外观特征。1954 年北京文物整理委员会对南禅寺大殿做了复原设计，并制作了复原模型。这一时期，对这样重要的文物建筑的维修和复原应当采取慎重的态度，是学界的基本态度。在北京文物整理委员会向相关专家咨询对修复方案的意见时，"刘致平先生于 1954 年 7 月 31 日写了回信，信中提到：'无十分把握时，不要轻易更动现状。' 刘敦桢先生于 1954 年 8 月 25 日回信也提到：'多作研究，方能作最后决定。'"[12]79 1972 年南禅寺大殿重点修复项目获得批复，山西省组织专家编制了修复方案，国家文物局组织专家进行了评审，"专家们对南禅寺大殿是否采用全面复原的修缮方式，进行了热烈的讨论。根据柴泽俊先生回忆，一部分专家主张修缮复原，一部分专家主张支撑保护，最终也没有形成一致意见"[13]17。

"1973 年 8 月国家文物局和山西省文化局邀请杨廷宝、莫宗江、陶逸钟、刘致平、卢绳、陈明达、于倬云、方奎光等著名的建筑学专家进行了实地考察，并对初步方案进行了审定。1974—1975 年进行了复原性质的落架维修。"[14]502

南禅寺大殿的复原包括：根据勘察发掘的结果恢复原有台明和月台；对屋顶、前檐装修参照宋《营造法式》及同时代的建筑遗存进行复原；去除了构架中判定为后期增加的部分。其中：

屋顶部分，除了根据原有台明上滴水线的痕迹恢复被锯短的出檐，恢复后的出檐较之恢复前增加了 0.68 米之外，还调整了整个屋面的做法。"大殿屋顶经历代重修，筒板瓦覆盖，正脊、垂脊均为陡砖垒砌，鸱尾为灰色剑把式吻，形制、手法皆为清代式样。脊中央施用黄色琉璃脊刹，亦为后人补配，与大殿极不协调。为恢复唐代建筑总体风格，参照现存早期建筑屋顶形制，屋脊多为瓦条垒砌，对照唐代佛光寺东大殿屋顶，面宽七间，正脊垒瓦条 19 层，按宋《营造法式》，每减少两间，脊高减两层的规定，南禅寺大殿面宽三间，脊高应为 15 层。脊两端的鸱尾参照渤海国建筑所遗鸱尾及西安大雁塔门楣线刻唐代佛寺图、晋城青莲寺唐碑线刻佛寺图、敦煌唐代壁画佛寺图中的鸱尾形象恢复。"[14]502-503

"前檐装修。现状前檐明间保存有板门两扇，两次间为三角形断面破子棂窗。门窗均经过后人改动。前檐砌有砖墙，并在门窗上加有砖券拱，横披两端和上部锯短后砌入券拱中，板门门扇被锯短、缩窄，厚度也减薄，门钉三路均被移动，门板上布有维修改动时的凿痕迹和原有卯眼俱在。根据以上的所留痕迹，并参照现存唐宋时期建筑实例给予恢复。

"构架。唐代木构架最上端的做法，都是在平梁上用两根大叉手组成三角形结构支撑脊榑，平梁正中不用侏儒柱。南禅寺大殿在维修前在这个部位设有侏儒柱和驼峰，这种结构方式是辽代及宋初木结构中才出现的结构形式，因此在设计初期还有计划地保留有这种做法。施工中拆除梁架时，这根侏儒柱自动脱落，柱顶无榫卯与叉手相联，明显是后人所加的构件。经过模拟试验，证明大殿设有大叉手的三角形构架、断面尺寸完全符合计算要求。于是在施工中取消后设的侏儒柱，恢复唐代梁架中的大叉手结构。"[14]503

福州华林寺大殿建于宋乾德二年（964 年），是长江以南现存始建年代最早的木结构建筑。王贵祥教授在回忆莫宗江先生时对华林寺大殿建筑年代的确定及这一建筑的重要性作了记述：

1980 年春"在莫先生的带领下，由福州文管会的杨秉伦先生密切配合，我们对福州华林寺大殿的主体建筑部分进行了详细的测绘，并翻阅了大量资料……在经过大量文献阅读及相关史料的比对，并对唐宋时期的木构建筑的各种比例、做法进行了系统比对的基础上，我们基本确定这是一座建造于五代末年吴越王时代的建筑，其具体年代是公元 964 年，时间虽已进入北宋时代，但当时的福州仍然在五代吴越国的范围之内，故仍应看作是五代晚期的木构建筑……"

"莫先生还敏锐地察觉到了这座建筑与日本大佛样（天竺样）建筑的关系……后来又有资料证明，在韩国 12 世纪的木构建筑中，也有与华林寺在造型意匠上十分接近的圆润月梁的做法。而一个不争的事实是，韩国与日本的同一类建筑，主要是建造于相当于北宋时代的 12 世纪左右，而华林寺大殿却是 10 世纪的遗物。显然，具有浓厚特色的日本大佛样建筑以及韩国同一时代的类似建筑，很可能是从福建地区传入的，这也突显了华林寺大殿在东亚古代建筑史以及中外文化交流史的重要地位。"[15]138

华林寺在历史上多次重修，复原修复之前大殿已被扩大为面宽七间、进深八间的建筑，外貌已是明清时期建筑的基本特征。1985 年，国家文物局批准并拨款对当时仅存的大殿进行了落架复原，为避开周围已建的新建筑，大殿向东移 14.6 米，向南移 8.3 米。1989 年竣工。这次复原修复，不仅移动了华林寺大殿的位置，也去除了所有不符合五代末期风格的建筑构件，把这一修复前面宽七间、进深八间的大殿复原为面宽三间、进深三间的"典型"五代末期风格的建筑。

这些复原项目在文物保护界内部也引起不断的反思。特别是复原的依据是否充分，是否能够证明复原的准确性和可信性？梁思成在 50 年前提出的问题仍然困扰着中国文物保护领域的专家。1986 年祁英涛曾在文章中写道："恢复原状，这是作为维修古建筑的最高原则而提出的。因为只有修建时的原状，才能完美的、正确的说明当时、当地的工程技术、艺术风尚等的真正水平。但恢复原状又是一项十分复杂的科学研究工作，要有充分的科学依据才能批准动工。我们虽然也做过一些实验性的工作，但至今还没有十分满意的结果。为此我们大量的维修工作都是采取保持现状的原则。"[16]310

王贵祥教授在评价福州华林寺大殿的修复工程时指出："可惜的是，在后来所进行的对华林寺大殿的保护修复工程中，从事修复的工程技术人员没有能够及时向莫先生请教……被简单地恢复到了五代时的样子，而将后世增修的历史信息完全抹去，同时，还将其油漆一新的时候，心存的遗憾也就难以言表了。"[15]138

不改变文物原状或保存现状的原则是一项基于中国文物建筑保护实践，同时参考以苏联为代表的国际经验形成的原则。这项原则符合以历史价值和艺术价值为价值判断的基本内容的 20 世纪中国文物建筑保护的基本情况。但从具体操作层面的把握上却是一个未能解决的问题，什么情况下是有充分依据？什么情况下是没有充分依据？负责保护项目的人更多希望把自己对这一建筑原始形态的研究和认知通过修复项目表现出来。甚至对于一个修复项目的评审和讨论也同样存在不同的学术观点和认知。太多的不确定性影响着对文物建筑的修复。但显然，当把恢复原状当作对文物建筑保护最高追求的情况下，人们对于恢复原状具有更高的热情。这使得文物建筑的保护更倾向于恢复原状的努力，这在一定程度上影响了文物的安全。

三、关于《威尼斯宪章》的讨论与实践

20 世纪 80 年代，随着国家改革开放政策的实施，文物保护行业也开始关注国际文化遗产保护运动发展的情况，1985 年中国加入《保护世界文化和自然遗产公约》（以下简称《世界遗产公约》），一些重要的国际文化遗产保护原则也开始介绍到中国。从历史城市保护的角度，中国在开始进入城市快速发展的同时也开始了历史文化名城保护的过程，1982 年国务院公布了第一批国家历史文化名城的名单，在这一过程中，以大学为代表的学界开始越来越多地介入包括文物建筑保护、历史文化名城保护等涉及文化遗产保护的理论探讨和实践活动当中。

国际文化遗产保护的一些主要原则，如《威尼斯宪章》，开始被中国文物保护界所了解，并逐步成为对文物建筑保护评价的一种标准。1986 年，清华大学陈志华教授为《世界建筑》杂志主编了当年的第 3 集，作为文化遗产保护的专辑，发表了他翻译的《威尼斯宪章》，并撰写了《谈文物建筑的保护》一文。在这篇文章中，陈志华教授对文物建筑的界定、价值、保护等问题都作了重要的阐述，也对当时文物保护的状况提出了尖锐的批评。

文物建筑包括了大部分古建筑（"古"的时限在各国不一致，有些国家不予限定），但不限于古建筑。它也应该包括近现代在社会史、经济史、政治史、科技史、文化史、民俗史、建筑史等领域里有重要意义的建筑物。所谓意义，也应该是多种多样的：记载事件、刻画过程、代表成就等。一个国家、一个地方、一个城市或村镇，在制定保护建筑的名单时，应该从整体着眼，力求使列入名单的建筑物能够构成这个国家、地方、城市或村镇全面的、完整的、系列化的历史和创作活动的见证。要使它们能够跟其他可移动文物一起，向世世代代的人们生动地、形象地、实在地叙说他们生活环境中的全部历史和人们的成就，建立和维持世世代代人们的感情联系。从这个"整体保护"的战略高度考虑，北京的前门火车站、东交民巷、大栅栏、原燕京大学校园等，都应该是保护单位。[17]15

文物建筑首先是文物，其次才是建筑。对文物建筑的鉴定、评价、保护、修缮、使用都要首先把它当作文物，也就是从历史的、文化的、科学的、情感的等方面综合着眼，而

不是只从，或主要从建筑学的角度着眼。[17]15

保护文物建筑，就是保护它从诞生起的整个存在过程直到采取保护措施时为止所获得的全部信息，它的历史的、文化的、科学的、情感的等多方面的价值。建筑师出身的文物建筑保护师最需要警惕的是，仅仅从建筑风格的统一、布局的合理、形式的完美和环境景观等自己习惯的角度，去评价文物价值并采取相应的措施。从 19 世纪中叶到第二次世界大战前夕，欧洲文物建筑的重要破坏者之一就是这样的建筑师。他们往往热衷于在修缮文物建筑时"做设计"，把它恢复成"理想"样子，或者在废墟上重建古建筑。其结果是把真古董弄成了假古董，失去了原有的文物价值。[17]16

修缮不等于保护。它可能是一种保护措施，也可能是一种破坏。只有严格保存文物建筑在存在过程中获得的一切有意义的特点，修缮才可能是保护。[17]16

陈志华的观点，在文物保护界产生了广泛的影响，特别是他对于复原和重建的批评，使"假古董"这一词语成为对历史建筑重建最为简单明了的价值判断。陈志华对这一时期中国文物建筑保护观念的发展有着重要的贡献，他翻译和介绍了大量国际文化遗产保护的重要文献，特别是在价值判断方面，同时通过他进行的乡土建筑研究和保护，把社会学的方法应用于乡土建筑的研究和保护。这些工作对于当时的文物建筑保护都极具启发性。

与此同时，从事文物建筑保护实践的专家们也对这些国际文化遗产保护的观念、流派提出自己的看法。祁英涛在 1985 年 7 月发表的《古建筑维修的原则、程序及技术》中写道：

……欧洲许多国家从 19 世纪就已开始了对这个问题的研究，20 世纪初，苏联、日本等国也公布了保护维修古建筑的法令，近几十年来，许多国家又进一步修改、补充了原来的法令，现在的情况是，对于古建筑维修原则的意见，概括起来大体有以下三种类型：

第一种类型的主张是坚决地保存现状。在欧洲，19 世纪中期的一些从事古建筑保护维修的学者认为，保护古建筑应该把现状保存下来，并且强调哪怕一座成了废墟的建筑物……总之这一派的学者认为，现存历经各个历史时期修缮过程中，改变或增加的部分，都是历史的记录，是各个历史时期留下的痕迹，都应加以尊重，都应同等重视，维修不是为了把最初的面貌显露出来，为此坚决主张保存现状。

第二种类型的主张是与上述观点完全对立的意见。他们认为，每座古建筑的维修，都应该把后代改变或增加的部分完全取掉，然后按照原来建造时的面貌予以恢复。这一派的学者是主张完全恢复原样，不管后代修理、改变或增加的是好是坏，维修时都应一律取消。

第三种类型的主张是前两种意见都太绝对了，应该取其所长，弃其所短，实际上成为前两种类型的折中派。

20 世纪 60 年代初，在总结建国十年来维修古建筑的经验教训的基础上，制定了《文物建筑保护管理暂行条例》。在十一条中，对古建筑的维修提出"必须严格遵守恢复原状或者保存现状"的原则。这一原则，也是参考了世界各国的情况而提出的。此后的二十多年的实践证明，"恢复原状"或者"保存现状"的原则，是完全符合我国的现实情况的。[18]169-170

20 世纪 80 年代末期的这次讨论，是在中国加速融入国际社会的大背景下，对如何从当时主流的国际文化遗产保护原则的角度审视中国文物建筑保护的现实状况，认知中国文物建筑保护的特征与发展水平的讨论。1985 年，在侯仁之、阳含熙、郑孝燮、罗哲文等四位政协委员的推动下，中国加入《世界遗产公约》，1987 年第一次申报世界遗产项目，长城、故宫、敦煌莫高窟、泰山、北京周口店猿人遗址、秦始皇陵被列入世界遗产名录。1988 年受教科文组织委托，伯纳德·费尔顿（Bernard Feilden）、尤嘎·尤吉莱多（Jukka Jokilehto）、卡罗·吉安图玛西（Carlo Giantomassi）对中国世界遗产保护状况进行了现场评估。在他们的报告中对中国文物建筑保护工作作了客观的分析。显然从他们的角度，这一时期中国的文物建筑保护无论是在保护观念（例如"复原"）还是在保护技术（例如对材料的检测、分析）以及社会参与保护工作方面都与当时文化遗产保护工作较为发达的国家之间存在明显的差距。

在此之后，中国文物保护部门展开了一系列与国际文化遗产保护机构的合作，引进了大量资金和技术的支持。如美国盖蒂保护研究所与敦煌研究院的合作，日本东京文化财研究所与敦煌及其他石窟保护机构的合作，盖蒂保护研究所与承德的合作，意大利政府与陕西共同建设的西安文物保护中心，德国与秦始皇陵博物院的合作，都极大地促进了中国文物保护机构与国际文化遗产保护运动之间的交流，提高了中国文物保护的技术水平。

中国文物建筑保护方面的专家也开始在中国的文物建筑保护实践中，探索实践包括《威尼斯宪章》在内的国际文化遗产保护原则。这一时期有两个有影响的案例：北京司马台长城西 4 台—东 4 台的加固工程和杭州六和塔的加固工程。

长城一直是中国文物保护特别关注的对象。1953 年开始中央政府组织了对八达岭长城的修复工程。1984 年邓小平题词"爱我中华，修我长城"，长城的保护工作得到社会广泛的关注和支持。长城的维修，特别是开放旅游的区段的维修大部分采用了复原的方式。

1986 年北京市古代建筑研究所在王世仁的主持下对北京"司马台长城西 4 台—东 4 台"段进行了勘察和保护修缮设计，1987 年开工，1988 年竣工。这一修缮并未采用传统的复原方式，而是采用了排险、加固的方法，用钢框架对存在险情的敌楼残墙进行支护，尽可能地保留了这段长城维修之前的残损外观。[①]

王世仁在对这一工程进行总结时，对保护原则进行了阐述：

事实上由于各个国家、地区的条件不同，保护的对象不同，要求的效益不同，因而保护的方法也不尽相同，很难规定用某一项原则去要求所有对象的所有部分。司马台长城的保护，也只能是在充分尊重国际原则的前提下，制定适合自己条件的一些具体原则。[19]416

把保护环境风貌放在首要地位。《威尼斯宪章》指出，"历史文物建筑的概念不仅包含个别的建筑作品，而且包含能够见证某种文明、某种有意义的发展或某种历史事件的城市或乡村环境"（第一项）；"保护一座文物建筑，意味着要适当地保护这个环境"（第六项）。对长城来说，它的价值不仅在于那些巨大的工程结构，更重要的是与它紧密联系着的崇山峻岭、田野河谷所构成的环境风貌。因此，必须严格保护原有自然环境，同时清理整治有损原有环境风貌的近代构筑物。[19]416

---

① 根据北京古建保护研究所原所长韩阳提供的资料整理。

长城建筑的修缮要服从环境风貌的要求。《威尼斯宪章》关于文物建筑保护修缮的原则是，"既要当作历史见证物，也要当作艺术作品来保护"（第二项），修缮的目的是"完全保护和再现文物建筑的审美和历史价值"（第九项）。中国的《文物保护法》规定，"在进行修缮、保养、迁移的时候，必须遵守不改变文物原状的原则"（第十四条）。长城的建筑物是长城风貌环境的核心，它的原状残损额旧，正是北方边塞历经沧桑的忠实写照，修缮后的形象切忌新鲜完整，而要求与整体环境协调，共同构成既有苍莽壮阔的边塞自然风光，又有折戟沉沙的残墙旧垒，两者交融汇合的悲壮深沉的气质。因此，应当以"整旧如旧""整残如残"的原则进行修缮，能不动的尽量不动，能不补的尽量不补，必须添补的，只限于保证安全和有助于强化古旧风貌。凡添补的部分，要求在总体上与原有建筑协调，局部则要求古今分明。[19]417

六和塔是杭州重要的名胜和标志性建筑。现存六和塔的砖结构塔心"是南宋绍兴年间重建时的遗物。外观十三层木檐……系清光绪二十六年（1900 年）重建的"[20]87。1953 年、1957 年和 1970 年曾进行维修保护工程，1961 年被列为第一批全国重点文物保护单位。1989 年六和塔由于木结构局部糟朽，出现了木檐与砖塔心部分脱隼的险情，亟待修缮。

1935 年梁思成曾应浙江省建设厅之邀，对六和塔进行考察，并讨论六和塔的复原问题。梁先生提出：

国人所习见的六和塔竟是个里外不符的虚伪品，尤其委屈冤枉的是内部雄伟的形制，为光绪年间无智识的重修所蒙蔽。

由略史及现状看来，我们可以断定现存的塔身乃绍兴重建的七级，吴越王的九级塔已于宣和间毁了。《志》①虽谓雍正十三年重"建"，但内部斗栱却完全是宋式，绝非清代所能做，故为绍兴重建无疑。我们所要恢复的，就是绍兴二十三年重修的原状。[21]357

为此，梁先生还考察了周边地区建于南宋时期的其他塔的实例，分析了宋代塔的特征，进行了复原设计，甚至对施工也提出了相应的要求，考虑了防雷及游人登临的要求。

1989 年，杭州市提出六和塔维修项目时，复原的问题被再次提了出来。浙江省邀请清华大学陈志华和郭黛姮教授主持设计，浙江省古建筑设计院张书恒负责测绘工作。基于对《威尼斯宪章》的理解，他们强调了六和塔作为重要的文物建筑，修缮应当尽可能地减少对文物本体的干预，应当尽可能地保存不同时期遗留在文物建筑上的痕迹，保存这些历史信息；提出了不进行复原，采取原状加固的方案。这一方案采用金属带加强木檐与砖塔心连接的方法解决脱隼的问题，新的加固措施可以辨识，具有可逆性。这一方案最终得到文物主管部门的批准，1991 年工程完成，取得了良好的效果。

1986 年司马台长城的加固工程和 1989 年六和塔的加固工程，都是在具有"复原"可能性和条件的情况下，以尽可能多地保存历史信息，尽可能减少对文物建筑对象的干预，使干预措施易于识别为原则进行的探索，这两个案例也是在当时条件下证明以《威尼斯宪章》为代表的国际文化遗产保护原则对中国文物建筑保护的适用性的探索。

加入《世界遗产公约》之后，随着越来越多重要的不可移动文物被列入世界遗产名录，无论是北京故宫（1987 年列入世界遗产名录）、承德避暑山庄和外八庙（1994 年列入

---

① 此处指《杭州府志》。

世界遗产名录）、曲阜孔庙、孔府、孔林（1994 年列入世界遗产名录）等古建筑群，敦煌莫高窟（1987 年列入世界遗产名录）、大足石刻（1999 年列入世界遗产名录）等石窟寺，秦始皇陵（1987 年列入世界遗产名录）等古墓葬、古遗址，还是平遥（1997 年列入世界遗产名录）、丽江（1997 年列入世界遗产名录）这样的历史城镇，它们的保护都已成为世界遗产保护体系的组成部分，在保护原则和保护方法上都需要与世界遗产保护的原则和方法相对接。这促进了中国文物保护更多地吸取世界遗产保护的经验，对相关国际文化遗产保护原则进行更广泛的讨论。

这些讨论在本质上仍然是关于文物保护的对象到底是什么。在对保护对象的价值没有新的认知之前，这一讨论集中于应该"恢复原状"，还是"保存现状"，应该"整旧如旧"还是"整旧如新"的问题上。作为中国文物保护的基本问题，1982 年公布的《中华人民共和国文物保护法》试图弥合这种争议，将"恢复原状"和"保存现状"合并为一条："核定为文物保护单位的革命遗址、纪念建筑物、古墓葬、古建筑、石窟寺、石刻等（包括建筑物的附属物），在进行修缮、保养、迁移的时候，必须遵守不改变文物原状的原则。"[22]142 对此谢辰生作了说明：

我们起草"暂行条例"的时候还没有《威尼斯宪章》，它是 1964 年，我们是 1960 年。那时候两派争论很厉害，我们就同时规定了恢复原状或者保存现状，就是把两个都算上了，因为我们拿不准呢。所以为什么《文物保护法》变成不改变文物原状原则了，那就是借鉴《威尼斯宪章》的精神，也就是保持现状，就是我们发现、确定它是文物时的现状。所以说这个"现状"可以说是"原状"的一部分，"现状"是"原状"历史发展的科学组成部分。在这个过程中，如果说有损它科学价值的，或者说并不是一个完整的健康的现状是可以改变的。[23]30

20 世纪后期 80 年代到 90 年代关于《威尼斯宪章》的讨论给中国文物建筑的保护带来新的视角，人们开始关注到历史信息与它们所依附的物质载体之间的关系，注意到文物建筑的价值并不仅仅决定于被建造的年代和所具有的艺术风格，同时也在于它在整个生命周期中所被赋予的信息和这些信息所具有的价值以及对这些价值的保护问题。从认识的层面，这种认知形成了对文物建筑更为全面和立体的价值理解；在实践的层面，尽量保存原有材料和做法成为普遍共识，但原状和现状的问题并未真正得到解决，特别是《文物保护法》在第十四条中规定的"不改变文物原状的原则"就更需要对这一原状与"暂行条例"的原状与现状的关系进行界定。这一问题已成为中国文物建筑保护发展的一个瓶颈。

四、《中国文物古迹保护准则》（2000 年版）

尽管《文物保护法》确定了"不改变文物原状的原则"，但显然在操作层面并未解决在什么情况下应当"保存现状"，什么情况下应当"恢复原状"的标准问题，对这一问题的含混不清造成了在文物保护中无论是在基层管理、技术操作还是行业领导方面的困惑，不可避免地出现各种争议，影响了中国文物保护水平的提高，也影响了中国文物保护更充分、清晰地表达自己的观念，融入国际文化遗产保护运动。在这种情况下，1997 年国家文物局启动了编制"中国文物保护纲要"的工作。美国盖蒂保护所作为项目资金的支持方和项目合作方的身份参与这一项目，并基于澳大利亚 ICOMOS 委员会在制定《巴拉宪章》过程中积累的经验，盖蒂保护所介绍并邀请澳大利亚 ICOMOS 委员会合作参与"中国文物保护纲要"的编制工作。经过 3 年的时间，2000 年这一工作在承德通过专家委员会的审批，并由国家文物局发布，更名为《中国文物古迹保护准则》。

国家文物局为"中国文物保护纲要"成立了编写专家组，国家文物局张柏副局长为项目负责人，王世仁为主要起草专家，黄克忠、晋宏逵、黄景略、樊锦诗、李最雄、彭常新等为专家组成员。盖蒂保护研究所内维尔·阿根纽、玛莎·迪玛斯、林博明，澳大利亚遗产委员会沙拉·沙利文、克斯蒂·阿腾伯格等专家参加了编写组的工作。[24]36 其中中方专家涵盖古代建筑、考古、科技保护、法学和管理等多个方面。

《中国文物古迹保护准则》（2000 年版）编写的过程也是一个观念碰撞的过程。这种碰撞有价值观和理念的碰撞，也有方法的碰撞，碰撞既发生在编写组的中国专家之间，也发生在中外专家之间。在编写、评审的过程中对文物古迹的价值合理利用等重要问题进行了深入的讨论，尽管这种讨论在最终的文件中没有得到反映，但这些讨论仍旧对于推动中国文物建筑的保护有重要的意义。

1998 年年初，在这一项目框架下，专家组的部分成员对澳大利亚遗产保护情况进行了调研。专家组的成员对澳大利亚的遗产保护系统，特别是《巴拉宪章》中的主要内容留下了深刻的印象，王世仁在 1999 年发表的题为《保护文物古迹的新视角——简评澳大利亚〈巴拉宪章〉》的文章中对《巴拉宪章》的三个概念及这三个概念之间的关系，给予了特别的关注。这三个概念分别是"地方"（place）、"构件"（fabric）和"文化意义"（cultural significance）。在对这三个概念及相关关系分析之后，王世仁在文章中总结道："依照这些新概念，就可以顺理成章地解决一些经常困扰保护工作的难题。例如，保护工作中面临许多矛盾，或面对许多实物时，应当怎样分辨主次轻重；面临许多选择时，采用何种保护手段最为合理；在保护工程中争议最多的，诸如整旧如旧还是整旧如新，保持现状还是恢复原状，迁建、重建、改建的尺度如何掌握等，都取决于对'地方'文化意义的评估，评估的结论明确，施于构件——实物的手段也就明确了。"[25]21 晋宏逵在《澳大利亚文物保护考察》一文中对"文化价值评估是文化遗产保护的基础""为文化遗产决定'相容'用途是一项保护原则""充分尊重公众意见""为妥善解决保护与发展的矛盾寻找出路""考古学概念在年代上的延伸"五个方面进行了总结。在关于文化价值的部分中，他认为："《巴拉宪章》所说文化价值是指对古代、现代和将来具有美学的、历史的、科学的或社会的价值。一个场所可以帮助我们了解过去、丰富今天，并对我们的后代有价值，才能确定其为文化遗产场所。而保护是指管理一个场所及保护其文化价值的所有过程。《巴拉宪章》认为，制订适合于一个场所的保护计划必须取决于对该场所文化价值的了解。这样，在调查研究基础上对场所的文化价值作出评估，就成为保护工作的基础。从考察过的实例可以看到这一点得到了不折不扣的贯彻，我们也感到这一观点对实际工作很有指导意义。"[26]29 "文化遗产无论存在形态如何，往往已经改变了其原有的用途。在中国是这样，在澳大利亚也是这样。考察过的实例说明了为文物在现代找到适当的用途，是使文物得到妥善保护的关键。《巴拉宪章》把这定为原则，是有远见的。'相容'的标准，《巴拉宪章》似没有写。在实际操作上是考虑其文化价值是否得到延续。近年来，我国把'合理利用'作为一项原则，把'科学、合理、适度'作为利用的标准，也是适应了社会进步的探索。"[26]29 这些讨论是对中国文物保护基本问题的思考，虽然没有能够在 2000 年版《中国文物古迹保护准则》的条文中得到充分反映，但却对之后中国文物保护走向文化遗产保护有深刻的影响，并最终在 2015 版《中国文物古迹保护准则》中得到体现。

《中国文物古迹保护准则》（2000 年版）是在中国加入《世界遗产公约》之后一次重要的把中国文物保护的原则体系与国际文化遗产保护原则对接的实践。《中国文物古迹保护准则》（2000 年版）的序言对这一工作作了说明：

中国近代的文物保护观念和方法开始于 20 世纪 30 年代。中华人民共和国成立以后，在有效保护了一大批濒于毁坏的古迹的同时，形成了符合中国国情的保护理论和指导原则，并由国家颁布了《中华人民共和国文物保护法》和相关的法规。在此基础上，参照 1964 年《国际古迹保护与修复宪章》（《威尼斯宪章》）为代表的国际原则，特制定本《准则》。它是在中国文物保护法规体系的框架下，对文物古迹保护工作进行指导的行业规则和评价工作成果的主要标准，也是对保护法规相关条款的专业性阐释，同时可以作为处理有关文物古迹事务时的专业依据。[27]3

在这一对接的过程中，建立对应的工作机制和程序，是一个基本的步骤。《中国文物古迹保护准则》（2000 年版）第一次明确了中国文物古迹保护的程序，提出了"调查、评估、确定各级保护单位、制定保护规划、实施保护规划、定期检查规划"[27]5 的六个步骤。为了凸显这一程序的重要性，这部分内容被放到了"总则"之后，成为《中国文物古迹保护准则》（2000 年版）的第二章。在此之前，中国文物保护并未明确规定相关的工作程序。这一程序有助于中国文物保护进入一个规范化管理的过程当中。樊锦诗曾总结道："保护工作要严格按照《准则》所规定的程序一步一步地去操作，这些程序规定的步骤环环相扣，缺一不可，是规范保护工作的保证。不能省略或跨越程序规定的任何步骤，否则会影响下一步工作的顺利开展，甚至造成下一步工作的失误，以致影响整个保护工程的质量。过去一些保护项目或保护工程之所以没有做好，原因就在于没有一个科学程序指导保护工作，尤其是缺少充分翔实的评估和论证。"[28]5

中国文物建筑保护长期存在争议并影响发展的问题在于"原状"和"现状"的定义、判断标准以及维修后应当达到的效果。祁英涛曾有经过维修后的文物建筑应当达到什么样的效果的描述："在维修古建筑的工作中，实际上不论是恢复原状或是保存现状，最后达到的实际效果，除了坚固之外，还应要求有明显的时代特征。对它的高龄有一个比较准确的感觉，这种感觉的来源，除了从结构特征的分析取得以外，其色彩光泽更是不可忽视的来源。"[18]175 但从文物保护的管理规定方面，文化部 1963 年颁发的《革命纪念建筑、历史纪念建筑、古建筑、石窟寺修缮暂行管理办法》、1986 年颁发的《纪念建筑、古建筑、石窟寺等修缮工程管理办法》都未作明确的规定。

《中国文物古迹保护准则》（2000 年版）在"阐释"部分对原状作了界定：

3.1 不改变文物原状是保护文物古迹的法律规定。文物古迹的原状主要有以下几种状态。

3.1.1 实施保护工程以前的状态。

3.1.2 历史上经过修缮、改建、重建后留存的有价值的状态，以及能够体现重要历史因素的残损状态。

3.1.3 局部坍塌、掩埋、变形、错置、支撑，但仍保留原构件和原有结构形制，经过修整后恢复的状态。

3.1.4 文物古迹价值中所包含的原有环境状态。

3.2 情况复杂的状态，应经过科学鉴别，确定原状的内容。

3.2.1 由于长期无人管理而出现的污渍秽迹，荒芜堆积等，不属于文物古迹原状。

3.2.2 历史上多次进行干预后保留至今的各种状态，应详细鉴别论证，确定各个部位和各个构件价值，以决定原状应包含的全部内容。

3.2.3 一处文物古迹中保存有若干时期不同的构件和手法时，经过价值论证，可以按照不同的价值采取不同的措施，使有保存价值的部分都得到保护。[27]16-17

针对保存现状和恢复原状的问题，《中国文物古迹保护准则》（2000 年版）"阐释"部分作了如下说明：

必须保存现状的对象有：

1. 古遗址，特别是尚留有较多人类活动遗迹的地面遗存；

2. 文物古迹群体的布局；

3. 文物古迹群中不同时期有价值的各个单体；

4. 文物古迹中不同时期有价值的各种构件和工艺手法；

5. 独立的和附属于建筑的艺术品的现存状态；

6. 经过重大自然灾害后遗留下有研究价值的残损状态；

7. 在重大历史事件中被损坏后有纪念价值的残损状态；

8. 没有重大变化的历史环境。

可以恢复原状的对象有：

1. 坍塌、掩埋、污损、荒芜以前的状态；

2. 变形、错置、支撑以前的状态；

3. 有实物遗存足以证明为原状的少量缺失部分；

4. 虽无实物遗存，但经过科学考证和同期同类实物比较，可以确认为原状的少量缺失的和改变过的构件；

5. 经鉴别论证，去除后代修缮中无保留价值的部分，恢复到一定历史时期的状态；

6. 能够体现文物古迹价值的历史环境。[27]17

对必须保护的现状和可以修复的原状的这一界定对于中国文物保护而言具有极为重要的意义，它不仅梳理了原本含混不清的观念，更是确定了以历史实证价值为基础，综合考虑其他相关价值的价值体系，确定了中国文物保护的基本原则。关于修缮后应当达到的效果，《中国文物古迹保护准则》（2000 年版）也未能作明确的说明，但在"阐释"部分指出：修缮工程应"尽可能多保留各个时代有价值的遗存，不追求风格、样式一致"[27]29。

《中国文物古迹保护准则》（2000 年版）在总结中国文物保护实践的基础上，提出了十项保护原则，这些原则包括：

　　1. 必须原址保护；

　　2. 尽可能减少干预；

　　3. 定期实施日常保养；

　　4. 保护现存实物原状与历史信息；

　　5. 按照保护要求使用保护技术；

　　6. 正确把握审美标准；

　　7. 必须保护文物环境；

　　8. 已不存在的建筑不应重建；

　　9. 考古发掘应注意保护实物遗存；

　　10. 预防灾害侵袭。

　　其中第 6 项原则也可以理解为对文物古迹修缮后所应达到的效果的要求。它规定 "文物古迹的审美价值主要表现为它的历史真实性，不允许为追求完整、华丽而改变文物原状" [27]7。

　　这些原则既是中国文物保护经验的总结，同时也是对《威尼斯宪章》相关原则的回应。例如《中国文物古迹保护准则》（2000 年版）第一项原则文物古迹 "必须原址保护"，《威尼斯宪章》第七项提出 "古迹不能与其所见证的历史和其产生的环境分离。除非出于保护古迹之需要，或因国家或国际之极为重要利益而证明有其必要，否则不得全部或局部搬迁该古迹" [29]53；《中国文物古迹保护准则》（2000 年版）第四项原则 "保护现存实物原状与历史信息"，《威尼斯宪章》第三项 "保护与修复古迹的目的旨在把它们既作为历史见证，又作为艺术作品予以保护" [29]53；《中国文物古迹保护准则》（2000 年版）第五项原则为 "按照保护要求使用保护技术"，《威尼斯宪章》第二项为 "古迹的保护与修复必须求助于对研究和保护考古遗产有利的一切科学技术" [29]52-53；《中国文物古迹保护准则》（2000 年版）第六项原则为 "正确把握审美标准"，《威尼斯宪章》第十一项为 "各时代为一古迹之建筑所作的正当贡献必须予以尊重，因为修复的目的不是追求风格的统一" [29]53；《中国文物古迹保护准则》（2000 年版）第七项原则为 "必须保护文物环境"，《威尼斯宪章》第六项为 "古迹的保护包含着对一定规模环境的保护" [29]53；《中国文物古迹保护准则》（2000 年版）第八项原则为 "已不存在的建筑不应重建"，《威尼斯宪章》第十五项为 "然而对任何重建都应事先予以制止，只允许重修，也就是说，把现存但已解体的部分重新组合" [29]54；《中国文物古迹保护准则》（2000 年版）第九项原则为 "考古发掘应注意保护实物遗存"，《威尼斯宪章》第十五项为 "遗址必须予以保存，并且必须采取必要措施，永久地保存和保护建筑风貌及其所发现的物品" [29]54。

　　《中国文物古迹保护准则》（2000 年版）是对中国文物古迹保护的总结，也是与当时国际主流文化遗产保护观念和原则的对接，它使中国文物保护体系实现了与以世界遗产为代表的国际文化遗产保护体系的接轨。为 21 世纪初中国从文物保护向文化遗产保护的跨越奠定了基础。

五、结语

20 世纪中国文物建筑保护思想是在中国大的政治、经济、文化、学术背景下形成和发展的。它始于中国建筑史研究，与中国建筑史的研究伴生发展（不仅仅是古代建筑的保护如此，近现代文物建筑的保护同样也伴生于中国近现代建筑史研究的发展）。这使得中国文物建筑的保护在 20 世纪被深深地印上了建筑历史研究的烙印，许多核心观念，例如对文物建筑初建时形态的执念、把恢复原状当作文物建筑保护的最高追求都是受到建筑历史研究对建筑原初形态关注的影响。这种影响极为深刻。在中国文物建筑保护的发端时期，保持着与欧美、日本之间较为密切的交流，保护的方法也不拘于传统的工艺，甚至更倾向于使用一些当代的技术、材料和做法。

20 世纪 50 年代到 80 年代，是中国文物建筑保护趋于成熟的时期。50 年代由于各个行业都受到苏联的影响，苏联战后文物复建、重建的方式，与中国基于对建筑原初形态关注的需求相结合，在建筑修复中形成了追求纯净的原初形态的倾向。60 年代以后文物保护进入一个自我发展、自我完善的过程，是中国文物保护体系建立和完善的过程。文物建筑的保护成为一项国家事业，并以国家事业的方式运行。在观念和思想上逐渐形成并完善了一个以恢复原状和保存现状为核心的原则，一些重要的文物建筑保护实践项目，促使进一步形成了一个以历史价值、艺术价值、科学价值为基础的价值观和以价值判断为基础的保护体系。

20 世纪 80 年代后期到 90 年代，文物保护也与其他行业一样呈现出思想繁荣、蓬勃发展的局面，随着与国际文化遗产保护运动交流的扩展和深化，基于国际文物保护原则，如《威尼斯宪章》，反思和重新审视中国文物建筑保护方法、原则和保护体系，广泛进行讨论，成为这一时期中国文物建筑保护的重要特征。从中国文物建筑保护发展的内在需求出发，同样存在着探索把国际文化遗产保护原则运用在中国文物建筑保护实践中的源于自身的动力。中国已形成的相对成熟的文物保护观念和方法与方才引入的文物保护行业的国际原则之间的相互作用，形成了中国文物建筑保护发展的独特形态。1985 年加入《世界遗产公约》推动了中国文物保护体系与国际文化遗产保护原则的接轨。20 世纪 90 年代后期到 21 世纪初的关于真实性的讨论也从另一个侧面反映了中国文物建筑保护观念的发展（关于真实性的问题将另文讨论）。《中国文物古迹保护准则》（2000 年版）既是这一时期中国文物保护发展的重要标志，又为 2000 年之后中国文物保护向文化遗产保护的跨越发展奠定了基础。

反思 20 世纪 30 年代到 2000 年，近 70 年时间中国文物建筑保护从发端到形成自身体系的过程，可以清楚地看到相关学科，特别是建筑史学研究对它的深刻影响，经历了一个从形成观念，到实践和技术发展，再到对观念进行反思的过程。在这一过程中对实践的强调和关注远胜于对保护观念哲学层面的思辨，这也是中国文物建筑保护的重要特征。

参考文献

[1] 梁启超. 中国历史研究方法 [M]. 上海：上海古籍出版社，2011.

[2] 朱启钤. 中国营造学社缘起 [C]// 中国营造学社汇刊（第一卷·第一册）. 北京：知识产权出版社，2006.

[3]   (中华民国) 教育部. 暂定古物之范围及种类大纲 (1935)[R]// 第二历史档案馆 (编). 中华民国史档
      案资料汇编 (第五辑·第一编·文化). 江苏: 凤凰出版社, 1994.

[4]   梁思成, 林徽因. 平郊建筑杂录 (上) [C]// 梁思成全集 (第一卷). 北京: 中国建筑工业出版社,
      2001.

[5]   林徽因. 闲谈关于古代建筑的一点消息 [C]// 梁思成全集 (第一卷). 北京: 中国建筑工业出版社,
      2001.

[6]   梁思成. 蓟县独乐寺观音阁山门考 [C]// 梁思成全集 (第一卷). 北京: 中国建筑工业出版社, 2001.

[7]   梁思成. 杭州六和塔复原状计划 [C]// 梁思成全集 (第二卷). 北京: 中国建筑工业出版社, 2001.

[8]   罗哲文, 译. 苏联建筑文物的保护、研究和宣传普及问题 [C]// 罗哲文古建筑文集. 北京: 文物出
      版社, 1998.

[9]   罗哲文. 苏联建筑纪念物的保护 [C]// 罗哲文古建筑文集. 北京: 文物出版社, 1998.

[10] 国务院. 文物保护管理暂行条例 (1961)[R]// 国家文物局. 中国文化遗产事业法规文件汇编 (1949—
      2009) (上册). 北京: 文物出版社, 2009.

[11] 祁英涛. 中国古代建筑的维修原则和实例 [C]// 祁英涛古建论文集. 北京: 华夏出版社, 1992.

[12] 查群. 南禅寺大殿两次修缮方案对比研究 [J]. 中国文化遗产, 2018(1).

[13] 高天. 南禅寺大殿修缮与新中国成立初期文物建筑保护理念的发展 [J]. 古建园林技术, 2011(2).

[14] 郑庆春. 五台山南禅寺大殿修复工程 [C]// 山西文物建筑保护 50 年. 太原: 山西省新闻出版局, 2006.

[15] 王贵祥. 愿封植兮永固, 俾斯人兮不忘: 忆先师莫宗江教授 [J]. 建筑创作, 2006(12).

[16] 祁英涛. 当前古建筑维修中的几个问题 [C]// 祁英涛古建论文集. 北京: 华夏出版社, 1992.

[17] 陈志华. 谈文物建筑的保护 [J]. 世界建筑, 1986(3).

[18] 祁英涛. 古建筑维修的原则、程序及技术 [C]// 祁英涛古建论文集. 北京: 华夏出版社, 1992.

[19] 王世仁. 司马台长城西 4 台—东 4 台修缮工程总结 [C]// 王世仁建筑历史理论文集. 北京: 中国建
      筑工业出版社, 2001.

[20] 王士伦. 杭州六和塔 [J]. 文物, 1981(4).

[21] 梁思成. 杭州六和塔复原状计划 [C]// 梁思成全集 (第二卷). 北京: 中国建筑工业出版社, 2001.

[22] 中华人民共和国文物保护法 [R]// 国家文物局. 中国文化遗产事业法规文件汇编 (1949—2009) (上
      册). 北京: 文物出版社, 2009.

[23] 谢辰生 (口述), 李晓东、彭蕾 (整理). 新中国文物保护史记忆 [M]. 北京: 文物出版社, 2016.

[24] 叶扬. 《中国文物古迹保护准则》研究 [D]. 北京: 清华大学, 2005.

[25] 王世仁. 保护文物古迹的新视角——简评澳大利亚《巴拉宪章》[J]. 世界建筑, 1999(5).

[26] 晋宏逵. 澳大利亚文物保护考察 [J]. 世界建筑, 1999(5).

[27] 国际古迹遗址理事会中国国家委员会. 中国文物古迹保护准则 [R]. 盖蒂保护研究所, 2002.

[28] 樊锦诗. 《中国文物古迹保护准则》在莫高窟项目中的应用 [J]. 敦煌研究, 2007(5).

[29] 保护文物建筑及历史地段的国际宪章 (《威尼斯宪章》)[R]// 国家文物局. 国际文化遗产保护文件选
      编. 北京: 文物出版社, 2007.

梁思成先生建筑遗产保护思想研究

李芃芃①

【摘要】 梁思成先生为我国文化遗产保护作出了突出贡献。基于其国外留学经历及多年建筑史研究基础，梁先生开始关注古建筑保护工作，在强调古建筑日常保护的同时，提出了要以保持现状、恢复原状的原则对古建筑进行保护修缮。战争期间，梁先生还为战时文物保护做了大量工作。经过大量经验积累后，梁先生在文物保护工作中进一步强调了文物的历史价值的重要性，并提出整旧如旧的保护修缮思想。梁先生对古建筑的关注不仅限于建筑本体，也包括其所在的环境乃至历史城市。梁先生认为历史城市应该整体保护，并以活态的视角加以看待。

【关键词】 梁思成；古建筑；保存现状；恢复原状；整旧如旧；历史城市；保护思想

一、梁思成先生经历及著作

梁思成（1901—1972）先生是我国第一代建筑师的杰出代表。他于1924—1927年在美国宾夕法尼亚大学建筑学院攻读学士及硕士学位，1927年开始在哈佛大学研究生院建筑系攻读博士学位。1928年，梁先生终止在美国的学业，经欧洲游历后回国。并于同年9月赴沈阳参与创办东北大学建筑系，基本沿袭宾夕法尼亚大学的经验和模式，将"学院派"的教学体系带入中国。在沈阳任教期间，梁先生调查测绘了清北陵，这是其调查测绘的第一座古建筑。

1931年由沈阳返回北平后，梁先生加入中国营造学社，承担法式部主任的工作。营造学社期间，梁先生与其他社员共同调查了北平、天津、山西、河南、河北等15个省市、超过2000余处古建筑。在研究中国古代建筑史的同时，梁思成先生也开始关注古建筑的保护工作，在此期间发表《清式营造则例》等建筑史学研究成果及《蓟县独乐寺观音阁山门考》《杭州六和塔复原状计划》《曲阜孔庙之建筑及其修葺计划》等多篇反映其古建筑保护思想的学术文章。抗日战争爆发后，梁思成先生迁居四川李庄，组织并参与对四川、西康等地的古建筑、汉阙、崖墓、摩崖造像等的调查研究，整理出版《西南建筑图说（一）——四川部分》。通过20世纪30年代起开展的大规模古建筑调研工作，营造学社积累了大量中国建筑史研究材料，1944年梁思成先生负责编写的《中国建筑史》完成，成为第一部由中国人自己编著的比较系统完整的中国建筑史。抗日战争结束后，营造学社的学术研究随着梁先生进入清华大学而终止。在学社活动的不到二十年的时间，梁先生先后参与培养了刘致平、莫宗江、陈明达、罗哲文等多名研究生，这些人都成为中国建筑史研究及古建筑保护的专业人才。

---

① 李芃芃（1996— ），女，清华大学建筑学院博士研究生，主要研究方向：中国古代建筑历史与理论、文化遗产保护等。

1946—1947 年，梁思成先生前往美国进行学术交流，回国后参与创办清华大学建筑系，并担任系主任，在延续"学院派"教育思想的同时，试图融入以"包豪斯"为代表的现代建筑教育模式。1948 年平津战役前，梁先生曾整理《全国文物古建筑目录》，为战时文物保护作出了突出贡献。

新中国成立后，梁思成先生除继续在清华大学任教并担任建筑系主任外，还兼任北京市都市计划委员会副主任、中国建筑学会副理事长等职务。20 世纪 40 年代末 50 年代初，梁思成先生为北京城的保护做了大量工作，发表《北平文物必须整理与保存》《关于中央人民政府行政中心区位置的建议》《北京——都市计划的无比杰作》等多篇阐明其历史城市保护思想的学术文章。古建筑保护方面，梁先生积极参与正定隆兴寺转轮藏殿等多项重点修缮工程，并发表《闲话文物建筑的重修与维护》，进一步阐释其对古建筑保护工作的认识[①]。

1983 年，梁思成先生生前编写的《营造法式注释（卷上）》出版，为建筑史学研究奠定了重要基础。2001 年，《梁思成全集（全 10 册）》整理出版，收录了梁先生 20 世纪 20 年代至 70 年代的古建筑调查报告、研究文章、设计作品、建筑绘图和书信等著述，是笔者梳理先生建筑遗产保护思想的重要依据和参考。

二、梁思成先生早期古建筑保护思想的形成

梁思成先生在中国营造学社工作期间，一改以往以文献研究为主要依据的研究方法，对 2000 余处古建筑进行了调查。在调查过程中，梁先生也注意到了各地古建筑岌岌可危的状态。由此，他开始在大量古建筑调研及保护修缮实践中思考与古建筑保护相关的问题。

彼时正是我国文物保护理论与实践的起步阶段。傅雷等学者翻译了《各国文物保管法规汇编》，将西方的文物保护制度引入中国。国民政府也相继颁布了《名胜古迹古物保存条例》《古物保存法》等相关文件，初步建立了我国自己的古物保存制度。1928 年颁布实施的《名胜古迹古物保存条例》曾规定"（名胜遗迹及古建筑）商同地方团体，筹资随时修葺……足资历史考证，或渐就湮没遗迹仅存，能树碑记以备查考"，可见彼时国家层面形成的古建筑保护原则还较为初步和简略。除中国营造学社外，彼时活跃在北平古建筑保护工作领域的还有中央古物保管委员会及旧都文物整理委员会等政府机构及团体。1935 年 1 月成立的旧都文物整理委员会主要负责古建筑修缮保护工程及调查研究工作，朱启钤、刘敦桢等均担任该委员会的技术顾问，与梁思成先生展开了深度交流合作。

截至抗日战争全面爆发之前，北平乃至全国的古物保护工作欣欣向荣，促进了梁思成先生保护思想的发展。

---

① 梁思成先生《北平文物必须整理与保存》《闲话文物建筑的重修与维护》等论著谈及保护思想时，多用"文物建筑"一词来指代其研究和保护的对象。考虑到"文物建筑"这一概念在时间维度上既包含古建筑，又包含近现代建筑，而梁先生的保护思想主要针对古建筑展开，是故本文论及梁思成先生保护思想时，使用"古建筑"一词来指代其研究和保护的对象。

（一）古建筑的价值认知

梁思成先生古建筑保护思想的形成以他对古建筑价值的认知为基础。20 世纪 20 年代梁先生留美时期，美国实证主义史学盛行，拉斯金、莫里斯、阿普利顿等学者的思想在建筑遗产保护领域也正发挥着极大的影响力。以阿普利顿（Appleton）为代表的建筑遗产保护学者坚持要在保护的过程中进行最严格的历史调查和考证，推崇根据准确的记录和研究来进行修复，十分注重建筑遗产的本体价值和真实性。对于拉斯金在《建筑的七盏明灯》"记忆之灯"一章中对建筑是人类历史的载体的认识，梁先生十分赞同，他曾在《平郊建筑杂录（上）》中写道，"经过大匠之手艺，年代之磋磨，有一些石头的确是会蕴含生气的……无论哪一个巍峨的古城楼，或一角倾颓的殿基的灵魂里，无形当中都在诉说，乃至于歌唱，时间上漫不可信的变迁；由温雅的儿女佳话，到流血成渠的杀戮"[1]98-99，强调建筑本体所承载的历史信息。

可以看出，梁思成先生十分重视保护古建筑的历史价值，追求古建筑的真实性，并且认为饱含历史信息的建筑本体是其历史价值的重要载体，这为梁先生古建筑保护思想的产生奠定了基础。

（二）古建筑的日常保护思想

日常保护是古建筑保护工作中十分重要的一环。我国古建筑日常维护工作肇始于清末民初。1916 年北洋政府内务部《保存古物暂行办法》、1928 年南京国民政府《名胜古迹古物保存条例》、1930 年南京国民政府《古物保存法》等文件中已经关注到了包括古建筑在内的古物的日常维护问题。彼时，欧洲、美国和日本等地已有了较长的建筑遗产保护历史，并在日常维护工作中积累了较为丰富的经验。

19 世纪末 20 世纪初，欧洲学者里格尔、乔万诺尼等便关注到了建筑遗产定期的保护工程外的日常维护、保护工作。日本学者关野贞博士也在 1929 年发表了《日本古代建筑物之保存》一文，提出了古建筑日常保护的五个原则："（一）设立永久机关专司保护之责；（二）登记古物，调查内容厘定修理顺序；（三）定公私分担经费办法，以少数公帑发挥较大效能；（四）延聘专家，详订修理方针，以不失原状为第一要义；（五）应用科学设备，防止一些自然灾害等。"[2]119 在古建筑的日常保护方面，关野贞博士认为专业机构、专业人员、专项经费、全面登记、科学设备这五项为重中之重。

梁思成先生曾游历欧美各国，并与在中国的日本学者有着密切的学术合作。他曾评价关野贞博士的思想为"研究中国建筑保护问题之绝好参考资料"[3]90。关野贞博士提出的这些保存古物的根本法则，在梁先生的古建筑日常保护思想中均可看到类似的借鉴和发展。在吸收欧、美、日学者思想和经验的基础上，梁先生总结出了一套自己的古建筑日常保护思想。1932 年，梁思成先生发表文章《蓟县独乐寺观音阁山门考》，从擢选专业人员、政府立法及设立专项资金、公众教育、防火与防雷四方面指出了古建筑的日常保护思路。

1. 擢选专业人员参与古建筑保护工作

在欧洲，建筑遗产保护在 18 世纪起成为一项专门的工作。20 世纪初，随着欧洲经验的传入，经过专业训练的建筑师和文物研究者也开始成为美国建筑遗产保护领域重要的专业力量。[4]109 日本受欧美经验影响较中国为早，关野贞博士等日本学者很早便认识到"延聘专家，详订修理方针"[2]119 的重要性。民国之前的中国，古物保护工作仅限于金石鉴赏和收藏，建筑师又未曾脱离匠人的身份，不曾有专业的古建筑保护人员。受欧、美、日等地经验的影响，梁思成先生认为培养我国自己的古建筑保护学者十分重要，强调"所用主其事者，尤须有专门智识，在美术，历史，工程各方面皆精通博学，方可胜任"[3]90。

2. 呼吁政府推动古建筑保护工作

除专业人员在古建筑保护中扮演重要角色外，政府也需要承担主要的保护责任。关野贞博士曾提出需要"设立永久机关专司保护之责"[2]119，并"定公私分担经费办法，以少数公帑发挥较大效能"[2]119。在强调政府颁布相关法令的重要性方面，梁先生指出"在社会方面，则政府法律之保护，为绝不可少者。军队之大规模破坏，游人题壁窃砖，皆须同样禁止。而古建筑保护法，尤须从速制定，颁布，施行"[3]90。除颁行法令外，梁先生认为，古建筑保护还需要政府专项资金的支持，因此提出"每年由国库支出若干，以为古建筑修葺及保护之用"[3]90 的建议。

抗日战争之前，包括中国营造学社、中央古物保管委员会、旧都文物整理委员会等学术团体和政府部门在内的机构对古建筑的调查和日常维护管理作出了极大贡献。但受到战争影响，其工作多于1937年前后终止。战后，梁思成先生再次强调了古建筑日常保护的重要性，"使用文物建筑与其保存本可兼收其利的。因此之故，必须特立机构，专司整理修缮以及使用保管之指导与监督"[5]311，呼吁设立专门的机构负责古建筑的日常保护工作。

3. 通过公众教育推动全社会的古建筑保护行动

对建筑遗产保护公众教育的强调始于19世纪中期里格尔的保护思想。里格尔（Riegl）认为，教育公众使其具备欣赏文化遗产价值的良好修养是十分必要的。乔万诺尼等人也认同此观点。20世纪初，我国官方的古建筑保护工作尚处在起步阶段，但梁先生在其《蓟县独乐寺观音阁山门考》（1932）一文中提出了古建筑保护的公众教育思想并详尽论述了该做法的必要性，这应当是受到了欧美经验的启发。在强调公众对古建筑保护的认知方面，梁先生认为"保护之法，首须引起社会注意，使知建筑在文化上之价值；使知阁门在中国文化史上及中国建筑史上之价值，是为保护之治本办法。而此种之认识及觉悟，固非朝夕所能奏效，其根本乃在人民教育程度之提高，此是另一问题，非营造师一人所能为力"[3]89。明确提出，社会公众对古建筑价值的认知及自觉的保护才是保护之治本之法。

4. 重视古建筑的日常防火与防雷问题

中国古建筑以木结构为主，千年来每每受火灾的困扰。这一点与日本类似，关野贞等学者就曾指出要"应用科学设备，防止一些自然灾害等"[2]119，其中便包括雷电所引发的火灾等灾害。基于中日古建筑所面临的多次失火事件，梁思成先生提出，古建筑的防火防雷问题尤为重要，"水朽犹可补救，火焰不可响尔"[3]90，并举日本奈良法隆寺失火的案例，希望引起国人的警醒。梁先生指出，在日常管理中，"可备太平桶、水枪等，以备万一之需。同时脊上装置避雷针，以免落雷。在消极方面，则寺内吸烟及佛前香火，尤须永远禁绝。阁立寺中，周无毗连之建筑物，如是则庶几可免火灾矣"[3]90。极具前瞻性地提出了常备防火设施、安装避雷针、寺庙禁烟火等建议。

（三）古建筑修缮工程中的保护思想

除在日常要对古建筑进行维护外，针对受威胁古建筑的保护修缮工作，在梁思成先生看来也是必不可少的。梁思成先生在营造学社时期参与了较多古建筑保护修缮工程，其配合工程所发表的学术文章中体现了丰富、系统的古建筑保护思想。

1. 古建筑修缮工程的根本目的是为延长建筑的寿命

近代以前的中国历史上没有对建筑进行保护的观念，"修葺原物之风，远不及重建之盛；历代增修拆建，素不重原物之保存，唯珍其旧址及其创建年代而已"[6]9，对宫殿、庙宇等重要建筑的修缮更是追求"焕然一新"。以梁思成先生为代表的第一代学者突破以往的观念，打破了延续千余年"重塑金身"的传统，提出要在修缮工程中对古建筑进行保护的思想。彼时有学者虽赞成保存古物，但是认为若分别轻重，对于古建筑的修葺是该缓办的，而且认为对古建筑的保存只是保存而已，让这些东西像化石一样[7]。梁思成先生对此说法进行了批评，指出"（古建筑）若不加修缮，在短短数十年间就可以达到破烂的程度"[5]309，认为对古建筑进行保护修缮是必不可少的。

梁思成先生曾在1935年发表《曲阜孔庙之建筑及其修葺计划》一文，在文中，梁先生提到"在设计人的立脚点上看，我们今日所处的地位，与二千年以来每次重修时匠师所处地位，有一个根本不同之点。以往的重修，其唯一的目标，在将已破敝的庙庭，恢复为富丽堂皇，工坚料实的殿宇，若能拆去旧屋，另建新殿，在当时更是颂为无上的功业或美德。但是今天我们的工作却不同了，我们须对于各个时代之古建筑，负保存或恢复原状的责任"[8]2。为古建筑的修缮工程定下了以"保护"为主线的基调。在此基础上，梁先生还写道，"在设计以前须知道这座建筑物的年代，须知这年代间建筑物的特征；对于这建筑物，如见其有损毁处，须知其原因及其补救方法；须尽我们的理智，应用到这座建筑物本身上去，以求现存构物寿命最大限度的延长，不能像古人拆旧建新，于是这问题也就复杂多了"[8]2。简而言之，梁思成先生主张，在对古建筑开展修缮工程之前，必须对其进行深入研究，而且修缮的根本目的不是"拆旧建新"，而是为了使旧建筑寿命延长。

2. 古建筑修缮工程中的保存现状与恢复原状两种思路

（1）提出古建筑保护修缮分为保存现状与恢复原状两种思路。

梁思成先生在1932年的《蓟县独乐寺观音阁山门考》一文中提到，"瓦漏问题既解决，始及其他问题。而此部问题，可分为二大类，即修（repair）及复原（restore）是也。破坏部分，须修补之，如瓦之翻盖及门窗之补制。有失原状者，须恢复之，如内檐斗栱间填塞之土取出，上檐清式外栏杆之恢复辽式，两际山花板之拆去等皆是。二者之中，复原问题较为复杂，必须主其事者对于原物形制有绝对根据，方可施行；否则仍非原形，不如保存现有部分，以志建筑所受每时代影响之为愈。古建筑复原问题，已成建筑考古学中一大争点，在意大利教育部中，至今尚为悬案；而愚见则以保存现状为保存古建筑之最良方法，复原部分，非有绝对把握，不宜轻易施行"[3]89-90。在此文中，梁先生将古建筑保护修缮工程中面临的问题分为"修"和"复原"两大类，明确提出了古建筑保存现状与恢复原状的保护修缮思想。其中，"修"对应古建筑的保存现状问题，"复原"对应古建筑的恢复原状问题。

欧洲建筑遗产保护思想的发展历程中，同样一直存在保护和修复两种截然不同的态度。19 世纪末 20 世纪初，欧洲的保护实践还受到风格式修复的深刻影响[9]291-292。1904 年在马德里召开的欧洲和美洲建筑师国际会议形成的关于"建筑古迹保护和修复建议"便反映了风格式修复的原则[9]349，但是这种方式方法越来越受到保护主义者的冲击[9]291-292。里格尔（Riegl）在总体上支持最小干预原则，并主张将修复严格限制在古物保存所需的必要范围内[9]305，认为不应仅仅为了某一时期的遗存，而牺牲其他具有重要历史意义时期的遗存。继里格尔之后，意大利学者乔万诺尼（Giovannoni）以尊重所有重要时期历史特征为前提修复历史建筑，并未以理想形式重建它们[9]309。在反对风格式修复的同时，乔万诺尼认为，如果所揭示的原始状态比拆除的结构更有价值，那么失去拆除部分所承载的历史信息也是合理的。可见，20 世纪初欧洲建筑遗产保护工作还深受风格式修复思想的影响，但理论研究层面已经开始转向现代保护思想，强调尊重各个历史时期的信息遗存。

欧洲保护与修复两种思想的争论也给梁思成先生留下了深刻的印象，他曾在文章中提到，"古建筑复原问题，已成建筑考古学中一大争点，在意大利教育部中，至今尚为悬案"[3]89，欧洲的争论也为梁先生日后思想中兼顾保护与修复两方面内容提供了思想基础。

（2）保存现状与恢复原状的取舍。

梁思成先生认为古建筑的恢复原状问题较为复杂，应以保存现状为主，除非对原物形制有绝对依据和把握，不宜轻易"恢复原状"。

这种以保存现状为主的思想与彼时国际上的主流思想比较一致。在美国，20 世纪初的建筑遗产修复日益趋向于充分保留历史原貌和有根据的复原。[4]109 在欧洲，在 1931 年的雅典会议上，学者们围绕卫城修复工程进行讨论时的总体倾向也是放弃风格式修复，在尊重各个时期风格的基础上保护和维护古迹。[9]393 针对这一问题，日本学者关野贞也曾提出自己的见解，认为"（一）原来的构造与式样应极端的保存。在任何情形之下，修葺工作，不得超越损坏范围。惟后列情形当做例外……（三）建筑物的现状，因为增改的缘故，也许与原状不同。但若增改之处，无碍大体，则修葺时应仿照现在的模样。设使原来构造款式，已确凿证实，则照原来款式重修；（四）建筑物内外着颜色的点缀，绝不更动"。[2]112-114 关野贞博士指出古建筑保护工作应以"保存现状"为首选方式，在原址保护的前提下，若有确凿证据可以"恢复原状"，但不得更改建筑外观样式，且任何改动均需准确记录。

（3）对恢复原状的进一步阐释。

针对较为复杂的"恢复原状"问题，梁思成先生曾对其进行深入阐释。在 1935 年的《杭州六和塔复原状计划》一文中，梁先生提到"我们所要恢复的，就是绍兴二十三年重修时的原状"[10]3-4。可以看出，梁先生早期思想中"恢复原状"的"原状"指的是建筑最后一次重修时的样貌。梁先生还进一步写道："以我们现在对于古代建筑的知识，要推测六和塔的原形，尚不算是很难的事。……六和塔、雷峰塔、保俶塔的外表，无疑都是极相类似的。这种砖身木檐的宋代（或五代）塔，虽已无一座完整的存在，我们只能凭我们所知，去臆造原形。但我以为，以六和塔本身内部的斗栱柱额为根据，再按法式去推求，更参以与六和塔同时类似的实物为考证，则六和塔原形之恢复，并不是很难的问题。……有以上许多的把握，我所以才敢试拟六和塔外表的原形。"[10]4-5 此处梁先生明确指出了"恢复原状"应该基于何种研究过程，此过程包括对古建筑现有遗存的分析、对法式的考证和对同时期同地域实物的参照。

3. 对现代技术、材料在古建筑保护修缮中使用的积极态度

工业革命推进了西方建筑的现代变革，工业化后的技术、材料除为新建建筑奠定了坚实基础外，也为建筑遗产保护工程提供了新的思路。早在19世纪末20世纪初，欧洲学者便对建筑遗产保护工程中现代技术、材料的使用展开了思考。针对这一问题，乔万诺尼认为最好的修复是不可见的，而且这样的修复可用现代的方式和技术达到，例如用水泥填补、使用金属或隐蔽的钢筋混凝土加固结构等。但同时他也认为不可以过度使用现代技术材料，否则可能使建筑物无法承受。1931年的雅典会议上，学者们围绕雅典卫城修复工程进行讨论后，认为修复中允许使用现代技术，例如钢筋混凝土等，同时建议隐蔽现代加固部分以便保持古迹的特点。彼时日本的古迹保护政策也吸纳了大量欧美经验，认为可以在最大限度保护历史材料的同时，尽量运用现代技术。

梁思成先生曾接受西方现代建筑教育，并曾游历欧美，亲见工业革命所推动的西方建筑的现代变革及欧美建筑遗产保护工程的丰富经验。同时20世纪初，欧美等地洋行纷纷进入中国，众多留洋建筑师也开始回国设立事务所，现代技术、材料开始在中国建筑界被普遍使用。受此影响，梁思成等人开始思考现代技术、材料在古建筑保护中的作用。

1932年，梁思成与蔡方荫、刘敦桢合著的《故宫文渊阁楼面修理计划》一文使用了现代建筑力学方法，在计算的基础上提出了加固措施。对于已经损坏的大柁及龙骨，三位先生指出"宜设法早日换掉新料，代替已垂曲之旧材。换掉之法，不外用木柁、工字钢梁、trussed girder（桁架式梁）、tie-rods（拉杆）、钢筋水泥梁"[11]84。在比较不同处理方式的优劣后，三位先生认为，木柁良材难寻，且木柁与金柱连接不易；工字钢梁，两端不能完全插入柱身，工字梁凸边较大柱身难以容纳，且易对柱稳定性造成损害；trussed girder（桁架式梁），钻孔不易，下部斜钢条露出过大，有碍观瞻；tie-rods（拉杆），上部屋架大柁难以承重，所需钻孔过多。"就以上各种修理方法观之，当以钢筋水泥最为适当。故拟将上层明次梢各间大柁六根一律易为丁字型钢筋水泥梁，两端附以雀替。……如柁身过高，露出天花之外，可用木材包镶，上施彩画，雀替之形，以期与普通形式符合。……左右梢间之中层庋书处，其楼板亦稍凹陷，自宜同时换掉钢筋水泥梁及钢筋水泥龙骨。"[11]86 显然，三位先生认为使用现代技术、材料来发现和解决古建筑结构问题是十分有效的，但同时也认为现代材料的使用不能改变古建筑的外观，需在不露明处使用。

1934年，梁思成与刘敦桢共同参与故宫景山万春亭修缮工程，并合著文章《修理故宫景山万春亭计划》。在文章中，两位先生针对古建筑的具体构件提出了新材料的替换方式，如"（老角梁、子角梁）伸出柱外，受风雨摧残，最易糟朽。为永久计，以换用钢骨水泥制者为最安"[12]87，又如"（屋面瓦脊）又宝顶遗失盖板，恐日久雨水渗入，致雷公柱腐朽，应补装水泥盖板"[12]88。但对于彩画之类露明的位置，两位先生则认为，"修理古物

之原则，在美术上，以保存原有外观为第一要义"[12]88，需要按照保存现状恢复原状的思想，对露明部分进行修缮。

1935年，梁思成先生参与杭州六和塔复原工程，在其配合工程所著的《杭州六和塔复原状计划》一文中，梁先生明确指出了自己对于木材料的质疑，认为"木是非永久材料，对于水火自然缺抵抗力"[10]8。在此基础上，梁先生指出："以我们今日的知识及技能对于上述之点加以补救，实在是一件轻而易举的事。用钢骨水泥代以木材是最得当的替身。在材料的寿命上，自然用不着赘述；而且若将檐及平坐做成整圈的箍子，缠绕塔身，则不惟檐及平坐有不可分离的联络，而且可以紧束塔身，使不能向外倾散。……不惟如是，且以钢骨水泥模仿木构，在权衡大小上最易适中。所以由结构及外表双方着眼，以钢骨水泥作重修六和塔的主要材料，实在是最适当的选择。……外面全部颜色的配合，亦拟用宋代原式。……塔内黑暗处宜安电灯，各层壁间亦可安置'万年灯'，铁刹之上更可安灯塔上之号灯一盏。"[10]8-10 认为以现代的材料技术解决古建筑面临的种种威胁是轻而易举的事情，用钢筋水泥替代木材作为修缮材料是一种十分有效的手段。

发表于1935年的《曲阜孔庙之建筑及其修葺计划》再次体现了梁先生对新材料、新技术的认可，并强调了使用新材料不能改变古建筑外观的态度。他认为，"在设计上，我以为根本的要点，在将今日我们所有对于力学及新材料的知识，尽量地用来，补救孔庙现存建筑在结构上的缺点，而同时在外表上，我们要极力地维持或恢复现存各殿宇建筑初时的形制"；"在结构上，徒然将前人的错误（例如太肥太偏的额枋，其原尺寸根本不足以承许多补间斗栱之重量者）照样的再袭做一次，是我这计划中所不做的；在露明的部分，改用极不同的材料（例如用小方块洋灰砖以代大方砖铺地），以致使参诣孔庙的人，得着与原用材料所给予极不同的印象者，也是我所需极力避免的。但在不露明的地方，凡有需要之处，必尽量的用新方法新材料，如钢梁、螺丝销子、防腐剂、隔潮油毡、洋灰铁筋，等等，以补救旧材料古方法之不足；但是我们非万万不得已，绝不让这些东西改换了各殿宇原来的外形"[8]2-3。

对于古建筑的不同部位应该如何使用新材料进行替换，梁先生认为，"（梁弯）由于学理上梁之横断面过小，根本不足以承此荷载，则其惟一补救方法，乃在改用工字钢梁，俾不超过原梁之尺寸，而增加其荷载力"；"（脱榫）角替或可用木，或可用钢，外包木皮。如用钢角替，可用螺丝将角替钉在梁及柱上，最为坚牢；但角替若通穿柱身，则宜在柱上加钢箍一道，以承角替"；"（斗栱毁坏）大成殿及奎文阁，则可在正心桁及翘昂四角加安角铁，其上下安钢板做成凳子状"；"（角梁损毁）换用工字钢梁，钢梁外则包木皮，使外表与原材无异"；"（门过木弯朽）门上过木改用钢筋混凝土"[8]86-97。

综上可知，梁思成先生对在古建筑保护工作中使用现代技术、材料持积极态度，并认为只要不改变古建筑的外貌，可尽量使用现代的技术材料来解决古建筑所面临的诸多棘手问题。可以看出，梁先生的思想与彼时欧洲学者普遍的思想比较一致，当是从一定程度上吸纳了欧洲的经验。

4. 古建筑保护修缮工程的经济性

民国时期是中国文物事业的起步阶段，国家在法律及经费保障上十分不完善，加之彼时国际国内形势动荡，因此学者们在修缮工程中便不得不考虑经济性的问题。1934年，梁思成与刘敦桢共同参与故宫景山万春亭修缮工程，《修理故宫景山万春亭计划》一文中提到，"（装修）若用旧式菱花格扇，恐材料人工所费过巨，此外钢窗虽为价廉耐久，然与亭之外观，未易调和，非修理古建筑物最善之策。似宜仍用木窗，而改用比较简单之中国式花纹"[12]88。可见，工程中在装修上考虑到经济原因进行了让步。

5. 小结

综上所述，梁思成先生在借鉴欧、美、日等国建筑遗产保护思想的基础上，结合丰富的古建筑修缮工程经验，总结出了较为成熟的古建筑保护思想。他认为古建筑的修缮应建立在深入研究的基础之上，以延长建筑的寿命为最终目的，有保存现状和恢复原状两种思路。其中，保存现状为最好之方式，恢复原状则要求要有绝对的把握方可施行。对新材料技术在古建筑修缮工程中的使用，梁先生持支持态度，认为依托新材料和新技术，可解决绝大多数古建筑正面临的威胁。但同时，他也指出新材料的使用需在不露明的地方，无论如何也要保持古建筑的外观不变。同时，在古建筑的修缮工程中也要考虑到经济等现实因素，在适当的部位作出合理的妥协。

尽管此时，梁思成等人在古建筑保护修缮中已经有了比较系统和成熟的思想，但是这些理念在实际实施上效果并不乐观。梁先生后期曾提到，"修葺的原则最着重的在结构之加强，但当时工作伊始，因市民对文整工作有等着看'金碧辉煌，焕然一新'的传统式期待"[5]308，因此在实际工程中，尤其是针对油漆彩画等部位进行修缮时，大多还是采用了"焕然一新"的方式。

（四）战时文物保护思想

在抗日战争期间，梁思成先生曾任中央古物保存委员会成员、四川省古物保存委员会成员、国家古都历史建筑保护委员会成员、战区文物保护中国委员会副主席等职务，为战时文物的保护作出了突出的贡献。1945年，依美方建议，梁思成先生主持整理《战区文物保存委员会文物目录》，编制中国日占区文物古迹目录和地图。1948年，梁思成先生主持整理《全国文物古建筑目录》。两份目录极大保障了战争中古建筑的安全，也为新中国成立后第一批全国重点文物保护单位的确认奠定了基础。

梁先生在1948年发表的《北平文物必须整理与保护》一文中提到，"美军在欧洲作战时，每团以上都有'文物参谋'——都是艺术家和艺术史家，其中许多大学教授协助指挥炮火，避免毁坏文物。意大利San Gimignano之攻夺一个小小山城里林立着十三座中世纪的钟楼，攻下之后，全城夷为平地，但是教堂无恙，十三座钟楼只毁了一座。法国Chartres著名的大教堂，在一个德军主要机场的边沿上，机场接受了几千吨炸弹，而教堂只受了一处，仅仅一处(!)碎片伤。对于文物艺术之保护是连战时敌对的国际界限也隔绝不了的，何况我们自己的文物"[5]313。梁先生举欧美战争中建筑遗产保护的经验为例，指出战时文物保护的世界趋势和重要性，是我国较早提出要在战争中保护文物的学者之一。

（五）小结

目前无从证实留美及旅欧经验对梁思成先生古建筑保护思想的形成有何种影响。不过，梁先生在美期间所居住、活动的波士顿、费城附近地区进行的种种建筑遗产工程典型案例，以及阿普利顿（Appleton）等学者对建筑遗产本体历史价值及真实性的追求或多或少可以作为其古建筑保护思想的源头之一。梁先生旅欧时期恰逢保护和修复两种思潮激烈交锋及转变，又正是雅典卫城保护修缮工程引发学者激烈讨论的时期。回国后，梁先生又与关野贞等日本学者及刘敦桢等留日学者展开了密切合作，丰富了其思想源头。在中国营造学社工作时期，梁思成先生得以考察大量中国古建筑，并参与了多项保护工程，在实践中总结出较为成熟的古建筑保护思想。

梁思成先生的古建筑保护思想以其对古建筑的价值认知为基础。具体来说，主要涉及三方面内容：在古建筑的日常保护方面，梁思成先生从擢选专业人员、推动政府立法及专项资金设立、公众教育、防火防雷安全几方面论述了工作思路；在古建筑的保护修缮方面，梁思成先生认为保护修缮的主要目的是为延长古建筑的寿命，工作中有保存现状和恢复原状两种思路，应以保存现状为主，有必要把握时才可恢复原状，工程中可适当使用新材料和新技术，并考虑工程的经济效益；在战时古建筑保护方面，梁思成先生强调了战时文物保护的重要性，并承担大量工作，作出了突出贡献。

三、梁思成先生晚期古建筑保护思想

新中国成立后，梁思成先生积极投身于新政权的建设，参与了多项重要古建筑保护实践工作，保护思想也有了进一步发展。

（一）苏联学者的影响

新中国成立后，我国在文物保护工作中受到苏联的影响较多。苏联在 1949 年颁布的《属于国家保护下的建筑纪念物的统计、登记、维护和修理工作程序的规定》提出，古建筑的保护原则是要"恢复它曾经被损毁与歪曲了的面貌"，并将古建筑保护工作分为"修复"与"修理修复"两大类。该规定还明确指出，"修复工作的目的，是要恢复或重新建立纪念物原来的形状，或是恢复其肯定的、有科学依据的最早日期的形式……修理修复工作的目的，是恢复和整理保存纪念物的现状，不能改变它艺术、历史的面貌"。

苏联在古建筑保护方面的经验与梁思成先生早期的思想基本一致，亦与新政权古建筑保护的现实情况相适应，因此梁先生的古建筑保护思想未因政治环境的变化而产生较大变化，而是顺承其早期思想延续发展。

（二）对古建筑历史价值的进一步强调

新中国成立初期，随着"总路线"和"一五"计划的提出，大规模的经济建设与古建筑保护的矛盾日益凸显，此时学界围绕"保存什么？如何保存？"进行了激烈的讨论。梁思成先生对于这一问题的看法，在其 1953 年的考古工作人员训练班上的演讲（《古建序论——在考古工作人员训练班讲演记录》）中得以窥见。梁先生认为，"具有重要历史艺术价值的文物必须保存，但是有些价值较差的，或是可能妨碍发展的旧建筑是可能被拆除的，因此这也是一种'清理、剔除、吸收'的工作，必须慎重从事"[13]29。他指出，历史艺术价值的高低是衡量保存什么的一项重要标准，并强调考古人员在工作中，"要注重历史价值和艺术价值……但是我们绝不应当将一切古建筑'生吞活剥的毫无批判的吸收'，也'不是颂古非今，不是赞扬任何封建的毒素'，而是'给历史以一定的科学的地位，是尊重历史的辩证法发展'"[13]29-30，"多做历史研究工作……做各种各样多方面的比较研究，千万不要一番好意去修缮文物建筑，因为这方面知识不够，反而损害了它"[13]30。由此可见，在这一时期梁先生进一步强调了自己对古建筑历史价值的重视。

（三）梁思成先生晚期的古建筑保护思想

梁思成先生 1964 年发表的《闲话文物建筑的重修与维护》一文，对其晚期的古建筑保护思想做了完整、系统的阐述。在这篇文章中，梁先生主要提出了以下六点内容：

1. 古建筑的保护修缮应以"整旧如旧"为原则，不改变古建筑的面貌，使其"老当益壮"

梁先生认为，"把一座古文物建筑修得焕然一新，犹如把一些周鼎汉镜用擦铜油擦得油光晶亮一样，将严重损害到它的历史、艺术价值。这也是一个形式与内容的问题……千百年岁月留下的痕迹，表现了它特有的'品格'和'个性'"[14]6，"在重修具有历史、艺术价值的文物建筑中，一般应以'整旧如旧'为我们的原则。（济南九塔寺修缮）给人以'老当益壮'，而不是'还童'的印象（是比较成功的）"[14]6。

2. 针对古建筑采取的一切措施需经过试验

梁先生提到，"假使在重修大桥以前，先用这座小桥试做，从中吸取经验教训，那么现在大桥上的一些缺点，也许就可以避免了"[14]7。

3. 古建筑保护修缮的目的是古为今用

梁先生认为，"我们保护文物，无例外地都是为了古为今用，但用之之道，则各有不同"[14]7，"文物建筑不同于其他文物，其中大多在作为文物而受到特殊保护之同时，还要被恰当地利用。应当按每一座或每一组群的具体情况拟订具体的使用和保护办法，还应当教育群众和文物建筑的使用者尊重、爱护"[14]7。

4. 古建筑的保护修缮应区分轻重缓急，逐一处理；保护工作必须切实解决影响古建筑安全的"病因"，不能只做表面文章

梁先生认为，在古建筑保护工作中应该"及时发现这一类急需抢救的建筑和它们的病症关键，及时抢修，防止其继续破坏下去……不应该涂脂抹粉，做表面文章"[14]8。

5. 古建筑的保护工作，除包括本体保护外，还包括其周边环境的保护

对建筑遗产周边环境的关注始于 19 世纪中期欧洲学者的讨论。里格尔提出"在其真实性中蕴含的无法比拟或替代的环境因素，都需要专门的保护法令作为保障"。卢斯（Loos）发展了他的思想，提出要以"文化遗产整体保护"作为目标，将遗产的含义从古迹扩展到了历史地区。

在欧洲学者讨论的基础上，梁先生写道："一切建筑都不是脱离了环境而孤立存在的东西……应有划定的保管范围……便于保管外，还应首先考虑到观赏的距离和角度问题；文物建筑一般最好都有些绿化的环境……绿化应进行设计。"[14]8

6. 古建筑的保护措施不能喧宾夺主

梁先生认为，古建筑的保护措施应能衬托文物本体的价值，"（维修）在文物跟前应当表现得十分谦虚，只做小小'配角'"[14]10。他以龙门奉先寺为反例，指出古建筑保护修缮应该做到"有若无，实若虚，大智若愚"，在"无形中"把"主角"更好地衬托出来。[14]10

（四）小结

梁先生在这一时期的古建筑保护工作中进一步强调了通过研究对古建筑的历史价值进行挖掘和整理的理念和思路。他特别提出，在保护修缮工作中，要秉承"整旧如旧"的原则，使修缮后的古建筑给人以"老当益壮"之感，这是对其早期"保存现状、恢复原状"的古建筑保护思想的进一步阐释。

四、梁思成先生历史城市保护思想及形成原因

（一）思想形成原因

梁思成先生是我国最早提出要保护历史城市的学者之一，其历史城市保护思想的形成与他多年欧美的求学经历、丰富的城市规划实践经验以及新中国成立后苏联专家的影响密不可分。

1. 城市规划思想研究及实践经验

20世纪20年代，西方学者已经对城市规划做了较多探索，"花园城市""带形城市"等理论均已问世。梁思成先生在美国求学期间虽然没有经历专业的城市规划训练，但他已经开始关心城市规划问题，并阅读了如《The Planning of the Modern City：A Review of the Principles Governing City Planning》等介绍欧美现代城市规划思想和原则的书籍，还对东京复兴计划进行过研究[15]60。

20年代末梁先生回国后，恰逢中国现代城市规划发展的重要阶段。彼时，中国广泛引入了西方城市规划的思想和经验，南京《首都计划》的讨论和制定也促进了北平、上海、天津等城市的规划运动。梁先生与市政专家张锐合作，完成了《天津特别市物质建设方案》（"梁张方案"），积累了较丰富的城市规划经验。

抗日战争时期，梁先生避居四川李庄，通过费正清夫妇接触到了美国城市规划思想的发展。从梁先生1945年发表的《市镇的体系秩序》一文可以明显看出，他受到美国学者沙里宁《城市：它的发展、衰败和未来》一书思想的影响，在认同其"有机疏散"观念的同时，开始讨论其对中国战后城市规划的启发。

1946—1947年，梁思成先生访问美国。在此期间，他考察了美国顶尖建筑学院的课程设置，与柯布西耶、沙里宁等学者进行了交流，并亲自造访了雷德朋（Radburn），切身体验了"花园城市"规划案例。随后，梁先生于普林斯顿大学参加"规划人类物质环境会议"，该会议更使其了解了西方前端规划思想。在美访学期间，梁先生敏锐地认识到，西方建筑学界正发生重大变化，产生了很多新的理念和思维模式，研究范畴已经从单幢建筑拓展到了整个体系环境。

2. 西方历史城市保护思想的发展

在 1910 年一次建筑艺术文化协会成员的测绘图成果展中，乔万诺尼开始注意到历史城市中"平民建筑"对城市肌理持续性的意义。在其随后参与的罗马规划中，关注"平民建筑"也成为一个重要主题。

在 20 世纪初对罗马的规划建设中，不同学者形成了两种不同的主张。以约瑟夫·斯图本（Joseph Stubben）为代表的学者认为，现代城市应在现存历史城市的基础之上进行发展，并充分利用现有的设施条件，以尽量满足现代社会发展和人民需要。这种思想反映在设计上就是如 1908 年的总体规划所设计的那样，许多旧道路被切断，同时一些新道路被开辟。乔万诺尼则反对这种主张，他认为，需要尊重历史及古老城市的环境，并提出"平民建筑"比那些曾经重要且辉煌的宫殿更能代表民众和他们的意志。受到未来主义和功能主义规划理念的打压，为寻求折中之道，乔万诺尼最终发展出一套名为"淡化城市肌理"的历史地区现代化理论，认为可以在历史地区之外容纳城市的主要交通、避免新街道分割历史区域、改善社会及卫生条件和保留历史建筑等[9]307。

虽然乔万诺尼这一理论在实践中并不容易实施，未有比较成功的案例，但其对历史城市中除辉煌宫殿外的建筑的关注，对当时的学者来说不能不算一个重要的启发。

第一次世界大战对历史城市的破坏使人们更加从城市整体的层面关注保护问题。1933 年于雅典举办的国际现代建筑会议便就保护城市历史地区进行了讨论。与会者一致认为，"如果古迹，不管是单个古迹还是城市整体，是属于历史文化并且能引起广泛兴趣，同时公众不是被迫生活在一个不健康的环境中，则应该予以尊重"[16]。第二次世界大战后，更多历史城市遭到破坏，学者们就重新整合抑或完全重建的讨论进一步推动了历史城市保护思想的发展。

3. 苏联专家的影响

苏联建筑史学家 N. 窝罗宁所著《苏联卫国战争被毁地区之重建》一书对梁思成先生产生了一定影响，梁先生在翻译该书的过程中对苏联的历史城市保护思想有了一定了解。新中国成立后保护工作全面向苏联学习的思路，更加促使梁先生关注和研究苏联的历史城市保护思想。

《苏联卫国战争被毁地区之重建》一书提出了对城市进行整体保护的思想，并指出新建建筑应该考虑到城市原有风格。具体而言，"计划一个城市的建筑师必须照顾到他所计划的地区生活的历史传统和建筑传统。在他的设计中，必须保留合理的、有价值的一切，和在房屋类型和都市计划中，过去经验所形成的特征的一切；同时这个城市或村庄必须成为自然环境中的一部分。……新计划的城市的建筑样式必须避免呆板硬性的规格化，因为它将掠夺城市的个性；他必须采用当地居民所珍贵的一切"[17]。梁先生非常认同这一观点，提出了要在历史城市的基础上进行新的建设的想法，并要做到"古今兼顾、新旧两利"。

（二）历史城市保护思想

在国内外各种因素的影响下，梁思成先生对于古建筑保护的认识逐渐从单幢建筑扩展到整个历史城市。1947 年回国后,梁先生便提出"建立有组织有秩序之新都市,为近代人类文化中之重要需求",1948 年更建议将清华大学建筑工程系改为营建学系,在其中加入市镇计划等专业方向。新中国成立后,梁思成先生曾就北京城保护发表多篇学术论著,其中明确表达了他对历史城市保护的思想。

1. 历史城市整体保护思想

早在 1943 年,梁思成先生便在《中国建筑史》一书代序《为什么研究中国建筑》中写道,"纯中国式之秀美或壮伟的旧市容,或破坏无遗,或仅余大略⋯⋯市政上的发展,建筑物之新陈代谢本是不可免的事。但即在抗战之前,中国旧有建筑荒顿破坏之范围及速率,亦有甚于正常的趋势"[6]6,标志着他开始关注中国历史城市整体保护的问题。

从 1948 年起,梁先生开始关心北平的保护工作,他在《北平文物必须整理与保存》一文便主张应该将北平作为一个整体进行保护,指出,"北平的整个形制既是世界上可贵的孤例,而同时又是艺术杰作,城内外许多建筑物却又各个是在历史上、建筑史上、艺术史上的至宝⋯⋯他们综合起来是一个庞大的'历史艺术陈列馆'⋯⋯对人民有着特殊的影响"[5]308。新中国成立后,梁先生又在《关于中央人民政府行政中心区位置的建议》《北京——都市计划的无比杰作》等多篇文章中重申了历史城市整体保护的思想,认为北京城的价值不仅在形体美丽的具有纪念性的古建筑上,而且"它们的位置部署上的秩序和整个文物环境,正是这名城壮美的特点之一,也必须在保护之列"[18]61,认为北京城"所特具的优点主要就在它那具有计划的城市的整体,那宏伟而庄严的布局,在处理空间和分配重点上创造出卓越的风格,同时也安排了合理而有秩序的街道系统"[19]。

2. 活态保护思想

在整体保护的基础上,梁先生认为,为了适应现代城市生活的需求,北平旧城应当加以改造。他写道,"虽然北平是现存世界上中古大都市之'孤本',它却不是历史或艺术的'遗迹',它同时也还是今日仍然活着的一个大都市,它尚有一个活着的都市问题需要继续不断的解决"[5]307。但同时梁先生又强调,所有对历史城市施加的改造必须以不破坏原有的城市格局和风貌为前提,认为"原有的整体文物性特征和多数个别的文物建筑又是必须保存的,我们必须'古今兼顾,新旧两利'"[19]。

3. 对历史城市保护规划的实施提出明确建议

梁思成先生还从高度控制、风貌控制、格局保护、城墙保护、城市小品保护等方面提出了比较明确的建议。

在历史城市高度控制上,梁先生认为北京旧城建筑物最多只能盖两三层,不能超过故宫或城墙,天安门广场的新建筑物的高度不得超过天安门的二重檐口[15]63。在风貌控制上,梁先生指出旧城新建筑物的形式应尽量同北京的环境配合,并规定按民族形式设计,反对在北京盖"玻璃匣子"。在城市格局的保护上,梁先生认为,应该保护中轴线的特征、街道系统、土地使用分区思想以及城市丰富的空间布局[19]。城门、城墙和牌楼更被梁先生视为北京城的独特景观,充满了历史意义,应当被保存。

五、梁思成先生建筑遗产保护思想的影响

（一）继承与发扬

梁思成先生的建筑遗产保护思想对我国早期古建筑保护相关政策规划的制定起到了指导性的作用。经过新中国成立以来十余年的探索和实践，20世纪60年代，我国颁布了一些相关条例、办法，梁先生的古建筑保护思想在这些条例、办法中均有所反映。

1961年颁布的《文物保护管理暂行条例》第十一条明确规定："一切核定为文物保护单位的纪念建筑物、古建筑、石窟寺、石刻、雕塑等（包括建筑物的附属物），在进行修缮、保养的时候，必须严格遵守恢复原状或者保存现状的原则，在保护范围内不得进行其他的建设工程"[20]77-78，正式将恢复原状或者保存现状的原则纳入国家文物建筑保护政策中。与《条例》同时颁布的《国务院关于进一步加强文物保护和管理工作的指示》进一步解释道，"文物保护工作……主要是保护原状，防止破坏，除少数即将倒塌的需要加以保固修缮以外，一般以维持不塌不漏为原则……必须注意尽可能保持文物古迹工作的原状，不应当大拆大改或者将附近环境大加改变，那样做既浪费了人力、物力，又改变了文物的历史原貌，甚至弄得面目全非，实际上是对文物古迹的破坏"[21]89-90。

1963年颁布的《革命纪念建筑、历史纪念建筑、古建筑、石窟寺修缮暂行管理办法》重申了这一原则，指出"在保养维护、抢救、加固以及修理修复工程中，对建筑、石窟寺本身和附属文物，如壁画、塑像、碑刻、题记、标语等，都必须根据不同情况贯彻保持现状或者恢复原状的原则，以充分保护文物所具有的历史、艺术、科学价值"[22]。

至此，梁先生提出的"保持现状或恢复原状"这一古建筑保护原则在政策层面被确定下来。

（二）反思与讨论

1. 保护工作中对古建筑外在形式美的追求

通过以上分析梳理不难发现，在古建筑保护中，相较于结构和技术，梁先生更重视古建筑外在形式。具体表现为，针对古建筑的结构问题，梁先生认为可以不拘材料与技术，能解决问题即可，但绝对不允许改动古建筑的外观。

这当与梁先生留美期间所受教育有关。宾夕法尼亚大学的建筑教育体系受巴黎美术学院"学院派"风格影响颇深，培养方案及教学传统几乎全部移植自后者。哈佛大学研究生院建筑系早期也长期采用巴黎美术学院的教学模式，直到20世纪30年代下半叶才开始向包豪斯教学模式转型。"学院派"建筑教育一直坚持古典主义的教学思想，对于结构理性主义思想始终持质疑和贬低的态度。在这种思想的影响下，"学院派"建筑教育十分强调历史建筑对于建筑设计的影响，使建筑历史相关课程在教学计划中占有较大比重。在重点对学生的图艺、建筑史、设计三类课程进行培养的同时，有意忽略对学生进行建筑结构、建筑材料等技术类课程的培养。在建筑历史的教学中，"学院派"教育模式并不强调历史建筑的材料、色彩、结构等技术性内容，而是重在剖析其历史环境、人文内涵、建筑要素、特定装饰等美学特征。哈伯森（John Frederick Harbeson）记录宾大建筑系教学方式的

著作《学习建筑设计》（The Study of Architectural Design）中曾提到："（研究历史建筑）不仅仅是要得到建筑细节，也包括得到其空间组合方式，特别的是要得到彼时人们的生活方式……离不开了解彼时的规矩与习俗。"[23]155 在"测绘图"这一章节，哈伯森更是使用较多篇幅阐述如何寻找值得测绘的具有历史美的历史建筑，进一步强调其对建筑美学的重视，而仅仅花费几句话记录具体的测绘方法。

宾大"学院派"建筑教育这种形而上的以建筑风格史为主角的建筑教育模式对梁思成先生产生了重大影响，使其较为推崇对历史建筑形式美学的追求，一定程度上忽视对建筑结构和建筑技术的关注。这种影响也使他日后在中国古建筑保护工作中，对建筑外观形式美的追求在一定程度上超过了对全部建筑结构真实保存的追求。这种对古建筑外观的追求，在前文论述梁先生所提出的保存现状与恢复原状思想及现代技术材料只能用在不露明处态度时已较多涉及，此处不再赘述。

与对中国古建筑传统外观形式推崇相反的是，对于中国古建筑的传统材料和结构，梁先生持较为保留的态度。在一系列学术文章中，梁先生曾多次提到"木是非永久材料，对于水火自然缺抵抗力"[10]8，"将今日我们所有对于力学及新材料的知识，尽量地用来，补救孔庙现存建筑在结构上的缺点"[8]2，"在结构上，徒然将前人的错误（例如太肥太偏的额枋，其原尺寸根本不足以承许多补间斗栱之重量者）照样的再袭做一次，是我这计划中所不做的"[8]2 等话语。

林徽因也曾在《论中国建筑之几个特征》一文中明确论述中国古建筑的几个弱点，全部集中在对中国古建筑传统材料和结构形式的讨论上。在文章中，林先生提出了这些弱点分别是："（一）中国的匠师对木料，尤其是梁，往往用得太费。他们显然不明了横梁载重的力量只与梁高成正比例，而与梁宽的关系较小……匠师对于梁的尺寸，因没有计算木力的方法，不得不尽量的放大，用极大的 factor of safety，以保安全，结果是材料的大糜费。（二）他们虽知道三角形是唯一不变动的几何形，但对于这原则极少应用。所以中国的屋架，经过不十分长久的岁月，便有倾斜的危险……这三角形原则之不应用，也是屋梁费料的一个大原因，因为若能应用此原则，梁就可用较小的木料。（三）地基太浅是中国建筑的大病……"[24]178 可见，梁、林二位先生认为中国传统建筑结构在用材大小、几何形式、地基处理等方面均存在一些问题。林先生撰写这篇文章的初衷在于探讨中国木结构建筑是否像西方哥特式建筑一样具有向现代框架结构转化从而催生出现代主义建筑的潜力，在文章结尾，林先生进一步讨论了建筑材料和结构的问题，她写道："现代欧洲建筑为现代生活所驱，已断然取革命态度，尽量利用近代科学材料，另具方法形式，而迎合近代生活之需求。若工厂、学校、医院及其他公共建筑等为需要日光便利，已不能仿取古典派之垒砌制，致多墙壁而少窗牖。中国架构制既与现代方法恰巧同一原则，将来只需变更建筑材料，主要结构部分则均可不有过激变动，而同时因材料之可能，更作新的发展，必有极满意的新建筑产生。"[24]179 可以看出，林先生认为，中国建筑的发展道路可以与欧洲类似，尽量利用近代科学材料，建筑结构也可随材料的变化做适当调整，进一步表达了她对传统材料和结构的较为负面的态度。

《论中国建筑之几个特征》虽不是梁先生所写，但考虑到梁、林二位先生在学术研究上有十分密切的合作，可以认为梁先生的思想与林先生比较一致。可以看出，二位先生投身于建筑历史研究及建筑保护工作的初衷，一方面是基于民族自豪感而回应欧洲学者对中国建筑文化的贬斥态度；另一方面便是希望能够通过考察中国近千年的建筑源流，总结各时期的优劣，为中国建筑的材料革命和现代化转型提供研究基础。从这一角度来看，梁先生在古建筑保护工作中对建筑材料和结构的保留态度便可以理解了。

这种对古建筑外在形式美的追求以及对传统建筑结构的保留态度也催生出梁先生在古建筑保护工作中的两个趋势，一方面为其思想中的风格式修复倾向，另一方面为其对在不露明的地方使用现代材料、技术较为积极的态度。

2. 古建筑保护思想中的风格式修复倾向

整理梁思成先生的古建筑保护思想，可以在其中看出比较明显的风格式修复倾向。无论是主张将杭州六和塔恢复至绍兴二十三年的样貌，还是在正定隆兴寺转轮藏殿复原设计工作中支持拆掉不符合宋代特征的内容，并将斗栱宋化，抑或是提出可以将正定开元寺钟楼的屋顶拆除，并按照唐代样式复原，这些思想都期望能将建筑形式恢复到特定时期的完整状态，在一定程度上忽视了古建筑可能具有的全部历史信息，表现出较为明显的"风格复原"色彩[25]。

其次，梁先生对于"原状"尚未给出明确的定义。1935 年《杭州六和塔复原状计划》一文中，梁先生曾提到"我们所要恢复的，就是绍兴二十三年重修的原状"[10]4。在晚期1964 年《闲话文物建筑的重修与维护》一文中，亦提到"（正定开元寺钟楼）除了它上层屋顶外，全部主要构架和下檐斗栱都是唐代结构……我们很有条件参照下檐斗栱和檐部结构，并参考一些壁画和实物，给这座小楼恢复一个唐代样式屋顶……肯定能取得'虽不中亦不远矣'的效果"[14]8。显然，在这些表述中，梁先生所谓的"恢复原状"指的是要将古建筑恢复到最后一次重修时的样貌，而舍弃掉古建筑上其他时期遗留的结构。但是在同一篇文章中，梁先生又写道，"恢复原状是要使文物建筑'老当益壮''益寿延年'，而不是'返老还童'"[14]6。这似乎与前面对"恢复原状"的理解略有不同。

此外，由于缺少图像及照片，难以获知古建筑准确的"原状"，梁思成先生主张使用集锦式的复原方法。在《杭州六和塔复原状计划》中，梁先生写道，"但我以为，以六和塔本身内部的斗栱柱额为根据，再按法式去推求，更参以与六和塔同时类似的实物为考证，则六和塔原形之恢复，并不是很难的问题"[10]8-10。他还指出，可以根据古建筑遗留的早期遗存，通过考证法式及同时代类似建筑的方式，得到古建筑的原状，"虽不中亦不远矣"[14]4-5。

3. 对新材料、技术使用方式的态度

梁思成先生对于古建筑修缮工程中使用现代技术、材料持较为积极的态度，并且强调只要不影响古建筑外观，便可尽量使用新材料于其保护中。

但早期工程中一些对现代材料技术的使用可能会为日后的古建筑保护工作埋下隐患。首先，在古建筑的屋面使用水泥等进行防水或直接将古建筑的某一间替换为钢筋混凝土结构无法被视为临时性的措施，一定程度上忽视了对修缮措施可逆性的考量。其次，由于新材料和新技术在古建筑修缮工作中被使用的历史较短，暂时无法获知若干年后这些技术和

材料是否仍能有益于古建筑保护，因此在新的技术和材料尚未成熟之时，不可随意使用。即使使用，也应尽量只用新材料对古建筑进行加固，而非直接替换古建筑的构件。

虽然以今日的经验来看，一些现代技术、材料在古建筑保护工程中的运用或许会带来一些问题，但是在梁先生所处的时代视角，现代材料、技术无疑是拯救正面临复杂结构问题、岌岌可危的中国古建筑的又一新途径。

六、结语

梁思成先生是中国第一代建筑师的杰出代表，在建筑设计、建筑历史研究、古建筑保护、城市设计、历史城市保护、建筑教育等方面都有杰出建树。中国文化遗产保护思想自20世纪初产生以来经过了较长时间的发展，逐渐走向完善，在这一过程中梁先生起到了重要作用。他的思想不但在国内成为指导文化遗产保护工作的基本准则，在国际上其成就也获得了确认和认可。1947年，梁思成先生于普林斯顿大学被授予荣誉博士学位时，该校对梁先生的评价为："一个创造性的建筑师，同时又是建筑史的讲授者，在中国建筑的历史研究和探索方面的开创者，和恢复、保护他本国的建筑遗存的带头人。"[26]185

在古建筑保护工作上，梁先生不仅提出了在修缮工程中应遵循的保持现状、恢复原状及整旧如旧的思想，还强调了古建筑的日常保护，并关注了战时古建筑的安全问题。在历史城市保护方面，梁先生于国内首次提出了整体保护历史城市的思想，并极具创见性地提出从活态视角审视历史城市的思路。梁思成先生的建筑遗产保护思想受到欧洲、美国、日本等西方遗产保护思想的一定影响，但也针对中国当时的社会情况及文化背景做出了适应性调整，为中国文化遗产保护思想的产生及发展作出了极大贡献。

（本文写作得到吕舟教授及张荣、翟飞、胡姗辰、李晶晶、宋雨等同门的宝贵建议）

参考文献

[1] 梁思成，林徽因. 平郊建筑杂录（上）[J]. 中国营造学社汇刊，1932，3(4)：98-110.

[2] 关野贞. 日本古代建筑物之保存 [J]. 吴鲁强，刘敦桢，译. 中国营造学社汇刊，1932，3(2).

[3] 梁思成. 蓟县独乐寺观音阁山门考 [J]. 中国营造学社汇刊，1932，3(2).

[4] 刘守柔. 清末民国文化遗产保护的兴起与演进研究 [D]. 上海：复旦大学，2014.

[5] 梁思成. 北平文物必须整理与保存 [C]// 梁思成. 梁思成全集（第四卷）[M]. 北京：中国建筑工业出版社，2001.

[6] 梁思成. 中国建筑史 [M]. 北京：生活·读书·新知三联书店，2011.

[7] 朱自清. 文物·旧书·毛笔 [N]. 大公报. 1948-03-31.

[8] 梁思成. 曲阜孔庙之建筑及其修葺计划 [J]. 中国营造学社汇刊，1935，6(1).

[9] 〔芬〕尤嘎·尤基莱托. 建筑保护史 [M]. 郭旃，译. 北京：中华书局，2011.

[10] 梁思成. 杭州六和塔复原状计划 [J]. 中国营造学社汇刊，1935，5(3).

[11] 蔡方荫，刘敦桢，梁思成. 故宫文渊阁楼面修理计划 [J]. 中国营造学社汇刊，1935，3(4).

[12] 梁思成，刘敦桢. 修理故宫景山万春亭计划 [J]. 中国营造学社汇刊，1934，5(1).

[13] 梁思成，林徽因. 古建序论——在考古工作人员训练班讲演记录 [J]. 文物参考资料，1953(3).

[14] 梁思成. 闲话文物建筑的重修与维护 [J]. 文物，1963(7).

[15] 高亦兰，王蒙徽. 梁思成的古城保护及城市规划思想研究 [J]. 世界建筑，1991(1)：60-69.

[16] 国际现代建筑协会. 雅典宪章 [Z]. 1933-08.

[17] 〔苏〕窝罗宁. 苏联卫国战争被毁地区之重建 [M]. 林徽因，梁思成，译. 上海：龙门联合书局，1952.

[18] 梁思成. 关于中央人民政府行政中心区位置的建议 [G]// 梁思成. 梁思成全集 (第五卷)[M]. 北京：中国建筑工业出版社，2001：60-81.

[19] 梁思成. 北京——都市计划中的无比杰作 [J]. 新观察，1951，2(7-8).

[20] 文物保护管理暂行条例 [Z]. 中华人民共和国国务院公报，1961(4)：76-79.

[21] 国务院关于进一步加强文物保护和管理工作的指示 [Z]. 中华人民共和国国务院公报，1961(4)：89-90.

[22] 中华人民共和国文化部. 革命纪念建筑、历史纪念建筑、古建筑、石窟寺修缮暂行管理办法 [Z]. 1963-08-27.

[23] HARBESON J F. The Study of Architectural Design with Special Reference to the Program of the Beaux-Arts Institute of Design[M]. New York：The Pencil Points Press，1927.

[24] 林徽因. 论中国建筑之几个特征 [J]. 中国营造学社汇刊，1932，3(1).

[25] 吕舟. 文物建筑的历史价值与保护 [D]. 北京：清华大学，1989.

[26] 〔美〕费慰梅. 梁思成与林徽因：一对探索中国建筑史的伴侣 [M]. 曲莹璞，等译. 北京：中国文联出版公司，1997.

刘敦桢遗产保护思想的形成与发展

杜美怡①

【摘要】刘敦桢先生是中国建筑教育的先驱，是系统研究中国古建筑和古典园林的开拓者，与梁思成先生齐名。本文从对遗产保护的认知、目标、实践三方面，分析刘敦桢保护思想的形成与发展。他从早期以探索中国木构建筑为目标；到中期以吸收传统建筑中的优秀文化内涵为目标；再到后期以发扬传统建筑和古典园林的文化特点，并结合社会需求进行创新为目标，其保护思想愈发趋向"现实主义"。他认为，遗产保护应从实际出发，服务于社会需求，这集中体现在他在瞻园的修缮中坚持"古为今用"的原则。

【关键词】认知；目标；实践；"古为今用"修缮原则；"现实主义"保护思想

刘敦桢（1897—1968）毕业于日本东京高等工业学校（现东京工业大学）建筑学专业。1923 年与朱士圭、黄祖淼、柳士英创办中国高等教育中的第一个建筑专业——苏州工业专门学校建筑科，该学校于 1927 年年底并入中央大学（现南京大学）。1932 年，刘敦桢先生辞去中央大学教职，全身心投入中国营造学社的调研中。在营造学社，他担任文献部主任，参与了学社在北京、山西、河北、河南、江苏、陕西、云南、四川等地的考察。1943 年他离开营造学社，重回中央大学任教。新中国成立后，刘敦桢先生在南京市担任建筑相关的职务，同时转向研究苏州古典园林。先生的主要著作有《中国古代建筑史》《苏州古典园林》《中国住宅概说》等。

近几年，一些学者运用各种分析方法来探索刘敦桢的学术思想。例如赖德霖在《中国近代思想史与建筑史学史》一书中，运用建筑史学史的方式，分析马克思主义对刘敦桢中国建筑史观的影响。作者指出，刘敦桢"从建筑的社会观角度质疑了梁思成的建筑文化观，并通过编著《中国古代建筑史》，极大地推动了中国建筑史研究向深度与广度发展"[1]159。但是，其学术思想还需结合他的其他研究和实践加以全面分析。曲艺等学者在《梁思成与刘敦桢建筑思想比较研究——关于中国建筑传统的继承与革新》一文中，运用关键词分析法，对梁、刘二人所撰写的与中国建筑传统相关的文章进行整理分析，认为刘敦桢"除官式建筑外，对中国传统民居及园林也有深入研究"，批判对传统建筑"生硬搬用的手法"[2]41，更关注建筑的实用性、功能性和地域性。但是，随着刘敦桢对遗产保护认知的提高，其保护思想也发生了变化。所以还需根据他的学术经历，系统地分析其保护思想的形成与发展。

本文从刘敦桢对遗产保护的认知、目标、实践这三方面分析其保护思想的形成与发展，回答"是什么、为什么、怎么做"三方面问题。

---

① 杜美怡，清华大学建筑学院博士生。

一、刘敦桢先生遗产保护认知与目标的发展

本部分结合刘敦桢的学术经历，分三个阶段讨论其遗产保护的认知和目标的发展过程。第一阶段为刘敦桢先生从日本留学归来到全身心投入营造学社之前，这一时期，他对遗产保护有了初步的认识，以探索中国木构建筑为目标。第二阶段从他全身心投入营造学社到研究苏州古典园林之前，他在这一时期对遗产保护进行了深入思考，以吸收传统建筑中的优秀文化内涵为目标。第三阶段为他转向研究苏州古典园林并受到唯物主义的影响，这一时期，他以发扬传统建筑和古典园林的文化特点，并结合社会需求进行创新为目标。

（一）早期的认知与目标

首先，在 20 世纪 20 年代，刘敦桢对遗产保护的认知是不充分的。其子刘叙杰[①]曾表示：

> 社会的发展也是人的认识发展过程，只有通过反复和不断地深化，人的认识才能提高。……例如父亲 20 世纪 20 年代他就已长住苏州，并且对市内外的古建、园林、民宅做过多次踏访。但是对罗汉院双塔和玄妙观大殿如此突出显著的宋代建筑，直到 30 年代再来苏州时才得以发现。……就苏州园林而言，父亲在 30 年代和 50 年代的认识可说是有了天壤之别，而后来的飞跃性提高，自然与进行了大规模的深入研究工作密切有关。[3]295

在上述认知的基础上，刘敦桢与好友在上海创办了第一家全由华人经营的建筑师事务所[②]。他还与朱士圭、黄祖森、柳士英创办了苏州工业专门学校建筑科。该学校是东京高等工业学校（现东京工业大学）建筑系的延续，是侧重于结构工程这类实用派的[4]，可见刘敦桢当时力图引入现代建造技术，并培养现代化的实用人才。该校创办四年后，于 1927 年年底并入中央大学（现南京大学）建筑系，刘敦桢任副教授。由于从欧美毕业的教师受到当时学院派的影响，该校美术和设计课程增多，施工课程减少，更偏重设计。此后，刘敦桢在中央大学担任中国建筑史和中国营造法等课程的教学工作，赴山东、河北参观古建筑。在此过程中，他受到"民族性"的建筑价值观的影响[5]，对中国传统建筑有了进一步的认识，于 1928 年发表了第一篇论文，名为《佛教对中国建筑之影响》。该文从装饰、雕刻和构造展开论述，认为外来的佛教文化对中国传统建筑影响显著。[6]

认知的变化推动了目标的变化。这一时期，刘敦桢倾向于通过学习日本对木构建筑的保护和研究来探索中国木构建筑。1930 年加入营造学社后，刘敦桢翻译了日本学者关于古建筑研究的两篇文章[③]，并做了大量的订正和补充，发表于《中国营造学社汇刊》，引起社长朱启钤的注意。他还在译注的《日本古代建筑物之保存》一文中，惊讶于日本保留了大量的木构建筑，表达了对中国境内缺乏对木构建筑的保护的失望之情："我们或要惊讶围合在如此不利于木料的气候侵凌中，木质的古营造物，至少在日本境内，存在的还有这样的多。……但事实上中国全境内木质遗物的存在，缺乏得令人失望。"[7]35 同时，他还设

---

① 刘叙杰，我国著名建筑史学家、建筑教育家刘敦桢之子。

② 名为华海建筑师事务所，位于上海霞飞路。

③ 分别是：日本学者滨田耕作《法隆寺与汉、六朝建筑式样之关系》、田边泰《"玉虫厨子"之建筑价值》，刘敦桢作了大量订正及补充，发表于《中国营造学社汇刊》第三卷第一册（1932 年 3 月）。

计了南京中山陵光化亭，这是他开展古建筑设计的首次实践。该亭子虽是石质的，结构上却体现了传统的民族风格。

刘敦桢最初通过教育和设计实践来探索中国建筑的发展，以适应社会需求。在这一过程中，他对遗产保护有了初步的认知，确立了以探索中国木构建筑为目标。他学习了日本对古建筑的保护与研究，完成了对古建筑设计的首次实践。这也为他中期全身投入营造学社的调研工作打下了基础。

（二）中期的认知与目标

1932 年，刘敦桢辞去中央大学的教职，全身投入营造学社的工作中。经过十几年全国范围内的古建筑调查之后，他对遗产保护有了更加深刻的认识。一方面，他调查的建筑类型扩大到陵墓、桥、塔等；另一方面，他对遗产表达出了欣赏之情，并对城市规划和遗产保护进行了深入思考。

在 1943 年的《中国之廊桥》中，刘敦桢对廊桥的丰富形态、对建筑和景观的巧妙结合表达了高度赞赏："履行我国西南诸省者，每于山溪绝涧，泉瀑奔腾，或平原郁郁，柳岸沙汀之际，见有桥亘如虹，上覆廊屋，饰以重檐，或更构亭阁，挺然秀出，极似宋人所绘栈道图，雄丽而饶画趣。"[8]69

在 1948 年的《都市的建筑美》中，刘敦桢首次在城市规划与遗产保护的关系方面发表个人观点。他首先表达了对"都市之美"的看法：他认为，应在最低限度内，使一座建筑物的形式、比例、尺度、色彩和装饰等保持和谐统一，并与周围环境相协调。针对南京当时"多数呈现凌乱无章现象"，他提出 7 条"如何美化市容"的建议。其中第 6 条和第 7 条是关于遗产保护的。他提出，古建筑是民族文化的精神寄托，若不是在万不得已的情况下，不能拆除损毁；如果需要修缮，应请相关专家主持，不能违反原则。此外，应恢复南京市诸多著名古桥的繁荣状态，即"施以朱阑，映以绿柳，藉复六朝金粉、南明灯舟之盛"。随后他补充道，这些都是超出建筑法规范围的，应另成立委员会，与市容有关的建筑物应先经过该委员会审批，通过后才能建造。但他又表示，现如今"国内动乱，民生凋敝"，这些建议脱离实际，很难实现，因而提醒市政局要慎重考虑此事。在该文的结尾，刘敦桢还表达了他对北京旧城改造的看法。他认为，"市内明故宫一带，已指定为政治性建筑之集中地域"，此改造工程"将成为建国以来最伟大工程之一"；他还建议建筑师做设计时，应使建筑的"布局、结构、外观及内部设备"既符合时代要求，又要"发挥我国固有建筑文化优点"；应"创造适合时代国情的新建筑风格"，不能"抄袭泥古"。[9]92-93

这一时期，刘敦桢先生遗产研究与保护的目标由初期的探索中国木构建筑，发展为吸收传统建筑中的优秀文化内涵，这使他对中国传统建筑的认知有了进一步提高，并在新中国成立初期继续参与文物保护实践（见本文第二部分）。

在 1951 年发表的《中国的建筑艺术》一文中，刘敦桢指出，中国传统建筑不仅"为东方建筑文化的独立系统之一"，而且"在世界建筑中独树一帜"。他阐述了为什么要吸收遗产中的优秀传统，认为中国传统建筑之所以两千年来"在艺术方面能够维持特殊地位"，是因为它从汉代起便随着社会、经济和文化的发展而改变。而且每次改变"都能把握民族传统文化的精神，同时又能适应客观的不同需要"，进而产生更加丰富的建筑。[10]129

这一时期，刘敦桢也在大量调研并参与若干保护项目的基础上对遗产进行了深入思考。他逐渐认识到了中国传统建筑的重要地位与价值，确立了以吸收传统建筑中的优秀文化元素为目标。当然无论是早期探索中国木构建筑，还是中期吸收遗产的优秀传统，刘敦桢始终希望将传统建筑的精髓与社会需求相结合，从而创作出新的建筑形式。这一点在他后期的保护思想中尤为明显。

（三）后期的认知与目标

进入 20 世纪 50 年代，刘敦桢对苏州园林的认识有了飞跃性的提高。他表示，虽然从抗战时期开始收集住宅资料，"但限于人力物力，没有多大收获。一直到 1953 年春天南京工学院和前华东建筑设计公司合办中国建筑研究室以后，为了培养研究干部，测绘若干住宅园林，才获得一些从前不知道的资料"[11]前言。正是刘敦桢后期转向对苏州古典园林的研究，大大提高了他对中国传统住宅和园林的认知。同时，他在辩证唯物主义思想的影响下，形成了特定的研究方法和保护思想。在此基础上，他先后完成了《中国古代建筑史》《苏州古典园林》《中国住宅概说》等著作，还主持修缮了南京瞻园。

1. 中国传统住宅

刘敦桢认为，建筑结构是由气候条件决定的，并解释道："如我国之传统建筑仅采用承重墙而未采用木构架结构形式，就难以适应上述复杂多变的气候与各种不同的建筑要求。此即木架建筑在我国自古以来被普遍采用的主要原因。"[12]5

他认为，北京四合院是"旧时甚为理想之居所"[12]126，它最有魅力的地方是"各座建筑之间用走廊连接起来"[11]51。他还赞美了江南住宅的浮雕和苏式彩画形式丰富、寓意吉祥。关于前者，他指出："江南住宅的浮雕，其所示内容有山川、植被、建筑、人物、禽兽及几何纹样，或表现历史故事，或征兆喜庆吉祥，甚为丰富多彩。"而对于苏式彩画，他认为，起主要装饰作用的"包袱"，"系以历史故事、风景名胜、博古宝器等为内容，与历来彩画一贯施几何纹样者大相径庭"[12]136。

简而言之，刘敦桢主张，应学习传统住宅中因地制宜和就地取材的经验，同时批判地吸收传统住宅中的优点，不可盲目抄袭。他还提倡在现有基础上用最经济简便的方法，改善农村住宅的状况。最后，他还呼吁对居住建筑进行普查。[11]78

2. 苏州古典园林

普查苏州园林后，刘敦桢 1956 年在阶段性汇报中指出，苏州园林与皇家园林的风格不同，它是"我国园林艺术中两大主流之一"，其艺术价值远高于历史价值。他提出，应本着"取其精华，去其糟粕"的原则，将苏州园林"发挥更大的光辉和作用"。他强调，苏州园林的保护应先进行普查，"摸清它的数量、规模、分布与保存情况"；对于暂时作他用的园林，不能任意拆改；还需"拟出逐年整理的全盘计划"[13]168, 182。1958 年谈及苏州园林的绿化问题时，他指出，苏州园林"在面积不大的封闭式园林内""累积了不少经验

和手法"，"颇为精致细巧"，"值得批判地吸收，以供今后绿化建设的参考"。[14]40-41

1961 年，刘敦桢又提出，中国传统绘画在写意层面上影响了古典园林的设计手法。这种影响主要体现在布局上，包括立意、景的组合、层次、各单元之组合、虚实对比、气韵（即风格）等方面。[15]242-246

3. 研究方法的形成

刘敦桢曾在书信里表达他对民居调查和建筑史写作的看法。关于民居调查，他认为若只有透视图而缺乏平立剖等图，则不能表达真实情形，因此相片是决不可少的。关于建筑史写作，他提出，"正规的建筑史应该是全面的、综合的和断代的"，应"从历史唯物观点出发，叙述建筑的发展特征，从民族文化方面阐扬它的历史价值与艺术价值"。[16]205 结合其调查报告和著作不难发现，他主要采取了文献考证、实地调查、科学分析的研究方法。

刘敦桢在写作中采取的科学分析法最为突出。他在《中国古代建筑史》中采用了先按朝代分期、后按功能分类的方式，在《中国住宅概说》中采用了按住宅平面形式分类的方式；并在每种建筑类型下面举例分析。在《苏州古典园林》中，他则采用先归纳设计手法、后分析主要案例的方式。这三部著作中均包含大量考证资料、照片和测绘图。

4. 唯物主义的影响

刘敦桢的保护思想受到唯物主义的影响。1953 年刘敦桢在给郭湖生的信中提到对中国建筑史人才培养的十条目标，其中前两条为："①研究过马列主义，决心为人民服务；②通晓唯物辩证法。"他还建议郭湖生"先掌握唯物辩证法，其次研究中国通史，因为只有先了解中国社会的发展经过，才能了解中国建筑是如何形成与进展的"[17]202。

1959 年，刘敦桢运用唯物辩证法讨论了中国建筑艺术继承与革新的关系，并提出遗产在"继承"和"革新"方面的目标。他提出，因地形和气候不同，建筑上采用的处理手法也不同，其中的经验应予继承和发扬。同时，他还提出"这就使我们过去的文化遗产，必须实事求是地依据具体情况，予以分析和批判，抛弃其落后与腐朽的内容，吸取和发展其健康有用的成分，以为今天的需要服务"。最后，他总结道："所以我们今天必须在继承方面先做一些研究工作，然后在创作方面，结合技术作进一步的实践"；"主要关键还是认识问题，其次是革新中的具体方法问题"[18]231-234。

通过以上分析可得出，刘敦桢后期的遗产研究与保护以发扬传统建筑和古典园林中的文化特点，并结合社会需求进行创新为目标。从早期对木构建筑的探索，到中期吸收遗产中的优秀传统，再到后期提倡结合社会需求进行创新，他的保护思想越发趋向"现实主义"。他认为，保护遗产是为满足社会需要这种现实目的服务的。

二、遗产保护实践

（一）教学实践

为了发扬遗产中的优秀传统，刘敦桢于 1943 年继续回到中央大学（1949 年改名为南京大学）建筑系任教，直至 1953 年南京工学院（现东南大学）从南京大学中独立出来，刘敦桢至南京工学院建筑系任教，并担任中国建筑研究室主任。他在 1953 年的《中国建筑史》课程学习说明中提出，此课程的目的是"配合建筑学专业培养社会主义现实主义建筑师"。该课程从一年级下学期开始，分两个学期完成，分别讲述历史部分和结构部分，每周4学时，每学期68学时。讲课方式为口述和抄笔记，并放映幻灯片，使学生们"掌握各时代各种建筑的形象比例"。学生每周还需临摹指定的图样，以"供设计创作的参考"。此外，老师每学期需检查四次笔记，随堂测验两次，期末考试为口试。[19]160

（二）项目实践

从20世纪20年代至60年代，刘敦桢参与的建筑设计及文物保护项目达20余项，在《刘敦桢全集》中详细记录的有《修理故宫景山万春亭计划》[20]（梁思成、刘敦桢）、《清故宫文渊阁实测图说》[21]（梁思成、刘敦桢）、《南京及附近古建遗址与六朝陵墓调查报告》[22]、《南京瞻园的整治与修建》[23]等。本部分以六朝陵墓调查和瞻园修缮项目为例，分析其遗产保护实践中体现的保护思想。

1. 南京及附近古建筑遗址与六朝陵墓调查

从1949年12月至1950年7月，刘敦桢与其他成员共实地调查了八次，并在调查报告中提出了保护意见。在第一、第二次调查中，他发现"所有经调查的古迹，尤其是六朝陵墓，损坏情形相当严重"，因而提出短期"治标"与长期"治本"相结合的保护方法。他强调"治标方法"必须立刻进行。关于"治本方法"，他表示："最基本的方法，是将这所有的石碑、石柱、石兽全部集聚在一起，建一文物博物院保存。"但这工程甚大，短期内无法实现，因而"对目前散处田野之数十件石刻文物，何者可以就地保存，何者必须迁往他处，应予首先区别"。第三次调查报告中，刘敦桢注意到对石刻周围环境的保护，提出禁止在石刻周围继续挖沟或种田。其他例如"将部分石刻移到城内，所有石刻加涂防护剂等"措施，他认为也能在短期内实现。[22]94-111

总之，对于石碑、石柱等陵墓类的遗产，刘敦桢认为在短期"治标"时应采取适当的措施"抢救并保护"；与此同时，应结合当时的社会情况，从保护方式、考古发掘、环境控制、保护规章、教育等方面入手，达到长期"治本"的目的。

2. 南京瞻园修缮

刘敦桢助手叶菊华①所著的《刘敦桢·瞻园》[24]一书中，详细记载了瞻园的修缮情况。1958年春，刘敦桢受委托，主持修缮南京瞻园，使其"成为广大人民游览娱乐的胜地，宣传中国传统文化、开展国际文化交流的场所"。这是刘敦桢多年研究苏州古典园林以来的一次具体实践。该修缮工程共分为三期，其中一期是对当前部分的修治与整改；二期是为进一步扩大园林所做的规划设计，都是在刘敦桢的指导下，由其研究室成员完成现场测绘、设计和绘图等工作。

（1）一期修治与整改。

瞻园的修整原则确定为"就园址现状进行修治与整改，保持原布局特点"，施工分

---

① 叶菊华（1936—　），园林设计师。1959年毕业于南京工学院建筑系建筑学专业，分配到中国建筑科学研究院与南京工学院合办的中国建筑理论与历史研究室从事研究工作，并作为当时建筑系主任刘敦桢的助手之一，进行了中国古建筑调研，参与了中国古代建筑史及苏州古典园林的调研与编写和绘制插图等工作。

为前期和后期。前期从1960年至1964年，整修如下："①瞻园路上开辟园门，建一组三重庭院；②改造扇形水池、叠造南假山；③改造静妙堂室内地坪；④整修北假山及北池；⑤整治瞻园西山及西侧水涧；⑥绿化调整及植物增补。"后期从1965年至1966年，修整如下："①优化南假山临池绝壁的顶部收头处理；②整修园东僵直的走廊（自静妙堂东侧至北假山东）；③改造静妙堂南水榭下部腐损的木结构，并将南水榭地面降低14厘米、屋面降低60厘米；④恢复静妙堂鸳鸯厅格局；⑤充北架山东侧水湾，在其东北新叠一峭壁山，以衬托北假山；⑥花篮厅木结构加固。"

其中刘敦桢在设计方面的创作包括：在瞻园南部设立入口，布置庭院；改造静妙堂南部水池形状，叠造南假山；改善北假山周边的空间尺度关系；将东侧的僵直走廊改为曲廊。

为了顺应游园线路，在南部设立新入口。设计一组由门厅、小轩和花竺厅组成的园林小院，以曲廊相连。该手法参照了苏州留园入口的处理方式，"通过曲折的小空间作为过渡，以收敛人们的视觉和尺度感，使游人入园后有一缓冲，不能立即窥见全园面貌"。

静妙堂南部水池由原先扇形的水池所改，并结合新叠加的南假山，将该水池划分为大小两池。南假山是刘敦桢"将马远、黄公望、阎次平、倪云林四种不同的山水画混用于一处"设计而成的，并由王奇峰[①]等匠师完成堆叠，"被行家认为是上乘作品"。王奇峰先是按照刘敦桢的手稿制作了假山的模型。在匠师们堆叠假山的过程中，刘敦桢经常现场指导，"共同选择石料，注意石材纹理及大小形状，拼缝处要符合自然状态，稍不满意就调换石材，并十分注意石材的摆放方向，常常吊在扒杆上旋转一周，选出最好的观赏面，迎着外口而立"。

因北假山较矮且距观赏点静妙堂较远，而且遮挡不住民国时期建的二层楼，所以决定"增高其山势，扩其面宽"。在北假山平台上加叠石屏，增加它的高度；还在北假山的东北部"扩一水湾，再叠一峭壁小山"，扩展它的高度、深度和广度。从而营造出"山重山，水重水"的意境。由于之前的东侧走廊"不仅平面布局平直、僵硬，且原走廊高瘦、木构架纤细、粗糙、无细部处理"，所以刘敦桢决定"拆除重建，更新为曲廊"，并"新增水廊、爬山廊及跌落廊"。

（2）二期（瞻园东部）扩建规划。

虽然二期扩建项目施工于1986年至1987年，由叶菊华主持，但是该规划图是1965年至1966年由刘敦桢直接指导完成的。规划设计的原则有三："一是尽可能减少建筑在园林中所占的面积；二是最大限度扩展游人的户外活动空间；三是为了在不同气候条件下都能参观游览，将各观赏点连以走廊或其他建筑。"他将新建部分分为南区、中区和北区三个景区：

"①南区：以厅、堂、楼、馆等建筑组合成一组封闭的建筑群体，其间有大小庭院空间相互沟通和过渡，为游客提供室内活动场所。②中区：以广阔的草坪为主，周围植乔木，局部设有亭廊，兼具交通与坐息之用。③北区：将一期设计的小水院向东延展（将权宜之计的贴壁假山和园墙拆除），以形成一较大水面。环池构筑亭、曲廊、水廊、平桥

① 王奇峰，当年南京市园林管理处下属园林建设施工队专业假山师傅。

等，形成半封闭的水院。"

所以，刘敦桢对瞻园采取的是"古为今用"的修缮原则。他在《南京瞻园的整治与修建》中表示："二期方案在实施上的困难更大，因该地形地貌已完全改变，且无任何文史及实物线索可循，因此只能选择我国传统园林中的若干手法，结合当前社会对园林建设的新要求，在创造社会主义新园林和实现'古为今用'方面努力进行一些探索，并希望通过实践能得到大家的认同。"[23]68

因此，无论是教授中国建筑史课程，发扬遗产中的优秀传统以"配合建筑学专业培养社会主义现实主义建筑师"；还是对陵墓类遗产采取短期"治标"与长期"治本"相结合的保护方式；或是对瞻园采取"古为今用"的修缮原则，均能体现刘敦桢从实际出发、服务于社会需求的"现实主义"保护思想。

三、结语

刘敦桢的保护思想始于 20 世纪 20 年代，他对遗产保护有了初步的认知，确立了以探索中国木构建筑为目标，最初通过学习日本对古建筑的保护与研究来实现。30 年代加入营造学社，经过十余年的全面调查，他认识到中国传统建筑的重要地位与价值，确立了以吸收传统建筑中的优秀文化元素为目标，实践中采用短期"治标"与长期"治本"相结合的保护方式。50 年代他转向研究苏州古典园林，对中国传统住宅和园林的认知有了飞跃性提高。同时，他的保护思想受到辩证唯物主义的影响，以发扬传统建筑和古典园林中的文化特色，并结合社会需求进行创新为目标。他用科学分析法撰写著作；以"配合建筑学专业培养社会主义现实主义建筑师"为使命教授中国建筑史课程；对瞻园采取"古为今用"的修缮原则。

因此，刘敦桢在不同阶段对遗产的认知推动了目标的发展，其目标通过实践与研究来实现，而实践与研究又促进了认知的进步。在此过程中，他的保护思想越发趋向"现实主义"，他认为对遗产的保护应从实际出发，服务于社会需求。

参考文献

[1] 赖德霖. 马克思主义对刘敦桢中国建筑史观的影响 [M]// 中国近代思想史与建筑史学史. 北京：中国建筑工业出版社，2016.

[2] 曲艺，李芳星，马光宇. 梁思成与刘敦桢建筑思想比较研究——关于中国建筑传统的继承与革新 [J]. 城市建筑，2017（10）.

[3] 刘叙杰.《刘敦桢全集》整编后记 [C]// 刘敦桢全集（第十卷）. 北京：中国建筑工业出版社，2007.

[4] 赖德霖. 学科的外来移植——中国近代建筑人才的出现和建筑教育的发展 [M]// 中国近代建筑史研究. 北京：清华大学出版社，2007.

[5] 赖德霖."科学性"与"民族性"——近代中国的建筑价值观 [M]// 中国近代建筑史研究. 北京：清华大学出版社，2007.

[6] 刘敦桢. 佛教对中国建筑之影响 [C]// 刘敦桢全集（第一卷）. 北京：中国建筑工业出版社，2007.

[7] 〔日〕关野贞. 日本古代建筑物之保存 [C] 吴鲁强，译. 刘敦桢，译注. // 刘敦桢全集（第一卷）. 北京：中国建筑工业出版社，2007.

[8]　刘敦桢. 中国之廊桥 [C]// 刘敦桢全集（第四卷）. 北京：中国建筑工业出版社，2007.

[9]　刘敦桢. 都市的建筑美 [C]// 刘敦桢全集（第四卷）. 北京：中国建筑工业出版社，2007.

[10]　刘敦桢. 中国的建筑艺术 [C]// 刘敦桢全集（第四卷）. 北京：中国建筑工业出版社，2007.

[11]　刘敦桢. 中国住宅概说 [C]// 刘敦桢全集（第七卷）. 北京：中国建筑工业出版社，2007.

[12]　刘敦桢. 中国古代建筑史（教学稿）[C]// 刘敦桢全集（第六卷）. 北京：中国建筑工业出版社，2007.

[13]　刘敦桢. 苏州的园林 [C]// 刘敦桢全集（第四卷）. 北京：中国建筑工业出版社，2007.

[14]　刘敦桢. 苏州园林的绿化问题 [C]// 刘敦桢全集（第四卷）. 北京：中国建筑工业出版社，2007.

[15]　刘敦桢. 中国古典园林与传统绘画之关系 [C]// 刘敦桢全集（第四卷）. 北京：中国建筑工业出版社，2007.

[16]　刘敦桢. 致喻维国、张雅青函（之一）——关于民居调查及建筑史写作 [C]// 刘敦桢全集（第十卷）. 北京：中国建筑工业出版社，2007.

[17]　刘敦桢. 致郭湖生函 [C]// 刘敦桢全集（第十卷）. 北京：中国建筑工业出版社，2007.

[18]　刘敦桢. 中国建筑艺术的继承与革新 [C]// 刘敦桢全集（第四卷）. 北京：中国建筑工业出版社，2007.

[19]　刘敦桢.《中国建筑史》课程说明 [C]// 刘敦桢全集（第十卷）. 北京：中国建筑工业出版社，2007.

[20]　梁思成，刘敦桢. 修理故宫景山万春亭计划 [C]// 刘敦桢全集（第二卷）. 北京：中国建筑工业出版社，2007.

[21]　梁思成，刘敦桢. 清故宫文渊阁实测图说 [C]// 刘敦桢全集（第二卷）. 北京：中国建筑工业出版社，2007.

[22]　刘敦桢. 南京及附近古建遗址与六朝陵墓调查报告 [C]// 刘敦桢全集（第四卷）. 北京：中国建筑工业出版社，2007.

[23]　刘敦桢. 南京瞻园的整治与修建 [C]// 刘敦桢全集（第五卷）. 北京：中国建筑工业出版社，2007.

[24]　叶菊华. 刘敦桢·瞻园 [M] // 南京：东南大学出版社，2013.

郑振铎文物工作思想的当代意义①

胡姗辰②

【摘要】 郑振铎先生的文物工作思想体系立足于鲜明的民族主义立场，是在服务大众的宗旨下由一系列科学保护和管理的思想构成的、具有中国特色的思想理论系统，也符合当代文化遗产保护理念和实践的发展方向。郑振铎文物工作思想体系奠基起新中国文物保护与管理工作的基本架构，为我国文物工作的改革与发展指明了基本方向，其中很多具体思想和理念，对于解决我国当下文物工作中面临的突出问题，仍具有重要的指导意义。

【关键词】 郑振铎；文物保护与管理；博物馆管理；文物保护思想史

郑振铎先生是新中国中央政府文物事业管理部门的首任领导人。作为新中国文物工作的奠基人，"解放思想、实事求是、艰苦创业、开拓奠基"是对郑振铎先生在新中国文物事业中作出的突出贡献的总结，也是其不断发展的文物工作思想体系的突出特征。自20世纪20年代进行文物和考古研究伊始，郑振铎的文物工作理念，始终顺应时代的发展及我国文物保护现状和实际的需要，既积极吸取国外先进经验，与时俱进，又结合我国构建新秩序、新文化的现实需求，有针对性地扬弃。总的来说，郑振铎文物工作思想体系，是立足于鲜明的民族主义立场，以服务大众为宗旨，并由一系列科学保护和管理思想构成的具有中国特色的思想理论系统。在新中国成立70周年之际对其文物工作思想进行系统研究，挖掘其思想的当代意义，具有正本清源的基础性意义。

一、宝爱民族遗产、维护民族文化尊严与主权

郑振铎生于内忧外患的清末时期，目睹辛亥革命的挫折，亲身体会到时局动荡、民族飘摇和人民生活疾苦。由于自小受革命书籍的熏陶，青年时又深受西方社会学著作的影响，郑振铎逐渐成为新思想的积极倡导者。作为一名用文字传播新思想、新文化，又对中西文化有着深入研究的文化学者和革命者，郑振铎先生深知文物对于维系民族情感、发展民族文化教育的重要意义。他对于民国时期民族文献遗产的外流给中国史学研究和教育造成的资料缺乏深感忧心，认为"民族文献、国家典籍，为子子孙孙元气之所系，为千百世祖先精灵之寄"[1]377；"古文物、古文书便是民族文化的眼珠子"[2]40，将盗卖、偷运古文物、古书籍至国外的行为视为"文化上的卖国"[2]40-41，并身体力行组建起一支致力于搜访遗佚、收购和保存古籍文献的工作队伍，兼顾广大与精微，竭力搜访，并"与商贾辈龂龂议价"，以期"重要之书，流落国外者可减至最低度"[1]371-372。与此同时，他发出"救救

---

① 本文已被2019年中国建筑学会建筑史学分会年会暨学术研讨会会议论文集收录。
② 胡姗辰（1990— ），清华大学建筑学院博士后，中国人民大学法学院、法国图卢兹大学法学院联合培养博士，主要研究方向：文化遗产法、文物管理理论。

孩子们"的呼吁，还号召爱国进步文化工作者"要在这最艰苦的时代，担负起保卫民族文化的工作"①，"树立起保护古文化的壁垒"[2]41。

民族主义立场也贯穿在先生主持新中国文物工作的方方面面。面对新中国成立初期走私和倒卖文物猖獗、古墓盗掘和文物拆毁现象严重两大历史遗留问题，郑振铎主持领导文物事业管理局出台了《禁止珍贵文物图书出口暂行办法》《古文化遗址及古墓葬之调查发掘暂行办法》等一系列单行法令法规，通过明确的法规对外禁止出口、对内严禁破坏。前者确立的文物出口鉴定许可制度作为国际社会通行的一种文物保护和管理制度，不仅从法律上截断了珍贵文物任意外流的可能性，向西方国家宣布了新中国保护民族文化遗产、维护文化主权的决心，且一直沿用实施至今，成为我国文物管理的基本法律制度。与此同时，郑振铎还始终坚持着追回散落民间的珍贵图书和档案遗产的努力，多次在得到相关线索时建议有关部门予以紧急收购或采取其他临时管理措施，以防其灭失或流落海外。②民族主义的理念和立场，更是郑振铎进行文物保护公众宣传与教育、促进人民群众文物保护意识提高的重要立足点，他多次在公众媒体疾呼"宝爱民族遗产，保护文化古物"，号召全国人民共同守护、抵制文物外流与破坏。

二、服务公众，给文物以新生命

文化遗产不仅是民族的，还是大众的。服务人民群众，是郑振铎文物保护工作思想的核心理念和目标。他指出，"古物是公器"，"爱护古物、发展学术，应当化私为公"[2]42-44；要求"一切研究工作，都是为广大的人民服务的；一切研究的成果，都是为广大的人民享用的；一切采集研究的成绩，都是要迅速而公开地传布于广大人民之间的"[3]107。

在服务公众的宗旨下，郑振铎十分重视文物的公众利用。他指出："'古董'是活的，不是死的；是动的，不是静的；是有生命的，是有新生命、新光芒的；不是僵尸、骸骨，更不是消极无意义的、和人民大众的实际生活全无联系的东西。"[4]80-81给文物以新生命，就是进一步加强文物与社会公众的联系，保障公众对文物的公益性享用。

在"给文物以新生命"的理念和目标下，郑振铎对于博物馆的建设与发展也有着既立足国情、与时俱进，又符合国际先进文化遗产保护理念、具有发展眼光的构想。他认为，"博物馆工作的目标是要具体的表现新民主主义的，即民族的、科学的、大众的、文化的最高成就"[5]70，同时兼具"科学研究""文化教育"和"收藏物质文化与精神文化遗存和自然标本"三方面不可分割的性质[6]327，要"把历代的人民大众的智慧的创作，还之于人民大众"，"通过那些文物，建立整个民族文化的灿烂光辉的系统"。[4]79博物馆还应为科学研究服务，把中国历史陈列出来，在发挥新民主主义的，即科学的、民族的、大

---

① 郑振铎：《保卫民族文化运动》，载茅盾、楼适夷主编，1940年7月出版《文阵丛刊》第1辑《水火之间》卷首。

② 如在1952年9月接赵世遍来信得知北京宣内小市曾出现永定河档案和冀鲁晋水利卷宗后，郑振铎即向文化部提交《为紧急收购与收集旧档案致文化部的报告》；同年12月20日，郑振铎又提交《为收购北京旧书肆所有各省方志致文化部的报告》，汇报各省方志搜集情况及下一阶段搜集计划。报告指出："我国各省方志，有关国家国防及资源，万不能任其流通市面上，致为各帝国主义者们所购得，必须一面禁止出口，一面收尽流通市上的方志，以防各国外交使节的收购。"参见《郑振铎文博文集》，第196—200页。

众的文化教育作用的同时，为改进相关工业技术和创造历史题材的文艺作品提供重要参考资料。[4]79-80 其藏品的鉴定、整理、保管和陈列，也要求科学的态度与方法，展示中国历史的进展和社会发展规律。[4]80 博物馆还应通过向学校、研究机构和专家们提供藏品照片、拓片、复制品（模型）或各种记录性文件的方式，服务于不同层次教育和研究的需要。[7]320-321 此外，每个博物馆都应发挥其积极性和创造性，因地制宜，体现自己的特点，不能强求一律。[6]328

不可移动文物保护同样不能背离"服务公众"的宗旨。郑振铎主张将文物建筑保护纳入城市规划中，通过科学规划，研究如何利用古建筑来丰富城市的新计划和内容，使其成为彰显城市文化的靓丽风景，而非新的城市建设计划的障碍物。[8]14 一些重要的文物建筑，应在保持原状的基础上设专门的保护、研究机构[9]294，反对个别主体的排他和私益性利用。其他因事实需要不得不暂时利用者，也应尽量保持旧观，经常加以保护；如确有必要拆除或改建时，必须经由当地人民政府逐级呈报各大行政区文教主管机关后始得动工。① 上述一系列从宏观到微观的保护和管理方式，确保了不可移动文物公益性价值得到切实发挥。

三、科学管理，立足国情

郑振铎具有近现代教育背景和东西方比较研究经历，十分重视因地制宜和科学方法对于文化保护、研究和发展重要性。其早年著作《近百年古城古墓发掘史》的序言，就明确区分了现代考古发掘与19世纪中叶以前的偶然发现，提倡"系统的、有意义的、有方法的发掘工作"[10]7；他身体力行，指出"为保存、为研究之昔之聚书，亦应有异于鉴赏家与偏嗜者"[11]13，明确古籍整理和文献遗产保护也应遵循一套与之相适应的科学方法。郑振铎十分注重作为现代文化遗产保护基本方法的分类保护原则的应用，对不同类型文物的保护提出具体的、专业的建议和指导：对于地下文物，他反对挖宝式或盗墓式方法，坚持"片瓦"也要保存、"片发"也要搜罗，每一件文物详细的位置，都要记录下来，或固定下来。[8]16 地上文物也应当按照科学的方法来进行保护和修复。如古建筑的修整，必须一梁一柱、一砖一瓦，甚至每一块藻井的彩画，都必须严格遵守原状保护原则，绝不允许改变样子，添加或拆去某一部分，或改变任何式样，甚至包括彩画的颜色。[8]18 为促进新中国文物保护走上科学化和专业化的道路，郑振铎一方面充分发挥专家作用，另一方面极力推动专业人才培养。经他多方邀请，首届文物事业管理局"所有业务处的正副处长都是学有所长的专家，甚至是在国际上也很有声名的知名学者"[12]10；他还推动促成了由中国科学院考古研究所、国家文物事业管理局和北京大学历史系联合举办的"全国考古人员训练班"，被誉为考古界的"黄埔四期"，为中国考古事业和学科发展培养了一批中坚和骨干力量。

多年参与中国革命和文化建设工作的经历，也使郑振铎掌握了将西方先进文物保护理念和方法因地制宜地"本土化"的能力。郑振铎深知，新中国文物工作绝不能简单地照搬照抄西方经验，而应符合国体和基本建设的需要。与西欧国家首先着眼于文物的艺术价值

---

① 参见中央人民政府政务院于1950年7月6日颁布的《中央人民政府政务院关于保护古文物建筑的指示》。

不同，中国自古代起就普遍存在鲜明的历史意识，注重文物的历史价值 [13]27；中国现代文物保护意识在觉醒之初便体现鲜明民族主义的特征 [14]55-59。郑振铎立足于中国文物价值观形成的特点和新中国国家性质和基本指导思想的改变，对古文物的价值进行本土化解读，他指出，古文物不只是供文人雅士们赏玩的"古董"，而是古代的物质文化，是说明甚至解决历史问题、体现社会发展规律的实物例证；是历代人民所创造的民族的文化艺术遗产，具有不朽的人民性，保持着我国伟大的光辉的文化艺术优良传统，其中的许多还构成人类文化艺术的最珍贵遗产；古文物还可供我们学习，"推陈出新"，创造现代具有民族特色的文化艺术。[8]12-13 在明晰文物的范畴和价值的基础上，郑振铎将图书馆、博物馆建设，古建筑、古陵墓、历代名胜史迹、革命遗迹的调查、保护、发掘与整理，历史、文化、革命图书的调查、登记、搜集与禁止出口等都纳入政府文物工作的职能范围 [15]73，系统搭建起具有鲜明特色的新中国文物工作的基本框架。

此外，郑振铎"抓得最准也最为重要的一件事" [16]C01，就是立足于新中国成立初期国家建设和发展的基本国情，提出了正确处理文物保护与基本建设的关系的切实可行的方案。先生指出，文物是不可再生的，一旦遭受破坏不可补救。要像保护自己的眼睛一样坚决保护文物，防止任何轻率、粗暴的处理，坚决反对乱拆、乱改、乱挖，应是我们的基本态度。[8]14 因此，考古人员和基本建设工程人员应建立良好的联系和配合机制；文化部门须事前了解重要基本建设工程选址的基本情况，与基本建设部门共同勘测、钻探，考虑避免损坏文物的办法。发现或证实文物十分重要或范围广阔、数量众多的，须呈报中央，由国家组织专家发掘。工程进行中发现地下有古墓或古文化遗址，亦应立即通知文化部门组织人力进行清理。[8]27-28 总之，在实施基本建设工程之前做好考古发掘工作，"不仅是为了爱护公共财物，为了保护民族文化、艺术遗产，也是为了基建工程本身的安全" [8]27。面对丰富的地下文物遗存与基本建设工程的广泛覆盖面之间的矛盾，郑振铎带领文物事业管理局认真贯彻"重点保护、重点发掘"的考古工作方针，将有限的专业力量投入最需要的地方。

四、奠基与指引：郑振铎文物工作思想的当代意义

作为"'五四'以后进步文化界少数几位'全才'式的大师之一"，郑振铎以对民族和国家的饱满深情和强烈责任感，以坚持用唯物史观阐释文物工作的方法，本着文物工作应为人民服务的信念，兼容并包、合理扬弃，在实践中不断探索发展，形成一套符合时代背景和现实国情的文物工作思想体系，不仅从无到有地构架并奠基起新中国文物保护与管理工作的主要方面，为我国文物工作的开展指明了基本方向，其中很多具体思想和理念，对于解决我国当下的文物工作面临的实际问题，仍具有指导意义。

首先，民族主义的文物保护立场，仍是我国文物工作的基本立场。作为重要的文物来源国，我国仍有大量珍贵文物流失海外；国际文物艺术品市场的日益繁荣，也刺激了部分人为了巨大的非法收益而铤而走险，进行文物盗掘和走私活动。在此背景下，坚定的民族主义立场在我国文物事业发展进程中尤为重要；特别是在我国积极融入全球化和国际文化遗产保护秩序、扩大文化遗产领域的国际交流与合作的当代，民族主义立场是打击文物跨

国犯罪的指导思想，是开展流失文物追索的理论依托，还是警惕和抵制以文化交流或极端国际主义为借口，长期侵占我国民族文物、侵犯我国文化主权的阴谋的有力武器。

其次，"服务公众"的文物工作宗旨和因地制宜的文物工作方法，对于解决当代我国文物工作中出现的一些问题仍有现实的指导意义。让文物"活"起来，是近年来我国文物工作改革的重要内容，其核心目的在于保障公众的文化权利，发挥文物的公益价值和对于当代社会建设和发展的重要意义。通过"给文物以生命"，让社会公众在充分接近和理解文物、感受和享用人类文明发展成果的基础上，更好地发挥积极性和主观能动性，开展新的更丰富的科学文化和艺术创造，不仅是充分保障个体的文化权利、为其自由发展提供保障条件的重要措施，更是促进社会主义文化繁荣的重要方式。然而，当今我国文物保护与利用关系尚存争议、文物保护中公私利益失衡屡见不鲜。在这种现实情况下，重申文物工作应以服务公众为核心的理念，也为加强和规范文物的合理利用、平衡文物保护中的公益与私益，提供了重要的价值标准和基本导向。此外，当今我国公众参与文化遗产保护的热情日益高涨，鼓励各遗产社区充分发挥地方特色文化优势，探索通过文化遗产带动地方经济社会全面发展的路径，已成为地方文化建设和社会发展的重要趋势。提倡"因地制宜"、适当放权和"松绑"的工作方法，在当前我国文物保护利用改革实践中极具现实指导意义。

再次，改革开放 40 多年来，我国文化遗产事业的发展趋势和文物工作的改革发展方向，与新中国成立之初构筑起的文物保护和管理体系一脉相承。新中国成立之初确立的诸如原址保护原则、建设工程选址之前的考古发掘制度、珍贵文物出口限制与许可制度、文物保护单位制度等一些原则与制度，都确立于我国《文物保护法》中，至今仍发挥着重要作用。近年来，中央在加强文物价值挖掘传播与合理利用，促进文物保护中的公众参与，促进文化遗产在经济和社会发展中积极作用的发挥，以及建立健全文化遗产法制等诸多方面大力推进文物工作改革，其基本方向、核心目的和主要内容，始终未违背郑振铎先生对于我国文物工作的远期规划。在这个瞬息万变的世界，郑振铎先生高瞻远瞩的视野，令人叹服。

最后，郑振铎立足本土的文物工作思想体系，呼应和把握了国际文化遗产保护理念发展的新趋势。其关于文物范畴及其价值的认识，提倡的考古和文物保护修复的原则与方法，确立的重要工程选址之前的预防性考古制度、分级保护的文物保护单位制度等，都紧跟是时国际文化遗产保护理念的发展方向；他对于博物馆之性质、功能的认识，以及对博物馆展陈与治理的思考，即使以当代博物馆理论及国际博物馆协会《博物馆职业道德准则》为衡量标准，也丝毫不显陈旧；因地制宜、发挥遗产社区自主性的理念，以遗产保护带动城市更新和经济社会发展的发展策略，至今依然为各类国际法文件所倡导，与当代可持续发展理念可谓异曲同工。可以说，先生兼容并包、高瞻远瞩的文物工作思想体系，为新中国顺利融入文化遗产保护国际秩序、与西方国家开展平等交流与对话，奠定了坚实基础。

参考文献

[1] 陈福康. 郑振铎年谱（上册）[M]. 太原：三晋出版社，2008.

[2] 郑振铎. 保存古物刍议 [C]// 国家文物局. 郑振铎文博文集. 北京：文物出版社，1998.

[3] 郑振铎. 重视文物的保护、调查、研究工作——《雁北文物勘察团报告》序 [C]// 国家文物局. 郑振铎文博文集. 北京：文物出版社，1998：107.

[4] 郑振铎. 给"古董"以新的生命 [C]// 国家文物局. 郑振铎文博文集. 北京：文物出版社，1998.

[5] 郑振铎. 一年来"文物工作"纲要 [C]// 国家文物局. 郑振铎文博文集. 北京：文物出版社，1998：70.

[6] 郑振铎. 全国博物馆工作会议总结报告（提纲）[C]// 国家文物局. 郑振铎文博文集. 北京：文物出版社，1998.

[7] 郑振铎. 博物馆事业应为科学研究服务——全国博物馆工作会议开幕词（提纲）[C]// 国家文物局. 郑振铎文博文集. 北京：文物出版社，1998：319-323.

[8] 郑振铎. 基本建设与古文物保护工作 [M]. 北京：中华全国科学技术普及协会，1954.

[9] 郑振铎. 历史文物的保护和发掘 [C]// 国家文物局. 郑振铎文博文集. 北京：文物出版社，1998：294.

[10] 郑振铎. 近百年古城古墓发掘史 [M]. 长沙：岳麓书社，2010.

[11] 郑振铎. 古籍整理的新倾向与新方法 [C]// 国家文物局. 郑振铎文博文集. 北京：文物出版社，1998：13.

[12] 谢辰生. 纪念西谛先生诞辰一百周年（代前言）[C]// 国家文物局. 郑振铎文博文集. 北京：文物出版社，1998：10.

[13] 谢辰生. 文物保护与科学研究的历史发展概述 [C]// 彭卿云. 谢辰生文博文集. 北京：文物出版社，2010：27.

[14] 江琳. 从"文物保护"到"文化保护"：近代中国文物保护的制度与实践研究（1840—1949）[M]. 北京：新华出版社，2015.

[15] 郑振铎. 文物工作综述 [C]// 国家文物局. 郑振铎文博文集. 北京：文物出版社，1998：73.

[16] 陈漱渝. 郑振铎的文博思想——纪念郑振铎先生诞辰 110 周年 [N]. 人民政协报，2008-12-08，C01.

杜仙洲、余鸣谦和祁英涛文物保护思想研究

——古代建筑整修所及文物保护科学技术研究所实践中的保护思想

王昕旸[①]

【摘要】 杜仙洲、余鸣谦和祁英涛曾就职于文物保护科学技术研究所，是我国文物古迹保护行业的重要实践者。早期，他们深受梁思成保护思想的影响，以"恢复原状"作为保护古建筑的最高目标，坚持"整旧如旧"思想。在这样的思想指导下，他们完成了正定隆兴寺转轮藏殿修缮工程、永乐宫整体搬迁、南禅寺全面复原工程等项目。他们的思想与实践在这一时期极具代表性，反映了我国这一时期的主流保护思想。后期，他们在自身的实践基础上，提出了"可逆性""尊重历史可读性"等观点。在古建筑的利用方面，他们也提出保护与利用的统一性，并强调古建筑"古为今用"的教育意义。

【关键词】 文物建筑；不改变文物现状；整旧如旧；可逆性

文物保护科学技术研究所前身为成立于 1935 年的旧都文物整理委员会，新中国成立后几经调整组建为研究所，经多年发展，现为中国文化遗产研究院。该机构最初主要负责北京地区的文物建筑调研整理和保护修缮工作。新中国成立后，其业务逐渐扩展到全国范围，对不同地区的建筑进行勘察，同时承担了许多重要的修缮工程，如南禅寺大殿全面复原工程、云冈石窟修缮工程、正定隆兴寺转轮藏殿修缮工程。该部门培养了大量的专业人才。他们的思想与实践在这一时期极具代表性，反映了我国这一时期的主流保护思想。

一、文物保护科学技术研究所

（一）从文物整理委员会到文化遗产研究院

1935 年，民国政府成立旧都文物整理委员会以对北京的文物及古建筑进行系统的整理和修缮。同年，北平市为配合旧都文物整理委员会工作成立北平文物整理实施事务处，后于 1936 年更名为旧都文物整理实施事务处。在 1935 年至 1937 年，旧都文物整理委员会及实施事务处组织实施了两期文物整理修缮工程。工程包含北平及周边的重要古代建筑，如十三陵、天坛、故宫、碧云寺等。

1945 年抗战胜利后，旧都文物整理委员会工作开始逐步恢复。1947 年，旧都文物整理委员会更名为行政院北平文物整理委员会。此时，朱启钤、梁思成等建筑界学者进入北平文物整理委员会出任委员，技术人员则包含杜仙洲、余鸣谦、祁英涛、于倬云等人。在 1947 年至 1949 年，旧都文物整理委员会继续对北平及周边的古代建筑进行保护修缮工作，例如颐和园、智化寺、故宫等。

---

① 王昕旸，清华大学建筑学院博士研究生。

1949 年，中华人民共和国成立后，北平文物整理委员会及其工程处更名为北京文物整理委员会，继续主持北京的古建筑修缮整理项目。1950 年，北京文物整理委员会参与文化部文物局组织"雁北文化勘察团"，对晋冀两省的古代建筑进行考察和摸底，并开始将业务范围拓展至京外地区。1952 年，北京文物整理委员会在全国范围内开展更大范围、更大规模的古建筑考察活动，发现了大量的古代建筑遗迹，具有极高的学术意义和研究价值。

1956 年，北京文物整理委员会更名为古代建筑整修所。除了延续以往的工作之外，内部学术刊物《古建通讯》于 1956 年创刊，杜仙洲和纪思担任主编。同时，古代建筑整修所还于 1958 年委派余鸣谦赴越南讲学，于 1959 年委派余鸣谦、李竹君赴蒙古指导乌兰巴托兴仁寺及夏宫修缮工程。

1962 年，古代建筑修整所与文化部博物馆科学工作研究所筹备处合并，组成文化部文物博物馆研究所，保留古代建筑修整所机构名称，并将其业务范围扩大，除古建筑修缮工程设计、调查研究之外，另新增馆藏文物化学保护、石窟寺与木构建筑的化学加固，以及文物与博物馆工作研究等。

1973 年，文物保护科学技术研究所成立，设有办公室及古建筑研究组、石窟研究组、化学研究组、资料组等机构。其中，古建研究组组长由祁英涛担任，石窟研究组组长由余鸣谦担任。在"文化大革命"结束后，文保所的各项事业得到了迅速的发展，工作再次开始走上正轨。1990 年，文保所与文化部古文献研究室合并，组建中国文物研究所，后于 2007 年更名为中国文化遗产研究院。

（二）重要人物介绍

文物保护科学技术研究所培养了大量的古建筑修缮专家。他们接受过专业的教育，在文保所进行了大量的实践，形成了自己的文物保护思想。杜仙洲、余鸣谦和祁英涛是十分具有代表性的三位先生。在 20 世纪 40—70 年代，他们主持了大量的保护修缮工程，将自己的保护思想融入实践当中，同时也通过实践对保护思想进行反思。

杜仙洲生于 1915 年，1942 年毕业于北京大学工学院建筑工程系，随后进入旧都文物整理委员会工作，成为技术人员。1949 年，杜仙洲担任北京文物整理委员会文献组编审员，主要负责文献的收集整理和调查研究工作，职称为工程师。1956 年，杜仙洲担任勘察研究组长。20 世纪 80 年代，杜仙洲开始兼任中国建筑学会理事、中国长城学会理事、中国紫禁城学会理事等重要社会职务。

余鸣谦生于 1922 年，1943 年毕业于北京大学工学院建筑工程系，并留校任教。后来，余鸣谦进入旧都文物整理委员会工作，成为工程处工程技术人员。1958 年至 1959 年，余鸣谦承担两次赴境外工作。1962 年，余鸣谦担任古代建筑修整所石窟组组长，并于 1974—1976 年主持云冈石窟三年保护工程。1980 年，余鸣谦开始承担社会职务，出任中国文物保护科学技术协会副理事长。

祁英涛生于 1923 年，1947 年毕业于北洋大学工学院建筑工程系，随即进入旧都文物整理委员会工作，成为工程处技术人员。1956 年，祁英涛任古代建筑修整所工程组组长，职称为工程师。1962 年，祁英涛任古代建筑修整所建筑组组长。1980 年，祁英涛出任中国文物保护技术协会常务理事。

在文物价值的认识方面，杜仙洲、余鸣谦、祁英涛这一代建筑学者受到很深的建筑史研究思想的影响。他们认为，文物建筑最重要的价值是它们作为"历史见证物"的价值，保护古建筑的目的最重要的是将古建筑长久地保存下去，同时达到"古为今用"的效果，为建筑史研究提供实例证据。

在保护方面，三位先生受梁思成保护思想影响颇深。这一部分一方面源于梁思成保护思想在当时的主流地位，另一方面则是源于梁思成曾经是北平文物整理委员会委员，他们早期的很多工作都是在梁思成的指导下完成的。但是，在实践过程中，他们也进行了辩证的思考，提出了新的原则和理念。

二、以"恢复原状"为最高目标的保护

（一）梁思成保护思想中的"保存或恢复原状"

作为我国第一批建筑史学者，梁思成先生考察了大量的古建筑。在进行建筑史研究的同时，他也提出了自己的古建筑保护观点，以将古建筑留存下来，为后世研究所用。

1932 年，梁思成在《蓟县独乐寺观音阁山门考》一文中，就对古代建筑的保护进行了简单的论述。在文中，他将对古代建筑的保护分为两类：保存现状的"修"和恢复原状的"复原"。[1]29 对于复原，梁思成强调复原应建立在充分研究的基础之上。1935 年，梁思成在《曲阜孔庙之建筑及其修葺计划》一文中，对文物建筑的保护进行了更为详细的论述，同时对自己的保护思想进行了总结。梁思成认为，古人重修建筑的目的与今人不同。古人以重塑辉煌为目标和功德，而今人的目的则是保护不同时代的古建筑，"我们须对各个时代之古建筑，负保存或恢复原状的责任"[2]2。

高天在《中国文物建筑保护历程——不改变文物原状的理论与实践》中总结："他认为文物建筑的保护应当建立在前期详细勘察研究的基础之上，以'保存或恢复原状'为原则，同时强调'恢复原状'必须有把握方可实行，并赞成采用现代方法加强传统木结构的承受能力和耐久性。"[1]31

尽管梁思成对于古建筑保护的论述并非十分深入，但是却对新中国成立初期的古代建筑保护思想产生了巨大的影响。在梁思成保护思想的影响下，"恢复原状或保存现状"成为 20 世纪后半叶我国文物保护的主流思想。1961 年，我国颁布的《文物保护管理暂行条例》提出"一切核定为文物保护单位的纪念建筑物、古建筑、石窟寺、石刻、雕塑等（包括建筑物的附属物），在进行修缮、保养的时候，必须严格遵守恢复原状或者保存现状的原则"。1963 年的《革命纪念建筑、历史纪念建筑、古建筑、石窟寺修缮暂行管理办法》提出"在保养维护、抢救、加固以及修理修复工程中，对建筑、石窟寺……都必须根据不同情况贯彻保持现状或恢复原状的原则，以充分保护文物所具有的历史、艺术、科学价值"。

（二）以"恢复原状"为最高目标的复原工程

祁英涛将在恢复原状的原则下进行的修缮工程分为两类：结构复原及全部恢复原状 [3]3，也就是通常所说的局部复原和全面复原。他指出，结构复原是目前复原工程中最为常见的一种，其特点是科学性较高。结构复原的工作原则是"凡有充分科学根据的，才做改动；凡没有充分科学根据或是资料不足的，应持慎重态度，保存现状" [3]3。而全部复原从科学性来讲不如结构复原，但参观效果较好，外观上可以给人以明确的时代特征。[3]4

在文保所的实践中，结构复原的代表作是正定隆兴寺慈氏阁及转轮藏殿的修缮工程。河北正定隆兴寺始建于隋代，宋初重建并更名为隆兴寺，随后金、元、明、清历代均加以修缮。平面上，隆兴寺大致保存了宋代风格。寺内有诸多建筑遗存，其中转轮藏殿和慈氏阁为宋代遗存，但经历了后代的重修及修缮，已非宋代原貌。

1950 年，雁北文化勘察团古建组对隆兴寺进行了考察。在《雁北文物勘察团报告》中，刘致平对隆兴寺转轮藏殿进行描述并指出"现殿之楼板楼梯全毁，屋顶朽坏，宜加修葺" [4]140。刘致平在文中对与转轮藏殿对称布置，形制相似的慈氏阁的现状描述为"现已大部坍毁，修复不易。然应设法支撑牢固，勿使继续破坏，以便将来修整" [4]140。1952 年，祁英涛和罗哲文再次来到正定对隆兴寺进行考察，并将转轮藏殿和慈氏阁纳入第一批修缮项目。1953 年至 1958 年，转轮藏殿和慈氏阁进行落架复原性修缮工程。

转轮藏殿修缮工程是北京文物整理委员会承担的第一个外省市古建筑维修保护工程 [5]29，由余鸣谦担任工程项目主持人。北京文物整理委员会特聘朱启钤、梁思成、杨廷宝、刘致平、莫宗江等专家对工程进行了全面的科学论证，并进行指导。该项目以本地区同时期的实物遗存和宋代《营造法式》为参考，进行局部复原。这是中国古建筑修缮保护工程中首次运用此种理念和方法，对其后古建筑维修工程影响甚大。[5]29

在修缮过程中，设计者根据本地区同时期的实物遗存的情况，对以下三项进行了复原：

（1）参考楼阁建筑遗存，拆除平坐上层腰檐，保留一层副阶；

（2）参考殿内栏杆样式，对外檐栏杆进行补配；

（3）参考殿内转轮藏情况，加长上檐长度。

根据《营造法式》，对以下两项进行了复原：

（1）恢复椽口卷杀形式；

（2）将清代所加博风山花去除，复原悬鱼惹草形式。

对复原依据不足的部分进行了保存原状处理，主要有以下三项：

（1）内部梁架新补配构件，表面未重新彩画和罩油；

（2）对于门窗装修保持原状，未进行复原；

（3）对瓦顶保持清代绿琉璃剪边的歇山顶原状，未进行复原。[1]63-64

全部恢复原状的代表作是五台山南禅寺大殿的复原修缮工程。南禅寺位于山西省五台县李家庄，寺内大殿建于 782 年，是我国重要的唐代建筑遗存。1953 年年初，杜仙洲与山西省文管会主任委员崔斗辰在佛光寺了解修缮情况时，五台县政府将南禅寺大殿残毁急待修缮的情况反映给两位学者。1953 年年底，陈明达、祁英涛等人组成勘察团，再次对南禅寺进行勘察。[6]16 1954 年，北京文物整理委员会在 1953 年工作的基础上拟定了初步复原修缮方案，但并未实行。[6]17 1972 年，南禅寺大殿获得重点修复，修复工作立即开始启动。山西省文物工作委员会于同年组织有关部门的技术人员，在文保所专家指导下，结合 1954 年方案对南禅寺进行了进一步的勘测发掘，形成了新的设计方案。据称在方案讨论会上，一部分专家主张修缮复原，一部分专家主张支撑保护，最终也没有形成一致意见。[6]17 1973 年，国家文物事业管理局①再次组织专家团对南禅寺进行考察，最终确定了"全面复原"的保护方案。该项目是我国第一个以"恢复原状"为原则进行的全面复原工程，是一次伟大的探索，但也引起了大量的争议。

在复原方案中，复原的依据主要有对台明、月台的现场发掘、同时期建筑实例及壁画中的建筑形象及宋代《营造法式》。由于南禅寺为唐代建筑，《营造法式》并非复原的主要依据，同时期的建筑实例及壁画中的建筑形象是此次复原的重点参考对象。

具体复原内容如下表所示[1]90-92：

复原部位	复原依据
台明、月台	现场发掘
檐出	现场发掘、同期实例、《营造法式》
椽径	现场遗存、《营造法式》
殿顶、脊兽	同期实例、《营造法式》
门窗	同期实例
驼峰、瓜柱、座斗	同期实例

（三）对"恢复原状或保存现状"的看法

在梁思成思想的启发下及项目实践的经历中，祁英涛和杜仙洲对恢复原状或保存现状进行了进一步解读。对于"恢复原状或保存现状"的理解，建立在对"原状"和"现状"两个概念的理解之上。祁英涛和杜仙洲认为，古代建筑的"原状"指代的是古代建筑最后一次重建的面貌，而"现状"指代的是现存面貌在健康时的面貌。

1982 年，祁英涛在《关于古建筑修缮中的几个问题》一文中指出"所谓原状，应该是一座建筑物或一个建筑群原来建筑时的面貌，不一定就是最早历史年代的式样，因为我们保存古代建筑的目的之一，就是它可以作为历史上的实物例证，只有它原来的面貌，也就是开始建筑时的面貌，才能真正地、确实地说明当时历史情况和科学技术水平"[3]3。1986 年，祁英涛在《不能改变古建筑的原状》一文中，对"原状"和"现状"继续进行了阐释："因而我们所说的原状，就包含两种含义：一是现存的原状，一般称为'现状'，但不是破损不全的状况，而应是健康的面貌；另一种是以主体结构为标准的最初建造时的面貌，一般称为'原状'。"[7]321

---

① 新中国中央政府文物行政管理机关经历经文化部文物局、文化部社会文化事业管理局、文化部文物管理局、文化部图博文物事业管理局、国务院图博口、国家文物事业管理局、文化部文物事业管理局等数次名称的变化，机构职能及隶属关系也多次调整，直至 1988 年更名为"国家文物局"，为文化部归口管理，但在人事和财政方面相对独立。

杜仙洲对文物建筑的"原状"和"现状"也曾进行过定义。对于文物建筑的"原状"，他指出："所谓原状，具体有两种情况：一种是初建时期的面貌，一种是再度重建后的面貌。从年代上讲，后者虽非建筑物的最早的历史年代，但从实物遗存来讲，它的艺术风格和结构手法却能完整地反映当时的文化特征，同样具有重要的历史价值，也应该受到尊重。"对于文物建筑的"现状"，他指出："所谓现状是指目前存在的面貌，就木构建筑来讲，应是建筑本身的'健康面貌'，绝非是局部坍塌，瓦破屋漏，或是柱歪梁斜的'病态'。"[8]336

在这一时期，我国保护界普遍以"恢复原状"作为古建筑修缮的最高要求，而"保存现状"更多是受条件技术所限，在无法实现"恢复原状"的情况下所不得不采取的暂时性的保护措施。祁英涛在《关于古建筑修缮中的几个问题》一文中还对保存现状的意义进行了进一步解读："我认为强调保存现状，还有另外一种作用，就是它既可为恢复原状的研究赢得时间，同时它本身的现状，往往就是研究恢复原状的最好资料。"[3]5

另外，杜仙洲还提出了"历史可读性"的概念。他认为，在古建筑修缮时应极端重视历史的可读性，古建筑各个时期的修改和添加都具有价值，值得被保护，"只要无伤大体，一般情况下不要任意拆除。只有在特殊情况下，为了恢复原貌，确有科学根据，才允许除掉这些东西"[9]34。但是，"特殊情况"具体指代什么情况，杜仙洲并未进行阐释。

（四）对"不改变文物原状"的看法

1982年，我国正式颁布《中华人民共和国文物保护法》（以下简称《文物保护法》）。《文物保护法》第14条规定："核定为文物保护单位的革命遗址、纪念建筑物、古墓葬、古建筑、石窟寺、石刻等（包括建筑的附属物），在进行修缮、保养、迁移的时候，必须遵守不改变文物原状的原则。"

1985年，祁英涛在《古建筑的维修》一文中对"不改变文物原状"进行了解读。他认为，"《文物保护法》中规定的不改变文物原状的原则，实质上已经包含着恢复原状或者保存现状的精神在内。为此我们认为上述两个文件对于古建筑维修保护的原则精神是一致的。最重要的是尊重原状，不要改变原状"[10]28。

（五）余鸣谦的反思

余鸣谦在《文物保护工作中的修复和使用——古建筑笔记之二》中对保与修之间的关系进行了讨论，开始意识到"复原"与"保护"之间的矛盾性。他写道："回想北京文整会那时对辽宋遗物的修复，多半是做了复原修改的，但这在修复工作看来有必要的事情，和保护要求却有矛盾。"[11]11 在文中，余鸣谦回忆了他在1992年参加保护理论研究会时，接触到了欧洲关于真实性的讨论。他写道："我体会真是假的对立面，在修复工作中，最大限度地保存原物原状就是尊重了古建筑的'真实性'。"[11]11 或许是受到西方保护理论的影响，余鸣谦对我国一直以来对原状与现状的看法进行了反思。"文物，首先是'物'，是历史证物或历史见证人。……它只能是原状不动，古建筑必须原状原物保存下来，修复前后，也不能例外。"[11]11 余鸣谦指出，我国古建筑在维修时会进行构建替换，这样的替换实际上有损于古建筑的真实性。

三、整旧如旧

（一）梁思成保护思想中的"整旧如旧"

"整旧如旧"是我国古代建筑保护的重要概念，最早由梁思成提出。1964 年，梁思成在《闲话文物建筑的重修与维护》一文中对"整旧如旧"思想有所论述。他认为，将文物建筑修葺一新"将严重损害到它的历史、艺术价值"[12]6，同时，"这也是一个形式与内容的问题"[12]6。

1981 年，祁英涛在《关于古建筑修缮中的几个问题》一文中对梁思成保护思想中的"整旧如旧"进行了解释。他指出："梁先生当时主要是想说明，一座古建筑修理之后，应该给人们一种什么样的印象、达到什么样的效果、是新还是旧、是近还是古。"[3]7

高天指出："此时，'整旧如旧'的文物建筑保护理念，更多地从保持建筑'饱经风霜外貌'出发，是相对'焕然一新'提出的，目的是为了保持旧观，同时也是对他早些年'保存或恢复原状'思想更为形象易懂的表达。"[1]80

（二）工程实践中的"整旧如旧"

整旧如旧的思想提出后，最初并没有得到足够的重视。在 1953 年至 1956 年进行的赵县安济桥的修缮工程中，尽管使用从河底发掘的旧石料修缮石栏的建议多次被提出，但该桥最终仍未摆脱修葺一新的命运。但是，对于安济桥修缮效果的讨论引起了学者们对于整旧如旧思想的讨论。直至上文提到的南禅寺大殿的复原工程，便开始探索整旧如旧在实践方面的应用。整旧如旧的思想与古代建筑的油饰部分关联密切。南禅寺大殿外檐的油饰风化严重，在修缮时根据殿内色调进行了作旧处理。

在古代壁画的修复中，祁英涛等人也遵循了整旧如旧的思想。永乐宫建于 1247 年至 1358 年间，是我国最著名的元代道教宫观。1959 年，因永乐宫位于三门峡水库的工程淹没区，决定对永乐宫实施整体搬迁工程。祁英涛为项目主持人，杜仙洲也参与其中。工程于 1959 年开工，1966 年完全结束。在搬迁过程中，项目遵循"原拆原盖，不能走样"的原则，对所有建筑构件进行拆落编号，妥善包装，确保可以恢复原状。此外，还对糟朽的梁柱、门窗等构件进行了更换。"永乐宫搬迁是我国首次对大型古建筑群进行整体迁建，运用了我国传统的材料和施工工艺，为后来一系列古代建筑的迁建提供了成功的范例。"[13]89

在永乐宫搬迁过程中，最大的难点是永乐宫壁画的搬迁。永乐宫壁画具有极高的历史价值和艺术价值，在经历了上百年的岁月后已十分脆弱。专家组经反复研究，"决定只保留壁画泥层，采用拆墙揭取与锯割揭取相结合、封护画面的方法进行揭取迁移"[13]88。搬迁后，专家组还对壁画实施了加固及修复工程。祁英涛在随后撰写的《永乐宫壁画的加固与保护》一文中，对修复画面的方法进行了详细的描述。他指出，修复画面"是加固和修复壁画的最后一道工序，这道工序中分两个步骤，第一步将裂缝与残洞用纸筋砂泥填补平整；第二步由美术工作者勾线填色，修复画面，并予以作旧"[14]97-98。对于揭取前有临摹稿作为依据的部分，美术工作者在上底色、勾线、着色、补绘复原后根据实物进行作旧处理；对于揭取前已经破损的部分，依据临近处涂色作旧，保持迁前原貌。

（三）祁英涛对"整旧如旧"的看法

在《关于古建筑修缮中的几个问题》一文中，祁英涛进而对"整旧如旧"发表了自己的观点。他认为，古建筑修缮后的效果应体现其时代特点，让文物建筑散发出一种高龄感。"我们认为，修缮古建筑最后达到的实际效果，除了坚固以外，还应要求它有明显的时代特点，对它的高龄有一个比较准确的感觉。这种感觉的来源，除了从法式特征的分析所得以外，其色彩、光泽更是不可忽视的来源。对一般群众来讲，后者尤为重要。"[3]7

1980年，祁英涛在《中国古代壁画的揭取与修复》一文中，在壁画修复中引入了整旧如旧概念。他在第三部分古代壁画的修复技术中提到："修复画面：补泥干燥后，由美术工作者依据临摹品和画面情况，补线补色。各块联成整幅时，接缝处仍需由美术工作者补泥、补线、补色。整体色调要求整旧如旧，忠于原作品，不允许重新创作复原。"[15]54

（四）杜仙洲对"整旧如旧"的看法

1989年，杜仙洲在《坚持修缮原则 尊重历史传统——漫谈古建筑维修保护问题》一文中提到要坚持"整旧如旧"的原则。在文中，杜仙洲回顾了日本及西方所采用的做法，他认为"其中社会因素起着决定性作用。社会发展趋势表明，西方人自二次大战以后，物质文明高度发展，但精神生活却日趋迷惘空虚，因之便想从古老的文化殿堂里寻找精神寄托，于是在精神领域内，思古念旧的思潮油然而生，人们为了追求高尚的精神享受，为了夸耀本民族的历史业绩，无不以拥有更多的民族文化遗产为荣。因之，欣赏古董和修复文物古迹的劲头，空前高涨，简直是达到了狂热的程度"[9]34。他认为，西方的经验为我们提供了不少值得借鉴的东西，但是"我国与西方国情不同，群众的美学观点和审美习惯不一样"，应该具体分析，不能照搬。他指出："直到如今，许多人仍从功能角度看待问题，将古建园林视为使用对象，而没有把它当作'历史文物'。""修缮这些古建是为旅游参观服务的，只要能为旅游开放创造便利条件，搞得越新鲜越漂亮越好。"[9]34-35

2004年，杜仙洲发表《弘扬民族文化，捍卫〈文物保护法〉》一文。该文章分为两部分，在第一部分"'整旧如旧'的做法好"中，杜仙洲对整旧如旧再次进行了阐述。他指出，现在维修古建筑的目的在于将其长期保存下去，同时达到教育、弘扬传统、陶冶情操等目的。同时，他总结了四条整旧如旧的优点：

（一）原来的建筑形式、材料质感、工艺手法和艺术风格，能比较完整地被保存了下来，基本上符合《文物保护法》的要求。

（二）由于采用了养护式的维修方式，只是在结构加固部分做了局部拆修，有控制地压缩了修复面，大部分均为触动，原有的历史信息没有受到干扰，体现了施工人员小心谨慎、热爱文物的敬业精神。

（三）原有的建筑装饰和色彩都受到了细心呵护，未受人为破坏，保住了苍老古朴的容颜。

（四）落架大修工程，都是原拆原盖，在全国勘测调查的基础上绘制现状实测图。然后根据勘察记录拟制方案设计图，经专家研究论证，审核批准后，财务立项，交付施工。大修目的在于结构加固、更换朽烂构建、矫正变形，保证整座建筑稳定安全，旧貌不变。[16]8

文章的第二部分"淡妆浓抹与素雅豪华"主要针对古建筑修缮后的效果进行讨论，也是"整旧如旧"概念最早提出时所关注的内容。杜仙洲认为，古建筑修缮后的效果选择并不是严肃的原则问题，而是应该与周围环境相协调。"我认为或浓妆或素抹，主要看需要不需要，要依据周围环境来定色调。如能做到'华而不俗，简而不陋'的程度，最为可取。但缺乏美学素养的人，恐怕也不易做到。"[16]9

四、新材料、新技术、新工艺与可逆性

（一）梁思成对新材料、新技术、新工艺的积极态度

我国古代建筑以木材为主要原料。从材料特性上说，木材有比重小而强度高的优点，但同时也具有易糟朽腐烂、不耐火等缺陷。因此，我国古代建筑需要经常维护保养，必要时进行构件的替换。

梁思成对以钢筋水泥等新材料解决我国古代木构建筑的易损和加固问题的态度是非常积极的。在1932年的《故宫文渊阁楼面修理计划》和1934年的《修理故宫景山万春亭计划》等文章中，梁思成都提出了以钢筋水泥替换木梁的方案。在1935年的《曲阜孔庙之建筑及其修葺计划》一文中，梁思成也提出要"在将今日我们所有对于力学及新材料的知识，尽量地用来补救孔庙现存建筑在结构上的缺点"[2]2。梁思成认为，只要在外观上没有对古代建筑产生影响，那么使用新材料代替木材是合理的做法。梁思成之所以持有这样的观点，是因为他认为保护古建筑的目的在于尽可能延长其寿命，但他却忽略了古建筑材料上的真实性。钢筋混凝土、水泥等新材料可以弥补古建筑在材料特性上的不足，但是却对古建筑的真实性产生了极大的影响。

（二）第二代学者对新材料、新技术、新工艺态度的转变

对于新材料、新技术和新工艺的运用上，杜仙洲、祁英涛等人在早期的实践项目中也曾有过大量运用。1953年，在对正定隆兴寺转轮藏殿进行复原修缮时，转轮藏殿埋藏在墙内的木构檐柱就全部被替换为钢筋混凝土材料。同时，平坐楼面木板上也重新铺砌了望砖，以防糟朽。1974年，在南禅寺项目中也使用了高分子材料以加固古建筑木构件。但是从他们后期撰写的文章来看，他们对新材料、新技术、新工艺的态度远没有梁思成思想激进，同时强调修缮的"可逆性"。

祁英涛在《尊重传统技术，研究传统技术》一文中曾从经济和保护两个角度对使用钢筋混凝土材料代替木材的看法进行了反驳。支持用钢筋混凝土代替木材的一大理由是可以节约木材。但是，他指出，以一座四角方亭为例，使用钢筋混凝土代替木材需要进行现场浇筑，而浇筑使用的木模板所消耗的木材与木柱所消耗的木材几乎相同，并没有明显的改善。而从保护的角度来看，祁英涛也强调了建筑的材质是建筑的重要特征，用水泥或

钢筋混凝土替代木材会影响古建筑的价值。[7]138 对于使用新工艺还是传统工艺，祁英涛指出："保持传统的技术，主要的目的还在于保留它的史证价值。只有传统的工艺，当时的工艺才能说明当时当地的技术发展水平，才能起到真正的史证价值。……总之，真实的现象才能说明真正的历史事实。任何代替的东西，无论是好还是坏，都有损于它的史证价值。"[7]139

祁英涛主张在新技术、新材料、新工艺尚未成熟前，不可随意使用，同时，现代材料只应运用于加固而非替换。祁英涛在《古建筑的维修》中写道："维修古建筑，我们历来坚持以传统技术为主的办法，不论是小型的保养工程或是大型的维修工程都是如此。与此同时，对于原结构某些不足之处，我们也主张采用新技术、新材料、新工艺予以补强加固。但必须是施于不露明的隐蔽处，又不能对原构件有所损伤，还需有一定程度的可逆性。因此我们认为，一些新技术、新材料在没有成熟的经验之前，不能用于正式的施工中去。……总之，在古建筑维修工程中，我们认为使用现代质地的材料，只能用于加固原有的构件或结构，但不要用它来代替原有的构件或结构。"[10]40

（三）可逆性的提出

杜仙洲也在《文物建筑保护的成绩与问题》一文中指出了可逆性的重要性。在文中，杜仙洲总结了当时古建筑修缮工程中的一些典型问题，其中第二条就是"片面追求建筑强度。用钢筋混凝土替代传统材料，可逆性消失"[17]337。在《坚持修缮原则 尊重历史传统——漫谈古建筑维修保护问题》一文中，他指出："凡修复工程，在技术条件许可的情况下，都应保证有'可逆性'。无论是木结构或砖石结构，为了满足加固或美观上的需要，所增加的结构构件、艺术构件或色彩装饰，皆应考虑若干年后再度重修时，有更换或取消的活动余地。"[9]34

五、古代建筑的利用问题

杜仙洲、余鸣谦、祁英涛对古代建筑的利用问题也发表过观点。他们认为，古代建筑最重要的利用方式是利用古代建筑进行史学研究或者对群众进行教育，即"古为今用"。杜仙洲在《弘扬民族文化，捍卫〈文物保护法〉》一文中谈道，"今天……修缮文物建筑，目的是为了使它长期保存下去，用来弘扬民族文化传统，使广大青年受到爱国主义教育，获得科学知识和艺术享受，陶冶人们的高尚情操"[16]8，此外，杜仙洲认为文物建筑的历史价值比其使用价值更重要，更值得被重视。"直到如今，许多人仍从功能角度看待问题，将古建园林视为使用对象，而没有把它当作'历史文物'。"[9]34

余鸣谦在《文物保护工作中的修复和使用——古建筑笔记之二》中肯定了"古为今用"的观点，同时提出古建筑的利用中，最重要的是其教育作用，有时，原状展示就可达到合理利用的要求。余鸣谦在文中还分享了集中展示的做法，认为值得参考。对于保护与利用的关系，他提出："一般情况，'保'与'用'是统一的整体，使用单位多半对古建筑、石窟寺注意保护。惟不恰当的，过了头的使用则将会使有历史、艺术价值的建筑受到伤害以致拆毁。过度使用、过度开放，都将起到破坏作用，而文化遗产一旦破坏是不能再生的，因此必须谨慎从事。"[11]13

祁英涛曾在《古园林维修保护中的几个问题初探》一文中以古园林为例，对古建筑的利用问题进行了讨论。首先，他指出"古建筑的适当利用也应被看作是保护的一种手段。但在同一保护单位中的各个建筑的史艺价值并不完全等同，体量大小不一，原来的用途各异，在如何使用也不能一律对待，必须慎重研究考虑"[7]166。他认为，应当根据古建筑的价值分为甲、乙、丙三个等级，再针对不同等级确定用途。对于最高等级的甲级建筑，他认为应当进行原状陈列；对于乙级建筑，他认为可在不改变内部装饰的原则下作为文物展览室，这也是古建筑最富有教育意义的使用；对于丙级建筑，他认为可作为办公或商业用房，内部应允许有较大的改变。同时，他强调"无论做何种用途，建筑物原来的外貌是不允许改变的"[7]167。

总体来说，祁英涛和余鸣谦二人都明确认可了保护与利用的共生关系，但利用要遵循适度的原则，过度的、不恰当的利用也会对文物建筑造成损害。祁英涛所提出的根据文物建筑价值来确定利用的方式这一思想十分具有前瞻性，与现在的保护思想相符。

六、结语

以祁英涛、杜仙洲、余鸣谦为代表的我国第二代古建筑保护学者在早期的实践工作中继承了梁思成等第一代建筑学者的保护思想并付诸实践。他们通过实践对梁思成提出的保护思想进行了进一步阐述，让梁思成的保护思想更具有操作性。同时，他们也对梁思成思想进行了辩证的思考。在对新材料、新技术、新工艺的态度方面，他们更为谨慎，提出了"可逆性"的概念。20世纪80年代欧洲保护理念的引入也引发了他们再度思考。余鸣谦将真实性概念引入对"不改变文物原状"原则的讨论，反思了以往的实践工程。

参考文献

[1] 高天. 中国文物建筑保护历程——不改变文物原状的理论与实践 [D]. 北京：清华大学，2010.
[2] 梁思成. 曲阜孔庙之建筑及其修葺计划 [J]. 中国营造学社汇刊，1935.
[3] 祁英涛. 关于古建筑修缮中的几个问题 [C]// 文物保护技术（1981—1991）. 北京：中国文物保护技术协会，2010.
[4] 雁北文物勘察团. 雁北文物勘察团报告 [M]. 北京：中央人民政府文化部文物局，1951.
[5] 刘友恒，杜宁. 河北正定隆兴寺转轮藏阁慈氏阁修缮始末——新中国成立后全国首批古建筑维修项目 [J]. 档案天地，2015(12)：29.
[6] 高天. 南禅寺大殿修缮与新中国初期文物建筑保护理念的发展 [J]. 古建园林技术，2011(2).
[7] 祁英涛. 祁英涛古建论文集 [M]. 北京：华夏出版社，1992.
[8] 山西省古建筑保护研究所. 中国古建筑学术讲座文集 [M]. 北京：中国展望出版社，1986.
[9] 杜仙洲. 坚持修缮原则 尊重历史传统——漫谈古建筑维修保护问题 [J]. 古建园林技术，1989(4).
[10] 祁英涛. 古建的维修 [J]. 古建园林技术，1985(3).
[11] 余鸣谦. 文物保护工作中的修复和使用——古建筑笔记之二 [C]// 中国紫禁城学会. 中国紫禁城学会论文集（第四辑）. 北京：中国紫禁城学会，2004.
[12] 梁思成. 闲话文物建筑的重修与维护 [J]. 文物，1963(7)：5-10.

[13] 永乐宫古建筑群搬迁保护 [J]. 中国文化遗产，2004(3)：88-89.

[14] 祁英涛，柴泽俊. 永乐宫壁画的加固与保护 [C]// 文物保护技术（1981—1991）. 北京：中国文物保护技术协会，2010：97-98.

[15] 祁英涛. 中国古代壁画的揭取与修复 [J]. 中原文物，1980(4)：54.

[16] 杜仙洲. 弘扬民族文化，捍卫《文物保护法》[C]// 中国紫禁城学会. 中国紫禁城学会论文集（第四辑）. 北京：中国紫禁城学会，2004.

[17] 杜仙洲. 文物建筑保护的成绩与问题 [C]// 中国紫禁城学会. 中国紫禁城学会论文集（第一辑）. 北京：中国紫禁城学会，1996：337.

郑孝燮历史城市保护思想初探

宋　雨①

【摘要】 作为我国城市规划领域的重要专家和历史文化名城制度的提出者之一，郑孝燮在我国城市保护思想史中具有举足轻重的地位，他关注的问题一定程度上反映了当时城市规划和城市保护领域的热点话题。本研究对郑孝燮公开发表的学术文章进行梳理和分析，将其保护生涯分为三个时期，对不同时期所涉及的保护区划定、城市风貌保护、城市文态环境保护等问题进行阐释。研究认为，郑孝燮历史城市保护思想的发展，体现了保护对象逐渐扩展，保护方法逐渐综合化、整体化的过程。

【关键词】 郑孝燮；历史城市保护；保护区；风貌；文态环境

郑孝燮作为我国城市规划领域的专家和历史文化名城制度的最早提出者之一，为我国历史城市保护作出了重要贡献，是我国城市保护思想史上的关键人物。1981 年，郑孝燮同侯仁之、单士元等人一起，要求国家对保存文物特别丰富的历史城市予以保护，得到国家支持[1]，推动了 1982 年第一批国家历史文化名城公布。同年 11 月，《中华人民共和国文物保护法》通过，其中明确规定："保存文物特别丰富、具有重大历史价值和革命意义的城市，由国家文化行政管理部门会同城乡建设环境保护部门报同务院核定公布为历史文化名城。"历史文化名城制度的确立，开启了我国历史城市保护的新阶段，同时也奠定了郑孝燮在历史城市保护工作中的突出地位。郑孝燮城市保护思想的变化从一个侧面反映了当时我国历史文化名城保护思想的发展。

通过对郑孝燮所撰写的城市保护相关论著的考察不难发现，他先后探讨了保护区、环境艺术/风貌、文态环境/整体性三组概念，在一定程度上体现了当时城市规划和城市保护领域所关注的热点问题，对于理解我国历史城市保护思想的发展和历史文化名城制度的演进都具有重要价值。其研究关注点的转变也是本文分期的主要依据。

一、1982 年以前：以保护区为核心的历史城市保护

1966 年"文化大革命"开始后不久，我国的城市规划工作即陷入基本停滞状态[2]。而"文化大革命"期间，对历史文物价值的错误认识导致了文物的大量破坏，违规建设也对旧城的城市面貌造成了恶劣的影响[3][4]。改革开放以后，随着经济的发展和城市化进程的加快，城市规划工作的重要性大幅提高，如何进行历史城市的规划与保护成为一个必须解决的问题。

---

① 宋雨，清华大学建筑学院博士生。

（一）保护区的划定方法

1980 年前后，郑孝燮关注历史城市规划中的文物保护工作，主要探讨了文物周边保护区的划定对于文物保护和维护和谐的城市面貌的作用与价值[3][5]。他明确提出："破坏文物古迹，不仅仅是指把他们拆毁砸烂，在文物古迹附近乱摆乱建也是一种破坏——既破坏了文物的环境保护，又破坏了城市面貌。"当时，白塔寺、大成殿、小雁塔等重要文物周边都出现了突兀的新建筑或构筑物。[3] 在此背景下，郑孝燮提出，必须结合城市规划的整体安排进行文物保护工作，从而实现"文物古迹本身环境"和"附近环境空间"之间尺度和风格的和谐，即其所谓"空间比例的谐调"和"建筑风格的谐调"[3]。这既是为了保护文物和历史城市的艺术价值[3][5]，也是因为城市的环境容量总是受到其历史文化性质的制约[6]。

这一时期对于历史城市的保护，主要围绕着城市中的文物古迹及其周边一定范围（文物保护区）。具体而言，保护区的划定方法，可以借鉴苏州以及法国、日本等国家向外逐层放宽设置多级保护区的经验。郑孝燮指出，保护区作为限制建设的区域，其边缘及外围尤其是控制的重点，其"距离、高度、体量和风格基调"等关键因素应在规划中做提前考虑和规定[3]。

（二）影响和评价

将文物本体和周边环境统筹考虑的保护思想由来已久。早在 1961 年的《文物保护管理暂行条例》中，就有过将文物保护单位纳入城市规划予以保护的相关规定；1963 年的《文物保护单位管理暂行办法》又进一步规定了应根据文物具体情况、在周边一定距离内设置保护区。[3]1964 年，梁思成在《闲话文物建筑的重修与维护》一文中指出，文物建筑的保护离不开必要的"保管范围"和"观赏角度"，也就是说，文物本体的保护离不开对周边环境的控制。[7] 在这些思考的基础上，郑孝燮进一步明确了以保护区为核心的规划和保护方法。

实践方面，通过保护区划定成片成街地进行历史城市保护，是当时国内外文物保护实践的最新趋势。华盛顿的居住区中就采用了这种方法。与之相似，当时北京也已开始讨论将南锣鼓巷和琉璃厂列入保护范围。[3] 然而，不幸的是，20 世纪 80 年代琉璃厂街区的城市更新项目依然选择了"剃光头式的拆旧建新"策略，受到了很大争议[8]。由此可见，虽然学界对于保护区的历史城市规划方法已有所认识，但是实践中对具体项目具体策略的选择仍然要谨慎，以寻求历史城市保护与更新利用之间的平衡。

综上所述，这一时期的历史城市保护，主要是对城内文物及其周边区域进行保护。虽然其保护范围从文物古迹本体有所扩张，但此时并未形成独立的历史城市保护规划，只是通过城市总体规划的编制实施以及多级保护区的划定，对城中各处文物分别进行环境控制。

二、1982 年以后：以风貌为核心的历史城市保护

历史文化名城制度的确立，开启了中国历史城市保护的新时期。根据 1982 年的《文

物保护法》，历史文化名城评定的一项最重要标准就是"保存文物特别丰富"。1983 年 2 月，城乡建设环境保护部、城市规划局和文化部文物局召开"历史文化名城规划与保护座谈会"，发布了《关于加强历史文化名城规划工作的几点意见》。该文件明确指出，历史文化名城的规划，应重点关注城内的文物建筑、风景名胜及周边环境。[1] 显然，当时已经形成了以文物建筑和建筑群等物质遗存为核心的历史城市保护策略。这一背景下，郑孝燮对"城市风貌""环境艺术"等问题给予了重点关注。

（一）城市风貌

"城市风貌"是 20 世纪 80 年代我国历史城市相关讨论中广泛使用的概念，也是当时郑孝燮学术文章所关注的核心问题之一。

"风貌"在建筑与城市领域的引入，可以追溯到王世仁 1978 年的文章《中国近代建筑与建筑风格》①[9]，但当时他并未对这一概念进行明确定义，只是作为地方风格、城市面貌等词的替代进行使用。1980 年，郑孝燮在《保护文物古迹与城市规划》一文中使用"风貌"一词，来指代城市的地方风格②[3]。丁志明和张景沸在《保护古城，发挥优势》一文中也使用了"保护历史古都风貌"的说法③[10]，将"古都风貌"与保护区范围、旧城格局以及新区选址等城市规划问题联系起来[10]。

1983 年，在《关于历史文化名城的传统特点和风貌的保护》[11] 一文中，郑孝燮对历史文化名城的"特点"和"风貌"加以区分，从而对"风貌"的内涵和外延进行了详细界定。他提出：名城的特点是将该城区别于其他名城的个性，是物质和精神遗存的总和，根据名城的不同特点，可以将第一批名城分为"政治历史性质决定的特点""以纪念特殊历史名人为特点""反映少数民族和地方特点""以世界珍品或奇迹为特点"等类型；而名城的风貌或者说城市面貌，则以"有价值的历史环境和古建筑"为核心，涵盖了城市的二维平面布局、建筑和城市空间的三维形态、历史发展的四度时间层积四个维度的内容。[11]

历史文化名城的风貌保护，以成片保护为主要方法[6]。纵观郑孝燮不同时期对城市风貌的讨论，其态度也有所变化——从 20 世纪 80 年代克制的、有选择的保护，逐渐转为"大面积的、尽可能的"保护。2002 年，周干峙、郑孝燮等人再次谈及历史文化名城的风貌问题[12]。区别于 20 世纪 80 年代所谓"成片成群保护若干传统民居"[6]，他们提出应该将"重要的历史文物和风景名胜地段附近的地区大面积的、尽可能的划为历史文化保护区""停止采用大拆大改办法进行危旧房改造"[13]。从"若干"到"尽可能"，措辞的变化反映了社会经济背景的变化：改革开放初期，城市经济发展的需求远胜于城市保护的要

---

① 原文为："骑楼保持着临街贯以通廊，整体通敞开朗的基本风格，但大量采用新结构、新材料，并吸收某些外国建筑立面处理手法，构成中国南方城市特有的风貌。"王世仁. 中国近代建筑与建筑风格 [J]. 建筑学报，1978(4)：28-32.

② 原文为："我们都知道不同城市具有不同的地方风格，北京、天津、苏州、广州、延安、拉萨等就是各有各的风貌。"郑孝燮. 保护文物古迹与城市规划 [J]. 建筑学报，1980(4)：11-13.

③ 原文为："西安是驰名中外的历史古城，也是我国六大古都之一，这里历代建筑的遗址、文物古迹、风景名胜是发展旅游事业的宝贵资源。今后西安的城市性质我们设想是：保持历史古都风貌，以精密机械、轻纺工业为主和科研、文教、旅游事业发达的、文明美丽的社会主义现代化城市。"丁志明，张景沸. 保护古城，发挥优势 [J]. 城市规划，1980(6)：25-27，32.

求，然而随着城市化的发展和居民生活水平的提升，现代化建设也对历史城区造成了巨大冲击，珍贵的历史遗存所剩无几，历史文化名城保护迫在眉睫。

（二）城市的环境艺术

同一时期，郑孝燮还在多篇文章中讨论了城市的"环境艺术"问题。所谓城市的环境艺术，就是指城市的环境美，它主要与建筑创作的现代化和民族化相关[14]。郑孝燮使用了"艺术结构"和"艺术分区"等概念来讨论环境艺术问题，提出环境艺术作为涉及过去、现在、未来的多方面复杂问题，必须结合城市传统布局和新规划布局来确定其艺术结构，结合古今风格来确定艺术基调，并进行分区。[14]

城市的环境艺术和城市风貌概念的内涵外延并无明显区别。二者均以城市和建筑的形态布局为核心，兼顾平面、三维和时间维度。唯一的区别在于，风貌更注重处理古城区，而环境艺术更关注新城区。

（三）影响和评价

城市风貌概念自 20 世纪 80 年代提出以来，逐渐成为历史城市保护工作中的重要概念，20 世纪 90 年代和 21 世纪以后，相关研究文献更是呈现激增趋势（见图1）。对城市风貌的重视，也奠定了建筑学学科背景下、历史文化名城以建筑和建筑群为核心对象的保护策略，对后世的理论研究和实践工作都产生了深远影响。

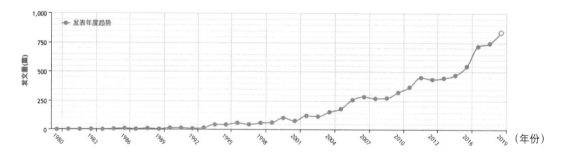

图1　不同年份发表的主题或题目中并含"风貌"和"城市"的文章数量统计

（图片来源：中国知网 www.cnki.net）

实践方面，以风貌的不同基调为依据进行分区、分别予以不同的保护和建设策略，至今仍然是名城保护实践中的重要方法。以北京为例，根据建成时间和历史，整个城市可分为以二环为界的旧城和新城两个风貌大片区。具体而言，每个大片区内部的不同街区，也具有不同的基调。例如水陆相依、以民俗生活为主的后三海区域，其基调明显区别于以近代建筑为主体的东郊民巷区域。通过多层次的风貌片区，才能实现城市风貌整体和谐、局部个性的目标。[15] 对于古城文化区，应保护其中的文物古迹，并选择价值较高的传统民居进行成片保护；而对于新城扩建区，由于限制较少，可以将民族化设计、生态景观等内容纳入考虑[11][14]，提升城市的环境艺术[16]。2001 年制定的《北京旧城 25 片历史文化保护区保护规划》通过不同的城市风貌基调进行分区，并针对不同区域实施不同的保护策略。

然而，在具体的实施过程中，片面追求风貌一致性也可能对历史文化名城保护实践造成消极影响。正如郑孝燮所言，城市风貌和环境艺术两个概念的关涉对象，不仅限于历史城市和历史建筑，也包括新建或改建的仿古建筑和建筑群[16]。这样的概念界定，固然有利于街区整体面貌的和谐统一，但历史城市和历史建筑所具有的价值，同仿古建筑和建筑群是截然不同的。在历史城市漫长的发展和有机生长的过程中，必然会出现不同历史时期、不同建筑风格的区域，不同建筑的规模、大小、保存完善程度也都各不相同。如果通过拆旧建新的做法，过分强调城市风貌的统一，无疑会对历史城市的真实性和完整性产生不利影响。从 20 世纪 80 年代的琉璃厂街区更新到 2009 年的聊城保护和改造项目中，都可看到将未列为文物保护单位、大量存在的历史建筑大量拆除，统一地建仿古建筑，以满足现代居住生活和旅游发展的需要的城市更新模式。2012 年，在"纪念国家历史文化名城设立二十周年论坛"上，住房和城乡建设部领导点名批评了聊城"拆真名城、建假古董"的行为[17]。

综上所述，较城市特色而言，风貌更关注以建筑为主的物质遗存，是对文物概念的扩大——不仅要保护文物古迹，还要保护构成了历史文化名城主要面貌的古城格局、山川水系、街巷民居。风貌式旧城保护方法代表了我国城市保护由点状的文物保护向面状的历史文化名城保护发展的重要阶段，体现了城市保护思想日渐综合化和整体化的趋势。另外，由于对历史城市保护工作的认识不足，片面追求风貌和谐也造成了部分城市拆旧建新、拆真建假的错误做法，对历史城市的真实性造成了损害。

三、20 世纪 90 年代：历史城市整体保护观念的深化

20 世纪 90 年代，随着经济的发展和历史城区的快速缩减，历史文化名城的保护被提升到更加重要的地位，保护对象不断丰富，保护策略也从以建筑和建筑群为主的保护，逐渐发展为整体保护和综合保护的思路和模式。这一时期，郑孝燮的文章多次涉及"文态环境"和"整体性"等问题。

（一）文态环境概念的提出

"文态环境"的概念，是郑孝燮在 1993 年的山水城市讨论会上首先提出的，作为与"生态环境"相对应的概念，用来指代"那些经过规划设计后建的，以建筑群体为主，由山、水、林、园密切烘托的，位于城区和郊区的某些新城市环境"，以故宫和三海为中心的北京皇城，以及新建的亚运体育中心，都可以被认定为文态环境。[20]

文态环境的概念，可以看作对城市风貌概念的延伸。正如郑孝燮在《我国城市文态环境保护问题八则》一文中所说，文态环境是"以建筑整体布局形象为主导而形成的贯穿着'美的秩序'的城市环境文明"。[21]而在《论坛加强文态环境保护》一文中，他也指出，文态环境应以城市总体规划为蓝本，以建筑为主导，选择一种风格。[22]由此可见，文态环境仍然是以美为目标、以建筑为核心，其核心内容与此前的历史城市风貌、城市环境艺术等概念并无本质不同。

之所以提出"文态环境"这一新概念，其价值意义主要包括三个方面：其一，提出了

一种更加宏观的整体观念。正如郑孝燮所说，我国的城市规划传统往往从整体出发，进行规划建设，体现了我国"一盘棋"的思考和认知方式。以北京为例，正是从大的礼制传统出发进行城市布局，才形成了以紫禁城、皇城为中心的中轴线系统，而这一系统也在近现代的城市规划建设中得到了延续。[22] 其二，突破了新城区和旧城区的界限。文态环境既可指代旧城区的城市环境，也可指新城区的城市环境。这个意义上，文态环境的关注对象，可以看作"城市环境"和"城市风貌"两个概念的总和。这也意味着，文态环境理论一定程度上承认了老城区和新城区就城市空间质量的评价而言，其标准并没有显著不同。郑孝燮认为，生态环境宜人、城市功能健全，再加上以美为秩序的文态环境，是城市建设的主要目标[21]。其三，突破了自然要素和人为要素的限制。文态环境的提出，一开始就与山水城市的概念息息相关，故而城市中的自然景观也都被纳入城市美学秩序的考量范围。

（二）影响和评价

在文态环境的宏观视角下，郑孝燮近年来多次提及"整体性"问题。以故宫和北京皇城的保护为例，郑孝燮认为，故宫的保护离不开皇城整体的保护，不仅在故宫和皇城的历史建设和变化过程中如此，在规划、保护和管理的过程中同样如此[23]。而在《中国古代城市形制"以礼为本"的整体性》一文中，他详细讨论了中国古代传统礼制的"择中""正位"等思想直接影响了从整体出发的城市规划方法，这种规划思路也与历史文化名城的整体性保护是相适应的。[24]

"文态环境"与"城市历史景观"的概念也有异曲同工之处。2011年，《关于城市历史景观的建议书》指出，城市历史景观，指代"文化和自然价值及属性在历史上层层积淀而产生的城市区域，超越了'历史中心'或'建筑群'的概念，包括更广泛的城市背景及其地理环境"。[25] 而文态环境也将历史城市的讨论对象从建筑群拓宽到整体观念下的城市，从建筑为主的人为环境拓展为自然与人工环境所共同形成的美学秩序。

更加值得思考的是，"文态环境"提示了一种从整体出发认识和理解中国城市规划的方法，这也与世界遗产体系下的景观学方法有相同之处。与此同时，中国从整体的礼制传统出发、从大处着眼进行城市布局的规划方法，也为景观学保护方法在国内城市的适用提供了可能性。这种对历史城市的认知和保护方式，对于当下的历史城市保护以及北京中轴线申遗等工作，都有重要的启发价值。

四、总结

郑孝燮的城市规划思想，可分为三个阶段，从保护区的划定，到城市风貌的保护，再到文态环境的整体保护，体现了保护对象逐渐扩展、保护方法逐渐综合、对历史城市的认识逐渐走向整体性的过程。他提出的历史城市保护方法——文物与周边环境协同保护、以建筑为核心、实现整体保护，不断与不同学者的不同理论进行碰撞、丰富，并由实践进行检验、校正，在今天仍然具有重要的理论价值。

正如郑孝燮所说，"城市总是有生命的、延续的、有机的环境整体。历史是不能割断的，现代城市不是从天上掉下来的"[5]。历史城市的保护和更新发展作为一个历久弥新的话题，值得我们不断思考和讨论。

参考文献

[1] 仇保兴. 风雨如磐：历史文化名城保护 30 年 [M]. 北京：中国建筑工业出版社，2014：15.

[2] 董光器. 古都北京五十年演变录 [M]. 南京：东南大学出版社，2006：42

[3] 郑孝燮. 保护文物古迹与城市规划 [J]. 建筑学报，1980(4)：11-13.

[4] 郑孝燮. 为开展城市规划工作局面进言 [J]. 城市规划，1983(2)：2.

[5] 郑孝燮. 城市规划中风景文物的保护区问题 [J]. 城市规划，1980(4)：1-4，12.

[6] 郑孝燮. 对我国社会主义城市规划几个问题的探讨 [J]. 建筑学报，1981(2)：8-12，82-83.

[7] 梁思成. 闲话文物建筑的重修与维护 [M]// 梁思成. 梁思成全集（第五卷）. 北京：中国建筑工业出版社，2001：440-447.

[8] 刘剑刚. 北京历史文化街区保护机制建设初探 [M]// 张宝秀. 北京学研究. 北京：中国社会科学出版社，2015.

[9] 王世仁. 中国近代建筑与建筑风格 [J]. 建筑学报，1978(4)：28-32.

[10] 丁志明，张景沸. 保护古城，发挥优势 [J]. 城市规划，1980(6)：25-27，32.

[11] 郑孝燮. 关于历史文化名城的传统特点和风貌的保护 [J]. 建筑学报，1983(12)：4-13，82-83.

[12] 周干峙，郑孝燮，罗哲文，等. 关于保护和展示历史文化名城风貌的建议 [J]. 城市规划，2002(7)：29-31.

[13] 郑孝燮. 历史文化名城的经济发展与文化风貌分区探讨 [J]. 城市规划，1987(1)：32-35.

[14] 郑孝燮. 城市环境艺术和建筑风格的现代化与民族化——为庆祝建国三十五周年献作 [J]. 城市规划，1984(6)：3-7.

[15] 郑孝燮. 论首都规划建设的文化风貌问题 [J]. 建筑学报，1986(12)：8-11，82.

[16] 郑孝燮. 城市环境艺术和建筑风格的现代化与民族化（续）[J]. 城市规划，1985(1)：26-31.

[17] 仇保兴. 历史文化名城保护三十年 [M]. 北京：中国建筑工业出版社，2014：225.

[18] 顾孟潮. 郑孝燮先生与文态环境保护 [J]. 城乡建设，2017(8)：78.

[19] 郑孝燮. 我国城市文态环境保护问题八则 [J]. 城市规划，1994，18(6)：10-19.

[20] 郑孝燮. 略谈加强文态环境保护 [J]. 北京规划建设，2002(2)：8-9.

[21] 郑孝燮. 保护北京紫禁城和保护皇城分不开 [J]. 北京规划建设，2001(6)：6-10.

[22] 郑孝燮. 中国古代城市形制"以礼为本"的整体性 [J]. 城乡建设，2004(1)：49-50，5.

[23] UNESCO. 关于城市历史景观的建议书 [Z]. 2011.

柴泽俊先生文物古迹保护思想初探

侯欣江[①]

【摘要】柴泽俊先生是我国著名古建筑专家。多年的古建筑保护一线工作经历，使他对很多文物古迹保护基础理论具有独到而深刻的理解。他早期的思想多继承了祁英涛先生的保护理念，辨析了"何为文物原状"的基础性命题。他主张从实际角度出发，在确保文物安全的前提下，争取保留更多的历史信息，发掘文物古迹的价值，并将《威尼斯宪章》的国际理念与中国文保理论相结合，运用于实际保护工作中。他还详细论述过文物古迹环境保护的重要性。晚年，他的保护思想趋于保守。柴泽俊先生的保护思想基于实际工作需要，对我国尤其是山西地区的文物建筑保护工作具有积极的现实意义。

【关键词】柴泽俊；文物古迹；文物原状；周边环境；保护思想

柴泽俊（1934—2017）是我国著名的古建筑专家。他自1954年参加太原晋祠献殿落架翻修工程起，自学了古建筑相关知识，很快成为山西省文物建筑保护方面的专业人才。1957年，柴先生调赴五台佛光寺文管所工作。他在实践中积累知识，1959年便已成为芮城永乐宫迁移工程的施工组负责人。自1971年起，柴先生曾实地勘察山西重要文物，写成了《三十年来山西古建筑及其附属文物调查保护纪略》等文献，并向中央汇报其保护情况。1975年还主持了唐南禅寺大殿修缮工程。此外，柴先生还十分关注对古建行业从业人员的培养。[1]397-400

柴泽俊先生历任山西省文管会古建队副队长、山西省古建筑保护研究所所长、山西省文物局总工程师、中国文物技术保护协会理事、三晋文化研究会常务理事、山西土木建筑学会理事、山西省建筑设计委员会副主任、五台山研究会理事等职，负责过多项古建筑修缮保护的实际工程项目，具有丰富的技术经验，形成了较为系统而全面的保护思想。

柴泽俊先生曾发表过数十篇论文和多部著作，陆续出版有《山西古建筑通览》《山西琉璃》《柴泽俊古建筑文集》《山西寺观壁画》《柴泽俊古建筑修缮文集》等。由于常与一线基层人员一道工作，柴先生文笔质朴易读，总能用浅显的、生活化的例子来解释古建筑保护的原则性问题。

由于长期参与古建筑保护修缮的一线工作，柴泽俊先生结合实际情况，从实践问题出发，思考并论述了很多古建筑保护方面重要的实际问题，对古建筑修缮技术手法的认识尤为深刻；在古建筑修缮的技术方法、文物建筑保护的理念和原则、古代文物的艺术形式和价值等问题方面，亦有着独到的见解。研读分析柴泽俊先生的文章和保护思想，有利于我们更好地理解他的保护实践，指导今后的保护修缮工作。

---

① 侯欣江，清华大学建筑学院硕士研究生。

一、继承前辈观点，发展保护思想

柴泽俊先生自 1954 年起在晋祠参加古建保护修复的相关工作，随即便遇见了深刻影响其保护思想的祁英涛先生。柴泽俊先生的很多早期保护思想都能够在祁英涛先生的思想论述中找到依据。

祁英涛（1923—1988）是我国著名的古建筑专家，国家文物局文物保护科学技术研究所高级工程师。他曾长期参与古建筑维修保护工作，在建筑史理论研究、古建筑保护原则制定、维修工程施工技术指导等方面拥有丰富的成果。1959 年，他作为永乐宫迁移工程的设计组组长，同担任施工组组长的柴泽俊先生一同工作了很长时间。其间，祁先生的很多保护思想和方法，都被传授给了柴泽俊先生。此后的南禅寺大殿复原工程等多个项目，都是由两人共同参与完成的。这段时期，祁英涛先生的保护思想，深深地影响了柴先生。

祁英涛先生主要的保护思想大多可以在其 20 世纪 80 年代的文章中寻得。他曾在文物"原状"问题，复原工程问题，"整旧如旧"问题，仿古建筑问题等方面都有过探讨。

他认为，"原状，是指一座建筑物或一组建筑物原来建筑时的面貌。但原来建筑的时候，不一定就是建筑物最早的历史年代，大多数的情况是指现存建筑结构的建筑年代"；"残毁的面貌是不能保持长久的……所以我们要保存的现状是要能构保持长久的，有安全感的健康面貌"[2]29；"只有它原来的面貌，也就是开始建筑时的面貌，才能真正地、确实地说明当时历史情况和科学技术水平"[3]310。这些关于原状问题的认识，与柴泽俊先生后来的思想相一致。

在对于复原工程的态度方面，祁英涛先生承认自己所主持的南禅寺大殿修复工程并不满意，但自己不反对复原工程，认为"一座古代建筑物是否需要复原，是由许多条件促成的。……从学术研究考虑，被后代局部改变面貌的古代建筑，大多数都有恢复的必要。如山西五台山南禅寺大殿的复原，主要是从科学研究方面考虑而动工的。但这是极个别的情况。实际上较多的项目是从政治上或者旅游的需要方面而考虑动工的"。[4]345 而对于文物迁移工作，他认为"一般情况下是反对的，特殊情况下是被迫赞成的"，"无论是被迫的搬迁，还是主动的搬迁，其目的都是一致的，就是为了更好地保护它"[5]141。柴泽俊先生也在继承这一思想的基础上有所发展，在 2013 年出版的《山西古建筑文化综论》中反思了全面性复原工程的问题。[6]61

祁英涛先生十分注重古建筑在"观感"方面的和谐感受。他认为"整旧如旧"的指导原则，就是要让古建筑"有明显的时代特点，对它的高龄有一个比较准确的感觉。这种感觉的来源，除了从法式特征的分析所得以外，其色彩、光泽更是不可忽视的来源。对一般群众来讲，后者尤为重要"[7]175。而"如果是建在古建筑保护范围以内，为了与周围的环境协调一致，我就赞成完全仿古的做法，从造型、结构、材质到工艺等都与古代一致"[8]306。柴泽俊先生对于古建筑油饰彩画方面"苍古之感"的考虑，多是沿袭祁英涛先生对"观感"的重视。

此外，祁英涛先生还重视文物建筑的"古为今用"，认为"保护历史文物，保护古园林、古建筑的目的是'古为今用'……今天作为文物保护单位来保护时，它的物质功能应该说是已完成了它的历史使命。在今天这些文物的存在，主要应该是发挥它在建设精神文明中的功能”[9]153，“古建筑必须加以适当的利用，才不致因受潮而损坏，如果长期闲置封闭，内部空气不能流通，反而容易损坏”[10]166。他还提倡“保养为主，维修为辅”的古建筑修缮方式[2]30。

祁英涛先生对于古建修复和保护的思想，很多是基于对古建筑的当代价值层面的考虑，在努力平衡古建筑在当代社会的使用功能和古建筑自身的保护保存之间的关系，希望做到正确保存古建筑的前提下，尽量发挥其现实价值。

通过以上列举的思想，我们有理由相信，柴泽俊先生在 20 世纪八九十年代包括“文物原状”“油饰彩画”在内的很多思想，都与祁英涛先生的保护观念一脉相承。同时，随着时代的发展及柴先生自身的工作经历，他又对很多方面的问题有了更加深入的认识，发展出了新的保护思想。以下将从几个方面，详细阐述柴先生的重要保护理念。

二、辨析文物原状，探讨保护原则

20 世纪七八十年代，“什么是文物的原状和现状”的问题在文物保护行业内时有探讨。1961 年，国务院颁布了《文物保护管理暂行条例》，其中第十一条规定，“在进行修缮、保养的时候，必须严格遵守恢复原状或者保存现状的原则”。1982 年公布实施的《文物保护法》将其中的“恢复原状或者保存现状”更改为“不改变文物原状”，引发了有关何为“不改变文物原状”的激烈争论。在丰富的实践经验的基础上，柴泽俊先生对这一问题形成了自己清晰的观点。

在 1979 年成稿的《古建筑的保护与维修》一文中，柴先生提出：“在一组或一群古建筑中，往往主体建筑是早期的，附属建筑是后期重建的。这也是总体布局当中的现状，在无据复原的时候应当保留。但是，决不能因为附属建筑是后代重建或增建的，我们就可以在其中再加以改建或增补与古建筑不相协调的其他建筑。这同样是破坏了原貌。”[11]299

而后，在撰写于 1982 年、发表于 1996 年的《试论古建筑修缮中的“不改变文物原状”》一文中，柴先生更是详细论述了自己对“原状”的认识。这是柴泽俊先生对“原状”问题论述最详细、最透彻的一篇。他提出，“何为原状”的问题已成为在古建筑修缮和保护工作中起指导性作用的学术问题。古建筑是历史的实物见证，只有它的“原状”才能真正准确地说明当时的历史、艺术、科学情况。而“所谓‘原状’，就是古建筑原来的形状，即本来面目。这个原状所反映出来的历史、艺术和科学价值，是它成为历史文物的关键所在”。他反驳了有关“原状”之内涵的几种错误阐释：一种观点认为，古建筑最初建造的面貌是其“原状”。柴先生指出，这一观点是偏颇的，因为这否定了历史的必然，否定了事物发展的客观规律，这样的“原状”是不存在的。以这样的思想指导文物修复工作，会导致“历代古建筑的高龄差异消除”，是对古建筑的损害。[13]303,307 其《修缮保护古建筑文物应予重视的几个问题》一文也通过举例，再次论述了这一观点。第二种观点称，“创建是原状，重建也是原状”，“‘原状’不是一个，而是若干个”。柴泽俊先生提出，这种认识也是不合理的，因为这种观念“不仅忽视了历史文物的时代感和时代特征”，还“必然在时代上、结构上、造型上、工艺上造成混乱，随之而来的就会在保护工作上出现杂乱无章的现象，甚至造成无法弥补的损失"。[13]308 此外，当时还有一部分人提出，"断壁残垣就是历史遗留下来的面貌"。在柴先生看来，这也是一种误解。"那是残状，而不是'原状'"[12]310。"实际上这里所指的历史变迁后遗留下来的面貌，是与创建或重建时的原状相对而言的。……我们所说的历史遗留下来的面貌，应该是一座虽经修补但仍然是完整而安全的古建筑的状况。"[13]309

柴泽俊先生还曾在《试论古建筑修缮中的"不改变文物原状"》一文中论述过如何保存原状的问题。他认为，在修缮时，"可以按其历史遗留下来的状况，不加复原，不加改动地进行保护、修缮和加固，使它们老当益壮，益寿延年"。并给出了四点理由。[13]317 2003年，柴先生又撰文《怎样保存古建筑"原状"》，对"如何保护原状"的问题进行了探讨。他认为保存原状有两种情况，即"保存历史遗留下来的面貌"和"局部恢复原状"。对于文物局部缺失的部分或是典型的建筑形制实例，可采取局部复原的保护修缮方式，以保证文物的安全。但保护修缮工程应坚持"复原的科学性和必然性"，即"有科学资料为依据"，"项目直接影响古建筑的原貌、原状和安全"。[14]205

可见，柴泽俊先生对于文物"原状"的基本态度是，在保证文物安全的情况下，保留文物建筑历代修缮的历史信息；在没有充分的科学依据以前，不轻易将文物建筑恢复到初建状态。这一思想作为原则性的指导思想，体现在柴先生的各项项目和论述中。

三、结合国际共识，发掘文物价值

1964年，第二届历史古迹建筑师及技师国际会议通过了《威尼斯宪章》，自此成为文物建筑及历史地段保护领域具有较高认可度的国际准则。然而，该宪章自公布以来，一直受到很多国内古建筑专家学者的批评，被认为与中国传统建筑的保护理念相悖。柴泽俊先生结合自己的实践经验，多次在论著中对《威尼斯宪章》所倡导的国际保护理念与中国本土保护理念的关系进行探讨。

他认为，《威尼斯宪章》作为国际公认的古迹保护与修复宪章，"确有广阔的覆盖面和普遍意义"，其中大部分章节和内容也与《中华人民共和国文物保护法》的保护理念相符。该宪章与我国传统的文物保护理念的矛盾主要体现在有关"修复"的一节中。[15]190

许多学者认为，《威尼斯宪章》代表的是西方砖石结构建筑的保护和修复理念，对于中国以木结构为主的建筑形式的修复并不适用。对于这一论断，柴先生提出，"这其中有认识问题，有理解程度的不一，也有简单化搬用和一些偏激倾向"，"任何理论、主义、公约、宪章、条例等，都必须与本国或本地区的实际情况相结合，必须针对具体情况进行具体分析，必须根据总的原则制定适合本国或本地区情况的'实施方法''实施规划'或'操作规范'。不结合实际的理论是空洞的理论。对理论的简单化照搬或者断章取义引用，不仅不能指导实践，甚至还可能误导实践。不接受先进理论指导的实践是盲目的实践，不仅徘徊不前，还可能走向盲目境域，甚至会走向误区"。[15]189-190

以此为指导原则，柴先生对《威尼斯宪章》中的部分条款进行了深入探讨。他认为中国木结构建筑确不同于石结构建筑，在局部损坏或坍塌的情况下，无法长时间露天保存，因此需要不断保养维护，残损后即行加固。然而，这并不代表《威尼斯宪章》与中国古建筑保护理念完全矛盾。针对该宪章第 9 条有关 "任何不可避免的添加都必须与该建筑的构成有所区别，并且必须要有现代标记" 的要求，柴先生明确提出，"这里所指的 '添加' 不是该古建筑的原有构造和结构，而是在其外或其后的添加部分或构件，而且这种添加是 '不可避免的'。也就是说，如果可以避免即不应该添加"。他反对采用显眼的颜色做标记，认为这种做法不符合中国人追求和谐的审美观，会损害建筑的艺术价值。为此，他以该宪章第 12 条有关 "必须与整体保持和谐" 的表述为依据，认为首先要保持整体和谐，其次的重点才是区别和标记，从而提出选择用墨书题记的方式标记添加时间。"整体和谐不是不可识别"，而是远距离看整体和谐统一，近距离可看出修补差异。[15]191-192 这一思路与部分学者所提出的 "修复部分 '乍看起来不刺眼，仔细一看有区别'" [16]35 的想法相契合。柴先生还对《威尼斯宪章》第 10 条有关 "当传统技术被证明为不适用时，可采用任何经科学资料和经验证明为有效的现代建筑及保护技术来加固古迹" 的规定进行了讨论。他提出，有部分人 "主张对传统材料、传统技术和传统工艺不加试验与研究地予以摒弃"，都是对古建筑历史、艺术、科学价值的损害，是不符合《威尼斯宪章》原意的。[15]191-192

在辩证理解《威尼斯宪章》的基础上，柴泽俊先生还对文物价值的问题作出思考。他在 1981 年撰写的《古代建筑的勘察方法》讲义中就提到，"勘察工作的目的，是要弄清文物的历史、艺术价值，然后确定保护与否的措施"，并总结了三类要重视的文物，即 "历史作用很强，但艺术价值不高""历史较短，但艺术造诣较高""历史、艺术价值均不甚高，但与历史事件或历史人物有关" [17]290-291。在 1982 年撰写的《试论古建筑修缮中的 "不改变文物原状"》一文中，他又提到 "（古代建筑）的历史、艺术和科学价值，不能仅仅从建筑物本身的造型或结构加以理解，而应该注意到它的社会性和科学性"，关注到了建筑本身之外的社会背景及科学价值，并扩展出了 "观赏价值" 等价值层面。[13]304

柴泽俊先生结合中国古建筑保护的实际情况，将《威尼斯宪章》所代表的国际古迹保护理念与传统的中国本土保护理念相融合，在古建筑保护修缮的 "可识别性"、工艺做法及价值挖掘等方面做出了自己的解释，为我国的文物古迹保护提供了一条现实可行的道路。

四、重视古迹环境，保护历史信息

1979 年，柴泽俊先生已经开始关注文物古迹所在的自然和地理环境。他在《古建筑的保护与维修》一文中指出："古代建筑大都保存在相互协调的环境之中……许多古建筑与周围的地形地貌、山水树木、自然风景、其他建筑等，相互辉映，形成一个完整的整体。破坏了周围的环境，就破坏了它的协调和统一。改变了它的环境，就改变了它的协调和统一。整体受到损坏，个体（甚至是主体）的价值必然受到影响。" [11]296 他认为，"古建筑的迁移保护不是我们提倡的办法。它脱离了周围的环境和地理位置，有损于古建文物的完整性和总体风貌，与历史人物、历史事件相关联的建筑物有时会发生脱节现象。对此，应予严加控制，不到迫不得已时，不应异地保存" [18]332，主张对文物古迹地理位置等周边信息进行有效保护。随着时间的推进，柴先生对古迹环境的认识又发生了变化，提出 "在总体方面，许多寺庙的后补和变更部分有些已是其中的主体重要衬托" [19]214，将一些建筑群中附属建筑的价值发掘出来，"绝不能因为附属建筑是后代重建或增建的，我们就可以在其中再加以改建或增补与古建筑不相协调的其他建筑"[18]342，"遗存在城市和集镇上的古迹，在影响范围和视野所及地带，亦应保存历史面貌不变，发展建设应向另外方向扩展，不应在古迹附近开发建设或改造旧城镇面貌，更不得逼近古迹与建高楼大厦，形成威胁之势"[20]22。由此，柴先生对古迹周边环境的认识，从简单的自然和地理环境，逐渐扩展到古建筑周围的附属建筑等"人造环境"，关注到建筑群和周围风貌对于文物建筑本身的影响。

2005年10月，国际古迹遗址理事会第15届大会在西安举办，其间讨论通过了关于古建筑、古遗址和历史区域周边环境保护的《西安宣言》。在会议举办前的2月和8月，柴泽俊先生连发了几篇关于文物古迹"背景环境"的文章，对这一问题进行了更加深刻和全面的论述。其中，他将除自然和人造环境外的"社会背景与环境""文化背景与环境"也都归纳到文物古迹的"背景环境"中。"背景和环境是古迹产生和保存的社会基础和土壤。这里所的背景和环境，包括自然（地形地貌）、社会、文化、科技、民族、宗教诸多方面。古迹依赖于背景环境而存在。它的保留和生存，背景和环境是必不可少的客观条件。"[21]84 至此，柴先生对文物古迹周边环境的认识已经趋于系统化趋于成熟，涵盖物质遗产和非物质遗产等多方面内容。

在关注文物古迹周边环境的同时，柴先生也没有忽视文物建筑中的其他"附属文物"，如佛像、壁画等。他提出："现状和原状，不仅针对一组或一群古建筑中的主要建筑，同时也包括附属建筑、附属文物（如石刻、造像、神龛、壁画）、总体布局、周围环境等，不能只注意了主体建筑而忽略了其他方面"；"附属文物之名，不一定确切。有些附属文物的价值超过了主体建筑"。[11]299,301 1981年，他在《永乐宫的变迁》一文中提到，"古代壁画和古代建筑是相依为命的，'皮之不存，毛将焉附'"。"我关注山西的泥塑、壁画、琉璃等等，也都是为修缮服务的。它们是一座古建筑不可分割的组成部分"[22]。因此，他在进行古建筑保护修缮工作的同时，还研究了佛造像、壁画、琉璃等文物和构件，在古建筑保护工程中，也注意做好这些附属文物的保护措施，力争保留各项重要文物。

不论是对古迹周边环境的关注，还是对附属文物的保护，都是对文物古迹的历史信息的关注和保存，本质上是对文物古迹原状的保护。他明确提出，"在修缮保护古建筑的勘察设计和施工过程中，只要不是已缺部件和拙劣的修补，不影响文物的外貌、结构、形制和价值者，要尽可能地保留历史遗留给我们的状况。因为它记载了古建筑变迁修葺的历史里程，给考察研究以确凿的证据和实物资料"[18]342。古建筑的价值，因其所保存的历史信息而存在，"除了它的地形地貌等自然背景和环境，各自有着互不相同的社会遭遇、文化内涵、民族习俗和地域差异等，各自都有着社会的、文化的、民族传统的背景和环境。必须注意保护这些背景和环境在遗迹中的反映，尽最大努力去保持它的本来面目，以求真实地反映历史和证实历史"[23]20。2011年，他又对古迹历史信息保护进行补充论述，提出"有关狂风、暴雨、大雪、地震等自然灾害和战争等人为因素的损伤破坏，所遗存的遗迹、遗痕和重修加固的历史信息，应当尽可能予以保留"[24]12。但对于这些历史信息的保护和保存，必须是在保证文物安全的前提下进行。"修缮保护时保留可能遗存的痕迹是可以的，不加修葺地保留自然灾害威力和人为创伤的信息，是对文物建筑安危不负责的做法。"[12]310 这也符合柴先生对于文物"原状"的观点。

可以看到，柴泽俊先生对于文物古迹周边环境的认识是逐步变化的，对"背景环境"空间范围的认识也逐渐扩展，由最早的关注自然环境，到关注建筑群中的附属建筑，再到将社会文化背景囊括在文物古迹背景环境的范畴中。对于文物周边环境和附属文物的保护，其内涵是对于古迹历史信息的保护，这种理念也体现在了他的实践工作中，对其保护工作影响深刻。

五、强调原件原构，注意材料选择

在古建保护一线的实际工作经历，使柴泽俊先生很多保护理念都与保护工程实际情况联系紧密。因此，他对于古建修缮需要采用的构件和材料，亦有独到见解。

在 1979 年的《古建筑的保护与维修》一文中，柴泽俊先生就提出，"应注意选择材料"，"尽量做到原貌、原件、原构，不要轻易更替和撤换"[11]299-300，否则会成为等大的建筑模型，而非文物建筑了。而他这里提出的"材料、原貌、原件、原构"四项内容，正与后来 21 世纪初由罗哲文先生总结提出的"四原原则"相对应。这几点同样可以在 20 世纪 80 年代祁英涛先生的论述中找到相似的表达。可见，早在 20 世纪七八十年代，柴泽俊先生、祁英涛先生等人就已经对这些古建筑构成的重要方面有所关注。由于每个木构件的尺寸等情况会有差异，为了保存尽量多的信息，他认为应尽量减少构件替换。关于修补加固以及替换构件的方法，柴先生开展了以下几方面讨论：

1. 化学加固。早在柴泽俊先生参与南禅寺大殿修缮工程前，就已尝试使用现代化学试剂加固木质构件。他曾多次在文章中论及这项方法。但在 2009 年的一次访谈中，他表示："中国建筑的保护修缮有几百上千年的历史。这些过去的应用科学、科学技术、操作规程，都应该总结，这样我们古建筑保护的理论才可以充实起来，不至于使它贫乏起来。比如，用鱼鳔胶加白矾固定石碑，可保几百年上千年不倒，依然坚固，那么为什么非要用新的化学材料，30 年 20 年就失效呢？！传统的技艺不一定是落后的，应该研究它。不能动不动就用新办法代替旧办法。许多新方法不一定能适应古建筑的保护修缮。"[22] 不难看出，实践中现代化学加固方法可能出现某些问题，导致柴先生对这种方法的认识发生了转变。

2. 铁活加固。铁活加固的方式在古代已有之。柴先生在多年的实践过程中，发展了很多铁活加固的方式方法，在其所写的文献《古建筑修缮保护的基本方法和程序》中有详细的叙述。

3. 水泥加固。在 1992 年的《古建筑修缮保护的基本方法和程序》一文中，柴先生曾提到，"除基础加固外，改变建筑物本身的木质构件为钢筋混凝土构件的做法，那是抽筋换骨，改变文物建筑的材料质地，距'不改变文物原状的原则'就偏离的更远了"[18]342，表现出他反对使用水泥构件替换木构件的做法，但不否定水泥用于基础加固的态度。然而，在 2011 年发表的《修缮保护古建筑文物应予重视的几个问题》中，他的表述变得极端起来，"有的同志用水泥加固原有的夯土或灰土基础，还有的同志用水泥灌注殿顶脊兽内空隙，这些都是不可取的。应该说，保护文物建筑必须坚持科学态度，一劳永逸，短期行为对历史遗产是极为有害的"[24]13，彻底否定了水泥加固夯土和灰土基础的做法。

4. 替换构件。如果构件残损危及建筑安全，需要替换构件。替换构件时，"复制构件要严格照原样"，"除砖瓦部分外，木构件都应严格按照被更换的每个旧构件的规格制作，不能用一种尺寸，各构件的卯榫，均需在搭套和安装时开凿（包括小斗开口在内），交构严实"[25]18，以此来保留尽可能多的历史信息。同时要仔细选择构件所用材料，确保新构件的牢固。在加工过程方面，柴先生反对现代机械加工的构件，认为这样"改变了原有的工艺技法"，"不符合历史实际的，观感效果和文物建筑的历史原貌是有很大差距的"[24]12-13。在 2009 年的访谈中，他也表示反对"只要是按原规制、原工艺加工，更换古建筑的构件是可以的，不影响'修旧如旧'原则"的说法，"坚决反对更换构件……更换是要很小心的"[22]。

此外，柴泽俊先生还关注古建筑群落中树种的使用。他在《永济普救寺修复工程总体设计》中提到，寺区的绿化美化工作要尽量选择中国民族传统树种和花卉，避免培植外国花卉和树木。[26]354

在构件的替换与否及材料的选择方面，柴先生结合实际，倾向于主张尽量保存历史信息，通过一些加固手段，避免过多的替换构件。但在具体的工艺做法上，柴先生在早期曾经部分肯定现代材料的使用，而近年来，在实践中发现问题后，他逐渐趋于保守，开始反对现代手法和材料，更加关注从传统工艺、技法、材料中研究出合适的做法。

六、对于其他问题的观点

除了以上所述的问题之外，柴泽俊先生还在其他一些方面有过讨论。

关于油饰彩绘，柴先生主张应具体情况具体分析：明、清时期建筑物可根据原有图案和色彩参照恢复；早期建筑物因无据复原，为了保持"苍古之感"的历史文物原貌，则应刷生桐油渗底防腐，有彩绘的建筑物依旧复原，新旧构件协调一致。他认为，"把早期文物建筑涂上新鲜的油漆和彩画，破坏了它古香古色的风貌，破坏了它八九百年乃至上千年的沧桑感，也就严重地破坏了它历史的本来面目，失去了它的原真性，即破坏了它的历史价值"；而"北京故宫是明清两代帝王皇宫，富丽豪华、金碧辉煌就是它的原状，我国民间谚语中'富贵还是帝王家'，正是帝王皇宫原状的真实写照，这是其他地方文物建筑所不能比拟的"[24]13，从表现效果和价值保护的角度，对于早期地方建筑和明清皇家建筑的油饰彩绘做法作出了区别。

关于文物古迹的开放利用和保护性建筑物的建设，柴先生提出，"在保持文物建筑原状、原貌、安全、无碍的情况下利用，不可无节制的开发利用"，并建议"任何开发性的建设和旅游设施（包括吃、住、行、游、购、娱），与文物建筑的范围间距，一定要设在1000 米以外，或者更远些"[24]12。而作为必要添建的保护性建筑物或构筑物，由于处于文物保护单位或古建筑群中，"体量、造型、材质、结构和外观式样，要与古建筑区域和周围环境风貌相协调，不可采取西洋式如圆形、三角形、现代楼房式样等，亦不可过于华丽，喧宾夺主"[18]333。他认为，随着时间推移，这些保护性建筑也会成为文物保护单位的组成部分。

晚年时，柴先生越发关注古建筑保护的传承问题和研究问题。他认为，从 20 世纪 90 年代起，古建筑修缮工作越来越重工程、轻研究。而中国古建筑保护修缮历史中，有很多传统技术、应用科学应当被总结和研究，以丰富我们的保护理论。

七、结论

综上所述，柴泽俊先生是出身于古建筑保护一线的重要专家。其有关中国文物古迹保护的理论思想，与其工作实践密切相关。他早期的思想多继承了祁英涛先生的保护理念。他主张从实际角度出发，在确保文物安全的前提下，争取保留更多的历史信息，发掘出文物古迹的价值。他将《威尼斯宪章》的国际理念与中国文保理论相结合，提出既满足国际理念和标准，又符合中国审美和价值观的保护修缮方法。他辨析了"何为文物原状"的基础性命题，指明了保护修缮工作的方向。他还注重文物古迹的环境保护，确保文物古迹"完整性"不被破坏。他的保护思想重视实际，符合中国的保护实践情况，虽然晚年的一些思想逐渐趋于保守，但他的很多理论和思想，对于当今的文物保护工作尤其是一线的保护修缮工作仍然具有积极的指导作用，值得我们深入研究和学习。

参考文献

[1] 柴泽俊. 从事古建筑调研保护四十五年小忆 [C]// 柴泽俊古建筑修缮文集. 北京：文物出版社，2009：397-400.

[2] 祁英涛. 中国古代木结构建筑的保养与维修 [C]// 中国文物研究所. 祁英涛古建论文集. 北京：华夏出版社，1992.

[3] 祁英涛. 当前古建筑修缮中的几个问题 [C]// 中国文物研究所. 祁英涛古建论文集. 北京：华夏出版社，1992：310.

[4] 祁英涛. 浅谈古建筑复原工程的科学依据 [C]// 中国文物研究所. 祁英涛古建论文集. 北京：华夏出版社，1992：345.

[5] 祁英涛. 古代建筑搬迁问题的研究 [C]// 中国文物研究所. 祁英涛古建论文集. 北京：华夏出版社，1992：141.

[6] 张兵. 五台山南禅寺 [J]. 文史月刊，2016(1)：61.

[7] 祁英涛. 古代建筑搬迁问题的研究 [C]// 中国文物研究所. 祁英涛古建论文集. 北京：华夏出版社，1992：175.

[8] 祁英涛. 对仿古建筑的看法 [C]// 中国文物研究所. 祁英涛古建论文集. 北京：华夏出版社，1992：306.

[9] 祁英涛. 古园林、古建筑的保护 [C]// 中国文物研究所. 祁英涛古建论文集. 北京：华夏出版社，1992：153.

[10] 祁英涛. 古园林维修保护中的几个问题初探 [C]// 中国文物研究所. 祁英涛古建论文集. 北京：华夏出版社，1992：116.

[11] 柴泽俊. 古建筑的保护与维修 [C]// 柴泽俊古建筑文集. 北京：文物出版社，1999.

[12] 柴泽俊. 简论五十年来山西文物建筑保护工程及其成就 [C]// 柴泽俊古建筑修缮文集. 北京：文物出版社，2009.

[13] 柴泽俊. 试论古建筑修缮 "不改变文物原状" 原则 [J]. 文物世界，1996(1).

[14] 柴泽俊. 怎样保存古建筑 "原状" [C]// 柴泽俊古建筑修缮文集. 北京：文物出版社，2009：205.

[15] 柴泽俊. 中国古建筑保护理念与《威尼斯宪章》[C]// 柴泽俊古建筑修缮文集. 北京：文物出版社，2009.

[16] 罗哲文. 关于建立有东方建筑特色的文物建筑保护维修理论与实践科学体系的意见 [C]// 中国文物学会通讯 2001 年、2002 年合订本. 2001：35.

[17] 柴泽俊. 古代建筑的勘察方法 [C]// 柴泽俊古建筑文集. 北京：文物出版社，1999：209-219.

[18] 柴泽俊. 古建筑修缮保护的基本方法和程序 [C]// 柴泽俊古建筑文集. 北京：文物出版社，1999.

[19] 柴泽俊. 古建筑的历史变迁 [C]// 柴泽俊古建筑修缮文集. 北京：文物出版社，2009：214.

[20] 柴泽俊. 保护背景环境刻不容缓 [N]. 中国文物报，2005-10-14.

[21] 柴泽俊. 太原晋祠背景环境的价值 [C]// 柴泽俊古建筑修缮文集. 北京：文物出版社，2009：84.

[22] 李志荣. 柴泽俊谈古代建筑保护修缮问题 [N]. 中国文物报，2009-01-16.

[23] 柴泽俊. 再论背景环境的价值理念 [C]// 柴泽俊古建筑修缮文集. 北京：文物出版社，2009：20.

[24] 柴泽俊. 修缮保护古建筑文物应予重视的几个问题 [J]. 古建园林技术，2011，112(3).

[25] 柴泽俊. 南禅寺大殿修缮工程技术报告 [C]// 文物保护技术（1981—1991）北京：科学出版社，2010：18.

[26] 柴泽俊. 永济普救寺修复工程总体设计 [C]// 柴泽俊古建筑修缮文集. 北京：文物出版社，2009：354.

王世仁先生文物古迹保护思想研究①

*解博知*②

【摘要】 王世仁先生是国内重要的遗产保护专家，他主持的多个遗产保护或重建项目都在行业内外产生了较大的影响；王先生主笔的第一版《中国文物古迹保护准则》，是由国家文物局推荐的一部重要的行业规范。本研究通过分析王先生有关文化遗产保护的理论文章与他支持或参与的实践项目，将其保护思想分成三个阶段：第一阶段主要进行传统的古建筑修复和复原，以王先生在承德时的工作为代表；第二阶段主要遵从和实践《威尼斯宪章》的保护理念，以司马台长城的保护项目为代表；第三阶段主要关注历史城市的保护和旧城生活水平的改善，以北京天桥的重建和南池子改造为代表。同时，王世仁先生对于不同类型的遗产，也采取了不同的处理措施。

【关键词】 王世仁；遗产保护；重建；历史街区

王世仁先生是国内重要的遗产保护专家。由他主笔的第一版《中国文物古迹保护准则》是由国家文物局推荐的一部重要的行业规范；他主持的司马台长城修缮项目得到了世界遗产委员会专家的肯定；[1]320 他在北京主持的一系列街区更新、遗产保护和重建项目，对北京的历史文化名城保护工作产生了重要的影响。

王世仁先生的保护思想在不同时期表现出了不同的特点：早期延续传统的文物修复理念，20 世纪 80 年代起推崇《威尼斯宪章》的原则，21 世纪初结合中国特色形成了较为综合的保护思想。王先生保护思想的转变事实上也反映了中国的遗产保护思想，在接受国外理念和结合本地传统的基础上，是如何发展与调整的。

一、王世仁先生主要经历及其著作概述

王世仁先生生于 1934 年；1951 年考入清华大学营建系；1955 年毕业后于建筑科学研究院建筑理论与历史研究所工作，从事建筑史研究；1966—1976 年在广西桂林从事建筑设计；1976—1980 年在河北承德文物局任工程师，从事文物建筑修复设计；1980 年考入中国社会科学院，任哲学所副研究员，从事建筑美学研究。从 1984 年起，他担任北京市文物局副总工程师、北京市古代建筑研究所所长兼总工程师；后担任国家历史文化名城委员会委员、北京市政府历史文化名城保护专家顾问组成员、首都规划建设委员会专家组成员、北京市文物古迹保护委员会委员。[2]

从其工作经历来看，在 1984 年前，王世仁先生主要从事文物建筑修复设计和建筑美学的研究工作。1986 年，王先生发表了他的第一篇专论遗产保护的文章，标志着其理论化的保护思想的形成。

① 本论文写作得到了吕舟教授以及王昕旸、胡姗辰、李晶晶等学友的指导和宝贵建议，特此致谢。
② 解博知，清华大学建筑学院硕士。

相比起在承德和北京古建所的工作,王先生作为主笔参与编写第一版《中国文物古迹保护准则》(以下简称《准则》)的工作不被瞩目。这份文件从 1997 年起开始准备,最终于 2000 年通过。随着《准则》的编写,王世仁先生的保护思想也渐趋完善。2004 年,王先生第一部保护理论文集《文化的叠晕》(以下简称《叠晕》)的出版,是对其美学思想和文物保护思想的总结。

2015 年,王世仁先生出版了他的第二部保护理论文集《文化遗产保护知行录》(以下简称《知行录》)。《知行录》共收录包括《叠晕》已收录 10 篇文章在内的遗产保护理论相关论文 23 篇,另有 17 篇侧重于实际项目的文章,分别题为"理念篇"和"实践篇"。

二、早期实践和建筑理论研究中体现出的保护思想

20 世纪 80 年代以前,王世仁先生在他的遗产修复项目及相关论著中体现出的保护思想,继承自中国传统的文物保护和修复思想,即"文物建筑修缮应遵循'恢复原状'或者'保存现状'两方面的原则,且以'恢复原状'为最高目标"[3]149。同时,王世仁先生在建筑理论和美学研究中体现出的对使用价值和整体环境的重视,也部分融入了王先生的遗产保护思想之中。

(一)"恢复原状"和"古为今用"

早在 20 世纪 30 年代,梁思成先生等建筑史研究先驱在考察、研究中国古代建筑的过程中,便初步提出了"保存或恢复原状"的文物建筑保护理念。这一思想在 20 世纪 60 年代被发展为"恢复原状或者保存现状",并且以"恢复原状"为最高目标。直到 1982 年《文物保护法》"不改变文物原状"的原则提出,上述思想才有所转变。[3]97

在 1984 年赴北京古建所工作之前,王世仁先生最重要的文物保护实践莫过于他在承德工作时期主持的避暑山庄"金山"等多处建筑群的保护、重建工程。[4]57 在 1981 年发表的《从避暑山庄的整修看圆明园的修复》一文中,王先生认为,出于圆明园所具有的政治、文化、经济价值,以及其在建筑史上的重要地位,他"很拥护对圆明园进行修复"[5]218。该文虽未明确阐述他对于复建行为的态度,但"恢复原状"理念对王先生的影响仍可见一斑。而至 2004 年圆明园遗址保护工程实施时中,王先生采取的手段是相当克制的遗址保护策略,而非重建。这一差别反映了自 1984—2004 的二十年间,王先生对遗产重建问题态度的转变。

事实上,在避暑山庄的保护中,王先生也并未全然采取复建的策略。如避暑山庄的"东宫"区域便采取了清理遗址而不重建的办法。但采取这一措施的出发点,并非出于遗产本体的价值或特点,而是出于更加现实的考量:"我们对避暑山庄德汇门以内的'东宫'(约 1500 平方米)的主要部分进行了彻底清理……花费不过 8 万元,只在这组基址中复建了一座'卷阿胜境'殿,花费 10 万元,结果获得了一个比较好的游览环境。"[5]223

王世仁先生还提及 1979 年在避暑山庄的规划中提出的指导原则,包括贯彻"古为今用"的方针,安排具有特色的旅游活动项目;以及"在保存和恢复历史风格的前提下,全面规划,区分对待……"对"全面规划,区别对待",王先生的解释是:"该复原的要尽量

复原，一次不能复原的部分可以留待将来复原，绝不允许改建"；原本用来游赏的庭园，在恢复原有外形风格的基础上，"内部可以大胆变通"；"工艺过于复杂、费用过大而园林效果不太突出的，只保留基址也就可以了"；在"位置隐蔽，风格相近"的前提下，允许新建必要的服务管理用房。[5]221 可见，除了"恢复原状"这一"最高目标"之外，王先生还关注遗产在当下社会建设和发展中的使用价值和综合效益，即"古为今用"。

重视文物建筑之当代使用价值的思想，同样表现在王先生对建筑美学的研究之中。在其 1991 年发表的《环境艺术与建筑美学》一文中，王世仁先生认为，建筑艺术所独具的第一个特征，正是实用性："不言而喻，绝大多数建筑首先是实用的物质产品"，"实用性是艺术性的基础，而且艺术性中也常常包含着实用的因素"。[6]243

（二）建筑美学研究和遗产保护思想

在《中国传统建筑审美三层次》一文中，王世仁先生认为，建筑审美的对象，或言建筑美的来源，是"有意味的形式"。这种"意味"分为"环境、造型、象征"三个方面；对应在审美活动中，表现为"感受、知觉、认识"三个层次。第一层次的"环境—感受"关系，形成于城市的总体环境，最突出的表现是城市与自然的密切关系；第二层次的"造型—知觉"产生自城市的造型风格，表现于城市的序列构图和建筑形式；第三层次的"象征—认识"则由城市特有的文化内涵形成，表现在"对特有文化内涵的象征形式"。[7]325,327,330

1982 年发表的《我国历史文化名城的美学价值》一文，是王世仁先生将上述美学思想融入其遗产保护思想的鲜明体现。王先生在该文中提出了美的"题材"和"体裁"两个概念，并举出大同、承德和北京三个城市作为案例进行论述。大同的"题材""主要表现在中世纪以来北方文化的直质刚健的气质中"，"它的'体裁'就应是力求简练，力戒矫揉"；承德的"题材"是"在步入近代历史以前中国人民维护祖国统一，争取民族联合，抗御外侮，巩固团结的伟大历史潮流"，其"体裁"便应关注清帝"北巡"相关遗存所形成的一条"线"，它"应当是动态的、跳跃的，而不是静态的、平缓的"；北京的"题材"则更丰富、多样，相关遗存值得"分辨情况加以整理或标识出来供人凭吊"。在这里，"题材"是历史文化名城中"历史文化的特殊内容"，是通过保护者对城市的充分"认识"得到的；"体裁"则是"表现内容的特殊形式"，可与"环境""造型"和"象征"这三个方面产生呼应。王先生认为，在名城保护过程中，要"发掘美的'题材'"，进而"确定美的'体裁'"，即保护者根据自身的认识、根据保护对象的不同特点，采取不同的设计和措施，凸显保护对象自身的特色，从而为观者营造更好的审美体验。

王世仁先生还强调"保持和创造城市的环境美"，认为这是历史文化名城建设中"最重要的任务"："历史文化内容要靠形象来表达，它的美学价值首先取决于环境效果"。由于"历史文化的题材往往是和古建筑联系在一起的"，因此"在保护、维修古建筑时尤其要重视环境效果"。对于饱受争议的"整旧如旧"或"整旧如新"的问题，也可从环境的角度考虑："如果我们从环境设计的角度来考虑，把古建筑的'新'与'旧'作为创造环境美的一个因素来要求，这个矛盾也就不难解决。那就是：宜新则新，宜旧则旧，一切服从环境要求。"[8]

可以说，王世仁先生的建筑美学研究，为其遗产保护思想提供了部分理论来源。他对于环境的强调、对于客体特点的强调，都是其保护思想的重要组成部分。

三、从《威尼斯宪章》到《中国文物古迹保护准则》

1986 年，王世仁先生发表其第一篇有关遗产保护的研究论文，对《威尼斯宪章》展开了讨论。他在 20 世纪八九十年代的遗产保护观点和部分实践项目，都体现出对《威尼斯宪章》的遵从。参与《准则》编写的过程，也使王先生接受了更多国际保护理论的影响，促进了其保护思想的转变和发展。

（一）《威尼斯宪章》的影响

1986 年第 3 期《世界建筑》杂志收录了一系列以文化遗产保护为主题的论文，其中包括王世仁先生的《保护文物建筑的可贵实践》。该文中，王先生结合各国的文物保护实践，评价了《威尼斯宪章》中的基本原则，反思了当时实践中需要面对的问题。

不可否认，《威尼斯宪章》对王先生的保护思想有着深厚的影响。在 1990 年苏州古塔维修研讨会的发言中，他将文物建筑的价值分为"文物历史价值"和"审美价值"。前者是科学性的、相对客观的，后者是情感价值，相对主观的。[9]55 这些理念表达完全呼应了《威尼斯宪章》中对修复目的的表述，即"修复……它的目的是完全保护和再现文物建筑的审美和历史价值"[10]。

论及这两种价值的排序，王世仁先生认为"文物价值是第一位的，审美价值是第二位的"，要"先分清真伪，其次才谈得到美丑"。[9]56 因此，他反对在当时的文物保护中出现的，出于各种现实因素考虑，导致工程不能很好遵循"不改变文物原状"原则的现象。对这些"无必要的拆掉重砌，根据不足的恢复'原貌'，千篇一律的求'新'求'美'，以及大量不可逆材料的使用"，王先生持反对态度。[54] 可见王先生此时的保护思想，已与他在承德文章中所表现出的思想有了较大改变，更倾向于《威尼斯宪章》的保护理念。

《威尼斯宪章》的精神同样能在他主持的保护项目中得到反映。在 1986 年司马台长城的修缮工程中，王先生并未进行重建，而是以排险、加固为主，尽可能保留了长城本来的残损外观。在该项目工程总结中，"保护原则"一节多次援引《威尼斯宪章》的有关内容。他 1993 年编制的居庸关、云台修缮工程方案和 2003 年至 2004 年进行的圆明园含经堂遗址保护工程，亦采取了类似的措施和理念，避免了重建。

与此同时，王先生对《威尼斯宪章》的反思也一直存在。这种反思主要集中于与人们生活紧密相连的遗产类型的保护，以及不同文化语境下对真实性的理解两个方面。早在 1986 年，王先生便提出，《威尼斯宪章》不能很好地解决历史城市、更新性遗产的保护问题；他对于遗址或残损建筑可否重建也持有保留意见。王先生指出，"不同民族的审美观对文物建筑的修缮有不同的要求"。[11] 这一观点与 1994 年出台的《奈良文件》的精神有所契合。因此，在《奈良文件》出台后，王先生在一些论著中对该文件也有所涉及。如《文化的叠晕》一书前言中提到，《奈良文件》代表了多元化价值取向的理念，它"承认各个民族文化的背景不同，尊重不同民族对真实性的不同理解和选择"。[12]3

（二）澳大利亚和美国的影响

1979 年，澳大利亚 ICOMOS 通过了《巴拉宪章》。1997 年，国家文物局确定由中国文物研究所与美国盖蒂保护研究所、澳大利亚国家文化遗产委员会合作编写《中国文物古迹保护纲要》（后改名为《中国文物古迹保护准则》），由王世仁先生担任主要执笔人。1998 年和 2000 年，包括王先生在内的编写组成员赴澳大利亚和美国进行考察。此后，王先生分别在 1999 年和 2001 年发表论文，介绍澳大利亚的《巴拉宪章》和美国的遗产保护经验。1998 年，由王先生主笔的《中国文物古迹保护纲要》第一稿完成（以下简称"《纲要》第一稿"），后经过九次修改，最终版的《准则》于 2000 年 10 月正式通过。[13]34-67

1.《巴拉宪章》

1998 年，《巴拉宪章》已经经过了两次修订，由正文和三个附件（指导纲要）组成。对于被保护的对象，《巴拉宪章》以"地方"（place）一词指代，并引入"文化意义"（cultural significance）和"构件"（fabric）两个概念，用以指代"地方"所具有的价值，和组成"地方"的实物材料。保护的目的，是"要保留一个'地点'的文化意义"。而作用于"地方"的一切工作，都要基于对其"文化意义"的充分认识。[14]

《巴拉宪章》的理念显然为王世仁先生带来了启发。在介绍《巴拉宪章》的文章中，王先生写道："依照这些新理念，就可以顺理成章地解决一些经常困扰保护工作的难题。"具体而言，便是要基于对遗产"文化意义"的评估，来制定作用于"构件"的具体手段。在《纲要》第一稿中，王世仁先生使用了"文化价值"一词代替"文化意义"，来阐释文物古迹所具有的价值。在 2003 年《文物保护的价值取向原则》一文中，王先生认为，国内"应当明确一些新的保护理念"，包括"保护文物的主要目的是保护其文化价值""保护措施取决于价值取向""价值取向来源于价值判断的信息"三项，从中可清楚地看到《巴拉宪章》的影子。

2. 美国的保护实践

美国保护实践的对王世仁先生保护思想的影响，主要体现在其专门介绍美国遗产保护实践经验的文章《为保存历史而保护文物》中。该文论述了美国《国家历史保存法》（National Historic Preservation Act）和《处理历史资产的标准》（The Secretary of the Interior's Standards for the Treatment of Historic Properties）两份美国遗产保护中最为重要的法律和指导标准性文件，前者明确界定了美国文物古迹的五种类型，后者则区分了保存、更新、修复、重建四种历史古迹保护的不同方式。

依据《威尼斯宪章》的原则，重建应是被严格禁止的。① 然而，《巴拉宪章》和美国《处理历史资产的标准》都肯定了重建作为一种保护手段的正当性，但也对重建行为进行了限制，要求有充分的依据。相比《巴拉宪章》对重建的谨慎，美国的态度则较宽松：如果有益于公众理解，且有文献和实物证据作为依据，那么重建就是可行的。②[16] 因此，美国遗

---

① 《威尼斯宪章》第十五项：预先就要禁止任何的重建。只允许把还存在的但已散开的部分重新组合起来。

② 原文如下：Reconstruction will be used to depict vanished or non-surviving portions of a property when documentary and physical evidence is available to permit accurate reconstruction with minimal conjecture, and such reconstruction is essential to the public understanding of the property。

产保护实践中也存在大量重建的案例，有一些甚至是新设计的仿古建筑。对于这一"美国特色"，王世仁先生解释其理念为"只想告诉人们当地 17—18 世纪的历史，而不管这些历史的载体是当时的还是现在仿造的"。[17]

根据美国的实践，王世仁先生在文中归纳了四类典型的保护方式。其中第四类是"使用修复、更新、重建（包括迁建重组）等手段，全面'恢复'一个城镇，从而保存一段历史"。在论述这一方式时，王先生引入了安纳波利斯（Annapolis）、圣塔菲城（Santa Fe）和威廉斯堡（Williamsburg）三个历史城市的保护模式作为典型案例。前两座是仍然被使用着的城市，政府要求城市中的建筑应按照传统风貌修建或改造；威廉斯堡则是一座起先废弃，之后被整体按历史风格复建的旅游景点。在文章最后，王世仁先生写道："美国是一个实用主义根深蒂固的国家，手段完全服从目的。在他们看来，保护文物古迹的目的就是为了保存历史，所有的保护方法……只要能把历史的现象保存下来，使现代的美国人知道过去的美国是什么样子，这就够了。"[17] 虽然该文字里行间似乎并未体现王先生赞同或反对的态度，但考察他此后的重建项目实践和理论论著不难发现，他事实上已接受并采用了与美国理念类似的"为保存历史而重建"的立场。可见，来自美国的经验对王先生遗产保护的思想和实践产生了重要的积极的影响。

（三）遗产价值认识的变化

从学习《威尼斯宪章》到综合国内外遗产保护经验和实践，王世仁先生对于遗产价值的认识有一个不断变化，并逐步构建形成一套价值体系的过程。前文提及王先生在 1990 年将文物建筑的价值分为"文物历史价值"和"审美价值"两部分，呼应了《威尼斯宪章》有关文物价值的表述。在两种价值中，前者相对客观，后者则更加主观，但它们都来源于保护对象自身所具有的属性，是被人认识的内容。

在 1998 年《纲要》第一稿中，王先生同样将文物古迹的价值分为两类。第一类"文物价值"是文物古迹自身所固有的，"包括历史价值、科学价值和艺术价值"；第二类"利用价值"源于文物古迹之于当今社会的可用性，包括"认知价值、审美价值和可供公益事业使用的实用价值"。[18]

相比起其 1990 年有关文物价值的表述，《纲要》提出的价值体系引入了文物使用者的角度，依据人与物的单向解读或双向互动来进行分类。这种价值论述方式，一方面继承了中国传统的"三大价值"表述方式（体现在"文物价值"部分）；另一方面融合了包括《巴拉宪章》在内的国际文化遗产价值理论体系，肯定了遗产在当代生活中的使用价值，打破了长久以来中国保护界讳言利用与经济效益的现象，是为一种突破。[13]41,87

虽然 2000 年正式发布的《准则》并未接受这一套有关文物价值的阐述，而选择延续"三大价值"的表述方式，但王世仁先生始终坚持并延续这一价值理论。在 2004 年出版的《文化的叠晕》的"前记"中，王先生重申了自己对文物价值体系的认识："文物建筑有两种价值，一种是历史价值，即我们通常说的历史、艺术、科学三大价值或三性；另一种是社会价值，即在当代社会中可以发挥的功能效益，主要是认识功能和审美功能，或教育性和观赏性。"[12]3 论及二者之间的关系，王先生认为："保护历史价值是前提，发挥社会价值是目的。价值取向决定了保护方法。"[12]3 所谓"发挥社会价值",正对应着对遗产的利用。王先生早年对利用的重视在这一层面得到了延续。

（四）对遗产类型的认识

虽然将文化遗产的使用价值纳入价值认识的框架的明确表述出现于其20世纪90年代后期的论著中，但在1986年的文章中，王世仁先生便依据遗产与当代使用之间的联系，将文物建筑分为"纪念性（monument）建筑"和"更新性（rehabilitation）建筑"。前者包括："完全失去使用功能的建筑残迹（如埃及、希腊的神庙，中国的汉唐帝王陵墓等）""保存完整而失去原本功能的建筑（如故宫、佛教石窟寺等）""仍按原有功能使用的纪念建筑（如欧洲的教堂、日本的佛寺等）"三类，后者则指代"不曾中断使用但经常有所改动的民间建筑（如传统村落）"。[11]

在2004年《叠晕》的"前记"中，王世仁先生将"文化古迹"分为"文物建筑"和"历史街区（村镇）"两类："前者主要是历史的纪念物，不必和现代生活发生直接关系；后者主要人居生活场所，必须和现代生活紧密结合。"[12]2-3 这种分类方式显然延续了1986年的认识，但在表述上更加清晰，与遗产的价值认识相统一："文物建筑"价值的主要方面是"文物价值"（或"历史价值"），来自文物古迹自身所具有的各项属性；而"历史街区（村镇）"价值中很大一部分内容，是人在其中的生活，对应"利用价值"（或"社会价值"）。

四、对待"文物建筑"的态度：保存还是重建？

"文物建筑"保护领域最突出和最具争议的问题，在于王先生在部分项目中采取的复原重建的办法。然而，值得注意的是，在另一些项目中，王先生也选择采用最小干预的手段，尽可能保持了遗产原本的状态。这种看似矛盾的现象，事实上反映着王先生在不同时期、对不同类型遗产价值认识的不同。

真实性问题是重建所面临的首要问题。王世仁先生对真实性的解释，也是其保护思想中引人深思的内容。

（一）对重建的态度

综观王先生主持的主要保护项目，重建与否可从两个维度来理解：其一是时间维度，即以保存现状为主的项目集中在20世纪80年代至21世纪初，而复原设计的项目则贯穿王先生的整个职业生涯；其二是遗产所在的环境，即对远离城市的多采取保存现状的态度，对城市环境中的多采取复原重建的态度。

1. 按照时间考察

1984年前，王世仁先生并未在理论层面对保护与重建等问题作出过论述。这一时期他支持和实施复原重建的原因，主要来自传统对文物修复观念。但在1984年后，王先生在不同时间所表现出的对重建的不同态度，源于他对遗产价值认识的变化。

如上文所说，王世仁先生对遗产价值认识变化的最大特点，是将"利用价值"纳入遗产的价值体系当中。随着遗产利用价值的引入，遗产保护的理念和方式也得到拓展。保护目的不再是仅仅保存历史信息，更包括发扬社会效益。如在《叠晕》"前记"中，王先生写道：文物保护有两个目标，首先是"保护实物遗存不再受损"（通过保护实物遗存而保存其中所蕴含的"文物价值"）；其二是"尽量展示其社会文化价值"。"为达到前一目标，就必须保护现存状态，尽量少加干预；为达到后一目标，就要对现存状态进行必要的加工和'包装'"。[12]3 对已不存在了的建筑进行重建，可以说是这种"加工和包装"的极端情况。

1990 年，王先生认为，"局部复原"在相当的限制之下（包括必须是现状的复原，而非某一历史时期的风格复原；必须以直接的形象材料为依据，而非"法式"等旁证材料；材料做法必须可逆；复原部分与原结构既要和谐又要可识别；雕塑艺术构件和彩绘不复原；塔刹、副阶的复原与否需谨慎论证六点）可以接受，而"风格复原"则在原则上不宜推广；[9]55 1998 年，王先生在《纲要》第一稿中写道：除非特殊的情况，"已不存在的文物不应复建"。这一时期王先生主持的修缮项目，如司马台长城、圆明园含经堂遗址，以及居庸关长城的修缮方案① 等，都体现了这一认识。

在 2000 年之后的文章中，王先生越发表现出对重建的宽容态度。他在 2003 年的文章中写道："只要有助于最大限度地发挥其社会价值，只要历史价值与社会价值可以相容"，则无论是简单的加固还是复杂的重建，都是"合理的选择"[19]42。他对重建的具体要求也变得宽松：1990 年时，王先生要求风格复原的建筑"位置不能变更"[9]55；20 年后，他主持设计的北京天桥和外城东南角楼的复原，都因为无法在原址进行建设而稍微改变了建筑的位置。

2. 按类型考察

上文提到，王世仁先生按照遗产与使用者的关系，将其分为"文物建筑"和"历史街区（村镇）"两类。王先生一贯认为，对于非遗址类的，尤其是仍然按原样使用着的建筑（如寺院、城市），不应拘泥地采取与纯粹的纪念物或遗址相同的处理手段。重建有助于更好地展示人在建筑中的活动，以及人与建筑之间的关系，"发挥了真效益"。[11]

考察王世仁先生采用复原手段的开展的文物保护修缮项目（如北京天桥和外城东南角楼），相比起如长城、圆明园这类地处郊外、素来与普通人日常生活联系不多的遗产，它们大多是历史城市的组成部分。作为城市中的"重要节点、历史地标和重要标识"，王世仁先生认为它们属于"文化景观"的范畴。对于此类遗产，"保护的目的是恢复记忆，彰显个性。操作中主要是做加法"。[20]

这一表述说明，对于城市景观，王世仁先生看中更多的，是其"利用价值"的部分：在城市的宏观层面，重要的不是这栋建筑具体的一砖一瓦，而是作为城市中的一个部分、一个标志、一个节点，它带给城市的作用，和它在人们心中留下的印象。2015 年，王先生在论文集自序中说："保护的硬道理是保存记忆""文化不灭，文脉不绝"。这些透过城市景观传达的城市意象，反映的是城市的文化，这种文化是遗产最为可贵的价值，它延续着一代代城市人民的记忆，也塑造着生活在此的人民的品格。对于它们，"只要不突破保存记忆这条底线，其他诸如环境、景观、空间形态、交通路线等都可以通融。有些重要的记忆还需要恢复，重现记忆的载体……须知，'古董'虽假，记忆是真"。[21]自序

---

① 该方案最终未实际执行，居庸关长城的修缮工程最终采取了复原重建的办法。

（二）对重建项目真实性问题的解释

文物建筑重建的最大理论挑战，在于如何解释重建内容的真实性。从物质层面来看，重建的建筑显然是不"真实"的。1986 年的文章中，王世仁先生称重建的建筑是能够发挥"真效益"的"假古董"，[11] 可见他并不试图否认这一点。

在 2005 年后，随着王先生主持重建项目的增多，他开始在文章中阐释自己的真实性理论。论及北京天桥的重建时，王先生认为："只要它①的形象基本上（不可能完全）是真实的，他所引起公众的记忆是真实的，它所显示的文化内涵是真实的，那么它的文化就是真的。我们今天谈保护文化遗产，最终的目标就是保护它的文化价值，已经丧失了文化价值或原来就没有什么文化价值的古建筑，就是一堆无生命的木料砖瓦。"[20] 在另一篇关于天桥重建项目的文章中，王先生写道："真实性的核心价值不仅表现为遗产实物是真实的，更重要的是文化是真实的，建设天桥文化景观就是再现天桥文化的真实性。"[22]214

可以看到，王先生在论述中着重强调真实性在信息层面的体现，而相对弱化作为信息来源的物质载体。这种重视历史信息的思想倾向，显然受到《巴拉宪章》中"地方""文化意义"和"材料"三个概念及其相互关系的影响。既然对于遗产而言，重要的是"文化意义"而非"材料"，那么真实性也应当体现在"文化意义"的层面上，而非物质的真实与否。为了更好地保存、传承甚至"重现"遗产的"文化意义"，重建其所寄托于的物质"材料"是可行的，并且不会损伤遗产"文化意义"的真实性。这套思想理论同样体现着美国"为保存历史而保护文物"的保护理念的影子。

五、对待"历史街区"的态度："双赢"和"双输"

相比起传统的文物和纪念物，历史城市保护需采取不同的方法。这可以说是学界的共识：1986 年《世界建筑》杂志收录的文章中，除王世仁先生提出《威尼斯宪章》无法解决历史城市保护所面临的问题之外，陈志华先生在他的文章中也提到，由于历史城市仍然是活态的，故而对古城中一般建筑物的保护要求相较于文物建筑要放松得多。[23]

王世仁先生在北京主持了数个历史街区的保护和更新项目。这些项目引起了很大的争议。反对者认为，这些改造和更新项目是打着保护的旗号行拆迁之实；王先生则主张，在城市发展的过程中，拆迁无可避免。

（一）保存和更新的关系

王世仁先生将历史街区和文物建筑区分为两个根本不同的保护对象类型。其最大的差别，在于人和遗产之间的关系。王先生认为，对文物建筑的保护应以物为本，可以"见物不见人"。但对历史街区而言，保护的目标应当是既见物也见人，要让它继续"活"下去。[24] 在 2002 年另一篇文章中，王先生提出：历史街区的"根本属性是生活，主要特征是群体性、实用性和更新性"。故而，历史街区的保护目标应是"在改善其使用功能的前提下有所变化更新，尽量使其历史要素得到延续"[25]。

---

① 指重建的内容。——作者注

在理想的状态下，人们希望达到保存历史文化和发展现代生活的"双赢"。王先生认为，这一"双赢"的另一面其实是"双输"：在保护的过程中，两方面各有牺牲，以期在总体上取得正面的效果。保护工作者的职责便是合理地控制这二者之间的平衡。而这个工作的基础，是对历史街区所具有的历史要素进行科学的价值评估。[24]

（二）历史要素与相应的保护策略

2002年，王先生将历史街区所包含的"历史要素"分为历史遗存、街区肌理、风貌基调和文化内涵四个部分，其内容既包含有物质的，也包含有非物质的；既包含微观的单体建筑，也包括宏观的街区。[25]在其2004年的论文中，历史要素的内容被进一步细化了：实物遗存方面，它包括纪念物、街巷肌理和具有一定价值的单体遗存；历史信息方便，它包括历史人物、事件、风俗等与街区相联系的非物质内容，以及通过物质遗存体现出的风貌特征。[24]

王先生主张对这些"历史要素"的保护应包含保存、更新、延续三个不可分割的部分[25]。对那些具有重要价值或具有典型性的单体建筑遗存，应采取保存的态度；对大多数一般建筑，应采取更新的态度。在宏观层面，更新过程中需要注意延续街区的街巷肌理、文化脉络和风貌特征。应在重点保护区和建设区之间划定风貌延续区和协调区，使街区的整体显示出绘画中"叠晕"一般的过渡效果，保证整体风貌的和谐。而对于在街区中具有重要意义，或形成了重要景观的纪念物，如前文所述，应采取"做加法"对策略，以更好地彰显街区特色。[25][26][27]

对于价值不甚突出且无法满足基本生活要求的老建筑，王先生并不讳言拆除。2001年，王先生提到北京四合院的出路，"无非是保、用、拆、改四种前途"。然而，拆除并非不受限制。王先生认为，在拆的过程中，"一不要'斩草除根'，二不要'泥沙俱下'"。对拆掉的建筑，应当妥善记录和保存其资料。[26]

王先生并不反对街区改造、更新的过程中创作。他认为，恢复"传统风貌"本身也是一种"以模仿为手段的创造"，或是在模仿中的"再创造"。[28]135如他认为，在前门大街的改造中，对那些不具有重要价值的建筑物，拆除重建时在体现出其主要的历史特点之外，可以有较大的"创作"空间。[28]135

（三）定量评估的操作方法

王世仁先生认为，对于上文提到的"历史要素"，在定性分析的基础之上，还需要更进一步进行定量评估。定量评估的办法不仅应用于历史文化名城的价值分析阶段，在评价和反思保护工程时，也可使用计算权值的办法来反思保护工作是否达到了预定目标。

2002年，王先生首次提出历史街区的"历史要素"包括历史遗存、街区肌理、风貌基调和文化内涵这四部分，分别占据0.4、0.3、0.2和0.1的比重。[25]2004年讨论大栅栏地区保护和规划时，王先生进一步阐释了其历史街区保护中"历史要素"定量评估理论（见表1）。

表1 大栅栏地区历史要素权值[27]

要素类别	权 值	详细内容	权 值
街巷肌理	0.3	街巷原有位置	0.1
		标志性节点	0.1
		界面尺度	0.05
		基本空间形态	0.05
历史遗存	0.4	文物保护单位	0.15
		代表性历史建筑	0.1
		传统宅院群落	0.1
		古树及古井等遗存	0.05
历史信息	0.3	名人、事、店标识	0.05
		典型建筑式样	0.1
		街巷历史名称	0.05
		标志性建筑	0.1

王世仁先生认为，历史街区在初始状态下的总要素权值可设定为1。随着历史发展和生活变迁，街区内的建筑和人们的生活环境逐渐劣化，导致总权值的数字降低。保护的意义，便是通过修复这些历史要素，"使现状的权值达到或接近设定的权值"。对于历史要素在改造更新后的保存率，王先生认为"重点保护区不低于百分之八九十，建控地带不低于百分之五六十"。[24]对于大栅栏历史街区保护项目，王先生认为，其历史要素保存量，"在重点保护区可达到约73%，建设控制地带约50%，综合值约61.4%"[27]，达到了保护的目标。

在鲜鱼口的研究中，王先生也应用这一方法计算了实践中采取的各项保护措施对权值的影响（见表2），得出的最终结果是：工程中虽然因满足宜居的目的部分损害了历史要素，但这一损害的数值仅为17.5%——工程结束后，历史文化保存量为82.5%，达到了保护的要求。[29]

表2 鲜鱼口历史文化街区草厂地段历史文化要素权值分析[29]264

要素类别	权值	损失权值	实际权值	权值损失原因
街巷肌理	0.3	30%	0.21	消失1条（总16条）；30%的胡同拓宽超过原宽度1/3
历史遗存	0.35	10%	0.315	格局、风貌较完整的宅院约保存90%
文化内涵	0.15	0	0.15	无损失
传统风貌	0.2	0.05	0.15	拓宽部分改变界面尺度

（四）档案信息记录

除了阐述历史街区的保护理论和主持保护项目，王世仁先生还主持编写了《宣南鸿雪图志》（1997年出版）和《东华图志》（2005年出版）两部资料集式的著作，详细记录了原宣武区和原东城区的历史建筑、街巷情况，以及与此相关的重要历史信息。他也是《中国近代建筑总览·北京篇》的主编之一。在北京旧城快速更新的背景下，这些细致的资料整理和记录工作，保留下了古城曾经的印记，让后来的研究者们有迹可循。

六、总结

综上所述，王世仁先生的保护思想，按照时间来看可分为三个阶段：第一阶段为1984年进入北京古建所工作之前，主要继承传统文物修复的思想，以承德时期的文物建筑修复和重建为代表。第二阶段为20世纪80年代末至21世纪初，以推崇和实践《威尼斯宪章》中的保护原则为核心，以司马台长城的保护工程为代表；同时在后期综合国内外更多的保护理论、实践，形成了更加全面的综合性保护思想体系，以2004年《文化的叠晕》的出版为标志。第三阶段为21世纪之后，王先生更加关注历史城市的保护和旧城生活水平的改善，并在保护项目实践中更多践行自身的保护思想，以北京天桥的重建和南池子改造为代表。

从遗产类型的角度审视，王世仁先生更倾向于在远离城市环境的遗址类项目中采取符合《威尼斯宪章》理念的原址保存方式，而对在城市环境中的遗产采取复原、重建的方式。这一现象来源于王先生保护思想中对价值和遗产类型的认识，以及王先生在美学研究中表现出的对环境和整体风貌的重视。对于历史街区的保护和更新，王先生承认街区更新的必然性，也不讳言拆除。他主张在价值评估的基础上进行分级保护，并建立了一套定量评估的工作方法。王世仁先生的这些保护思想与保护实践，既部分体现了中国遗产保护思想的发展，也涉及遗产保护中的一些基本理念，值得我们学习和反思。

参考文献

[1] 王世仁. 司马台长城西4台—东4台修缮工程总结 [R]// 王世仁. 文化遗产保护知行录. 北京：中国建筑工业出版社，2015：320.

[2] 王世仁. 王世仁建筑历史理论文集 [M]. 北京：中国建筑工业出版社，2001.

[3] 高天. 中国文物建筑保护历程——不改变文物原状的理论与实践 [D]. 北京：清华大学，2010.

[4] 王世仁. 改革开放成就了我 [C]// 北京古都历史文化讲座：北京市文物保护协会，2009：57.

[5] 王世仁. 从避暑山庄的整修看圆明园的复复 [C]// 中国圆明园学会. 《圆明园》学刊（第一期），1981.

[6] 王世仁. 环境艺术与建筑美学 [A]// 王世仁. 王世仁建筑历史理论文集. 北京：中国建筑工业出版社，2001：243.

[7] 王世仁. 中国传统建筑审美三层次 [C]// 王世仁. 王世仁建筑历史理论文集. 北京：中国建筑工业出版社，2001.

[8] 王世仁. 我国历史文化名城的美学价值 [J]. 城市规划，1982(3)：14-19.

[9] 王世仁. 苏州古塔维修研讨会综述 [R]// 王世仁. 文化遗产保护知行录. 北京：中国建筑工业出版社，2015.

[10] 陈志华. 保护文物建筑及历史地段的国际宪章 [J]. 世界建筑，1986(3)：13-14.

[11] 王世仁. 保护文物建筑的可贵实践 [J]. 世界建筑，1986(3).

[12] 王世仁. 文化的叠晕——古迹保护十议 [M]. 天津：天津古籍出版社，2004.

[13] 叶扬. 《中国文物古迹保护准则》研究 [D]. 北京：清华大学，2005.

[14] 郭立新，孙慧. 巴拉宪章——国际古迹遗址理事会澳大利亚委员会关于保护具有文化意义地点的宪章 [J]. 长江文化论丛，2006(00)：220-250.

[15] 王世仁. 保护文物古迹的新视角——简评澳大利亚《巴拉宪章》[J]. 世界建筑，1999(5)：21-22.

[16] The Secretary of the Interior's Standards for the Treatment of Historic Properties[EB/OL]. [2020-04-03]. https://www.nps.gov/history/local-law/arch_stnds_8_2.htm.

[17] 王世仁. 为保存历史而保护文物——美国的文物保护理念 [J]. 世界建筑，2001(1)：72-74.

[18] 王世仁. 中国文物古迹保护纲要 [R]// 叶扬.《中国文物古迹保护准则》研究 [D]. 北京：清华大学，2005：134-139.

[19] 王世仁. 文物保护的价值取向原则 [R]// 王世仁. 文化遗产保护知行录. 北京：中国建筑工业出版社，2015：42.

[20] 王世仁. 从天桥文化景观说起 [J]. 北京规划建设，2014(3).

[21] 王世仁. 文化遗产保护知行录 [M]. 北京：中国建筑工业出版社，2015.

[22] 王世仁. 北京中轴线天桥文化景观方案 [R]// 王世仁. 文化遗产保护知行录. 北京：中国建筑工业出版社，2015：214.

[23] 陈志华. 谈文物建筑的保护 [J]. 世界建筑，1986(3)：15-18.

[24] 王世仁. 保护历史文化街区的价值取向原则——兼议南池子保护试点工程 [J]. 北京规划建设，2004(2).

[25] 王世仁. 保存·更新·延续——关于历史文化街区保护的若干基本认识 [J]. 北京规划建设，2002(4).

[26] 王世仁. 关于北京四合院保护的思考 [J]. 北京规划建设，2001(6).

[27] 王世仁. 创造历史与现代谐调共存的环境——对大栅栏地区保护、整治与发展规划的基本认识 [J]. 北京规划建设，2004(1).

[28] 王世仁. 现代都市商业与当代古都风貌——前门大街整修设计介绍 [R]// 王世仁. 文化遗产保护知行录. 北京：中国建筑工业出版社，2015.

[29] 王世仁. 鲜鱼口历史文化街区草厂地段保护、整治、更新可行性研究 [R]// 王世仁. 文化遗产保护知行录. 北京：中国建筑工业出版社，2015：264.

阮仪三历史城市保护思想初探

宋 雨①

【摘要】 本研究对阮仪三先生公开发表的学术文章和著作进行分析，以梳理其历史城市保护思想的发展。研究认为，阮仪三先生的古城保护实践与思想的发展可以分为四个阶段：第一阶段，20世纪70年代以前，家学渊源的文化积淀和对规划学科的系统学习为阮仪三先生的历史城市保护思想奠定了基础，古城整体保护和保护与发展相兼顾的理念雏形开始形成；第二阶段，20世纪80年代，以平遥古城保护规划为代表，从规划的视角出发，提出了新旧城分开的布局模式，运用规划手法对古城的整体风貌和特色进行保护；第三阶段，20世纪90年代，以历史街区保护和城市遗产申遗为代表，古城保护的规划理论和方法进一步发展，注重居民生活的改善和旅游资源的开发，推动古城申遗，反对拆真建假；第四阶段，21世纪以后，以传统村落考察和中国文化遗产的推介工作为代表，提出了"乡愁"的概念，将文化传承视为古城保护的根源和目的。

【关键词】 阮仪三；古城；保护；文化传承；城市规划

作为我国城市遗产保护领域的代表人物之一，阮仪三先生促成了平遥、周庄、苏州、扬州、上海等历史城市的保护，组织编制了一系列历史文化名城名镇规划。[1] 本研究以时间为线索，对阮仪三先生的理论研究和规划实践进行梳理，以探析其背后的城市保护思想。

一、20世纪70年代以前：传统文化积淀和城市规划学习

1934年，阮仪三先生出生在苏州的一个知识分子家庭。[1]3 其高祖阮元（1764—1849年）是乾隆五十四年进士，历乾隆、嘉庆、道光三朝，任体仁阁大学士，太子太傅，谥号文达。[1]16 阮仪三先生自幼受到很好的文化熏陶和教育。作为家中的长子，他"从小就受父亲的教育，先辈的遗物要记住，元宵节要祭拜祖先烧纸钱等，要开列名单抄写"；他还负责看守书房，"床铺就搭在书房里"，日积月累，进行了大量的阅读[1]3；进入同济大学以后，他的老师陈从周先生也一再告诫他继承自己的家学传统，学习阮元严谨的学术态度。[1]38

家学渊源，加上在苏州、扬州等地的长期生活经历，直接影响了阮仪三先生对古城的认识。阮仪三先生回忆他幼时的生活说："我在苏州钮家巷出生"，"我家门前就有小河通平江，河水清澈可游泳，也可抓小虾，坐花船到石湖看月，看活泼可爱的采菱姑娘"；"临河栽有高达的老树"，"小孩们都喜欢爬上去玩"；"我还喜欢游历苏州城外的名山名水，还喜欢爬古城墙"；"四时八节，民间还有出会游街的活动"，"苏州老家的年总是最有回

---

① 宋雨，清华大学建筑学院博士生。感谢同济大学邵甬教授为本文撰写所提供的访谈和帮助。

味、最醇香的年"。[1]3-9 对于阮仪三先生而言，古城的建筑街桥、山水树木，以及历史文化、民俗传统、生活场景，天然地构成了一个整体，这种整体性的认知对他后来的古城保护思想产生了重要影响。

1956 年，阮仪三先生进入同济大学城市规划系求学。当时，民主德国魏玛大学的雷台尔教授受邀在同济大学讲授"欧洲城市建设史"和"城市规划原理"。雷台尔教授在课程中介绍了第二次世界大战以后欧洲的城市规划工作，他指出，在城市恢复建设的过程中欧洲主要采取了两种办法："一种叫作建设新城市，就是新城运动；还有一种叫作古城复兴运动，古城要更新"，"要想办法让它复苏"。这对阮仪三先生产生了很大影响。另外，在雷台尔教授的建议下，同济大学开展了"中国城市建设史"的研究工作，由董鉴泓教授负责，阮仪三先生毕业以后也加入了这项工作，他们对全国 150 余座古城进行了调研，见到了太谷、平遥、新绛、洪洞等古城的完整风貌。[1]23-24

综上所述，这一时期是阮仪三先生历史城市保护思想的奠基时期。一方面，他对古城的物质环境和非物质内容已经形成了整体性的理解和认识，这既受到他早年经历和家学渊源的影响，也离不开 20 世纪 60 年代起他对于古城完整风貌的考察和记录。另一方面，通过在城市规划系的学习，他系统学习了城市规划的理论和方法，初步形成了旧城保护与新城建设并重的城市规划方法和理念。可以说，早期的经历为阮仪三先生的古城保护思想奠定了传统文化和规划学科上的基础。

二、20 世纪 80 年代：规划视角下的古城保护思想

改革开放以后，随着经济的恢复和大规模城市建设的开展，发展和保护之间的矛盾愈发尖锐。据阮仪三先生回忆，"80 年代以后……全国就是一片大工地，当时的口号是'一年一个样，三年大变样'"[2]，"众多的古镇受到巨大的冲击，由于缺乏合理的规划与管理，加上人们对历史文化意义的认识不足，使它们遭到建设性的破坏，许多古镇……城镇的特色湮灭了，传统的文化消失了"[3]。在此背景下，历史文化名城制度应运而生。20 世纪 80 年代起，阮仪三先生开始参与到名城规划的编制工作之中。

（一）新旧城分开的布局模式

历史城市若要兼顾发展与保护，首先必须有合理的规划布局。20 世纪 80 年代初，阮仪三先生及时制止了平遥在古城内部开辟大马路和广场、拆除古城墙的举动[4]，并重新为平遥古城制定了"古城不动、新旧分开、合理发展"的规划策略[5]，使得古城得以真实、完整地保存下来。他回忆说，他的老师陈从周先生曾就平遥古城提出了"老城老到底、新城新到家"的规划理念[4]，对他产生了重要启发。此后，这种新旧城分开的布局模式，相继运用于周庄、甪直、苏州等地的规划中，取得了良好效果。例如，苏州平江城的宋代格局之所以能够完整保留下来，正是因为"它有合理的规划"，在老城外面另建新区，兼顾了古城保护和城市发展。[5]

1990 年，阮仪三先生对此进行了总结：历史文化名城主要有两种布局模式，其中，新旧城分开的布局模式适用于规模较小、历史遗存较多的城市，"好处是容易两全，减少

矛盾；问题是旧城长期破旧，旧城内基础设施和建筑、居民生活环境改善缓慢，市民意见较多"；另一种规划模式是以旧城为中心向外辐射，对旧城进行改造更新的同时在四周进行新的城市建设，这种模式广泛应用于北京、南京、西安等规模较大、文物遗存位置分散、城市问题较为复杂的城市，但是由于对历史城市保护的认识不足，部分古城保护的成效并不理想。[6]

（二）古城特色和风貌的整体保护

基于古城的整体性认知，阮仪三先生很早就在实践中提出了古城整体保护的理念。1980 年平遥保护规划指出，"整个古城是一个大文物，不能光保护一圈城墙和几幢古建筑古住宅"[7]，应该对城中大量历史街巷、民宅等进行全面保护，以维持其明清以来所形成的整体风貌。[4] 类似地，商丘历史文化名城的"优势是古城格局完整、护城河、土堤、城墙、道路系统未遭破坏，且有众多文物古迹和特色民居，弱点和劣势是缺少大型的声震中外的古迹胜景，因此应扬长避短，不能在一两处古迹上作文章，而应把整个城市作为一座古迹，全盘保护、整理、开发。"[8]

山水自然环境作为中国古代城市规划的重要组成部分也应该纳入保护范围，尤其对于江南水乡城镇而言"亲水性"更是其城市特色所在[9]。针对扬州旧城区的保护规划，阮仪三先生提出，瘦西湖的景观环境与城市整体格局紧密联系，是规划的重点。[10]

居民生活也是古城保护不可或缺的内容之一，"保护古城很重要的一点，是要把原住民留着，把那里传统的生活方式留下来。"[6]。20 世纪 80 年代初，阮仪三先生带领学生在扬州小秦淮地段做课程设计，恰逢陈从周先生在扬州进行园林修复工作。陈先生深情地回忆了旧时小秦淮垂柳夹岸、丝竹入耳的诗情画意，虽然这些历史图景已然消失，但所幸"茅草庐里烤草庐烧饼"的"扬州风味"仍在。[1]42-43 因此，草庐烧饼和茅草庐作为传统生活的重要载体无疑都应纳入历史城市保护的范畴之中。

总之，历史文化名城的保护"要从名城的总体、全局"出发，保护历史城市的特色和风貌。名城的城市特色表现在文物古迹、自然环境、城市格局、轮廓景观、建筑风格以及文化艺术传统等各个方面，"不仅是外部的视觉感受，而是综合的物质与精神的感受，要从城市生产、生活、文化、建设全面去考虑，从总体到局部，从规划到设计，才能取得良好的效果"，"单是几幢建筑、一段城墙、几处古迹是成不了风貌的"。[6] 因此，应该全面地对古城所谓"环境特色构成要素"或"特色构件"进行提取，如扬州的环境特色构成要素包括水体、民居、茶楼、酒菜馆、花房、水榭、桥梁、城垣、树木、叠石等。[10]

（三）规划手法在古城保护中的运用

阮仪三先生在历史城市保护工作中，对多种规划手法进行了综合运用。首先，划定保护区是古城保护的主要方法之一。商丘县历史文化名城保护规划按照三个保护等级划定保护区：重点地段，严格控制拆建、空间尺度，以城墙为代表；一般保护地段，控制层数、色彩、形式，适用于重点保护地段周围和传统街区；环境协调保护区，尽量采用与传统协调的形式，控制层数，适用于古城风貌影响区。[8] 扬州小秦淮保护规划则划定了老城区和西北风景名胜区两个主要区。[10]

其次，他在规划中对历史城区的建筑高度、风格和色彩予以控制，以实现城市风貌的统一。阮仪三先生指出，苏州古城之所以能保持宜人的空间格局，离不开对新建建筑高度的严格控制[11]；平遥[7]的保护也是如此。在商丘县历史文化名城保护规划中，阮仪三先生对视觉环境采取了更为细致的控制，除建筑高度以外，对建筑形式、视觉廊道、城市色彩都进行了讨论。[8]

综上所述，这一时期是阮仪三先生历史城市保护思想的形成时期。他从规划视角出发，提供了古城兼顾保护和发展的规划策略，提出了古城以外建设新城的"平遥模式"。同时，他逐步完善了对城市内的多种有形和无形的风貌要素进行整体保护的理念，并在规划中综合运用了保护区划定和高度、风格、色彩控制等规划手法，古城的保护对象和保护方法日渐明确。

三、20 世纪 90 年代：古城保护理论和规划方法的发展

20 世纪 90 年代以后，我国进入古城保护的高潮，实践和研究的发展以及国外遗产理论的引入对古城保护提出了新的要求："人们对古镇本身及其所蕴含的文化的开发与利用、居民生活的改善、如何走向世界等，要求古镇的保护走更系统的可持续发展的道路。"[3] 然而，由于原真性等重要保护理论"在专家层面上还没有达成比较统一的认识"，也导致了城市遗产保护工作出现了一些问题。[1]145

（一）古城内居民生活的改善

在明确了新旧城分开的规划布局以后，阮仪三先生开始重点关注居民生活的改善和延续。随着 1996 年历史街区保护（国际）研讨会在安徽黄山召开，历史街区保护成为历史城市保护的重要一环，"人"的因素显得越来越重要。阮仪三先生提出，"街区就应该包括居民的生活活动和与其相关的所有环境对象"[12]，"真正的历史留存，不光指地面上的建筑物，还应当包含住在里面的人。"[13]

古城保护应该以可持续发展为目标。1999 年苏州平江历史街区保护规划遵循可持续发展原则，将街区活力作为工作重点之一，力求"避免出现博物馆式的'死城'"。具体而言，在保护工作中应该"控制 50% 的回迁率，80% 的房屋不动或少动，在住屋功能方面保持 80% 的功能仍为居住功能，保持小桥流水人家的生活场景，适当开发旅游商业，并合理布置，不使商业活动破坏水乡宁静的生活，保持了街区的居住功能"，同时应促进公众参与，调动居民百姓的积极性。[14] 类似地，1997 年重新编制周庄古镇保护规划时也提出了可持续发展的原则，"对保护区内的传统建筑根据具体情况的不同采用不同的措施，如建筑结构保留不动，局部修缮改造。保护建筑的格局和风貌，治理外部环境，并重点对建筑内部加以调整改造，配备厨卫设施，改善居民生活质量"。[3]

（二）城市遗产的开发与利用

除了居民生活的改善，可持续发展还要求，"城市遗产不仅应被看作是保护对象，更应当被视为重要的资源和发展的动力"[15]，"在保护与发展中寻找一个可行的平衡点，达到社会、环境、经济效益的统一，实现现在与未来的最优化"[14]。例如，苏州市平江历

史街区的整治与保护规划提出，"生态环境、物质环境、文化环境都是人类的宝贵资源，生态环境影响我们和后代的生存，历史文化环境也有助于人类了解自身的存在和精神的需要"。1994 年的外滩置换计划也表明，文化遗产除历史、艺术价值以外还具有经济价值[16]。

随着旅游业的发展，城市遗产成为重要的旅游资源。以周庄、甪直、同里为代表的江南古镇，在古城保护的基础上大力发展旅游业，形成了多条较为完善的旅游路线，创造了很大的经济效益，自 20 世纪 90 年代起逐渐实现了"以保护促旅游、旅游养保护的良性循环"。[17]阮先生指出，"水乡城镇的特色要得到真正切实的保护，最重要的还在于城镇经济的发展与繁荣。在有了对保护的认识与措施之后，必须具有一定的经济能力，才能有力量来维修、恢复及更新。所以保护规划就不能仅仅考虑如何保护传统特色，而要全面地研究乡镇的发展，综合解决城镇发展的方向与保护的要求之间的矛盾。"[18]因此，应该合理规划历史城市中旅游业的发展，在不对历史资源造成损害的基础上，促进当地经济的发展。实务中尤其应该注意避免因片面追求旅游经济效益而造成保护行为的急功近利或历史资源的过度开发。[19]

（三）古城申遗，走向世界

20 世纪 90 年代，世界遗产理论开始引入我国，古城的申遗工作随之展开。1997 年，平遥古城和丽江古城双双申遗成功。

根据阮仪三先生的回忆，平遥申遗的想法最早可以追溯到 1992 年国家建设部和联合国人居中心在平遥举办的古城保护规划培训班，当时美国专家巴克莱·琼斯就在课上认可了平遥申报世界遗产的可能性。1994 年，全国历史文化名城委员会会议在平遥召开，郑孝燮、罗哲文等人提出了平遥申遗的主张，得到了全体参会人员的支持。1997 年，阮仪三、郑孝燮、罗哲文等几位先生再次前往平遥考察，并撰写了申遗报告。同年，平遥古城及城外的双林寺、镇国寺以"历史城镇与城镇中心"类型列入世界遗产名录。[4]

（四）古城保护的原真性

20 世纪 90 年代以后，"国内城市遗产的保护上存在一种非常严重的'真遗产'不如'假古董'的现象"，出现了大量仿古街和以文化为名的拆真建假的项目工程。[1]145阮仪三先生对此非常反对。他认为，应该保护古城的原真性，"保护历史文化遗存原先的、本来的历史原物，保存所遗存的全部历史信息"，"整治要坚持'整旧如故、以存起真'的原则，维修是使其'延年益寿'而不是'返老还童'"，"修补要用原材料、原工艺、原式原样，以求达到原汁原味，还其历史本来面目"。[20]

拆真名城、建假古董的行为明显不符合原真性的要求。例如，山西大同以"整体保护，全面恢复"为规划目标，曾经完整的明代城墙和城楼被拆除，城内的民居被铲平，而后凭空捏造建设了"辽代的首都"，严重损害了大同古城的原真性，阮仪三先生对此强烈反对。[5]无独有偶，阮仪三先生批评了 2008 年山东济宁建设"中国文化标志城"一事，他指出人造景观的大量建设无益于文物古迹的保护，假古董的建造反而会损害整体的历史环境。[19]阮仪三先生提出，出于环境协调或者旅游开发的目的、适当地营建一些仿古建筑，是合乎历史城市保护和发展的要求的，但在此过程中必须要"用实事求是的态度去对待文化遗产和仿古建筑",明确二者的区别和界限——"反对假古董并不是反对仿古建筑本身",而是反对假借"恢复、重现历史景观"的名目、混淆文化遗产和仿古建筑的"主次关系和真假事实"。[21]

针对历史街区整治和建筑修缮,阮仪三先生提出了"整旧如故、以存起真"的方法。1963 年,梁思成先生在《闲话文物建筑的重修与维护》一文中提出文物整修应"整旧如旧",不应该追求"焕然一新"的效果,而应该保存其饱经风霜的面貌。[22] 祁英涛先生进一步解释说,"整旧如旧"是古建筑维修后使其色彩、光泽等表现出明显的时代特征的一种技术措施,该原则不适用于现代设计的仿古建筑。[23] 然而,在实践中,"整旧如旧"经常被错误地理解为"做旧",部分城市甚至将其作为修建假古董的理论指导。[24] 为了厘清此类误读,阮仪三先生在历史城市保护的语境下提出了"整旧如故、以存其真"的策略,提倡使用"原材料、原工艺、原式原样"进行修缮,恢复古城的本来面貌,既不应该"整旧如新",也不应该盲目做旧、造假古董。[5] 例如,在乌镇的整修过程中,阮仪三先生及其团队使用原来的材料"原样原修",恢复了木板墙和石板路;[25] 在周庄叶楚伧宅的修缮过程中,他们"收集了苏州等老城拆迁老城区旧房的建材木料,按原样拼装搭建修",保护了古城整体风貌。[26]

综上所述,这一时期是阮仪三先生历史城市保护思想的发展时期。随着国外保护理论的引入、国内旧城工作的蓬勃发展以及历史街区制度的建立,城市保护工作中也出现了新的要求和问题。阮仪三先生提出,历史城市保护应该遵循可持续性和原真性,实现传统生活的延续和居民生活的改善,合理利用城市遗产进行经济开发,避免拆真建假的行为。

四、21 世纪以后:文化传承视角下的古城保护思想

近年来,除历史城市、街区的保护和规划工作以外,阮仪三先生组织开展了全国范围内的历史文化名城镇村和历史街区的调研工作,走访了四川[26]、云南[27]、江西[28]等多个省份,将调研成果撰写成报告提交给当地政府,这些调研报告后来发表在《城市规划》期刊的"遗珠拾粹"专栏。同时,他还发表了一系列中国文化遗产的推介文章,让中国古建筑、古城镇、古园林为更多人所了解,以提升公众的保护意识和认同。

在此过程中,阮仪三先生对中国文化传承中的古城保护有了更深层次的认识。他提出了"乡愁"的概念,并将其看作古城保护的文化根源所在。乡愁,是指"人们对故乡里人与人之间相处的物质空间环境的记忆,以及对它存在与否的耽愁与怀念",不仅涉及前文所述的城市物质空间环境,也关乎人们生活其间、所演绎出的情感和故事。[29] 例如,阮仪三先生称赞扬州古城内的私人造园活动是城市更新中"一股清新而富含历史文化的清风","顺应了老百姓对于老城小巷的乡情依恋,在相关的法律约束下,采取政府补贴和居民参与相结合的方法,在老城改造中大胆创新,那些因为年久失修而显得破败的老屋,被改造成古典式的新四合院。这些新兴的私人花园、庭院,如同一颗颗图钉,牢牢地把扬州古城钉住,使古城的肌理和风貌不至于遭到破坏。"[30] 可以说,乡愁,既是古城保护的出发点和原动力,也是古城保护的最终目的所在。

五、总结

阮仪三先生通过平遥、苏州、扬州等一系列古城的规划和保护实践，逐步形成和完善了他的历史城市保护方法和理论。

阮仪三先生历史城市保护思想的发展主要沿着两条线索：其一，在城市规划的视角下，他注重兼顾古城保护与城市发展，提出了古城以外另建新区、保护古城、发展新区的"平遥模式"，并针对旅游开发、拆旧建新、改善居民生活等热点问题都有所探讨；其二，在文化传承的视角下，阮仪三先生继承了家学渊源，并通过踏勘和保护规划实践逐步形成了古城整体保护的概念，进而提出了留住乡愁、传承传统文化的古城保护目标。可以说，古城保护规划中的经济发展和文化传承问题，是阮仪三先生古城保护思想的核心内容。正如他本人所说，城市发展"不仅看中经济增长，更涵盖城市文化的永续和创新。"[31] 历史城市更是如此。

参考文献

[1] 阮仪三，潘君祥. 阮仪三口述历史 [M]. 上海：上海书店出版社，2019.

[2] 阮仪三. 我们的工作就像当年长征 [N]. 联合时报，2013-05-14(004).

[3] 阮仪三，邵甬. 精益求精返璞归真——周庄古镇保护规划 [J]. 城市规划，1999(07)：53-56.

[4] 阮仪三，潘君祥. "刀下"留平遥古城——《阮仪三口述历史》之二 [J]. 世纪，2019(01)：11-15.

[5] 阮仪三. 古城守护者自述：几多成功？几多失败？(上)[J]. 档案记忆，2017(05)：6-11.

[6] 阮仪三. 历史文化名城的特点、类型及其风貌的保护 [J]. 同济大学学报（人文·社会科学版），1990(00)：55-65.

[7] 阮仪三. 历史古城平遥及保护规划 [J]. 时代建筑，1986(02)：53-57+71.

[8] 阮仪三. 商丘县历史文化名城保护规划 [J]. 城市规划，1988(05)：54-58.

[9] 阮仪三. 江南水乡城镇特色环境及保护 [J]. 城市，1989(03)：28-30.

[10] 阮仪三，刘勇，吴凝. 扬州小秦淮保护规划 [J]. 新建筑，1985(03)：49-52.

[11] 曹昌智，阮仪三，董黎明，鲍世行.《中国城市发展见证》专家点评 [J]. 城市，2004(04)：59-61.

[12] 阮仪三. 中国历史古城保护与利用之我见 [J]. 艺术评论，2007(11)：25-30.

[13] 阮仪三，柯昌礼. 保护历史文化遗产要做的还很多 [J]. 世纪，2018(01)：46-48.

[14] 阮仪三，刘浩. 苏州平江历史街区保护规划的战略思想及理论探索 [J]. 规划师，1999(01)：47-53.

[15] 毛佳樑，伍江，倪秉，罗小未，阮仪三，耿毓修，卢济威，周俭，张松，俞斯佳，王林，俞挺，张海涛，马成樑，乐星. 重视城市设计，保护历史风貌 [J]. 上海城市规划，2006(02)：21-30.

[16] 阮仪三. 保护上海历史特色地段，创建上海特色城市空间 [J]. 上海城市规划，1999(04)：15-17.

[17] 阮仪三，黄海晨，程俐骢. 江南水乡古镇保护与规划（摘登）[J]. 建筑学报，1996(09)：22-25.

[18] 阮仪三，曹丹青. 永葆水乡古镇的风采——苏南古镇甪直保护规划 [J]. 新建筑，1989(04)：64-67.

[19] 阮仪三，李红艳. "中华文化标志城"的解析和思考 [J]. 城市规划学刊，2008(03)：23-27.

[20] 阮仪三. 中国古城保护与西部大开发 [J]. 同济大学学报（社会科学版），2001(03)：21-24.

[21] 阮仪三，林林. 城市文化遗产保护的原真性 [J]. 城乡建设，2004(04)：29-30.

[22] 梁思成. 闲话文物建筑的重修与维护 [M]// 梁思成. 梁思成全集第五卷. 北京：中国建筑工业出版社，2001：440-447.

[23] 祁英涛. 古建筑的维修 [J]. 古建园林技术，1985(03)：28-34+40.

[24] 阮仪三，丁枫．上海历史文化名城保护的战略思考 [J]．上海房地，2006(06)：18-20．

[25] 阮仪三，潘君祥．一条路引发的保周庄风波——《阮仪三口述历史》之三 [J]．世纪，2019(02)：17-20．

[26] 阮仪三.四川资中铁佛古镇——国家历史文化名城研究中心历史街区调研 [J]．城市规划，2004(12)：101-102.

[27] 阮仪三．云南大理州云南驿——国家历史文化名城研究中心历史街区调研 [J]．城市规划，2004(07)：98-99．

[28] 阮仪三．江西铅山县石塘古镇——国家历史文化名城研究中心历史街区调研 [J]．城市规划，2011，35(07)：101-102．

[29] 阮仪三．"乡愁"的解读 [N]．光明日报，2015-07-28(011)．

[30] 阮仪三．"合院"：熙熙家园，融融天地 [N]．光明日报，2013-11-06(012)．

[31] 钟新．阮仪三认为：城市发展看重经济增长更涵盖文化创新 [J]．城市规划通讯，2004(22)：11．

张锦秋城市建筑实践及思想研究

袁 荔①

【摘要】张锦秋立足于西安，从事建筑创作长达半个世纪，她的设计思想始终坚持探索建筑传统与现代相结合，作品具有鲜明的地域特色与历史特点。她以特定环境下的建筑创作为开端，随后在城市文化语境内进行现代建筑创作与城市设计，继而在历史文化名城的大视野内从环境观、生态观与区域文化的角度，研究城市环境形态与古城空间发展的探索，在实践中进行理论总结，并以理论探索验证实践。本文从地域视角下的建筑创作、城市文化复兴的规划设计，再到紧扣城市特色的名城保护思想三个层级对张锦秋的城市建筑实践及思想进行研究，并分析其创作思想、创作手法及理论体系。她的城市建筑实践及思想，在一定程度上推进了特定时期内西安城市发展的步伐，奠定了西安古都风貌的基调与现代化发展的方向。

【关键词】张锦秋；传统与现代；城市文化；文化环境；建筑创作

新中国成立以来，为继承和弘扬民族传统，探索具有中国特色的地域性建筑，现代建筑创作的发展曾经历了曲折艰辛的道路。在西安这座特定的历史古都中，历史文化资源的保护与现代城市的大规模建设、传统建筑风格的表达与现代建筑时代精神的彰显，这些传统与现代的矛盾、时代与理念的差异，表现更为明显。中国建筑传统的文化价值、民族传统建筑的文化本体、传统建筑文化的自我认同，以及如何在现代城市建筑创作中传承创新、统筹兼顾，一直是古城保护与建设所共同探索的话题。

在这样的背景下，张锦秋立足于西安，潜心从事建筑理论研究与建筑设计实践，在实践中寻找从传统走向现代的有效途径。她的设计思想始终坚持探索建筑传统与现代相结合，作品具有鲜明的地域特色与历史特点。她注重对城市文化与城市特色的彰显，在实践中对传统的建筑风格、历史文脉与空间意识进行了全新的诠释，着力将规划、建筑、园林融为一体，在创作中探索建筑空间处理的原则与方法，提出"天人合一"的环境观、"和而不同"的建筑观、"和谐建筑"的创作观，并形成了一系列关于城市建筑的理论体系，在一定程度上推进了特定时期内西安城市发展的步伐，奠定西安古都风貌的基调与现代化发展的方向。

一、地域视角下的建筑创作

自 20 世纪 70 年代起，张锦秋就开始围绕西部地域特色与西安古城风貌进行建筑创作。她的作品遍布西安古城，类型繁多且贴近城市生活。她在中国传统建筑与古典园林研究中的整体环境观与系统理论知识，使其建筑创作不仅来源于西安的传统文化和地域风

---

① 袁荔，长安大学建筑学院讲师，清华大学建筑学硕士。

格，更从城市空间形态上对项目进行宏观把控与布局谋篇。从她的建筑创作中能清晰看到，她将城市设计的方法与建筑策划的理念贯穿于建筑特色塑造的始终。

在创作前期，张锦秋注重历史研究和原型理解，通过大量调研与铺垫工作，充分发掘环境因素，协调生态特色、地域文化与建筑之间的关系。她通过建构一套完整的带有传统建筑文化特色的理论体系来指导建筑设计，用上位规划来控制项目：在规划构图中，善用中轴线控制空间布局，强调布局的建筑艺术表达；在空间营造中，运用现代的建筑观点与理论来分析中国古典园林空间意识，利用从传统中提炼总结的天人合一、虚实相生、时空一体、情景交融等关系，进行群体构图和空间艺术创作；在选型定制上，利用传统建筑材分制度的理性精神，通过比例尺度的控制统一全局，定下建筑规模、格调与色彩。在陕西省历史博物馆项目（1983—1987 年）中，她通过统筹规划、建筑、环艺、内装各个要素，进行建筑艺术形象与空间设计处理，追求形式与内容的统一，全方位地体现西安城市建设史中最辉煌的时代——唐代的悠久历史与灿烂文化，塑造出一座浓郁民族文化基调的现代建筑。

张锦秋深知，技术现代化势必带来现代化的审美意识。同时，她也充分肯定中国建筑传统框架体系所体现的科学性。在建筑创作中，她力求传统艺术形式与现代化的功能、技术相结合，并将传统艺术手法与现代艺术手法相结合，使中国传统建筑空间意识与空间美、传统建筑理念有效地建构在现代的生活方式、建筑技术与建筑文化上，将传统空间意识古为今用。在西安世博园天人长安塔项目（2009 年）中，她以中国隋唐方形木塔为原型设计，对传统木结构建筑檐下构件系统进行溯源与创新，真实表达建筑的结构逻辑与力学特性，并展现唐代木结构建筑出檐深远的造型特色。在现代功能技术的革新上，全塔采用钢结构外框内筒与绿色建筑技术，节能环保。屋顶和挑檐采用净白夹层玻璃，在阳光的映衬下，与外围同质的玻璃幕墙共同形成闪亮、透明的"水晶塔"风韵。

张锦秋认为，传统建筑文化即是传统工程技术与环境空间艺术体系的结合，是中国传统文化的重要组成部分之一。她注重建筑作为文化传播媒介的精神功能，从文化层面关注对传统的继承，将传统建筑的艺术特征进行高度概括，对西安的内在神韵与建筑美学进行表述，通过城市关键地段与街区的标志性建筑创作，营造一系列体系化的建筑群体与群体环境空间，从环境观与空间意识等方面塑造城市的文化场域，传递一种文化理想和价值观念。

二、城市文化复兴的规划设计

张锦秋一贯采用城市规划的思维与手段，用发展的眼光对上述创作的定位作以宏观审视。她在建筑创作上已突破单体与群体建筑的范畴，而转向更为宏观的城市视野，将谋篇布局的手法运用在城市规划与设计上，关注于规划设计中城市文化的彰显与城市文化环境的塑造。

（一）城市文化与城市文化环境的定位

张锦秋开展建筑创作之初，正值西安第二版城市总体规划出台。在总体规划中，依托名城发展，保持古都风貌特色并延续九宫之势，是西安古城保护的一大特点。在这样的背景下，张锦秋作为地域实践的先行者，在创作中不断探索城市文化塑造与现代化城市建设协调发展。

她认为，城市需要具有丰富的文化传统和地方特色的建筑环境，"当我们规划一座城市的文化环境建设时，首先要解决好这座城市文化的宏观取向，或者简称为文化定位问题"[1]74。不同城市有着不同的文化背景及环境风貌，因而在城市设计上有着不同的表达形式，"城市设计是一个历史范畴，任何一座城市在塑造自己的文化环境时，都应该继承历史、立足当代、展望未来，都需要在自己城市文化的基础上进行再创造"[1]73，以此把握时代精神，形成具有特色的城市文化带。

对城市的性质作深入缜密的研究是城市文化定位的关键。张锦秋系统研究了西安的历史文化与城市风貌，认为近现代城市的边缘化已使城市文化发生断层。由此，她提出了对西安文化定位与城市特色的见解：西安是封建时代最辉煌、最强盛时期的都城，它蓬勃向上的历史风貌与今天的时代精神一脉贯通，古城建设应保持盛唐文化的延续。她认为，"城市文化孕育建筑文化，建筑文化彰显城市特色"[2]29。因而，在城市文化—城市文化环境—建筑文化环境的层级中，她将古都概念用传统建筑的空间意识与现代化技术手段具象化，并将其以建筑为媒介，通过城市文化环境的塑造、历史文脉的传承、与现代技术结合以诠释城市空间文化，作为多元化创作探索的一种途径。

（二）环境塑造下的现代城市建设

对城市环境的关注，是张锦秋创作的一大基点。她认为建筑创作也是环境创作，并致力于城市环境的营造以诠释城市文化。她提到，"由于环境条件有其特殊性，在建筑创作中既要深入地理解环境的要求，又要在保护环境的前提下，创造新的环境，使之成为文脉相承佑各具风采的有机整体"[3]167。其内应蕴含两层含义，其一为前提与底线，即对建筑环境的理解与保护；其二是在此基础上对文脉环境的创造与重塑。

1. 通盘考虑建筑外环境的物质场所

20世纪80年代西部地区的对外开放以发展旅游为突破口，西部大开发以来，对城市风貌特色的建设日趋加强[4]37。由于旧城功能结构的衰退，为使旧城改造实现可持续发展，改造中大刀阔斧的空间结构调整对古城原有的城市格局与历史风貌产生了巨大冲击，城市特色与历史文化环境的保护变得错综复杂。

张锦秋认为，城市设计是对城市环境形态所作的各种合理的处理和艺术安排。对古城格局内的城市设计，需要对建筑与空间环境所处的物质场所进行通盘考虑，深刻理解城市文化赖以生存的地域空间与现代城市生活及古城旧有环境产生的各种问题，并用现代的技术和手段予以解决，使城市片区协调发展。例如，在钟鼓楼广场及地下工程项目（1995—1996年）中，她认为，最为根本的是处理城市和建筑的关系，强调城市空间的综合性与建筑功能的交融性，使城市建筑与城市风貌相协调。有鉴于此，她合理开发利用城市中心广场的地下空间，将城市绿地、城市交通、地上地下空间与建筑进行立体混合，将古城保护、交通完善、市民休息和城市开发有机地结合起来，进行城市的有序建设与环境优化，不仅以城市设计的手法实现了对文物古迹的保护与对旧城的更新改造，还以相对较少的代价完成了对古城空间环境的保护，凸显了钟鼓楼所形成的环境场域的城市文化。

2. 对城市文脉与建筑内环境的塑造

在特定历史文化环境与标志性地段的项目设计中，张锦秋从城市文脉角度出发进行方案构思，将传统建筑与园林中所表现的形式与风格转向对传统空间意识、美学意识等本质的挖掘，注重城市在历史上已形成的城市文脉环境，并在实践中结合建筑设计、城市规划和园林设计进行探索，塑造建筑内环境。

在唐华宾馆、唐歌舞餐厅、唐艺术陈列馆项目（简称"三唐工程"，1984—1986 年）中，她将传统形式与现代功能进行结合，在建筑中着重表现中国经典的空间关系理念和园林山水布局，通过设计既有较明确的唐风，又具有现代化内部设施的庭院化建筑群体来映衬古塔，与大雁塔及周边文化历史环境浑然一体。在大唐芙蓉园主题公园（2003—2004 年）与曲江池遗址公园（2007 年）项目中，她有意识探讨现代城市公园与中国传统园林的结合，在对传统园林文化精神的诠释中关注大众娱乐公园的现代性功能。她注重对所处基地环境的考察，利用遗址周边环境的营造与优化，在重塑中国传统园林环境中整合历史文化资源，修复生态环境，展现古都风貌，形成城市文化与环境效应。她认为，"一座具有民族传统、地方特色的现代化的文化旅游建筑不但具有较高的经济效益，而且对于建筑风貌、文化环境和市民心理都有着积极的作用"[5]253。

在非历史地段的城市设计中，张锦秋同样注重对城市文脉环境的塑造。她将建筑分为产品形式与地域形式两种[6]151。产品形式取决于技术和功能，并讲求突出特殊的功能和先进的建筑科学技术；而地域形式则取决于地域的自然和历史文化特点，需考虑地域特色和历史文脉。她善于抽象提取传统建筑元素符号进行转译，在陕西省图书馆与美术馆（2001 年）的设计中，她用隐喻的手法将汉代石造建筑构件抽象化，与空廊柱头、起翘檐口结合，并融入拱券、柱廊等国外建筑元素，用现代主义的风格与形式演绎中国传统文化精神。

城市环境空间会激发人们的体验感受与行为活动，而环境空间创造的先决条件是对地域的把握和理解。她认为当前的建筑创作需要考虑对改善城市社会文化与生态环境状况的权衡，实现建筑设计、城市规划和园林设计"三位一体"，创造具有"地域形式"而不是"产品形式"的建筑，与城市环境和谐共生，促进地域文化精神的复兴。

（三）遗产保护中的城市文化特色

作为在传统建筑文化浸润下的第三代建筑师，张锦秋对中国传统文化价值与建筑文化本体有着更为深刻的认同感。她认为建筑特色应来自城市文化、项目内涵与时代审美。西安城市的最大特色即是其厚重的历史积淀，从一千年前的盛世都城到明清西北府城，汉唐建筑毁坏殆尽，隋唐长安高度重叠在现代城市之下，于此创作无法避开历史文化遗产保护而漫谈城市建设。

1. 遗址保护与展示工程——沟通历史与未来的媒介

张锦秋认为，中国的木构建筑不同于西方的石构建筑，不能生搬硬套西方的保护理论。光复旧物虽不再可能，但保护与展示遗存却大有可为。鉴于遗址的可视性和可读性较差，其展示与诠释需要公众有一定的专业知识与素养。她认为，作为一个盛放历史碎片的建筑容器，在创作上应争取使遗址保护与展示工程向人们提供一个沟通历史和现代，并引发观众历史联想，尽量贴近原有遗址形象的标志性建筑[7]20。在建筑造型、风格和总体环境上，她倾向于复原的方式，并以严谨的推理设计确定其原型。在设计与建造中，她多采用可逆性工程技术手段，利用新技术、新材料，在遗址上设置覆盖性保护设施，在保护遗址本体的基础上，尽量满足参观的现代化要求。

从华清池唐代御汤遗址博物馆（1990 年）到唐大明宫丹凤门遗址博物馆（2009 年），她的整体设计思路基本一致，即在保证遗址本体完整性保护的同时，更注重遗址的展示与利用。然而，上述两个项目的不同之处是，考虑到文化遗产的可识别性，与华清池唐代御汤遗址博物馆从造型、风格到色彩、环境的完全趋同相比，在唐大明宫丹凤门遗址博物馆中，她则以色彩上的抽象形式来弱化建筑，在大型人造板材的城台与城墙部分外壁分别施以城砖与夯土墙机理，形成近于黄土与木材的淡棕黄色，表达对唐大明宫的理解。她希望通过作为大门遗址博物馆的丹凤门建筑实体的落成，将古都抽象的概念具象化，以此来丈量大明宫曾经的辉煌形象与宏伟尺度。

2. 文物古迹周边的建筑设计——保持建筑在历史上的延续性

在特定历史文化环境下的新建筑设计中，张锦秋也贯彻对环境与整体风貌的保持。对于新建建筑与古迹或遗址的关系，她认为规划设计构思需要保持建筑在历史上的延续性。

她多借用传统建筑之"形"。她认为，建筑的"形"与"神"即是外在表象与内涵实质的关系。传统建筑文化中"神"的认识与继承虽是建筑创作的核心要求，但其"形"也不应被简单割裂。在西安这样到处都是历史遗存的古城，创作有时更需要神形兼备[8]43。从青龙寺空海碑院（1981 年）到"三唐工程"（1984—1986 年），她从对传统古典建筑的形式风格的再现，转向对中国传统建筑的空间组合理念与现代审美意识的探索与结合，经历了一个从"仿唐"到"新唐"的过程，实现了传统建筑文化的继承与转化——来自传统，意在创新。在此基础上，她更是借助现代化构配件、材料、结构与现代化技术手段，使创作体现出现代建筑精神与时代特征，并与环境相互成就，形成西安古都风貌的基调。

她认为，"再现历史上某一时期的时代风貌和社会风情是不可能的，也是不必要的"，同时也并不讳言青龙寺是仿唐建筑。但对于"三唐工程"，她则描述为"着意反映一个博大、辉煌、蓬勃的时代风貌。有创造意识的人进行文化寻根，其动机在于寻找一种文化走向未来的借鉴"[9]19。她强调在创作中需要对传统与现代结合做多种探索，其实践并不为追求或创造某种新旧协调的模式，而仅仅是结合文物古建周围的环境和需求，进行多方位、多元化的探索之一[2]167。

三、紧扣城市特色的名城保护思想

在对历史文化名城保护的认识中，张锦秋从生态环境的层次与区域文化的角度，研究西安城市格局、山水环境、与城市风貌特征的关系，注重城市整体环境形态结构与古城空间发展格局，关注历史文化资源与文化遗产在城市建设与城市空间组织中的展示与利用，强调城市建设与建筑创作的统一性与协调性。

（一）古城空间发展格局的拓宽——尊重山水环境、把握历史脉络

西安有着 3100 多年的城市发展史，自周、秦、汉、唐以来，西安历代古都的建设都经过严密的、整体性的计划部署，在时间与空间上留下了清晰的印迹。新中国成立以来，随着城市化进程的快速发展，西安城市以明清西安府城为中心，不断向外扩展，形成了规模数十倍于明清西安府城的城市范围，古城保护与可持续发展步履维艰。

西安古城保护得益于梁思成先生 20 世纪 50 年代对北京古都保护的规划思想。梁先生所提出的以保持传统格局、保护标志性古建筑、保护历史街区、保护山川地貌为重点的整体保护思想，是西安古城保护的本源[10]。张锦秋是其保护思想在西安的实践与贯彻者。与北京一样，作为具有计划性建设的整体性古都，西安的古城格局、山水环境、历史街区、与文物古迹的整体保护等，都是她一再强调的保护重点。在这样的思想下，西安的明城整体格局、环明西安府城与环唐长安城内区域、古今叠加的城市中轴线、文物点和保护区的空间形态，也是如今西安城市空间结构的基本参照系。

面对西安的城市文化复兴与发展机遇，她从城市历史文化层次提出要"尊重山水环境、把握历史脉络"[11]22，在城乡区域发展中领会"九宫格局"都城规划模式的实质，尊重古都空间格局、自然地理形态、与固有的地域感和历史感，在城市文化高度上拓宽地域空间发展格局。

张锦秋认为，西安古都建设的空间格局考虑早超出了当今城市的行政管辖范围。因此，在古都保护规划时需着眼城市格局、科学区划历史时空[12]54。在西安空间发展结构和模式上，要在"一线两带"的关中经济格局基础上叠加以渭河为一线，以汉中至五原为一线而形成的"两线两带"的传统历史文化带[13]29，以此构成城市发展的历史文化格局。同时，在地理环境、历史文化和城市格局上，需要重视历代古都遗存的自成体系的轴线系统，并将其纳入历史文化名城的整体格局保护中。

同样，她强调在山水环境的保护与建设上也需要拓宽视野，从生态学、风水学、人居环境学统观历史上西安山、水、城的关系，把秦岭以及过去环绕长安的八水都纳入城市规划[12]56。西安大面积的帝王陵墓与宫室遗址，依托秦岭、八水环绕的山水环境是构成西安城市环境风貌的重要特色，更是整体保护的难点与亮点，需要格外关注。大唐芙蓉园与曲江池遗址公园的建设，正是对历史上唐长安城东南曲江水系的修复，同时也是用来建构城市环境景观体系的手段，并以此组织城市人文活动空间系统。

（二）遗产保护与城市建设并行——把握古都风貌，挖掘名城保护新内容

历史文化遗产是西安可持续发展的重要文化资源，也是历史文化名城的重要内容。历史文化遗产的保护与现代化建设的发展，影响着城市空间的再分配与再利用。在历史文化名城的现代化建设中，张锦秋强调要把握古都风貌特色，重视历史文化名城的风貌特征，挖掘名城保护的新内容，使遗产保护与城市建设并行。

张锦秋在深入研究古城历史风貌与文化特征的基础上，提出"理解环境、保护环境、创造环境"的环境创作观，在创作中注重对历史文化特色突出的片区适当进行风格分区。

在不同的历史地段、不同的历史文化遗产周边，采用不同设计风格进行风貌环境的统一，以此保护和延续古城的规划格局。她的设计遍布在城市的关键性节点上，作为城市风貌控制点影响着古城的风貌特色，如在明城墙内以明清建筑风格为主，在大雁塔等曲江新区及临潼华清宫周围则以唐风建筑为主。作为较早建构"历史文化风貌区"的城市之一，韩骥曾提到，"风格分区是我们规划上的一个思路、一个手段，但是什么样的风格，是受张锦秋的影响"[14]180。

张锦秋认为，历史文化遗产的环境优化和有序的建设能更有效地从大环境上保护和映衬历史文化遗产并光大其影响，这是现代城市文明发展和可持续发展的需要[15]207。因此，她提出要以更加全面的"历史文化遗产"概念与新的"环境"观念来指导深化名城保护，将保护对象从孤立的"文物保护单位"扩展到城市、区域性的保护，将保护范围从物质本体的保护拓展到以文化为主线的保护，以及对城市历史文脉、环境肌理及非物质文化资源的保护。她认为，2005年《西安宣言》对古迹遗址及其周边环境认知的拓宽，"既表明国际上的一种认知，实际上也体现了我国传统的空间意识"[16]58。

此外，张锦秋提倡挖掘名城保护的新内容，更注重历史文化资源与文化遗产在城市建设与城市空间组织中的展示与利用，建议依托名胜古迹发展城市新区。她较早地将历史文化遗产与城市空间特色认知、城市空间特色组织与城市功能相结合，贯彻梁思成先生"以新护旧，新旧两利"的精神，把保护与发展统筹考虑。她提出，"历史文化遗产在现代城市中应该赋予新的生命，使其成为现代城市中不可或缺的要素；以历史文化遗产的科学保护和合理利用为动力，拉动周边的现代化建设；通过周边土地的增重所产生的经济效益，推动其环境效益、社会效益，从而达到历史文化遗产保护与现代城市建设的和谐共生与良性循环"[17]206。

（三）城市建设与建筑创作的协调性——"和谐建筑"理念的提出

历史文化名城的保护与建设是一项系统工程，不论是策划研究、规划设计、营建修筑和运营管理的过程，还是历史传统、文化内涵、艺术特色、现代意识的体现，都需要妥善处理好其间的关系[16]59。历史文化名城的特定环境，是建筑创作的制约因素，但同时也是创作突显特色的关键之所在，创作需要建立在对名城空间环境深层次理解的基础上。

张锦秋认为，当代城市建设中的最大艺术特点是体现多元性和多层次的综合美。在西安这座历史文化名城内进行建筑创作，其设计思想与手法也应该是多层次、多方位与多元化的。建筑类型的单调与重复化以及城市定位的过度绝对化是完全不可取的，唐风也并非是一套固定的模式。在城市建设与建筑创作结合的具体实践方面，她提出要以"和谐"作为城市规划建设的检验标准。

张锦秋的"和谐建筑"体现在两个层次：其一是"和而不同"；其二是"唱和相应"[18]62。在建筑艺术的协调方面，新旧建筑的风格、体量、尺度、造型、色彩等要素是创作所需把握的重点，她提倡因地制宜，和而不同，不能过度强调某一风格的单一形式与单一价值。在与城市建设的统一方面，她认为和谐是城市美的基础原则，建筑更应与城市、环境和谐，唱和相应，传承创新。历史文化名城的建筑创作，尤其需要注意历史性、科学性和艺术性，在设计中要继承本民族优秀的建筑传统理念，如虚实相生、时空一体、情景交融的空间美学营造；理解与尊重城市环境，把握规划、建筑及园林"三位一体"的整体性创作手法，使之与城市空间格局文质相符；并以现代的审美意识、功能需求与材料技术作为首选标准，探索现代与传统的结合途径，创造出具有中国文化、地域特色和时代风貌的现代建筑，在历史与现实、传承与创新之间保持和谐。

四、结语

在近半个世纪的新与旧、保护与发展、传统与现代、地域化与全球化的浪潮对冲中，张锦秋充分尊重西安的传统文化和地域风格，并以此作为创作的物质基础与精神寄托，从建筑创作、城市设计再到城市规划、区域规划，不断扩大自己的研究与实践领域。她在设计实践与理论探索中并行，从对传统古典建筑的形式风格的再现，转向对中国传统建筑的空间组合理念与现代审美意识的探索与结合，不断加深对保护、传承、转化、创新的理解与演绎，探索中国建筑的现代化结合，开创性地总结了中国传统建筑文化的空间意识与艺术特征。

张锦秋紧扣西安城市特色，以自身的建筑创作实践参与西安历史文化名城的保护与建设。她从宏观视野对城市区域形态与空间发展格局、历史文化资源与城市空间组织、城市建设与建筑创作实践，以城市结构层次、区域环境层次、建筑创作层次进行多元化探索与理论研究，为西安名城保护中塑造区域形态与城市特色，作出了多方面的探索。她对传统建筑文化与地域环境的各种创新尝试，被业界称为"新唐风"建筑，在西安城市风貌建设和城市规划理念中提供了地方特色的思路和实践例证，奠定了西安古都风貌的基调与现代化发展的方向，并影响了包括扬州在内的诸多历史文化名城的保护发展。从张锦秋的城市建筑实践中可以看到建筑师的思想与理念对一座城市建设的非凡影响力。正是在这种影响力的驱使下，今天西安的建设蔚然成风。

参考文献

[1] 张锦秋. 城市文化环境的营造 [J]. 规划师，2005(1).

[2] 张锦秋. 城市文化孕育建筑文化，建筑文化彰显城市特色 [J]. 华中建筑，2009(1).

[3] 张锦秋. 从传统走向未来——一个建筑师的探索 [M]. 北京：中国建筑工业出版社，2006：167.

[4] 韩骥. 永远的魅力——西部地区和城市的风貌特色 [J]. 时代建筑，2006(4)：37.

[5] 张锦秋. 从传统走向未来——一个建筑师的探索 [M]. 北京：中国建筑工业出版社，2006：253.

[6] 中国建筑工业出版社. 建筑院士访谈论——张锦秋 [M]. 北京：中国建筑工业出版社，2014：151.

[7] 张锦秋. 大明宫国家遗址公园：丹凤门遗址博物馆设计 [J]. 建筑创作，2012(1)：20.

[8] 张锦秋. 神形兼备 文质彬彬 [J]. 混凝土世界，2013(10)：43.

[9] 张锦秋. 城市文化孕育着建筑文化 [J]. 建筑学报，1988(9)：19.

[10] 张锦秋. 从西安到奈良——联结中日古都的文化使者梁思成 [EB/OL]. http://museum.cctv.com/special/liangsicheng/20100608/103108.shtml，2010-06-08.

[11] 张锦秋. 和谐共生的探索——西安城市文化复兴中的规划设计 [J]. 城市规划，2011(11)：22.

[12] 张锦秋. 西安古城保护评述（1980—2012）[A]// 中国建筑文化遗产年度报告（2002—2012）[C]. 天津：天津大学出版社，2013.

[13] 张锦秋. 关于西安城市空间战略发展的建议 [J]. 城市规划，2003(1)：29.

[14] 中国建筑工业出版社. 建筑院士访谈论——张锦秋 [M]. 北京：中国建筑工业出版社，2014：180.

[15] 张锦秋. "对历史文化名城保护与建设"的几点认识 [A]// 赵元超. 天地之间——张锦秋建筑思想集成研究 [M]. 北京：中国建筑工业出版社，2016：207.

[16] 岳天. "天人合一"与"和而不同"——张锦秋院士论名城保护 [J]. 中国名城，2008(1)：59.

[17] 张锦秋. 落实科学发展观——全国第十一届三次人代会李长春同志参加的陕西省代表全团大会上的发言 [A]. 赵元超. 天地之间——张锦秋建筑思想集成研究 [M]. 北京：中国建筑工业出版社，2016：206.

[18] 张锦秋. 建筑与和谐 [J]. 求是，2011(22)：62.

我国文化遗产认知的空间扩展历程①

刘祎绯②

【摘要】 "文化遗产"理念古已有之，但其所涵盖范围持续扩展，近一百年尤为明显。本文从空间角度切入，主要采用文献阅读、田野调查、比较研究、系统分析的方法，阐述了我国文化遗产的认知扩展历程，即主要经历了从金石器物及其铭文，到重要历史建筑、世界遗产、城市遗产几个阶段。这些扩展本质上都是源于价值观念的不断扩展，亦即越来越具包容性和多样性。

【关键词】 文化遗产；世界遗产；城市遗产

人们对待过去遗留下来的物品的态度有过长足的发展过程。在我国曾长期使用的"文物"一词，最早是见于《左传》，有载"夫德，俭而有度，登降有数，文物以纪之，声明以发之，以临照百官"[1]。在这里，"文物"是一个动宾短语，指铭刻纹样于某物，具体指将法度纹于鼎上以求彰显，后来逐渐发展为专指各类古代器物、建筑等。不过自 2005 年《国务院关于加强文化遗产保护的通知》颁发以来，"文化遗产"的提法开始广为使用。[2]这一用词变化一方面是因为作为"cultural heritage"的直译，便于与国际接轨；另一方面则是因为减少了对器物性的强调，涵盖范围更显宽泛。与此同时，文化遗产概念的内涵和外延也在不断扩展，本文试从空间角度对该过程进行研究、阐述和分析。

一、金石器物及其铭文

在我国，涉及保护的行为最早可追溯到金石学。北宋统治者鼓励恢复礼制，提倡经学，金石学便是顺应了这一时代思潮而开创，并成为考古学之滥觞。金石学最初以古代青铜器和石刻碑为研究对象，尤其偏重其文字的考证，以辅助证经补史。清代金石学再度成为显学时，研究范畴也扩展到甲骨、简牍、铜镜、兵符、砖瓦、封泥、明器及各种杂器等，不过仍未超出金石器物及其铭文。这也非常贴合上文谈到"文物"一词的最初含义，说明古人对文化遗产的认知是由金石器物及其铭文为开端的。

在西方，与此很相仿的是铭刻学（epigraphy），大致起源于文艺复兴时期人们对古希腊、古罗马的重新关注。铭刻学学者们在游历古迹时，会特意临摹其铭文，收集材料后印刷发行，为古代文字及历史研究提供素材。

总之，金石器物，尤其是其上纹刻的图文字样，是人们最早关注到的文化遗产类型。现藏于台北故宫博物院的毛公鼎就是这类文化遗产的典型代表，鼎内壁铭刻的 500 字金文，无论单独的字体、整体的内容、镌刻的书法，都具有极高的价值。

① 本文已在《建筑与文化》2015 年第 2 期发表，收入本文集时有所修改。
② 刘祎绯，北京林业大学园林学院副教授，清华大学建筑学院博士。

二、重要历史建筑

相对于金石器物及其铭文，建筑是较晚得到认知的文化遗产类型。根据我国历史上的记载，早年非但没有保护意识，甚至许多历史建筑还会被视为前朝统治的象征而遭到的毁坏。① 比如秦朝灭亡，项羽入咸阳城时，就对城市与宫殿进行了毁灭性的破坏，致使"大火三月不灭"；再比如北宋灭亡时，金兵把首都汴梁中的皇宫和苑囿全部拆毁，旧料运到北京修筑新的都城②；在金灭辽、元灭金的过程中，北京城也都遭到各种彻底的破坏。

总体来讲，最早被认知为文化遗产的建筑一般都是实际功能或象征意义非常重大的类型。比如唐武宗曾想要重修汉代未央宫，目的即"欲存列汉事，悠扬古风耳"[3]。遂动用万余兵士重建殿宇三百四十九间[4]。虽然古人采取的态度不是今日严格意义上的保护，但跨越汉唐千年重建宫殿的历史事实，折射出明显的保护性动机。寺庙也常有重建的实例，比如被梁思成称为"中国第一国宝"的五台山佛光寺，就是历经多次重修、扩建延续至今的。全寺内现存的一百二十余间殿堂楼阁中，年代最久远的是唐代东大殿和石幢，后又有金代文殊殿，明清及更晚时期的建筑。佛光寺的物质实体虽已不是最初的那个，其重要性和完整性却始终得到认同，古人常说要"重修庙宇，再塑金身"表达的也是相似的想法。

在我国，早期的历史建筑保护往往是寺庙、宫殿、祠堂等，在西方则是教堂、城堡等。简言之，这些得到保护和延续的建筑往往或者在人们的现实生活中扮演重要角色，或者在人们的心理世界中占有重要地位，其他大部分不那么重要的历史建筑则听任其自然破败和损毁。

三、世界遗产

即使在对文化遗产的保护意识已发展了相当一段时间以后，遗产保护作为一种专门的职业活动也并未立即形成。1950 年成立的国际博物馆藏品保护学会聚集了最初的一批文物保护工作者，主要修复博物馆中的历史性、艺术性作品。著名的《威尼斯宪章》通过公布后，国际古遗址理事会（ICOMOS）于 1965 年成立，为建筑、城市的文化遗产正式设立了独立机构与专业人员。随后，相关国际机构纷纷成立，为人才集聚和保护理念快速发展奠定了基础，世界遗产类型和范围也更加丰富起来：

1931 年发布的《雅典宪章》列明的保护对象是历史纪念物（historic monuments）。而在 1964 年《威尼斯宪章》则将保护对象确定为纪念物和遗址（monuments and sites）③[5]。到 1972 年《保护世界文化和自然遗产公约》时，保护对象至少又增加了建筑群（groups of buildings）的类别[6]。1976 年的《内罗毕建议》提出了历史地区（historic areas）的概

---

① 偶然也有过一些得到保护或延续的城市和建筑：如明代、清代及民国时，北京城的新领主主要选择了留存与改进前朝遗构；又如王莽篡汉后打算迁都洛阳时，专门下旨要求"其谨缮修常安之都，勿令坏败"，使原都城长安得以保存。

② 如今北京的北海公园假山石中就仍有北宋名园艮岳的用料。

③ 《威尼斯宪章》将文化遗产定义为："从历史、艺术或科学角度看具有突出的普遍价值的建筑物、碑雕和碑画、具有考古性质成分或结构、铭文、窟洞以及联合体；从历史、艺术或科学角度看在建筑式样、分布均匀或与环境景色结合方面具有突出的普遍价值的单立或连接的建筑群；从历史、审美、人种学或人类学角度看具有突出的普遍价值的人类工程或自然与人联合工程以及考古遗址等地方。"

念，认为"历史地区及其周边应被视为不可替代的世界遗产的组成部分"[7]。1987年《华盛顿宪章》则将关注点放在历史城镇与城市地区（historic towns and urban areas）上。1992年，世界文化遗产体系中正式增加了文化景观（cultural landscape）这一新的文化遗产类型，强调文化与自然要素的相互作用。2000年以后又出现了更多新的文化遗产类型的概念，比如2003年《保护非物质文化遗产公约》提出的非物质文化遗产（intangible cultural heritage）；2005年《维也纳备忘录》提出的城市历史景观（historic urban landscape）等。

表1　世界文化遗产体系下的遗产类型及概念扩展简表（资料来源：笔者自制）

文件名称	颁发年份	文化遗产范围
《雅典宪章》	1931	历史纪念物 historic monuments
《威尼斯宪章》	1964	纪念物；遗址 monuments; sites
《保护世界文化和自然遗产公约》	1972	纪念物；建筑群；遗址 monuments; groups of buildings; sites
《内罗毕建议》	1976	历史地区 historic areas
《华盛顿宪章》	1987	历史城镇与城市地区 historic towns and urban areas
《保护非物质义化遗产公约》	2003	非物质文化遗产 intangible cultural heritage
《维也纳备忘录》	2005	城市历史景观 historic urban landscape

我国自1987年第一次申报世界遗产以来，一直积极适应国际保护理念并探索其在本土的适用性。专门的文化遗产国际研究机构和专业人员的出现以及世界遗产体系的形成，无疑极大地推动了对更多类型文化遗产的认知，是人类有史以来遗产认知扩展最为迅速的几十年。

四、城市遗产

近几十年来，遗产认知的发展大多源于世界遗产的框架，其扩展却并不局限于世界遗产，一个重要案例就是"城市遗产"的扩展。城市历史景观的概念产生于世界遗产的语境中，并被认为同样适用于任何遗产的周边地区及文脉。"城市遗产"（urban heritage）的概念便作为"城市历史景观"的关注对象而逐渐产生，顾名思义，是指坐落于城市环境中的遗产，有时也可能是城市本身。

2005年维也纳"世界遗产与当代建筑"国际会议上首次提出城市历史景观的概念时，其对象还集中于世界遗产中的历史城市类型，或市区内拥有建筑类世界遗产的城市。因为当时最主要的矛盾集中在受到保护的核心区域周边的高层或超高层新建筑对遗产地本体形成的视觉上的重大影响，如何更好地处理这些城市中世界遗产与当代建筑的关系是本次会议及城市历史景观概念的关注重点。然而，城市历史景观框架理论的变化和发展十分迅速，在相关认知深化与研究开展四年后，2009 年城市历史景观的预备研究书① 发表时，"城市遗产"已经开始代替以往"世界遗产"而成为其核心表述。2011 年《关于城市历史景观的建议书》则更加明确指出，城市历史景观的保护对象是所有的"城市遗产"，保护城市遗产的理念至此正式进入人们的视野 [8]。

在我国，阮仪三很早就提出，城市遗产的保护和再利用有四大原则要坚守，即真实性、整体性、可读性、可持续性，虽然彼时学界对城市遗产的含义尚未有十分明确的共识，这些原则仍然不失为与时俱进的认知历史上又一次重要扩展 [9]8-11，同时，也是人们尝试从文化遗产保护的角度介入城市规划与设计问题的一次特别尝试。

综上所述，相比于世界遗产，城市遗产强调的是在城市中较为普通的文化遗产、周边环境，以至于更大范围的城市历史景观所构成的整体性价值。一些原本并不具有为人所共知的突出普遍价值，但确为历史城市的有机构成部分的成片的一般遗产也因此被纳入保护的范畴，体现了保护工作的广泛性、完整性，甚至遗产本身的平民性。

五、小结

综上所述，在空间层面，人类对于文化遗产的认知持续扩展，经历了从金石器物及其铭文到重要历史建筑，到世界遗产，如今到城市遗产的几个认知阶段。若以北京老城的钟鼓楼地区为例：假设我们处在对文化遗产的最早期认知阶段，则可能只有钟楼里的大铜钟这类金石器物及其上铭文会受到认知和保护；在稍后的认知阶段，钟楼和鼓楼两座高大的纪念性历史建筑物同样会受到认知和保护；而在经历过世界文化遗产空间认知的多次推进后，则可认知到北京老城中的城市中轴线是一系列非常有特色的建筑群，甚或城市历史景观，钟楼和鼓楼是其重要组成部分；而当认知扩展到城市遗产时，则不止钟鼓楼，其周边的胡同四合院，甚至其中非物质的文化传统及生活场景都成为保护的对象。

尤嘎·尤基莱托认为，文化遗产保护思想进步的过程是与现代化进程相同步的，而现代社会对于多样化形态的文化遗产的关注和兴趣逐渐提升，其原因主要在于两个方面：一种是基于历史观的，有时表现为对逝去的浪漫性怀旧，有时表现为对某些文化成就的尊重缅怀，有时也表达想要吸取过去的历史经验的愿望；另一种则是剧变所致，比如在某些著名历史性构物或伟大艺术作品遭到破坏时，又或者曾经熟悉的地方被突然改变等带来的震惊和痛心。[10] 而这两种情愫都是与社会的现代化和工业化进程紧密相关的。对文化遗产内涵外延的认知扩展受到整体时代思潮的影响，所以应当认识到，这些林林总总的遗产认同背后，越来越具有文化多样性的价值扩展，才是空间认知扩展的本质原因。

随着历史发展，城市空间不断积累，今日之景观往往呈现出日益复杂化的特征和趋势。而随着对文化遗产的内涵与外延的认知的不断扩展，传统的遗产保护手段也正在随之

---

① Preliminary study on the technical and legal aspects relating to the desirability of a standard-setting instrument on the conservation of the historic urban landscape, UNESCO. Executive Board, 181st, 2009.

转型为更加积极的城市管理手段。在这个过程中，积极适应认知价值，并及时作出与之相适应的管理理念的调整，将是城市规划与设计者必要的基本素养。

参考文献

[1] 左丘明. 左传译注 [M]. 王珑燕，译注. 上海：上海三联书店，2013.

[2] 国务院. 国务院关于加强文化遗产保护的通知 [Z]. 2005.

[3] 董诰. 全唐文 [M]. 太原：山西教育出版社，2002.

[4] 喻学才. 中国古代的遗产保护实践述略 [J]. 华中建筑，2008(26)：1-6.

[5] ICOMOS. 威尼斯宪章 [Z]. 1964.

[6] UNESCO. 保护世界文化和自然遗产公约 [Z]. 1972.

[7] UNESCO. 关于历史地区的保护及其当代作用的建议 [Z]. 1976.

[8] UNESCO. 关于城市历史景观的建议书 [Z]. 2011.

[9] 阮仪三. 留住我们的根——城市发展与城市遗产保护 [J]. 城乡建设，2004(7).

[10] 尤嘎·尤基莱托. 建筑保护史 [M]. 郭旃，译. 北京：中华书局，2011.

我国文化遗产认知的时间扩展历程[①]

刘祎绯[②]

【摘要】 "文化遗产"理念古已有之，但其所涵盖范围持续扩展。本文从时间角度切入，主要采用文献阅读、田野调查、比较研究、系统分析的研究方法，阐述了我国文化遗产的认知扩展历程，即主要经历了从古物，到世界遗产、现代遗产，再到文化景观几个阶段，并充分结合我国的保护实践历程解读，指出文化遗产认知走向活态的新动向。

【关键词】 文化遗产；世界遗产；现代遗产；活态遗产；文化景观

人们对待过去遗留下来的物品的态度有过长期的发展过程。笔者已撰有《我国文化遗产认知的时间扩展历程》一文，从空间角度对文化遗产概念的内涵和外延不断扩展的过程进行了研究和分析，本文将从时间角度切入，进一步完善和深化关于文化遗产认知扩展历程的探讨。[1]

一、我国自古以来对"古物"作为文化遗产的认知

历史上的中国人有着牢不可破的崇古观念，这源于"天不变，道亦不变"的宇宙观，即认为如同"天"永远不变一样，决定社会与历史命运的"道"也永远不会变。[2] 既然"道"不变，那么从古代沿袭下来的种种规范、习俗等传统就具有了神圣性，受到人们尊崇。"崇古"几乎可以说是我国古人的思维定式。

于是，在具有极强崇古文化的古代中国，加之对上古时期的人类本能崇拜和文化宣扬，以及物质实体本身的脆弱性导致历经时间洗礼之后的稀缺性，古物很早以来就一直受到人们的青睐。从我国过去描述文化遗产常用的习语、俗语中可见一斑，比如"古画""古玩""古董""古迹""古建筑"等词汇，都是着重强调其在时代上与今日之间遥远的时间跨度，以及因之而产生的陌生和稀缺感。

在类似文化遗产保护的古代中国语境中，若列举我国古代即已十分珍视的各类古物实例，小型的如甲骨、古代陶瓷玉石制品等；中型的如各朝古画、名人书法作品等；大型的如几朝名寺、几朝古都乃至名山大川等。直至今天，我国仍然保持了对于古物类型文化遗产的强烈认同，无论在世界遗产还是全国重点文物保护单位中，"古物"都占到了极高的比例，早年尤甚。

当然，这种现象在其他国家也并不罕见，因为这是各文化中人们最初开始认知文化遗产时，最为显然而自然的时间维度限定。

[①] 本文已在《建筑与文化》2015年第6期发表，收入本文集时有改动。
[②] 刘祎绯，北京林业大学园林学院副教授，清华大学建筑学院博士。

二、世界遗产体系下的"现代遗产"保护理念

与空间认知扩展历程相仿，在文化遗产的时间认知扩展历程上，世界遗产体系同样作出了卓越贡献。由于世界文化遗产判定是基于突出普遍价值的，因此后来文化遗产涵盖范围的扩展实际上就是基于人们对于价值的认知不断扩展的过程，这一扩展与最初古物之古的关联性越来越小。换言之，时间在文化遗产遴选的标准中所起作用是日益缩小的。"现代遗产"的保护理念也应运而生。

尽管历史并非久远，但 20 世纪早已被公认为一个非凡的世纪。实际上，从地缘政治学的角度来看，准确来说，20 世纪所指的仅仅是自 1918 年第一次世界大战伴随着维多利亚时代结束，到 1989 年以柏林墙为标志的冷战时期结束前，这之间的短短 71 年。于尔根·哈贝马斯曾解释，现代化的概念为一系列持续累积且相辅相成的进程，包括资本的形成和资源的运作、生产力的发展和劳动生产率的提升、中央集权政治力量的建立和民族认同感的形成，还有政治参与权利、城市生活方式以及正规学校教育的激增、价值观和规范的世俗化等 [3]。简言之，人类对于世界的认知、对于时间和空间的感知，以及我们在历史进程中所处的位置的判断等，都在 20 世纪发生了巨大的改变，并在日常生活的方方面面发生了不可逆转的改变，就连遗产保护的观念最初也是现代主义的产物。尽管"现代化"这一术语的出现是在 20 世纪 50 年代，但其主要驱动力——个性化、民主化以及工业化的进程却是早在 18 世纪末 19 世纪初就已经开始了，因此当我们使用"现代遗产"一词时，通常的涵盖范围是 19 世纪与 20 世纪遗产。

在 UNESCO 世界遗产中心和 ICOMOS 于 1994 年 6 月召开专家会议上，曾重点对世界遗产名录的平衡性与代表性问题进行了讨论，并发表了影响深远的《世界遗产名录平衡性与代表性的全球战略》[4]。该会议所指出的五种代表性不均衡的类别中，就包括 20 世纪遗产相比于其他历史阶段的代表性的缺乏。2001 年，UNESCO 世界遗产中心召开了关于现代建筑及 20 世纪遗产的讨论会，并自此开展了针对现代遗产的项目，第一步即调查研究以建立数据库，并确定在保护和引起公众关注方面的一些关键性问题；第二步则主要包括识别潜在的世界遗产，建立地域间相协调的预备名录，以及起草考虑地域平衡性的申报材料。2003 年 UNESCO 世界遗产中心发表的《世界遗产 5 号文件：现代遗产的识别与记录》收录了这一时期众多学者的讨论，进一步丰富了现代遗产的保护理念和实践 [5]。2004年，ICOMOS 发布《世界遗产名录：填补空白——未来行动计划》，针对均衡性问题作出行动策划 [6]。另外，一些专门针对现代遗产的保护组织，如 DOCOMOMO 等，也在相关工作的推进中发挥了重要作用 [7]。

通常情况下，世界遗产的价值评估会考虑本体距今的历史时长，这曾使现代遗产很难被列入世界遗产名录中。此外，由于我们所处的建成环境中包含有大量现代性的直接或间接产物，现代遗产的重要性也容易被人忽视。一个有趣的案例即悉尼歌剧院的申遗历程：悉尼歌剧院第一次申遗是在 1981 年，虽然当时该建筑因其杰出的设计已经十分出名，但世界遗产委员会认为，作为一个 1973 年才建成，竣工尚不足 10 年的建筑作品，悉尼歌剧院尚无法证明其是否真正具有价值，因此对该申请予以了延期决议。这引发了人们对于文化遗产的时间范围的思考，推动了后来关于现代遗产的讨论。这些思考和讨论无疑拓展了人们的思路，26 年后的 2007 年，建成仅 34 年的悉尼歌剧院按照符合标准（i）被列入世

界遗产名录。由五重设计建造的悉尼歌剧院被认为是 20 世纪伟大建筑工程的杰出代表，其独特的艺术创新对新时代的建筑业造成了深远影响。[8] 此外，还有很多其他现代遗产先后加入世界遗产行列：最早的是 1984 年列入的安东尼·高迪作品[9]；还有位于魏玛与德绍的包豪斯建筑及其遗址[10]；等等。是不是足够古老不再是人们甄别文化遗产的基本标准，由此，遗产认知在时间层面上被极大地扩展了。

时间因素的弱化也体现在现代遗产的保护实践中，遗产保护实践不再仅仅局限于传统的针对纪念性遗产的保护方法的使用，对文化过程的保护和展示受到了更大的重视。

三、我国文化遗产保护实践中时间维度的扩展

由于历史时代划分的差别，以及更具可操作性的实践目标，在我国文化遗产保护的语境中，"现代遗产"的概念通常对应于"近现代建筑遗产""近现代工业遗产""革命遗址及革命纪念建筑物""近现代重要史迹及代表性建筑"等概念。

从全国重点文物保护单位的分类方式变迁尤为清晰地体现了现代遗产对我国文化遗产认知的影响。1988 年前的第 1～3 批国保单位的分类为：革命遗址及革命纪念建筑物、石窟寺、古建筑及历史纪念建筑物、石刻及其他、古遗址、古墓葬；而 1996 年后的第 4～7 批则调整为：古遗址、古墓葬、古建筑、石窟寺及石刻、近现代重要史迹及代表性建筑、其他。虽然第 1～3 批的分类中，"革命遗址及革命纪念建筑物"和"历史纪念建筑物"类同于我们所说的"现代遗产"的范畴，但其关注点显然不在这些遗产的时间维度方面，而是在于其见证革命或作为纪念物的价值；而第 4～7 批的分类则单列出了"近现代重要史迹及代表性建筑"类型，主要是将"历史纪念建筑物"同"古建筑"分开，与"革命遗址及革命纪念建筑物"合并后的统称，分类更加合理。

此外，一个值得注意的趋势是，时间上越发晚近的国保单位，在数目上的增长也是越加迅猛。以遗产保护工作一直较为系统、完善、先进的北京市为例，在入选国保单位的全部文化遗产中，近现代重要史迹及代表性建筑类别在第 6 批国保单位中已占到 39%；而这一数据到第 7 批更是高达 51%。

综上所述，这些事实都体现出新时期的保护实践中，我国对于文化遗产认知在时间维度上的重大扩展。

四、"文化景观"启发的活态遗产认知新动向

文化景观是 1992 年提出并纳入世界遗产体系的新类型。文化景观代表《保护世界文化和自然遗产公约》第一条所表述的"自然与人类的共同作品"[11]，具体又可细分为由人类有意设计和建筑的景观、有机进化的景观、关联性文化景观[12]。其中"有机进化的景观"对于文化遗产认知的时间扩展尤其具有启发意义，指最初产生于社会、经济、行政、宗教需要，并通过与周围自然环境的相互联系或适应而发展到当前的形势。在这些有机进化的景观中，有相当一部分都仍然处于进化之中，或可称为"持续性的景观"[13]。比如我国 2013 年列为世界文化景观遗产的"红河哈尼梯田"，世界遗产委员会的评价决议中就特别强调了该景观的持续性，认为森林、水系、梯田和村寨的四素同构系统及其完美反映的精密复杂的农业、林业和水分配系统，通过长期以来形成的独特社会经济宗教体系得以加

强，彰显了人与环境互动的一种重要模式[14]。文化景观，尤其是持续性的景观的提出，为遗产的认知和保护打开了新的大门，从此，世界遗产的时间维度上不仅可以是近代的、现代的、十分晚近的，更可以是延续的、面向未来的，乃至活态的。

自文化景观新类型被纳入世界遗产体系以来，各国思潮和实践方兴未艾，目前有114处遗产地以文化景观类型先后被列入世界遗产名录。我国也已有庐山国家级风景名胜区、五台山、杭州西湖文化景观、红河哈尼梯田、左江花山岩画文化景观4处，2014年新列入的中国大运河与"丝绸之路：长安—天山廊道的路网"两处世界文化遗产也都具有极强的文化景观属性，体现了我国对于文化遗产的认知在时间维度上的持续扩展。

五、小结

文化遗产认知不断扩展的历程，也是学科交叉的过程，是文化遗产保护从考古学、建筑学，更多走向城市学、地理学、社会学、人类学等更广阔领域的过程，全面了解和准确把握这一动向意义重大。

文化遗产认知是保护的基础和前提，保护则是认知的目的和结果。因此，应适应文化遗产认知在时间维度上不断扩展的历程，遗产保护的宗旨和手段同样需要与时俱进，从传统上为了凝固历史遗存而采取的保存、修复等手段，逐步扩展为了维持文化遗产动态进化环境和谐的，更为积极、综合的管理手段。

参考文献

[1] 刘祎绯. 我国文化遗产认知的时间扩展历程 [J]. 建筑与文化，2015(3)：32-33.

[2] 于语和. 从"崇古薄今"到"后胜于今"——论"崇古薄今"观念形成及在近代的变化 [J]. 历史教学，1995(4)：14-17.

[3] 于尔根·哈贝马斯. 现代性的哲学话语 [M]. 南京：译林出版社，2011.

[4] UNESCO World Heritage Committee. Expert Meeting on the "Global Strategy" and thematic studies for a representative World Heritage List. http://whc.unesco.org/archive/global94. htm#debut [Z].

[5] Ron van Oers and Sachiko Haraguchi, World Heritage Paper 5: Identification and Documentation of Modern Heritage [R]. Paris: UNESCO World Heritage Centre, 2003.

[6] ICOMOS. The World Heritage List: Filling the Gaps - an Action Plan for the Future. whc.unesco.org/document/102409 [Z].

[7] DOCOMOMO. www.docomomo.com/ [Z].

[8] UNESCO. http://whc.unesco.org/en/list/166/ [Z].

[9] UNESCO. http://whc.unesco.org/en/list/320/ [Z].

[10] UNESCO. http://whc.unesco.org/en/list/729 [Z].

[11] UNESCO World Heritage Centre. Convention Concerning the Protection of the World Cultural and Natural Heritage [Z]. 1972.

[12] UNESCO. http://whc.unesco.org/en/culturallandscape/#1 [Z].

[13] UNESCO World Heritage Centre . Operational Guidelines for the Implementation of the World Heritage Conventio n[Z]. 2013.

[14] UNESCO. http://whc.unesco.org/en/list/1111 [Z].

民国时期艺术学演化对传统建筑研究和保护的促进①

张京晶②

【摘要】 在中国传统重"道"轻"器"的思想中，建筑一直作为"器"的一种而被排除在正规学术界之外，直到20世纪初民族主义思潮对古物开启了以发扬中华文化精髓为目的的重新审视。尤其在蔡元培美育思想的推动下，传统建筑借以艺术史的研究在研究对象、研究方法和叙述方式上对新文化背景和社会格局作出调整和回应，反映出特有的科学方法论和普世价值的探索。

【关键词】 传统建筑；艺术价值；美术考古；建筑保护；美育思想

中国历史时期的史书虽然数量庞大、浩如烟海，却因为儒家思想和"文治之邦"以"文"为中心的民族本性而并没有对于艺术领域的专史记载。面对当时社会上尊孔拜教的喧嚷，1912年蔡元培出任教育部总长后，全面推行美育思想，将其视为现象世界和实体世界之间的桥梁。对于传统建筑的艺术研究和肯定，也在艺术方法论的西渐中应运而生，从而打开了从艺术研究中传统建筑的新局面。

一、将建筑纳入艺术研究对象

建筑一直是西方公认的艺术发展表达形式的核心，19世纪晚期，美国大都会艺术博物馆"艺术委员会"曾给出"艺术"的具体定义，指出建筑、雕塑和绘画是"三大伟大的艺术"，而"与生活和制造业有关的艺术"属于更广范围的"次级装饰艺术"[1]208，更加明确了建筑作为艺术的重要组成部分。这一分类也对中国艺术界对建筑的关注产生了直接影响。

蔡元培在1912年出任教育部长之后即推行美育代宗教政策，他最早对美术的范围进行解释时，便举出七类具有艺术价值的建筑："一曰宫殿；二曰别墅；三曰桥；四曰城；五曰华表；六曰坊；七曰塔"，因为它们"秩序谨严，配置精巧，为吾族数千年来守礼法尚实际之精神所表示焉"[2]22。虽然尚带有明显的传统艺术欣赏思维的局限，但此论成为传统建筑进入艺术领域的开山石。随后，蔡元培在国立（北平）美术学校开学演讲和对杭州国立艺专的规划时，接连重申"美术本包有文学、音乐、建筑、雕刻、图画等科"，并设立含有国画院、西画院、图案院、雕塑院、建筑院的五院制，初步形成了建筑在艺术领域的地位。

同时，围绕蔡元培扶植和推动的部门和艺术教育机构要员也纷纷发文，推动建筑纳入艺术教育体系。时任社会教育司科长的鲁迅首先对"美育"进行实践发展，发布《拟播布美术意见书》，结合西方传世哲学对蔡元培所提出的建筑等美术项目进行定义和分类。之

---

① 本文已发表于《城市住宅》2019年第12期，收入本文集时有所修改。

② 张京晶，清华大学建筑学院建筑历史方向博士生。

后时任大学院秘书长、国立杭州艺专教务长、蔡元培的女婿林文铮也在艺术界领航期刊《亚波罗》上以"莫忘记了雕刻和建筑"为题发文，呼吁艺术教育中加入建筑一科："它是艺术中最伟大而且最丰富者"，并从建筑与社会生活的紧密关系强调建筑培训的重要性："表现人类之趋势，及其变迁……所以建筑史亦即是人类生活史，一切文化之变迁演进都包括在里面了。""建筑并且赋有奇伟的启示力，成形于思想之综合。""这些遗传下来的建筑，永为各种民族盛衰、思想变迁之铁证，亦即其民族天才之真实现行！""建筑……是时代、环境和民族性的结晶。"[3]3-9 同样供职国立杭州艺专的刘既漂在《对于国立艺术院图案系的希望》中依据巴黎国立图案专门学校建议在图案系下设建筑图案"含有雕刻、嵌磁、玻璃花窗、画壁、金工等"[4]，促进了国内艺术高等院校建筑教育的诞生。

1929 年，第一次由政府教育部主办的第一届全国美展在上海举办，这次艺术界的盛会具有庞大显赫的"名誉团体"，足见其宏大规模和极强的号召力与执行力，可以说是当时学界对"艺术"理解状况最真实、完整的反映。建筑也在美育的推广下第一次进入美术展的艺术品类，并且借由南京国民政府对"中国固有式"建筑的推崇，传统建筑形式展品在洋风建筑崇尚之风中开始占据一席之地，参展展品主要有刘既漂采用装饰艺术风格反映传统建筑元素的西湖博览会大门设计图纸、范文照与赵深合作的南京铁道部模型以及吕彦直的广州中山纪念堂手稿等复古建筑设计。会后，姜丹书、李朴园等人都深受启发，相继发表了《中国建筑进化谈》《中国艺术史概论》等研究成果，推动了艺术界对传统建筑的艺术价值肯定和深入科学研究。

至此，传统建筑经由美育推广中对艺术范围的拓广，开始成为艺术领域研究对象，并在之后鲁迅及国立杭州艺专同仁的配合和推动下开始了从理论到实践的进化，在肯定传统建筑作为艺术组成重要部分的同时，也暗含了对传统建筑研究方法和叙述方式的探索。

二、历史哲学方法论的输入

西方启蒙运动所带来的理性主义思潮，催化了近代历史哲学的飞速演进。在培根的"归纳法"问世之后，维科继而提出"历史是可以被认知的"，开启了以史实为基础资料的历史哲学研究之新科学历程，推动了社会学、人类学等对文化源流发展为研究目的的新科学的诞生并在中国传播。传统建筑作为艺术史的研究对象也显示出从传统研究方法向科学方法论的转变，从而建立起以艺术风格论为基础的研究视野和框架。

（一）姜丹书从传统考据学的转变

姜丹书是旧美术教育中的亲历者，也是新美术教育的开创者，他定位于蔡元培的全民美术教育，在 1917 年出版了《美术史》作为师范本科三、四年级图画课教材，以普及公众对艺术领域的了解。作为在新艺术史研究领域的第一人，其研究方法多继承传统的文献考据，但已开始展现梁启超"新史学"的影响。该书初版的建筑部分只有历代建筑之概况（一）、（二）及建筑装饰三节，包含了从太古时代直至明清的建筑沿革，以朝代更替作为时间划分，虽然各时期内容极简，但其中除对著名建筑和形式、重要人物和著述的描述外，亦尝试讨论其发生之缘由，如商周"寝宫瑶台琼室象廊"的出现以及六朝时期佛寺建筑的兴盛，尤其在最后"美术进化之公例"的提出，鲜明体现了姜丹书以追寻美术演化的规律和法则的论述目的。之后在他 1929 年发表的《中国建筑进化谈》中，资料更加丰富，对建筑的论述中社会史学的视角也更加明显。该文首先从意识形态切入分析建筑在中国历史时期被忽视的原因，随后关注建筑形式发展、兴盛，直至后期"停滞"所暗含的社会因素，最后将中国传统建筑风格置于世界建筑艺术风格中进行比较。此外，该文还将"建筑装饰"一节也划入其所产生的相应时期，使建筑形式与装饰合为一体，更为全方面地阐释建筑的艺术特点，初步形成了结合社会背景解读传统建筑的研究框架。虽然文章带有考据学偏重书面文献的局限性，但其中的思维方法和结论均已具有跨时代的意义，推动了艺术史的研究在"新思潮"带来的思想解放中产生更多的先进思维方法。

（二）滕固的风格学方法

18 世纪晚期，西方艺术史和考古学先驱温克尔曼（Johann Joachim Winckelmann）所著的《古代艺术史》搭建起社会与艺术演变的相互关系，并归结出艺术有机性的生长规律，掀起建立在文化背景之上的"风格学"研究思想。该思想经历施普林格、李格尔、沃尔夫林和戈尔德施密特的继承和发展逐渐趋于完善，并对留学德国的青年艺术家滕固产生重大影响。1935 年，在德国完成艺术史博士学位的滕固出版的《中国美术小史》，虽在开篇弁言中指出所受"梁任公先生之教示"，但在方法论上已有进展。滕固不再按照朝代划分传统建筑，而是仿照温克尔曼将中国美术发展历程按照艺术风格的演变划分为生长时代、混交时代、昌盛时代和沉滞时代，从"外向观"描述和归纳了各时代的主要建筑艺术形式，并尝试从社会文化背景中揭示其形成的原因，更在分析社会文化变革的基础上进一步挖掘创作者的心理和精神变化。如生长时代中便有"古代人崇尚自然神教、崇拜祖先，于是有祀天祀祖的神殿建造"；混交时代又有"当时社会陷于混乱状态，人情惶恐，安心立命，托于神佛的风气渐渐扩大起来，风靡一时，于是大兴土木。佛寺的建筑，勃然旺盛了"[5]71-93，体现出沃氏"内向观"风格分析手法的延伸，建立起艺术家的精神思想与社会生活的关联；同时，滕固还基于在德国的专业美术史训练，对于历史时期实物的缺乏发出叹息"令好古的君子，废然长叹；刻苦的史家，不得要领"[5]71-93，也暗示了其科学研究的治学态度和之后对风格学方法的深入和发扬。《中国美术小史》的中心观点也产生了深远影响，如郑午昌版《中国美术史》就是在其基础上稍作修改的。

另外，温克尔曼建立在对实物进行细致观察之上的古典艺术研究不仅让他成为红衣主教亚历山大·阿尔巴尼支持的考古工作参与者，还推动了艺术史界研究方法的进化。受此影响，滕固在风格学研究中重视实物考证，成为国内美术考古的开创之人。早在德国求学时期，滕固便实地踏访轰动世界的庞贝考古发现后发表《意大利死城澎湃》（1931 年），回国后他又陆续翻译了瑞典考古学家蒙德留斯的《先史考古方法论》（1937）和戈尔德施密特的《美术史》（1938），更加完善了滕固美术考古视角和方法论。1933 年，滕固结合柏林工科大学教授布尔希曼（Ernst Boerschmann）所藏底片和此期拍摄的圆明园遗迹照片出版《圆明园欧式宫殿残迹》一书，不仅从照片所反映实物对圆明园的建筑风格、建造过程进行了深入考证，并且对当时学界出现的圆明园照片资料依次求证，初步建立了对建筑实物与资料相结合的美术考古方法。次年，滕固应邀成为中央古物保管委员会委员，也是其中唯一一位涉足建筑艺术领域的专家，正式开启了对实物建筑遗迹的研究与保护，并在其间发表多篇论述，如《访查云冈石窟略记》（1934）、《霍去病墓上石迹及汉代雕刻之视察》（1934）、《六朝陵墓石迹述略》（1935）、《记洛阳的白马寺》（1936）、《南阳汉画石像石刻之历史的及风格的考察》（1937）等。尤其是其论文《燕下都半规瓦当上的兽形纹饰》（1936），运用类型学方法，从相关联系中探求艺术形象的来源。滕固从建筑的雕刻、造像及壁画艺术方面入手，基于对实物现状进行的细致考察结合艺术风格学分析法和考古类型学方法，成为当时对传统建筑艺术研究和保护倡导的先驱。

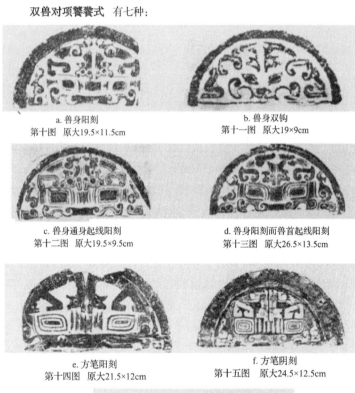

双兽对项饕餮式　有七种：

a. 兽身阳刻
第十图　原大19.5×11.5cm

b. 兽身双钩
第十一图　原大19×9cm

c. 兽身通身起线阳刻
第十二图　原大19.5×9.5cm

d. 兽身阳刻而兽首起线阳刻
第十三图　原大26.5×13.5cm

e. 方笔阳刻
第十四图　原大21.5×12cm

f. 方笔阴刻
第十五图　原大24.5×12.5cm

g. 附有钩云绿带的阳刻
第十六图　原大21×10.5cm

图1　燕下都半规瓦当上的纹饰第五类：双兽对首式[5]262-263

（三）李朴园、胡蛮的马克思唯物主义史观

在马克思唯物主义史学对传统史学进行全面改造后，建立起揭示整体社会发展动因和

以社会生产力、生产关系的变化为根本出发点的史学立场，亦迅速为艺术领域研究者所捕获并掌握。

时任杭州国立艺专教授、首届西湖博览会艺术馆的主持人李朴园，在 1931 年结合马克思唯物主义史学方法论完成《中国艺术史概论》，开辟了艺术史研究的新视野。林文铮作序时就赞扬该书"切实而且高明"，并且一改从前关注艺术风格流变的思维模式："在欧洲学术界用唯物史观以治艺术史者至今尚不多见……朴园先生引用之以治中国艺术史，在吾国艺术界可以说是空前创举！"[6]序李朴园的论述通过对社会背景生产关系和生产力的介绍，对当时盛行的考古学家安特生所秉持的以人类学和考古学为基础的"文化传布说"浮于物质交换的研究形式进行更深层次的内涵挖掘。他以社会制度和社会生产关系为依据，以拥有社会形式起点的皇帝时期为第一章的原始社会，第一次尝试划定"中国的建筑史"研究的起点①；并在之后依据社会制度划分为宗法社会、封建社会、混合社会直到社会主义社会五大主要阶段及其中的两次过渡时期，更将建筑的研究带至当下甚至将来时期，打破传统以朝代和风格学艺术形式的划分，建立新的传统建筑发展框架。与此同时，文中对各时代的名称、物质生活、社会思想和建筑、雕塑、绘画艺术进行针对性的独立介绍，尝试将马克思主义观基于社会制度和生产力对艺术本源进行研究的新方法付诸实践。在全书的末尾，李朴园还对以往的中国艺术未获得突破性发展和研究的原因做出解答，即其"浑不着实际的悬空的地位"，提出今后要"密贴地同社会意识（人类便利生存的意识）切合不懈"[6]225，强调艺术的发展演变与社会生活的密切关系。

授业和执教于另一所蔡元培推动的艺术教育院校——国立北平艺专美术系的胡蛮②在授课期间接连出版《辩证法的美术十讲》（1932）、《中国美术的演变》（1934），已经开始体现其运用马克思主义观点解决艺术研究问题的理论思路。1942 年在革命中心参加毛泽东延安文艺座谈会之后出版的《中国美术史》，作为其前作的升华，更加重视在艺术发生、发展和当下目的中的阶级性特征，尤其是在毛泽东的"为群众解决的问题和如何为群众解决的问题"的论述启发下，胡蛮也提出"艺术的正统在民间"的论述，打破了对封建社会遗留的华丽绚烂的宫殿建筑或者恢宏肃穆的宗教建筑的"英雄史观"性的崇拜，强调劳动人民在美术发展中的重要作用。另外，胡蛮将社会生产方式的改变与建筑形式的出现和发展相联系，如宋代手工业发展促进理学发达，再到美术建筑鼎盛，之后在封建制度束缚下失去活力，并对古文献资料和梁思成、林徽因的前沿论述相结合，糅合多种方法尝试对传统建筑变迁根本原因和动力所在进行解答，相比李朴园"介绍式"的社会背景铺陈，论述更加富有逻辑性和连续性。

李朴园和胡蛮吸纳马克思主义唯物史观，初步搭建起的传统建筑研究理论框架，推动了建筑史学科的专业性和独立性；其中对建筑作为不同社会类型下文化特征的反映的论述，更具有超越时代的思想和见识，形成影响 20 世纪后期的建筑史研究范式。如人民美术出版社 1957 年出版的李浴编著的《中国美术史纲》，便带有对上述思想的明显的承接和

---

① 当时学界认为皇帝时期之前在黄河流域的部落并非"中国人"，而是"中国人"到达此处之前的当地土著，所以皇帝时期以前的建筑并不应该纳入中国建筑史的讨论范围。

② 曾用名王钧初，1939 年开始以"胡蛮"作为笔名。

延续。

三、传统建筑保护的倡议

中国历来缺乏建筑保护的观念，19世纪之后，西方对建筑艺术的审美和理论建构迅速发展的影响，中国与西方不同的木结构建筑"非艺术的""非历史性的"等论断不断出现，促使民国时期第一代留洋归国建筑师也并没有对传统建筑多加重视。

相比建筑专业的滞后，艺术界对于传统建筑保护的关注却早在美育施行中出现。早在1913年鲁迅为部门内部撰写的《拟播布美术意见书》中，便已经提及美术可以表见文化、辅翼道德、救援经济，因此在"保存事业"中提出"著名之建筑""碑碣""壁画及造像""林野"全部为建筑及环境。1927年，刘既漂在《建筑原理》中将中国历史上的建筑风格置于世界建筑艺术体系之下，肯定了传统建筑独有的艺术特点和发展过程，并在《中国新建筑应如何组织》中提出"由政府聘请考古专门学家、美术史家、美术建筑家等"专家学者建立"保存部"，"其责任专为研究保存古代建筑遗迹方法，以及实行管理古代建筑遗迹，修理及继持之"，最早对传统建筑保护机构的组成提出见解，其中除考古学家外仅有"美术史家"和"美术建筑家"，也暗含了当时艺术史领域在传统建筑研究中，至少是在传统建筑艺术价值研究中的决定性地位。作为中央古物保管委员会委员，滕固更是于民国二十三年十二月赴豫陕（安阳、洛阳、西安），并于次年六月赴云冈石窟亲自调查古物古迹与博物馆保护状况，其间不仅到访开封祐国寺、安阳殷墟和天宁寺、宝山石窟、洛阳白马寺、龙门石窟、渭水古陵墓、长安寺塔及沿途多处重要古建筑遗存，还会同多位在地工作的著名考古学家如李济、梁思永、翁文灏、徐旭生等共同参与商讨遗址的保护，并会晤当地古迹研究会（中央研究院历史语言研究所与河南省政府合组）及负责人郭子衡（宝钧）、河南古物保存会及主任委员裴希度，与河南省当地政府要员，包括省政府主席刘峙（经扶）及教育厅厅长、省委相聚并汇报古物保护工作。滕固在匪徒作乱、道路难行、人才奇缺、古迹保护尚在起步之时而能到访古迹、会见多位重要专家学者和政要人士，不仅反映出出身艺术史专业的滕固在中央古物保存委员会中敢当重任，也折射出他在当时文物古迹保护领域，乃至蓬勃发展的考古界和政界的崇高地位。完成实地调研的滕固在此之后依据记录出版著述《征途访古述记》和长文《西陲的艺术》，在分析了所访古迹艺术价值之后亦提出防止盗墓、预防风化侵蚀和阻止外国偷盗等保护方法，对之后直至20世纪50年代的文物古迹研究和保护领域都有借鉴和影响。

四、小结

著名艺术史学者巫鸿教授曾提出方法论的重要意义在于"可以引导研究者不断对史料的性质和内涵进行反思，不断扩大史料的定义和范围"；并且"加强研究的层次和深度，把历史研究从对'史实'的单纯考据引申到对文化机制、时空关系、历史沿革的更复杂与多元的解释上来"[7]序-3。民国时期在国民政府对艺术教育及艺术史的推广下产生的传统建筑历史沿革的探索，反映了从传统经学的考据方法向新史学以及马克思唯物史学方法论的转变，并且在西方历史哲学演化的影响下，形成以实物调查佐证文献研究的现代科学方法论雏形，奠定了传统建筑艺术价值建立的基础，并推动了政府和学界对传统建筑的保护实践。同时，在艺术学的推广下，侧重艺术形式发展演变的方法论与之后梁思成为代表的建筑师团体依据木架构的演变解读中国传统建筑发展规律一起，共同形成了民国时期传统建筑研究理论和价值认识的基础，也为之后的文物古迹价值研究发展做了重要铺垫。当下，对文物古迹的研究更需要多层面、多维度的深入挖掘，建立多学科综合视角，才能更全面、深入地解读其内涵和价值，为文物古迹更好地展现中华民族的独特魅力，发挥强大的文化能量推波助澜。

参考文献

[1] 〔美〕史蒂芬·康恩. 博物馆与美国的智识生活 (1876—1926)[M]. 上海：上海三联书店，2012.

[2] 蔡元培. 华工学校讲义（智育十篇）（一九一六年四月）[C]// 高平叔. 蔡元培美育论集. 长沙：湖南教育出版社，1987.

[3] 林文铮. 莫忘了雕刻和建筑 [J]. 亚波罗，1928(4).

[4] 刘既漂. 对于国立艺术院图案系的希望 [N]. 中央日报，民国十七年（1928）二月二十日.

[5] 滕固. 中国美术小史 [C]// 沈宁. 滕固艺术文集. 上海：上海人民美术出版社，2003.

[6] 李朴园. 中国艺术史概论 [M]. 上海：上海良友图书印刷公司，1931.

[7] 〔美〕巫鸿. 礼仪中的美术 [M]. 郑岩，译. 北京：生活·读书·新知三联书店，2016.

[8] 梁启超. 新史学 [M]. 夏晓虹，陆胤，校. 北京：商务印书馆，2014.

[9] 姜丹书. 美术史 [M]. 上海（北京）：商务印书馆，1917.

[10] 张广智. 西方史学史 [M]. 3 版. 上海：复旦大学出版社，2010.

[11] 林文铮. 何谓艺术 [M]. 上海：上海光华书局，1931.

[12] 胡蛮. 中国美术史 [M]. 长春：吉林书店，1948.

[13] 曹贵. 20 世纪上半叶中国美术史学理论与方法研究 [D]. 北京：清华大学，2013.

从艺术价值到文化价值①

——以几个保护实践为例浅析中国遗产保护价值观转变

吕　宁②

【摘要】 完整而明确的价值认知，在遗产保护研究与实践中具有决定性意义。20世纪70年代南禅寺大殿修缮以"恢复原状"为最高目标，体现了对艺术价值的追求；90年代独乐寺修缮采用可识别性方法，体现了对历史价值的重视；2000年后对解州关帝庙申遗的讨论着重突出了文化价值表达。这是中国遗产保护对价值认知的基本发展脉络，与此同时，西方也经历了与此类似的过程：从早期仅讨论历史、艺术价值到近年来全面认识到了遗产的社会价值、文化价值和经济价值等属性。

【关键词】 文化遗产；价值观；变化；保护

德国哲学家文德尔班说过，"人是有历史的动物"。漫长的历史遗留给我们的文化遗产，就是把世界由一个当代的平面变成千万年的纵深的纽带。我们通过形形色色的文化遗产了解古往今来各种各样的生活方式、建筑特质和文化形态，了解各时代、各民族对真善美、假恶丑的不同理解。通过认识和保护这些遗产，我们得以突破当代的束缚，知道我们正在做的是什么，我们应该做的是什么。

在当下的后现代（postmodern）、后意识形态（post-ideology）、后民族国家时代（post-nation-state age）的国际环境下，对于价值与意义的讨论在多个学科和方向中引起越来越多的关注和重视。而在遗产保护的过程中，为什么保护、保护什么以及如何保护，这三个问题都离不开对于遗产核心价值的认识和探讨。因此，完整而明确的价值认知，在遗产保护研究与实践中具有决定性意义。基于此，回顾我国遗产保护历程的重要实践，从其中的保护原则和理念中，探索价值认知的发展变化，并分析其原因，对于更好地把握遗产保护的脉络、理解并实施保护，将有所裨益和借鉴。

一、对于艺术价值的追求：20世纪70年代南禅寺大殿修缮

中国近现代遗产保护实践肇始自20世纪初清末民国颁布了包括《保护古迹推广章程》《古物保存法》等系列法规之后，营造学社、旧都文物整理委员会等机构的早期工作。后者在1935—1938年，分两期修缮了包括北京天坛、内外城垣、明长陵、钟楼、天宁寺等一批重要的历史建筑，"无论从其机构规模，资金及设备的支持，还是从其技术人

---

① 本文已发表于《建筑师》2016年第2期，收入本文集时略有修改。
② 吕宁，清华大学建筑学博士，高级工程师，目前就职于北京国文琰文化遗产保护中心有限公司，任综合一所主任工程师。师从吕舟老师，从事文化遗产保护工作近十年，主要方向为世界遗产申报与保护管理，古建筑和石窟寺保护。

员、工程项目以及管理程序等诸多方面而言，旧都文物整理委员会……都达到了相当的水准"[1]68，可以说成为现代中国文物建筑保护事业的滥觞。从这一时期开始，早期的文物保护原则可总结为"恢复原状或保存现状"。在 1961 年的《文物保护暂行条例》、1963 年的《革命纪念建筑、历史纪念建筑、古建筑、石窟寺修缮暂行管理办法》等法律法规中，都有这一说法的体现。这一时期，"恢复原状或保存现状"是文物保护的重要原则，而其中"恢复原状"是最高目标，"保存现状"是最低要求。1974—1975 年所做的南禅寺大殿修缮，就正是对"恢复原状"这一原则的重要实践。

南禅寺大殿是我国现存最早的唐代建筑，建于唐建中三年（782），发现于 1953 年，1961 年被公布为第一批全国重点文物保护单位。在发现之时，南禅寺大殿的保存状况不容乐观，木构件存在劈裂、歪闪、下沉、腐朽等威胁，且屋顶以上部位清代时被改建。1964 年、1966 年两次地震之后，大殿的梁架、斗栱和檐口残损状益发严重，需要十余根支顶木柱的临时加固。在这种情况下，1972 年，国务院下达了《关于云冈石窟等三项全国重点文物保护单位急需抢修保护问题的批复》，决议修缮南禅寺大殿。

包括杨廷宝、莫宗江、刘致平、陈明达、罗哲文、刘叙杰、杨道明等人在内的建筑专家对南禅寺进行了几次考察和讨论，对于分别代表了"恢复原状"和"保存现状"理念的不同方案，专家团队最终选择了前者，以实现文物保护的"最高目标"。在这次修缮中，对南禅寺唐代原构的梁架进行了加固，同时将后代修建的出檐、椽径、殿顶、脊兽、门窗等形制去除，复原为唐代做法。

图1 南禅寺大殿修缮前照片[2]68　　　　图2 南禅寺大殿修缮后照片（笔者自摄）

具体做法包括，按照考古发掘，恢复了台明；按照《营造法式》中的规定，将出檐从230 厘米恢复到 234 厘米；参照佛光寺大殿，恢复了 15 根屋脊，复原了唐代式样的脊兽；原砖券门窗拆除，恢复了唐代的直棂形制。此外，还对大殿外观做了作旧的处理，使之"整旧如旧"。

尽管如此，修缮完成后，建筑史学界对于复原的成果却褒贬不一：祁英涛曾说，"个人总觉得不够理想"，后来的保护工作者也认为，"恢复原状"是一件十分困难的事情，要求很细致的研究和十分充足的科学依据，类似南禅寺这种历史证据并不明确的情况，在一般的维修工作中并不提倡。

那么，南禅寺大殿为什么会按照"恢复原状"来实施修缮呢？笔者认为，原因是多方面的，20 世纪 70 年代对于文物保护实践的急迫要求、"文化大革命"时期的社会文化现状、保护原则提出后进行诸多尝试的愿望，甚至当时中国建筑学界对于早期建筑的情感偏向等，都可能对这次"恢复原状"的实践造成影响。但同时，我们不能忽略保护价值观的影响。

早在民国时期的相关法律中，就提出了关于文物应该是具有"历史的、艺术的、科学的"意义这一评判标准。而作为中国早期保护思想体现的代表性人物梁思成先生，其有关保护原则的表达为"整旧如旧"："在重修具有历史、艺术价值的文物建筑中，一般应以'整旧如旧'为我们的原则"，在修缮中，要"有若无，实若虚，大智若愚"。[3]10 这与梁先生所接受的系统西方建筑学和美学教育背景密不可分。因此不难发现，当时的保护界，更为看重的是一座建筑作为艺术品所具有的美学价值和其完整性。类似在西方早期的保护实践中，将巴黎圣母院的所有后期做法都恢复到 12 世纪一样，这一时期的保护工作还带有强烈的修复古董、修复艺术品的性质，所以在多样的价值体系中，艺术价值得到了突出表达。

二、对历史价值的重视：20 世纪 90 年代的独乐寺维修

河北蓟县独乐寺重建于辽统合二年（984）。现存山门和观音阁为辽代原构，形制独特、价值深远，在中国建筑史上占有重要地位，是 1961 年公布的第一批全国重点文物保护单位之一。

由于年代久远，保存状况欠佳，国家文物局于 1990 年组织开始进行观音阁维修工程。主要针对观音阁一层后檐柱歪闪变形、上檐转角斗栱普遍断裂和下沉等调查发现的病害，在经过仔细观察论证之后，基于可行性分析和最小干预原则，选择了局部落架拨正、加固维修的方案。

观音阁修缮工程将一层屋檐以上的部分全部落架进行维修，其主要内容包括：①针对木材开裂——包括柱子、斗栱开裂，椽子的劈裂，额枋断裂而进行的维修。柱子开裂大多是由于木材在干燥过程中或是建成后受大气干湿变化而引起的，承重构件则多是受重力影响而开裂，椽子开裂是木材在干燥过程中内外收缩率不一致所致。对于开裂的小缝一般不做处理，等油饰或断白时刮腻子勾抿严密。较大的裂缝（0.2～0.5 厘米以上）嵌补木条，用胶粘牢或在外围用薄铁条（宽约 2 厘米，俗称铁腰子）包钉加固。②针对木材遭朽而进行的维修。由于长期的日晒雨淋使斗栱、梁枋、屋面、柱子、椽子等位置都有遭朽情况出现，其中观音阁 18 根墙内柱（檐柱）柱根部、平座层叉柱的叉根、脊槫和老角梁顶层的正脊槫以及竖立的脊椿遭朽严重。在修缮中，对已发生糟朽的构件，先剔除糟朽部分，再刷防腐剂。对容易发生糟朽的构件，采用滴注的方式向木材内部注射防腐剂。此外，除了木构件的维修，还在修缮过程中修复了瓦顶，更换了脊兽和瓦件，修复了墙体、地面、油饰彩画，并维修安装了避雷设施。

这次观音阁修缮与南禅寺大殿修缮截然不同，在外观上尽量保持了原貌。起加固作用的金属构件大多隐于暗层或平闇层上，只有个别地方如柱头部分及观音像背后可见；内嵌

木条的构件做法极其隐蔽，若非有意观察则无法觉察。油饰和彩画的修缮保留了各个时代的印迹，甚至包括民国和"文化大革命"时期。同时，对新刷的油饰颜色做了处理，使其看起来不甚突兀。对于更换过的斗栱等构件，都在接近底部处标有修缮年代的标识，具有明确的可识别性。更为重要的是，观音阁在漫长的历史过程经历的一些改变，如清乾隆时期增添的四根擎檐柱，在本次修缮后并未去除，虽然现已没有结构功能，且并不十分美观，但作为承载了重要历史信息的载体被保留了下来，这是对历史价值的鲜明凸显。另一方面，在本次修缮中也更为重视档案的记录：于独乐寺第二进院落中辟出一间作为重要修缮方法的展示场所，除了修缮前各类损毁的现状展示之外，对于墙体的分层修缮、构件内补嵌木条加固、防腐剂的涂刷、滴注等修缮方法也都进行了清晰直观的展示，使参观者能够获得真实的信息。

图3　观音阁四角保留的清代所添加的支柱（笔者自摄）

这次针对观音阁的维修，可以明显看出中国在20世纪80年代之后，接受了以《威尼斯宪章》为主的西方保护价值观后的变化：强调遗产的真实性、维修更换构件的可识别性，措施的最小干预、尽可能保持原状等原则；另外，对于清代添加的柱子、各时期油饰和彩画的保留，也明确地体现了从追求文物艺术价值到对更重视历史价值的转变——各时代对于建筑所做的改动，有些虽然影响了艺术上的完整性，但它们都是历史的见证，是这座建筑自身历史和当时社会文化的实证资料，应当予以保留，尽可能不做干预。

三、对文化价值的表达：解州关帝庙保护

随着全球政治民主化与经济文化全球化的发展，人们日益认识到承认与保护和促进世界文化多样性的重要性。社会学家和文化学家李慎之在《全球化与中国文化》中提出了"文化自觉"的概念，认为文化自觉就是在全球范围内提倡"和而不同"的文化观的一种具体体现。在这种价值观思潮下，人们对于遗产的价值研究也深入文化层面。

山西运城解州关帝庙创建于隋开皇九年（589年），宋、明时期曾扩建和重修，清康熙四十一年（1702年）毁于火，后经十余年修复，总面积60000平方米，分南、北两部

分。在 20 世纪 80 年代，关帝庙以其宏大的布局、精美的建筑和牌匾、塑像等附属文物所共同具有的历史价值、艺术价值和科学价值被国务院公布为第三批全国重点文物保护单位。2011 年，解州文物部门因关帝庙的突出价值希望被列入世界遗产中国预备清单，委托清华大学做关帝庙的再调查和研究。笔者作为主要参与人进行了这一工作，在此过程中，笔者工作组反复思考的是：解州关帝庙最突出普遍的价值仅仅是传统意义的三个价值吗？或者说，解州关帝庙所具有的最具代表性的价值用传统的三大价值可以代表吗？答案是否定的，关帝庙更重要的是它的文化价值。

解州关帝祖庙以及常平关帝家庙是关帝信仰的重要发源地之一，这个体系是对关帝精神最全面的诠释；解州关帝祖庙庙宇规模宏大、形制清晰的物质遗存以及其兴建与不断扩建的历史是关羽不断受到推崇、关帝信仰越来越普及的见证，包含结义园、春秋楼等完整建制、融合宗教建筑功能与帝王宫殿规格的祖庙建筑群是全世界所有关帝庙最完整最典型的杰出范例；解州关帝祖庙也是从官方到民间所认证的最正统的关帝祭祀庙宇。

直到今天，这里每年仍在进行的盛大的关帝祭祀活动以其规格之高、人数之众、影响之深远充分说明了解州关帝庙在信众中的祖庙地位，同时也承担着华人华侨联系桥梁的作用。解州关帝祖庙见证了和见证着关帝信仰所蕴含的文化特质、民族性以及独创性，成为关帝信仰最重要的朝圣地。这些重要的文化意义，才是其所代表的最核心价值。它与关公信仰这一根植于中国文化上的特殊信仰息息相关，某种意义上是中国这一在世界范围内具有独特价值和深远影响的文化表达，体现了文化的魅力所在。

图4　解州关帝庙春秋楼　　　　　　　图5　关帝祖庙文化节

（图 4、图 5 由山西运城解州关帝庙文管所提供）

四、西方对于遗产价值的认知变化

事实上，西方也经历过和中国类似的价值认知变化。

在 20 世纪早期，奥地利教授阿洛伊斯格尔（Alois Riegl，1858—1905）[①] 在他 1902 年发表的《纪念物的当代崇拜：特性与渊源》（The Modern Cult of Monument: its Character

---

① 维也纳历史研究学会的成员之一，早期在维也纳大学研究艺术史，是艺术史学科的最有影响力的学者之一以及形式主义（formalism）研究的奠基人；后期转向古迹保存研究，对于保护对象、遗产价值类型都有深入探讨。

and its Origin）一文中，认为文化遗产具有五类价值，即年代价值（age value）、历史价值（historical value）、纪念性价值（commemorative value）、使用价值（use value）以及创造的新价值（newness value）[①]。在前三种看似相近的价值类型中，年代价值指纪念物本身的历史性，而历史价值是指在纪念物存在的时间段中与其有关联的人类活动所代表的发展变化，纪念性价值则是针对如何将纪念物保存延续至后代的可持续性价值而论。

在这些价值中，他认为历史价值具有优先性，任何一个人类活动或事件都有可能成为历史价值的阐述，其次重要的是艺术价值；原则上说，任何一个艺术纪念物都是历史的，而任何的历史纪念物一般也都具有艺术价值；但历史价值是客观的，而艺术价值较为主观，由此从纪念物本身的物质性衍生到关注现代需求的满足，产生了对使用价值的关注。针对纪念物的保护所有的矛盾其实也是使用价值与纪念性价值、年代价值之间的矛盾——前者关注当代的利用或以完美的姿态便于当代的使用，而后者要求不干预而保留自然状态，以达到延续和年代价值最大化的目的。[4]114

阿洛伊斯格尔的复杂价值分类一方面与自身艺术史的研究经历密不可分，另一方面折射出当时保护界各执一词、众说纷纭的状况：阿洛伊斯格尔所认为的使用价值与年代价值之间的矛盾，与勒杜克、拉斯金相悖的保护观点有一定对照性，而他所强调的历史价值，又与波依多、乔瓦诺尼等"尊重历史所带来的建筑物现状"有所呼应。这种理论上的不确定性也是人们在遗产价值认知上不断研究的见证。

1933 年，国际现代建筑协会（CIAM）第 4 次会议通过了以乔瓦诺尼的理论为基础而形成的《雅典宪章》。该宪章首次提出了历史古迹保护的框架和原则建议，在最后作出的七项决议中，其中之一是关于文化遗产环境保护方面的内容，同时在第三章中亦有关于"加强对历史古迹的审美保护"方面的内容。由此看出，《雅典宪章》中从遗产的历史价值和特征出发，关注美学和艺术价值的完整性。继而，1964 年 5 月 31 日在意大利威尼斯由联合国教科文组织领导下的国际古迹遗址理事会（ICOMOS）会议通过的《威尼斯宪章》，被认为是《雅典宪章》的阐述、修正和发展。作为国际保护界公认的文化遗产保护准则，《威尼斯宪章》虽没有明确提出价值的分类，但从定义第三项"保护和修复文物建筑，既要当作历史见证物，也要当作艺术作品来保护"，以及从第五、第七等项中不难看出，这里最关注的遗产价值即是历史价值与艺术价值。

进入 20 世纪后期，随着经济全球化的发展与文化多样性逐步受到重视，一部从欧洲中心出发的《威尼斯宪章》很难满足日趋纷繁多样的保护实践，各国纷纷立足于自身的文化特色、历史传承与价值趋向，制定适应于本国的地方性保护文件。这其中得到广泛关注的就有澳大利亚《巴拉宪章》。1978 年澳大利亚国际古迹遗址理事会在《威尼斯宪章》的基础上，根据澳大利亚的国情于巴拉制定出《保护具有文化意义地方的宪章》，后简称《巴拉宪章》，并分别在 1981 年和 1988 年通过了修正案。这部宪章具有理论上的创新性与实践上的可操作性。本宪章对于遗产价值的认知如下："文化意义（cultural significance，宪章中说明与文化遗产价值同义）指的是对过去、现在和将来世代的人具有美学、历史、科

[①] 原文中使用 art value，解释为 kunstwollen（艺术意愿、造型意志），指任何作品在创造时产生的区别于其他任何作品的新价值（newness value）。

学、社会或者精神方面的价值。文化意义体现于地点自身，以及它的构件、环境、用途、联系、内涵、记录以及相关地点和相关实物之中。对不同个体或群体而言，地点可能有不同的价值。"这里，遗产价值的类型除了历史、艺术、科学之外，增添了社会一项，内容涵盖精神的、政治的、民族的、教育的等其他文化价值。这一增添折射出社会变革与意识形态发展给遗产界带来的影响——在大环境、大背景下，任何一门学科都不能独善其身，尤其是遗产保护这样与社会、与人的行为息息相关的领域，人们日益认识到遗产社会性的重要，对社会价值的明晰随之成为保护实践之前不可或缺的步骤。

与此同时，在理论界，人们对遗产价值的认知也在关注社会背景的前提下往多样化方向发展。考古遗产学者莱普（William D. Lipe）发表于 1984 年的《文化资源的价值与意义》（Value and Meaning in Cultural Resources）体现了这一趋势。在基本载体、价值背景、价值类型、社会组织和最终保护这五个相关的围绕价值展开的关系图中，价值被分为经济（economic）、艺术（aesthetic）、联想 / 象征（associative/symbolic）以及信息（informational）四大类 [4]286-306，这其中最重要的仍然是由历史衍生出的联想 / 象征价值，遗产作为物质的联系手段，通过象征和有根据的联想而使人们获得对于历史的了解，是人们保存遗产最重要的目的。除此之外，与社会发展息息相关的经济、信息价值也占据了价值的重要部分，这是社会发展并将文化资源作为人类环境中可利用的重要资源之一的反映。与价值类型紧密联系的上下两个层级价值背景也与社会组织与经济发展、政府组织、社会、教育等有关。

而到了近十年，西方学者对遗产价值的认知更加完善，一方面，伴随着文化景观、文化线路、运河遗产等新类型遗产的出现与兴起，通过对于物质与非物质、遗产环境、遗产地精神等概念的进一步讨论与理解，使得对于诸如历史价值、艺术价值等的传统价值理解更为全面；另一方面，随着社会的经济发展导向，价值类型中的经济性、使用性、社会性的重要性不断凸显。

兰德尔·梅森（Randall Mason）在盖蒂保护中心出版的《文化遗产的价值评估》（Assessing the Values of cultural heritage，2002）[5]30 一书中将文化遗产的价值分为两大类，如表 1 所示。

表1 《文化遗产的价值评估》中所示兰德尔的价值分类

社会文化价值（sociocultural values）	经济价值（Economic value）
历史价值	
使用（市场）价值	
文化 / 象征价值	非使用（非市场）价值
社会价值	存在价值
精神 / 宗教价值	选择的价值
美学价值	赠予的价值

将经济价值与其他文化价值分开并置为两大类，这种对于价值类型的认知也得到了保护界著名学者菲尔顿（Bernard Feilden）和尤嘎·尤基莱托（Jukka Jokilehto）[6] 的支持，

如表 2 所示。

表2 《价值与遗产保护》中所示尤嘎的价值分类

文化价值 (cultural value)	现代社会 - 经济价值 (contemporary socio-economic value)
身份	经济价值
相关的艺术 / 技术价值	实用价值
稀缺性价值	教育价值
	政治价值
	社会价值

上述两种方法虽然在社会相关价值的分类有所差异，前者将其和文化合并为社会文化价值，而后者将其与经济合并为社会经济价值，但文化价值与经济价值这两大类的区别显而易见。

英国遗产组织（English Heritage）① 在 2007 年所作的《英国世界遗产地现状成本与效益》（The Costs and Benefits of UK World Heritage Site Status）报告中，采用了与上述价值分类本质相类似的方法，结合其参考的瑞德公司（Rank）对艺术品收益的理解框架，将遗产价值分为内在价值（intrinsic value）以及工具性价值（instrumental value）[7]8-11。前者包含美学、精神、历史、象征、社区 / 个人可识别性、真实性价值；后者包含经济—旅游、商业及相关产业，可能发生的教育行业的改变及可能带来的社会改变等。这两种价值都属于可利用的价值范畴，结合公众参与的重要性，影响着遗产地各方面的收益。报告中还分析了价值与收益的具体关系。

五、小结

回顾西方价值观的变化，我们不难发现，其在 21 世纪之前的进程与中国极为相似。中西方都共同经历了对艺术 / 历史价值的追求而转向对文化价值的重视这一过程。而近十年来，西方越来越多地出现了将价值分为文化 / 固有和使用 / 经济两大类的流行观点，这与文化重要性的提高、对文化多样性的关注以及文化资源在经济发展中越来越受关注的地位息息相关，也反映了西方社会价值观的演进变化。在中国，从 20 世纪 30 年代的文整会维修天坛，到 70 年代"恢复原状"的南禅寺大殿修缮，到 90 年代观音阁的历史保护维修，再到今天以关帝庙为例、保护工作对文化价值的凸显，虽然保护历程仅仅百年，但其中的观念原则、价值变化所引发的争论并不比西方数个世纪少，并且从中可清晰地看出国际保护界和中国之间越来越深广的交流。

总的来说，关于遗产价值的探讨和关注影响着文化遗产保护的进行，而在遗产保护的过程中，人们又不断地对已有的观念、策略进行反思、修正。中国面对拥有数量庞大、类

---

① 英国遗产（English Heritage）组织经机构改革，现分立为主要承袭原"英格兰遗产"机构职能的"历史的英格兰（Historic England）"，以及文化遗产公益性托组织"英格兰遗产信托（English Heritage Trust）"。

型丰富文化遗产的现状，如何在纷繁复杂的社会环境中寻求并确立恰当的、适合自身的保护价值观，仍需要不断探讨与进一步实践。

参考文献

[1] 中国文物研究所. 中国文物研究所七十年 (1935—2005)[M]. 北京：文物出版社，2005.

[2] 祁英涛，柴泽俊. 南禅寺大殿修复 [J]. 文物，1980(11).

[3] 梁思成. 闲话文物建筑的重修与维护 [J]. 文物，1963(7).

[4] Laurajane Smith.Cultural Heritage: Critical Concepts in Media and Cultural Studies[M]. London: Routledge, 2007.

[5] Randall mason. Marta de la torre Ed. Assessing the values of cultural heritage: research report[M]. Los Angeles: the Getty conservation institute,2002.

[6] Erica Avrami, Randall Mason, Marta de la torre. Values and Heritage Conservation[M]. Los Angeles: the Getty conservation institute,2000.

[7] The Costs and Benefits of UK World Heritage Site Status: A literature review for the Department for Culture, media and sport, price water house coopers[R]. London: English Heritage, 2007.

原状的辨析和干预的选择

——兼论近代历史建筑保护实践

张光玮[①]

【摘要】 在文物保护行业，为使文物所具有的价值得到很好的保存，保护行为（或者说对文物的干预行为）应遵循真实性、完整性、可识别性、可逆性、最小干预等原则，不改变文物原状，这在今天已基本形成了共识。对原状的辨析、对价值的理解和干预手段的选择，是保护工程实践者最重要的工作内容。不同的保护对象，会衍生出非常具体的讨论，既存在共性，也有需要具体分析的问题。本文结合案例就近代历史建筑这个文物类别展开论述，尤其着重于对原状的辨析和干预手段的选择。通过实际案例可见，影响价值判断和最后采取的干预手段的因素非常多元，其中，中国近代建筑自身的特点和社会、文化、经济、产业等因素的影响，某些情况下也会对既定的保护思维模式形成冲击，而保护实践本身则成为一个思辨的过程。

【关键词】 文物保护；近代建筑；原状；干预

一、作为保护对象的中国近代建筑

中国的近代建筑，一般认为是 1840 年鸦片战争后，至 1949 年新中国成立这个时间段内所建成的建筑物。无论在功能、形态、结构还是材料等方面，这些建筑和我们今天的生活都很接近。在很多开埠较早的沿海、沿江城市，如广州、厦门、上海、天津、青岛、武汉等，近代建筑所组成的城市风貌，甚至已成为几代人的生活记忆。个人与集体的记忆与家国变迁叠加在一起，近代建筑成为时代剧变的历史见证。而这种对历史和记忆的解读与重构，却是在近几十年慢慢形成的。

中国的近代建筑具有建造年代距今时间相对较短；受西方建筑文化、形态、技术、材料等影响较大；和现代社会生活、文化、制度与习惯等相对接近；建筑风格、技术、理念从舶来、融合到主动吸收、演化的历程线索丰富等特点。

今天，学界认为中国近代建筑的"近代性"最重要的表现是建筑学和国家关系的转变，这使它与中国古建筑不同，也与西方古建筑相异[1]。建筑在建筑学的成就之外，还凝聚了哲学、美学、社会学、人类学甚至语言学、文学、数学、生物学等学科的智慧。因此在将近代建筑作为遗产进行保护的工作中，需要全面理解保护对象，在历史的维度下跨学科的评估其价值——这个过程，也是叩问我们如何对待过去、如何看待历史的过程。

今天被视为文化遗产的近代历史建筑，大部分诞生于鸦片战争以后救亡图存、动荡而巨变的中国。1842 年中英《南京条约》签署，开放上海、宁波、福州、厦门和广州五处

---

① 张光玮，任职于北京国文琰文化遗产保护中心有限公司。

通商口岸，并将土地使用权一并割让。拥有治外法权的外国势力逐步在租借地建立起新的社区制度和生活模式。西方的思想与技术也从这里传播开来，通商口岸成为中国现代城市的发源。从领事馆、教堂、银行、邮局、商行、酒店、俱乐部、办公楼、宅邸、花园、公寓，到工厂、车站、展览馆、电影院、百货大楼、医院、监狱、学校等，各种新类型和功能的建筑相继出现，见证了中国建筑和城市的现代化历程。

早期西式建筑从广州十三行的捐客文化开始，混合了中西方各种文化与经济利益纠葛杂糅的基调。实用而易于建造的外廊式建筑则是早期殖民者的首选。专业的建筑师来华之后，西方人采用最多的是 19 世纪末到 20 世纪初在其本国同样流行的折中主义建筑风格，希望通过相似的形式表达其殖民野心，尤其在上海和青岛为甚。显然这种文化传播起到了很好的效果，并播下了种子，中国第一批西方意义上的职业建筑师亦主动将西式风格作为主要设计语言。殖民外廊式、罗马复兴式、英国都铎式、维多利亚式、爱德华巴洛克式、法国哥特式、古典复兴式、拜占庭式、辰吾式、新艺术运动式、摩登式、国际式、折中式、中国传统复兴式、厦门装饰风格、嘉庚风格……今天所见各式各样的近代建筑，深刻反映了一百年来我国在殖民全球化过程中的社会裂变、外来文化扩张和跨文化交融。

建筑的投资兴建方从各国使馆、教会、洋行、企业，到清政府、民国政府及各行各业的公司、机构等都有参与；更有大量的私人业主，如外籍公务人员、传教士、商人及其家眷，有地位、有文化、有经济实力的中国士大夫阶层以及洋买办、商贾为代表的新兴富裕阶级，再到后来大量的华侨、民族实业家等，由于社会阶层的分化，上层社会是新建筑的最大受益者，但最终也影响了普罗大众的居住形式、生产生活和娱乐。

建筑的设计和营造，冲破了传统封建帝制下由官方控制的等级制度和建筑话语权。在早期开埠城市，由中国匠人用传统建筑的方法模仿非专业的画稿盖出貌似西洋的建筑样式；慢慢开始有专业的西洋技师指导，公共租地制定起建筑法规；在洋务运动的影响下，水泥、玻璃、钢铁、砖瓦、木方等新型建材逐步在本土设厂生产；中国匠人在工程实践中逐渐积累经验、成立营造厂，甚至还能做一点图纸设计。大量新知识和新技术的涌现，形成将传统研究与实用知识结合起来的新的教育模式。20 世纪上半叶，清末民初派出的留学人员逐步归国、建立现代的专业教育体系，我们开始有自己的土木工程和建筑学专业人才。一方面欧美日俄为主的外国建筑师、事务所在中国的建设活动形成广泛的影响；另一方面，中国自己的建筑师也在民族资本的支持下成长壮大，探索丰富的建筑语言。短短几十年间，改变了中国近代城市的空间结构和面貌，留下了大量的近代建筑，很多建筑也因其见证了重要的历史而成为宝贵的遗产。

某些建筑作品还具备了寻找"作者"的可能，我们能够在文献资料等证据的支持下对某一位建筑师或某一家营造厂的作品进行研究、比对和分析，当然，业主的背景、实力和品位同样会强烈地影响到建筑最后呈现的面貌。存世的设计图纸、历史照片和文献资料等能给我们很多追踪原貌的线索，让我们对设计意图、历史背景还有建筑原有的形象能更全面和立体的把握。

建筑形式和风格是最直接、最富视觉影响的方面，虽然建筑形式不能简单地与政治意图和思想的传播等同 [2]45。而今天描述一栋中国近代建筑，确实少不了使用各种辨识风格的语汇。

案例1　各种折中风格的近代建筑，也是社会变革、文化交融的产物

上海中国通商银行。创办于 1897 年，是中国人自办的第一家商办银行。清政府邮传大臣盛宣怀创办，英国马礼逊洋行设计。外貌"像是一座晚期维多利亚式的小型市政厅，具有威尼斯自由风格，又略带苏格兰男爵豪华情调。底层窗用半圆券、二层窗用弧券、三层窗用平券。屋顶耸立，老虎窗用哥特式尖券，底层入口门廊则为罗马风式连拱廊"[3]1229。

上海中国通商银行今夕。原为清水砖墙，现为粉刷饰面

（图片来源：左 http://www.997788.com ；右 http://blog.sina.com.cn/s/blog_70dd482a0102w8b8.html）

王世仁先生在《中国近代建筑与建筑风格》中写道："建筑风格绝不是一个简单的外形处理技巧问题。解放以后，我国建筑界曾经有过几次争论，而每次争论总是先从建筑风格问题开始，从而涉及创作思想，以至深入到建筑的道路、方向问题。联系到近代建筑风格的演变及其背景，这个问题很值得深思。因此，深入研究建筑风格问题就是非常必要的一件事了。"[11]32

在风格的背后，是社会和人群的态度与看法，这也直接影响了后世对已经被当作文物的近现代建筑的价值判断。描述和阐释建筑，成为与建筑的设计和建造同等重要的方面，今天的解读甚至成为价值构成的一部分。

另一方面，工艺、材料和构造等技术上的革命，对建筑形式的演变也产生了很大的影响。这些线索则须回到留存至今的实体中去寻找。后文将就这个话题展开详细讨论。

近代建筑遗产的保护工作，除了探寻建筑诞生时刻的历史背景，还不得不正视它诞生之后的所有生命历程。而这正是中国近代建筑保护的特色。新中国成立之后，私人业主及其所代表的阶层，被"打倒"或者"改造"，他们的建筑作为其阶层的象征，被破坏、没收、征用、改造、重新分配。20 世纪 50 年代，我们向苏联全面学习，无论是文化、审美、技术、理念，都对建筑行业的发展产生了深刻的影响，直到 70 年代末才真正摆脱苏联模式。1976 年唐山大地震之后，旧建筑抗震加固的浪潮也烙印在部分近代建筑身上。从 20 世纪八九十年代到 21 世纪，我们的国家和人民经历了文化与物质资源从极度匮乏到丰富多元的蜕变。社会的进步与发展深刻影响着近代建筑的命运。

从社会主义改造、破"四旧"、"文化大革命"、改革开放到民族复兴，大量留存于城市核心区的近代建筑作为"用之器"的实物功能基本延续，但人们对它的态度，对其在建筑学上的认可，对什么代表着先进生活的理解，对什么是值得拥有和保留的判断，则发生了巨大的变化。在某个时期，一些近代建筑寄托了人们对外国侵略者和屈辱历史的仇恨与愤怒，内部奢华的装饰代表着资产阶级的腐朽生活，被使用者拆除或遮蔽；随着时间的流逝，人们也可能怀着单纯的对"美好事物"的欣赏来看待那些残存的精美遗迹；在资本推动的城市化进程中，处于城市中心区的历史建筑被大量拆毁，用更现代的高楼大厦取而代之；侥幸留存的，有住宅、银行、办公、商业各种类型和功能，现在却成为撬动创意产业、商业、旅游业的独特资本；地处偏远的自然名胜风景区，过去被洋人士绅当作度假别墅的房子，或疏于保养而凋敝，或被百姓当作寻常住居，还有为数不少被用于隶属于军队或大型国有企业的疗养基地；工业厂房一度发挥了巨大作用，随着产业升级，设备技术的更新，停产、转产后多数闲置，在近二十年不断转型升级，激发新型产业；教堂、学校类是比较多地保持了原有的公共、文化属性的近代建筑。

案例 2　典型的城市中心区近代建筑生命轨迹

烟台德国邮局旧址，建于 1900 年。2006 年作为烟台山近代建筑群的一部分，被评为第六批全国重点文物保护单位。

《中英天津条约》后烟台被迫对外开埠通商。邮政独立本是国家主权的体现之一，而鸦片战争后清政府无力阻止外国势力非法开设邮局，将其称为"客邮局"。1893 年 7 月烟台德国侨民自行成立烟台商埠邮政委员会，设立烟台商埠邮局（CHEFOO LOCAL POST），颁布《烟台埠际邮局章程》，10 月 6 日开始发行邮票——烟台邮票（CHEFOO STAMP），德国邮局也是在烟邮局中唯一发行过邮票的一处"客邮局"，这所邮局直到第一次世界大战前的 1917 年 3 月 17 日才撤销。20 世纪 20 年代美国海军亚细亚舰队将烟台作为夏季度假中心，德国邮局所在的朝阳街区成为客栈、酒店、餐饮、娱乐为主要功能的商业街区。五六十年代，朝阳街北的烟台山成为军事禁区，朝阳街区转变为普通商业和居住功能。90 年代以后，朝阳街的活力逐步衰退，很多建筑被拆毁、改造，还有一些建筑被荒废、空置。

| 1909年历史照片 | 20世纪八九十年代改为旅馆 | 外墙面喷涂红色面层 |

（图片来源：北京国文琰文化遗产保护中心综合四所保护设计项目资料）

德国邮局旧址曾作为旅馆、住宅使用，外立面原清水砖墙也曾被红色饰面喷涂覆盖，后来又被清除，酥碱的清水砖面以砂灰抹面再画出砖缝。墙身上可见两道抗震加固的圈梁，转角山花细节、外搭阳台罩棚、外墙上的窗洞口及数量等历经了多次变化。

把近代建筑作为研究对象的工作先于将其作为保护对象的实践：1958 年 10 月，全国"建筑历史学术讨论会"后进行建筑"三史"全国调查及资料编辑工作，形成《中国近代建筑史》（初稿），是第一次较为系统的建筑史学研究；1985 年由清华大学发起的"中国近代建筑史研究座谈会"，和向全国发出的《关于立即开展对中国近代建筑保护工作的呼吁书》，开启了近三十多年对近代建筑持续的关注。[12]12-26

1961 年到 1988 年的前三批国保名单中，仅设"革命遗址及革命纪念物"一类，以革命遗址、革命纪念物、名人故居为主，这些对象中不乏"近代建筑"，但彼时对其认知主要关注其革命纪念价值、史料价值和教育意义。直到 1996 年第四批国保才第一次出现"近现代重要史迹及代表性建筑"分类；2002 年文物法修订，最终以立法的形式确立了近现代重要史迹和代表性建筑的文物价值。

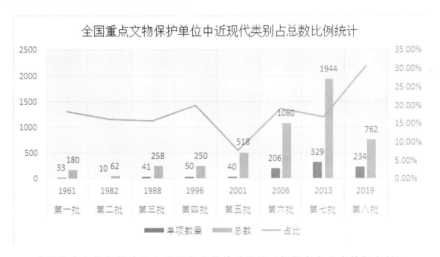

全国重点文物保护单位和近现代建筑数量统计（根据官方公布数据自制）

现有一到八批全国重点文物保护单位总量中，近现代重要史迹及代表性建筑所占比例大约 18.7%，总计 5054 项。但实际上，数量也并不少，如第四批的上海外滩建筑包括 10 处，青岛德式建筑群第四、第六两批加起来有 48 处，而青岛八大关建筑群多达 236 处，鼓浪屿近代建筑群第六、第八批共计 20 处 30 座建筑；第七批的天津五大道建筑群有 39 处；第七批的鸡公山近代建筑群总计 119 处。各个城市自己公布的优秀近代历史建筑更是不计其数。

二、被持续干预的"复杂原状"

经历过从意识形态到审美偏好直至经济生产生活方式影响的强干预，这是中国近代建筑这一类文物客观存在的现状。中国近代建筑遗产的保护实践，是穿插在使用、改造、维修、发现、辨析、研究和反思之间的。除了圆明园西洋楼之类在历史上业已成为遗址的对象，现实中几乎找不到被视作珍宝般保存，没有人为干预过"原封不动"的近代建筑。存世的一些保存较好的历史建筑实例，往往也经过大量的改造和复原。

近代建筑遗产的保护，往往要处理并平衡在建筑本体上已经产生的大量后期干预，和后期使用要求带来的附加干预。而近代建筑的结构和材料特点，决定了某些干预的后果通常是不可逆的，可采用的部分修复或改造技术手段，在物理层面上，也是不可逆的。外形基本保持了"原貌"或者说能代表某种"风格标签"的建筑，其材料和构造、部分结构构件、平面布局、内部装修等也都有可能已经或者还将发生重大变化。

这些发生在历史上和现当代的干预如此频繁而深入，对哪些是应当保留的有价值的遗存，哪些是价值不高的后期不当干预，参与意见的利益相关方众多，评价标准也不统一。这使得在讨论一个近代历史建筑的应有状态时，保持外观形态的"真实"比较容易获得共鸣。而对于内部干预的态度，往往弹性较大。比如平面布局的改变，往往不易全面追溯或屈服于功能所需，后期调整是可以接受的。原有室内做法，在每一位业主手里都可能有所改动，留存多少历史痕迹就是一个建筑的"缘分"了。但带有装饰细节的构件，无论历史遗存还是后期修复或仿造添加，只要不是工艺粗糙、品位低俗，是能够获得普遍赞誉的。被装修遮蔽的结构形式和结构构件与材料，由于"看不见"，可能曾被改造替换，也可能使用新技术、新材料加固修复，只要外观基本保持原样，也大都能被接受。裸露的抹灰、残损的墙面，处理得当的话，与修复后光洁的饰面并置，可以作为时髦的抽象艺术展示。对照明、采光、上下水、电力、暖通等基础权利的要求是正义、可以有限满足的。

这样的特点，使得对"原状"进行辨析和剥离，是分层次的。在2015年版《中国文物古迹保护准则》中，对情况复杂的状态，是这样阐释的：

"情况复杂的状态，应经过科学鉴别，确定原状的内容。

由于长期无人管理而出现的污渍秽迹，荒芜堆积等，不属于文物古迹原状。

历史上多次进行干预后保留至今的各种状态，应详细鉴别论证，确定各个部位和各个构件价值，以决定原状应包含的全部内容。

一处文物古迹中保存有若干时期不同的构件和手法时，经过价值论证，可以根据不同的价值采取不同的措施，使有保存价值的部分都得到保护。"

科学地鉴别复杂现状并进行价值论证，是指导采取什么修复措施的关键。在大多数场合，根据《准则》给出的明确方向，基本上能够做出相对令人信服的保护工程。在实际操作中，由于原始构件被强烈地干预，甄别出来的局部原状也可能与后期价值不高的干预黏结在一起，需要对应的给予不同的措施，也可能会存在有争议的处理，甚至需要复原，创造一种历史上从来没有过的新的"现状"。

下面冒昧试用一个同行案例来分析一二。选取这个案例是因为它是比较难得的能够获得较清晰的历史照片尤其是室内照片，同时各种公开的历史资料及工程资料也较为丰富。

案例3　外形基本保持"原貌"，内部被破坏、改造、更新、复原的近代建筑实例

北京劝业场，现存主体大约是在1918年大火后由农商部主持重建的。初始的建造信息并没有确切的文献证据。在现存档案中，可查到重建后经历过数次火灾、维修和增改建的部分记录。其中对屋顶的加建也改变了建筑的外立面和天际线轮廓。2006 年，功业场旧址和瑞蚨祥旧址门面、谦祥益旧址门面、祥义号旧址门面作为"大栅栏商业建筑"被评为第六批全国重点文物保护单位。

2015 年修复与改造工程完成后，保持了外观及重要立面特征，内部中庭在历次使用、改造、摧毁、修复后，基本气氛也得以重现。作为近代中国最早的商品陈列所，也是北京首座现代意义上的综合商场，它被整体保存下来，而且后续的利用也很好地延续了历史上的功能和定位。

中部穹顶修缮后，基本保存了修缮前的原状中有价值的细节，包括穹顶天窗、半圆窗洞、柱式线脚、室内吊灯等；原有天井采光顶轻盈的铸铁三角屋架和玻璃屋面被完整地保留下来。

在长方形天井的处理上，颇有意思。这个天井在新兴宾馆时间被完全用混凝土板封住，下面增加了混凝土梁和柱支撑，导致原来在柱间凸起的阳台全部被毁。从历史照片上，我们可以看到天井本是一层柱子向内退，在二、三层通高的爱奥尼柱子之间，有节奏地安排了一层直线和一层弧形的小楼台及栏杆，视觉感受非常丰富，然而这些历史信息在修缮改造前已经被打断或失去。

保护修缮工程切除后加混凝土板、进行结构加固、植入现代空调水电设施的同时，也面临着如何处理面向天井的界面的问题。一方面阳台的历史痕迹已经缺失，一方面后加的混凝土柱和原有砖柱紧贴，强行切割会对原有结构造成严重损伤。此外，空调照明等设施也会使装修后的楼板和天花的边界比原来厚出许多，这都是历史上不曾有的状况。要在一个残缺的界面上完全按照老照片的提示恢复原貌，非常困难。

从现状照片可见修缮后复原了弧形挑台，但各层柱子的进退关系被重新组织，二、三层间切割了后期混凝土板后的断面被饰以横向装饰线条，模糊了原有的通高爱奥尼柱式与间隔在柱子之间的弧形挑台的关系，而下部一、二层加建的混凝土框架柱组合并装饰成了通高的多立克柱式。工程实施后通过对装饰细节的重新组织形成统一的"装修效果"，不仅保留了原先的气韵，还在一定程度上创造了一种新的"现状"。

新中国成立初期历史照片　　1975年改为新新服装店　　2000年改为宾馆，南入口被加建遮挡

2015年修缮后，外观基本没有改变原状，
图为南侧入口立面

新新宾馆时期北侧
入口立面

2015年修缮后的北侧
入口立面

1956年公私合营后劝业场改为国营商场，主要经营珠宝玉器、金属器皿、丝织品、刺绣、
棉麻织品及土特产品等，同时出售日用百货、皮货、五金电器等

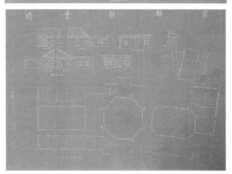
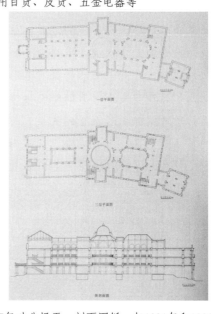

1921年农商部公函中所附图纸（上），应为一层平
面，中部为八角形天井，南（左）北（右）两侧为
长方形天井。南侧入口大厅似有带柱式的空间处
理。1928年北平特别市公务局文件附图(下)。此图为
申请加建屋顶上的木结构单层房屋的设计图，加建
位置在四层南侧平面。

1997年劝业场平、剖面图纸。与1921年和1928年图
纸相比，空间信息更为完整，可见加建的屋顶大厅
及平房与原有建筑的关系。平面上原小商铺分隔已
不可见，南侧入口大厅多了双侧楼梯。另可看到中
部天井在二、三层有内挑环廊。

2015年修缮前室内，图为中部天井后建环廊下部，支撑外挑混凝土板的梁和柱与原结构的交接简单粗糙

修缮前南侧入口大厅，两侧是1997年图纸中出现的楼梯，正前方内部长方形天井已经被后加楼板封闭

中部圆形穹顶在修缮工程之前的面貌，可看到照片下部是天井一圈后加楼板向内侧挑出的环廊

修复后，封闭了长方形天井的混凝土板被切除，恢复了采光中庭

中部穹顶修缮后，保留了后期加建的外挑环廊，也完整保存了其他有特色的建筑细节

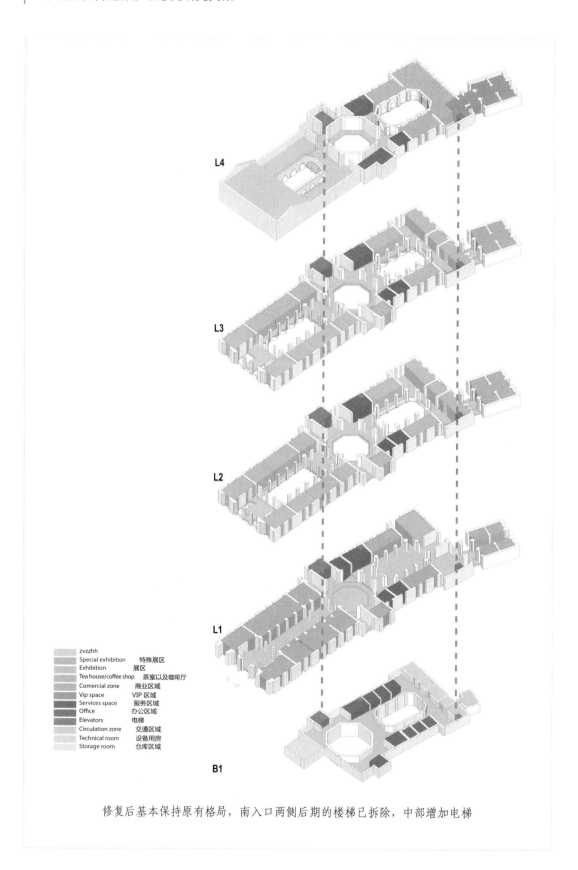

L4

L3

L2

L1

B1

	zvzzhh	
	Special exhibition	特殊展区
	Exhibition	展区
	Tea house/coffee shop	茶室以及咖啡厅
	Comercial zone	商业区域
	Vip space	VIP 区域
	Services space	服务区域
	Office	办公区域
	Elevators	电梯
	Circulation zone	交通区域
	Technical room	设备用房
	Storage room	仓库区域

修复后基本保持原有格局，南入口两侧后期的楼梯已拆除，中部增加电梯

修缮后的北天井，历史照片里各层楼板和柱子的进退关系有所改变，
横向装饰线条与柱子的关系亦有变化

修缮中的北天井爱奥尼柱头细节，封闭天井的
混凝土楼板已被切除，但原本二、三层通高的
柱子已被打断，三层弧形楼板和栏杆也早已消失

北天井历史照片，可以看到侧面柱子贯通二、三层，柱间
楼板和栏杆三层呈弧形挑出、二层为直线。一层情况虽
照片不可见，但从左下角檐口可知建筑构件是往里退的

（图片来源：

1. 历史照片来自网络 http://www.sohu.com/a/329599510_100123653.

2. 20 世纪 20 年代图纸和修缮前室内照片引自 范磊 . 北京劝业场建筑特征与修缮技术研究 [D]. 清华大学 .2014.

3. 1997 年图纸引自 王世仁 . 宣南鸿雪图志 [C]. 北京：中国建筑工业出版社 ,1997.

4. 修缮后照片 作者自摄）

　　诚然，案例 3 北京劝业场所显示的室内柱位关系和装饰线角这种细节的变化，大多数人可能并不会在意；甚至不了解详情、不做专门研究的业内人士也很难分辨。这种微弱的细节丧失，毋宁说是历史信息的丧失（因为那些历史信息在进行工程干预的时候已经被毁了），不如说是一种艺术感受的丧失。应该也不影响我们认为北京劝业场的保护工程是一个较为成功的案例，修复的结果依然努力保持了原有的历史氛围。

这不禁让人思考对历史细节的坚持，对美的感受力，都会影响人们的价值判断，而专业人员所关注的细节带来的艺术性或美的差别，又是否能被大众敏锐地感受到呢？

从另一个角度来说，建筑作为一个整体的、空间的、综合的艺术门类，多了一条装饰线脚、少了一层进退关系这样的差别，会不会造成其艺术价值的损失？

对传统的西方古典建筑来说，柱式、檐口、线脚、拱券等立面构成元素和相互间的比例，各种几何形态、体量的组合，对节奏、均衡、对称等美学法则的把握，都是决定建筑风格的要素。

就北京劝业场来说，笔者认为，作为模仿西洋风格的近代尝试，该建筑在风格上主要还是借鉴、学习甚至堆砌西方古典建筑的语言，这在立面上表现尤为突出，杂糅了多种语言：突出的入口门廊用爱奥尼柱式和平直楣梁、外墙中上部中央用古典的山花搭配简化的齿状檐口、两侧各两根通高二、三层的爱奥尼柱配弓形断山花，两柱间二层是半圆拱窗加三角装饰、三层被四根小立柱分为三份的矩形窗上开弓形窗、四层则采用了成对的方形带凹饰扶壁柱装饰。这些细节暗示了某种风格特征，也可以理解为一种时尚，在 20 世纪初的中国北京，这样的时尚是对西方文化向全球扩张的回应。而对于建筑的发展史来说，很难说它产生了关键性的推动作用，也不必过分抬高物质层面某部分实物的艺术价值和历史价值。

在实践中，显然不能过于教条，把对"原状"的坚持等于对"原物"的执着，而忽略了建筑艺术的综合性、整体性和放之建筑发展史上的客观定位，更不能忽视社会、文化、经济、功能以及更多现实因素对最终采取的干预手段的影响。这是中国近代建筑被持续干预的复杂现状的特点决定的，与被视为纪念物的古建筑、古遗址或者某些艺术、科学价值特别高的近代建筑进行"标本"式的保护，是不一样的。

三、对"复杂原状"的保护

大多数近代建筑的功能性大于纪念性和象征性。"用"之本职从未间断，材料和构造形式的特点，也决定了几乎没有未经过"可逆"干预的近代建筑，而有些干预有可能就在第一任业主手上，且并不都是简陋、粗糙"价值不高"的后期不当干预，比如：室内、室外墙体、门窗构件的抹灰、饰面层被经常性的重新粉刷甚至铲除重做；随着功能、审美的转变或保温隔热等需求对室内外墙体、构件、装饰物的更换、拆除和装修改造；对楼梯廊道等交通联系和电力、上下水等基础设施的维护升级与拆除改造；出于对新材料、新技术的信任与追求，把木楼板甚至木屋架换成混凝土或钢结构的、把木门窗换成铸铁玻璃门窗或其他金属质地、用水泥重新修葺原来木质或其他有机材料的构件等；由于观感上更为"坚固"而承载了众多功能，以致墙体、楼板、屋架等结构构件老化后，对其加固补强或者替换更新以期继续使用，被视为"理所当然"；用现代建筑抗震要求、结构安全规范对其进行评估，也是常见之事。

在保护实践中，需要甄别这些复杂的变化，并保证"不改变文物原状"。

关于不改变文物原状，2015 年版《中国文物古迹保护准则》第 9 条有阐释：

不改变文物原状的原则可以包括保存现状和恢复原状两方面内容。

必须保存现状的对象有：

1. 古遗址，特别是尚留有较多人类活动遗迹的地面遗存；

2. 文物古迹群体的布局；

3. 文物古迹群中不同时期有价值的各个单体；

4. 文物古迹中不同时期有价值的各种构件和工艺手法；

5. 独立的和附属于建筑的艺术品的现存状态；

6. 经过重大自然灾害后遗留下有研究价值的残损状态；

7. 在重大历史事件中被损坏后有纪念价值的残损状态；

8. 没有重大变化的历史环境。

可以恢复原状的对象有：

1. 坍塌、掩埋、污损、荒芜以前的状态；

2. 变形、错置、支撑以前的状态；

3. 有实物遗存足以证明原状的少量的缺失部分；

4. 虽无实物遗存，但经过科学考证和同期同类实物比较，可以确认原状的少量缺失的和改变过的构件；

5. 经鉴别论证，去除后代修缮中无保留价值的部分，恢复到一定历史时期的状态；

6. 能够体现文物古迹价值的历史环境。

关于近代建筑，《准则》第 36 条"近现代史迹及代表性建筑的保护"还强调：

近现代建筑、工业遗产和科技遗产的保护应突出考虑原有材料的基本特征，尽可能采用不改变原有建筑及结构特征的加固措施。增加的加固措施应当可以识别，并尽可能可逆，或至少不影响以后进一步的维修保护。

阐释：近现代建筑、工业遗产和科技遗产类型的文物古迹，由于大量使用了混凝土等现代建筑材料，其结构体系和材料具有鲜明的时代特征，是文物古迹价值的重要载体。对这一类型的文物古迹进行结构加固时，应在价值评估、结构强度评估的基础上，选择对有建筑形态、结构体系干扰最小、具有可逆性或至少不影响以后维修、保护的技术方案，从而避免对于体现其文物价值、反映建筑基本特征部分不可逆的改动。结构加固需要考虑作为文物古迹的近现代建筑、工业遗产和科技遗产的使用功能与现有相关规范之间的关系，把对文物古迹价值的保护放在首要的位置。

一般情况，遵守以上准则，基本可以处理实践中碰到的各类问题。上述案例 3，也给出了一个很好的答案。下面，笔者再举一例鼓浪屿日领馆旧址保护工程，由于亲身参与，有机会对更多的细节进行讨论。并且引出下一节的话题。

案例 4-1 建立在价值判断上的保存现状、恢复原状的案例

鼓浪屿日本领事馆旧址是鼓浪屿岛上完整留存的 19 世纪外国领事馆建筑之一，与其相邻的警察署旧址和宿舍旧址共同组成了历史上的鼓浪屿日本领事馆建筑群，建筑群融合了西方及日本文化，同时又体现了近代和本地的建造技术，是鼓浪屿国际历史社区多种文化

与价值观念交融的实证，是第六批全国重点文物保护单位"鼓浪屿近代建筑群"的一部分。

院落中的主体建筑（简称"日领馆"），始建于1898年，在日本驻厦门领事上野专一任内建成，清水红砖砌筑的典型的殖民外廊样式，资料显示设计和施工是中国工匠王天司。抗战胜利后，产权交于厦门大学，作为教职员工住宅使用了几十年，后又空置多年。2015年开展全面勘察修缮前，不同时期的改造、加建、室内分隔、封堵等在建筑上留下斑驳痕迹，经年劳损和自然侵蚀导致屋顶、墙体和楼板等结构构件发生渗漏、腐蚀、被榕树等植物侵入缠绕，状况非常危险。

2015年开展现状调查研究，通过文献、史料、历史照片等结合现场痕迹勘察，梳理了建筑建设之初的原貌和历史中的多次改造，评估与总结特征要素、研究与调查工艺材料做法，形成记录档案。并进行了初步的价值判断，概括为：

历史见证价值——19世纪末20世纪初开埠城市流行的外廊样式典型代表、日本领事馆及历任领事背后的政治意图、社会交往与文化关联、1902年中外各国代表《鼓浪屿公共地界章程》签署地。

技术发展角度——建造之初到历次改造体现的时代特征和技术与材料的演变（本土烟炙砖材料、英式砌法、西方桁架技术、钢梁、木龙骨、混凝土楼板的综合运用）。

艺术价值——对装饰的节制使用体现的日式审美，在细节和材料选择上的用心。

与所处环境鼓浪屿作为世界遗产地的关联价值——公共地界公约签署地、西式风格及和室为代表的多元文化的体现。

文化与社会影响——体现为新中国成立后对地下监狱和爱国基地的宣传导向、厦门大学的社会与文化影响力、修复后预计从教职公寓到文化功能属性转变产生的积极效应。

随后开展的保护工程，解决了建筑经年累月受自然和人为使用形成的严重病害，恢复了建筑最为典型的外廊样式特点及基本的历史平面格局，也小心保留了室内诸多在施工过程中呈现的历史改造痕迹。

在处理复杂现状遗存及保护干预的问题上，进行价值排序：

1. 对整体外观和平面，选择保留最具代表性的外廊样式和基本还原建造之初的布局（除了后期改造的和室区域），而拆除厦大教职公寓时期的加建和封堵（虽然我们认为厦大的社会影响力很大，入住的老师也不乏在当地有一定影响力，但其居住痕迹从物质层面来说价值较低，不值得保存）。

2. 施工中发现的墙体早期改造痕迹，以展示痕迹为主，不进行恢复。外廊封堵分早期改造和后期不当干预，给予相应的修复保留和拆除措施。

3. 不得不采取的加固措施涉及遮蔽原构件、增加新构件和去除原构件的选择与平衡时，从整体上进行价值判断。如将抗震板墙加固措施压缩在原平面中以厨卫服务功能为主的区域，且采取内侧单面加固方式；板墙遇到室内装饰线脚的时候进行避让；后期改造的和室的墙体出现问题时，将保证结构安全、和室的完整性和艺术性排在保存建造之初墙体的物质遗存之上，也就是说认为后期改造的和室的价值高于原始建造的墙体的价值。

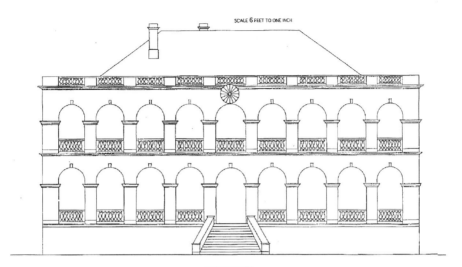

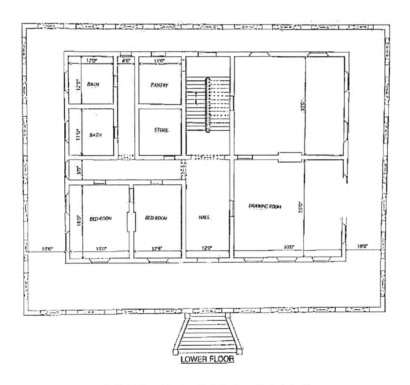

日领馆原始设计图，基本与今天的遗存相符
（图片来源：日本外务省外交史料馆）

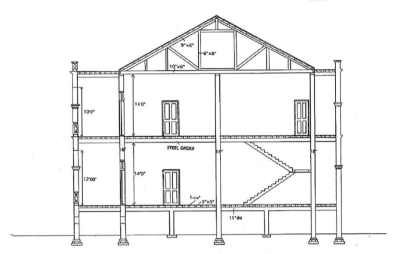

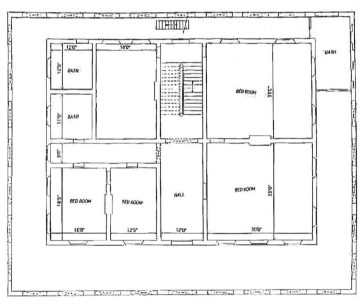

日领馆原始设计图，基本与今天的遗存相符
（图片来源：日本外务省外交史料馆）

19世纪末鼓浪屿东部鹿耳礁一带典型的外廊式建筑群
（图片来源：美国康奈尔大学）

20世纪初正立面
（图片来源：紫日收藏）

修缮前室内，部分后期隔断已被拆除，墙上可见使用痕迹，白色抹灰下有推测是早期改造的拉毛抹灰饰面，通过壁炉上方痕迹判断初建时为壁纸装修

修缮前外廊，外侧有植物根系渗入，内部曾作为厨房、厕所使用，墙体和楼板都有裂缝和渗漏现象，结构局部歪闪，安全隐患较大

修缮前和室，空间格局尚存，历史构件残缺散落，遮蔽、污损严重；其他部位的门窗挪移错位

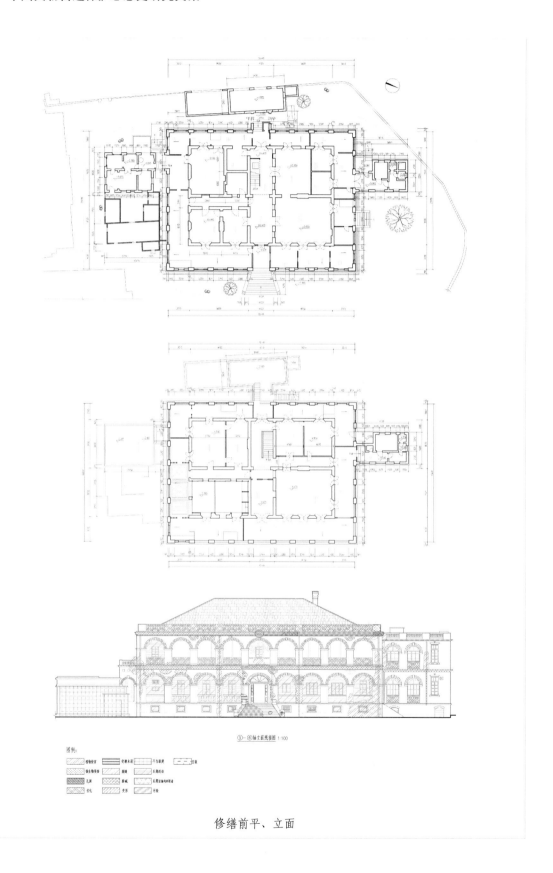

修缮前平、立面

修缮前外观

外廊被封堵

受到植物根系侵扰严重

修复后外观，恢复后期封堵的外廊，但保留早期改造的窗户

修缮后外廊与室内。加固外廊楼板、补配栏杆宝瓶；室内门窗、壁炉修复、保留后期开洞痕迹

修缮后和室，根据残存门窗
构件推测原有形制

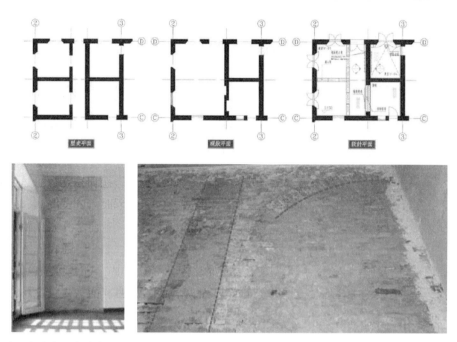

施工中发现历史痕迹，印证设计图（上）与现状（左下）的变迁，调整设计方案（右下）

（未注明图片之来源：北京国文琰文化遗产保护中心综合四所保护设计项目资料）

四、论"不断演变之事物"的保护

关于从复杂现状中确定"原状"的内容，其实还会面临中国近代建筑"不断演变"的特点。"演变"不同于"变化"，它是在演进中变化。认识这种演变，除了人的因素，还有超越个人的环境的力量，比如技术的发展、产业的升级，以及社会的影响、经济水平的发展、人群的情感、意识与审美的变化，等等。这些力量作用于物质的变化。

虽然保护工作并不需要参与"演变"的行为本身，但在保护措施中涉及病害的修复、构件的补配、结构的加固等，必然会涉及材料、构造、做法等实际物质上的干预。也引发出新的问题，即如何看待不断变化的对象，以及要不要保护"演变的过程"？

从我们自己的历史中有序传承下来的各种传统材料、工艺技法经过时间的沉淀，是实践和经验的结晶，也是中华文明的缩影。长期以来我们总结其中的规律与奥妙，坚持不懈地追求并还原——是以匠者之工艺精神为灵魂的执念。

而近代建筑则不同，形式上有自外来文化习得的成分、技术和材料上搭了全球工业革命的顺风车，这些与中国本土文化、生活习惯、建筑材料构法等杂糅在一起——短短一百年间循环往复迭代，在资源物料、专业人才、营造模式、管理制度的区域不均衡中行进发展着，所以近代建筑留下了"拿来"过程中很多不成熟的成长痕迹。

另一方面，中国近代建筑是建筑行业从手工业到现代工业发展的产物。现代工业的特征是科学、效率和标准化，这是"灵光消逝年代"。

同一建筑身上，可能有大量当今工艺，尤其是手工艺水平莫及的高品质的材料和构造做法，也有因技术不成熟而过早出现老化、残损甚至结构变形、歪闪的情况。在实施保护时，对于技术演进过程中不成熟的材料或者构造做法，要不要去修正？本可"见证"技术发展进程的实物证据随着时间逐渐演变成了"建筑病害"，是用原来不成熟的材料或技术措施进行修复，还是使用新材料新技术去干预？并没有统一的答案。

（一）材料与工艺

还是以上一节案例4的日本领事馆旧址保护工程为例。我们调查了现存的五金，从形式（每个五金件画出平、立、剖构造图纸）、材料（对金属进行成分分析确定种类），到工艺（通过金相分析确定工艺），都清晰勾勒了原状是什么。但施工方无法按"原做法"实施。原因有三：

（1）原来是锻造工艺的，要求同样还原人工锻造工艺，需要有相应的锻压模具、生产线和具有相应锻造技术的匠人，进行原样定制。对设备、经费和时间要求很高。

（2）原来是铸造工艺的，可以视为从半手工向半工业化演进的批量"产品"。市场上没有这样现成的产品型号了，而一般的车间生产线运行一次的产能以万件计数。修一栋房子需要补配的数量不过几十个。那只能找小作坊原样定制。

（3）原样定制，每一个配件就应该有模子，哪怕画出了二维的图纸，也不能准确指导模子的制作。只能用原物为范，样式众多的配件，每一样需要的数量并不多，而每一个样式都做一个模子，变成了用手工的方式修复，类似于工艺品制作，而不是批量的产品，也违背了"原"的精神。

案例 4-2　五金配件的"四原"的困境

对日领馆五金构件调查发现，现存不同时期的留存物，如早期较为讲究的以全铜锻造的构件，也有后期的铜锌合金铸造工艺的构件，还有更为廉价的铜包铁构件。由于所有的门窗扇在施工进场时都被拆除散落，五金件的补配还是有一定数量的，原有五金构件细节精巧、做工考究、样式众多，补配过程虽然尝试了原样定制，最后还是选择购买市场上的成品。

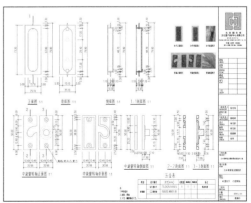

五金配件的样式记录和材料检测

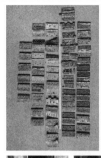

五金件：材料工艺要求
HARDWARE: Refined Identification of Materials & Craftwork

材料精配要求

根据材料分析报告，可以明确知悉不同历史时期装配的门窗，其上金属合页的制作材质存在明显不同。较早期合页为全黄铜质锻打制成。相对晚期合页为铜锌合金铸造而成。

在修缮补配的过程中，要求明确每扇门窗安装的历史时期（根据合页的外观及钉孔数判断），分别统计不同材质合页的数量，统一制作后，再安装复位至所需门窗上。要求制作工艺、外观、材质与所属合金件保持高度一致。

 合页样品H1　 合页样品H2

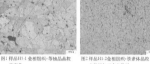

图1 样品H1-1金相组织，等轴晶晶粒及孪晶　　图2 样品H1-2金相组织，等孪晶体晶粒，夹杂物沿加工方向排列

图3 样品H1-2铜质箔片金相组织，等轴晶晶粒及孪晶　　图4 样品H1-1整体形貌，左侧为铁基体，右侧为铜箔片

1 金相分析结果

金相分析结果显示，合页H1为铜铁复合制品。一侧页扇H1-1为黄铜锻打制成，如图1所示。一侧H1-2为鹅铁锻打制成，并在表层镶嵌有0.3mm厚的黄铜箔片，黄铜箔片为镀打制成，如图2/4所示。

合页H2为黄铜合金铸造而成，其金相组织如图5所示。

2 成分分析结果

扫描电镜能谱分析结果显示，铜器样品均为Cu-Zn合金同时基体中含有少量铅元素，如下表所示。

黄铜样品成分含量（％）

样品编号	Cu	Zn	Pb
H1-1	64.1	35.9	-
H1-2（箔片）	64.5	34.9	0.7
H2	69.6	27.3	2.8

3 结论

本次检测的合页样品H1左侧页扇H1-1为黄铜合金锻打制成。合金含铜64.1%，含锌35.9%，此外基体还含有少量铅，由于锈蚀因素干扰，能谱测量显示铅含量在0.5%以下。

H1右侧页扇H1-2为熟铁锻打制成，表层镶嵌有黄铜箔片，箔片厚度约为0.3mm，采用黄铜合金锻打制成。合金含铜64.5%，含锌34.9%，此外含有0.7%的铅。

合页样品H2均为黄铜合金铸造制成。含铜约69.6%，含锌约27.3%，含铅约2.8%。

五金配件的样式记录和材料检测（续）

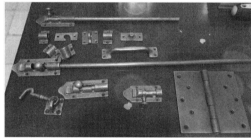

补配五金件比选过程

左图：图中下排中间和右侧是原有合页，每片叶面上有一排与钉孔配合的旗形凹槽，似为增强组件与木构边框的摩擦力和握裹力的特别设计；摆在上方的是能够进行工艺品复制的作坊以冲压、打磨等工艺仿制的合页，细节还原度很高，将钉孔附近的凹槽做了出来。这个凹槽应是增加对边框的摩擦力和握裹力而设，因为使用这个合页的门扇是外廊侧高大的百叶门，其材质是娑罗双，而门框是坚硬的姜饼木。细节处理是有道理也很有特色的，理应保留，定制结果也非常理想，但一副百叶的成本高达四五百元，远远超出定额限制下施工方的承受力；左侧金色合页是施工方第一次购买的市场现成品，质量粗糙，细节严重丧失。

右图：最终选定的产品，质感、造型、颜色上优于第一次采购。但尺寸、造型、细节无法完全匹配原有五金件，种类上也不够丰富，因此无法按原有五金件多样化的配置相应安装。但确是现实条件下较好的结果。

（图片来源：北京国文琰文化遗产保护中心综合四所保护设计项目资料）

　　总的来说，今天的大环境已经不是"半手工向半工业化"的过渡时期了，逆产业发展的"还原"模拟，就变得非常特殊而昂贵，降回到非批量化的手工时代。

　　这种情况下补配构件，有两大途径：

　　一是在广阔的市场和乡野间寻找现有产品最为接近的作坊或供货商，而能达到的最高水平也受限于供货商的实际能力。市场上确实有一些生产复古配件的厂商，一个文物建筑的构配件越特殊越珍贵，就越不容易找到匹配的替代构配件，当然，也会有些传统工艺复兴的个例，如近些年水泥花砖的传统工艺被重新挖掘、开发，并包装成漂亮的文创产品投入市场。

另一个，或者干脆收集别处的旧建筑材料，这些旧料极有可能就是同时代的大量性产品，有可能实物有一定差别，但从体现早期工业化水平的角度来说，也是真实的。收集附近地区拆迁的老砖、老瓦来修老房子，就是比较常见的做法。而老旧五金件收购，一般限于精美有收藏价值的单品，也回到了工艺品层次。

如专家学者[4]94-101指出的，真正落实"原"，应当对原材料进行成分、比例乃至分子层面的科学分析和调整，经过实验验证并真实地遵照使用；形制、工艺、做法，也是同理，需要对建筑原有的构造、做法深入研究，对构件的尺寸、质感、色彩、造型、数量、相互关系、安装顺序等掌握到细节，并保证匠人的工艺技法也拿捏到位。

而实际工程会受到各种因素的影响，需要系统性的努力，从意识理念、理论和研究水平、人才培养，到工程造价、工期等方面的制度保障，等等。

那么对近代建筑所蕴含的一个历史上的建筑行业生态的模拟，我们是否能办到呢？也许通过政府引导、行业组织，可以把一些特定的材料供应商和拥有特殊手艺的工匠整合起来，与散在的修复工程需求有效对接，形成聚集效应。研习工艺、储备资源、培养人才，甚至激发传统工艺的创新发展。

建筑修复相关工艺材料的延续问题，其实早已迫在眉睫，尤其是从事工业化生产的小作坊。八年前，曾访问山东临清用当地特有的五花土以馒头窑烧制城砖的老人，不知他的砖是否还有销路；四年前，为日领馆烧制红陶宝瓶的晋江磁灶一处村里的作坊，日前得知已经倒闭——等不到四年后我们在鼓浪屿岛上另一处修缮工程补配同款宝瓶的订单了。

都说文化遗产保护也是一项考量管理时间痕迹的事业，人当然不必时时处处怀旧，但总是想要记得来时的路。希望这个时代总能容纳一些逆流而上的事件。

（二）结构与形式

近代建筑保护工程中，经常需要进行结构加固，主要有三种情况：

（1）原有结构或者部分结构构件已经老化、失效、变形；

（2）现有的规范和对抗震能力的要求，或者功能变化带来荷载变化，使得老建筑已经不符合现代的安全规定；

（3）原有结构体系或构造本身就存在缺陷。

实际上述三种情况也经常同时出现。而其中第三种情况，很多也反映了我们在引进外来文化和建筑的过程中，在技术上不断摸索的过程，也即本文所述"不断演变之事物"。这就涉及几个问题：

（1）发展演变中的技术实证是否要保留？

（2）要不要纠正原有结构的缺陷？

（3）如果必须要加固，什么样的方式最为适宜？是否能完全可逆？

第一个问题也涉及我们如何看待科学技术的问题。在建筑所凝聚的众多学问中，结构无疑是其中最具技术性和科学性的一个方面。中国的传统建筑娴熟运用木材和砖石等天然而有限的材料，形成一套营造的法则，一直平稳发展到近代，忽然涌进了众多新的建筑样式。本来国人是不大关心技术的，传统工匠也从来没有获得过如同后来"建筑师"般的社会地位。

"国人对于房屋建筑，偏重于建筑形式之鉴赏，而忽于建筑技术之研讨。一切建筑工程，全凭表面图案，一任彼水木匠工，因循旧法而承造之，鲜有能在技术方面加以改进者。遂致迄于今兹，欧学东来，我国建筑技术，乃不免渐趋落伍。甚有争奇炫异，表面上之形式，亦且竞尚西式，将我国固有之美术，弃若敝履者，深可歎也。"[5]前言

对于外来的建筑文化和技术，中国经历了拒绝、接受、初步的同化等多次回合。受到自洋务运动以来形成的"师夷长技以制夷""中学为体，西学为用"的思想影响，我们把外国的现代化技术作为非意识形态的存在，希望被本体的文化重组和吸收。然而，大量的技术知识和实践精神以及背后的自由、科学思想显然与传统道德和经世致用的学问是彼此不容的。这种二元对立的纠结心态，在"五四"运动之后偏向了对西方思想和现代化实践的拥抱；以致国民政府时期国民党和民族主义者一致反对传统文化与信仰的固守，因为它一定程度上影响了现代化的进程。[2]17

技术的传播比起思想的解放，要慢一些。20世纪初，士大夫仍然把建造之学"薄为小道不屑厝意。悉举而委之于细工贱役之手"（要知道，1905年，科举考试才被废除）。留日归来的张锳绪参考英国建筑师格威尔特（Joseph Gwilt，1784—1863）和帕普沃思（Wyatt Papworth，1822—1894）的《建筑百科全书》，在1910年编译出版了中国第一本建筑学教材《建筑新法》[6]92-96。二十多年后，先后执教于劳动大学、之江大学、同济大学土木科的唐英、王寿宝还是感到"国内对于房屋构造学尚少专著，教学双方，均感困难"。

"晚近国人之关心我国文化及建筑工艺者，审知我国之固有建筑美术，有从事保存并发扬光大之必要。而对于建筑技术，如结构学理及施工方法等，诸凡以科学为根据者，则皆主张斟酌采仿西法，从而改善之。盖科学之发达，欧西固驾乎我国之上，取人之长，补己之短，以充我技术上改良之凭借，诚为推进我国建筑工艺之要图。"①[5]前言

在职业和高等教育中尚未形成系统的教学参考书目之前，建造技术和相关知识的引进、传播只能是在实践第一线的工匠和后来的营造厂及早期执业建筑师之间以口传心授的方式进行。

这也解释了诸多近代建筑上，可以看到很多稚拙的做法，其实在当时的西方已经是相对比较成熟的技术了。在很长一段时间，如果建筑出现了问题，人们会毫不犹豫地用新的更成熟的技术去修补、替代那些"落后"的构件。而今天用遗产保护的眼光，却出现了取舍的难题，就好像我们在用尽全力，保留一张儿时的简笔画，哪怕稚拙也是敝帚自珍。

保护实践中，自然应当以最小干预之原则尽量保护所有的原状，不可避免的干预措施也尽量保证可逆。实际案例中，还需要根据结构的形式、材料和病害具体讨论。笔者认为，还有一点容易忽略而应当提及的，是关于记录的问题。由于建筑结构往往隐藏在平时不可见的屋架、墙基等处。非重点修复、全面揭开不可能得以见到全貌，而结构稳定的建筑由于不会过多干预，也往往疏于仔细记录和研读。参与保护实践的工程师无暇深入挖掘，研究者无缘得见，而白白丧失了许多发现的机会，"不断演变"时代的结构产物，相

---

① 相较于大量参考了原著却隐而不表的张锳绪《建筑新法》和杜彦耿《营造学》（参考英国米歇尔兄弟《建造与绘图》编译）。这本《房屋构造学》较为诚实地列出了德文参考书目。

信深究起来不亚于一次"建筑考古"。

案例 4-3　有历史价值，但原始缺陷和病害导致无法全部保留、需要纠正，且局部措施不可逆的情况

日领馆长期空置导致榕树等植物根系侵入砖墙体内，使纵横墙连接处产生裂缝，局部墙体空鼓形变甚至歪闪；结构构件老化如混凝土楼板保护层碳化脱落、露筋全面锈蚀，砌筑砂浆强度衰减导致墙体抗侧向力不足等；原始结构存在缺陷如砌体无圈梁、结构柱构造、地下层和一层大部分墙体都存在承载力不足、早期混凝土以砖为骨料强度低且钢筋保护层设计过薄等问题。

结构整体性偏弱，加固措施也需要从整体着手。经过多轮沟通，结构加固的原则是：

（1）正常使用情况下，结构构件必须满足结构受力要求，采用必要的加固措施保证墙、柱、梁、板等结构能够满足结构受力和耐久性要求，保证整体结构在正常使用阶段的安全性；

（2）适当提高结构的整体抗震性能。

方案选取了历史上使用功能偏服务性的西南房间区域（该区域过去功能以卫生间、浴室、备餐间、储藏间为主，一层地面也是钢筋混凝土板）进行板墙加固，提高整体抗震性能，并实现安全前提下对文物最低限度的干扰。

外廊柱是清水砖砌体，砂浆老化失效，整体强度较低，在日常使用荷载作用下，抗压能力不足，侧向容易失稳。最初考虑采用钢板加固，以表征最小干预之态度，而实际上在专家讨论会上，大家一致认为钢板带来的视觉干扰更甚。最后改为用"砂浆替换法"进行加固。此种方法在物质层面固然是极为深刻的干扰，但完工效果却是最小干预的。

水平构件的钢梁和钢筋混凝土楼板，使用叠板法进行了加固，同时施工过程中根据现场情况，在板底将两匹墙砖去除，其内增加圈梁。隔潮层底板配合设置夹基梁。计算不满足要求的木构件均采用了加固措施。施工过程中根据实际情况采用临时或永久措施保证水平构件支座的安全。

外廊型钢砼梁混凝土板。由于长期腐蚀，且保护层太薄，导致板内钢筋断裂，角部楼板出现了斜向断裂并局部向外塌陷

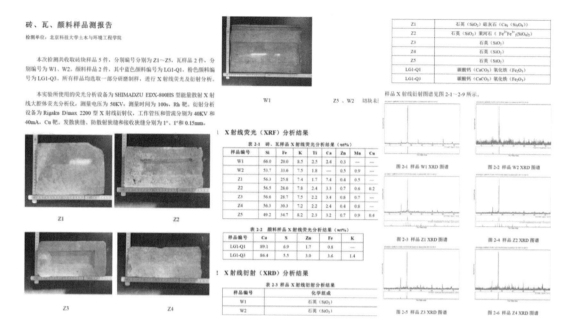

日领馆砖墙采用英式砌法，对墙体及现场遗存的散落砖块和瓦件进行测量与检测，主体和配楼所用砖块有一定区别，配楼的更为密实，颜色饱和度更高、色泽也更为均匀，二者强度都介于现代砌体标准 7.5～10Mpa 之间，质量尚可。但砂浆强度只有 0.7～0.9MPa，在日常使用荷载作用下，抗压能力不足，侧向容易失稳。

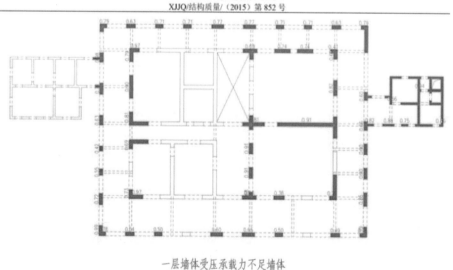

结构检测对隔潮层和一层平面水平位移和承载力不足墙体(红色部分)的判定

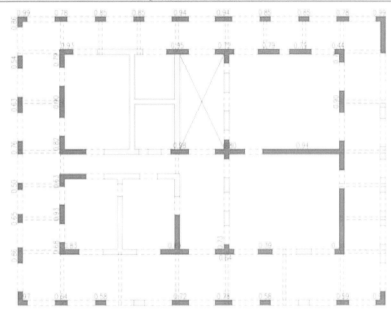

厦门市工程检测中心有限公司
建筑物鉴定报告附顶
XJJQ/结构质量/（2015）第 852 号

地下室墙体受压承载力不足墙体
（抗力与荷载效应之比：$\phi f_A/N$）

某历史建筑加固改造设计中，在结构鉴定报告的基础上标注出需加固的G轴墙体、H轴墙体示意图

加固措施中对特征要素的细节控制——门洞口转角处的木筒装修

（左图为修缮前，右图为修缮过程中，完成混凝土板墙加固，还未做饰面抹灰的状态，
施工方根据要求保留木筒）

加固措施中对特征要素的细节控制——外廊顶板石膏线脚（下图为完工效果，在混凝土叠板下根据历史样式重做石膏线脚。施工支模时设计要求预留斜边）

特色空间恢复

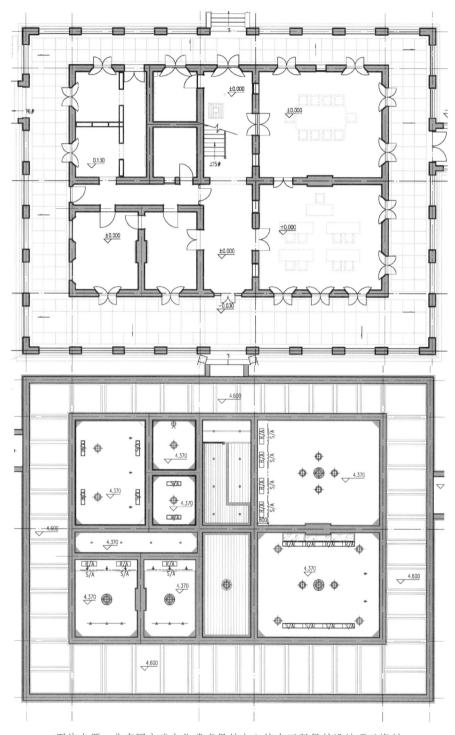

(图片来源：北京国文琰文化遗产保护中心综合四所保护设计项目资料)

对典型特征要素——环廊的设计，兼顾结构安全与历史氛围的营造，清水砖墙以砂浆替换法加固2 延续历史风貌，混凝土板以叠板法加固，并严格按照历史样式恢复线脚2 加固后砼楼面参照相邻建筑室内做法，增设水磨石铺地。

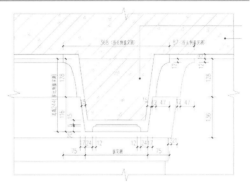

(图片来源：北京国文琰文化遗产保护中心综合四所保护设计项目资料)

这个案例中，最容易忽略的是隐藏在水平构件位置的混凝土楼板。

古罗马人很早就发现在石灰和沙子中加入火山灰（pozzolana）能提高砂浆的质量，并发明了在配料中加入打碎的欠火砖，制成罗马砖面混凝土，用于砌筑墙体或作为填料凝固成拱券内部的结构组成部分。中国传统建筑也有在墙芯内填碎砖加桃花浆砌筑墙体的方法。

波特兰水泥[①]发明于 19 世纪 20 年代，19 世纪中叶就有了钢筋混凝土[②]，19 世纪末，随着新技术在建筑基础、钢构架、非承重墙、电梯等的发明运用，美国已经发展掌握了摩天楼的建造技术[2]1261。

法国在 1848 年、德国在 1850 年、美国在 1871 年、日本在 1875 年相继开始生产波特兰水泥。中国随着洋务运动开展民族工业，于 1886 年由开平矿务局官督商办唐山细棉土厂，同年在澳门青州岛也出现了水泥厂，由香港的厂商租地建造，称"青英水泥厂"。1906 年两广总督岑春煊请奏在广州设水泥厂，即广东士敏土厂。

但是，19 世纪末 20 世纪初的中国匠人，尚未掌握混凝土里的骨料应该放什么，水泥和砂与水以什么比例混合，也还在试验当中。这个事实，是通过日领馆的严重损害外露的混凝土板得知的。从技术演变的角度，这个"敝帚自珍"的遗存见证了建造技术传播之不

---

① 1824 年英国人 Joseph Aspding 将石灰石与黏土混合制成料浆，经石灰窑高温煅烧后制成固体材料，粉碎的水泥，由于这种水泥硬化后和英国波特兰岛出产的淡黄色石材相似，因此叫作波特兰水泥。
② 法国的园艺师约瑟夫·莫里哀（1823—1906）最初只是用混凝土制作花盆，为了防止其崩裂而加入金属针，变得非常牢固，这一举动也造就了钢筋混凝土的诞生。

易，也从侧面说明了当年受雇于日本人承建日领馆的王添司和他的队伍的技术水平。当然，更多线索表明，日领馆外廊最早 1898 年初建时并不是混凝土板而采用的可能是传统木龙骨楼板。但目前这个混凝土楼板的工艺和质量显然低于 1927 年在旁边建设的警署和警署宿舍的混凝土质量（特别是后者已经接近现代工艺）。对于这个自身的内在构造和逻辑也在"不断演变"之中的建筑，连同室内发现的层层后期改造的线索，妄图将其凝结在某一个时刻的修复，确实是徒劳。

目前混凝土结构应用比较广泛的加固方法有增大截面法、外包钢加固法、置换混凝土加固法、粘钢加固法和粘碳纤维加固法等。这些方法都无法做到不损伤原物的可逆，除了外包钢法可能会稍好一点，但适用范围也是有限的。讨论结构措施的过程，也是文保工程师与结构工程师博弈的过程。一方要求在最隐蔽的位置实现最大化的效能，还要求在细节上避让历史构件。另一方则在现代规范和现代技术水平的范围内选取适宜的技术争取最大化的额安全系数。笔者认为，双方最需要借助的不是技术，而是常识和想象力。而我们仍然缺乏专门针对文物建筑加固的突破常规的想象力。

很遗憾，在这个修复工作中可资倚靠的技术手段没有支持我们将实体以可见的方式保存下来。最终采用的叠板法将其埋在了后加的混凝土里，由于材料的特性，这个过程并不可逆。但换个角度来看，本来混凝土楼板也不是外露的，抹灰和石膏线脚会装饰它，地面磨平的细水泥浆会将一切笨拙的红砖骨料藏起来。所以无论如何，视觉上并没有变化，依然是真实的 19 世纪末典型的外廊式建筑。（也是这一时期追随西方步伐的日本政府心态的最直接写照）。视觉层面的原状和物质层面的原状成了一对悖论——建筑作为整体的、综合的艺术形式的特征再次凸显。而将这个工程的情况如实记录下来，让它不会再次成为埋没的秘密，更是保护工作重要的内容。

别的材料，可能不会像混凝土这般让人纠结，比如木桁架。中国人以木结构擅长，在北欧、俄罗斯等高纬度地区也有建造全木建筑的传统。但总体来说，中西方木结构各自成体系，一早就分道扬镳，在诸多方面都有较大的差异。木结构在西方建筑传统中，主要是作为楼面或者砖石砌体之上的屋面支撑结构——桁架，而存在的。公元前二三十年，维特鲁威的《建筑十书》里，描述了木桁架的结构——只有篇幅很短的一段话，而且是放在讲述装饰的章节，用以说明"类型"（Genera）的结构起源及其"装饰"（Ornamenta）：

"一切建筑物中的木结构都是建立在圆柱之上的，有各种各样的名称。正如木结构的名称各不相同，它们在建筑中的功能也不同。横梁（beams）架在圆柱、壁柱和壁端柱（antae）之上，托梁（joists）和铺板（decking）则属于地板结构。在屋顶之下，如果空间很大，就要有系梁（tie beams）和支柱（braces），若空间不大不小，脊梁（ridgepole）和人字梁（principal rafters）就应突出于屋檐边沿之外。在人字梁之上是檩（purlins），檩之上屋瓦之下的小椽应该充分挑出，以保护墙体。" [7]100

中国近代建筑的屋面结构也多使用木屋架，实际案例中，有较为纯粹的西方木桁架技术，也有本地匠人自由发挥的产物。中国传统木结构和木桁架相比较，其中较为深层的区别，笔者认为是传力系统的不足，因而导致木材的连接方式也非常不同。传统中国木结构建筑以榫卯连接，为了尽可能避免断面缺损，在部件集中交合处都尽可能将部件在不同位置相互连接，这样的连接方式使木材之间通过榫卯限位让接触面传力，在力的作用下就会产生小的挠曲，是一种近似铰接的状态，这也是我们称木结构古建筑为柔性结构的原因。

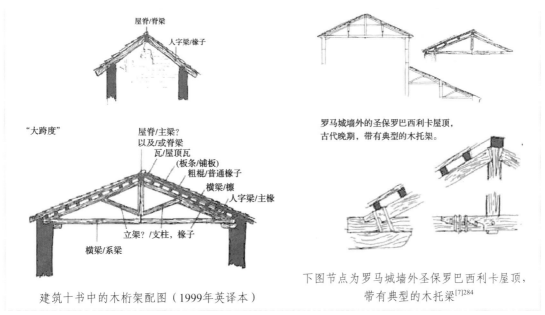

建筑十书中的木桁架配图（1999年英译本）

下图节点为罗马城墙外圣保罗巴西利卡屋顶，带有典型的木托梁[7]284

而近代西方技术的木桁架，用金属连接，比如铆钉、螺栓、扒锔等，还可以用节点板将几段材料连接成更大或者更长的构件，这种连接方式，使桁架形式有很多选择，同时力也更为简明地区分开了，在杆件受拉力时，成为金属和木纤维之间的传力。甚至在钢木混合结构中，金属杆件参与到受力过程，让其受拉，也巧妙地避开了木材天然受拉不利的特性。这样的结构方式，使得桁架形式可以产生多种变化。各种西式木桁架在同样以木结构擅长的亚洲地区广为传播，尤其是率先维新的日本。

中西方的木结构技术发展到19世纪，应该都是相当成熟的，大多数现存实例也都很成功，就像上面举例的那些。不过我们在实际案例中，依然会遇到一些特殊的情况。比如原始设计或者建造天然不够合理。保护实践中，应当以最小干预之原则尽量保护所有原状构件，根据结构的形式、材料和病害具体讨论。

案例4-4　典型木桁架设计合理，状态较好，虽有小瑕，无须干预

日领馆的木桁架（1898年）是比较标准的西式偶柱桁架（Queen Post Truss），跨度约16米。在《建筑新法》（1910年）中将其称为"四柱柁架"，但书中主要介绍了形式，并未标注技术参数；《房屋建造学》（1936年初版）中将此类中间无支撑，仅两端设支点的木桁架称为吊架，并进一步说明了适用的跨度，有两根"吊柱"（即受拉的竖向腹杆）的适用于12~15米。在1897年一本英国出版的用于指导施工并作为英国皇家建筑师学会考试资料的《Practical Building Construction》中，将其称为偶柱桁架，也是西式木桁架的一个基本型，并称适用于30~42英尺（9~13米）跨度。日领馆建造时从选址到建筑形式的选择，甚至室内装修都对英国亦步亦趋，桁架遗存暗示的有日本技师的参与，也从一个侧面反映了明治维新以后日本学习西方的成果。

日本领事馆旧址木桁架，16米跨，1898年（其他相关图纸资料见案例4-1、4-3）

在局部木构件上可见厂商标记"植松製材"和定位锚栓的墨线及日文"ボールド"（bolt）字样。这些痕迹也说明了建造时木材的来源以及有日本技师参与的事实

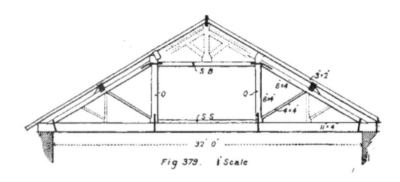

1897年《Practical Building Construction》[9]Fig379中记载的偶柱桁架Queen Post Truss，并用虚线表示在其上可以加一个单柱桁架King Post Truss来承脊檩。所以这个形式的桁架更准确地说是一个组合桁架

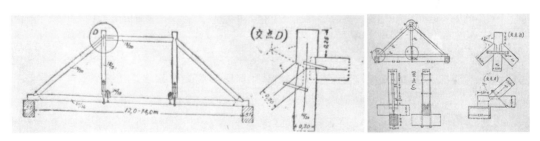

《房屋建造学》（1936年初版）中"吊架"的图示[5]128-129

在维修过程中，发现角梁有一处榫口，疑似竖向腹杆构件脱落，但仔细观察两侧还有钢筋立杆，加之对桁架结构和此处受力的理解，应为受拉。若再增加一根木杆也不会取代两侧钢筋的作用。故决定不需干预，并未补配任何构件。

案例5　木结构非典型桁架基本型，设计不尽合理，但没有出现结构安全问题，不干预

鸡公山美文学校，1915年春由活跃在豫鄂边境的四个信义会分支联合出资建设，作为教学、食宿一体的综合性大楼，主要解决传教士子女就学问题。其设计师是一位挪威裔的美国传教士。是第七批全国重点文物保护单位"鸡公山近代建筑群"的一部分。美国人玛格丽特出任首任校长，她曾记录过当年建房的场景："当一个陌生人在中国腹地的内陆、地处中原的一座山上，发现一栋与众不同的西式三层楼房时，无疑会感到惊奇！当他知道这栋楼的地基是一小篮一小篮地将沙石运出，每块石头、砖、梁都是徒手运到工地时，则会更加惊叹！"

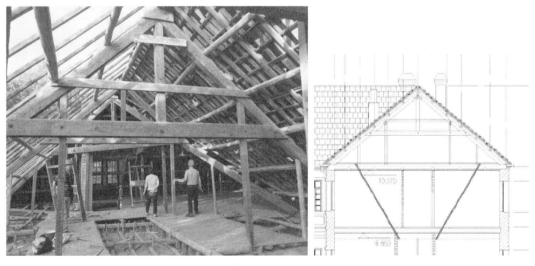

鸡公山美文学校旧址木桁架，10米跨，1915年

严苛的建造条件，对建造应该是有影响的。这个建筑的结构很有特点，特别是在屋架下弦使用了两根斜向钢筋将下部楼板梁拉起，有效分散了楼板荷载。而屋架本身并非典型的桁架形式，跨度约 10 米，并不大，但使用了较多冗余杆件来支撑斜梁（Rafter），类似于《Practical Building Construction》中描述的桁架发展过程中的系梁（Collar）或者拉杆，而实际上人们发现主要的约束应该放在斜梁的端部（Tie）。这个桁架中的立杆及其连接方式也没有很好地发挥拉 / 压效能，反而由于和系梁的交接产生了不必要的弯矩。修缮时，结构整体并没有发生歪闪、拔榫等安全隐患，因而未作过多干预。

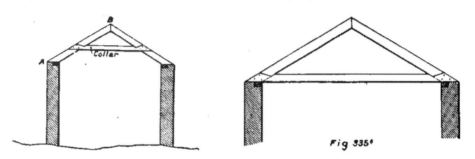

1897年《Practical Building Construction》[9] Fig335中从系梁（Collar）、拉杆，到下弦梁（Tie）的发展过程图示

案例 6　木结构建造过程或后续使用中产生问题，初始挠过大，需要加固干预

长春电影制片厂早期建筑建于 1939 年。由日本东京照相化学研究所（PCL）建筑专家增谷麟仿照德国"乌发"（UFA）电影制片厂的布局设计，由日本清水组施工承建。厂址建筑体系布局合理，建筑功能特征明确，记录并展现了 20 世纪电影制片生产工艺的发展状况和技术特点。几个并排的摄影棚都采取了同样的结构，在约 30 米长的平面内均匀布置了 15 榀跨度约 15 米的木桁梁，相互之间用 4 组剪刀撑拉结，使用至今。

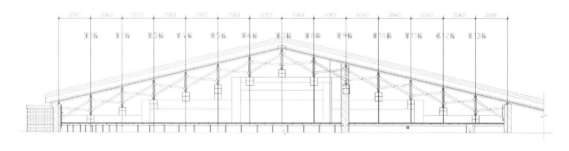

长春电影制片厂混录棚空间格构桁架，15×30米，1939年

其中，混合录音棚的木桁架在修缮时却检测到相较其他棚更大的挠度变形，尤其是下弦挠跨比达到 1/50，远远超过理论值，变形很大。经过分析，初始建造时就存在挠度和经年使用后腹杆与下弦连接节点松动，两个原因兼而有之。针对这个情况，决定对上下弦采用型钢加固，适当提高其承载力。

上下弦下挠变形及节点松动的情况。桁架挠度值由第一榀（靠近前后外墙处）至脊部逐渐加大，且同一
榀桁架下弦挠度值大于上弦挠度值

加固节点做法及加固后效果

（图片来源：北京国文琰文化遗产保护中心综合四所保护设计项目资料）

以上三个案例，呈现了三种不同的木桁架类型和结构特征，丰富的结构类型与建筑的建造年代、建造者、建造背景，当然还有功能规模等都是密不可分的，从综合的角度进行价值判断，修与不修、如何修，都不是简单的技术问题，而是一个审慎的思辨过程。在实际工程中，知晓其背后的传力原理并判断安全与否，确也是必要的关键点，甚至是修缮决策的出发点。作为不可再生的实物见证，如果结构没问题，哪怕设计不尽合理，通常也不会去干预，就像鸡公山美文学校的案例；而出现了安全隐患，且是结构性病害，则要从病害的源头着手，选择适宜的干预手段。中国传统木结构修缮也有诸多的方法，包括打牮拨正、"偷梁换柱"、局部支顶、剔凿挖补、墩接糟朽等方式。钢结构加固通常并非传统木结构加固的首选，在近代建筑中，由于木桁架以金属为连接媒介的受力特性，则较容易被接

受。比如在长影制片厂混录棚这样复杂的空间格构桁架中，用附加钢梁托举补强变形的上下弦，反而是局部轻微有损，但整体基本可逆的干预措施。

每一个建筑都有独特的灵魂，每一次修缮也都是参与者和它的一场缘分，且行且珍惜。

五、记忆、情感与真实性

除了少数的被当作特定的纪念物供人瞻仰参观，大多数建筑会继续使用，延续其原有的功能或转变为适宜的其他功能。而哪怕是延续与历史上同样的功能，随着使用人的变化和时代的更迭，也一定会对建筑提出不同的要求。这些要求可能是与本地使用相关的基本功能上的，也可能是情感、审美上的。

主观的、偶发的、细碎的外力在物理层面上会持续地作用于建筑，使其发生变化。中国人的传统时序观念有"三十年为一世，而道更也"，时间酝酿了太多东西，这所有成分中也包括人的情感。

"过去总是美好的，因为一个人从来都意识不到当时的情绪，直到它后来扩展开来。因此我们只对过去，而非现在，拥有完整的情绪。"[10] 这"完整的情绪"是真诚的，却不一定是合乎客观事实的历史判断。

案例 7 青岛基督教堂——视觉记忆的原貌

1910 年建成的江苏路基督教堂，是第六批全国重点文物保护单位"青岛德国建筑群"的一部分。由德国胶澳总督府出资建设，最初专供德国"路德会"信徒聚会礼拜。建筑以券柱作为门窗，饰以粗犷有力的黄岗岩石，呈现出"新罗马风格"，39 米高的尖顶钟楼成为青岛城市天际线上独特的地标。1925 年后教产转让给美国信义会，成为众多外国人的宗教活动场所。新中国成立后，教堂曾作为中国基督教徒的活动场所，也曾被医院使用了十几年。1980 年整修恢复后，重新作为基督教礼拜堂开放。作为城市中重要的公共建筑，基督教堂获得了经常性的维护和多次修缮与提升。2019 年，再次获得政府资金进行修缮保养。

历经百年，这一建筑没有受到过重大损害，基本保持了原貌，在一些细节上难免也有局部的变化。而有些变化已经成为现在青岛市民或教众心中的记忆和情感依托，也影响了对建筑采取的干预手段。下面就立面上的几点进行讨论。

1. 抹灰与色彩

红瓦黄墙是今天很多人对青岛老城区的典型印象，基督教堂尤为典型。

建筑的抹灰饰面的基本功能是保护结构墙体，并起到装饰美观的作用，生命周期相对较短，需要频繁地维护，一般来说在对建筑本体的价值评估中，被视作级别较低的类型。如遇到有特殊做法，如基督教堂做了波浪纹的肌理，还有些近代建筑做洗石子、水刷石等处理，则应当尽量修复病害，保存原有材料和肌理。

青岛老房子的黄色，很多人认为是刷出来的黄色。而实际上它最初是石灰和砂以1：2 的比例（后期也有 1：3，或者加少量水泥）涂刷后，经年日久老化后的颜色，是时间的痕迹。天长日久，当人们有意识地对外立面进行风貌整饬时，慢慢地改成了快捷的涂料直接刷成黄色。今天的基督教堂外墙面，也已经被多次涂刷。在最近一次修缮工程中，从地方专家到教堂神职人员，都力主继续使用涂料，以获得大家熟悉的黄色立面效果。

时间改变了建筑本来的颜色，而比建筑年轻的一代人在情感与记忆的主导下，选择用简化的手段模拟材料老化的颜色，而不愿再次等待。这样的选择，是真诚却不真实的。

2. 钟面油饰

不管1897年还是1948年的老照片，钟楼上钟面的颜色都是深色的。而现在的钟面形象是浅色调的，已然深入人心，应该是历史上某次维护工程中改变的，所以最近的一次修缮措施未作任何干预。未曾想，在施工过程中，借着搭设脚手架的便利，使用方自行延请油漆工将钟面重绘。而同时，借着脚手架近距离观察，设计人员才发现钟面四个角原有凹凸的纹饰，工人将其刷成了黄色。但这样处理后，从远处就看不出表面细微的凹凸，也就失去了做花纹的意义。另一方面，原来深色底的时候，盘面色调也保持了方形的基本轮廓，所以现在换成白色，也应该保持方形，如果四角全黄就变成方套圆，构图细碎，反而失去了整体性。于是联系了教堂方进行了干预。

左：1897年的基督教堂老照片；右：1948年的基督教堂

左：基督教堂修缮中粉刷色样（最终当地专家选择左侧的3号）；
右：未经干预过的原始未粉刷墙面老化后呈现的土黄色，图为德华银行附楼，下半部分颜色较深者为长期雨水冲刷后露出沙砾的效果

基督教堂 2014年照片　　　　　　　　　2019年修缮前墙面状况

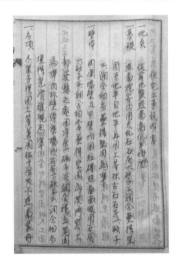

左：民国十八年（1929年）汇泉路9号的工事说明中对外墙抹灰做法的描述：内外壁涂墙以石灰一砂子二调和相当揉得光滑雅观为准

右：民国二十八年（1939年）嘉峪关路12号(现宁武关路10号)工事说明中对外墙抹灰做法的描述：墙壁之内外面俱用石灰浆一砂二调和揉平为准

左：1910年的钟楼，表面为深色；中：2016年勘察时的颜色；
右：维修过程中漆工重绘的颜色

左：设计人员提出的修改建议；右：干预后的钟面完工效果

这个过程非常生动地揭露了在一些细节上，建筑的形象其实非常容易受到各种不易察觉的偶发因素的扰动，进而慢慢偏离原初的模样。而这样的扰动也极有可能成为后来者的情感与记忆。

3. 基督的光环

基督教堂的玫瑰花窗，很早就已经丢失了。2010—2012 年，教会出资更换了入口山墙上的圆形花窗和侧面长窗中的一组。近期修缮中，打算将剩余花窗补配齐全。有趣的是，最新更换补配的花窗和计划补配的草案中，相较历史图片，耶稣基督的头上却没了光环。将此问题询问神职人员之后，被告知是教义理解不同。

补配花窗的主题选择和人物姿态、服饰等与圣经故事密切相关，也是教堂传达宗教仪轨的重要媒介。教堂从最初的德国路德会转手美国信义教，到如今青岛市基督教协会。个中对教义的理解自是不同。花窗的工艺和技术细节，乃至厂家，遗产保护人员都可提出建议，而在关乎"文化"的内容和细节的安排上，我们选择了尊重现任教会的选择。

1910年拍摄的教堂彩色玻璃照片

左：2010年补配的花窗；中、右：拟补配花窗方案草图

（图片来源：北京国文琰文化遗产保护中心综合四所保护设计项目资料）

上述案例 7 中的三个小细节，不管是老化的外墙材料、高高的钟楼上钟面四角的局部油饰，还是花窗里基督的光环。从某种角度上来说，偏离了其物理层面上的真实性；而另一角度来看，它却忠实于当事人的情感、记忆，甚至是信仰。

从文化批评者的角度来看，真实性与完全控制或者掌握的思想有密切联系，当宣称自己是被自我定义的时候，事物似乎就是真实的。所以像特里林这样的文化学者就会认为"历史保护中，真实并不意味着照搬，也不必辛辛苦苦地原样重建。赋予 17 世纪早期画家克拉瓦乔的作品以真实性的，不只是他的绘画技巧，而是其作品的主题。他对光影和色彩的处理手法以及他对普通的、非理想化的模特的使用具有文化上的真实性。"[2]164

近二十年来伴随着中国城市化和经济的腾飞，在资本的作用下，参与历史建筑保护与改造，乃至中心历史城区开发建设的相关各方，远远超出了传统文物保护圈层。当我们从文化真实性的角度来思考近代建筑所呈现的缤纷的状态，会有新的视角。

文物修缮方案评审意见里常有一句"保护工作应当考虑后期的展示利用"，部分理解是修缮要考虑到后期使用中对空间分隔及水电基础设施的要求，避免二次装修破坏；另一种理解是要设定一定区域宣传和展示与遗产价值相关的内容。这两种解读通常会引向两类"设计"行为，前一类行为是功能导向的，以最低限度的需求配置相关设施接口；后一类是"创造"导向的，用博物馆设计思维进行策划布局。

文保从业者会小心翼翼地绕开"过度设计"的陷阱，避免落下"自我表现"甚至"历史作伪"的口实。理想的修复对象应该是那些在各方面都表现出众，可当作艺术品欣赏的建筑，那么任何多余的添加都能从道德制高点来批判无虞。比如被当作粮仓用了十几年的古建筑，小心清除覆盖梁架的白灰，露出构件原本单纯的模样，没有人会觉得它空在那里有什么不妥，欣赏古老的木构及精美的壁画雕饰足矣。

另一方面，在这多元文化的时代，价值评判的出发点众多，如果"偏门"不易被大众领会，又或者作为纪念性事件发生地，现实中的实物或简陋，或破坏，有诸多缺憾。没有可靠的依据复原历史也不能擅自创造历史的文物工作者按最小干预、不改变原状等原则，是禁欲、简陋而不可接受的——真实，但似乎不完整。当然，政府是鼓励文物进行展示利用的。简洁的室内也是适宜的，布置合适的灯光、可拆卸的展架，即可布展。

场景再现曾经很流行，特别是从 20 世纪 90 年代以后逐渐开放的名人故居，如展现红色文化的国家重要领导人的出生地、居住地；或近代重要历史人物生活的楼宇，其室内装修和家具都经过了大量的修复和再造。近年来，以小见大的案例也不少，如绅士家庭、普通工人阶级的生活与工作场景。

由后期添配的细节再现场景，满足了人们窥视历史的情感需求。但并不是每一个文物建筑都要做成博物馆，也不是每一个使用者都愿意为了保持文物原状而舍弃个人需求。

涉及利用问题，建筑师、室内设计师、艺术家、有自主能力的私人业主、手握重金的开发商登场了。欣欣然于新旧对比、宣誓时代精神的旧建筑改造，是业界的香饽饽，也是大众喜闻乐见的时尚地标。当然，也不乏社会资金参与者的以严谨修复历史原貌而非用新词汇去改造的案例，如 2017 年在 PRADA 基金会的支持下精心修复的上海荣宅，还有 2019 年天津兴业银行在星巴克进驻后展开的一系列修复与改造工作。

后期的经营者使用超越了当前文物主管部门的责任权限，与其纠结"文物保护资金是否应该投入到利用上，应该为业主提供什么样档次的'装修'"，不如交给市场来解决，只要监管"文物本体不被破坏"之类的底线就好。

文物保护工作者黯然退场，也似乎不甘离场，因为他们仿佛比谁都了解遗产的价值，也知道每一处细节背后的蕴意。但他们无法像建筑师同行一样放肆地去做"新设计"，而现实世界也给出了很极端的答案。

案例 8　近代建筑利用的极端案例——只留下骨架

瑞士著名建筑师彼得·辛姆托（Peter Zumthor）曾经在瑞士的遗址部门工作过十年。在 2017 年的一场讲座上，他分享了大约 2000 年的时候做的一个近代工业建筑保护与改造项目。

这个建筑是荷兰的保护建筑，一座停产的面粉厂。他提出的概念非常极端：摒弃所有的立面，因为立面是很难维护的，但保完整保留所有建筑的一切结构骨架，不做丝毫改动，为每座建筑设计一个全新的立面。

他认为"人体的骨架——建筑物固然有表皮和美丽的双眸以及人体的所有特征，但它也有内在的结构，这就是我喜爱的建筑——工业建筑当然不只思考了内部结构，而结构也绝不是流于浅表的事物——它终将会被包裹或覆盖（clad）"。

而这个方案受到荷兰遗址保护部门的喜爱并分享给公众，认为"保留建筑内部的形体并做出新空间是很有价值的"。

荷兰西部城市莱顿（Leiden）面粉厂现状

卒姆托的保护与改造方案

卒姆托的保护与改造方案（续）

（图片来源：全球知识雷锋，2020-05-01）

很难相信这样一个方案在中国能够获得文物保护部门的"喜爱并分享给公众"，事实上，不管我们承认与否，对同一类事物，人们的价值观如此千差万别，哪怕是同样为遗址部门工作过的建筑大师。

近代历史建筑对我们而言，到底意味着什么？什么才是有价值的和需要去保存和展示的？"文化"对比"物质"的力量之如何？如同道器之论。文物保护是个专业领域，却不能独善其身。又或许，从更宏大的层面上来说，我们应该问，文物工作者是否要参与到今天的文化叙事当中？从"文化遗产"保护走向"文化"保护，通过文化主旨来创立它的真实性，这样才可以说是忠于时代并成为时代的一部分。

参考文献

[1] 赖德霖，伍江，徐苏斌. 中国近代建筑史 [M]. 北京：中国建筑工业出版社，2016.

[2] 彼得罗，关晟. 承传与交融——探讨中国近现代建筑的本质与形式 [M]. 成砚，译. 北京：中国建筑工业出版社，2004.

[3] 克鲁克香克. 弗莱彻建筑史 (原书第 20 版)[M]. 郑时龄，译. 北京：知识产权出版社，2011.

[4] 沈阳. 关于文物保护"四原"原则的思考 [J]. 中国文化遗产，2014(3).

[5] 唐英，王寿宝. 房屋构造学 [M]. 北京：商务印书馆，1938.

[6] 潘一婷. 解构与重构：《建筑新法》与《建筑百科全书》的比较研究 [J]. 建筑学报，2018(1).

[7] 马尔库斯·维特鲁威·波利奥. 建筑十书 [M]. 陈平，译. 北京：北京大学出版社，2012.

[8] 赖世贤，徐苏斌，青木信夫. 中国近代早期工业建筑厂房木屋架技术发展研究 [J]. 新建筑，2018(6).

[9] John Parnell Allen. Practical Building Construction[M]. Crosby Lockwood And Son. 1897.

[10] 塔拉·韦斯特弗. 你当像鸟飞往你的山 [M]. 任爱红，译. 北京：南海出版公司，2019.

[11] 王世仁. 中国近代建筑与建筑风格 [J]. 建筑学报，1978(05).

[12] 张复合. 中国近代建筑史研究与近代建筑遗产保护 [J]. 哈尔滨工业大学学报 (社会科学版)，2008，10(6).

浅谈文物建筑"重建"①

徐 桐②

【摘要】 近期,国内历史城镇和已经消失的建筑的重建项目屡见不鲜,世界遗产地的灾后、战后的重建也成为近期世界遗产大会关注与讨论的焦点。由此,通过梳理国际遗产保护领域关于"重建"的认知及其基本立场的发展历程,并辅以国内文物建筑"重建"相关法规及行业规范的要求,能够正本清源国内外反对已经消失文物建筑"重建"的基本立场,并帮助理解基于遗产多元当代价值进行的有限"重建"实践的动机及其价值判断。

【关键词】 重建;文物建筑;国际遗产保护

"重建"有条件地成为遗产保护的工程手段,在国际遗产保护领域经历了一个变化的过程。

1931 年《关于历史性纪念物修复的雅典宪章》(以下简称《雅典宪章》)、1964 年《国际古迹保护与修复宪章》(又称《威尼斯宪章》)及之后国际遗产保护领域的一系列公约、宪章等建立的现代保护体系语境禁止将"重建"作为保护工程方案的范围甚至包括灾后的重建。③[1]。这体现了自 19 世纪末逐渐形成并以 1883 年《罗马修复宪章》固定下来,直至影响了《雅典宪章》和《威尼斯宪章》的现代修复思想。

一、现代保护体系反对"重建"的基本立场

以文物建筑修复为基本保护理念源泉的现代遗产保护体系,秉承反对"重建"的基本立场。19 世纪英国"历史性修复"和法国厄杰纳·维奥莱-勒-丢克(Eugène Viollet-le-Duc, 1814—1879)"风格式修复"的实践与 1883 年罗马《修复宪章》汇集成了文物建筑"修复"基本原则的早期雏形,经 1931 年《雅典宪章》的传承,直至 1964 年《威尼斯宪章》强化并以"保存胜于修复"的理念固定下来,"重建"不在早期"宪章"确立的修复可选项之内。

(一)早期"宪章"反对"重建"的基本立场

在 19 世纪现代保护体系建立以前,欧洲历史建筑修复实践与讨论的突出代表为英国约翰·拉斯金(John Ruskin, 1819—1900)提出的"历史性修复"和法国厄杰纳·维奥莱-勒-丢克提出的"风格式修复"。1883 年意大利建筑史和艺术史学家卡米洛·波依多

---

① 本文已发表于《古建园林技术》2018 第 4 期,收入本文集时有所修改。
② 徐桐,北京林业大学讲师,邮箱:xutong119@vip.126.com。
③ 2000 年《里加宪章》指出:"注意到自《威尼斯宪章》及之后一系列宪章所创立的,'即使有充分依据、有益于遗产存续、有益于遗产价值阐释或有益于灾后遗产的恢复等,仍然保持反对重建'的预设立场已经陈旧。"

（Camillo Boito, 1836—1914）融合了上述两者思想起草了罗马《修复宪章》(Roma-CARTA DEL RESTAURO)，在第三届意大利工程师和建筑师大会上获得通过。1883 年罗马《修复宪章》体现出对于"修复"的审慎态度，特别是突出强调了要求修复部分在"形式""材料"上应当与原物有所区别，以免误导参观者，这即为后来修复的"可识别"原则。

"建筑遗迹，当守护其无可辩驳的证明价值时，必须优选加固，其次修缮，再次修复，避免添加或更新改造"，"对不同历史时期已经添加的部分或改建，应当作古迹的一部分对待，除非这些后期添加或改建在艺术和历史价值上明显低于历史建筑本身，或当具有突出价值部分被发现并暴露出来时，可以考虑移除这些后期添加或更改"。[2]

在 1883 年罗马《修复宪章》中未将"重建"视为修复技术的一个可选项进行论述，也因此在事实上排除了对建筑遗迹采取"重建"方案的认可。

1931 年意大利建筑师古斯塔沃·乔瓦诺尼（Gustavo Giovannoni，1873—1947）负责起草的《雅典宪章》延续了 1883 年罗马《修复宪章》的思想，并在条文中以"原物归位（anastylosis）"的概念，对废墟遗址的修复工作进行了规定："对废墟遗址要小心谨慎地进行保护，必须尽可能地将找到的原物碎片进行修复，此做法称为原物归位（anastylosis）。为了这一目的所使用的新材料必须是可识别的。"[3]1-4

现代主义背景下的工业化、城市化对历史古迹的大范围破坏，使得早期保存与修复的争议的天平向"保存"倾斜。在此背景下，1964 年《威尼斯宪章》的起草者 Piero Gazzola 与 Roberto Pane 采纳了 Cesare Brandi "保存胜于修复"的理念，更新了对 1931 年《雅典宪章》建立的古迹修复准则，进一步对作为修复技术的"重建"进行了更加严格的限定，甚至是实施上的否定。

"然而对任何重建（Reconstruction）都应事先予以制止，只允许重修（anastylosis），也就是说，把现存但已解体的部分重新组合。所用黏结材料应永远可以辨别，并应尽量少用，只需确保古迹的保护和其形状的恢复之用便可。"[4]52-54

（二）《威尼斯宪章》外"重建"实践的反思与争论

学术界对上述《威尼斯宪章》反对"重建"的条款有两个争论[5]。

争论一："反对任何重建"的对象，仅指遗址，还是覆盖包括城市中建筑在内的所有文物古迹。从《威尼斯宪章》的条款描述来看，应当禁止重建的，似乎仅指遗址。许多学者主张，禁止重建的对象应包括所有文物古迹。然而，Román András 提出，从宪章起草者 Gazzola 本人的认知出发，有关"重建"的规定并未置于某一个单独章节中，证明该宪章起草人并未对所有古迹的重建持有绝对反对的态度。

争论二：宪章起草者 Gazzola 本人和 ICOMOS 对战后"重建"的态度。ICOMOS 于 1965 年在波兰成立，第一届大会在华沙和克拉科夫举办。面对战后重建的华沙老城，ICOMOS 表示，"ICOMOS 极为尊重华沙人面对法西斯的英雄主义以及不让其首都历史及其记忆消失的决定，因为这代表着华沙人的国家认同与不向法西斯主义屈服的宣言"。而 Gazzola 在 1969 年参加苏联举办的 ICOMOS 会议后参观列宁格勒重建宫殿时，曾就该宫殿的重建问题与其他学者发生争论，与一些学者坚定的批判立场不同，Gazzola 却对该宫殿的重建持认可的态度。

由此，《威尼斯宪章》虽在条款中明确规定对遗址，甚至对包括城市文化遗产在内的所有文物古迹的"重建"均持反对态度，但该宪章是基于第二次世界大战后古迹破坏严重的历史背景之下形成的，且起草人以及发布该宪章的"第二届历史古迹建筑师及技师国际会议"的后续组织"ICOMOS"对于城市古迹"重建"的问题，却秉持具体案例具体分析的态度。这表明，国际遗产保护领域的专家对城市古迹"重建"的实践并未绝对否定，至少对于如华沙、列宁格勒的宫殿等因战争破坏或出于城市居民强烈感情而重建的态度持尊重态度，但这种尊重并非完全将重建视为文物建筑保护或修复的可行方式。

二、国际遗产保护领域对"有条件重建"的讨论

战后初期，遗产价值主要与"古迹和考古遗址""古物和艺术收藏品"等相关，但历史城区的破坏也让其人民感受到文化与熟悉环境丧失的痛苦。在较为完善的保护与修复理论形成以前，德国、波兰、意大利等在第二次世界大战中城市破坏较为严重的国家开始了历史城市重建的尝试，并成为现代重建理论诞生的实践基础。

（一）战后历史城市"重建工程"的现实驱动

尽管上述城市重建活动源于其国民对被毁历史城区代表的文化和国家认同损失的强烈怀念之情，但大量不适当的重建方式及其结果还是对历史城区的保护与文脉延续造成了损害；自 20 世纪 60 年代，特别是 70 年代以来，随着战后经济的恢复与 70 年代石油危机前的全球大规模城市建设活动，历史中心和历史城镇等遗产的保护受到关注。因此，国际社会开始关注并讨论历史城区重建与修复的理论和技术规范。

1976 年《联合国教科文组织〈关于历史地区的保护及其当代作用的建议〉》（又称《内罗毕建议》）指出："注意到整个世界在扩展或现代化的借口之下，拆毁（却不知道拆毁的是什么）和不合理不适当的重建工程正在给这一历史遗产带来严重损害。"[6]92-101 这表明，虽然以《威尼斯宪章》为代表的现代遗产保护理论对不认可将"重建"视为保护行为，但实践中历史城市中的"重建工程"已经大规模开展，且引发了遗产保护专家对历史城镇中"重建"驱动力、重建条件和规范的反思。

（二）《巴拉宪章》基于"遗产地文化重要性"列入"重建工程"条款

1979 年《国际古迹遗址理事会澳大利亚委员会关于保护具有文化意义地点的宪章》（又称《巴拉宪章》）将"重建"列为单独一章进行论述，标志着"重建"不再被视为"完全不可接受"，而始被视为一定条件下可以采取的极为特殊的保护方式。《巴拉宪章》虽仅为 ICOMOS 在澳大利亚的一国的标准，但其理论和实践方面的指导性和实用性，却推动了国际社会对文物古迹保护和世界文化遗产保护的认识，甚至对 1994 年《奈良真实性文件》等重要国际文件产生了影响。然而，与 1981 年、1999 年等多次修订的《巴拉宪章》相比，其 1979 年版本有关"重建"的规定反而较为宽松，即"只有当遗产地因破坏或改造已残缺不全，以及对复制到早期构造有充分把握时，才能进行重建。在个别情况下，重

建也可用作保留遗产地文化重要性的用途使用和实践的一部分"[7]，这也反映了 20 世纪八九十年代"真实性"在文化遗产保护中日益清晰和重要后，对"重建"的条件限定更加严格的趋势。

三、20 世纪 80 年代至世纪末战后历史城镇和建筑"重建"的讨论

20 世纪的最后 20 年，在第二次世界大战中受创严重的历史城镇和建筑的重建被重新讨论，特别是重建需求被赋予了更多"国民情感""社区文化认同"的象征意义之后，重建已经突破了原有单纯行业技术选择，其价值判断更加多元。《威尼斯宪章》等早期确立的反对重建的决绝态度也被反思，出现了一系列战后重建城市召开的学术会议，并形成了初步指导重建行为的共识性结论。

（一）认同"古迹精神价值"对灾（战）后古迹重建的驱动

如上所述，历史城镇和建筑重建的最大需求和实践源于第二次世界大战的破坏；针对战争毁坏建筑的重建，1982 年 ICOMOS 在德累斯顿召开的研讨会通过了《关于受战争破坏古迹重建的德累斯顿宣言》（又称《德累斯顿宣言》），"被严重毁坏的古迹的完全重建应被当作是非常例外的案例，仅当具有特殊原因方能对战争毁坏的具有重要价值的古迹进行重建，重建必须依赖于可靠的档案记录"[8]，《德累斯顿宣言》将华沙古城、德累斯顿圣母教堂等历史城镇和建筑重建实践中反映出的国民情感驱动进行总结，认为"古迹的精神价值，以及认知和政治因素上对古迹的认同成为其重建的驱动"。[8]

此外，《德累斯顿宣言》认为，"重建能够激发对战争中被破坏遗产的考古研究和对档案记录方式的变革"，同时强调"战后或灾后对古迹的档案记录也是最为重要和紧急的保护工作"，这也为现在灾后、战后遗产保护实践所采纳[8]。

《德累斯顿宣言》还认为，战后被破坏的古迹的保护方式应当根据每个案例自身的特点进行具体分析，可以考虑保护其破坏状态，以彰显其（战争创伤）的"象征价值"，或者也可以对"城镇景观不可或缺部分"进行修复；"延续建筑传统使用的需求"通常也会促使对已经破坏的建筑古迹的修复，而当"古迹的精神价值"被彰显后，这种修复冲动将愈加明显。

（二）认同"社区认同及文化驱动"条件下的灾（战）后古迹重建

20 世纪 90 年代以来，遗产保护对象进一步扩展至文化景观、本土建成遗产等，催生了对不同文化间保护修复标准、真实性标准的讨论；同时，90 年代波黑战争造成的历史古迹破坏催生了新的战后古迹重建需要。在此背景下，2000 年通过的《关于建成遗产保存与复原原则的克拉克夫 2000 宪章》（又称《克拉克夫 2000 宪章》）、《关于文化遗产真实性和历史重建的里加宪章》（又称《里加宪章》）等一系列文件，系统性地总结了历史城区重建的条件。

《克拉克夫 2000 宪章》同样认可《德累斯顿宣言》有关"重建"的观点，其第 14 条

反对"基于建筑风格进行的整体性重建",认可"基于准确档案记录的,对具有建筑重要性的少量部分的重建",但仍应作为"特例"。对于重建整座在战争或灾害中破坏的建筑,"只有与整个社区认同相关的特殊社会及文化驱动下才能接受"[9]。

(三)基于区域历史和文化价值重要性的灾(战)后文化遗产重建

同年,由 Janis Krastimps、Herb Stovel 和 Juris Dambis 起草的《里加宪章》对于"重建"作出了更具有指导意义的阐释。《里加宪章》将重建定义为"唤起、阐释、修复或者复制一个之前的形制",并在开篇对《威尼斯宪章》绝对反对"重建"的立场进行了重新反思,"注意到自《威尼斯宪章》及之后一系列宪章所创立的,即使有充分依据,有益于遗产存续、有益于遗产价值阐释或有益于灾后遗产的恢复等,仍然保持反对重建的预设立场已经陈旧"[1]。该宪章将"重建"认可为保护工程的一种措施,并阐明"保护(抑或重建)目标是保护和揭示遗产的价值"。

《里加宪章》认为,"在特殊情况下,自然或人为灾难后的文化遗产重建可以接受,前提是这些古迹在区域的历史和文化上具有美学、象征性或环境上的重要性;并且需要保证:有恰当的调查及档案证据;重建不会造成城镇或景观文脉上的歪曲;存在的历史部分不会被损害。特别是重建的必要性经过了当地及国内专家和社区的公开且充分的讨论"[1]。

在认可对经历自然或人为灾难后的文化遗产进行有条件重建的同时,《里加宪章》还反对简单复制文化遗产,"相信复制(replication)文化遗产是对历史见证的歪曲表达"。这一观点也在 2002 年塔林文化遗产部、联合国教科文组织爱沙尼亚国家委员会、爱沙尼亚国家遗产部等代表参加通过的《避免世界遗产城市中历史建筑重建的选择》中得到进一步强调。

四、2000 年后战后(灾后)遗产"重建"的新讨论

进入 21 世纪,城市历史景观、保护与可持续发展等概念进一步扩展了对"重建"加以审视的视角,"重建"不仅被当作对建筑和基础设施的修复,同时也有了社会经济方面,也即"遗产社区"层面更多的判断与考量。这一时期的阿富汗战争(2001 年爆发)、伊拉克战争(2003 年爆发)、利比亚战争(2011 年爆发)、叙利亚战争(2011 年爆发)等,特别是"伊斯兰国"(ISIS)对伊拉克和叙利亚文化古迹的破坏,催生国际社会对战后重建问题新一轮的讨论。

应第 40 届世界遗产委员会要求,咨询机构 ICOMOS 承担了战后重建相关研讨会的组织与技术文件的编制工作,并在本次大会正式发布了《世界遗产的灾(战)后恢复与重建导则》(以下简称《世界遗产创后重建导则》)。

(一)承担社会复兴功能的"重建"是修复工程可选项

《世界遗产创后重建导则》明确指出"重建一直在修复工程的考虑范畴,争论的核心仅在避免拯救过程中出现的破坏和伪造"。而有关"重建"的争论与观点变化也反映了文化遗产保护回应各时期社会文化的需求,"遗产保护的相关准则源于并持续发展自'经验的总结和社会需求的预测模型'"[10]。例如,1964 年《威尼斯宪章》的起草者回应了 1931

年《雅典宪章》主要关注的古迹损坏和破坏现象，以及未预测到的第二次世界大战带来的大规模的破坏和重建等问题。而当今国际社会面临多重挑战，包括不同文明间的文化传承的挑战，也反映在 1994 年《奈良真实性文件》之中。

《世界遗产创后重建导则》指出，文化遗产的战后（灾后）恢复不应仅仅被当作一项简单工程或计划，而应作为"一系列进程和长期的多方参与"，包括当地社区、管理机构、国际社会等。"当地居民的参与"的概念自《雅典宪章》—《威尼斯宪章》—《华盛顿宪章》在不断强化，灾后恢复重建的框架必须建立一种"可持续发展和社区积极参与优先"的思想，以保证将"重建当作理解文化遗产有形和无形要素之间关系，特别是人居文化环境的一个过程"。

《世界遗产创后重建导则》指出，"在世界遗产公约框架下，特别是 1972 年公约的精神下，重建行为总是从 OUV 的角度去衡量，重建是否影响申报项目的重要部分成为遗产申报的基础。例如'基于详细档案基础上的重建能够给予设计的景观以意义'，或'集中的修复和重建行为被视为一个国家性格的理想形象'能够接受"，"重建作为一个概念，应当是一系列的进程而非单独工程，从而超越'构件重建'的局限。从这一角度看，重建能够帮助'社区复兴'和'培育协会'等"，"重建应当根据具体情形进行分别应对，对于世界遗产而言，就是 OUV 的具体要求"[10]。

（二）具体遗产项目的"重建"合理性判断仍需谨慎

在第 41 届世界遗产大会关于"世界文化遗产创伤后恢复与重建"学术讨论会上，国际古迹遗址理事会波兰国家委员会主席博古斯拉（Boguslaw Szmygin）将"影响是否进行重建的判断因素"分为"历史古迹的类型、重建的技术路线、古迹毁坏的背景、古迹重建的背景"四项。当古迹被当作历史档案，类似一件艺术品对待，那其最核心的特征就是"真实性"；此时，优先考虑的应当是古迹本身，保持古迹的本体状态具有的独特性、优先性；古迹的各方面都应该是真实的，包括材料、形式、环境、功能等；重建行为如不能满足上述各方面真实性的要求就不可接受。当影响重建判断的四个要素同等重要，没有应予优先考虑的要素时，若遗产的本体状态不同于上述古迹的要求，可以讨论重建作为保护的选择。总之，具体遗产的影响要素要分别进行分析、评估，没有关于遗产重建局限性的标准答案；不能脱离遗产具体情况得出的关于保护行为局限性的结论。

五、国际上遗产"重建"讨论的启示

国际社会有关遗产"重建"的讨论及其思想发展说明，在当代遗产保护理念下，遗产"重建"问题需要从以下两个方面进行重新思考。

（一）重建目的的道德判断

综合上述《德累斯顿宣言》《克拉克夫宪章》《里加宪章》和《世界遗产的灾（战）后恢复与重建导则》，以及相关专家的讨论。对于战后"重建"文化遗产的道德判断应为：出于这些古迹在区域的历史和文化上具有美学、象征性或环境上的重要性而使之成为"城镇景观不可或缺部分"，特别是"损毁古迹的精神价值，例如在民族或社区认同感、文化、信仰上具有突出意义时"，重建可以作为特例接受。

应当将战后或灾后"重建"当作对文化遗产研究和档案记录的契机。

文化遗产的"重建"应当超越简单工程的概念，而将其置于包含经济、社会、环境、政治、物质、人文在内的综合性共同愿景之下；当地社区和居民亦应纳入到重建之中；重建应有利于帮助文化遗产的"社区复兴"和可持续发展。

（二）"重建"应从对象的价值判断

从"价值"判断文化遗产是否适合"重建"是所有工作的前提。文化遗产的首要价值是历史见证抑或艺术价值的，其最核心要求是"真实性"，即古迹的各方面都应该是真实的。重建行为如不能满足材料、形式、环境、功能等各方面真实性的要求，就不可接受。

从遗产类型来看，遗址、古迹等类型的文化遗产，通常情况下历史见证价值较为突出；历史城镇和文化景观等类型的文化遗产，则承载更为突出的文化重要性。

当文化遗产的历史见证、艺术价值不突出，而在文化重要性方面更具价值和意义时，可以依据遗产毁坏、重建的背景，并按照具体遗产的影响要素要分别进行分析、评估，不排斥"重建"行为。

六、国内保护领域对"重建"的立场

国内对文化遗产的"重建"争论主要集中于构成城市环境完整性的城门、城墙类建筑，或符号性的景观，也包括具有重要纪念意义的业已消失的历史建筑；前述国际范围内对重建的思辨和讨论过程也重现在国内遗产保护领域。一方面，作为保护手段，"重建"被严格排除在国内文物保护的法规及行业实践之外；另一方面，出于城市历史完整性和居民情感需求，部分"重建"工程（也称"复建"工程）作为展示手段，经严格论证，被有条件地作为特例进行了实施。

（一）反对作为保护措施的"重建"

中国现代文物保护制度发端于清末，但《保存古迹推广办法》（1906年，晚清政府民政部）强调分门类进行文物调查，尚未明确保护措施原则；民国期间文物古迹保护的主要法规《古物保存法》（1930年，中华民国政府）亦未见对于文物古迹重建相关规定。作为《中华人民共和国文物保护法》（以下简称《文物保护法》）雏形的《文物保护管理暂行条例》（1961年，国务院）中，已经有了"文物建筑必须遵守恢复原状或者保存现状的原则"[1]，1982年《文物保护法》颁布时，此条原则更改为"必须遵守不改变文物原状的原则"[2]。1985年中国加入《世界遗产公约》以来，国际遗产相关规范理念被介绍进国内遗产

---

[1] 1962年《文物保护管理暂行条例》第11条规定："一切核定为文物保护单位的纪念建筑物、古建筑、石窟寺、石刻、雕塑等（包括建筑物的附属物），在进行修缮、保养的时候，必须严格遵守恢复原状或者保存现状的原则，在保护范围内不得进行其他的建设工程。"

[2] 1982年《文物保护法》第14条规定："核定为文物保护单位的革命遗址、纪念建筑物、古墓葬、古建筑、石窟寺、石刻等（包括建筑物的附属物），在进行修缮、保养、迁移的时候，必须遵守不改变文物原状的原则。"

保护领域,《威尼斯宪章》所确立的"历史信息真实性"原则也逐渐在文物建筑修缮中被接受和实践。这些保护思想上交流的成果集中体现在中国国家文物局、中国古迹遗址保护协会和澳大利亚遗产委员会、美国盖蒂保护研究所等政府机构、业界专家合作编写的《中国文物古迹保护准则》(国际古迹遗址理事会中国国家委员会,于 2000 年 10 月在承德通过,以下简称《准则》),其中明确了"已不存在的建筑不应重建"①。这一反对"重建"的思想也在随后的文物法修订中得以体现,2002 年《文物保护法》第二次修订时,明确加入了"不可移动文物已经全部毁坏的,应当实施遗址保护,不得在原址重建"②。至此,国内法规及行业规范中,对于完全消失的文物古迹形成了"反对重建"的基本立场。

(二)作为展示设施的复建和新建讨论

实践中,国内法规及行业规范"反对重建"的基本立场奠定了国内完全消失的文物古迹重建实践并不多见;但 2000 年《中国文物古迹保护准则》和 2002 年《文物保护法》均保留了"特殊情况需要在原址重建"的特定情况。其中《准则》明确了重建特例的实践原则,"已不存在的少量建筑,经特殊批准,可以在原址重建的应具备确实依据,经过充分论证,依法按程序报批,在获得批准后方可实施"。

在 2002 年《文物保护法》修订中加入"禁止重建"的条款之后,出于城市景观完整性和文化象征意义的考量,具有影响力的"已经消失"的文物古迹的重建工程引起了保护界新的思考与争论。2002 年,杭州雷峰塔重建工程竣工(1999 年决定重建,2002 年竣工),重建工程基于雷峰塔历史沿革,采用了宋代建筑风格;2004 年 9 月,基于"1937 年的永定门城楼实测图"永定门城楼重建工程竣工;2014 年,南京大报恩塔重建工程竣工(2002 年决定重建,2014 年竣工),工程采用了新的建筑材料与形制。

对于这一时期的"重建"工程性质及其实践原则,在 2015 年新版《准则》中进行了新的总结。时任国家文物局副局长童明康在 2015 年新版《准则》序言中指出,"将已损毁的历史建筑重建,定位为对原有建筑的展示方式,确定了重建建筑的性质和价值,回答了中国文物古迹保护中长期存在的争议"。同时,新版《准则》也明确"不提倡原址重建的展示方式",并严格限定了"重建"的前提及实施原则③。

2015 年新版《准则》反映了类似前述国际遗产保护领域 20 世纪 80 年代以来对灾

---

① 2000 年《中国文物古迹保护准则》第 25 条规定:"已不存在的建筑不应重建。文物保护单位中已不存在的少量建筑,经特殊批准,可以在原址重建的应具备确实依据,经过充分论证,依法按程序报批,在获得批准后方可实施。重建的建筑应有醒目的标志说明。"

② 2002 年《文物保护法》第 22 条规定:"不可移动文物已经全部毁坏的,应当实施遗址保护,不得在原址重建。但是,因特殊情况需要在原址重建的,由省、自治区、直辖市人民政府文物行政部门征得国务院文物行政部门同意后,报省、自治区、直辖市人民政府批准;全国重点文物保护单位需要在原址重建的,由省、自治区、直辖市人民政府报国务院批准。"

③ 2000 年《中国文物古迹保护准则》第 43 条有关"重建"的阐释如下:"在建筑群中原址重建已毁建筑是对该建筑群原有完整形态的展示。由于这种展示可能干扰和破坏作为文物本体存在的建筑遗址,或对文物古迹作出不准确的阐释,影响文物古迹整体的真实性,因此不提倡采用这一展示方式。只有在特殊的情况下,如缺损建筑对现存建筑群具有特别重要的意义,并且缺失建筑形象和文字资料充分,依据充足,能够准确复原,方可考虑这一措施。"

（战）后古迹重建的讨论；也反映了中国遗产保护领域在"重建"中的基本立场的新总结。其肯定了文物古迹（包括历史上曾经存在过、业已消失的文物古迹）在当代社会承载的多元价值，特别是在城市整体景观、国民情感价值中的作用和意义；同时，也明确了文物古迹"重建"的性质是展示，而非"再造"，也即重建的文物古迹本身并不承载原已消失遗产的"历史信息"；且"重建"作为展示方式，也不应成为首选项，必须予以严格限定。

参考文献

[1] Riga Charter on autenticity and historical reconstruction in relationship to cultural heritage [Z].ICCROM/Latvian National Commission for UNESCO/State Inspection for Heritage Protection of Latvia,Riga, Latvia, 23-24 October 2000.

[2] Roma-CARTA DEL RESTAURO [Z]. Voto conclusivo del III Congresso degli Ingegneri e Architetti Italiani,1883.

[3] 第一届历史纪念物建筑师及技师国际会议. 关于历史性纪念物修复的雅典宪章（《雅典宪章》）(1931) [Z]. 中国国家文物局等. 国际文化遗产保护文件选编. 北京：文物出版社，2007.

[4] 第二届历史古迹建筑师及技师国际会议. 国际古迹保护与修复宪章（《威尼斯宪章》）(1964) [Z]. 中国国家文物局等. 国际文化遗产保护文件选编. 北京：文物出版社，2007.

[5] Román András. RECONSTRUCTION – FROM THE VENICE CHARTER TO THE CHARTER OF CRACOW 2000[C]. ICOMOS 13th General Assembly "Strategies for the World's Cultural Heritage - Preservation in a Globalised World - Principles, Practices, Perspectives": Madrid, Spain, 2002.

[6] 联合国教科文组织. 关于历史地区的保护及其当代作用的建议（《内罗毕建议》）(1976) [Z]. 中国国家文物局等. 国际文化遗产保护文件选编. 北京：文物出版社，2007.

[7] The Australia ICOMOS Guidelines for the Conservation of Places of Cultural Significance（"Bara Charter"）[Z]. The Australia ICOMOS, https://australia.icomos.org/publications/burra-charter-practice-notes/burra-charter-archival-documents/.

[8] Declaration of Dresden on the "Reconstruction of Monuments Destroyed by War" (1982)[Z].Symposium in Dresden on the subject of the "Reconstruction of Monuments Destroyed by War",November 15th to 19th, 1982.

[9] The Charter of Krakow 2000 PRINCIPLES FOR CONSERVATION AND RESTORATION OF BUILT HERITAGE(2000)[Z].International Conference on Conservation "Krakow 2000", 2000.

[10] POST TRAUMA RECOVERY AND RECONSTRUCTION for WORLD HERITAGE CULTURAL PROPERTIES[Z]. ICOMOS in response to the request for guidance on reconstruction expressed by a World Heritage Committee decision in 2016.

文物保护规划视角下的中国石窟寺保护与研究[①]

张 荣[②]

【摘要】 石窟寺具有价值重要、石窟与石窟之间关联性强、文物本体脆弱等特点，其保护一直以来都是文物工作中的难点问题。21世纪以来，中国文物保护规划进入快速发展时期，中国石窟寺保护规划编制十几年的历程和经典案例均反映出，完善的保护规划对石窟寺文物的价值认识、保护对象构成、保护区划划定、保护措施制定、管理利用计划都具有强有力的指导性作用；规划能够为石窟寺长期的保护利用提供系统的计划安排，能够帮助管理者建立适宜文物保护事业的管理体系，从宏观的角度帮助石窟管理者设立好保护、利用的任务书，让保护工程、环境整治、展示利用项目有序地、有目的地、有效地实施。

【关键词】 保护规划；石窟寺；《中国文物古迹保护准则》；价值；程序

石质文物是我国不可移动文物中重要的一项组成部分。目前，已公布八批全国重点文物保护单位（以下简称"国保单位"）共有 5058 项，石窟寺及石刻类单位共有 307 项，占国保总数量的 6.07%，其中 150 处属于石窟寺类，占该类文物数量的 48.86%[③]。

从国保单位名录中看，石质文物一般可以分为石窟寺和石刻两大类，但实践中，不仅限于这两种类型，因为在古遗址、古墓葬、古建筑、近现代重要史迹及代表性建筑中都有大量的石质文物或者石质文物构件存在。石质文物从赋存载体的关系上可以分为：摩崖类石质文物和构件类石质文物。摩崖类石质文物是指直接凿刻在自然山体、岩体、崖壁上的造像雕塑或文字碑刻，这种文物直接附着于山体之上，其赋存的山体崖壁也是文物的组成部分；构件类石质文物是从山体、岩体上开采石料下来后，雕刻为独立塑像、碑刻等文物，或者作为建筑构件，砌筑构建为阙、幢、塔、桥、地宫、台基等。

石窟寺是摩崖类石质文物的典型代表。石窟寺是伴随着佛教从印度传入中国的一种特殊的建筑形式，由西域沿河西走廊传入中原。僧人和信徒选择在临近水源的崖壁之上，开凿洞窟，在洞窟内部以石雕或者泥塑等方式塑造佛像，并在洞窟壁面内绘制佛教题材的壁画，洞窟供僧众礼佛、朝拜、修行使用，这种佛教建筑艺术形式被称为"石窟寺"。石窟

---

① 本文已在《中国文化遗产》2018 年第 4 期发表，收入本文集时有修改。

② 张荣，男，1978 年生，2005 年获清华大学建筑学院建筑历史与理论硕士学位。现任北京国文琰文化遗产保护中心副总经理兼副总工程师，高级工程师。主要研究领域为：文化遗产保护研究、古代建筑保护研究、石窟寺保护研究。主持负责各类文物保护规划、修缮工程设计、文化遗产监测、数字化勘察、科技保护工作 60 余项。荣获省部级奖项 24 项，发明专利 1 项。在国内外专业期刊发表论文 16 篇，编著专著 4 部。参与文物保护规范标准编制 2 项。

③ 我国国保单位公布的类型前后有过变化，第一、二、三批国保的分类为：古遗址，古墓葬，古建筑及历史纪念建筑物，石窟寺、石刻及其他，革命遗址及革命纪念建筑物；石质文物在其中占了两项：石窟寺与石刻及其他。第四批以后，将石窟寺与石刻合并为一项。

寺本土化后，也有少量的道教或地方宗教石窟寺开凿。大型石窟往往是由皇家或者地方贵胄出资开凿的。北魏到唐代是中国石窟开凿的顶峰时期，四川、重庆等地区将这种艺术形式延续到了宋代。宿白先生将中国石窟寺按照地域分为：新疆地区、中原北方地区、南方地区、西藏地区[1]16-20。新疆地区、中原北方地区的石窟寺多以人能进入的洞窟形式为主，南方地区多以露天浅龛为主，常常被称为"摩崖造像"或"摩崖石刻"。

一、《中国文物古迹保护准则》与文物保护规划编制的背景

石窟寺作为中国特有的不可移动文物的组成部分，很早就受到学术界与文物保护工作者的关注。吕宁博士将中国石窟保护历程分为四个阶段："近代中国的石窟保护萌芽与探索时期（19世纪末至新中国成立前）、抢救性保护阶段（新中国成立初三十年）、开始科学性保护尝试的阶段（1980—1999年）与进入21世纪后的石窟保护大发展阶段。"[2]15

21世纪后，中国文物保护事业进入大发展时期。通过多年的保护实践，并向西方保护理论的系统学习，2000年《中国文物古迹保护准则》（以下简称《准则》）正式颁布，并在2015年进行了修订。以2000年《中国文物古迹保护准则》通过为标志，中国进入一个文化遗产保护快速发展的时期。《准则》第9条明确说明："文物古迹的保护工作总体分为六步，依次是文物调查、评估、确定各级保护单位、制订保护规划、实施保护规划、定期检查规划。原则上所有文物古迹保护工作都应当按照此程序进行。"[3]1

基于价值认知、价值评估，《准则》对中国文物保护的程序与要求进行了系统性阐述，强调科学研究需要贯穿保护的全过程（见表1）。保护规划作为文物保护的一项工作，被首次明确提出。

2004年，国家文物局发布了《全国重点文物保护单位保护规划编制审批办法》和《全国重点文物保护单位保护规划编制要求》①（以下简称《规划审批办法》和《规划编制要求》），并公布了第一批具有文物保护勘察设计与施工资质的单位②。

《准则》的诞生与三峡文物保护[4]31-52和石窟寺保护密切相关。1997年，中国与美国、澳大利亚合作起草《准则》，需要选择合适的文物保护单位作为《准则》文件的实践地点。敦煌莫高窟作为中国重要的国保单位和首批世界文化遗产地，并因具有较强国际合作经验而被选中。从1999年开始，按照《准则》规定的原则、工作程序、评估标准，美、澳专家与敦煌研究院开始编制《莫高窟保护总体规划》，于2002年完成第一版初稿。

2002年后，中国建筑设计研究院建筑历史研究所也受邀参与《莫高窟保护总体规划》的编制。《莫高窟保护总体规划》的编制为《准则》和该所后来负责的《规划审批办法》、《规划编制要求》的编制提供了基础和实施检验，可以说是这几份重要文件的"摇篮"。

在2000年之前，只有少数国保单位编制保护规划，这些规划多是为配合申报世界文化遗产或城市发展而编制，缺乏明确的体例和要求，多参照城乡规划或者名城规划的体例制定。随着《准则》确定以价值为核心的保护原则要求，《规划审批办法》和《规划编制

---

① 国家文物局《全国重点文物保护单位保护规划编制审批办法》（文物办发〔2003〕87），2004年8月2日。
② 国家文物局《关于发布〈文物保护工程勘察设计资质管理办法（试行）〉和〈文物保护工程施工资质管理办法（试行）〉的通知》（文物办发〔2003〕43号），2003年6月11日。

要求》的颁布以及编制单位资质的确定，中国自 21 世纪起进入文物保护规划的集中制定时期。

表1 文物估计保护工作程序表（《准则》）

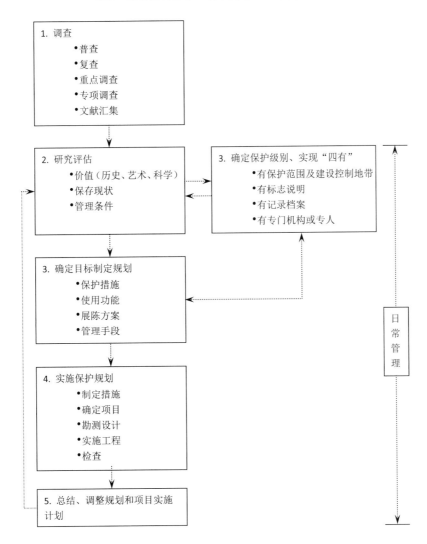

二、石窟寺文物特点与规划需要解决的问题

从编制保护规划的角度看，我国的石窟寺文物具有以下特点。

（一）沿丝绸之路线性传播

石窟寺并非中国本土独创的建筑艺术形式，是跟随佛教从印度逐步传入的，石窟寺的开凿跟随佛教文化传播密切相关（见图1）。佛教及石窟寺首先传播到西域，今天新疆还留存有克孜尔石窟、库木吐喇千佛洞等重要石窟寺。丝绸之路打通后，佛教跟随商旅沿河西走廊来到中原，在河西走廊沿路上开凿了敦煌莫高窟、天水麦积山石窟、永靖炳灵寺石窟等石窟。佛教传播到中原后，石窟寺的开凿成为国家行为，大同云冈石窟、邯郸响堂山石窟、洛阳龙门石窟的开凿将石窟寺艺术推向顶峰。随着佛教沿蜀道传入四川，广元千佛崖摩崖造像、安岳石窟、大足石刻亦陆续开凿。

（二）选址布局独特

石窟寺通常都选择在河岸旁陡峭的山崖上凿刻而成（见图1）。陡峭的崖壁便于凿刻洞窟，毗邻河流便于取水，以及供僧人和信徒饮用。如敦煌莫高窟选址于大泉河畔的鸣沙山崖壁；洛阳龙门石窟选址于伊河两岸的东、西山崖壁；广元千佛崖选址于嘉陵江畔的明月崖之上，都与中国传统堪舆学背山面水的选址方式有相通之处。洞窟群开凿往往沿崖壁立面水平和上下展开，与通常古建筑群沿平面纵向轴线展开不同。单体洞窟的开凿常常模仿寺院建筑，有模仿塔院式布局的中心塔柱窟，有模仿殿堂建筑的佛殿窟，还有模仿僧舍的禅窟。石窟寺的选址布局与传统建筑群既有相通之处，又具有自身特点。

图1　河南洛阳龙门石窟

（图片来源：http://www.zcool.com.cn/work/ZMTI5MzI5MDA=/2.html）

（三）历史悠久、价值载体密集

中国石窟寺大多始凿于北魏、北齐等南北朝时期，南方石窟时代稍晚，也开凿于唐宋时期，大多比现存木质古建筑群更加悠久。石窟文物往往以窟龛群的方式呈现，一个大型石窟寺通常包含上百个窟龛，所以很多石窟被冠以千佛崖或千佛洞的称号（见图2）。塑像、壁画、刻经数量众多，往往一个石窟寺就是一座佛教艺术的宝库。文物数量众多，价值巨大。

图2　四川广元千佛崖摩崖造像

（图片来源：北京国文琰文化遗产保护中心有限公司）

（四）本体脆弱、保护难度大

石窟寺文物载体通常为石雕、塑像、壁画，价值载体非常脆弱，加之石窟寺都开凿于自然山体之上，洞窟都是自然山体的一部分，受自然水文地质影响巨大（见图3、图4）。洞窟窟壁、塑像都直接参与到山体的自然水循环之中，也受自然岩体裂隙、节理影响，在这种环境又非常适宜植物和微生物的生长，易导致洞窟文物表现出渗水、开裂、酥碱、剥落、根劈、发霉等病害。这些问题都不能"头痛医头、脚痛医脚"，要从石窟文物所处的地质、自然环境角度来减缓和解决，难度非常大。另外，石窟寺保存于自然山林之中，管理难度较大，盗凿、砸毁以及不当的人为重妆，都会对文物产生严重的破坏。

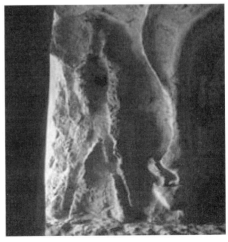

图3　甘肃马蹄寺石窟塑像破坏前后对比

（图片来源：《甘肃省马蹄寺石窟群文物保护规划》）

图4 河北邯郸响堂山石窟塑像破坏前后对比

[图片来源：《响堂山石窟保护规划》（编制中）]

综上所述，石窟寺文物的开凿历程、选址、布局都具有自身特点，且历史悠久、信息载体密集，需要仔细分析研究才能认知石窟寺的价值。石窟寺面临的自然、人为破坏影响因素严重而复杂，需要科学的勘察研究，监测分析制定长期的保护策略，并且需要加强管理部门的能力以协调保护、管理、利用之间的关系。上述这些工作相对宏观、涉及全面、内容复杂，并非单一保护工程能够解决，故而，以科学严谨的方式为各个石窟寺制定一份较为长期规划书，对于石窟寺的科学和可持续保护尤为必要。

三、近年石窟类文物保护规划的审批分析

自 2000 版《准则》以及 2004 年《规划审批办法》《规划编制要求》公布后，中国进入集中快速编制期文物保护单位保护规划的时期。据不完全统计，截至 2016 年 10 月，完成编制并通过国家文物局评审的国保单位保护规划项目有 622 项（占比 14.5%）；处于评审阶段的规划有 368 项（占比 8.6%）；立项但尚未编制完成的规划有 1417 项（占比 33.0%）；未立项未编制的规划有 1889 项（占比 44.0%）。①

其中，完成编制并通过国家文物局评审的石窟寺及石刻保护规划有 82 项（占比 30.6%），另有 186 处（69.4%）石窟寺及石刻类国保单位未编制或尚未完成编制保护规划。石窟寺及石刻类文物的石刻文物，如独立的石碑、经幢、石刻文物等，体量较小，保存环境简单，管理难度不大，通常不需要编制保护规划。因此，评审通过的 82 项保护规划以石窟寺文物的规划为主（见表 2、表 3）。

以第一批国保单位为例，石窟寺及石刻类文物共有 22 处，其中石窟寺文物 15 处，其余 7 处石刻大多是独立碑刻。这 7 处碑刻都未编制保护规划，而 15 处石窟寺中，规划完成并通过国家文物局评审的有 10 处，还有 2 处规划正在编制之中。虽第一批石窟寺及石刻类国保单位保护规划编制通过率为 45.5%，但其中最有必要通过规划加以保护石窟寺中，大部分保护规划都已编制完成，并通过国家文物局评审，正式公布实施。

第二批到第五批的石窟寺及石刻类国保单位，保护规划编制并评审通过的比例分别为 50.0%、44.4%、40.0%、38.7%，与第一批国保单位接近。第六批、第七批国保完成规划编制并通过评审的比例不足 30%。分析其原因，相对而言，这两批国保单位的整体文物价值较前五批偏低，受关注程度亦相对较低；另外，由于这两批文物保护单位公布时间比较晚，部分石窟寺文物规划尚未开始编制，或刚刚开始编制，故已通过评审的保护规划的数量相对较少。而第八批国保刚刚公布，大部分都尚未展开保护规划编制工作。

表2 全国重点文物保护单位保护规划审批统计表②（规划审批情况截至2016年10月）

国保批次	保护单位数量	通过国家文物局评审的保护规划		未编制保护规划或规划未通过	
		数量	比例	数量	比例
第一批	22	10	45.5%	12	54.5%
第二批	6	3	50.0%	3	50.0%
第三批	27	12	44.4%	15	55.6%
第四批	10	4	40.0%	6	60.0%
第五批	31	12	38.7%	19	61.3%
第六批	63	18	28.6%	45	71.4%
第七批	109	23	21.1%	86	78.9%

① 数据来源于北京观远咨询有限公司。
② 根据"全国重点文物保护单位综合管理系统"（www.1271.com.cn）统计。

表3 石窟寺类全国重点文物保护单位保护规划审批情况统计表

（规划审批情况截至2016年10月）

序号	单位名称	行政区划	国保批次	年代	已批准保护规划名称
1	云冈石窟	山西	1	南北朝	云冈石窟保护总体规划
2	莫高窟	甘肃	1	南北朝	敦煌莫高窟保护总体规划
3	榆林窟	甘肃	1	南北朝	无
4	龙门石窟	河南	1	南北朝	龙门石窟保护管理规划修编
5	麦积山石窟	甘肃	1	南北朝	麦积山石窟保护规划
6	炳灵寺石窟	甘肃	1	南北朝	甘肃炳灵寺石窟文物保护规划
7	响堂山石窟	河北	1	南北朝	无
8	克孜尔千佛洞	新疆	1	唐	克孜尔千佛洞文物保护规划
9	库木吐喇千佛洞	新疆	1	晋	无
10	皇泽寺摩崖造像	四川	1	唐	皇泽寺石窟文物保护规划
11	广元千佛崖摩崖造像	四川	1	唐	千佛崖摩崖造像文物保护总体规划
12	北山摩崖造像	重庆	1	唐	重庆大足石刻文物区保护总体规划
13	宝顶山摩崖造像	重庆	1	宋	重庆大足石刻文物区保护总体规划
14	石钟山石窟	云南	1	唐	无
15	药王山石刻	陕西	1	隋	无
16	巩义市石窟	河南	2	南北朝	巩义市石窟保护总体规划
17	须弥山石窟	宁夏	2	南北朝	无
18	乐山大佛	四川	2	唐	乐山大佛遗产地保护管理规划
19	柏孜克里克千佛洞	新疆	2	唐	高昌片区文物保护详细规划
20	飞来峰造像	浙江	2	五代	无
21	孔望山摩崖造像	江苏	3	汉	孔望山摩崖造像保护规划
22	北石窟寺	甘肃	3	南北朝	北石窟寺文物保护规划
23	南石窟寺	甘肃	3	南北朝	南石窟寺文物保护总体规划（新编）
24	万佛堂石窟	辽宁	3	南北朝	无
25	驼山石窟	山东	3	南北朝	无
26	南龛摩崖造像	四川	3	隋	巴中南龛摩崖造像保护规划方案 水宁寺摩崖造像保护规划方案 巴中北龛摩崖造像文物保护规划 巴中西龛摩崖造像文物保护规划
27	千佛崖造像（包括龙虎塔、九顶塔）	山东	3	唐	无

序号	单位名称	行政区划	国保批次	年代	已批准保护规划名称
28	大佛寺石窟	陕西	3	唐	彬县大佛寺石窟保护总体规划
29	安岳石窟（卧佛院摩崖造像）	四川	3	唐	安岳石窟圆觉洞摩崖造像文物保护规划
30	钟山石窟	陕西	3	宋	无
31	通天岩石窟	江西	3	宋	无
32	清源山石造像群（老君岩造像）	福建	3	宋	无
33	森木塞姆千佛洞	新疆	4	晋	无
34	马蹄寺石窟群	甘肃	4	明	马蹄寺石窟群文物保护规划
35	灵泉寺石窟	河南	4	南北朝	灵泉寺、小南海石窟文物保护规划
36	龙山石窟	山西	4	元	太原市龙山石窟保护规划
37	瑞岩弥勒造像	福建	4	元	无
38	千唐志斋石刻	河南	4	晋	无
39	草庵石刻	福建	4	元	无
40	天龙山石窟	山西	5	南北朝	天龙山石窟文物保护规划
41	千佛崖石窟及明征君碑	江苏	5	南北朝	千佛崖石窟及明征君碑保护规划
42	宝成寺麻曷葛剌造像	浙江	5	元	无
43	白佛山石窟造像	山东	5	隋	无
44	鸿庆寺石窟	河南	5	南北朝	无
45	小南海石窟	河南	5	南北朝	灵泉寺、小南海石窟文物保护规划
46	毗卢洞石刻造像	四川	5	宋	毗卢洞石刻造像文物保护规划
47	慈善寺石窟	陕西	5	隋	无
48	水帘洞－大像山石窟	甘肃	5	南北朝	武山县水帘洞石窟群文物保护规划
49	天梯山石窟	甘肃	5	南北朝	天梯山石窟文物保护规划
50	文殊山石窟	甘肃	5	南北朝	无
51	克孜尔尕哈石窟	新疆	5	南北朝	无
52	阿尔寨石窟	内蒙古	5	元	阿尔寨石窟遗址保护规划
53	千像寺造像	天津	6	辽	千像寺造像文物保护规划编制
54	羊头山石窟	山西	6	南北朝	无
55	碧落寺	山西	6	南北朝	无
56	金灯寺石窟	山西	6	明	无
57	真寂之寺石窟	内蒙古	6	辽	无
58	秀峰摩崖	江西	6	唐	无

序号	单位名称	行政区划	国保批次	年代	已批准保护规划名称
59	西天寺造像	山东	6	南北朝	无
60	洪顶山摩崖	山东	6	南北朝	无
61	圣经山摩崖	山东	6	金	无
62	青天河摩崖	河南	6	南北朝	无
63	西明寺造像碑	河南	6	南北朝	无
64	云梦山摩崖	河南	6	宋	无
65	仙佛寺石窟	湖北	6	唐	来凤县仙佛寺石窟文物保护规划
66	阳华岩摩崖	湖南	6	唐	无
67	潼南大佛寺摩崖造像	重庆	6	隋	无
68	涞滩二佛寺摩崖造像	重庆	6	宋	涞滩二佛寺摩崖造像文物保护规划
69	蒲江石窟	四川	6	唐	蒲江石窟文物保护规划
70	邛崃石窟	四川	6	唐	邛崃石窟文物保护规划
71	荣县大佛石窟	四川	6	唐	荣县大佛石窟文物保护规划
72	夹江千佛岩石窟	四川	6	唐	无
73	通江千佛岩石窟	四川	6	唐	通江千佛岩保护规划
74	牛角寨石窟	四川	6	唐	无
75	卧龙山千佛岩石窟	四川	6	唐	无
76	灵岩寺摩崖	陕西	6	汉	无
77	石泓寺石窟	陕西	6	隋	无
78	万安禅院石窟	陕西	6	宋	无
79	云崖寺和陈家洞石窟	甘肃	6	南北朝	云崖寺和陈家洞石窟保护规划
80	木梯寺石窟	甘肃	6	南北朝	木梯寺石窟文物保护规划
81	王母宫石窟	甘肃	6	南北朝	无
82	贝大日如来佛石窟寺和勒巴沟摩崖	青海	6	唐	无
83	吐峪沟石窟	新疆	6	南北朝	吐峪沟石窟保护规划
84	封龙山石窟	河北	7	南北朝	无
85	水浴寺石窟	河北	7	南北朝	无
86	卧佛寺摩崖造像	河北	7	宋	无
87	法华洞石窟	河北	7	宋	无
88	瑜伽山摩崖造像	河北	7	宋	无
89	开河寺石窟	山西	7	南北朝	无
90	石马寺石窟	山西	7	南北朝	无
91	七里脚千佛洞石窟	山西	7	南北朝	无

序号	单位名称	行政区划	国保批次	年代	已批准保护规划名称
92	大佛寺石弥勒像和千佛岩造像	浙江	7	南北朝	大佛寺石弥勒像和千佛岩造像保护规划
93	柯岩造像及摩崖题刻	浙江	7	宋	无
94	南山造像	浙江	7	元	无
95	乌石山、于山摩崖石刻及造像	福建	7	唐	无
96	西资寺石佛造像	福建	7	宋	西资寺石佛造像文物保护规划
97	南天寺石佛造像和摩崖石刻	福建	7	宋	无
98	南岩石窟	江西	7	宋	无
99	丈八佛	山东	7	南北朝	无
100	长清莲花洞石窟造像	山东	7	南北朝	长清莲花洞石窟造像保护规划
101	水泉石窟	河南	7	南北朝	无
102	万佛山石窟	河南	7	南北朝	无
103	田迈造像	河南	7	南北朝	无
104	禅静寺造像碑	河南	7	南北朝	无
105	洪谷寺塔与千佛洞石窟	河南	7	南北朝	无
106	香泉寺石窟	河南	7	南北朝	无
108	佛沟摩崖造像	河南	7	宋	无
109	慈云寺石刻	河南	7	元	无
110	侍郎坦摩崖石刻群	湖南	7	南北朝	侍郎坦摩崖石刻群保护规划
111	南岳摩崖石刻	湖南	7	南北朝	南岳摩崖石刻保护规划
112	朝阳岩石刻	湖南	7	唐	无
113	石门大佛寺摩崖造像	重庆	7	宋	石门大佛寺摩崖造像保护规划
114	瞿塘峡摩崖石刻	重庆	7	宋	无
115	弹子石摩崖造像	重庆	7	元	无
116	北周文王碑及摩崖造像	四川	7	南北朝	无
117	鹤鸣山道教石窟寺及石刻	四川	7	南北朝	无
118	佛寺摩崖造像	四川	7	隋	无
119	冲相寺摩崖造像	四川	7	隋	无
120	郑山、刘嘴摩崖造像	四川	7	唐	无

序号	单位名称	行政区划	国保批次	年代	已批准保护规划名称
121	碧水寺摩崖造像	四川	7	唐	无
122	禹迹山摩崖造像	四川	7	唐	南部禹迹山摩崖造像保护规划
123	半月山摩崖造像	四川	7	唐	资阳半月山摩崖造像保护规划
124	白乳溪石窟	四川	7	唐	白乳溪石窟保护规划
125	能仁寺摩崖造像	四川	7	唐	无
126	中岩寺摩崖造像	四川	7	唐	无
127	大像山摩崖造像	四川	7	唐	大像山摩崖造像保护规划
128	翔龙山摩崖造像	四川	7	唐	无
129	玉蟾山摩崖造像	四川	7	宋	无
130	冒水村摩崖造像	四川	7	宋	无
131	清凉洞摩崖造像	四川	7	明	无
132	观音阁石刻造像	云南	7	宋	无
133	宜君石窟群	陕西	7	南北朝	无
134	清凉山万佛洞石窟及琉璃塔	陕西	7	宋	无
135	石拱寺石窟	甘肃	7	南北朝	无
136	五个庙石窟	甘肃	7	南北朝	无
137	石空寺石窟	甘肃	7	宋	无
138	伯西哈石窟	新疆	7	唐	无

总之，目前国保单位中石窟寺文物的保护规划编制率及通过率都比较高，过半的石窟寺类国保单位都编制了保护规划，并通过了国家文物局评审，已经进入规划实施阶段。

四、从规划到实施

保护规划是针对文物保护单位的专项规划，以《文物保护法》第14条至第19条为法律依据，《规划审批办法》则明确了保护规划的性质、定义、内容以及与其他城乡规划的衔接关系。

由于石窟寺文物载体密集、价值重要、本体脆弱、展示阐释难度大等特点，其保护规划需要有针对性地重点解决以下问题：①通过价值分析认定保护单位中保护对象；②对威胁文物保存现状的因素进行分析；③划定保护区划并明确与其他相关规划的衔接；④通过分析研究制定切实可行的保护措施；⑤设定切实可行的管理、利用措施。

下面以具体的石窟寺保护规划案例及其实施效果对以上问题的解决进行阐释。

（一）价值评估与保护对象——以天梯山石窟为例

天梯山石窟是2001年国务院公布的第五批国保单位，《天梯山石窟文物保护规划》于

2011 年通过国家文物局审批[①]。

天梯山石窟位于甘肃省武威市南 50 公里，1958 年，由于兴建黄羊河水库，天梯山石窟内的 200 多平方米壁画和 48 尊彩塑被搬迁，保存在武威市考古研究所和甘肃省博物馆内。几十年来，这批迁出文物无人问津，其所属权与保护方式也一直没有定论。

《天梯山石窟文物保护规划》的编制首先从价值评估入手。天梯山石窟由北凉国主沮渠蒙逊于公元 412 年创建，在当时十六国北方佛教中心姑臧（现武威市）开凿建立，是佛教沿丝绸之路从河西走廊向中原传播过程中凉州石窟的典型代表，被宿白先生称为"凉州模式"[1]39-51，对中原石窟的开凿与风格样式产生了巨大的影响（见图 5）。其搬迁出来的塑像壁画具有浓厚的西域风格，是不可多得的早期佛教艺术珍品。由于搬迁出的文物与现存的洞窟本体密切相关、价值重大，因此不能简单地认为其变成了可移动的馆藏文物。最终，该规划将这些搬迁文物与洞窟一起认定为天梯山石窟文物本体。

图5　天梯山石窟现状（图片来源：《天梯山石窟文物保护规划》）

基于价值评估与保护对象认定，《天梯山石窟文物保护规划》设定了这些壁画、塑像的保护加固措施，防止这些珍贵的文物在库房中进一步破坏。该规划并要求对洞窟进行岩体加固，并进行本体和环境监测；分析研究未来这些壁画、塑像本体搬迁回洞窟的可行性方案，并设定了研究步骤：首先对洞窟和迁出塑像、壁画进行数字化（见图 6），进行虚拟复原和博物馆内模拟洞窟复原，待条件成熟后在进行原洞窟文物复原[5]138-149。

《天梯山石窟文物保护规划》审批通过后，以上各项保护工作正在积极地开展中，壁画、塑像加固、洞窟岩体加固、监测都已基本完成。目前正在进行数字化的虚拟复原研究工作（见图 7），预计不久的将来，通过数字虚拟的展示手段，就能向公众展示天梯山石窟塑像、壁画复原后的精彩原貌。

---

① 《国家文物局关于天梯山石窟文物保护规划的批复》（文物保函〔2011〕88 号）。

图6　天梯山石窟塑像、壁画扫描测绘（摄影：张荣）

图7　天梯山石窟第2窟虚拟复原图（图片来源：北京国文琰信息技术有限公司）

（二）水文地质灾害分析——以炳灵寺石窟为例

炳灵寺石窟是 1961 年国务院公布的第一批国保单位，并于 2016 年作为"丝绸之路：长安—天山廊道路网"的组成部分，列入世界文化遗产名录。《甘肃炳灵寺石窟文物保护规划》于 2008 年通过国家文物局审批[①]，并于 2009 年由甘肃省人民政府公布实施[②]。

① 《国家文物局关于炳灵寺文物保护规划的批复》（文物保函〔2008〕636 号）。
② 《甘肃省人民政府关于公布实施炳灵寺石窟文物保护规划的通知》（甘政发〔2009〕103 号）。

炳灵寺石窟规模宏大、保存完整、内容丰富，价值非常重要，是丝绸之路上的一处重要文化遗产，其 169 窟内保留有西秦建弘元年（420 年）的题记，是我国石窟类文物中有明确纪年最早的石窟寺。

炳灵寺石窟位于甘肃省永靖县。由于 20 世纪 60 年代刘家峡水库的建成，极大地改变了炳灵寺石窟的小区域地形及微观气候环境（见图 8），对炳灵寺石窟塑像、壁画的保存带来了极大的影响。环境变化造成的泥沙淤积以及可能导致的洪水隐患，对炳灵寺石窟的安全也产生了极大的威胁（见图 9）。《甘肃炳灵寺石窟文物保护规划》详细地分析了该区域的地质水文资料，对刘家峡水库对石窟环境影响上进行了深入评估，并采用地理信息分析为石窟分布区域的排水量、疏沙量进行了测算。重点提出了地质灾害防治措施以及灾害应急预案。

以上内容与规划其他的主要措施都纳入了《甘肃炳灵寺石窟保护条例》[①] 与《甘肃炳灵寺石窟文物保护规划》，以地方性立法的方式保障规划实施、确保炳灵寺石窟的永续留存。

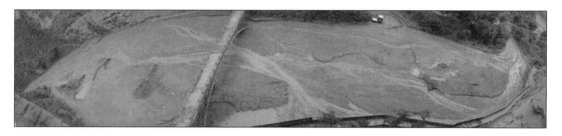

图8　炳灵寺石窟所处自然山体环境（来源：《甘肃炳灵寺石窟保护规划》）

图9　炳灵寺石窟窟前泥沙淤积情况

① 甘肃省人民代表大会常务委员会《甘肃炳灵寺石窟保护条例》（2017 年 6 月 8 日）。

（三）保护区划与规划衔接——以乐山大佛为例

乐山大佛是国务院 1982 年公布的第二批国保单位，与峨眉山一起于 1996 年列入世界自然—文化双遗产名录（见图 10）。《乐山大佛—灵宝塔保护规划》于 2017 年通过国家文物局审批①。

乐山大佛世界遗产地范围内有多处文物保护单位，其中的国保单位有：乐山大佛、灵宝塔、麻浩崖墓、离堆。乐山大佛还是国家级风景名胜区、5A 级景区，地处乐山市城市中心，管理难度很大。《乐山大佛—灵宝塔保护规划》从价值评估入手，分析世界遗产突出普遍价值与国保单位之间的价值关系，是由遗产地管理规划与几个国保单位保护规划共同组成的系列规划。遗产地管理规划解决遗产地的宏观管理与调控工作，本体、环境的具体保护内容通过国保规划的保护措施实施。乐山大佛的世界遗产区与缓冲区的管理控制要求，通过 4 个国保单位的保护范围和四级建设控制地带的管理规定执行，并将其与风景名胜区规划中的一级、二级、三级保护区管理要求进行衔接。以上区划要求以及其他的强制性条款亦被纳入乐山市城市总规中。

乐山大佛身份复杂、管理多头，规划难度很大，其保护规划通过系列规划的方式，以系统的多层级保护区划方式与其他规划密切衔接，为乐山大佛的保护提供了强有力的法律依据保障，为下一步的管理、利用提供了规划支撑。

图10　乐山大佛现状（图片来自：《乐山大佛—灵宝塔保护规划》）

---

① 《国家文物局关于乐山大佛—灵宝塔保护规划意见的函》（文物保函〔2017〕1169 号）。

（四）保护措施——以广元千佛崖造像为例

广元千佛崖摩崖造像是 1961 年国务院公布的第一批国保单位。《千佛崖摩崖造像文物保护总体规划》于 2003 年通过国家文物局的审批[①]。

广元千佛崖摩崖造像位于四川省广元市，地处嘉陵江畔，崖壁下就是古蜀道——金牛古道。广元千佛崖摩崖造像是佛教由中原北方向南方传播的重要节点。20 世纪初，金牛古道被改造为川陕公路，每天都有大量汽车紧贴广元千佛崖行驶，经过近百年的震动、污染、破坏，大量摩崖造像损坏、风化、污染，使这处重要文物岌岌可危。《千佛崖摩崖造像文物保护总体规划》提出了迁移川陕公路，对石窟进行防渗排水，建设保护性窟檐，进行环境保护整治等保护措施。该规划审批后，川陕公路按照规划要求进行改线，并对原有路面进行考古发掘，发现了大量的金牛古道遗址（见图 11）。广元千佛崖摩崖造像管理方在对崖壁进行防渗排水保护的同时，聘请清华大学文保团队对广元千佛崖本体及保存环境进行监测研究分析，在对石窟风化病害机理分析和对区域环境监测研究后，得出广元千佛崖需要建造一座遮光、避雨、控风的保护性设施建筑。在这一研究结论的支撑下，清华大学文保团队为广元千佛崖设计了一座轻钢结构，以传统青瓦遮蔽的窟檐，在遮光、避雨的同时保持内部的空气流通，成功地解决了石窟保护的问题。经过数据监测，窟檐内部环境的改善极大地减缓了石刻造像的风化速度[6]225-277（见图 12）。

该保护性窟檐的前期研究与实施，是我国在石窟保护设施上的一次突破性实践（见图 13～15），该窟檐还获得了 2016WA 设计实验优胜奖，这些成果的取得与保护规划中准确而具有前瞻性的保护措施制定是分不开的。

图11　广元千佛崖摩崖造像窟前川陕公路改道前后对比

---

① 《国家文物局关于千佛崖保护规划的批复》（文物保函〔2003〕606 号）。

图12 广元千佛崖摩崖造像监测风洞模拟分析图

（图片11、图12来源：《四川广元千佛崖摩崖造像监测报告（第一期）》）

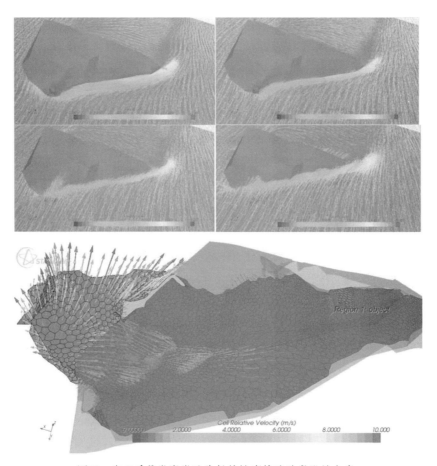

图13 广元千佛崖摩崖造像保护性窟檐试验段设计方案

图14　广元千佛崖摩崖造像保护性窟檐外观

图15　广元千佛崖摩崖造像保护性窟檐室内

（图13~15由清华大学建筑设计研究院有限公司建筑与文化遗产保护研究所提供）

（五）管理利用——以敦煌莫高窟为例

敦煌莫高窟是 1961 年国务院公布的第一批国保单位，也是 1987 年我国第一批列入世界文化遗产名录的遗产地。莫高窟是我国乃至世界最重要的一座石窟寺，价值重要性无与伦比（见图 16）。

从上文可知，敦煌莫高窟的保护总体规划从 1999 年编制开始到 2010 年最终完成并公布实施，这个过程是对敦煌莫高窟不断加深认识的 12 年，也是中国保护规划发展的 12 年。敦煌莫高窟保护总体规划，是中外保护学者与石窟管理者共同努力合作完成的一部规划，具有高瞻远瞩的国际视野，同时也是一部脚踏实地的石窟保护工作计划。

在利用与管理章节，该规划从完善遗产地管理组织架构入手，提出：组建国家文物局重点科研基地“壁画保护中心”，增设“数字化中心”，建设“游客中心”（见图 17），以加强莫高窟的保护研究能力，疏导游客，给游客以更好的观赏体验。该规划将“游客中心"选址于敦煌机场、火车站附近，远离莫高窟石窟本体区域，位于石窟的建设控制地带之外，将建设对石窟本体的影响降到最低，同时方便游客的到达。通过多年数字化研究的积累，游客中心以多媒体的展示方式向游客系统展示阐释莫高窟的魅力。所有游客都通过预约购票，分批进入石窟内参观。通过环境监测结合游客管理的科学方式，保护规划将洞窟内游客对壁画产生的影响降至最低。目前，敦煌莫高窟的保护、管理、利用正按照该部规划有条不紊地实施，为将敦煌莫高窟建设成为世界一流的保护、研究、管理、利用的遗产地而发挥重要的作用。

图16　敦煌莫高窟（摄影：于洋）

图17　敦煌莫高窟游客中心

（图片来自：http://www.gsww.gov.cn/Web_Detail.aspx?id=12451，摄影：孙志军）

五、结语

进入 21 世纪，中国进入文物保护事业人发展的时期。随着《全国重点文物保护单位保护规划编制审批办法》《全国重点文物保护单位保护规划编制要求》和《中国文物古迹保护准则》等一批政府规章和行业技术文件的出台，文物保护规划成为我国文物保护单位系统化保护最重要的文件。经审批通过和公布实施的保护规划正式成为一种具有一定法律效力的文件，为文物保护单位的保护、管理、利用提供明确和相对稳定的法律依据和保障。

由于石窟寺存在价值重要，石窟与石窟之间关联性强，同时石窟寺文物又非常脆弱等特点，一直以来都是文物保护界的难点问题。一部完善的保护规划对石窟寺文物的价值认识、保护对象构成、保护区划划定、保护措施制定、管理利用计划都具有强有力的指导性作用。近十几年来，石窟寺文物保护规划已经取得了很大的发展，规划的编制率、通过率都很高。通过以上几个案例分析不难发现，保护规划在为石窟寺长期的保护利用提供系统的计划安排，帮助管理者建立适宜文物保护事业的管理体系，从宏观的角度为石窟管理者设立好保护、利用的任务书，促进保护工程、环境整治、展示利用项目有序、有目的、有效地实施，从而在促进石窟文物的保护利用等方面，都发挥着重要作用。

在当代遗产保护理念下，文物保护不能仅仅局限于将文物本体单纯地保存下去，而必须基于文物价值分析，结合地方政治、经济情况，通过为文物编制既有前瞻性又切实可行的保护规划，并切实有序地确保规划得到实施，使文物发挥其最大的社会效益，并作为中华文化精髓的彰显向社会、公众传播。

参考文献

[1] 宿白. 中国石窟寺研究 [M]. 北京：文物出版社，1996.

[2] 吕宁. 思想的碰撞——中国石窟保护理念的发展 [M]. 北京：科学出版社，2016.

[3] 国际古迹遗址理事会中国国家委员会. 中国文物古迹保护准则 [Z]. 2004.

[4] 郝国胜. 三峡文物保护研究 [M]. 北京：科学出版社，2018.

[5] 张荣，李玉敏，李贞娥. 天梯山石窟塑像壁画虚拟复原保护研究 [J]. 建筑史，2015,36(2).

[6] 安程. 石窟环境监测模拟及整体性分析研究 [M]. 北京：科学出版社，2019.

新中国成立后中国水利遗产保护发展历程研究

陈　怡[①]

【摘要】本文以文物保护、水利史等领域的理论研究和重要实践为线索，回顾新中国成立后水利遗产保护思想的兴起、发展和变化。根据历史回溯可知，在新中国成立后至2004年的较长时间里，水利遗产主要作为水利史研究的关注对象，其保护意识和保护思想尚在萌芽阶段。而20世纪90年代国际上"遗产运河"类型的兴起和运河全球研究发掘出了大运河等一批优秀的中国古代水利工程，激发了国内文保界对于水利遗产的关注。21世纪初至今，以大运河申遗为契机，具有中国特色的水利遗产保护思想初步形成，在水利工程的类型和概念、要素和价值、水利文明特征以及保护机制上都进行了充分的探讨，呈现出跨学科参与、从理论到实践全面发展的趋势。

【关键词】水利遗产；保护；国际运河史迹名录；大运河；灌溉遗产

水利遗产是中国文化遗产中的一种较为独特的类型。在八批全国重点文物保护单位中，水利遗产仅41项，占总数的0.8%左右[②]。然而，水利遗产具有重要的地位和巨大的社会影响力，其中大运河甚至与长城一样拥有国家尺度，还有许多古代水利工程在当代仍然发挥着水利效益。

中国拥有极其悠久的治水、理水历史，留存了大量具有价值潜力的水利遗产资源。然而，相对于传统的文化遗产类型而言，水利遗产保护整体起步较晚，许多理论问题仍有待探讨。有鉴于此，对于水利遗产保护实践和保护思想发展进行回顾性研究，对推动更成熟的中国文化遗产保护思想体系的建立和发展而言，具有重要意义。

一、史学研究视角下的水利工程（新中国成立初期至 20 世纪 80 年代末）

20 世纪 90 年代之前，中国文物保护领域尚未出现"水利遗产"这一概念。在这一阶段公布的前三批全国重点文物保护单位名录中，属古代水利工程或者与水利直接相关的项目，仅有都江堰、安丰塘、灵渠、它山堰、木兰陂、白鹤梁题刻共 6 处，占总数的1.2%，远少于古建筑（43.2%）、古遗址（17%）和石窟寺（6%）的占比。除白鹤梁题刻外，

---

① 陈怡，女，生于 1982 年，籍贯浙江，北京国文琰文化遗产保护中心有限公司综合二所主任工程师，城市规划方向高级工程师。研究工作方向为文化遗产保护，擅长领域为水利遗产、矿业遗产、考古遗址的保护和世界遗产保护研究。
② 数据来源于"全国重点文物保护单位综合管理系统"，网址：http://www.1271.com.cn，后文有关全国重点文物保护单位的数据皆来源于此。

以上水利工程均由当时的水科院水利史研究室 ① 推荐 [1]236。不难发现，这一时期文物保护单位中水利工程类文物的认定主要由水利史学者主导，根据水利史研究相关成果推荐。这些水利遗产的实际维护基本由地方水利部门负责，鲜有文物保护领域的专项保护工程。

追溯这一时期的学术研究可以发现，在水利史、历史地理学等学科中，古代水利工程主要被视作研究素材，关注度不及水利文献。例如水利史研究所前身——民国国民政府水利委员会整理水利文献委员会，最初的主要工作就是整编淮河、黄河、长江及运河 ② 河工档案。新中国成立后的水利史研究延续了民国的基本方向，形成了《中国水利史稿》《中国水利史纲要》等重要水利史著作。历史地理学和交通史领域相关研究的主要关注点是运河：早在 1944 年，史念海先生就出版《中国的运河》，另外交通史学者们对于河渠的交通作用亦有所论述。

纵观彼时的国际学界，李约瑟编撰的丛书《中国科学技术史》英文版由剑桥大学出版社陆续出版，其中 1971 年出版的第 4 卷第 3 分册《土木工程与航海技术》中设有水利工程分章。李约瑟在其著作中对于中国的运河给予了极高的技术评价，这份研究成果在后续中国运河的保护和申遗过程中起到了关键的作用。

二、中国水利遗产保护的兴起（20 世纪 90 年代至 2004 年）

20 世纪 90 年代至 2004 年是中国水利遗产保护的兴起阶段。这一时期内，国内水利史研究取得了较大进展，为水利遗产保护奠定了学术基础。另外在国际方面，"运河遗产"的概念和理论研究取得了丰厚的成果，它对中国水利遗产保护在下一阶段的腾飞起到了关键作用。

（一）国内学术研究进展

至 20 世纪 80 年代后期，中国水利史、交通史和历史地理学研究都迈入了崭新的阶段，自 90 年代开始陆续收获丰富成果，对运河、灌溉、防洪等多种形态的水利物质遗产的关注和保护由此兴起。

20 世纪 80 年代起，全国水利志编纂进入繁荣期，至 2002 年已编纂完成江河志和水利志共计 718 部，其中正式出版 290 部 [2]72。水利文献编纂研究工作陆续完成后，学者的关注点逐渐从史料典籍扩展至水利工程实例。例如周魁一先生提到："由于古代科学技术蕴含在诸多文化典籍之中，凝聚在丰富的古代遗迹和文物之中，需要专业工作者深入地挖掘、整理和研究，才能揭示其真实的内涵。" [3]71 部分水利学者还关注到了古代城市的水环境，并提出保护倡议 [4]16[5]30-31。其中，运河作为中国水利遗产的一种极重要的类型，自 20 世纪 90 年代至千禧年以后一直是学界研究的高频课题，形成了跨学科的丰富成果。例如吴琦、李文治和江太新等诸多学者出版和发表了《漕运与中国社会》《清代漕运》等诸多

---

① 该机构最初为成立于 1936 年的民国国民政府水利委员会整理水利文献委员会，是国内唯一从事水利史、灾害史、水文化、水利社会学的专业研究所。经新中国成立和机构演变发展，如今为中国水利水电科学研究院水利史研究所。

② 古代水利里的运河专指大运河。

有关漕运主题的著作和期刊文章；水利史研究领域有《灵渠工程史述略》《京杭运河史》等研究专著面世；文化史研究领域亦有《中国运河文化史》出版；2004 年出版的《中国科学技术史·交通卷》中亦有涉及河渠航运的部分。另外，部分学者的研究方向还延伸到水利工程的社会文化背景，例如中法合作开展"山陕地区水利与民间社会调查研究"课题，日本学者森田明也著有《清代水利和区域社会》等 [3]72。

总体来讲，这一时期研究成果颇丰，既包括对于已经列入全国重点文物保护单位的都江堰、灵渠的深入研究，也挖掘出以大运河为代表的更多水利工程实例，并关注到水利工程技术特色以外的文化和社会部分。这些研究成果奠定了扎实的学术基础，为水利遗产的后续申遗和保护提供了重要的理论支撑。

然而，相对学术发展而言，这一阶段的保护实践仍较为滞后。例如新公布的第四、第五批全国重点文物保护单位名单中，属于水利工程的仅有郑国渠首遗址、盐官海塘及海神庙、通济堰、渔梁坝 4 例，相对新增数量 768 处来说，增速反而放缓。值得一提的是，郑国渠首遗址是首次以遗址形态出现的水利遗产，它为其后重要的水利工程遗址项目纳入我国的保护体系开创了先河。

（二）国外运河遗产保护理论和实践的影响

20 世纪 90 年代起，国际社会运河遗产的保护从理论到实践开始迅速发展，国际运河保护思潮又极大推动了中国水利遗产的保护。

1988 年，美国发起了第一届历史运河国家会议（First National Conference on Historic Canals），该会议自 1990 年起扩展成国际性活动，于 1996 年正式更名为世界运河会议（World Canals Conference）。国际运河会议每年选定一条重要的历史运河作为主题展开深入研讨，历届主题涵盖了里多运河、庞特斯沃泰水道桥等后来被列入世界遗产名录的著名案例，体现了国际社会中运河遗产的保护和研究逐渐升温。

针对这一趋势，世界遗产机制在理论架构上迅速作出反应，形成了两份关于运河的重要文件，一份是 1994 年加拿大运河专家会议形成的决议文件，另一份是 1996 年由国际工业遗产保护协会（Intercational Committee for the Conservation of Industrial Heritage, TICCIH）①制定的《国际运河史迹名录》（以下简称《运河名录》）。这两份文件将全球运河遗产的概念、价值和资源进行了梳理，标志着国际运河遗产保护的理论体系初步形成。

加拿大运河专家会议决议文件清晰地定义了运河和水道类遗产的核心概念，第一次提出了其包含技术、经济、社会、景观四方面价值。此外，该会议还建议对于世界遗产登录标准进行相应修改，补充技术方面的论述 [6]。这一建议在 1996 年新版《实施世界遗产公约的操作指南》（以下简称《操作指南》）中得到了实行，为后续运河及其他水利遗产列入世界遗产提供了可能。

1996 年的《运河名录》继承了加拿大运河专家会议决议文件对于运河的定义、类型和价值框架，并在此基础上对全球重要的运河案例进行了资源梳理和重要性排名。根据评

① 国际工业遗产保护协会 (TICCIH) 成立于 1978 年，是一个针对工业遗产进行保护、调查、记录、研究和阐释的国际性组织。

级结果，中国的灵渠、大运河和法国的米迪运河评分均达到 11 分（满分 12 分）[7]62,65-66，并列所有运河榜首。需要指出的是，《运河名录》中有关中国案例的论述基本引自李约瑟的研究成果；另外在单体设施的"溢流堰"一节，有提及都江堰（称为"灌县灌溉系统"）[7]39。从李约瑟到《运河名录》，不难看出，在西方学者眼中，中国水利遗产在技术和历史方面的价值已经得到了普遍性的认可，大运河、灵渠、都江堰等古代水利工程早已蜚声国际，享有极高的声誉。

这一时期，国际运河遗产的申遗进程也翻开了新的篇章，陆续列入世界遗产名录的项目有：米迪运河（1996 年）、拉卢维耶尔和鲁克斯主运河上的 4 个升降机和环境（1998 年）、里多运河（2007 年）、庞特斯沃泰水道桥及运河（2009 年）、辛格尔运河以内的阿姆斯特丹 17 世纪同心圆型运河区（2010 年）。

在《运河名录》的结论中，中国运河遗产在全球具有极重要的地位，但是 1996 年中国的世界遗产名录中却并没有一项运河。报告发布仅 4 年后的 2000 年，都江堰正式申遗成功。随后，大运河申遗工作于 2005 年启动，并于 2014 年成功列入世界遗产名录；灵渠也被正式列入世界遗产预备名录，这三个案例和世界遗产"结缘"，都可追溯到《运河名录》作出的顶层设计。

三、中国水利遗产保护体系扩大和深化（2005 年至今）

随着国内外学术积累及其相关理论的逐渐形成，自 2005 年起，中国水利遗产保护开始进入蓬勃发展阶段，其中的核心事件就是大运河的申遗及其一系列保护工作的开展。大运河申遗促进了多学科的密切合作，同时带动了中国水利遗产在资源普查、保护理念、概念拓展等多方面都取得了突破性进展，形成了从理论到实践全面开花的盛况。

（一）大运河申遗的理论探讨和实践突破

2005 年 12 月，罗哲文、郑孝燮、朱炳仁三位专家向大运河沿岸城市市长倡导加快大运河的"申遗"工作，拉开了大运河申报世界遗产的序幕。大运河的申遗对水利遗产保护提出了从理论到实践的双重挑战：理论层面，申遗要求我们按照世界遗产的原则和标准来梳理大运河的遗产构成和价值特色，同时满足真实性、完整性要求；实践层面，大运河是继长城、丝绸之路之外的第三个需要用国家尺度来衡量的巨型文化遗产，其要素繁多，相应的保护、监测与管理实践等都具有巨大的难度，对于水利遗产保护经验较少的中国而言极具挑战[8]154。从 2005 年直到 2014 年申遗成功，大运河申遗和保护相关工作为中国水利遗产保护带来了巨大的动力，同时也丰富了中国水利遗产保护的理论和实践经验。正是在这一时期，中国水利遗产保护在学科融合、资源梳理、概念辨析、价值和要素研究、保护理念等方面都出现了巨大的进展。

1. 理论探讨的焦点：大运河的遗产类型与核心价值

在整个申遗过程中，对于大运河遗产类型与核心价值的探讨一直是争论的焦点，甚至延续到申遗成功后的今天，反映了国内外专家对于大运河认识从模糊到清晰的演变过程。

自 2005 年起，文化景观、文化线路、遗产运河等特殊遗产类型通过世界遗产新版《操作指南》的发表，引起了中国保护学者的广泛关注。在这样的背景下，虽然早在 1996 年 TICCIH 编制的《运河名录》就已经把大运河默认为（带有工业遗产特色）的"遗产运河"类型，但是国内学者显然还有不同的看法，并试图从其他类型的视角来解读大运河。2006 年至 2010 年是大运河遗产类型探讨的高峰期，不同学科领域的专家大致形成了以下五种基本观点：

- 从传统遗产类型来看待大运河：这一观点主要在申遗初期，例如罗哲文认为"大运河首先是与长城并重的我国古代大型工程奇迹"[9]。

- 认为大运河属于遗产运河：在2008年3月举行的扬州会议中，郭旃系统引用了《运河名录》中遗产运河的所有定义，指出大运河按照国际文献认定的遗产运河类型将会促进其研究和成功申报。同年有部分文保界和水利史学者联合撰文，建议将大运河遗产性质确定为"遗产运河类的大遗址"[10]17。

- 认为大运河属于文化景观：罗哲文认为"从人文的角度而言，其水系绵延千里，纵贯南北，构成独特的自然风情，孕育出浓郁的线形文化景观"[9]；单霁翔认为大运河"具有文化景观的性质"[11]5；俞孔坚用"大尺度线形文化景观"[12]2 来定义大运河。

- 认为大运河属于文化线路：同样在2008 年的扬州会议上，王景慧提出"大运河是个多层次的复合遗产，最适合以'文化线路'的形式申报世界文化遗产"。在2009年5月"关于文化线路的科学保护"的无锡论坛中，单霁翔将大运河归为文化线路类型，并且倡议将原"京杭大运河"更名为"中国大运河"，将隋唐段运河遗址也归入到整体申报项目中，这一建议在后续的申遗实践中得到了具体落实。

- 认为大运河属于复合型遗产：在关于大运河价值的多方讨论中，国内专家逐渐意识到很难用一种既有类型来完全界定它。俞孔坚在用文化景观来定义大运河的同时，也指出遗产运河和文化线路这两个概念可能会对大运河的价值认识提供参考[12]2-5。同样在2008 年的扬州会议上，陈同滨也认为大运河复合性特征，从遗产类型上看，它"涉及线形遗产、文化线路、文化景观等多重遗产类型"[13]。在《中国大运河文化线路的工程性》一文中，张廷皓这样总结："它是具有突出文化价值的遗产运河；它是凸显工程和技术价值的文化线路；它是人类和自然的大型联合工程，形成独特的线性文化景观。"[14]

这些申遗初期对遗产类型的探讨在现在来看仍然十分重要，它标志着人们已经突破了水利工程的固有思维，引入了多学科视角。当然，大运河申遗实践还受到很多现实条件的约束，例如考虑到遗产保护和管理难度、真实性和完整性等因素，需要对遗产要素和价值有所删减。因此在最终申遗文本中，还是采取了以遗产运河的工程价值为核心的申报策略：在选择的突出普遍价值标准中，标准（ⅰ）和标准（ⅳ）直接针对水利工程技术价值，标准（ⅲ）则关注了大运河作为国家重要政治和经济制度的漕运文化，仅标准（ⅵ）的论述中将其视为中国重要文化交流的场所。而文化线路类型普遍选择的标准（ⅱ）以及文化景观直接关联的标准（ⅴ），在大运河申遗文本中都没有充分阐释。

虽然 2014 年大运河申遗成功落幕，但是对于其价值的探讨仍然持续至今。2019 年 2 月，中共中央办公厅、国务院办公厅印发了《大运河文化保护传承利用规划纲要》。针对这一重要文件，张廷皓在《新时代大运河文化遗产的新使命》中反思了大运河申遗留下的遗憾，其中就包括"大运河文化遗产的价值认知和阐释系统尚未建立"[15]2，他认为"从文物角度看，目前国际国内通行的文化遗产概念已很难全面概括中国大运河的历史功能和价值"[15]3，这点出了申遗初期专家们在遗产类型探讨上立场争执的根本原因：西方类型化的理论工具过于精细地切割了遗产的整体性价值与文化内涵，因此在识别研究以大运河为代表的中国运河类遗产时会造成价值的缺失和遗漏。在这篇文章中，张廷皓认为大运河的综合价值还包括"它是凸显水利工程和技术价值的文化线路……它是人类和自然的大型联合工程，形成独特的线性文化景观……它具有超强的历史活力和适应性，至今在相当区段还保存着运河初始功能的活的文化遗产"[15]3。这代表了大运河作为文化线路、文化景观和活态遗产的特色在未来还需要被进一步发掘和阐释出来。

2. 实践的突破：大遗址体系推动大运河的考古工作

大运河申遗实践的大发展还得益于国家"大遗址"保护体系的建立。2005 年，财政部、国家文物局印发《大遗址保护专项经费管理办法》，在其中第一次明确定义了大遗址的概念，指出"大遗址主要包括反映中国古代历史各个发展阶段涉及……水利等方面历史文化信息，具有规模宏大、价值重大、影响深远特点的大型聚落、城址、宫室、陵寝墓葬等遗址、遗址群及文化景观"[16]。大运河作为大型水利遗产的代表，被列入"十一五"首批大遗址项目中，同时在"十二五""十三五"大遗址保护专项规划中都作为重点案例进行规划。

表1　历次大遗址保护专项规划中与大运河相关的内容简述

	大运河保护相关内容
"十一五"期间大遗址保护总体规划[17]	阶段性成果要求 2006—2008 年：开展长城、大运河文化遗产考古调查、勘察、测绘、发掘、资源调查、综合研究和规划纲要编制等前期工作。把实施大运河保护前期工作作为示范工程。 2009—2010 年：（完成）大运河沿线抢救性保护示范项目
大遗址保护"十二五"专项规划[18]47	总体目标中提出"六片、四线、一圈"的总体格局，其中大运河即为"四线"之一。 实施步骤： 2011—2013 年：推动大运河各级保护规划编制工作；完成《大运河遗产保护管理办法》；将大运河遗址核心区保护展示项目作为重点工程
大遗址保护"十三五"专项规划[19]	主要任务："继续做好长城、丝绸之路、大运河等线性遗产的保护展示工程"

在国家政策的支持下，大运河申遗具体工作得以迅速开展。根据统计，大运河 2006 年至 2019 年的经费项目共 244 项，总额度近 14 亿元，其中，大遗址专项经费项目 131 项、总额约 7.68 亿元。从项目类型上看，既有传统的保护修缮工程、保护规划、展示工程，也包含了较多体现出大遗址特点的考古项目（调查、勘探和发掘），以及配合世界遗产要求的遗产管理规划和监测类项目。

在"十一五"大遗址规划的具体指导下，大运河在申遗前期开展了诸多重要的考古工作，例如安徽柳孜隋唐运河遗址、南旺水利枢纽遗址、隋唐漕运仓储遗址（含嘉仓、回洛仓、黎阳仓），以及一系列的水利设施的考古，这也是大运河申遗实践中的一大亮点。为了满足遗产构成，突出普遍价值、真实性和完整性等方面的申遗要求，像大运河这种延续千年的水利遗产，如果仅依靠传世文献和少数地上实物（且多经后续改造）则显得缺乏可信度。从这一点来看，考古的介入是必然的结果，正如魏坚所言，"考古学在运河研究中具有无可比拟的优势"[20]108。在考古成果的支撑下，大运河历史变迁的线索更加连贯，遗产要素（尤其是与隋唐运河相关的地下遗存）得以明晰，工程技术和漕运方面的突出普遍价值得到充分展示，真实性和完整性要求得以满足，后续的保护规划制定和修缮工作也找到了最可靠的原始依据，这些都是大运河成功申遗的坚实基础。

这一点为未来中国水利遗产的保护工作带来了重要启示：中国水利实践历史悠久，其中有大量工程是以地下文物的形式存在。在未来的水利遗产研究、保护和申遗等相关工作中，考古学科力量的介入至关重要。

（二）大运河及其他水利遗产的保护实践发展

纵观这一时期的保护实践，由于申遗的需要，大运河开始全面制定和实施文物保护规划和保护工程，在其影响下，灵渠、都江堰、坎儿井等重点案例均收到了国家文物局下拨的用于编制保护规划和实施保护工程的专项经费。然而，文物部门批准立项的保护项目中，有一大部分工作内容是维修水利工程相关的文物建筑和古桥等，这类项目仍属于传统修缮工程（例如都江堰二王庙古建筑群的灾后重建工程），仅仅在大运河、灵渠、坎儿井等案例上有针对水利设施本体的专项维修工程。不难看出，文保行业在水利遗产保护项目的审批和实施方面都相对谨慎，这也从侧面反映出文保领域在水利遗产保护和维修方面相关知识储备和经验的不足。同时，相比于大运河，其他水利遗产的考古工作开展明显滞后，这也使得这些遗产的价值评估、真实性、完整性的认定具有较大难度，且给后续文保工程的实施带来了进一步挑战。

另一方面，一些在用的水利工程（例如都江堰、红旗渠）都隶属于水利部门管理和使用，由于立场的不同，水利部门历次维修目的主要是保障水利的运行安全和运行效率，而不会把文物行业的保护原则奉为圭臬。例如，一般而言，在水利维修中使用现代材料和结构来改良传统的情况普遍存在，例如都江堰渠首现状使用混凝土砌筑堤坝和作为勾缝粘接材料；在红旗渠 20 世纪 80 年代以后的技改工程中，也普遍使用防渗效果较好的混凝土取代了原来的石灰作为渠道内部铺衬面材。而一旦在用水利工程被列为文物保护单位甚至世界遗产后，对于遗产真实性、完整性的要求就趋于复杂了。例如按照《中国文物古迹保护准则》和《操作指南》中的要求，真实性需要在形式与设计、材料与物质、使用与功能、传统技艺与管理系统、位置与环境、精神与情感等诸多方面被评估，这意味着不能仅以确保水利功能的延续作为最高要求，还应在修建材料、设施形式上尊重原状，并考虑延续传统的水利管理模式等，单纯的现代水利维修理念将不再适用。

为了协调以上矛盾，水利遗产的保护规划至关重要。在规划层面对遗产的核心价值、真实性和完整性进行科学评估，并在此基础上制定出适用于水利遗产专项保护的特殊要求、原则及标准，同时对于文物部门和水利部门的职能分工和协作管理作出科学部署，才能在未来持续使用和维护水利遗产的过程中最大限度地保护和传承其核心价值，避免不同部门因为保护目标和思路的不同而造成保护措施的冲突，从而导致遗产价值的减损。

规划先行、价值优先的思想在大运河的保护中已经得到了初步贯彻，并获得了成功。由于大运河在价值特色、遗存现状、水文和社会环境等方面存在极大的时空差异（例如南方水源充足但北方多处已缺水断航），不同段落需要有针对性地制定不同的保护目标。例如大运河保护规划（德州段）的核心保护理念是"水功能的保持和展示"，因此在措施上注重传统水工设施保护与修复，以及对于水稻岸域滩地的保护[21]183；而对于具有重要技术价值的南旺枢纽工程而言，由于其现状已经成为遗址，且水源体系发生了极大变化，恢复水利设施原状和通航功能的难度极大，因此最终保护规划目标定位为建设考古遗址公园，以遗址的方式保护和展示其核心技术价值，而不再考虑修复水利设施和恢复通航功能。

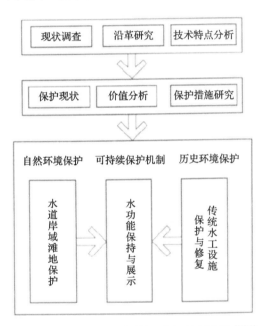

图1　大运河保护规划（德州段）编制思路[21]183

（三）中国水利遗产资源梳理取得初步成果

这一时期开展了中国水利遗产的整体普查工作，是为中国水利文化遗产保护的一个重要进展。在2006年开始的全国第三次文化遗产普查工作中，未列为文物保护单位的水利文化遗产列入了文物登记的范围[22]61；此外，2010年至2012年，水利部组织进行了我国第一次水利普查中对于古代水利工程和水利遗产的普查也作出部署[23]1-4。通过这两次普查，中国现存水利遗产的数量、类型和遗存状况已经基本明晰。

（四）水利遗产内涵的深入和概念的扩大

在2012年全国第一次水利普查成果的基础上，谭徐明及部分水利史研究学者提出了"水文化遗产"的概念。根据她的观点，水文化遗产除了以古代水利工程为主要性态以外，还有"非工程性态的遗存，它们不从属于特定工程，而是特定文明或文化的意识，是历史时期'水'的管理、水的认知、水的宗教的历史见证"[23]1-4。这一概念力图将不同类型和形态的遗产（例如水利文书、水利工程、水行政管理机构或水神建筑或遗址等）统一纳入到"水"的主题中，让人们看到水利遗产诸多遗存之间的系统性和关联性。在价值评估上，"水文化遗产"被认为具有科学技术、文化和生态环境价值，可以看出其对于遗产运河"技术、经济、社会、景观"的四层面价值框架有所借鉴。"水文化遗产"概念的提出表明了水利史学界开始主动介入水利遗产保护的理论体系建构，并且从过去对于水利工程的技术认识逐渐扩展到对于水文化的整体认知，而大运河申遗对于这种转变的发生起到极其关键的作用。

文物保护视角下的水利遗产在概念的广度和深度上亦有所突破，这从第六批到第八批全国重点文物保护单位中新列入的31项水利遗产可以得到体现。例如：从年代上看，增加了红旗渠等9处近现代水利工程，和一项新石器时代的水利工程遗址（鲤鱼山—老虎岭水坝遗址），拓宽了中国水利文明的上下时间线；从水利功能上看，增加了水力发电（石龙坝水电站）、潮汐发电（江厦潮汐试验电站）、防洪护岸（洪泽湖大堤）、驳船拉纤（槐山矶驳岸）、借清刷浑（金门闸）、抵御海潮围垦埭田（镇海堤）、验潮（坎门验潮所）等全新案例，更加充分地表达出中华文明中"水利"的丰富内涵。

在世界遗产体系下，截至2019年，中国的世界遗产名录和预备名录中，除了青城山都江堰外，其他水利遗产都列入2008年以后，包括正式名录中的大运河（2014年），以及预备名录中的白鹤梁题刻①（2008年）、坎儿井（2008年）、灵渠（2013年）和海塘·潮文化景观（2019年）。此外，即使在一些其他类型的世界遗产项目中，水利工程也是体现突出普遍价值的重要遗产要素。例如，红河哈尼梯田文化景观（2013年）中就有对于梯田农业至关重要的灌溉体系；西湖文化景观（2011年）中的水域本身也发挥着杭州城市水源补给和生态调节的重要功能；良渚古城遗址（2019年）的遗产要素中包含了早期水坝遗迹；等等。这些世界遗产案例表明，水利实践在不同的历史时期、地区和文化圈中广泛存在，并具有重要价值，它们从一个独特的角度向世界讲述了中国故事。

2014年，国际灌溉与排水委员会启动了"世界灌溉工程遗产"的评选工作，迄今已经举办了6届，共评选出遍布在15个国家的45项世界灌溉工程遗产，中国共有19项列入其中[24]9。灌溉遗产与世界遗产的评定理念存在较大差别，它更着眼于挖掘和宣传灌溉工程发展史及对文明的影响，在价值论述上并非采用全球化视野下的比较研究模式，而是更注重本土传统和历史的发掘；对保护管理、真实性完整性等层面要求也更为灵活。从某种意义上看，国际灌溉遗产名录和世界遗产中的遗产运河形成了一种互补，两者所关注的文明形态有很大的区别。一方面，其类型各有针对性和不同侧重；另一方面，世界遗产中的遗产运河项目以欧美工业革命以后的技术型运河为主，而灌溉遗产项目更多分布在亚非拉等具有悠久等农业文明历史的国家。灌溉遗产由于具有得天独厚的"农业文明基因"，因此在短短几年时间里在中国具有了较高的热度，客观上也提升了政府和公众对于灌溉水

---

① 该遗产属于水文题刻，记录了自唐以来1200多年间长江中上游72个年份的枯水水文资料。

利工程的关注。

四、结语：问题与展望

新中国成立后，中国水利遗产的保护经历了不同发展阶段，实现了从无到有的重大突破，不仅在实践上收获颇多，在理论发展上也形成了符合中国水利文明特点的初步认识和保护框架，并成功将重要的水利遗产引入到国际视野中。然而，笔者认为，当前中国水利遗产保护体系仍不完善，有一些关键性问题还需在理论和实践层面进行更精细、更深入的研究和探索。

从保护实践层面看，虽然几次普查基本摸清了全国水利遗产资源的整体数量和遗存现状，但这些水利遗产尚未有效纳入相关的保护机制中。例如现有八批全国重点文物保护单位中，水利遗产占比 0.8% 左右，较 20 世纪 90 年代以前的前三批占比的 1.2% 反而呈现下降趋势，这说明了水利遗产的发展速度仍然赶不上其他类型。在蓬勃发展的文保事业中，具备保护级别的水利遗产数量十分有限，仍有很大一部分水利遗存处于完全无保护的境况下。另外，虽然水利界也开展了相关资源的普查，甚至预见性地提出"水文化遗产"保护的理念，但是对这些普查水利遗产的基础性保护工作在实践中并没有真正得到落实。还有一点值得注意，就是水利考古在大运河的申遗中已经取得了可喜的成果，但是却尚未在其他水利遗产保护工作中得到普及。针对上述现实情况，笔者建议文保界、水利界和考古界开展广泛合作，搭建切实有效的保护体制，从而有效抑制进一步地破坏，真正确保这些水利遗产得到传承。

从保护理论层面看，由于行业定位不同，水利界和文保界具有完全不同的水利遗产保护理念和思路，大运河的申遗和保护促进了双方更深度的合作和互相学习，促进了水利遗产保护理论上的融合。例如"水文化遗产""国际灌溉遗产"等概念，都借鉴了世界遗产和文物保护的基本理念。但另一方面，在多数水利遗产保护的具体案例中，地方文物部门和水利部门在遗产价值、保护目标和修缮理念上仍存在较大的观念差异，实际工作中由一方主导话语权的情况也较为普遍，部门间合作非常有限。因此，近年来水利遗产的理论研究成果呈现出一种分化的趋势：水利界更多地在案例发掘、概念拓展等方面有所建树；而文物部门掌握了更为丰富的实践经验（例如保护工程、监测等）。为减少上述理念和实践中的分歧和割裂，融合相关的行业优势，建立一套双方共同认可的、能够推行全国的保护准则，将有利于全国水利遗产保护理论和实践的发展。

最后，在回顾历史思潮时，也须站在当前的时间节点展望未来：当前文旅融合、多规合一、部门调整等国家层面的机制改革和由此带来的全新遗产保护理念和趋势，对于水利遗产的保护提出了更高的要求。例如，近年来提出的大运河文化带、黄河文化带等概念，在保护的同时也关注其传承和利用，这不仅要求对当前的理论的全面总结和细化研究，夯实水利遗产保护的思想基础；更要求建立跨学科的广阔研究视角。可以预见的是，在未来将会由文保、水利、考古以及文化、规划、旅游、交通等各行业的专业人士通力合作，贡献各自领域知识的同时拥有更包容和多维的视野，这样才能更好地承担起"大运河文化带"等国家级 IP 的保护和传承任务。

参考文献

[1] 谭徐明. 从历史 - 当代 - 未来中追寻水利的真谛——水利史研究的回顾与展望 [J]. 中国水利水电科学研究院学报，2008(3).

[2] 周魁一. 信息时代江河水利志的价值定位 [J]. 中国水利，2002(8).

[3] 周魁一. 水利史学科新进展 [C]// 中国水利学会专业学术综述（第五集）. 2004.

[4] 谭徐明. 古都风貌与水环境保护 [J]. 中国水利，1995(12).

[5] 谭徐明. 水利工程对成都水环境的影响及其启示 [J]. 水利发展研究，2003(9).

[6] Report on the Expert Meeting on Heritage Canals (1994)[Z]. 18COM, WHC-94/CONF.003/INF.10.

[7] ICOMOS/TICCIH, International Canal Monument list (1996) [Z]. http://www.icomos. org/studies/canals2a. html.

[8] 陈怡. 世界遗产中复合类型遗产价值研究——以京杭大运河为例 [D]. 北京：清华大学，2012.

[9] 刘琼. 京杭大运河申遗悬而难决"卡"哪了？[N]. 人民日报，2006-01-16(11).

[10] 于冰，谭徐明. 京杭大运河的遗产性质探讨 [J]. 杭州通讯，2008(6).

[11] 单霁翔."活态遗产"：大运河保护创新论 [J]. 中国名城，2008(2).

[12] 李伟，俞孔坚，李迪华. 京杭大运河的完全价值观 [J]. 地理科学进展，2008，27(2).

[13] 陈同滨. 关于大运河保护规划的几点看法 [Z]. 大运河保护与申遗工作会议暨大运河保护规划编制研讨会，扬州：2008.

[14] 张廷皓. 中国大运河文化线路的工程性 [N]. 中国文物报，2009-05-29(5).

[15] 张廷皓. 新时代大运河文化遗产的新使命 [J]. 中国文物科学研究，2019(3).

[16] 国家文物局，财政部. 大遗址保护专项经费管理办法（已废止）[Z]. http://www.mofcom.gov.cn/aarticle/bh/200510/20051000522824.html，2005.

[17] 国家文物局，财政部."十一五"期间大遗址保护总体规划 [Z]. http://www.nbwb.net/info.aspx?Id=2551，2006.

[18] 国家文物局，财政部. 大遗址保护"十二五"专项规划 [J]. 民族建筑，2013(10).

[19] 国家文物局. 大遗址保护"十三五"专项规划 [Z]. http://www.zj.gov.cn/art/2016/12/1/art_5495_2200878.html，2016.

[20] 魏坚. 开创运河考古研究的新局面——代"运河考古"专栏主持辞 [J]. 运河学研究，2019(1).

[21] 谭徐明，王英华，万金红，等. 大运河遗产保护规划编制过程中的认知与研究——以大运河山东德州段为例 [J]. 中国水利水电科学研究院学报，2010(3).

[22] 刘延恺，谭徐明. 水利文化遗产现状及保护的思考 [J]. 北京水务，2011(6).

[23] 谭徐明. 水文化遗产的定义、特点、类型与价值阐释 [J]. 中国水利，2012(21).

[24] 刘阳. 来自申报现场的专家解读——世界灌溉工程遗产"长大了"[N]. 人民日报海外版，2019-09-05.

附录 1　全国重点文物保护单位中水利遗产列表

行政区划	批次	单位名称	公布类型	年代	工程性质	保护规划经费	保护/整治/展示工程经费
四川省	第二批	都江堰	古建筑	秦	分水、灌溉	有	有
安徽省	第三批	安丰塘	古建筑	周	蓄水、灌溉	有	有
广西壮族自治区	第三批	灵渠	古建筑	秦	航运、灌溉	有	有
浙江省	第三批	它山堰	古建筑	唐	阻咸引淡	有	有
福建省	第三批	木兰陂	古建筑	宋	拦河灌溉	无	无
重庆市	第三批	白鹤梁题刻	石窟寺及石刻	唐	水文题刻	无	有
陕西省	第四批	郑国渠首遗址	古遗址	战国	渠首引流	有	有
浙江省	第五批	盐官海塘及海神庙	古建筑	清	捍海堤塘	无	有
浙江省	第五批	通济堰	古建筑	南北朝	拦河灌溉	无	有
安徽省	第五批	渔梁坝	古建筑	唐	泄洪防旱、截流行船	有	有
河南省	第六批	红旗渠	近现代	新中国	拦河灌溉	有	无
陕西省	第六批	五门堰	古建筑	元	拦河灌溉	有	有
多省份	第六批	大运河（京杭大运河）	古建筑	周	航运（漕运）	有	有
云南省	第六批	石龙坝水电站	近现代	清	水力发电	有	有
新疆维吾尔自治区	第六批	坎儿井地下水利工程	近现代	清	灌溉	有	有
河北省	第六批	金门闸	古建筑	清	借清刷浑	有	无
江苏省	第六批	洪泽湖大堤	古建筑	汉	防洪、护岸、灌溉	无	有
福建省	第六批	镇海堤	古建筑	唐	抵御海潮，围垦埭田	有	无
湖北省	第六批	荆江分洪闸	近现代	新中国	分洪工程	无	有
甘肃省	第七批	锁阳城古渠道遗址	与现有国保单位合并	唐	拦河灌溉	无	有
山东省	第七批	金口坝	古建筑	南北朝	节制水量	无	无
浙江省	第七批	犰茶湖避塘	古建筑	明	驳船避风	无	无
河南省	第七批	五龙口古代水利设施	古建筑	秦	灌溉	有	无
贵州省	第七批	鲍家屯水利工程	古建筑	明	引蓄灌溉	有	有

续表

行政区划	批次	单位名称	公布类型	年代	工程性质	保护规划经费	保护/整治/展示工程经费
江西省	第七批	槎滩陂	古建筑	五代	拦河灌溉	有	无
江西省	第七批	紫阳堤	古建筑	宋	防浪堤	无	有
湖北省	第七批	槐山矶驳岸	古建筑	明	拉纤、驳船	无	无
四川省	第七批	离堆（含乌尤寺）	古建筑	秦	不详	有	无
浙江省	第七批	坎门验潮所	近现代	中华民国	验潮站	无	无
浙江省	第八批	鲤鱼山—老虎岭水坝遗址	古遗址	新石器时代	堤坝	暂无信息	暂无信息
上海市	第八批	华亭海塘奉贤段	其他	清	捍海堤塘	暂无信息	暂无信息
浙江省	第八批	太湖溇港	其他	春秋至今	节制蓄泄	暂无信息	暂无信息
浙江省	第八批	钱塘江海塘海盐敕海庙段和海宁段	其他	明清至今	捍海堤塘	暂无信息	暂无信息
福建省	第八批	霍童灌溉工程	其他	隋至今	灌溉	暂无信息	暂无信息
海南省	第八批	（山严）塘陂、亭塘陂水利工程	其他	宋明至今	蓄水、灌溉、防洪	暂无信息	暂无信息
贵州省	第八批	天门河水电厂旧址	近现代	1943 年	水力发电	暂无信息	暂无信息
四川省	第八批	奇峰渡槽	近现代	1975—1978 年	渡槽	暂无信息	暂无信息
四川省	第八批	洞窝水电站	近现代	1925 年	水力发电	暂无信息	暂无信息
广东省	第八批	长岗坡渡槽	近现代	1981 年	渡槽	暂无信息	暂无信息
安徽省	第八批	佛子岭水库连拱坝	近现代	1954 年	蓄水发电	暂无信息	暂无信息
浙江省	第八批	江厦潮汐试验电站	近现代	1979 年	潮汐发电	暂无信息	暂无信息

附录 2　加拿大运河专家会议中的价值重要性层面

重要性层面	内　容	分 项 点
技术	运河可以有广泛的用途：灌溉、航行、防御、水力、缓解洪灾、解决陆上排水和供应水	水路航道的线路及其防水处理
		可与其他地区的建筑和技术构造特点相比较的工程构造
		建造方式精密性的发展
		技术的引进
经济	运河在很多方面对经济作出了巨大的贡献，例如在经济发展和货物与人的输送方面	国家建设
		农业发展
		工业发展
		财富的产生
		适用于其他地区和其他工业的工程技术的发展
社会	运河的建造及运作已经并且会持续地产生一定的社会结果	财富的再分配，以及其产生的社会和文化结果
		人口的移动和文化群体之间的相互影响
景观	如此大规模的运河工程已经并且持续地对自然环境产生影响。新的工业化的居住模式造成了农村人口的疏散和城市化核心的建立	—

中国乡土建筑遗产保护的研究综述

李晶晶[①]

【摘要】本文将中国乡土建筑遗产保护的发展历程划分为萌芽期、初建期、发展期和蓬勃期四个阶段，论述了从"民居研究"到"乡土建筑研究"，再到"乡土建筑遗产保护"和"传统村落保护"的发展历程，并对各时期的学术研究进行述评，对相关政策、制度进行整理，从而梳理出学术界对乡土建筑遗产价值认识的不断提高，保护思想不断更新、完善的发展脉络，最后，通过探讨学术研究和保护实践的新趋势对我国乡土建筑遗产保护的未来发展趋势进行展望。

【关键词】乡土建筑；遗产保护；研究综述

中国的乡土建筑研究始于 20 世纪 30 年代第一代建筑史学者对传统民居的研究。80 年代，随着文物保护界对乡土建筑遗产价值认识的提高以及保护意识的增强，我国开始了真正意义上的乡土建筑遗产保护。这项工作虽然只有短短三十多年的历史，但它恰处我国文物保护思想蓬勃发展的阶段。改革开放政策的实施使我国的经济迅猛发展，先进的国际保护理念和技术大量地、成体系地进入我国，加之自由的学术环境，使乡土建筑遗产保护思想迅速发展，学术讨论百家争鸣，政策、制度不断健全。尤其是党的十八大以来，党和国家对文物保护工作的重视程度大大提高。习近平总书记对历史文化名城、古村落、传统民居保护的关注，以及美丽乡村建设的展开和乡村振兴战略的实施，极大程度推动了乡土建筑遗产保护事业的发展，推动各项保护政策、制度不断出台，各类保护项目不断建立，使乡土遗产保护事业进入空前繁荣的阶段。在我国乡土建筑遗产保护工作蓬勃发展的今天，对其发展历程进行爬梳，对保护思想的形成、发展与演进进行阶段性总结非常必要。

一、萌芽期：乡土建筑的早期探索

伴随着中国传统建筑研究的起步，第一代建筑史学者开始了以传统民居为主的乡土建筑初步探索。他们以田野调查和测绘为主要研究方法，以建立民居谱系为研究目标，初步建立起建筑史学科视角的民居研究范式。新中国成立后，随着研究思路的拓展，研究方法的更新，研究深度的提升，学术界对民居价值的认识逐渐提高，"民居"研究逐渐走向包含了建筑群和整体空间环境的"乡土建筑"研究

（一）乡土建筑研究的起步——民居研究

中国的乡土建筑研究始于 20 世纪 30 年代营造学社的民居研究。虽然学社本着"整理

---

① 李晶晶（1986—　　），清华大学建筑学院博士后，中国艺术研究院建筑研究所博士，主要研究方向：中国传统建筑营造技艺与文化遗产保护。

国故，发扬民族建筑传统"[1] 的宗旨，将研究重点放在殿堂、坛庙、陵墓等规模宏大、历史久远的建筑，但是，一些学者已经认识到民居的价值，并开始了对民居的初步研究。基于营造学社的工作任务，学社成员主要采用文献研究与田野调查二重印证的方法进行古建筑研究。由于民居的文献资料寥寥无几，相关研究主要采用调查、记录、测绘的方法，侧重于建筑现象的描述。这一时期的民居研究成果主要发表于《中国营造学社汇刊》，研究内容主要涉及以下几方面：

第一，民居建筑形制的发展与演变历史。龙非了运用历史学、考古学等学科的相关知识，通过对黄河中游地区的窑洞进行调查研究，考证了当地居住形式从穴居到窑洞的演变。其《穴居杂考》（1934）也是首篇研究民居的专门性论文。

第二，民居的类型及布局。梁思成与林徽因在《晋汾古建筑预查纪略》（1935）一文中首次将民居作为单独的建筑类型，不仅对乡村和城市中的土窑、砖窑、合院等各类山西民居的建筑布局、形制、材料以及营造智慧进行了论述，并且对门楼、磨坊等乡土建筑给予了关注。

第三，民居的结构、营造技艺与装饰艺术。刘敦桢撰写的《西南古建筑调查概况》（1941）和刘致平的《云南一颗印》（1941）、《四川住宅建筑》（1944）①，对云南、四川地区的民居在选址、布局、用材、结构、营造技艺等方面的特点以及它们与当地气候、环境的关系进行了较为系统的研究，为之后的民居研究起了很好的示范。

从研究内容来看，这一时期的民居研究属于建筑史的范畴，第一代建筑史学者主要关注民居作为文物的价值，他们的研究方法也影响到之后的民居研究，成为很长一段时间内民居研究的主要方法。

（二）民居研究的进一步发展

新中国成立后，为中华民族的新建筑创作提供形式要素和参考资料成为研究传统建筑的一个新目标和历史任务。此时，经过营造学社成员的探索，已经积累了许多有关宫殿、庙宇等官式建筑的研究资料，关于民居的资料却比较匮乏。在此背景下，民居研究受到重视。在刘敦桢的主持和推动下，民居研究在全国范围内展开。

刘敦桢在跟随营造学社在西南地区避难期间对民居进行考察的经历，已使他深刻地认识到"以往只注意宫殿陵寝庙宇而忘却广大人民的住宅建筑是一件错误事情"[2]3，并将研究重心转向民居。1953 年，他主持成立了"中国建筑研究室"，开始组织全国各大高校及研究单位有计划地进行民居调研，产生了一批高水平的著作、论文、研究报告。其中比较有代表性的如：著作《中国住宅概说》（刘敦桢，1957），《徽州明代住宅》（张仲一、曹见宾、傅高杰等，1957）；论文《福建永定客家住宅》（张步骞、朱鸣泉、胡占烈，1957）；研究报告《苏州旧住宅参考图录》（同济大学建筑工程系建筑研究室，1958），《粤中民居调查》（金振声、邹爱瑜，1958），《吉林民间住宅建筑》（张驭寰，1958）等。

---

① 《西南古建筑调查概况》与《四川住宅建筑》由于特殊的历史原因未能刊印，前者收录于 1987 年出版的《刘敦桢文集（三）》，后者收录于刘致平 1990 年出版的著作《中国居住建筑简史——城市、住宅、园林》中，遗憾的是原稿中所附图纸、照片全部遗失。

这一阶段的调研属于普查式，侧重于总结某一地区民居的普遍特征。一方面，出于为建筑设计提供参考资料的研究任务，调查工作除了注意平面、结构、样式、装饰等，还特别强调气候、地质、材料等自然条件与建筑的关系；另一方面，由于各单位的研究者均以本地区民居为研究对象，调研条件更加便利，这一阶段的研究虽然在研究方法上没有大的突破，但是调研深度有所发展，研究对象更加丰富。尤其是《中国住宅概说》一书，不仅结合考古发现对中国传统民居的发展脉络进行了梳理，而且以建筑平面为分类标准对各地民居进行了分析，研究对象覆盖山西、河南、甘肃、安徽、内蒙古、辽宁、广东、湖南、北京、福建等21个省、直辖市、自治区。虽然论述还不够深入、细致，但这种分类归纳对于总结某一地区民居建筑的典型特点、模式有重要意义，并且第一次勾勒出中国传统民居的整体面貌，是民居研究领域的一次进步，也是这一时期的优秀成果。

1958年召开的"全国建筑历史学术讨论会"进一步推动了民居研究在更广泛的地区展开。会议对以往研究中"轻视劳动人民建筑的错误思想进行了深入揭发和严肃批判"，提出"必须在全国各地迅速全面地展开群众性的研究工作"，在最短时间内编撰出一本能"全面、系统地反映我国建筑面貌的著作"[3]6。以此为契机，民居研究迎来了一个高潮，研究各地民居的专门性著作和调查报告大量涌现。1964年以前，有据可查的民居调查报告已有56篇①，覆盖福建、安徽、江苏、广西、江西、海南、贵州、湖北、上海、新疆、青海、宁夏等23个省（区）市。虽然这批成果中的大部分未能及时付梓（一部分在20世纪80年代得以出版），但是它们为之后的民居研究提供了丰富的基础资料。更重要的是，这一阶段的工作使民居研究的队伍得以扩充，在这一时期成长起来的学者如陆元鼎、孙大章等，不仅成为后续研究的中坚力量，而且为中国的民居研究培养了大量后继人才。

这批成果中最突出的当属中国建筑设计研究院建筑历史研究所于1963年编撰完成的《浙江民居》。该书突破了以往研究中对普遍特征的总结，而将注意力转向非典型的建筑模式，以揭示民居面对不同地形、空间需求呈现出丰富多彩的变化，学习它们的设计经验。为了给建筑设计提供更多有益的参考，研究者根据现代建筑学的空间观念和审美原则，有意选择与现代建筑在空间组织、体块的组合等方面有异曲同工之妙的案例。这种研究方法使研究成果带给建筑师更多启发，得到广泛的认可。1962年，其阶段性研究成果在杭州、上海举办了两次展览，获得很高的评价；在1964年举办的北京科学讨论会上，《浙江民居》以中英文发表，并在32个国家的权威建筑杂志上全文转载[4]50。《浙江民居》不仅在当时的建筑界获得了广泛的关注，而且对之后的研究产生了重要影响。

总体而言，这一时期属于民居研究的转折期，调研范围从西南地区扩大到全国，初步构建起我国民居的基本框架；调研方式从总结某一地区民居共同特征的普查式，向关注个性，力求为建筑设计提供更多思路的案例式发展，研究深度亦有所加深；培养了民居研究的人才队伍。但是，这一时期的研究仍未突破单体建筑测绘的研究方法，也较少涉及建筑群和整体空间环境的分析。

---

① 统计数据源自《走向民间建筑，探索另一种传统——对中国建筑研究室（1953—1965）之住宅研究的研究》附录中的资料。赵越. 走向民间建筑，探索另一种传统——对中国建筑研究室（1953—1965）之住宅研究的研究 [D]. 南京：东南大学，2012：86-89.

（三）从民居研究到乡土建筑研究

20世纪80年代，随着改革开放政策的实施，我国的学术环境更加轻松、自由。公派学者到欧洲学习遗产保护，以及加入《保护世界文化和自然遗产公约》等行动，也促使我国的文化遗产保护事业与国际交流日益频繁、深入。在此背景下，我国民居研究的视野更加开阔，内容更加丰富，开始从单体民居的研究延伸至乡土建筑群以及聚落空间环境和乡土文化的整体研究。

1986年，《保护文物建筑及历史地段的国际宪章》（即《威尼斯宪章》）经陈志华翻译引入中国，此时距离它的颁布时间已有22年。《威尼斯宪章》的引入在学术界引起了很大反响。该宪章指出："历史文物建筑的概念，不仅包含单个的建筑作品，而且包含能够见证某种文明、某种有意义的发展或某种历史事件的城市或乡村环境，这不仅适用于伟大的艺术品，也适用由于时光流逝而获得文化意义的在过去比较不重要的作品。"[5]4 其第14条指出："必须把文物建筑所在的地段当作专门注意的对象，要保护它们的整体性。"[5]6《威尼斯宪章》提出的"乡村环境""整体性"等概念，引发人们跳出过去对单体民居进行测绘、记录的研究方式，转而站在更广的维度研究聚落整体。

陈志华在同年发表的《谈文物建筑的保护》一文中提出文物建筑的"总体保护"思想，也促进了这一转变："在制定保护建筑的名单时，应该从整体着眼，力求使列入名单的建筑物能够构成这个国家、地方、城市或村镇的全面的、完整的、系列化的历史和创作活动的见证。"[6]15 他认为，只有这样建筑才能发挥历史见证作用，将某一地区的"全部历史"世世代代传下去。在他的推动下，"民居"研究逐渐向包含着宗祠、牌坊、书院、文峰塔等一系列"乡土建筑"的整体研究转变。

虽然直到现在，仍然有许多"民居"研究，但从彼时开始，民居的概念已由过去古代、近代"民间的居住建筑"这样"狭义的解释"，变为"包括民间的建筑，如祠堂、会馆、作坊、桥梁等"，"是整片成街成区的传统民居，而不是单栋建筑"这样的"广义的理解"[7]63。

与此同时，改革开放前被视为禁忌的文化研究在学术界成为热点，民居研究领域的文化研究也如火如荼地展开。《建筑学报》《建筑师》《新建筑》等重要的学术期刊上均发表了研究民居文化的论文，如《福建民居的传统特色与地方风格》（黄汉民，1984），《巫·建筑》（罗亮，1987），《浙江地区的传统和建筑形式》（唐葆亨，1987），《观念建筑——傣族民居中的文化内涵》（郭东风，1988），《中国传统复合空间观念——从南方六省民居探讨传统室内外空间关系及其文化基础》（许亦农，1989）等。这些文章或对民居与传统文化、地方文化之间的关系进行论述，或将民居与地理、气候、文化、伦理结合起来研究，解释了之前在技术、艺术层面难以解释的现象。民居研究开始突破对建筑本体的研究，向更深层次发展。建筑学与社会学、历史学、考古学、民族学、民俗学等学科的研究方法相结合成为趋势。

陈志华在这方面作出了突出贡献。他在《漫谈建筑社会学》（1986）一文中提出建立"建筑社会学"的学科体系，主要研究"建筑跟各种社会要素在不同层次上的相互关系，在一定历史发展阶段上的社会（包括生产、制度、意识形态等）如何建造出了它的建筑，反过来，建筑又如何影响了社会"[8]1。接着，陈志华在实践中践行了这一理论。1989 年，他与楼庆西、李秋香①两位老师组创了"乡土建筑研究组"，在乡土建筑研究中引入社会学视角，"将乡土建筑与乡土生活联系起来研究"[9]357，借助家谱、碑刻、题记以及访谈材料，研究乡土文化影响下的乡土建筑，取得了极其丰硕的成果，出版了《新叶村乡土建筑》（1993）、《楠溪江中游乡土建筑》（1993）、《诸葛村乡土建筑》（1996）、《婺源乡土建筑》（1998）等著作，为乡土建筑研究提供了优秀的范本。这一研究方法也为乡土建筑研究打开了新的视角，自此，以多元视野研究乡土建筑的著作、论文层出不穷②。其中比较有影响力的思想是陆元鼎倡导的运用"民系"的观念和方法研究民居（陆元鼎，2005），以及东南大学的朱光亚提出通过划分"地理文化圈"研究建筑谱系的方法（朱光亚，2002）。

从"民居"研究走向"乡土建筑"研究，不仅意味着研究对象在物理空间范围的扩充，而且包含研究内容从关注物质形态延伸到注重建筑环境、乡土文化等非物质存在；不仅意味着研究视野在社会空间维度的延展，而且涵盖研究方法从单纯的建筑学领域扩大到多学科研究方法相结合的综合性研究。这些都说明，我国的乡土建筑研究已经从现象研究上升到理论研究，乡土建筑研究正走向成熟。

二、初建期：乡土建筑遗产保护的提出

我国现代意义的文物建筑保护思想产生于营造学社时期，《中国营造学社汇刊》中已经出现了不少论及古建筑保护与修复的文章③。新中国成立后，中央人民政府陆续颁布了一系列法规、条例，逐渐形成了我国的文物保护制度和管理体制。鉴于当时的社会经济情况，建筑遗产保护主要以单体文物建筑保护为中心。虽然 1950 年颁布的《关于保护古文物建筑的指示》已经明确提出，应当保护具有历史价值的书院、住宅等乡土建筑[10]10，但当时的保护工作仅限于具有革命纪念价值的名人故居、重要会址等。真正意义的乡土建筑保护始于 20 世纪 80 年代。

（一）乡土建筑遗产保护的开端

改革开放后，国家经济迅猛发展。随着城市建设的大规模展开以及城市化进程的日益加快，城市传统风貌遭到了破坏，给文物建筑的保护带来了新的问题，关于历史城市、街区保护的讨论日益增多。经过细致的调研与论证，1982 年，国务院批准了《关于保护我国历史文化名城的请示》并公布了第一批历史文化名城[11]194-197。1986 年，公布第二批国家历史文化名城名单的文件中指出："对一些文物古迹比较集中，或能较完整地体现出

---

① 初创时为陈志华、李秋香二人，楼庆西次年加入。

② 如，《富阳县龙门村聚落结构形态与社会组织》（沈克宁，1992），《山西平遥的"堡"与里坊制度的探析》（张玉坤、宋昆，1996），《岷江流域传统民居空间的模糊性》（胡纹、沈德泉，1998），《中国民居的生态精神》（蔡镇钰，1999）等。

③ 如《蓟县独乐寺观音阁山门考》（梁思成，第三卷第二期），《日本古建筑物之保护》（关野贞讲，刘敦桢、吴鲁强译，第三卷第二期），《故宫文渊阁楼面修理计划》（第三卷第四期，蔡方荫、刘敦桢、梁思成），《修理故宫景山万春亭计划》（梁思成、刘敦桢，第五卷第一期）等。

某一历史时期的传统风貌和民族地方特色的街区、建筑群、小镇、村寨等，也应予以保护"[12]311，并指出各级人民政府可根据它们的价值，核定公布为当地各级"历史文化保护区"，着重对其"整体风貌、特色"进行保护。这是国家相关文件中首次提及乡土建筑保护的内容，乡土建筑的保护开始作为历史文化名城保护的一部分，以"历史文化保护区"的形式展开。我国的乡土建筑遗产保护拉开了序幕。

1988年国务院公布的第三批全国重点文物保护单位名单中，除了有作为革命纪念物的乡土建筑以外，还列入了大量其他类型的乡土建筑。其中，既有陈家祠堂、白鹿书院这样的单体院落，也出现了丁村民宅、祥集弄民宅这样以聚落、街巷形式列入的乡土建筑群。值得注意的是，这些村落、街巷以"民宅"的称谓列入保护名单，反映出当时的保护界仍将乡土建筑视为文物，对其整体性与活态性缺乏认识。这样的认识也清晰地反映在实践领域。

这一时期的乡土建筑保护基本有四种模式：第一，单体建筑就地保护，即将列入文物保护单位的乡土建筑，依照文物法的有关规定进行就地保护，如白鹿书院。第二，单体建筑易地迁建，即选取有地方特色和代表性的建筑，采取原拆原建的方法，实施搬迁保护，如潜口民宅。第三，村落全面保护，即公布为文物保护单位的村落，由国家出资购买民居产权，迁出居民，在民居内进行静态展陈和模拟古人生活状态的动态表演，如丁村民宅[13]6。第四，历史文化名城保护理论下的分级保护，即依照"价值评估，分级保护，合理利用"[14]94的原则，以旅游开发为目的，注重保护村落风貌和传统格局，对乡土建筑采取分级保护的方式，改善居住环境，带动村落发展，如楠溪江芙蓉村、苍坡村[15]28前三种保护方案的共性是注重保护单体建筑，忽视了乡土建筑的整体性与活态性，属于博物馆式的静态保护；第四种方式虽然注意到乡土建筑与乡土环境、乡土生活的关系，为乡土建筑走向活态保护奠定了基础，但是将保护重点放在"风貌"而不是建筑实体上，导致一些村落为了开发旅游增建的"假古董"对村落的真实性和历史价值造成了破坏。

（二）从博物馆式保护到活态保护

20世纪90年代，随着我国加入国际古迹遗址理事会（ICOMOS），我国的文化遗产保护事业开始与国际接轨。各类关于历史性城市、乡土建筑的研究理论、保护思想、国际宪章不断涌入，乡土建筑的相关研究更加活跃和深入。随着文物建筑认识的发展和历史文化名城保护工作的推进，历史环境逐渐成为人们关注的问题。过去仅保护文物建筑物质形态和依附于这种物质形态而存在的历史信息的保护方式已经不能适应保护文化多样性的要求[16]210。乡土建筑的保护开始从博物馆式走向活态保护。

20世纪90年代初，陈志华作为乡土建筑保护的先锋，率先提出了以"以乡土聚落为单元的整体研究和保护"的思想。他认为："聚落是一个有机的系统，它的历史文化意义和功能大于它所有的各个单幢建筑的意义和功能的简单总和。个体建筑离开了聚落就会降低它的价值，聚落失去了它的部分个体建筑也会降低它的价值。所以，乡土建筑的保护应该以村、镇的整体保护为主要方式。"其中包含两层含义，一是"以乡土聚落为单元"；二是"整体研究和保护"。

　　首先，他非常重视与乡土建筑紧密联系在一起的乡土环境、社会生活和传统文化，认为它们共同构成了生活信息的库藏，是某地最全面的、最生活化的、最真实的历史见证，具有"科学价值、审美价值、情感价值、借鉴价值、使用价值"[17]117，因此，保护乡土建筑最重要的是将整个乡土聚落视为一个单元进行保护。这一思想被人们广泛接受，之后的乡土建筑保护多以古村镇的形式展开，其中的非物质内容成为重要的保护对象。该理念对于理解乡土建筑的核心构成要素和认识其遗产价值也具有重要意义，推动了乡土建筑的活态保护。

　　所谓"整体保护"即保护村落的全部历史和生活的实物见证[18]52。也就是说，作为文物保护单位的村镇，不应区分建筑的保护等级，全部各类建筑都应予以保护，除了保护各类建筑外，村落环境、生产生活设施、历史印记、乡土文化等均应保护。为了满足居民长期的生活、发展的需求，只能"另辟新区"或在严格遵守"最小干预""可识别性""可读性"与"可逆性"原则的前提下做一定限度的改变[19]194-195。"整体保护"理论的目的是将乡土建筑遗产原生态地、真实地、完整地、长久地传承下去。该理论适合于保存相对完整的，或已被列入"文物保护单位"的传统村落。如整体保护的诸葛村、长乐村经过合理的保护规划和二十多年的跟踪保护，已成为"整体保护"的范本。

　　然而，对于整个中国而言，此类村落只占少数。大量传统村落属于非"文物保护单位"，正处于由传统向现代过渡之中，新、老房子并存，并且新房占绝对优势[20]9，整体保护的方式难以解决人口增长和现代生活所带来的发展需求。一些不具备另辟新区条件的传统村落，也面对同样的问题。对于此类村落，更多专家主张采取"更新"的方式保持传统村落的生命力①。例如，阮仪三认为，许多古镇经历了数百年的变迁，房屋年久失修，地方经济落后，要想保护需要必要的改造和建设，只要有合理的规划与保护措施，就能兼顾保护与发展[21]25,27。他建议在调查评估的基础上分级保护，设立三级保护区、五个保护等级，并通过提高百姓和领导的思想认识，做好合理的规划设计等方式谋求村落的可持续发展。朱光亚主张"将发展与保护并置考虑"，让传统村落的保护规划"参与社会进程"。他认为，保护规划不能满足人的需求，不能同经济发展及乡镇建设相契合，不能与整体规划及其他规划磨合是导致保护失败的重要原因[22]67。因此，他的团队在制定传统村落保护规划时，首先考虑村落发展必须解决的居民生活需求、消防安全、交通、教育等关键问题。吕舟则认为应当发挥民间组织的作用，使居民理解当地文化传统的价值和意义，在保护的同时，适当改善他们的生活、居住条件，充分调动社区和居民的积极性，并通过政府适度投入和规划指导达到适度更新与保护的目的[16]216-217。吴良镛在20世纪80年代针对旧城改造提出的"有机更新"理论在这一时期也被引入传统村落的保护之中。

　　这些思想基本代表了20世纪90年代我国乡土建筑保护的基本理论，也构成了2000年之后我国乡土建筑遗产保护思想发展的基础。

---

① 这一时期探讨建筑遗产以及历史文化名城保护与更新问题的重要成果有：《旧城保护整治新探索》（朱自煊，1988），《日本古建筑的保护、利用和更新》（尹培桐，1993），《保护与更新——原清末江苏省咨议局建筑群的修缮与环境改造》（周椿，1996），《农村建筑传统村落的保护与更新——德国村落更新规划的启示》（王路，1999），《保护借重利用更新和而不同》（常青，1998）。

三、发展期：乡土建筑遗产保护的全面展开

2000 年，《关于乡土建筑遗产的宪章》（即《墨西哥宪章》）被引入中国，引起了巨大的反响。与此同时，西递村、宏村被列入世界遗产名录，人们对乡土建筑遗产价值的认识得到提高，更多专家、学者投身到乡土建筑研究以及乡土建筑遗产保护的事业中。2002年修订的《中华人民共和国文物保护法》将"历史文化村镇"从"历史文化区"中独立出来，成为独立的一类保护对象。2003 年，建设部和国家文物局设立了"中国历史文化名镇（村）"制度，开始分批次评选"中国历史文化名镇"和"中国历史文化名村"。2008年《历史文化名城名镇名村保护条例》的颁布，标志着我国乡土建筑遗产保护进入法制化和专业化阶段。这一时期我国的乡土建筑研究在深度和广度上均得到很大程度的发展。

（一）各地乡土建筑及其保护研究

有关乡土建筑及其保护研究的成果最为丰富，研究对象既有个体村落，又有打破行政区划，以经济、文化或历史上的联系为纽带的村落群。研究内容主要有三个方向：

一是对各地乡土建筑进行测绘、记录与研究。陈志华、楼庆西、李秋香、陆元鼎、张玉坤、张玉瑜、宾慧中等学者从村落历史、人文背景、自然环境入手，对山西、安徽、浙江、广东、湖南、福建、云南等地的村落选址、公共建筑、居住建筑、建筑装饰等内容进行研究，为人们了解我国丰富、优秀的乡土建筑遗产打开了一扇大门，也为当地乡土建筑的保护奠定了基础。孙大章的《中国民居研究》（2004）则较全面地论述了当时国内民居研究的概貌，在更大的视野范围内比较各地民居的价值，对厘清各地民居的特殊性、确定保护项目的优先级具有积极意义[23]7。

二是从营造技艺的角度研究各地乡土建筑。营造技艺的传承是乡土建筑维持良好状态、得到恰当保护的重要条件。然而，随着社会的发展，传统建筑营造技艺正面临失传的严酷挑战。因此，研究、保护营造技艺，对于乡土建筑遗产的保护意义重大。张玉瑜对福建大木作技艺的研究（2005），杨立峰对滇南"一颗印"民居大木作技艺的研究（2006），宾慧中对白族传统合院民居营建技艺的研究（2006）等，不仅从工匠视角对乡土建筑的内涵给予了更深入的诠释，而且为相应地区乡土建筑的保护和修缮提供了技术依据。尤其是2009 年"中国传统木结构营造技艺"被列入世界非物质文化遗产名录以后，从营造技艺的角度研究乡土建筑成为学术界的一个热点。刘托主编的《中国传统建筑营造技艺》丛书（2013）对徽州民居、闽南民居、婺州民居、北京四合院、苗族吊脚楼、蒙古包以及闽浙地区贯木拱廊桥的发展及演变历史、建筑形制及特色、营造技艺及施工流程、营造文化及习俗等进行了记录与研究，为相关研究提供了优秀的范本。

三是各地乡土建筑的保护策略探索。阮仪三团队对江南水乡古镇的保护，朱良文团队对云南地区乡土建筑的保护，罗德启团队对贵州民族村镇的保护等，不仅为我们保护下一批珍贵的文化遗产，而且在保护乡土建筑，改善居民生活条件方面积累了宝贵的经验。阮仪三在制定江南水乡古镇保护规划时，站在发展的角度对古镇作为文化遗产的价值进行了分析，促进了人们对乡土建筑遗产价值认识的提高，尤其是在保护范围的划定、保护等级的制定，如何处理保护与利用的关系等方面为后续研究和实践提供了宝贵的经验。他尤其

强调对当地群众、领导以及设计人员进行教育、培训，使其建立正确思想意识的重要性。

（二）乡土建筑遗产保护基础理论与方法研究

有关乡土建筑遗产保护基础理论与方法的研究成果与第一类相比数量较少，但近年来呈现出增长的趋势，虽然一定程度上反映出我国理论研究的薄弱，但说明了近年来学者对理论研究重视程度的提高。相关研究以问题为导向，主要集中在保护原则，保护、更新与可持续利用，新农村建设与乡土建筑保护，保护方式和技术，制度建设和价值评价六个领域。

（1）保护原则：走向多学科全面整合的研究，应成为当代乡土建筑研究领域的发展趋势[24]224（李晓峰，2005）。小城镇有其具体的环境，除一般所说生态环境外，还要保护好"文态环境"[25]28（郑孝燮，2000）。参照国际上保护历史文化村镇的优秀样板，结合我国的具体情况，历史文化名镇名村的保护应遵循多学科原则、参与性原则、原真性原则、融入性原则和整体性原则[26]45（赵勇，2004）。应深入开展乡土建筑遗产资源普查，切实加强乡土建筑遗产法规建设，积极编制乡土建筑遗产保护规划，正确树立乡土建筑遗产保护理念，注重保护乡土建筑遗产完整信息，科学建立乡土建筑遗产保护机制，广泛开展乡土建筑遗产保护宣传，努力保证乡土建筑遗产的社会功能[27]60-66（单霁翔，2008）。应立足区域整体协调发展，从古村镇、古建筑所处的多样化环境出发，采用"多维（科学）规划""多维（持续）保护"和"多维（合理）利用"的乡土建筑保护对策[28]189-193（吴晓枫，2009）。

（2）保护、更新与可持续利用：乡土建筑的保护与更新是一个复杂的综合系统工作，涉及社会效益、经济效益、环境效益、文化效益等多方面的平衡与提高，关系到管理部门、开发商和普通居民的价值观的调和及利益分配，影响因素繁多，且相互制约[24]220（李晓峰，2005）。"保是前提，用是目的"，应参照历史文化名城的办法，采取点、线、面的方式保护历史文化村镇[29]23（罗哲文，2006），不同的对象应采取相应的保护方法，旧区更新与功能完善的方法是不同的[30]47-48（王景慧，2009）。传统村镇中的文物保护单位及周边环境应保持"原生"状态，其他部分应当尽量保持传统的更新速率。这种局部的、渐进的变化是传统村落实现可持续发展的基本保证。应对村落建设实施统一管理，将每年修复和改造的民居控制在 5 % 左右[31]98-99（董卫，2005）。乡土聚落的合理利用，最基本、最重要的就是争取村民，至少不太少的一部分能在那里继续安居乐业，这就需要努力设法在文物保护的前提下提高古聚落和老住宅的居住舒适度[17]126（陈志华，2008）。对于空置的乡土建筑，首先应考虑寻找与其相接近的功能进行利用，除民俗博物馆外，还可开设老人活动中心，开办托儿所、幼儿园，或者对设施要求不高的手工作坊[22]70（朱光亚，2002）。

（3）新农村建设与乡土建筑保护：切实发挥各级政府保护乡土建筑的主导作用，加强法规制度和技术标准、规范建设，探索土地置换的相关政策，拓宽保护投入渠道，加强人才培养，合理利用，惠及民众，完善管理体制[32]184-185（单霁翔，2007）。应维护乡土文化的完整性，整治村落环境，提升居住环境，突出地方特色，保护农村文化遗产和古村落文化景观[33]74-75（张松，2009）。新农村建设和规划中需要考虑不同农村的发展阶段以及乡土建筑的特色和发展演变规律。大规模的新村建设活动与农村住宅标准化图集的推广如何与传统建筑技术、工艺、材料的发扬和发展相结合，如何与地方工匠的经验相结合，是乡土建筑特色保留与保护的关键环节[34]65（吕红医、王宝珍，2009）。应将合理利用历史文化和自然资源与村庄整治相结合，依托生态资源优势，结合产业发展，以及邻近景区辐射影响，发展乡村旅游业。使创新与继承相续，保护与开发更新并进[35]64（李茹冰、游张平，2012）。

（4）保护方式和技术：乡土建筑的保护模式有就地保护、易地保护、全面保护和整体保护，更新模式可分为：整体改造——全面更新、"旧瓶新酒"——局部更新、持续发展——有机更新[20]9（李晓峰，2005）。"低技术"方略是乡土建筑保护的可持续之路，是解决目前保护困境最优化可行的策略[36]678（李浈，2010）。历史文化村镇的保护规划要突出特色、因地制宜，促进历史村镇经济社会的全面发展，注意使居民从保护中受益，要统筹保护有形和无形、物质和非物质的文化遗产，历史文化村镇的旅游要使遗产无虞、居民受益、游人满意[30]49（王景慧，2010）；技术流程可综合概括为："战略导向型""价值引导型""问题推导型""条件归纳型"四种类型[37]162（罗瑜斌，等，2010）；规划模式有：文物保护规划模式、历史文化名城保护规划模式、城市规划模式、景观规划模式、历史建筑修葺设计模式和旅游规划模式[38]15（黄家平，等，2012），以及传统城市规划和社区规划有效结合的参与式社区规划途径[39]148（刘艳丽，等，2010）；管理模式有：上级政府主导下的"全民参与、立体保护"模式，企业主导下的"有序运作、强力整合"模式，基层政府主导下的"顺势而为、自力更生"模式[40]50-55（李浈，2011），和公共参与模式下的自治保护模式[41]181（张政伟，2011）。

（5）制度建设：应尽快成立中国古迹遗址保护协会乡土建筑专业委员会 [《关于保护乡土建筑的倡议》（《无锡倡议》），2007]①。产权问题是古镇保护中最根本的核心问题，在古镇区内部保持一定的产权模糊度是有效率的[42]244（李昕，2006）。应深入研究和探索土地置换的相关政策，既要符合我国实行最严格土地政策的基本原则，又要妥善保护乡土建筑[27]60-66（单霁翔，2008）。应加强我国物质与非物质文化遗产的科学、高效、统一的保护管理[43]89（周乾松，2011），将历史文化村镇保护管理的规定切入规划法中[44]30（张松，2011），历史文化村镇应在行政管理上建立责任明确的行政主管机构、建立分权化的管理环境，建立古建修缮、新建建设以及拆除许可证管理机制；行政考核上建立历史文化遗产保护的考评制度[45]28（罗瑜斌，2012）。

（6）价值评价：历史文化村镇的价值评价体系应该包括特征评价和真实完整性评价两个方面[46]647（邵勇、付娟娟，2012），环境价值应被列为评估中权重较大的要素[22]69（朱光亚，2002）。价值评估的第一个标准是确定历史文化的历史断代，之后是对历史要素进行定性评估，包括两大类，第一类是实物遗存，包括纪念性和标志性建筑，标志历史变迁的街巷肌理，具有一定历史和艺术价值的建筑和其他遗存。第二类是历史信息，包括非物质的或已消失而有流传价值的历史任务、事件、时尚、风俗的载体，以及能反映设定断代的风貌特征[47]107（王世仁，2004）。

---

① 《关于保护乡土建筑的倡议》（《无锡倡议》），无锡新传媒 http://www.wxrb.com，2007 年 4 月 12 日.

四、蓬勃期：乡土建筑研究的蓬勃发展

党的十八大以来，党和国家对文物保护工作的重视程度大大提高，习近平总书记多次就城乡建设中的乡土建筑保护问题作出指示，推动了我国乡土建筑遗产保护事业的发展，各项保护政策、制度不断出台，各类保护项目不断建立。

（一）政策、制度的不断完善

2012 年，住房和城乡建设部、文化部、国家文物局、财政部联合发布《关于开展传统村落调查的通知》将历史建筑不太多，但选址、传统格局有特色，能体现传统文化精髓的村落也纳入保护范围，并发动社会各方力量展开传统村落调查，将"村落承载的非物质文化遗产"和"人居环境现状"列入调查对象。传统乡土建筑遗产的保护开始大范围地以村落为单位展开，通过制定保护规划，设立专项扶持项目，投入资金支持等手段加以实施。除"历史文化名镇（村）"以外，更多传统村落得到保护，乡土建筑的保护工作更加完善。2014 年，国家文物局启动了"全国重点文物保护单位和省级文物保护单位集中成片传统村落整体保护利用工作"，积极推进、全面提升 270 个传统村落的整体保护和可持续保护，以形成可推广、可复制的经验与模式。以传统村落形式进行乡土建筑保护工作已初见成效。

党的十九大报告提出"实施乡村振兴战略"，并在《乡村振兴战略规划（2018—2022年）》中要求通过保护、利用乡土建筑遗产以及非物质文化遗产，振兴乡土文化，发挥乡村文化的价值。乡土建筑遗产的保护与利用已经成为解决"三农"问题的一条有力途径和国家复兴战略必不可少的组成部分。

（二）学术研究的新趋势

"乡村振兴战略"的实施给乡土建筑遗产的保护带来了新的机遇和挑战。文化遗产保护、建筑学、社会学、管理学、经济学、地理学等各领域的专家、学者积极地展开跨专业的合作，探索通过乡村遗产的保护、利用与活化为"三农"问题提供新思路。天津大学、中南大学等高校纷纷成立传统村落研究中心，各类论坛、会议层出不穷[①]。从研究内容上看，上文所述的两大主题仍占主流，但随着研究的不断深入，近两年，也出现了一些新趋势。

首先，乡土建筑研究向更深入、更细化方向发展，出现了对"乡土建筑"概念的进一步讨论和梳理。谭刚毅、贾艳飞 2018 年发表在《建筑学报》上的《历史维度的乡土建成遗产之概念辨析与保护策略》一文，认为"Charter on the Built Vernacular Heritage"被翻译为"关于乡土建筑遗产的宪章"是不准确的。"Built Vernacular Heritage"应译为"乡土建成遗产"，一字之差反映了认识上的巨大差异。作者认为，"Charter on the Built Vernacular

---

① 例如，2013 年中国建筑学会年会的主题是"乡土建筑传承与美丽乡村建设"，2015 年"中国传统村落保护与乡村旅游发展论坛"在山东荣成举行，主要探讨"胶东海草房"的保护问题；2016 年"传统村落守护与激活论坛"在浙江松阳举行；2017 年"生态文明视域下传统村落保护与发展论坛"在陕西榆林举行。

Heritage"强调了"乡土建筑"的"群体"性、"地区特色""非正式途径",以及处的社会环境等,真正理解乡土建筑,必须认识其所处的环境,包括社会环境。"乡土建成遗产"这一概念既包含了乡土建筑,又包含了其建成环境,更加准确[48]23。

如前文所述,陈志华在翻译"Charter on the Built Vernacular Heritage"以前,已经做了许多乡土建筑研究及保护的工作,对这部宪章的出台起了举足轻重的作用。他所倡导的乡土建筑研究并不局限于建筑本体,而包含了村落的发展历史、人文环境、选址布局等内容,他倡导的乡土建筑遗产保护也包含了村落的内部环境、外围的生态环境以及各类历史、生活印记。因此,"乡土建筑遗产"一词完全涵盖了"乡土建成遗产"所表达的含义。另外,虽然陈志华最早提出以"乡土建筑"研究代替"民居"研究,但在这之前"乡土建筑"一词已作为泛指在乡土环境的孕育下,自发形成的建筑,在国内建筑界使用多年①,且"乡土建筑遗产"比"乡土建成遗产"更符合中国人的语言习惯②。由此,前者似乎更具合理性。但不管怎样,上述讨论反映了学术界对乡土建筑遗产价值构成要素的梳理和判断,对乡土文化和乡土环境乃至乡土景观的关注,对于提高对乡土建筑遗产价值的认识是非常有益的。

同年11月,在清华大学建筑学院举办的"那仲良先生回顾中国乡土建筑研究五十年暨中美乡土建筑研究圆桌对谈"会议上,与会专家就"民居""乡土建筑"以及"Vernacular Architecture"三个术语的概念进行了辨析:那仲良是第一位将中国民居翻译为"Vernacular Architecture"的学者,但民居、乡土建筑均不完全等同于"Vernacular Architecture","民居"强调住宅,"乡土建筑"强调乡村,二者都不能完全涵盖所有类型的Vernacular Architecture,因为Vernacular所包含的平民性和日常性被抹去了。至于"乡土建筑"应该对应什么样的英文术语,此次对谈并没有明确的结论,有待进一步研究。这次讨论是我国学者与国际同行专家的对话,一方面反映了我国学者正积极与国际研究接轨;另一方面说明学术界正在对乡土建筑研究进行更深层次的思考,乡土建筑的研究在未来将会取得更大的进展。

其次,除建筑学领域以外,具有社会学、地理学、管理学、旅游学、民俗学、经济学、艺术设计学等其他学科背景的学者,大量加入乡土遗产保护的研究队伍,从传统村落保护的角度探讨乡土建筑遗产的保护问题。他们以不同专业的各类研究视角,采用地理信息系统技术(GIS)、空间分析技术、数据挖掘技术(SPSS)、数学模型分析等新的研究方法,为我国的乡土建筑遗产保护研究注入了新鲜血液,带动了相关研究的发展。

以刘沛林为核心的"传统村镇文化数字化与创意利用"国家地方联合工程实验室团队(李伯华、胡最、窦银娣、邓运员等),近年来发表相关文章最多,研究方向主要有三个:

---

① 根据知网的统计,1977年李鸿猷、陈安栋、曾子祥发表在《建筑技术》杂志上的《苏联房屋抗震研究综述》一文中已经出现"乡土建筑"一词。

② 类似的讨论在《中国文物古迹保护准则》2015年版修订时也曾出现。专家组曾考虑用"文化遗产"这个涵盖面更广的概念取代"文物古迹",但考虑到"文物古迹"一词是中国文物保护中约定俗成的名称,且经十余年的推广,已形成巨大的行业影响,成为许多文物保护工作者熟悉和使用的文件,更名不符合《准则》修订要保持延续性的原则,最终仍沿用"文物古迹"这一名称。吕舟. 中国文物古迹保护准则的修订与中国文化遗产保护的发展 [J]. 中国文化遗产,2015(2):11.

一是综合利用各项现代信息技术获取传统村落的现状数据，建立数据库并进行多样化数字呈现，以实现文化遗产的永续传承[49]104；二是借助生态群落演替的基本理念，结合生态学、地理学和环境科学的基本方法探索传统村落人居环境的转型发展[50]153，从而为传统村落的保护与发展提供依据；三是通过引入"景观基因图谱"的概念，对传统村落及其乡土建筑的景观价值、薄弱环节、旅游开发潜力等方面进行评价，为传统村落的保护以及旅游规划提供科学的依据①。

中国民间文艺家协会主席、天津大学教授冯骥才依托天津大学冯骥才文学艺术研究院，成立国家级传统村落保护与研究机构——"中国传统村落保护与发展研究中心"，组建了交叉学科研究团队，设立研究项目，展开基础理论的学术研究；立档调研，制作"中国传统村落数据库"；搭建学术平台，组织各类论坛、学术会议，开展培训和研习班；并在各类媒体呼吁立法以及制度改革，积极推动传统村落的保护，产生了广泛影响②。

山东大学历史文化学院教授王云庆和四川大学公共管理学院副教授王萍，分别从自己的专业角度探讨了传统村落的建档工作方法、建档模式、档案建构策略以及档案机构在保护工作中的作用等问题，提出了借助建档工作之力保护传统村落的新思路③。

再次，出现通过对乡土建筑遗产进行"遗产设计"，以激发乡土建筑遗产的活力，改善、解决传统村落"空心化"问题的新思路。

"遗产设计"这一概念由清华大学建筑学院副教授罗德胤提出，其核心理念是：对于一些保护等级中等偏低的乡土建筑遗产，遗产设计师在最大限度保留其历史信息的情况下，通过空间改造的技术手段，使其更好地适应现代化生活，使使用者获得更好的美感与空间体验，从而使乡土建筑遗产恢复生命力，使传统村落恢复吸引力，并通过其吸引力带来更多公众的关注和社会资金，支持乡土建筑遗产的保护与修缮，形成良性循环。

罗德胤带领清华同衡规划设计研究院传统村落研究所的研究团队，完成的哈尼民居保护性改造项目，最大限度地保护了乡土建筑的外观，但室内基本实现了现代化，不仅满足了居住者的需求，而且获得了世界遗产评估专家的认可，并把他们的实践经验介绍给其他国家做参考[51]104。他们以同样的理念既谨慎，又大胆地对谷仓、铳楼等乡土建筑遗产进行

---

① 第一类研究的代表性论文如：《数字化保护：历史文化村镇保护的新途径》（刘沛林、邓运员，2017），《传统村落数字化保护的缘起、误区及应对》（刘沛林、李伯华，2018）等；第二类研究的代表性论文如：《基于 CAS 理论的传统村落人居环境演化研究》（李伯华、曾荣倩、刘沛林，2018），《传统村落人居环境转型发展的系统特征及动力机制研究——以江永县兰溪村为例》（李伯华、曾灿、刘沛林、窦银娣，2019）等；第三类研究的代表性论文如：《中国传统聚落景观基因组图谱特征》（胡最、刘沛林，2015），《传统村落景观价值居民感知与评价研究——以张谷英村为例》（李伯华、杨家蕊、刘沛林、陈驰、刘一曼，2018）等。

② 冯骥才的相关代表论文如：《传统村落保护的两种新方式》（2015），《将文保执法列入官员考核并建立问责机制》（2015），《传统村落空心化，怎么办》（2019）等。

③ 前者的代表性成果如：《传统村落建档保护的思考》（2014），《谈传统村落建档工作的误区及思考》（2017）等；后者的代表性成果如：《档案机构在传统村落档案工作中的角色再探》（2018），《以村民为主体的传统村落文化建档策略研究》（2018）等。

保护性改造，对一些传统村落进行保护规划 ①，使乡土建筑遗产得到更好的保护，村落得到更好的发展，为乡土建筑遗产的保护与发展找到了一条新的出路。

五、结语

从"民居研究"到"乡土建筑研究"，再到"乡土建筑遗产保护"和"传统村落保护"，我国学术界对乡土建筑遗产价值的认识不断提高；从"历史文化名村"制度到"中国传统村落"认定，再到"全国重点文物保护单位和省级文物保护单位集中成片传统村落整体保护利用"项目和"乡村振兴战略"的提出与实施，国家对乡土建筑的重视程度和保护力度不断加强；从保护"文物建筑"到村落"整体保护"，再到"遗产设计"，文物工作者的保护理念不断更新。

回顾过去，我们可以发现，我国的乡土建筑遗产保护研究虽然起步较晚，但是发展较快。20 世纪 90 年代，我国的保护实践就曾获得国际遗产专家的高度认可，并促进了国际社会对乡土建筑遗产价值认识的提高，对完善文化遗产保护理论作出过积极的贡献。然而，由于我国文化遗产保护领域对实践的强调远胜于对保护思想的关注[52]55，乡土建筑遗产的保护观念一直没有达成共识，加上社会快速发展和众多遗产的独特性、复杂性，理论与实践脱节，以至走了许多弯路。

时至今日，虽然我国已形成了一系列针对中国乡土建筑遗产特点的保护思想，并仍在发展中，但是尚未形成系统的理论总结和论述，理论研究仍然非常薄弱，诸如保护工作中应该如何发动村民、发挥社区力量，如何找到保护与发展的平衡点，不同类型的村落分别应该采用哪种有效的管理模式等关键性问题，尚未得到很好的讨论。在实践层面，由于缺乏理论的科学指导，技术手段还不系统；由于管理机制尚不健全，保护性破坏仍大量存在；由于保护与改造的范围、程度没有清晰的说明，相关项目存在较大争议。尽管如此，党的十八大之后乡土建筑遗产和传统村落保护的发展势头，以及学术研究领域的新趋势，都彰显了我国乡土建筑遗产保护研究在未来将会有更多突破。

参考文献

[1] 南京工学院建筑研究所. 序 [C]// 刘敦桢文集（第 1 卷）. 北京：中国建筑工业出版社，1982.

[2] 刘敦桢. 中国住宅概说 [M]. 北京：建筑工程出版社，1957.

[3] 建筑历史学术讨论会议决议 [J]. 建筑学报，1958(11).

[4] 赵越. 走向民间建筑，探索另一种传统——对中国建筑研究室 (1953—1965) 之住宅研究的研究 [D]. 南京：东南大学，2012.

[5] 陈志华. 保护文物建筑和历史地段的国际文献 [M]. 台北：博远出版有限公司，1992.

[6] 陈志华. 谈文物建筑的保护 [J]. 世界建筑，1986(3).

[7] 陆元鼎. 中国民居研究十年回顾 [J]. 小城镇建设，2000(8).

[8] 顾孟潮，王明贤，李雄飞. 当代建筑文化与美学 [M]. 天津：天津科学技术出版社，1989.

---

① 清华同衡规划设计研究院传统村落研究所的代表性遗产设计项目如：云南哈尼民居改造（2012），河南河西村规划设计（2013—2014），贵州黄岗村保护规划（2016）等。

[9] 陈志华. 乡土建筑廿三年 [J]. 中国建筑史论汇刊（第五辑），2012.

[10] 中央人民政府政务院《关于保护古文物建筑的指示》(1950 年 7 月 6 日)[R]// 国家文物事业管理局. 新中国文物法规选编 [M]. 北京：文物出版社，1987.

[11] 国务院批转国家建委等部门《关于保护我国历史文化名城的请示》的通知 (1982 年 2 月 8 日)[R]// 国家文物事业管理局. 新中国文物法规选编 [M]. 北京：文物出版社，1987.

[12] 国务院批转国建部、文化部《关于请公布第二批历史文化名城名单报告》的通知 (1986 年 12 月 8 日)[R]// 国家文物事业管理局. 新中国文物法规选编 [M]. 北京：文物出版社，1987.

[13] 吴华祥，贾小平. 丁村规划对古建筑的保护和利用 [J]. 小城镇建设，1985(6).

[14] 陈薇. 我国建筑遗产保护理论和方法研究 [D]. 重庆：重庆大学，2006.

[15] 何重义，等. 楠溪江风景区古村落保护与开发探索 [J]. 北京建筑工程学院学报，1989(2).

[16] 吕舟. 历史环境的保护问题 [J]. 建筑史论文集，1999.

[17] 陈志华. 乡土建筑保护十议 [C]// 陈志华. 文物建筑保护文集. 南昌：江西教育出版社，2008.

[18] 陈志华. 关于楠溪江古村落保护问题的信 [J]. 建筑学报，2001(11).

[19] 陈志华. 乡土建筑保护论纲 [J]. 文物建筑，2007(12).

[20] 李晓峰. 乡土建筑保护与更新模式的分析与反思 [J]. 建筑学报，2005(7).

[21] 阮仪三，邵甬. 江南水乡古镇的特色与保护 [J]. 同济大学学报（人文·社会科学版），1996（5）.

[22] 朱光亚. 古村镇保护规划若干问题讨论 [J]. 小城镇建设，2002(2).

[23] 孙大章. 中国民居研究 [M]. 中国建筑工业出版社，2004.

[24] 李晓峰. 多维视野中的中国乡土建筑研究——当代乡土建筑跨学科研究理论与方法 [D]. 南京：东南大学，2004.

[25] 郑孝燮. 小城镇及村庄规划建设中的历史文化城镇和民居保护 [J]. 小城镇建设，2000(4).

[26] 赵勇. 建立历史文化村镇保护制度的思考 [J]. 城乡建设，2004(6).

[27] 单霁翔. 乡土建筑遗产保护理念与方法研究 [J]. 城市规划，2008(4).

[28] 吴晓枫. 保护与利用乡土建筑的对策研究——关于"多维规划""多维保护""多维利用"的探讨 [J]. 河北学刊，2009(11).

[29] 罗哲文. 我国历史小城镇 (包括村寨) 的保护发展与建设之管见 [J]. 小城镇建设，2006(9).

[30] 王景慧. 历史文化村镇的保护与规划 [J]. 小城镇建设，2010(4).

[31] 董卫. 一座传统村落的前世今生——新技术、保护概念与乐清南阁村保护规划的关联性 [J]. 建筑师，2005(6).

[32] 单霁翔. 保护优秀传统乡土建筑 建设社会主义新农村 [J]. 北京规划建设，2007(1).

[33] 张松. 新农村建设与乡土文化保护 [J]. 南方建筑，2009(4).

[34] 吕红医，王宝珍. 谈新农村建设背景下的乡土建筑保护与更新问题 [J]. 小城镇建设，2009(12).

[35] 李茹冰，游张平. 新农村建设进程中少数民族传统村落保护与更新探讨 [J]. 小城镇建设，2012(12).

[36] 李浈. 试论乡土建筑保护实践中低技术的方略 [C]//《营造》第五辑——第五届中国建筑史学国际研讨会会议论文集. 2010.

[37] 罗瑜斌，肖大威. 历史文化村镇保护规划技术流程的思考 [J]. 华中建筑，2010(1).

[38] 黄家平，肖大威，魏成，等. 历史文化村镇保护规划技术路线研究 [J]. 城市规划，2012(11).

[39] 刘艳丽，陈芳，张金荃. 历史文化村镇的保护途径探讨——参与式社区规划途径的适用性 [J]. 城市发展研究，2010(1).

[40] 李浈. 江南水乡遗产保护管理运作模式的实践与思考——以绍兴、乌镇和西塘三地的历史街区为例 [J]. 旅游规划与设计，2012.

[41] 张政伟. 乡土建筑遗产自治保护研究 [D]. 南京：东南大学，2011.

[42] 李昕. 转型期江南古镇保护制度变迁研究 [D]. 上海：同济大学，2006.

[43] 周乾松. 历史村镇文化遗产保护利用研究 [J]. 理论探索，2011(4).

[44] 张松. 历史文化名城保护制度建设再议 [J]. 城市规划，2011(1).

[45] 罗瑜斌. 历史文化村镇行政管理制度探讨 [J]. 小城镇建设，2012(5).

[46] 邵甬，付娟娟. 历史文化村镇价值评价的意义与方法 [J]. 西安建筑科技大学学报（自然科学版），2012(10).

[47] 王世仁. 保护历史文化街区的价值取向原则——兼议南池子保护试点工程 [J]. 北京规划建设，2004(2).

[48] 谭刚毅，贾艳飞. 历史维度的乡土建成遗产之概念辨析与保护策略 [J]. 建筑学报，2018(1).

[49] 刘沛林，邓运员. 数字化保护：历史文化村镇保护的新途径 [J]. 北京大学学报（哲学社会科学版），2017(6).

[50] 李伯华，曾灿，等. 传统村落人居环境转型发展的系统特征及动力机制研究——以江永县兰溪村为例 [J]. 经济地理（哲学社会科学版），2019(8).

[51] 罗德胤. 积极探索古村落保护的合理方式 [N]. 中国旅游报，2019-06-24.

[52] 吕舟. 20 世纪中国文物建筑保护思想的发展 [J]. 建筑师，2018(8).

我国乡土建筑研究的现状及趋势①

——基于CNKI论文数据库的计量可视化分析

李晶晶②

【摘要】本文以CNKI数据库的期刊论文为数据基础，运用CNKI新增的"计量可视化"分析功能，结合文献研究，通过对学术关注度、经典文献、研究机构、共现关键词的图谱数据进行解谱，从多元维度对我国乡土建筑研究的学术发展情况、主要研究力量以及研究主题、方向、内容、热点、趋势进行了分析，研究发现：我国乡土建筑研究大致有三个阶段，研究热度逐年上升，2000年是重要转折点；研究力量集中在高校，地域分布较平均，清华大学、同济大学和昆明理工大学的研究力量最强，研究方向各有侧重；乡土建筑研究及遗产保护，乡土建筑的现代化改造及在当代建筑设计中的应用，以及村落乡土景观研究与文化景观视野下的乡土景观保护，是目前乡土建筑研究的三大主题，以传统村落的整体视角进行研究重要趋势。

【关键词】乡土建筑；计量可视化；CNKI；中国

"在我国广大的农、林、牧业地区的乡间，存在着多种类型的民间古建筑，它们体现着和它们的类型性相应的地方传统和民族特色，饱含着乡土社会的历史文化信息，可以称为我国的乡土建筑。"[1]147 从定义来看，乡土建筑包括"民间的建筑，如祠堂、会馆、作坊、桥梁等"[2]63 各种类型。然而，我国的乡土建筑研究却从民居开始，经历从"民居"到"乡土建筑"再到以"传统村落"为单元整体研究与保护的发展过程；相关研究的不断深入；保护方式也经历从建筑单体到建筑群体，从注重物质实体的保护到物质、非物质并重，从整体保护到分级保护的过程。在乡土建筑保护工作蓬勃开展的今天，对乡土建筑研究进行阶段性总结非常必要。本文以 CNKI 数据库的核心论文为基础，运用计量可视化分析手段，结合文献研究，对我国乡土建筑研究的现状以及研究热点进行分析，为后续的相关研究提供参考。

计量研究是一种重要的科学研究方法，可以避免定性研究在文献选择、热点跟踪、内容分析与趋势判断等方面存在的主观性。通过计量可视化工具对 CNKI 的论文数据进行可视化分析，能够得到发文量、关键词、研究机构等重要信息以及各类信息之间的关系，从而对研究主题、热点、发展趋势进行客观判断。目前，基于论文数据库的计量研究工具主要有 SATI 和 Citespace。两者的分析都基于 CNKI 数据库导出的文献数据，SATI 只能识别 EndNote 的文献格式，并且需要与其他软件配合才能对关键词的数据进行可视化呈现；

---

① 本文已发表于《住区》2020 年第 1 期，收录本文集时略有修改。
② 李晶晶（1986—　），清华大学建筑学院博士后，中国艺术研究院建筑研究所博士，主要研究方向：中国传统建筑营造技艺与文化遗产保护。

Citespace 只能识别 RefWorks 格式的数据，由于一些格式的文献不能被识别，数据的价值受到消减。2017 年 CNKI 新增了"计量可视化"功能，在网站内部即可对所选文献进行计量可视化分析，可以有效避免数据在不同软件之间转化产生的损耗，数据更加准确，分析结果更加可靠。

一、研究方法与数据采集

本文的数据采集共分两步。第一步，对 CNKI 数据库进行"知识元检索"。以"乡土建筑"为检索词，"指数"为检索路径，对乡土建筑的"学术关注度（发文量及趋势）""经典文献"以及"研究机构分布"进行宏观分析。

第二步，对 CNKI 数据库进行"文献检索"。以"乡土建筑"为检索词，以"主题"为检索途径，不设定时间限制，共得到文献 947 篇；选择 SCI、EI、CSSCI、CSCD、北大核心期刊数据库（涵盖《建筑学报》《城市规划学刊》《城市规划》《华中建筑》《工业建筑》《规划师》等重要学术期刊）作为研究数据的主要来源，获得文献 136 篇；对检索结果反复排查，去除会议综述、书评、画作以及外国乡土建筑研究等不相关数据样本，共筛选出 102 篇有效样本，对"共现关键词"进行深入分析。

二、统计与分析

统计与分析的基础是大量的文献研究，只有通过图谱给出的线索进行相应的文献研究，才能对图谱进行正确解读。

（一）宏观分析

1. 学术关注度

图 1 通过年度发文量的统计，清晰地呈现了我国乡土建筑学术关注度的发展情况。总体而言，乡土建筑的学术关注度呈现出逐渐升高的趋势，大致可分为缓慢增长、平稳增长和快速增长三个阶段。

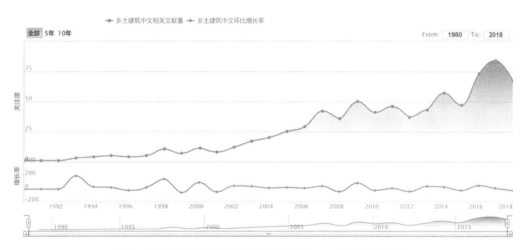

图1 学术关注度发展趋势图（来源于CNKI论文数据库）

（1）缓慢增长阶段及早期研究。

中国的乡土建筑研究伴随着20世纪30年代营造学社的古建筑研究起步，虽然在特殊的历史背景下，学社成员的精力主要放在官式建筑上，但彼时已有学者敏锐地认识到民居的重要价值，开始了初步探索。这一时期的研究，主要采用田野调研的方法对单体建筑进行测绘，关注民居的布局、结构、形制以及装饰艺术等方面的内容，尚属建筑史的研究范畴。新中国成立后，民居研究队伍得到了扩充，20世纪五六十年代展开了全国范围的民居调查，为之后的民居研究提供了丰富的基础资料，奠定了扎实的研究基础。

改革开放带来的自由学术环境打开了民居研究的视野。之前被视为禁忌的文化研究为乡土遗产保护研究提供了新的视角，民居研究开始与地方文化、地域环境结合，研究深度显著加深。20世纪80年代末，陈志华成立了清华大学"乡土建筑研究组"，引入社会学视角，开始以"乡土环境中所有种类和类型的建筑物为研究对象"[3]83代替"民居"研究，打开了广阔的研究思路。90年代开始，以多元视野研究乡土建筑的成果逐渐增多。

（2）平稳增长阶段。

2000年发生在我国文化遗产保护领域的两个事件，使这一年成为我国乡土建筑研究的重要转折点。一是ICOMOS大会1999年10月通过的《关于乡土建筑遗产的宪章》由陈志华引入中国，被我国学者普遍接受。宪章的引入促使我国学术界从文化遗产保护的视角重新审视乡土建筑，对乡土建筑遗产价值的认识有了显著提高。二是西递村和宏村进入《世界遗产名录》，一方面使国家和社会更加重视乡土建筑遗产的保护，更多专家、学者开始关注乡土建筑的研究与保护；另一方面也推动了学术界以整体的眼光看待乡土聚落，引发了新的研究课题。因此，从2001年开始，乡土建筑的研究热度直线上升。

（3）快速增长阶段。

2005年国务院发布的《关于加强文化遗产保护的通知》明确提出："在城镇化过程中，要切实保护好历史文化环境，把保护优秀的乡土建筑等文化遗产作为城镇化发展战略的重要内容。"①与此同时，党的十六届五中全会提出了扎实推进社会主义新农村建设的历史任务，并发布了《关于推进社会主义新农村建设的若干意见》，特别强调"村庄治理要突出乡村特色、地方特色和民族特色，保护有历史文化价值的古村落和古民宅"②。乡土建筑遗产保护已成为政府行为和国家城镇化发展战略的重要内容，乡土建筑研究持续升温，如何在新农村建设和城镇化发展中保护乡土建筑成为一个新的研究热点，2006年开始发文量快速增加。

党的十八大以来，党和国家对文物保护工作的重视程度大大提高，习近平总书记多次就城乡建设中的乡土建筑保护问题作出指示，推动了我国乡土建筑遗产保护事业的发展，各项保护政策、制度不断出台，各类保护项目不断建立。尤其是党的十九大报告提出了"实施乡村振兴战略"，并在《乡村振兴战略规划（2018—2022年）》中要求通过保护、利用乡土建筑遗产以及非物质文化遗产，振兴乡土文化，发挥乡村文化的价值。乡土建筑遗产的保护与利用已经成为解决"三农"问题的有力途径和国家复兴战略必不可少的组成部

---

① 国务院《关于加强文化遗产保护的通知》（2005年12月22日）。

② 中共中央、国务院《关于推进社会主义新农村建设的若干意见》（2005年12月31日）。

分。文化遗产保护、建筑学、社会学、管理学、经济学、地理学等各领域的专家、学者积极应对这一社会问题，展开跨专业合作，探索乡村遗产的保护、利用与活化，我国乡土建筑保护事业进入空前繁荣的阶段。2012年之后乡土建筑学术关注度持续高涨的趋势也清晰地反映在图1中。

纵观整个发展历程，乡土建筑学术关注度不断升高的背后是学术范式的转变。从起步阶段以建筑史学视角，通过田野调查、建筑测绘的方法初步建立民居体系的被动观察式学术范式，逐步转向以文化遗产保护视野，通过多学科合作，形成以乡土建筑遗产的保护、利用与活化为主的主动介入式学术范式。

2. 经典文献

表1统计了引用率最高的10篇文献。其中第4、7、9篇的研究主题是乡土建筑遗产的保护理论，第1、2、6篇侧重于乡土建筑的现代化探索，第3、10篇为传统村落的研究，第5、8篇是对乡土建筑西方研究理论的介绍。

通过分析，可以得出以下结论：第一，"乡土建筑遗产保护""新乡土建筑探索（包括当代乡土建筑设计、乡土建筑在当代建筑设计中的应用等方面）"以及"乡土建筑的基础理论研究（包括与其相关的传统村落、乡土景观）"是三大学术方向。第二，2014年发表的《传统村落的概念和文化内涵》一文，仅5年时间被引量已达322，排在第三位，仅比排名第一的《批判的地域主义》一文少43次；其下载量已达6108，是后者的1.4倍，而后者的发表时间比它早10年。这说明，以传统村落为切入点研究乡土建筑是目前的重要趋势。第三，10篇文章中的4位作者来自清华大学建筑学院（吴良镛、陈志华、王冬、黄昕珮），说明清华大学对乡土建筑研究与保护领域作出了重要的学术贡献。第四，3篇文章来自《建筑学报》，足见它在乡土建筑研究领域的学术影响力，此外，从期刊来源还可以看出在该领域有重要影响的其他学术期刊。

表1 经典文献列表（来源于CNKI论文数据库）

序号	题 名	作 者	来 源	年/期	下载量	被引次数
1	批判的地域主义	沈克宁	建筑师	2004/5	4408	365
2	乡土建筑的现代化，现代建筑的地区化——在中国新建筑的探索道路上	吴良镛	华中建筑	1998/1	3159	360
3	传统村落的概念和文化内涵	胡燕、陈晟、曹玮、曹昌智	城市发展研究	2014/1	6108	322
4	乡土建筑保护与更新模式的分析与反思	李晓峰	建筑学报	2005/7	2682	138
5	西方乡土建筑研究的方法论	罗琳	建筑学报	1998/11	1352	127
6	乡土建筑的自我建造及其相关思考	王冬	新建筑	2008/4	1721	117
7	由《关于乡土建筑遗产的宪章》引起的话	陈志华、赵巍	时代建筑	2000/3	1252	107
8	论乡土景观——《Discovering Vernacular Landscape》与乡土景观概念	黄昕	中国园林	2008/7	2974	106
9	乡土建筑遗产保护理念与方法研究	单霁翔	城市规划	2008/12	2520	95
10	类型与乡土建筑环境——谈皖南村落的环境理解	韩冬青	建筑学报	1993/8	988	92

3. 机构分布

图2统计了发文量排名前10的机构。可以看出，乡土建筑的研究力量集中在高校，地域分布相对比较平均，西北高校的研究力量较为薄弱，清华大学、同济大学和昆明理工大学的研究力量最强。

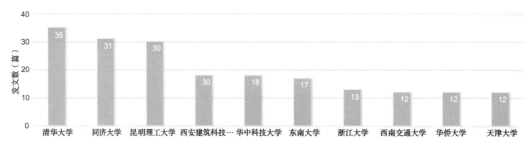

图2　机构分布图（来源于CNKI论文数据库）

（1）清华大学的研究情况。

清华大学的研究力量主要有两支，一支侧重于遗产保护，一支侧重于新乡土建筑研究。陈志华与楼庆西、李秋香两位老师组创的"乡土建筑研究组"，以社会学视角"将乡土建筑与乡土生活联系起来研究"[4]357，借助家谱、碑刻、题记以及访谈材料，研究乡土文化影响下的乡土建筑，取得了丰硕的成果，拓宽了乡土建筑的研究思路。陈先生还提出并在实践中坚持"以乡土聚落为单元的整体研究和保护"原则，推动了文化遗产保护界对乡土建筑整体性与活态性的认识，对乡土建筑的保护作出了重要贡献。2003年之后，作为新生力量加入乡土组的罗德胤老师积极带领清华同衡规划设计研究院传统村落研究所的研究团队，通过乡土建筑的保护性改造与利用，对振兴乡村文化进行了有益的探索。

吴良镛、单德启、王路、单军等专家学者对乡土建筑现代化的探索是清华大学乡土建筑研究的另一支重要团队。吴良镛20世纪80年代提出了"广义建筑学"理论，主张我国的建筑设计应在根植于地域土壤的基础上，吸收外来文化精华，"综合世界建筑与地区建筑之长"[5]8，以现代建筑的地区化，乡土建筑的现代化作为新建筑的未来探索方向。在吴先生的倡导下，"新乡土建筑"成为一个重要的研究方向。单德启、王路、单军等专家学者分别从不同的研究方向，对新乡土建筑的理论与实践进行了可贵的探索。

（2）同济大学的研究情况。

同济大学的乡土建筑研究主要有三个方向。常青院士主要关注历史环境的再生设计研究，他于21世纪初提出以民系、方言为依据划分"风土建筑"①谱系的认知方法，并引入"再生性地域主义"理论，探索地域营造传统如何在城市化进程中获得再生的途径。他的团队以国家自然科学基金重点项目"我国地域营造谱系"为依托进行了大量文化遗产"保护与再生"的实践，为乡土建筑文化在当代的延续与发展提供了宝贵的经验。

以李浈教授为首的团队，主要研究乡土建筑的营造技艺。他们以国家自然科学基金项

---

① 常青院士认为，西方语境中的"vernacular architecture"一词包括了乡村、城郊甚至城市里的居住建筑类型；而"乡土"一词意在"乡村聚落"，含义偏狭窄；"风土"却侧重城乡聚落的文化气息，内涵更宽泛。因此，他提出以方言为依据划分建筑区域，从而建立"风土建筑"谱系的研究方法。

目"乡土建筑保护实践中低技术的方略、系统及应用研究"为依托,对"'长江以南'以汉族为主的农耕文化地区"[6]79的乡土建筑营造技艺进行了系统研究,并提出了乡土建筑保护中的"低技术方略",为南方地区的乡土建筑能够维持良好状态,得到恰当保护提供了重要的技术支持。

张松老师主要进行基础理论研究,他从"整体保护"的原则出发,对我国历史文化名城、名镇、名村的保护理论、制度、政策、法规等进行了系统的梳理,并通过与国外相关研究进行对比,提出针对我国乡土建筑保护工作的建设性意见,推动了我国乡土建筑研究基础理论的发展。

(3)昆明理工大学的研究情况。

云南地区有丰富乡土建筑资源,为昆明理工大学的乡土建筑研究提供了得天独厚的条件。建筑与城市规划学院的研究团队利用地缘优势对云南传统民居进行了广泛、深入的研究,并通过大量实践反思乡土建筑的保护、利用以及在当代建筑学中的应用,推动了相关理论的发展。

蒋高宸以广义建筑学理论为基础,引入民族学、文化学、行为学的研究方法,研究云南各民族民居形制的形成、发展与演变以及它们与自然、人文环境因素的关系,系统地构建起云南传统民居研究的理论框架,具有承上启下的作用。朱良文老师的团队在丽江、西双版纳、红河等地的保护实践为保护当地乡土建筑,改善居民生活条件作出了重要贡献,并对改造方案中可推广、不可推广的经验进行总结,为相关探索作出良好的示范。翟辉老师主要关注历史城镇以及传统村落的保护与更新。他从人居环境的角度对古城镇、村落进行学术研究和价值评估,并在此基础上制定保护规划,推动了云南地区许多古城镇和村落的保护与发展。柏文峰、车振宇、王冬、吴志宏等老师也从不同的研究视角,对乡土建筑的生态技术,旅游影响下的村落空间形态发展,民居的更新模式以及乡土建筑的"营造思维"如何成为改良中国现代建筑学的工具等问题进行了探索,展现出该团队极强的研究实力。

(二)深入分析

"关键词共现图"揭示了作为深入分析样本的102篇核心期刊文献的关键词出现频次以及关键词之间的关联性。如图3所示,对关键词进行"节点过滤",筛选出现频次3次以上(包含3次)的关键词,共46个,绘制出"关键词共现图"。圆圈大小代表关键词出现的频次,圆圈越大,出现频次越高;连线的粗细代表了词组的共现频次,线条越粗,共现频次越高。通过对关键词以及共现关系的分析,我们可以把握乡土建筑研究领域的主要研究主题以及研究者的关注重点。

首先,通过分析可以发现,图中连线最密集处的关键词是以文化、传统、习俗为主的非物质性内容,其余关键词以物质层面的内容居多。进一步对出现频次排名前10的关键词进行统计(见表2)发现,"非物质性"关键词(如建筑传统、聚族而居、乡村文化、文化特征、文化人类学、乡土社会等)占半数以上,几乎全部出现在连线最密集处。由此可以看出,乡土文化(包括传统、习俗等)是乡土建筑研究领域的一条重要研究途径和切入点,同时也反映出相关研究对非物质要素的关注。

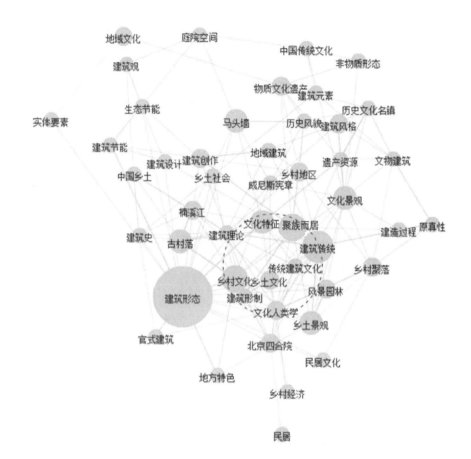

图3 关键词共现图（来源于CNKI论文数据库）

表2 出现频次最高的10个关键词

序号	关 键 词	出现频次
1	建筑形态	15
2	建筑传统	7
3	聚族而居	7
4	乡村文化	6
5	文化特征	5
6	文化人类学	5
7	文化景观	5
8	乡土景观	5
9	乡土社会	5
10	马头墙	5

其次，通过分析表2关键词的高频共现关键词，结合文献分析，可以对乡土建筑研究领域的主要研究主题、方向和研究热点进行梳理。

第一，乡土建筑研究及遗产保护。这一主题的研究方向最多，内容最丰富，大致可分为四个方向（见表3）。

表3　第一类主题的研究方向及主要内容

研究方向	高频共现关键词	主要研究内容
乡土建筑	建筑形态、地方特色、乡村文化、古村落	从建筑学角度研究乡土建筑（包括结构、布局、样式、风格、地域特色等）
遗产保护	建筑形态、文化特征、遗产资源、建筑风格	乡土建筑的保护、更新与可持续利用研究（包括保护理念、方式、技术等）
营造技艺	建筑传统、建造过程、原真性、文物建筑	1. 营造技艺的研究与保护；2. 营造技艺在乡土建筑保护、更新中的应用
基础理论	建筑传统、建筑理论、中国乡土、建筑史	主要从宏观层面研究中国乡土建筑的类型、谱系、研究方法等基础理论

第二，乡土建筑的现代化改造以及在当代建筑设计中的应用。这一研究主题主要服务于建筑设计，大致可分两个方向（见表4）。

表4　第二类主题的研究方向及主要内容

研究方向	高频共现关键词	主要研究内容
建筑设计	建筑传统、聚族而居、建筑创作、地域建筑	1. 新乡土建筑设计；2. 乡土建筑在当代建筑设计中的应用；3. 乡土建筑的现代化改造与更新
生态技术	建筑形态、建筑节能、生态节能、建筑观	1. 乡土建筑的生态适应性研究；2. 乡土建筑的绿色技术在当代建筑设计中的应用；3. 乡土建筑生态技术的更新

第三，村落乡土景观研究以及文化景观视野下的乡土景观保护。这一主题有极强的跨学科性，涉及建筑学、地理学、文化人类学、文化遗产保护、考古学等多个学科。与前两个研究主题相比，该主题出现时间较晚，随着"世界遗产组织将文化景观作为世界遗产的一个类别纳入世界遗产实践体系"[7]57，"20世纪90年代研究队伍逐渐壮大"[8]123。近年来，随着"整体保护"观念的深入人心以及对"历史环境"的关注，使这一主题成为乡土建筑研究领域的一个重要研究方向，也是目前的研究热点（见表5）。

表5　第三类主题的研究方向及主要内容

研究方向	高频共现关键词	主要研究内容
文化景观	文化景观、遗产资源、历史文化名镇、文物建筑	1. 文化景观视野下的村落乡土景观保护与发展；2. 文化景观视野下的村落乡土景观特征与价值分析
乡土景观（主要强调景观的乡土化属性）	乡土景观、风景园林、乡村聚落、文化人类学	1. 乡土景观的演变机理与演化过程（多借助空间统计与地理信息技术手段）；2. 乡土景观的地域特色与文化特性（包括建筑、街巷、空间、环境等）；3. 乡土景观的空间区划及研究方法（宏观层面）

三、结语

通过采用 CNKI 的 "计量可视化" 分析功能，结合文献研究，对我国乡土建筑的研究情况进行了分析，本文得出以下结论：

1. 我国乡土建筑的学术关注度呈现出逐渐增高的趋势，大致可分缓慢增长、平稳增长和快速增长 3 个阶段。一方面，学者的学术自觉促进了研究的深入，另一方面，国家特定历史阶段所面临的城乡发展问题推动了研究的发展。

2. 我国乡土建筑的研究力量集中在高校，地域分布相对比较平均，西北高校的研究力量较为薄弱，清华大学、同济大学和昆明理工大学的研究力量最强，三所高校的研究内容各有侧重。

3. 我国目前的乡土建筑研究可分为三大主题，每个主题有多个不同的研究方向和研究重点，其中 "乡土建筑研究及遗产保护" 的研究方向最多、内容最丰富，是最主要的研究主题；其次是 "乡土建筑的现代化改造以及在当代建筑设计中的应用"，这一主题的相关研究主要服务于新建筑的设计和传统建筑的改造；"村落乡土景观研究以及文化景观视野下的乡土景观保护" 虽然起步较晚，却是目前的研究热点。另外，以传统村落的整体视角进行研究是目前乡土建筑研究领域的重要趋势。

参考文献

[1] 陈志华. 乡土建筑保护论纲 [C]// 文物建筑保护文集. 南昌：江西教育出版社，2008.

[2] 陆元鼎. 中国民居研究十年回顾 [J]. 小城镇建设，2000(8).

[3] 陈志华. 说说乡土建筑研究 [J]. 建筑师，1997(79).

[4] 陈志华. 乡土建筑廿三年 [J]. 中国建筑史论汇刊（第五辑）. 2012.

[5] 吴良镛. 乡土建筑的现代化，现代建筑的地区化——在中国新建筑的探索道路上 [J]. 华中建筑，1998(16).

[6] 李浈. 营造意为贵，匠艺能者师——泛江南地域乡土建筑营造技艺整体性研究的意义思路与方法 [J]. 建筑学报，2016(2).

[7] 周政旭，李敬婷，钱云. 贵州安顺屯堡聚落文化景观的特征与价值分析 [J]. 贵州民族研究，2016(40).

[8] 俞孔坚，王志芳，黄国平. 论乡土景观及其对现代景观设计的意义 [J]. 华中建筑，2005(4).

川渝地区石窟窟檐的建筑学浅析[①]

吕　宁[②]

【摘要】 由于川渝地区独特的气候特点和地质条件，川渝石窟面临着诸多的安全威胁，其保护过程也面临着更为严峻的挑战。相较于化学保护而言，窟檐作为公认的对本体影响较小、风险较低的预防性保护方式，得到了更为广泛的关注和重视，同时也因其形式与功能的问题，引发了长期讨论。项目调研组调查的石窟寺窟檐，按照建筑构造形式、建造材料和建筑功能可以划分为不同的类型，三者互相关联；而分析评判一座窟檐建筑的优劣，需要从保护需求、宗教需求和展示利用需求三个层面考量。

【关键词】 窟檐；建筑学；形式；材料

佛教传入中国后，以"天府之国"闻名的川渝地区一直是佛教传教的重要区域。至唐宋之际，川渝地区高僧之集中，佛寺规模之宏大，经典写刻之精美，寺观造像之驰名，已在全国首屈一指[1]1-5。由于四川盆地多丘陵和山地，石质大多松软细腻，易于开凿洞窟和雕刻造像，生活在川渝地区的民众长久以来就有挖凿洞窟、营建墓穴、垒筑石阙的传统。数量众多的汉代崖墓、石阙、画像砖，正是这种技术传统的奠基和体现。有鉴于此，自南北朝佛教流行开始，川渝丘陵山区适宜于开窟造像的地方就成为建立石窟的理想地点，留下大量精美的石窟寺及石刻。据统计，川渝地区的全国重点文物保护单位中，有石窟寺及摩崖造像保护单位39处（包含75处石窟），主要集中在川北、川东、川西地区，分布在四川省14个州市，28个区县，重庆市6个区县，国保数占"石窟寺及石刻"类型全国总量的15%、南方地区的30%。[③]

川渝地区石窟及摩崖石刻作为我国重要的文化遗产分支，其佛教艺术的风格和题材，尤其是密宗造像，在中古石窟寺发展史上占有重要地位，同时也是多元文化交流的典型见证和代表。但与此同时，由于长期处在温差较大、光照较强、夏季高温高湿的气候条件下，大多石窟面临着较为严重水蚀、风化、机械损伤、褪色等自然威胁和盗掘等人为威胁，出现了程度不一的共性病害，存在类似的保护管理问题。在对川渝石窟保护方式方法的探讨中，窟檐——这种相较于化学保护而言，公认的对本体影响较小、风险较低的预防性保护方式，得到了更为广泛的关注和重视，同时也因其形式与功能问题，引发了长期争论。

根据史料记载和考古研究成果，国内大部分石窟都曾经建有窟檐。窟檐是石窟寺的组

① 本文已发表于《中国文化遗产》2018年第5期，收入本文集时略有修改。
② 吕宁，清华大学建筑学博士，高级工程师，目前就职于北京国文琰文化遗产保护中心有限公司，任综合一所主任工程师。师从吕舟老师，从事文化遗产保护工作近十年，主要方向为世界遗产申报与保护管理，古建筑和石窟寺保护。
③ 数据来源：全国重点文物保护单位综合管理系统（http://www.1271.com.cn/）。

成部分，既可以避免文物与环境直接接触，又可以提供宗教活动场所，美化石窟外部空间，体现出前人的保护理念和创造力，以及广大信众对石窟的尊重和敬仰，具有非常鲜明的中国特色。窟檐的广泛建造，一方面体现了石窟在传入中国后，与中国传统寺庙建筑文化的融合，提供了参拜、礼佛的活动空间；另一方面客观上也对石窟本体起到了显而易见的保护作用。也因此，在历史上，即使大多数传统木结构窟檐屡次损毁，也总是会不断重建。如敦煌莫高窟九层楼始建于初唐武则天时期，历经多次重建，现存窟檐建于 20 世纪初（见图 1）；云冈石窟自北魏开窟起就建了大量木构窟檐，损毁后辽代又进行了大规模重修，《水经注》和《辽史》中有详细记载，石窟崖面上也保存了清晰可辨的建筑痕迹。石窟寺的窟檐建造逐渐发展为一种传统，在世界范围内，也成为中国文化特质的见证。

图1　莫高窟现建于20世纪初的九层阁窟檐①

　　本文立足于川渝地区，通过对该地区重要石窟寺的详细踏查，分析窟檐的形势特征与材料做法、评估其保护效果与展示功能，总结优劣和地方性特征，期望能为未来川渝石窟保护有所裨益。

一、川渝地区重要石窟寺概述

　　笔者参加的川渝石窟窟檐项目调研组（后文简称项目调研组）②在近两年的时间内，踏查的川渝石窟窟檐案例包括 15 处保护单位、20 余处石窟点，其中 14 处全国重点文物保护单位、1 处省级文物保护单位（见表 1）。

---

① 如无说明，本文所有图片都由调研工作组自摄。
② 2016—2018 年，由北京国文琰文化遗产保护中心综合一所、清华大学建筑设计研究院有限公司文化遗产保护研究所和千佛崖石刻艺术博物馆共同组成的、针对川渝地区石窟窟檐状况的 8～12 人调研小组。

表1　川渝石窟调研组调查的石窟点一览表

保护级别	区　域	名　　称	公布年代①	现状有无窟檐
国保	四川广元市	皇泽寺摩崖造像	唐	有
	四川广元市	广元千佛崖摩崖造像	唐	有试验段
	四川乐山市	乐山大佛	唐	无
	四川巴中市	南龛摩崖造像	隋	局部有
	四川资阳市	安岳石窟（卧佛院摩崖造像）	唐	有
	四川资阳市	毗卢洞石刻造像	宋	有
	四川成都市	浦江石窟	唐	局部有
	四川邛崃市	邛崃石窟	唐	局部有
	四川自贡市	荣县大佛石窟	唐	有
	四川乐山市	夹江千佛岩石窟	唐	无
	四川巴中市	通江千佛岩石窟	唐	有
	重庆市大足	北山摩崖造像	唐	局部有
	重庆市大足	宝顶山摩崖造像	宋	局部有
	重庆市合川区	涞滩二佛寺摩崖造像	宋	局部有
省保	四川资中市	重龙山摩崖造像	唐	局部有

从选址来看，这些地点的摩崖石刻均选在开阔的山上平台或山间坳地修建，部分石窟还选择背山面水的视野开阔地带，依山势而为；从空间结构来看，成"U"形或"一"字形分布，很多虽开凿多层窟龛，但不影响整体上线性的走势；从年代上看，修造时间集中在唐宋时期，符合川渝地区石窟寺兴盛发展的时间阶段；从题材来看，以佛教题材为主，佛、道、儒三教并存；从窟龛形式上来看，以大佛龛、佛殿龛、佛坛龛居多，有个别塔庙龛，几乎没有僧房窟。

二、川渝石窟窟檐的建筑学分析

川渝地区气候湿热多雨，窟檐修建对防止阳光直射、雨水侵蚀的作用更受重视。项目调研组调查的石窟寺窟檐，按照建筑构造形式可分为四种类型：其一，依靠山崖自然岩体形态的出挑部分或开凿岩体，作为窟檐；其二，在窟龛上方营建悬挑屋面形成悬挑式窟檐；其三，在窟龛前营建连续交接屋面，檐柱落地形成廊道的柱廊式窟檐；其四，在窟龛前营建佛殿或楼阁建筑物，整体包覆窟龛的殿阁式窟檐。此外，按照建造材料，可分为木构窟檐、砖石结构窟檐和钢筋混凝土结构窟檐；按照功能，可分为单纯遮风避雨的保护型窟檐和兼具保护与展示两种功能的复合型窟檐。

（一）形式分析

建筑形式是指空间内部和外部体型，外部体型是内部空间的反映。窟檐的建筑空间形

---

① 为全国重点文物保护单位综合管理系统中公布的年代，一般为各个石窟寺的始建年代，而非下限。

式与其所处位置、石窟本体材料特性和功能都有关系。

1. 自然岩体窟檐

自然岩体构成的窟檐以石窟本体材料营造庇护空间，形态自然，因地制宜，在效果上与摩崖石窟浑然一体（见图2）。岩石的结构强度和耐久性也远胜木材，许多摩崖石窟的木窟檐已不存，而最初凿出的石质窟檐历经百年仍保存完整。重庆、成都周边摩崖石窟多开凿于红色钙质砂岩山体上，钙质砂岩硬度适中，整体结构的强度高，有利于自然岩体窟檐的运用。自然岩体窟檐一般有两种形式，一是每龛独立设置、经后期雕凿而成；二是依照岩体的自然走势、对整面岩壁起到保护作用。前者通常宽度小、出挑深度浅，根据窟龛自身的尺度，出檐通常在0.5～1米之间，对分布灵活、体量多变的小规模浅龛有很强的适应性。在保护效果上，在不出现裂隙的情况下，一定程度上可以实现对雨水的阻隔。在结构强度上，虽然砂岩的整体结构强度较高，能够维持岩体较长时间稳定，但仍然很难实现长距离的悬挑，在石笋山大佛窟中就出现跨度约3米的自然岩体窟檐坍塌的情况。后者依照岩体走势，能覆盖较多的窟龛，但受自然岩体的制约较大，通常是工匠在雕凿的过程中因地制宜的结果，其形式和保护效果都各有不同。比如石笋山石窟中，比下层岩壁凸出10～20厘米，起到了一些排水挡雨作用的岩体，勉强可以被称作窟檐，明显经过了一定设计，但是保护效果有限；重龙山摩崖造像君子泉岩壁上，依着岩洞逐层后退的走势，雕刻众多小型窟龛，上层龛的底部即可用作上层龛的窟檐，而整体的岩洞也形成了一个遮风挡雨的屏障，为窟龛提供了保护，选址十分精妙。

图2　浦江飞仙阁天然岩体窟檐

大足宝顶山大佛湾一系列由自然岩体开凿形成的窟檐，反映了此类窟檐空间的典型特征。宝顶山华严三圣窟檐整体出挑约5米，高度距地面7米，长度10米以上。右侧延伸至护法神龛处仍出挑1米，左侧延伸至大悲阁后檐，整体顺山体绵延数十米，气势恢宏。窟檐前缘于岩壁基本平行，为岩体的自然曲线，凿有锯齿状滴水。窟檐下表面基本水平，微向内倾，高度与造像顶部平齐。窟檐下方大块岩体整体被凿空，形成与造像尺度相符的庄严宏伟的礼拜空间。窟檐阴影区域主要落在佛像面部和上半身，避免了直射光的强烈对比，使得佛像面部均匀柔和。同时佛像身体前倾和窟檐出檐向前形成的空间感加强了诸佛俯瞰众生的威仪感（见图3）。此类自然岩体窟檐上表面一般不做人工处理，下表面人工加以平整，部分窟檐额有浅龛和题记（例如安岳毗卢洞柳本尊造像龛）。

图3　华严三圣龛天然岩体窟檐

　　合川钓鱼城卧佛和安岳卧佛院属大像窟，主像为释迦涅槃图，在利用岩体窟檐方式上与宝顶山华严三圣窟代表的立佛有所不同。合川钓鱼城卧佛造像创作于晚唐时期，佛像身长11米，肩宽2.2米，头西足东，右侧卧，位于嘉陵江北岸的山崖上。造像所在巨岩出挑山体最多处达8米，分为多层，佛像凿于岩体最下层，身下为一道高0.3~0.6米，深为3~5米，且贯通了整个崖壁的缝穴，由此呈现出造像凌空而卧的奇观（见图4）。造像受到其上方多层自然岩体的保护。由于卧佛水平构图的特点，岩体窟檐距地面高度较小，约5米，边缘外凸，下表面不做平整，保留质朴粗犷的形态，围合出狭长深邃的空间。造像整体被窟檐遮蔽，只有沿栈道下至窟前才能一览全貌，有峰回路转的意趣。

图4　钓鱼城卧佛自然岩体窟檐

自然岩体窟檐与石窟的选址、构图布局关联紧密，对于礼拜空间的氛围和造像整体效果有重要影响。一般开窟较高的立佛、坐佛像，窟檐较深，围合感较强，窟前也有平坦的礼拜空间。卧佛大像的自然岩体窟檐长度需依山开凿数十米，受地形影响一般形态曲折，出挑深度不一，高度和围合方式也较为多样。部分自然岩体窟檐有较好的遮阳效果。但由于原始地形、岩体重量限制，窟檐出挑有限，防风雨能力不足。现代石窟保护性窟檐虽然不能直接采取自然岩体窟檐的建造方式，但可以从其形态和与造像关系、尺度、空间围合方面获得借鉴。

2. 悬挑式窟檐

悬挑式窟檐是人工窟檐常见的一种形式。一般在小型浅龛、分散的窟龛和地形崎岖，不便于窟檐落柱的窟龛使用。该类型窟檐使用简单的单坡木结构屋顶，往往尺度较小，出檐距离也较短。建造方法是在岩体上开凿槽或孔，将木梁搭接在岩体上或插入槽孔中，再于其上起屋架、做檩椽瓦等屋面结构，下方用斜撑辅助支持。窟檐的材料和装饰构件多采用四川当地的建筑元素，形式简洁灵活（见图5）。

图5　浦江飞仙阁悬挑式窟檐

成都周边地区石窟多分布灵活的小规模浅龛，所以悬挑式窟檐在此有一定的适用性和地域性。窟檐檐口不设柱也不设墙体，对视线遮挡小，利于采光通风，对于岩体上方的流水和雨水也有一定的阻挡作用，相当于自然岩体窟檐功能的延伸和补充；而因为体量较小，悬挑式窟檐可以根据浅龛的分布灵活搭建，既可以单独存在，也可以连续形成窟檐组合。

在保护效果上，悬挑式窟檐尺度和自重较小，对造像岩体的负担较小，但因为结构基础接触岩体，甚至需要在岩体上打深孔，对岩体有一定破坏性。而木结构与石结构的交接方式则多是搭接或插接，之后用灰泥抹缝，如果几种材料处理不好，常出现从接缝处渗水的状况，在岩壁上留下水渍，从而削弱窟檐对石窟的保护效果。同时，悬挑式窟檐出檐较浅，往往在0.5～1米之间，且对侧面的风雨遮蔽能力不强，如果不是在适当的位置、适当的形式，对石窟的保护作用有限。

安岳卧佛院南岩石窟群在2011—2013年新建了悬挑式木构窟檐（见图6），大部分为单坡，出挑1米左右，位于垂直的山体上。窟檐采用传统形式，对单个石窟的外观有一定美化作用。但是由于窟檐数量过多，地形局促，建造窟檐的位置不合理。例如上下几层石窟紧密排列的部位，只在最上一排设置了窟檐；石窟顶部高度不同的，只在最高处设置了窟檐，出挑深度无法满足下部窟檐的遮蔽需要。而多个窟檐错落布置的部位不可避免地相互遮挡，影响了屋架放置的位置，尺度不一，显得杂乱。由于窟檐结构外露，固定于结构的电线和监控设施也只能暴露在外。这些都是在石窟群设计多个悬挑式窟檐常见的缺陷，不可避免会对保护效果、展示效果产生一定影响。

图6 安岳卧佛院南岩石窟群悬挑式木构窟檐

大足宝顶山牧牛图造像上方设置了连续的悬挑式窟檐，与崖顶的木构建筑牧牛亭为一个整体，为单坡木构传统形式（见图7）。该处崖体转折较大，自然岩体出挑不足以覆盖，悬挑窟檐对于保护确有必要。牧牛图造像段窟檐沿山体连续设置，类似于一段敞廊，檐口高度距地面6米，出挑3米。由于窟檐高度较高，对于造像的展示和采光无不利影响。但是2米出檐不足以覆盖造像下部和木质栈道外侧。若遇小雨，实地可见栈道地面和造像下部沾湿。此处悬挑造像屋架位于崖顶上，与建筑连续相接，既避免了结构和造像岩体的直接接触，又防止了多片窟檐相接的相互冲突，处理手法值得借鉴（见图8）。对于较大的悬挑式窟檐，条件允许时可考虑设置在崖顶，方便结构基础的设置和屋面的形式处理。

图7 大足宝顶山牧牛图造像上方悬挑式窟檐

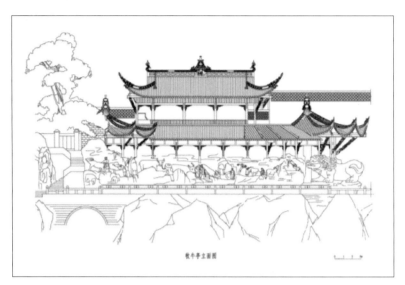

图8　大足宝顶山牧牛图造像上方悬挑式窟檐立面图

（图片来源：重庆大学建筑城规学院历史研究室提供）

3. 柱廊式窟檐

柱廊式窟檐主要设置于带状分布的大型石窟群前，沿摩崖边缘落柱，柱上置屋架，廊下铺设硬质地面或栈道。檐柱间留空或设置保护性格栅，一般不设门窗。部分柱廊式窟檐两端有山墙。窟檐屋面荷载一部分通过屋架传至摩崖山体，一部分通过檐柱传至地面。由于檐柱的支撑，窟檐出挑深度可以更大。屋顶形式的选择也更灵活，可设单坡、双坡顶，局部可改变檐柱的数量和位置来改变窟檐高度、出檐深度等。大足北山佛湾石窟、安岳毗卢洞的千佛洞等窟、邛崃石窟中的磐陀寺、浦江飞仙阁局部等都采用了柱廊式窟檐。

大足北山佛湾石窟位于北山西侧崖壁上，开凿于892—1162年（唐景福元年至南宋绍兴三十二年）。造像崖面长约300米，高7~10米，分为南、北两段（见图9）。北山佛湾石窟窟檐建于1952年，为砖木结构的单层柱廊式窟檐。窟檐大部分为双坡屋面，南段入口部分有重檐歇山顶，北段有多处重檐攒尖顶和歇山顶。出檐深度4~6米，外檐口高度约4米，重檐部分檐口高度6~7米。北山窟檐的出檐深度和檐口高度之比为1:1~1.5:1，完全遮蔽了造像部分，防止了阳光直射和风雨侵蚀。檐柱间距3~4米，之间装有竖向钢栅，起安全防盗作用。

柱廊式窟檐的外立面由于檐柱的存在，被分为多个开间，柱距和檐口高度的比例，柱间的格栅、勾栏等建筑元素对外立面视觉通透性和廊内空间围合感有较大影响（见图10、图11）。如柱距较大时，窟檐线的水平元素为主导，立面通透，形体水平舒展；柱距较小时，檐柱的垂直元素形成重复段落，立面虚实变化更为丰富。北山窟檐的檐柱为清水砖砌方柱，柱下部实体挡墙面层为水泥砂浆抹平，朴素无装饰，与文物环境比较和谐。但钢栅和入口铁闸直接采用工厂产品，缺乏设计。如果能从传统屏风、窗棂、勾栏等木构构件的装饰元素提炼简洁形式运用在立面通透处，可使立面更有新意。

图9　大足北山佛湾石窟总平面

（图片来源：重庆大学建筑城规学院历史研究室提供）

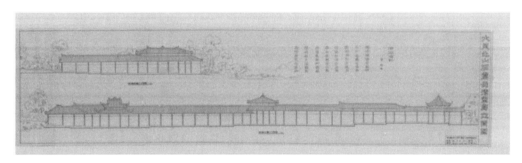

图10　大足北山佛湾石窟窟檐立面图

（图片来源：重庆大学建筑城规学院历史研究室提供）

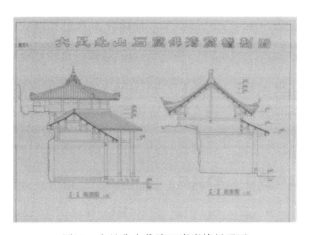

图11　大足北山佛湾石窟窟檐剖面图

（图片来源：重庆大学建筑城规学院历史研究室提供）

　　柱廊式窟檐的内部一般空间光线较暗，空间尺度小，变化多。北山石窟窟南段入口处的韦君靖碑，由于光线原因字迹几乎无法辨识。窟檐重檐部分有天光进入，对整个窟内的亮度有一定补充，但后加窟檐的光源和造像原始受光的部位不可能完全对应，对造像细节的展示效果提高有限（见图12）。北山窟檐屋架采用穿斗木构架，构件截面尺寸小，结构轻巧，梁上空间高敞。窟檐木构架因为岩体高度不同，有部位没入岩体，有部位架在岩顶矮墙上，还有部位在柱廊中间加立柱。柱廊内地面也有不同高差，廊内地坪为石板铺设。其中部分洞窟的地坪高出数个台阶，直接开凿于岩体上，设置了石质或木质护栏，方便游人扶握。柱廊式窟檐本身形式有连续性，而岩体和地面的高度形态往往各处不同，因此屋架和地面通道难以用一个标准做法完成，变化较多，需要在设计中因地制宜进行调整。

图12　大足北山佛湾石窟窟檐内景

安岳毗卢洞的千佛洞和玉皇窟相邻，位于山体北侧（见图13）。千佛洞开凿于宋代，岩壁三面围合成"凹"字形，无窟顶。石窟宽7.5米，深9米，高度7米。玉皇窟开凿于清代，宽4米，深2.5米，高度3米。现存木构柱廊式窟檐为清代修建，为穿斗式木构架，两窟屋面相互搭接。其中千佛洞窟檐独特之处在于入口处加建了一道双坡窟檐，与内部的三面单坡窟檐形成天井，充分利用天光形成开放式的窟内空间（见图14）。檐口高度6～7米，出挑1.5～2米，在此高度上不能防止飘雨沾湿下部造像。入口处窟檐出挑不足，檐部滴水落至右侧造像岩体，可见明显水渍。玉皇窟窟檐为单坡，檐口高度3米，出挑3米，右侧檐柱落地，左侧檐柱落在两窟之间的岩体上。千佛洞和玉皇窟的柱廊式窟檐在形式上通透简洁，结构上处理灵活，通过加建入口处的窟檐使得两处窟檐连成一体，避免了千佛洞窟檐上方整体覆盖屋面体量过大的问题。千佛洞朝向北面，原本光线不足，利用天井采光达到了较理想的光照条件。但设计窟檐出挑深度和天井大小的关系需进一步优化，以达到保护和展示两方面的要求。

邛崃磐陀寺的柱廊式窟檐建于2012年，首先在岩体上又砌筑了红墙，将柱廊式窟檐的后部落在墙体上，前部直接落在岩体前的地面上，柱廊进深两间约5米，使用穿斗式构架，梁柱较细，柱子间的间隔较大，空间开敞不设门窗，对参观视野的影响较小；同时，窟檐的柱高比较高，梁枋之上不设垫栱板，柱廊两段也不设檐墙，允许更多的自然光进入柱廊之内，使得窟檐内的环境更加明亮，不至于因窟檐进深过大而昏暗。另一方面，窟檐的设计，柱梁枋比例细长，开间较大，使得窟檐视觉上显得轻巧；穿斗式构架、上落椽子，椽子上直接铺小青瓦，屋顶曲线较为平缓，都比较符合川渝地区建筑的特色，整体上与周围建筑和窟龛氛围相协调（见图15、图16）。

图13　安岳毗卢洞千佛洞和玉皇窟外景　　　　图14　安岳毗卢洞千佛洞和玉皇窟鸟瞰
　　　　　（摄影：吕宁）　　　　　　　　　　　　　　（摄影：吕宁）

图15　磐陀寺柱廊式窟檐外观　　　　　　图16　磐陀寺柱廊式窟檐内景

4. 殿阁式窟檐

殿阁式窟檐将摩崖石刻与佛殿或楼阁建筑结合，创造出空间围合感强、内部空间大的全覆盖保护性建筑。殿阁式窟檐主要用于大像窟和重点区域的石窟群保护，建筑外观具有标志性，作为主体景观与邻近寺庙形成建筑群。历史上，川渝地区殿阁式窟檐实例众多，规模巨大。如乐山嘉定大佛，在唐宋之时就有楼阁覆盖，范成大曾描述"大佛……高三百六十尺，顶围十丈，目广二丈，为楼十三层，自头面以及其足"。足可见大佛阁尺度之大。现存典型例证如潼南大佛阁，佛像高 18.43 米，七层重檐楼阁高达 30 余米；大足宝顶山大悲阁，造像龛高 7.7 米，重檐楼阁高 12 米；合川涞滩二佛寺下殿，佛像高 12.5 米，三重檐大殿高 20 米；安岳华严洞，洞口高 6.2 米，重檐佛殿高 10 米；安岳大般若洞，洞口高 4.7 米，重檐佛殿高 8.6 米。其中合川涞滩二佛寺下殿体量最大，空间复杂，较全面地体现了殿阁式窟檐的空间和营造特点（见图17）。

图17　涞滩二佛寺下殿外景照片

合川涞滩二佛寺下殿建于合川区内鹫峰山崖壁间，系木结构三檐歇山顶建筑。此处的造像密集于北崖、南崖、西崖三面，又有高12.5米的主像在其中，所有摩崖分布在一个坡度很大的崖壁旁边。进入大殿的通道沿着山体先下后上，大殿的主入口放在山体下方，殿前两旁有自然巨石升起，中间取为台阶，有力地强调了入口。进入大殿，即可见主尊金身，主尊通高3层。左右皆可通往大殿2层，形成一个环形交通，把西、南、北岩组织串通起来，非常紧凑。殿内空间突出强调主佛的位置。大殿第一层屋顶两翼舒展，形成一个大的庇檐，把周围的摩崖都罩在其中。第二层屋顶与大殿第一层微微脱开，两层之间形成侧高窗。第三层屋顶为歇山顶。

二佛寺下殿在平面和剖面上都针对大佛造像进行了特殊考虑。在平面上，为了从正面观看大佛全貌，明间的尺寸异常宽阔，二佛寺下殿明间宽7.1米，占整个面宽的三分之一。二、三层平面的回廊对内向主佛像围合成通高空间，对外满足不同高度上造像群的观赏需求。其中二层回廊从里金柱的位置向内出挑2.6米，刚好满足位于佛殿底层的人在45度视角时能看到佛的头顶。在剖面上，大殿一层架空，不设隔扇，檐口高7米。高于南岩和西岩的顶部。第二回廊高度位佛像膝部，可观赏佛像半身；第三层回廊位于佛像肩部，可观赏佛像面部细节。顶层不设天花，有利于垂直通风（见图18）。

二佛寺下殿对于自然光线也加以利用，营造出特定的宗教氛围。采用高侧窗采光是殿阁式窟檐空间气氛营造的一种手法，可产生多样的光影效果，大大丰富了佛殿的室内空间环境。佛殿底层架空，仅在阑额上方施格子窗，满足了底层香炉、烛台、叩拜区的采光要求；二重檐下的窗子分格则骤然变得十分细小，使佛像躯干部的光线转为晦暗；三重檐下则开疏朗的直棂窗，为的是增加佛像头部采光，这种"明—暗—明"的光线对比变化突出了视觉的焦点。[2]8

殿阁式窟檐一般规模较大，能够较好地体现中国传统建筑特点，与周围环境较为协调，同时成为石窟寺的标志性建筑。但也正是由于其规模较大、进深较深，在川渝地区天气超热、湿度较大的地理条件下，容易由于通风不畅造成水在岩体内外的积存，从而威胁造像本体安全。

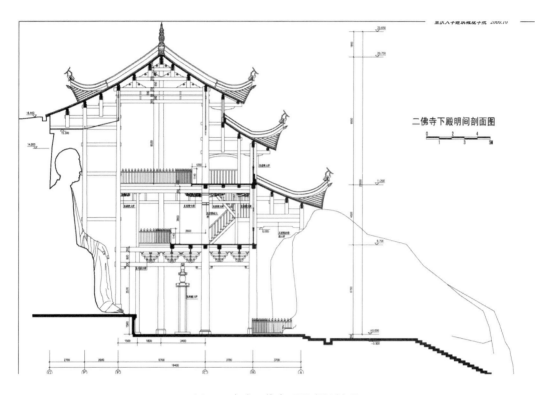

图18　涞滩二佛寺下殿明间剖面

（图片来源：重庆大学建筑城规学院历史研究室提供）

（二）材料分析

窟檐的结构形式与建筑类型关系密切，决定了窟檐的尺度和空间特点。前述对天然岩体、悬挑式、柱廊式和殿阁式窟檐的分类就体现了窟檐的结构逻辑。顾名思义，悬挑式窟檐即采用了悬挑方式，窟檐通过挑梁和斜撑支撑于崖壁。柱廊式窟檐采取梁柱结构，荷载通过屋架和立柱传至山体和地面。殿阁式窟檐的建筑主体以梁柱支撑，部分搭接在山体上和高处沿山体伸展的窟檐也采用悬挑结构。本节主要从各种结构体系中材料选取和构造方式的角度对结构效率、适应性和耐久性进行分析。

川渝窟檐中的人工建筑多就地取材，采用当地的穿斗式木构架建造屋架，青砖或石材建造墙体等承重结构。在当代重建的保护性窟檐中也有运用钢构件和混凝土加强结构连接和局部支撑，提高整体性能的例子。

1. 木构架

大部分窟檐实例中，均采用传统穿斗式木构架。其特点为以柱头直接承托檩条，使用比梁尺寸更小的穿枋。穿枋起加强柱子间横向联系的作用，提高了屋架的结构稳定性。木材本身顺纹有较高的抗拉能力，穿枋的尺寸可以做得更小，因此整体用料更节省。在结构布置上，穿斗式结构在开间大小和落柱高度更为灵活，在川渝石窟大坡度的陡峭地势上有较强的适应性。另一方面每榀屋架的竖向分格可以做出不同变化，适应开窗采光和不同标高通道的开洞要求。在窟檐建筑的穿斗木构架中，为避免视线遮挡多采取两柱三挂等隔柱落地的构架形式，在后檐位部位根据出挑距离灵活采用不对称柱。

传统穿斗式木构架工艺简单，取材方便，适应性能力强，非常适合于中小型窟檐。在大型窟檐中由于跨度增大、屋架增高，采用实木构件的效率低于钢结构和复合木结构。

2. 砖石结构

砖石结构作为窟檐建筑的维护和承重结构，具有良好的防潮、防火和耐久性，在靠近地面和山体上易受潮的部位用作木构架的补充。在窟檐建筑中，常见造像岩顶支撑木屋架的砖石矮墙，墙后一般开凿排水沟。部分柱廊式窟檐有砖石砌山墙和立柱。

大足北山佛湾石窟柱廊式窟檐的檐柱和中柱采用了砖砌 300 毫米 ×300 毫米的方柱（见图 19）。砖柱的承重性能优于木柱，在北山窟檐屋顶形式较复杂，局部重檐屋面荷载较大的条件下，砖砌立柱石是合适的选择。另一方面砖砌立柱和柱间安装的钢栅不易被人为破坏，防盗性能较好。在现有案例中砖石墙均为实心砌筑，可尝试通过镂空砖砌法在局部改变墙体通透性，改善采光和通风效果。也可采用透明材料，如玻璃砖、玻璃纤维砌块等，在保持结构性能的同时改变外观效果。

图19　大足北山佛湾石窟窟檐砖砌立柱，石砌矮墙

3. 混凝土结构

钢筋混凝土结构作为现代的新材料新工艺，有着比传统材料结构强度大、耐久性强的优点；同时也有自身结构重量大、较难和周围环境相协调的缺点。

荣县大佛寺的拱券窟檐是采用石质加混凝土结构的典型例证。二者在结构上的作用相似，石结构是早期（清代）的做法（见图 20），混凝土结构是 1986 年重修拱券时增接的做法（见图 21）。在残存的石质拱券和混凝土拱券的对比中，钢筋混凝土的结构强度、跨度优于石结构；从整体效果上看，跨度很大的混凝土拱券与周围传统形式的木构建筑并不十分协调，与岩体结构也有一定的冲突。如何使现代材料与传统环境条件相适应，也是在新材料使用过程中需要考虑的。另一方面，过大的自重、不同的涨缩系数等会对岩体与窟檐交接处产生威胁，有发生岩体断裂的可能，并不是窟檐建造的最优选择。

图20　荣县大佛20世纪初窟檐状况（图片来源：荣县大佛文管所）

图21　荣县大佛窟檐现状

　　安岳卧佛院卧佛龛开凿于盛唐时期，佛像身长23米，头长3米，肩宽3.1米，头东足西，左侧卧，面南背北，位于13米高的崖壁上。主像上下各有一层造像，上层释迦涅槃前说法造像上部岩体有木构架插孔，可能曾有悬挑木窟檐。崖体最上方的自然岩体窟檐出挑3米，长度20余米。卧佛主像所在岩体部位凸出崖壁，不能被窟檐完全覆盖。窟檐前缘与岩壁基本平行，边缘曲线平滑，凿有锯齿状滴水。卧佛龛仿天然岩体的混凝土窟檐建于1992年，无空间围合感，摩崖造像整体外露，空间开敞，宏伟壮观。但窟檐出挑不足，对造像的保护作用有限（见图22）。

图22　安岳卧佛院卧佛龛窟檐

4. 钢结构

窟檐建筑中钢结构结构性能较为优越，但能与石窟周边环境相协调的不多，比如千佛崖摩崖造像处的窟檐试验段，其采用非接触式结构，以钢结构和特质瓦为主要建筑材料，通过数年窟檐内外监测数据的分析，其较好的保护效果得到了业界公认。但外观造型自建成至今，不断引发学界争议（见图23）。

图23　千佛崖窟檐试验段内景

（三）附属设施

附属设施主要包括为石窟保护和展示功能配套的参观通道和检修通道；排水沟、蓄水井等排水设施；灯具、展台、投影等展示设施以及安防和监控设备。

1. 参观通道

石窟造像依山而建，窟前的自然地形复杂，包括山谷、河流和峭壁等。小型分散的窟龛本为僧人隐居修行所用，仅有崖壁上开凿的羊肠小道可达，附近林木丛生，交通不便。大型窟龛造像群开凿时即考虑了宗教活动的人流需求，有较开阔的地形，经过旅游开发后具备较好的交通条件，多用木质栈道、平台和石板路。窟檐建筑一方面通过人工平整的地面提供较大的礼拜空间，另一方面通过楼梯栈道联系不同高差和位置的窟龛进行流线组织。除为游人提供的人行通道外，窟檐建筑的屋面和山体上的排水设施也需要定期清理维护的检修通道。

笔者调研的石窟，室外场地道路普遍有表面湿滑的安全隐患。由于悬挑窟檐出檐不足以完全遮盖路面，靠外侧的路面被雨水淋湿，表面长有苔藓，行走时十分容易滑倒。柱廊式窟檐和殿阁式窟檐较为封闭，半室内和室内通道不存在湿滑的问题。但是室内空间的通道高差变化多，部分开凿于岩体上的通道表面不平，有可能跌倒。历史上修建的殿阁式窟檐内部通道围绕佛像盘旋曲折，楼梯踏步较高，梯宽窄，净高小，对于参观人流量有限制。现代新建的窟檐需按照建筑设计规范对楼梯和坡道的要求设计，并采用防腐、防滑材料，以改善参观通道的通行能力和安全性。

2. 排水设施

窟檐建筑排水方式有两种方式：通过造像内置水沟、外排水沟有组织地排水；屋面散排。古代匠人借助造像形式融合佛教经典创作的排水系统体现了劳动人民的集体智慧。例如大足宝顶山大佛湾的牧牛图中，岩体天然有一裂隙排水沟。一旁的牧牛饮水图中，牛头昂起靠在沟边，在雨水汇流而下时仿佛真在饮水，形象栩栩如生。另一处利用自然地形巧妙构思的窟檐排水系统位于宝顶山圆觉洞内。圆觉洞中的渗水经过收集处理，从窟顶隐藏的排水道汇入盘龙雕刻的龙口，然后滴落造像手持的钵中，再由钵底通地面的暗渠流出窟外。其排水设施和造像雕刻完美结合，是一处成功的典范。此外宝顶山涅槃图睡佛前的九曲流觞水渠和九龙浴太子图雕刻也是结合佛教文化元素和景观排水设计的优秀案例（见图 24）。

造像有组织排水汇集的雨水和崖体渗水，除直接排走外，还有收集成水池，给人饮用的案例。例如合川涞滩二佛寺入口西南侧的地下水池和钓鱼城卧佛足边的方池，都被教众奉为祛病驱邪的神水，纷纷索求以为吉利。[3]81

窟檐屋面的排水大部分散排至地面，一部分雨水经崖面排水沟由两侧排走。古代匠人就有在崖面上雕凿"人"字形排水浅沟，排走渗水和表面冲刷雨水的方法。以安岳华严洞东侧崖壁为例：在窟龛的上方有几组"人"字形排水浅沟，向两侧延伸较远，超出了单个窟檐的范围，应为崖壁整体排水所用。另一种方式的排水沟多在岩体顶部凿出或混凝土浇筑成，截面较深，主要排走屋面和山体的雨水。

3. 展示设施

窟檐配套展示设施主要有展板、展台、灯具设备和投影设备。展板展台主要文字信息和图片信息，有石刻、木质等传统形式，与石刻本体风貌容易统一。灯具设置对于自然光不足的窟龛有很好的补充作用，也有利于营造空间氛围。灯具选择博物馆常用的小型

LED 灯，泛光照明和反射照明等方式，避免对文物本体的影响。投影设备仅在大足北山石刻中有所应用。

图24　大足宝顶山大悲阁上排水沟

三、结语

作为宗教建筑，石窟寺石刻的窟檐建筑既满足了一定宗教礼拜活动的需求，也起到保护造像雕刻的作用，让精美的文物留存至今。同时，窟檐和石窟造像本体、周边环境也共同构成了展示系统中最重要的展示空间和内容。保护、宗教和展示可以说是窟檐在当代遗产保护语境下重要的三大功能，就笔者项目调研组有限的几次调研而言，对川渝地区各重要石窟窟檐建筑的综合评估见表 2。

表2　各石窟窟檐建筑综合评估

窟　檐	保护功能				宗教功能		展示功能		
	遮蔽直射光	遮蔽雨水	通风	温湿度影响	礼拜空间	宗教活动	流线交通	图文信息	多媒体展示
大足宝顶悬挑窟檐	好	较好	好	较大	有	无	好	有	无
大足宝顶大悲阁	好	好	较差	较大	有	有	较好	有	无
大足北山窟檐	好	较好	较好	较小	无	无	好	有	有
涞滩二佛寺下殿	好	好	较差	较大	有	有	较好	无	无
安岳毗卢洞幽居洞	好	好	较差	较大	有	无	好	无	无
安岳毗卢洞千佛洞	较好	较好	较差	较大	有	无	好	无	无
安岳华严洞	好	好	较差	较大	有	无	较好	有	无
安岳卧佛院悬挑窟檐	较差	较差	好	无	无	无	好	无	无
安岳卧佛院卧佛龛	较差	较差	好	无	有	有	好	有	无

续表

窟　檐	保护功能				宗教功能		展示功能		
	遮蔽直射光	遮蔽雨水	通风	温湿度影响	礼拜空间	宗教活动	流线交通	图文信息	多媒体展示
石笋山自然岩体	较差	较差	好	无	无	有	较好	无	无
重龙山君子泉	较差	较差	好	无	有	有	较好	无	无
重龙山古北岩	较差	较差	好	无	无	无	较差	无	无
飞仙阁自然岩体	较差	较差	好	无	无	无	较好	无	无
飞仙阁悬挑窟檐	较差	较差	好	无	无	无	较好	无	无
磐陀寺柱廊窟檐	较好	较好	较好	较小	有	无	较好	无	无
磐陀寺悬挑窟檐	较好	较好	好	无	有	有	较好	无	无
荣县大佛寺拱券	较好	一般	一般	一般	无	无	好	有	无
荣县大佛寺护身楼	较好	较好	较好	较小	有	有	较好	有	无
荣县大佛寺柱廊窟檐	较好	较好	较好	较小	无	无	较好	有	无

　　本文对窟檐的分析仅选取了一个角度，对川渝石窟窟檐的研究也刚刚开始，要对川渝石窟保护性窟檐建造提出行之有效的指南或建议，未来还需要结合考古学、地质学、环境监测等多学科，进一步系统探讨。

参考文献

[1]　雪静，孙华. 川渝石窟的历史与价值 [J]. 遗产与保护研究，2017(2).

[2]　郭璇. 巴蜀摩崖佛殿空间类型及营建手法初探 [J]. 重庆建筑大学学报，2004(4).

[3]　冯棣. 巴蜀摩崖建筑文化环境研究 [D]. 重庆：重庆大学建筑城规学院，2010.

从石拱桥类文物保护实践分析中国文物保护理念发展

张 荣[①]

【摘要】 古代桥梁是我国文物建筑中的一项重要类型，中国营造学社在建筑史学研究和文物保护探索之初，就非常重视中国古代桥梁的研究与保护。本文从安济桥、卢沟桥、古月桥等石拱桥保护工程的案例分析，回顾了我国各个时期代表性古代桥梁保护实践。根据桥梁类保护实践发展所反映出的保护思想变迁，分析了我国不同文物保护阶段保护理念的发展变化。本文还通过古月桥保护修缮工程的案例，分析我国现阶段从"抢救性"保护向"抢救性"与"预防性"保护并重的理念发展，提出了"预防性"保护的系统解决方案。

【关键词】 石拱桥；安济桥；卢沟桥；古月桥；价值；两重两利；不改变文物原状；预防性保护

一、中国营造学社的古代桥梁研究

20 世纪二三十年代，朱启钤创立"中国营造学社"[②][1]4。中国营造学社希望通过中国古代建筑营造史的研究，认识整理中国历史文化。中国营造学社在开启建筑史学研究的同时，对文物建筑保护开展了初步探索。

中国营造学社在成立之初就将古代桥梁作为古建筑的一种重要类型进行研究。《中国营造学社汇刊》中有多篇针对古代桥梁的研究论文。1933 年 3 月，刘敦桢发表《万年桥志述略》[2]22-38，万年桥位于江西省南城县，始建于明崇祯八年（1635 年），建成于清顺治四年（1647 年）。清代谢甘棠为其撰写《万年桥志》，详细记载了其施工记录，是我国古代桥梁史上留存至今最早最完整的施工档案。刘敦桢先生对比志书与实物，将桥梁的建造工艺、用工、用料、资金进行了详尽的分析研究。这篇论文第一次运用了现代中国建筑史学方法研究中国古代桥梁，在中国建筑史学上具有重大意义。

1933 年，梁思成和莫宗江在河北赵县发现并测绘研究了中国最著名的古桥——赵州安济桥，并发表《赵县大石桥》[3]1-31 一文，对安济桥作出了评价："这一次考察赵州，不意不单是得见伟丽惊人的隋朝建筑原物，并且得认识研究这千数百年前的结构所取的方式，

---

① 张荣，男，1978 年生人。2005 年获清华大学建筑学院建筑历史与理论硕士学位。现任北京国文琰文化遗产保护中心有限公司副总经理兼副总工程师，高级工程师。主要研究领域：文化遗产保护研究、古代建筑保护研究、石窟寺保护研究。主持负责各类文物保护规划、修缮工程设计、文化遗产监测、数字化勘察、科技保护工作 60 余项。荣获省部级奖项 24 项，发明专利 1 项。在国内外专业期刊发表论文 16 篇，编著专著 4 部。参与文物保护规范标准编制 2 项。

② "吾民族之文化进展，其一部分寄之于建筑，建筑于吾人最密切，自有建筑，而后有社会组织，而后有声名文物……总之研求营造学，非通全部文化史不可，而欲通文化史非研求实质之营造不可。"

对于工程力学方面，竟有非常的了解及极经济极聪明的控制。"

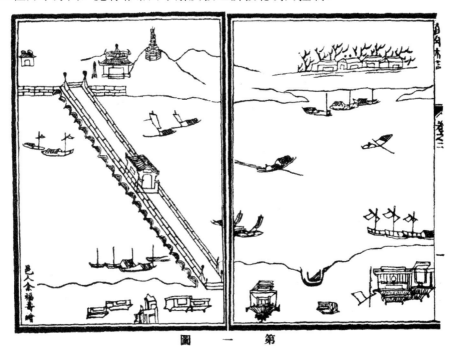

图1 《万年桥志述略》插图

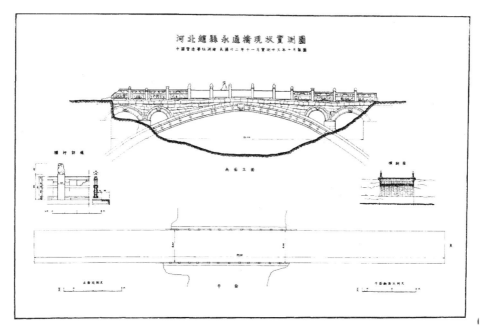

图2 赵县永通桥测绘图

除对安济桥建筑结构和形制进行研究外，梁思成对桥体的残损及后期修复情况也进行了详细的调查，"现在桥之东面已毁坏 [图版叁（乙）、伍（甲）]，西面石极新。据乡人说，桥之西面于明末坏崩，按当在万历重修之后若干年，而于乾隆年间重修，但并无碑记。桥之东面亦于乾隆年间崩落至今尚未修葺。落下的石头还成列地卧在河床下。现在若想拾起重修还不是一件很难的事"。

1934 年 3 月，刘敦桢在《石轴柱桥述要（西安坝产丰三桥）》[4]32-54 一文中，将中国古代桥梁分为三类，"我国桥梁之种类就今日已知者，依其外观及结构性质可别为三类。曰'梁式之桥'、曰'　桥'、曰'绳桥'"。刘敦桢将中国桥梁的发展历程和地域分布进行了概况和分析，这是从中国建筑史角度第一次对中国古代桥梁进行的分类研究。论文还对西安的三座桥梁的结构、做法进行了详尽的分析和研究。营造学社还对抚郡文昌桥[5]93-97、清官式石桥[6]56-136 进行了现场考察和深入研究。

从中国营造学社对古代桥梁的重视和研究成果可以看出，桥梁是中国古代建筑中的一种重要类型。中国古代桥梁建造历史悠久、类型多样，桥梁建造技术高超。中国古代的桥梁建造技术在很长的历史时间里都领先于世界。

中国营造学社有关桥梁的研究成果对李约瑟博士研究中国科学技术史产生了很深的影响。在其著作《中国科学技术史》[7]中将桥梁与道路、墙和长城、建筑技术、水利工程并列，以专门章节研究中国古代桥梁。李约瑟尤其对中国古代的拱桥技术大加赞赏，他称赞赵州安济桥："早在欧洲应用这种拱桥的 700 年前，中国就有一位天才的工程师已经修建了这种拱桥。"他相信，这种圆弧拱桥的技术由马可·波罗从中国传入欧洲，带动 14 世纪欧洲的造桥技术突飞猛进。

二、中国文物保护单位管理体系中的古代桥梁文物

新中国成立后对不可移动文物采取了分级登录保护制度，根据文物保护单位的价值高低，共分为四级：全国重点文物保护单位、省级文物保护单位、市县级文物保护单位、登记不可移动文物。不同级别的保护单位分别由国务院、省级、市县级文物行政管理部门管理相应级别的文物保护工作。

1961 年，国务院公布了第一批全国重点文物保护单位，我国著名桥梁专家茅以升专门撰文《重点文物保护单位中的桥——泸定桥、卢沟桥、安平桥、安济桥、永通桥》[8]33-47，介绍了第一批国保中的五座古桥。"在国务院公布的第一批全国重点文物保护单位的名单中，列有五座桥：四川省泸定县的'泸定桥'，北京市丰台区的'卢沟桥'，福建省晋江县的'安平桥'和河北省赵县的'安济桥''永通桥'。它们都是具有重大历史、艺术、科学价值的文物，都属于国家重点保护的范围。从技术方面看，这五座桥代表四种形式：泸定桥是'悬桥'，卢沟桥是'连续桥'，安平桥是'梁桥'，安济桥、永通桥是'拱桥'。这四种形式的桥，再加两种'伸臂桥'和'开合桥'，构成近代桥梁中的六种基本形式。"

我国至今已公布了八批共 5058 处全国重点文物保护单位。其中在古建筑大类中专门有桥梁的子分类，共有 94 处桥梁类国保单位。除此之外，在其他古建筑、石窟寺及石刻、近现代重要史迹及代表性建筑、古遗址、古墓葬中还拥有很多桥梁。另外，省级、市县级文物保护单位和登记不可移动文物中还有大量的桥梁类文物。

鉴于古代桥梁是我国不可移动文物的一项重要的组成部分。本文以石质桥梁类文物，尤其是石拱桥的保护实践进行案例分析，尝试探讨我国文物保护理念发展。

表1 古代桥梁数量及比例统计

国保批次（年份）	古代桥梁数量（座）	古建筑数量（座）	比例（%）
第一批（1961）	3	77	3.90
第二批（1982）	1	28	3.57
第三批（1988）	4	111	3.60
第四批（1996）	1	110	0.91
第五批（2001）	8	248	3.23
第六批（2006）	20	513	3.90
第七批（2013）	38	793	4.79
第八批（2019）	19	280	6.79
总数	94	2160	4.35

三、20 世纪 50 年代至 70 年代"两重两利"原则下的石桥保护

中华人民共和国成立后，对重要文物开展了一系列必要的保护修缮工程，比如 20 世纪 50 年代的永济桥修缮工程、永乐宫搬迁工程，60 年代的敦煌莫高窟岩体加固工程、卢沟桥加固工程，70 年代的南禅寺修缮工程等。

尽管 20 世纪中叶我国的文物保护工程成绩斐然，但仍存在不少问题，尤其是新中国成立初期针对古代桥梁的修缮工程出现了较多问题，很多桥梁在修缮后，真实性和价值都受到很大的影响。

在 1933 年梁思成调查研究的基础上，1952 年，文化部文物局和交通部公路总局等部门对安济桥再次进行勘察，并制定赵州永济桥的修缮方案，修缮工程于 1958 年竣工。工程复原了东侧塌毁的三道拱券，剩余保存相对较好的 23 道拱券采用了压力灌注水泥浆的加固方式，护拱石之间采用钢筋混凝土盖板，拱腔填料使用了水泥碎石混凝土，在此之上做了油毛毡和沥青防水层，并重做了桥面，还参照考古发现的构件复制了桥栏板。工程过后，永济桥原有的石拱券结构体系被填充了大量混凝土，结构体系的改变影响了安济桥最重要的科学价值，大量更换石质构件使整个桥梁被修饰一新。

1963 年，梁思成考察修复后的赵州永济桥后，在《闲话文物建筑的重修与维护》一文中写道："直到今天，我还是认为把一座古文物建筑修得焕然一新，犹如把一些周鼎汉镜用擦铜油擦得油光晶亮一样，将严重损害到它的历史、艺术价值……在赵州桥的重修中，这方面没有得到足够的重视，这不能说不是一个遗憾。"[9]7-12

1967—1968 年，第一批国保中的另一座著名桥梁——卢沟桥（芦沟桥）为扩大桥面通行能力将桥体继续加宽加固。"此次工程，将金边以上的桥面石板凿出 57 道沟槽，放置钢筋混凝土梁，使梁端挑出桥身以外，外悬部分铺以钢筋混凝土板为步道。全部地袱用混凝土筑成，旧石栏杆移装于其上。此次加宽工程中损坏了全部旧地袱石和旧缘石。旧桥面石损坏了半数，栏板和望柱都不曾损坏。将风化损坏较严重的栏板和望柱做了更新。"[10]31-33

卢沟桥的加宽加固工程使卢沟桥满足现代通车需要，在 20 世纪七八十年代，多次拉载重型设备的汽车通过卢沟桥，最大的车辆荷载超过 400 吨。然而，该工程完全改变了卢沟桥的外观和桥面的结构，卢沟桥的真实性受到了极大的影响，文物价值严重受损。

营造学社调查研究的另一座古代桥梁——万年桥，在 20 世纪 50 年代的保护工程中也使用了大量的水泥，导致桥梁的真实性受到影响，文物价值受损。

类似的问题在 20 世纪 50—70 年代的文物保护工程中层出不穷，在桥梁类文物中尤其明显。究其原因，当时文物保护原则被总结为："两重两利——重点保护、重点挖掘，即对生产建设有利，又对文物保护有利。"古代桥梁很多处于交通要道，仍是重要的交通设施。在当时的社会经济条件下，保护主要从生产使用要求出发，按照现代人车通行要求，甚至通行重型车辆的荷载要求，对古代桥梁进行改造，贸然使用不可逆的现代材料加固桥体，改变原有桥梁的结构。保护工程过后虽然能够暂时满足使用要求，但是对文物价值产生了永久性破坏。

以上案例说明，20 世纪 50—70 年代，因社会经济发展水平限制，文物保护与生产建设产生矛盾时，会更偏向于生产建设要求，尤其对于仍作交通设施使用的古代桥梁修缮工程更为突出。分析其根源，还是对于文物价值认识得不够，对桥梁的结构构造、文物构件的价值属性认知不清。这导致大量的重要古代桥梁文物变成了内部为钢筋混凝土结构、外表光鲜的假古董。

四、20 世纪八九十年代"不改变文物原状"原则下的石桥保护

1982 年中华人民共和国颁布了第一部《文物保护法》。《文物保护法》第 4 条明确规定了文物保护的基本原则，也称"十六字方针"，即"保护为主、抢救第一、合理利用、加强管理"。

1985 年，中国加入世界遗产公约。一些重要的国际文化遗产保护文件，如《威尼斯宪章》被介绍到中国。在审视以往的保护实践工作和新的实践探索中，文物保护学界对"恢复原状""保存现状""整旧如旧"等原则进行了深入探讨。并在《文物保护法》中总结为"不改变文物原状"的原则。

在文物保护理念发展的背景下，中国古代石拱桥保护修缮实践也步入一个新的阶段，其中最具代表性的保护工程就是卢沟桥修复工程。

"1986 年，北京市成立卢沟桥历史文物修复委员会，决定对卢沟桥进行大规模修复，恢复卢沟桥的原貌。此次修复工程的范围主要有拆除 1968 年桥面加宽部分，将石栏板归安于老桥位置；拆除全部沥青混凝土桥面，重建石板道桥面，并保留部分古代桥面石；修补券脸和拱眉。"[11]2-7

为保证工程中不对桥体产生破坏，对于混凝土挑梁的拆除非常小心，经过多种方法试验，采用了"横顶法"将混凝土拆除，保护了桥体石结构。工程非常注意原有望柱与栏板的保护，在挑梁拆除后，都将望柱栏板完整地迁至原位。工程中将原有的桥面石也尽量收集，重新铺砌在桥面，可以看到历史上车辙在桥面上留下的深深痕迹。

尽管由于技术资料有限，桥面板未能完全按照原位铺设，并且补充的部分新构件与原

有构件在观感上还有不完全协调的地方。但是瑕不掩瑜，本次工程还是很好地纠正了20世纪60年代对卢沟桥的错误改造，并且以"不改变文物原状"为原则，基本恢复了卢沟桥原有的结构体系与历史原貌，达到了工程前设定的"不仅形似，更要神似"的保护目标。

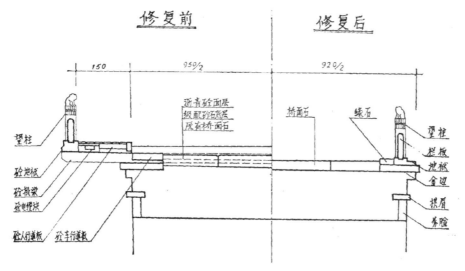

图3 卢沟桥修复工程图

这一时期，我国还对多座古代石桥进行了保护工程，如江西庐山观音桥、福建泉州洛阳桥、福建漳州江东桥等。文物保护领域对石拱桥价值的认识更加深入，对桥梁原有结构与原有构件所蕴含的历史价值、科学价值更加重视。在"不改变文物原状"原则指引下，以上古代石拱桥的原有结构体系与原有构件都得到了较好的保护，并且对过往不当干预的工程做法进行了修改与恢复。

图4 卢沟桥现状照片（1）（摄影：于洋）

图5　卢沟桥现状照片（2）（摄影：于洋）

五、21 世纪文化遗产保护理念下的石拱桥保护

2000 年之后，文物保护进入快速发展时期，《中国文物古迹保护准则》的颁布，确立了更加完善的文物保护程序与原则，并将文物保护的概念延伸到文化遗产保护。

古代桥梁作为重要的交通设施，除了原有的历史、艺术、科学价值外，桥梁所蕴含的人文景观价值，以及作为社会、经济、文化交流纽带的价值也越来越被重视。

2011 年，杭州西湖文化景观成功列入世界文化遗产，西湖十景之一的"断桥残雪"以及沿湖周边的众多桥梁都成为世界遗产构成要素。2014 年，中国大运河成功列入世界文化遗产名录，与之密切相关的众多古桥也都被列入世界遗产点，如北京万宁桥，苏州宝带桥，杭州拱宸桥，广济桥，绍兴八字桥等。

2020 年，中国世界遗产预备名录项目"古泉州（刺桐）史迹"更名为"泉州：宋元中国的世界海洋商贸中心"，正式申报 2020 年世界遗产项目，并增加了遗产点安平桥、顺济桥。闽浙木拱廊桥也作为预备申报世界遗产项目而加紧保护与研究工作。

中国古代桥梁价值认识在扩展，桥梁保护研究的理念与技术也随之快速发展。数字化测量、监测、结构分析、材料研发等最新的科技手段都被运用到桥梁保护的工程实践中。

例如，文物保护人员在杭州广济桥的保护工作中进行了变形监测与结构有限元分析，并总结分析了古代石拱桥的评估与保护的流程[12]69-72。在南京永昌桥的保护工作中进行了结构有限元分析，并采用了新型灌浆防水材料对桥体进行加固[13]54-60。

2019 年 4 月 18 日，在清华大学举行的国际古迹遗址日活动上，共有南京长江大桥公路桥维修文物保护项目、泰顺廊桥灾后修复工程和古月桥修缮工程三项桥梁类文物保护工程项目获得嘉奖。

古月桥位于浙江省义乌市赤岸镇龙溪之上，建于宋嘉定六年（1213 年）。1982 年文物普查时首次发现该桥，2001 年公布为全国重点文物保护单位。

始建于南宋的古月桥，是我国现存最早的石质折边拱桥，价值重大。历经 800 多年的自然侵蚀，古月桥也出现了较为严重的残损问题。保护团队将价值研究贯穿整个保护项目，通过三维激光扫描测量技术对古月桥营造工艺、尺度进行深入分析研究，明确提出古月桥的结构体系为其最重要的价值载体，工程必须保护拱桥原有的结构构造体系的真实性。在通过结构计算和现场实验分析了古月桥目前结构体系的稳定性，以及面临的威胁因素后，设计方案提出了预防性保护的系统解决方案。

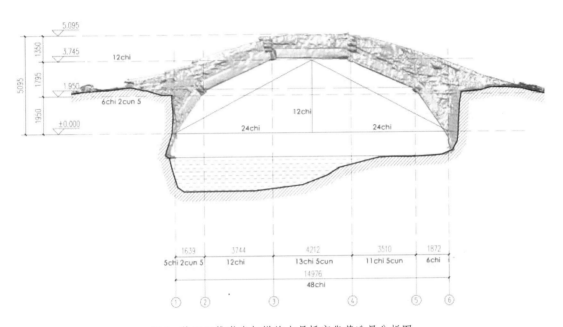

图6　基于三维激光扫描的古月桥宋代营造尺分析图

工程采用"最小干预"原则，保护了古月桥原有结构体系。通过从桥梁下部设置预防性保护钢梁的方式，整个工程过程未进行结构构件落架。保护团队针对性地研发出"牺牲性保护材料"，对破损结构构件进行修补，未更换任何结构性构件，完整保留了原有桥梁力学体系；采用高新技术与传统工艺相结合的方式进行了修缮工程，使用当地传统配比的三合土垫层作为防水层，用传统工艺加工补配缺失石构件。在传统工艺无法解决的问题上，工程使用了新技术，特别是材料技术，基于桥体原石材火山角砾岩研发的"牺牲性保护材料"——水硬性石灰材料修补破损石梁节点，并用现代检测技术手段：色差仪、红外热像仪、砂浆强度检测分析等设备分析材料性能是否达到设计指标。通过工程全过程监测，科学地控制整个工程的实施进程与质量。

古月桥本次修缮工程，从勘察设计到施工体现了以价值为核心，高新测绘技术、材料技术、监测技术与传统工艺的结合。古月桥保护修缮工程是我国石桥类文物保护工程，从抢救性保护向预防性保护发展的一项重要探索实践[14]4-12。该项目荣获 2019 年联合国教科文组织文化遗产优异项目奖 ①。

图7　古月桥修缮后照片（图片来源：义乌市文物保护管理办公室提供）

六、结论

回顾我国古代桥梁，尤其是石拱桥的保护历程，可以清晰地反映出我国文物保护理念发展的不同阶段。

第一阶段，20 世纪上半叶，我国文物保护事业伴随建筑史学学科建立而产生。这一时期最重要的工作就是文物调查与研究，对我国文物的年代、特征、类型、价值进行深入研究与全面认知。

第二阶段，20 世纪 50—70 年代，随着中华人民共和国建立，我国文物保护事业开始全面铺开。文物保护管理工作都取得了很大的成绩，但限于当时社会经济条件，文物保护工作常常需要从利于生产建设角度出发，遵循"两重两利"原则。这一时期的桥梁保护

---

① 2019 年 10 月 14 日，在马来西亚槟城举行的联合国教科文组织亚太地区遗产论坛大会上，古月桥修缮工程荣获联合国教科文组织文化遗产优异项目奖（UNESCO Asia-Pacific Awards for Cultural Heritage Conservation-Award of Merit）。项目获奖评语："古月桥的保护修缮体现了应用高科技与尊重传统建筑的成功结合。古月桥是中国有明确题记年代最早的折边石拱桥，项目使用了最先进的勘察、修缮和材料技术，以了解和加固这座拥有 800 年历史的古老建筑结构。项目团队发明了一种新的复合材料，将其应用于减缓桥梁未来的老化；当地工匠使用传统手工建造技术，确保了当地建筑实践的连续性。过去 20 多年间，古月桥由于年久失修无法通行，保护修缮项目让这一当地地标性建筑重返社区，同时也有助于恢复这里重要的传统乡村景观。"

修缮实践往往过于强调桥梁的交通功能，修缮对部分桥梁的价值和真实性产生了负面影响。

第三阶段，20世纪八九十年代，随着改革开放，社会经济发展，并且国际文物保护理念的传入，文物保护更加注重价值的保护和真实性的问题，遵循"不改变文物原状"原则。这一时期的桥梁保护修缮实践开始注重保护桥梁的原结构、原材料，并对以往不当的维修后果进行了原状恢复。

第四阶段，21世纪以来，随着文物的概念扩展为文化遗产的概念，我国对桥梁类文物的价值认知进一步扩展。很多桥梁类文物的保护实践体现出了以价值为核心，通过高新科学技术与传统工艺相结合的手段，将桥梁文物的价值载体真实地保护存续下去的保护思路；保护理念也从以往"抢救性"保护向"抢救性"与"预防性"保护并重发展。

"预防性保护"一词源自英文"Preventive Conservation"的直译，概念最早提出是在1930年于罗马召开的第一届艺术品保护科学方法研究的国际会议上。2000年以后，随着中外文化遗产保护交流的日益密切，预防性保护的概念传入我国。[15]3-7

2017年《国家文物事业发展"十三五"规划》，2018年中共中央办公厅、国务院办公厅印发的《关于加强文物保护利用改革的若干意见》，都提出了"预防性保护"的概念，"支持文物保护由抢救性保护向抢救性与预防性保护并重、由注重文物本体保护向文物本体与周边环境整体保护并重转变"。

文物保护老工匠口中有一句口头禅："小洞不补，大洞受苦。"可以说，重视文物的管理，加强对其的日常保养，是保护文物最重要和最有效的一项手段。加强日常保养正是预防性保护的一项重要措施，但预防性保护的概念更广泛，不仅限于日常保养。

2015年修订版《中国文物古迹保护准则》提出，"预防性保护"目的是减少保护工程对文物古迹的干预，并给出"预防性保护"的定义：预防性保护是指通过防护、加固的技术措施和相应的管理措施减少灾害发生的可能、灾害对文物古迹造成损害，以及灾后需要采取的修复措施的强度。"预防性保护"与"抢救性保护"概念上的差别在于措施处理是病害发生的事前还是事后。文物保护过去强调的"抢救性保护"指的是文物已经受到危害影响，产生了明显而严重的破坏后，再采用相应的技术措施，对文物进行抢救。"预防性保护"强调的是分析文物可能受到的危害影响，在破坏发生前或者破坏发生的开始阶段，采用相应的技术措施，让文物避免破坏或者减缓破坏。打个比方，"抢救性保护"更像对患者进行伤筋动骨的手术治疗；"预防性保护"则更像加强日常的体检，在疾病初期通过保健的方式治疗。

通过古月桥保护修缮工程，我们提出了"预防性保护"的系统解决方案。"预防性保护"需要从项目管理、项目团队组织和项目实施全过程建立科学有效的保护程序。首先全面记录文物的保持现状、认识文物价值，通过精细化勘察和监测数据的科学系统分析，找到对文化遗产最根本的威胁因素，在尊重和了解传统工艺的基础上，加以结构计算、材料研究，综合考虑各方利害最终制定保护方案。保护工程的实施需要满足"最小干预"原则、"可逆性"原则、"可再处理性"原则；其实施过程要进行监测与评估，根据监测数据和评估结果修正工程的实施。

参考文献

[1] 朱启钤. 中国营造学社开会演词 [J]. 中国营造学社汇刊（一卷一期）, 1930(7).

[2] 刘敦桢. 万年桥志述略 [J]. 中国营造学社汇刊（四卷一期）, 1933(3).

[3] 梁思成. 赵县大石桥 [J]. 中国营造学社汇刊（五卷一期）, 1934(3).

[4] 刘敦桢. 石轴柱桥述要（西安坝产丰三桥）[J]. 中国营造学社汇刊（五卷一期）, 1934(3).

[5] 刘敦桢. 抚郡文昌桥志之介绍 [J]. 中国营造学社汇刊（五卷一期）, 1934(3).

[6] 王璧文. 清官式石桥做法 [J]. 中国营造学社汇刊（五卷四期）, 1935(6).

[7] 〔英〕李约瑟. 中国科学技术史 [M]. 北京：科学出版社, 1990.

[8] 茅以升. 重点文物保护单位中的桥——泸定桥、芦沟桥、安平桥、安济桥、永通桥 [J]. 文物, 1963(9).

[9] 梁思成. 闲话文物建筑的重修与维护 [J]. 文物, 1963(7).

[10] 孔庆普. 卢沟桥四十二年维修记（摘要）[J]. 市政技术, 1992(12).

[11] 孔庆普, 席学恩. 卢沟桥修复工程施工简介 [J]. 市政技术, 1987(12).

[12] 邓广辉, 喻永华, 张立乾, 等. 从广济桥稳定性评价及抢险保护设计浅谈古代石拱桥现状评估和保护整治 [J]. 北方交通, 2007(12).

[13] 张时琦, 淳庆. 明代石拱桥永昌桥的加固修缮技术研究 [J]. 文物保护与考古科学, 2019(12).

[14] 张荣, 王麒, 王帅, 等. 从抢救性保护到预防性保护——古月桥保护修缮工程实践分析 [J]. 中国文化遗产, 2019(6).

[15] 吴美萍. 中国建筑遗产的预防性保护研究 [M]. 南京：东南大学出版社, 2014.

浅析我国大遗址保护思想的形成与发展

毕　燃[①]

【摘要】大遗址承载着丰富的历史信息和文化内涵，是中国五千多年灿烂文明史的鲜明体现和典型代表。自2006年国家公布大遗址保护名录以来，大遗址成为近年来文化遗产领域广泛关注的对象。我国大遗址保护思想在价值认识深化、科学保护观念引领以及我国城镇化发展进程的驱动下得以形成与发展，大遗址保护、管理及利用等方面思路不断突破和创新。

【关键词】大遗址；文化遗产；保护利用；考古遗址公园

"大遗址"是我国文化遗产保护领域的一个专有名词，是针对我国考古遗址的特殊性提出的相对概念。不同于一般的考古遗址，大遗址与土地资源、城乡建设的关系十分密切，其保护与利用呈现出独特的复杂性。2000年以来，我国大遗址保护实践不断发展，逐渐走进公众视野，成为社会关注度最为突出的遗产类型之一。纵览我国大遗址保护历程，虽然这一概念直至21世纪初才正式提出，但近现代以来各个时期对大遗址的关注和保护早已有之。目前，学术界对大遗址保护实践案例的分析较多，缺乏对保护思想形成动因的总结与保护思路发展趋势的探讨。本文结合学术界大遗址保护的主要观点以及现阶段的重要实践，对大遗址保护思想的形成及发展进行初步讨论。

一、"大遗址"概念的提出及其定义

"大遗址"概念是在社会发展与保护的矛盾日益突出的背景下，根据我国文化遗产的特征和保护需求提出的。1964年3月，在河北易县召开的"大型古遗址保护工作座谈会"上提出了"大遗址"概念最早雏形——"大型古遗址"。[1]29 1997年，国务院发布《关于加强和改善文物工作的通知》，再次提及"古文化遗址，特别是大型遗址"保护的重要性。2001年，时任国家文物局博物馆司司长孟宪民发表《梦想辉煌：建设我们的大遗址保护展示体系和园区——关于我国大遗址保护思路的探讨》，"大遗址"成为一个学术概念走进文化遗产保护领域。孟宪民认为"大遗址作为古文明的集中代表，提出这一概念反映了现代中国保存的历史文化遗产的基底性特色。大遗址的提法，也还带有荣耀、自豪、重视、惋惜、感叹等感情色彩，因而是可以作为正式的文物保护和学术研究的概念予以认可"[2]7。此后五年，学术界对大遗址的保护范畴、保护策略等问题进行了一些的探讨，基本形成了对"大遗址"概念相对统一的认识，即大遗址主要指文化遗产中规模宏大、文物价值突出的大型考古遗址。

---

① 毕燃，任职于北京国文琰文化遗产保护中心有限公司，东北林业大学城市规划与设计学硕士，主要从事大遗址保护工作。

2006 年，国家文物局印发《"十一五"期间大遗址保护总体规划》，公布"十一五"期间 100 处重要的大遗址，"大遗址"成为我国文化遗产保护中的一个独立类型。该文件明确提出："大遗址承载着丰富的历史信息和文化内涵，是中国五千多年灿烂文明史的主体和典型代表，具有规模宏大、价值重大、影响深远特征，包括大型聚落、城址、宫室、陵寝、墓葬等遗址、遗址群等。"近些年，对大遗址概念仍有诸多讨论，例如孙华认为"大遗址"从"遗址"抽绎出来，是因为空间范围大的遗址涉及的矛盾冲突更多、保护难度更大，其价值高低并不是主要因素。[3]63

综其所有，"大遗址"现状并没有一个明确的定义。从国家文物法规政策层面看，大遗址特指列入"大遗址保护名录"的保护对象，但从宏观层面理解，凡是符合"规模宏大、价值重大、保护难度大"的考古遗址都应该纳入大遗址概念范畴，按照大遗址思路进行合理的保护利用。本文对"大遗址"保护思想的论述采用宏观层面的定义。

二、大遗址保护思想的形成及其主要方面

探讨大遗址保护思想形成的实质是寻找大遗址保护遵循的因果关系。随着大遗址价值认识的深化，越来越多的人认识到大遗址保护的重要性；各个时期科学保护观念的引领，也促使大遗址保护思想在实践中进步。

（一）价值认识的深化促进大遗址保护

大遗址保护意识也因价值认知的拓展而形成，其价值认知亦随着时代发展而不断变化。1909 年，清政府颁布《保存古迹推广办法》，该办法将保护古迹分为六类，其中的"古代帝王陵寝"可以视为大遗址保护最早的对象，这是对封建社会统治的维护，也反映了我国敬仰祖先的传统价值观。民国时期，随着西方地质学、考古学科学思想的传播，近现代考古学在中国诞生，周口店、仰韶遗址等大遗址的发现，更使中国史学的视野扩大至史前时期。现代科学的传入与考古实践的发展使人们意识到大遗址承载着珍贵的历史信息，具有重要保护价值，大遗址的保护思想由此产生。

新中国成立后，考古工作进入了黄金时代，考古成果硕果累累，大遗址涵盖了古代人类聚落遗址、城市遗址、工程遗址、手工业遗址、帝王陵寝以及各类大型墓葬群，这些大遗址共同组成中华文明多元一体的典型物证，具有重要考古学价值和历史价值。在 1961 年公布的第一批 180 处全国重点文物保护单位中，大遗址有 26 处。

至 20 世纪 80 年代，文物的历史、科学和艺术"三大价值体系"在我国确立。但由于大遗址分布广泛，无论是城市建成区还是乡村地区，都与现代人的生活生产密不可分，具有很强的社会属性。在圆明园、汉长安城作为考古遗址公园纳入城市规划后，社会各界对大遗址保护利用的探讨不绝于耳，大遗址的社会价值逐渐凸显。

21 世纪以来，有关大遗址价值的探讨越来越多元，一些学者把大遗址的价值分为本体价值和延伸价值两个方面，本体价值基于对遗址真实性、完整性的保护而产生，包含历史、科学及艺术三大价值。延伸价值是社会发展对大遗址提出的时代要求，包含社会价值、文化价值、经济价值和环境价值。[4]910 大遗址的本体价值让人们意识到大遗址的不可

替代性；而其多样的延伸价值则让社会各界更多地关注到大遗址保护，认识到对其进行科学保护和合理利用在社会发展中具有重要意义。

（二）科学保护观念引领大遗址保护

新中国成立以来，我国借鉴西方文化遗产保护经验，逐渐形成中国特色的文物保护体系，奠定了大遗址科学保护的基础。1982 年《中华人民共和国文物保护法》颁布实施，明确提出损坏文物不可原址重建，必须进行遗址保护。"遗址保护"成为大遗址保护自始至终必须遵守的法定原则。

随着我国加入《世界遗产公约》，周口店遗址、秦始皇陵及兵马俑坑、长城等列入世界文化遗产，我国文物保护体系日益与国际文化遗产保护体系接轨，大遗址保护亦受到国际文化遗产保护理念的积极影响。如《保护历史城镇与城区宪章》强调本体与历史环境的整体保护、《考古遗址的保护与管理宪章》提出通过控制土地利用保护考古遗址，这些思想逐渐发展成为大遗址保护的重要原则。

2000 年，我国文物行业的重要标准《中国文物保护准则》（以下简称《准则》）发布。《准则》参照相关国际原则，结合我国文化遗产保护经验和教训，对包含古遗址在内的不可移动文物保护原则、保护措施及合理利用方面提出总体要求。《准则》指出，文物保护的目的是保护真实性并制止新的破坏，并提出"必须原址保护""尽可能减少干预""保护现存实物原状与历史信息""必须保护文物环境""已不存在的建筑不应重建""考古发掘应注意保护实物遗存"等重要原则，还对古遗址"必须保存的原状"及"可以恢复原状"的对象作出清晰界定。《中国文物保护准则》的发布适逢我国各地大遗址保护工作蓄势待发，为大遗址保护树立了科学的保护观，亦及时纠正了当时对大遗址实施本体复原、忽略历史环境保护等错误认识。[5]7

此后，在 2005 年西安召开的国际古迹遗址理事会第十五届大会上通过了对大遗址保护具有重要意义的国际文件——《关于古建筑、古遗址和历史区域周边环境的保护的西安宣言》（以下简称《西安宣言》），该宣言提出在城市化的背景下，古遗址的周边环境是影响其重要性和独特性的组成部分。因此，所有相关新建工程都应进行评估，必须实施应对环境动态变化的监测手段，而这一系列措施得以实施，有赖于完善立法和规划保障。

以《西安宣言》为指导，大明宫遗址等一系列大遗址保护工程得以完成。此后的 15 年间，国家文物部门与时俱进，先后发布"十一五""十二五"及"十三五"的《大遗址保护专项规划》，提出各阶段大遗址保护的总体要求和保护原则，先后形成《西安共识》《洛阳宣言》《良渚共识》等重要会议文件。这些国际文件、行业标准、会议精神及相关政策文件成为指导大遗址保护的重要理论与政策依据，引领大遗址保护在实践中不断发展和创新。

（三）城镇化发展推动大遗址保护

大遗址保护与城镇化发展是对立统一的关系，如何解决两者之间的矛盾是各个时期大遗址保护思路形成的重要推动力。

民国时期，在西安陪都的一系列的规划方案中，包含关于大遗址保护与城市发展矛盾较早的思考。1937 年，西京筹备委员会举行西京市区计划会议，会议初步拟定规划方针将西京分为六大分区，其中汉长安城遗址、大明宫遗址、丰镐遗址、阿房宫遗址等重要历史文化遗存分布范围划为"古迹文化区"，并要求古迹区应严格限制边界，其他区"凡有古迹者均限制其他使用"[6]74。1941 年，西京筹备委员会发布《西京市分区规划说明》，开篇明确城市分区应保持"山河形势及名胜古迹之所在"的原则，要求文化古迹区应"妥为保存，以留古迹，并栽种树木，加以整理，以增厚游览兴趣"，依照《西京规划》，将西安市区划分为六大分区，并划定包含城市西北的汉长安城遗址以及城内的大明宫遗址作为"古迹文化区"。西安陪都规划虽然因为政治局势变化并未落地实施，但为后续大遗址的整体保护提供思路。

新中国成立后，城镇化建设与大遗址保护的矛盾日益突出。新中国成立初期，为避免大规模基本建设对文物古迹造成破坏，国家多次作出重要指示，对基本建设和农业生产中的文物保护提出要求，特别提及大遗址保存丰富的西安、咸阳、洛阳、安阳。[①] 这一时期大遗址保护本着"既对基本建设有利，又对文物保护有利"的"两利原则"，重点考虑对经济建设的影响。[7]69 虽然有少数大遗址在这一时期的大规模建设工程中遭到一定程度的破坏，但仍有许多实践探索及有关探讨成为后续大遗址保护的宝贵经验。例如，八大工业城市之一的洛阳为了避让历代都城遗址，以"避开旧城建新城"的方式在涧西创建工业区，通过城市规划指导文化遗产保护。

20 世纪 80 年代后，我国进入改革开放时期，社会经济飞速发展，城镇化发展进程进一步加快，与文物保护的矛盾日益突出。在此背景下，1983 年，山东曲阜举办的第二次"大型古遗址保护工作座谈会"提出辽上京遗址、邯郸赵王城遗址等城内土地应征为文物保护用地，城址不应有居民及工农业生产[8]79，首次提出通过调整土地性质控制建设威胁的保护思想。20 世纪 90 年代，一些位于城乡交错地区的大遗址因城乡一体化逐渐被城市包围，遗址本体及历史环境遭到破坏。面对日益复杂的大遗址保护环境，郑州、西安片区大遗址启动保护规划编制工作，河南、甘肃等地先后颁布古代大型遗址保护管理办法，这种通过编制专项规划和颁布地方性法规文件的方式为大遗址保护提出具体指导和基本要求的工作思路沿用至今。

此外，在农村地区社会发展与大遗址保护矛盾日益加剧，大遗址保护对其保护范围内的农用地施加的严格限制与要求使农民使用权和收益权极大减损，这些正当权益的损失在现有的法规政策条件下缺乏获得补偿的途径。当前实践仍主要采取土地租赁或土地征收的思路，未从根本上解决农民生产生活与大遗址保护的根本问题。近些年，依托大遗址开展乡村文化旅游的思路被广泛接受，但如何避免过度开发造成大遗址价值丧失、调整好大遗址保护与旅游发展的关系仍是实践中较难把握的问题。

三、大遗址保护思想的发展

近二十年来，面对大遗址保护的各种挑战，相关从业者在科学保护观念的指导下，

---

① 参见 1953 年《关于在基本建设工程中保护历史和革命文物的指示》、1956 年《关于在农业生产建设中保护文物的通知》等。

在保护、管理和利用等方面展开了一系列的探索和实践，使大遗址保护思路不断发展和创新。

（一）从侧重工程手段到强调预防性保护理念

21 世纪以来，我国大遗址的保护理念由侧重实施保护加固工程向强调预防性保护思路转变。

我国大遗址以土遗址为主，土遗址保护技术相关科学研究自 20 世纪 60 年代才开始起步，国内起步更为滞后，直至 20 世纪 80 年代末，少数地方才开始启动土遗址保护技术研究试验[9]13。20 世纪 90 年代至今，我国实施了一批大遗址保护加固工程，虽然取得了一些成果，但仍有大量难题未被破解，如大遗址保护工程实施后再次出现霉菌、收缩开裂等破坏现象。另外，大遗址地域分布广泛，所处自然环境存在巨大差异，像西藏古格王国等高寒地区的大遗址保护技术研究仍不成熟，盲目地运用工程手段会使大遗址遭到不可逆的破坏。

因而，近些年越来越多的专家学者主张工程保护应该谨慎进行，强调把保护思路转向大遗址的预防性保护。预防性保护理念与实践最早出现在博物馆馆藏文物保护领域，于 20 世纪 90 年代末至 21 世纪初在建筑遗产的保护中日益受到重视，相关研究也开始展开。[10]90 预防性保护强调通过科学记录、定期检测和日常维护等手段，及时发现并消除隐患，通过风险评估和科学监测等方法分析损毁变化规律，并以此来确定科学的保护方法技术。[11]89 2015 年修订的《中国文物古迹保护准则》明确提出，"为减少对文物古迹的干预，应对文物古迹采取预防性保护"，提倡各类不可移动文物都应该重视预防性保护。

与其他遗产相比，大遗址的预防性保护更为复杂，其遗址本体和所处环境的风险控制同等重要，不但需要对本体进行微观的监测维护，还要针对自然灾害、建设环境、生态环境及区域承载力等采取持续监测、制定应急预案。目前，作为世界文化遗产的良渚遗址的预防性保护工作较为领先，已经建立了符合世界文化遗产标准的监测体系，包括基础数据收集、监测预警平台、监测管理机制等方面内容。[12]109 但由于各处大遗址的保存条件、管理能力及经济条件不同，无法全部借鉴世界遗产的管理要求，未来如何结合遗产地实际情况，建立科学的预防性保护体系，都是遗产管理者和文物保护工作者需不断探索的问题。

（二）从多头管理到全局管理观念

大遗址的管理工作是实践中影响保护效果的重要因素。我国大遗址承载着不同的利益群体，涉及的相关部门众多，包括土地、规划、旅游、水利、交通等，多头管理使得大遗址保护工作的开展面临诸多困难。为克服多头管理带来的种种困境，21 世纪以来，我国大遗址管理思路逐渐向建立以保护为核心的全局管理观转变。

我国大遗址的直属管理部门大多数为地方文物部门下设的文管所或博物馆，普遍管理级别低、执法权力有限。近些年，通过建设考古遗址公园进而实施管理机制改革的思路有效缓解了多头管理带来的问题，主要的实践方式是建设考古遗址公园，并在市、县级政府设置更高级别的管理委员会或遗址管理处，统筹协调遗址区域内的遗址保护、拆建安置、产业发展、基础设施建设等事项，如渤海上京遗址、景德镇御窑厂窑址、殷墟遗址等。这种管理模式使文物部门获得更多话语权，削弱了多方干预带来的管理困境。

另外，一些超大型遗址分布区域达几十平方公里，其本体构成要素复杂，遗迹分布与城镇交相辉映，甚至在不同的行政管理区域，保护管理更为复杂。针对此类超大型遗址的保护与管理问题，实践中已探索出通过划定大遗址保护特区，健全保护管理体系的保护和管理模式。目前以良渚遗址的实践较为典型，良渚遗址保护区面积达 42 平方公里，包含 100 余处重要遗址遗迹，整体保护管理难度极大。2001 年，浙江市设立杭州良渚遗址管理区，将 42 平方公里的良渚遗址保护区纳入 242 平方公里的良渚遗址管理区，一切以保护好、发展好良渚遗址为出发点，把管理区所辖遗产区域、居民社区、企事业单位等自然区域和人文空间作为一个相对独立的整体进行系统综合保护。[13]270 良渚遗址管理区由余杭区负责管理，成立副厅级单位杭州良渚遗址管理局（杭州良渚遗址管理委员会），下设文物管理局、规划管理局、文化产业局、遗产管理局，对"保护特区"的文物保护与利用、建设规划审批、招商引资开发等事宜统筹管理。为有序推动良渚申遗工作及良渚国家文化公园建设，良渚遗址的管理机构于 2016 年进一步完善，成立了良渚遗址申遗和良渚文化国家公园建设领导小组。2019 年良渚申遗成功时，良渚遗址已形成了职权清晰、运转高效的保护管理机制。

诸多实践为大遗址管理体制改革提供了一个以保护为核心，以合理发展为宗旨，吸纳多元主体参与的优秀样板，体现了全局统筹、自上而下地完善管理机制的全新的大遗址保护与管理理念。

（三）从重点突破到协同发展的资源利用思路

"十一五"以来，我国优先实施了一批重要大遗址保护示范项目，将具有普遍指导意义的大遗址保护理念广泛应用于各处大遗址的保护中。这一时期，国家设立大遗址保护专项经费、建立国家考古遗址公园制度，以西安、洛阳、河南为代表的大型古代都城遗址纷纷实践考古遗址公园模式。以西安片区为例，大明宫、秦始皇陵以及西汉阳陵遗址建成首批国家考古遗址公园，大遗址成为彰显西安古都形象最突出的文化标志，也促进了城市旅游，集中发展的优势显著。

"十二五"时期，国家文物局提出构建西安、洛阳、荆州、曲阜、郑州和成都六大保护片区，强调建立整体的保护利用意识，大遗址保护利用思路示范项目由"点"状引领拓展至发挥片区优势，一系列地域分布集中、文化特色突出的大遗址片区启动总体保护规划得以编制。这些片区总体保护规划综合评估各处大遗址的保护利用条件，对本体保护重点、展示利用策略和考古研究方向等提出规划要求和分期计划，从而有序地推动片区联动效应的形成。这一阶段，六大片区的重要大遗址基本实现全面开放，各大片区的文化特色逐渐彰显，如成都片区形成了以三星堆遗址、金沙遗址为核心的古蜀文明展示片区，荆州片区形成了以楚纪南故城为核心的楚文化展示片区，大遗址已经成为推动社会和谐发展的积极力量。

"十三五"时期，我国大遗址安全问题基本得到有效控制。面对新时期文旅融合的发展趋势，一些大遗址开始适度发展服务业和休闲农业，作为区域独特的文化资源融入全域旅游、田园综合体等文旅项目，大遗址保护思路由片区拓展至更宏观的区域层面。

2019 年，国家文物局提出建立"国家文物保护利用示范区"，示范区依托不同类型的文物资源，打造具有全国性示范引领意义的特定区域，这为大遗址的可持续发展提供了新的思路。①

回顾近二十年的大遗址保护历程，从由示范项目"点"的引领到"片区"建设，再到区域资源的协同发展，不难预见，未来的大遗址保护和利用将更加强调与其他资源的共融、共建，从而充分发挥大遗址的社会价值。

四、结语

为突破大遗址的保护困境，更好地发挥大遗址的社会价值，近年来，我国在大遗址保护、管理、利用等方面，都进行了创新性的尝试。当前对大遗址的保护利用已摆脱传统方式的局限，保护措施更加全面、利用层次更加丰富；管理体制改革虽然任重而道远，但并不缺乏先行者的探索实践。总之，大遗址保护已经成为一个综合性的社会问题，其保护思路从微观走向宏观、从静态走向动态、从单一走向多元，未来仍会面对更多的机遇和挑战。

参考文献

[1] 李晓东. 大型古遗址保护的开创阶段 [J]. 中国文物科学研究，2006(2).

[2] 孟宪民. 梦想辉煌：建设我们的大遗址保护展示体系和园区——关于我国大遗址保护思路的探讨 [J]. 东南文化，2001(1).

[3] 孙华. 我国大型遗址保护问题的思考 [J]. 中国文化遗产，2016(6).

[4] 刘卫红. 大遗址保护规划中价值定性评价体系的构建 [J]. 西北大学学报（自然科学版），2011(5).

[5] 吕舟.《中国文物古迹保护准则》的修订与中国文化遗产保护的发展 [J]. 中国文化遗产，2015(2).

[6] 西安市档案局，西安市档案馆. 筹建西京陪都档案史料选辑 [M]. 西安：西北大学出版社，1995.

[7] 何流. 大遗址概念起源发展及其属性探究 [J]. 中国文物科学研究，2014(2).

[8] 徐光冀. 大遗址保护与国家考古遗址公园建设 [J]. 洛阳考古，2016(3).

[9] 黄克忠. 岩上文物建筑的保护 [M]. 北京：中国建筑工业出版社，1998.

[10] 吴美萍. 国际遗产保护新理念——建筑遗产的预防性保护探析 [J]. 中国文物科学研究，2011(2).

[11] 戎卿文. 从防救蚀溃到规划远续：论国际建筑遗产预防性保护之意涵 [J]. 建筑学报，2019(2).

[12] 黄莉. 良渚古城遗址监测预警体系的建设与探索 [J]. 杭州文博，2018(2).

[13] 骆晓红. 良渚遗址保护：历程回顾与问题探讨 [J]. 南方文物，2017(3).

---

① 参见中共中央办公厅、国务院办公厅《关于加强文物保护利用改革的若干意见》（2018 年 10 月）。

中国古代金属矿冶遗产保护理念的发展

罗　璇[①]

【摘要】1980年，铜绿山古铜矿遗址的保护工作拉开了中国古代金属矿冶遗产保护的序幕。在四十年间，矿冶遗产的保护思想经历了与经济发展的艰难博弈和唯遗迹论的萌芽，到21世纪工业遗产和文化景观的保护思想的扩充和发展，形成了目前将中国古代金属矿冶遗产纳入工业遗产体系范畴，将遗产的生产遗迹、社会生活遗迹和赋存环境共同保护的保护思想。

【关键词】中国古代金属矿冶遗产；保护实践；保护思想

近年来，被纳入世界文化遗产名录的古代矿冶遗产数量逐渐增加，这说明古代矿冶遗产的价值和保护逐渐受到国际社会的重视。中国的古代矿冶遗产数量众多，相较于其他类型的文化遗产，其保护工作起步时间晚且更为复杂。因此，梳理中国古代金属矿冶遗产的保护思路具有重要意义。

一、中国古代金属矿冶遗产的基本情况

（一）中国古代金属矿冶遗产的考古工作现状

从20世纪50年代河北承德某区汉代铜矿遗址的考古调查及河南郑州古荥、南阳瓦房庄冶铁遗址的发现、发掘工作，到70年代大冶铜绿山铜矿遗址系统性考古工作的开展，中国古代矿冶遗产的考古研究工作逐步展开。但由于古代金属矿冶遗产的特点，有关此类遗产及其保护的理论和实务研究仍主要处于考古调查和勘探工作的初级阶段。

中国古代金属矿冶遗产多位于山川荒野，有些遗址无路可达，矿体地质情况复杂，地下采场的规模、走向等情况以目前的技术手段尚难以探明，更不用说揭露重要的遗迹现象了。这为古代金属矿冶遗产的考古研究带来了极大的困难。

此外，古代矿冶遗产所涉及的复杂的环境、地质和生态问题影响和制约了相关研究和保护工作的发展。根据现有的考古资料分析，古代金属矿冶遗产一般由生产遗迹和其他社会生活遗迹构成，生产遗迹包括探采和淘冶两大类，采矿遗迹中包括地面的探槽和露采坑，以及地下的由平、斜巷构成的采场；淘冶遗迹中除了淘洗池还有炼炉、窑山等遗迹，以及大量的炼渣堆积。除了生产遗迹，还有矿工居住、交通运输、宗教祭祀、摩崖石刻等遗迹。这些遗迹的类型、材质均不相同，其研究过程中的侧重点和采取的研究手段也各不相同。这也使得金属矿冶遗产的研究是一个多学科融合的领域。

---

① 罗璇，毕业于澳大利亚悉尼大学，获文化遗产保护硕士学位，现就职于清华大学建筑设计研究院有限公司，工程师。

表1 从考古研究角度分析中国古代金属矿冶遗产一般构成要素

遗迹类型	构成要素（举例）	保护工作主要关注点
与地质体相连、开凿在岩体内的洞窟	由探槽、露采坑及地下采场等构成的探采体系	地质体本身的稳定程度 采矿活动对地质体的影响
与地质体相连的雕刻或描绘在岩体表面的遗迹	利用岩体开凿的淘洗池或摩崖石刻	地质体的表面劣化或裂隙等病害发育情况
采用多块石材作为材料的建构筑物遗迹	交通运输遗迹、生活管理遗迹、民间祭祀遗迹	遗迹本身的结构稳定性 石材受到的外力威胁
木质材料构成的遗迹	地下支护等	遗迹本身的结构稳定性 木材受到的外力威胁（病虫害等）
土遗址	墓葬、淘洗池等	土体的稳定程度
其他类型	炼渣、尾矿堆积等	边坡稳定情况等 对环境的污染威胁

（二）中国古代金属矿冶遗产的保护现状

与其他类型文化遗产拥有漫长的保护历程不同，中国古代金属矿冶遗产的保护始于20世纪70年代末关于湖北大冶铜绿山铜矿遗址是否需要对其全部遗迹实施原址保护的讨论。

1982年，铜绿山铜矿遗址被列入第二批全国重点文物保护单位；至2019年，已有34处矿冶遗址进入国保清单，占全部5058处国保单位的0.67%。而截至2007年，"据不完全统计，目前全国各地已发现矿冶遗址数百处"[1]44。国保清单中的古代金属矿冶遗址共28处，以铜、铁矿为主，各占9处，金银矿7处，铅锌矿2处，汞矿一处。

表2 全国重点文物保护单位中矿冶遗址数量分析

批 次	总 数	金属矿冶遗址数量	非金属矿冶遗址数量	金属矿冶遗址占全部国保单位的百分比（%）
第一批	180	0	0	0
第二批	62	1	0	1.60
第三批	258	0	0	0
第四批	250	2	0	0.80
第五批	521	5	0	0.95
第六批	1081	5	1	0.46
第七批	1944	12	4	0.62
第八批	762	3	1	0.39
总计	5058	28	6	0.53

实践中，保护工作的实施对象多属于前五批国保单位，已有5处金属矿冶遗址完成保护规划的编制，规划编制率为17.64%；然而，针对矿冶遗址实施的保护工程屈指可数，工程类型亦以本体保护和抢险加固为主。

理论研究方面，尚未见系统性的关于古代金属矿冶遗产保护的著作，仅有大冶市铜绿山古铜矿遗址保护管理委员会于2013年编著《铜绿山古铜矿遗址考古发现与研究》一书，主要是关于单一矿冶遗产考古、研究和保护工作的记录。也鲜见针对保护理念和具体保护工程的论文。

另外，古代金属矿冶遗产还面临现代采矿这一重要经济活动的威胁。现代采矿的震动会对地下采场的稳定性产生极大影响，对环境的改造也在一定程度上威胁了遗址的安全。某些地区还存在严重的盗采现象。

总体来说，古代金属矿冶遗产的考古研究和保护实践开始时间晚，相较于其他类型的遗址，古代金属矿冶遗产列入国保单位的数量少、考古发掘和研究的广度及深度不足，保护实践及理论研究亦十分有限。然而，对有限的资料加以梳理，仍可窥探出古代金属矿冶遗产保护理念在艰难和矛盾中不断发展的脉络。

二、中国古代金属矿冶遗产保护理念的发展

本文将以铜绿山铜矿遗址的保护工作为起点，梳理和分析中国古代金属矿冶遗产保护理念形成和发展的三个阶段，分别为古代金属矿冶遗产保护的发端（1980—2000年）、古代金属矿冶遗产保护理念形成的准备阶段（2001—2010年）和古代金属矿冶遗产保护理念形成的初步探索（2011年至今）。

（一）古代金属矿冶遗址保护的发端（1980—2000年）

中国古代金属矿冶遗产多是在现代采矿活动中被发现的，发现时大多数矿体内的金属品位依旧很高，仍然具有极高的经济价值。因此，虽然早在《威尼斯宪章》中就提出"古迹不能与其所见证的历史和其产生的环境分离"，且1982年颁布的《中华人民共和国文物保护法》也明确提出了"原址保护"的要求，但矿冶遗产的保护工作还是不得不面对如何平衡生产与保护，如何在保证现代采矿生产的基础上最大限度地保护古代矿冶遗产的难题。

例如，铜绿山铜矿遗址保护工作初期就曾明确提出，发掘出的七号矿体文物内涵丰富，永久保留七号矿体文物遗址比保存十一号矿体遗址可靠；将十一号矿体移交生产开采，对露天矿扩大范围、持续生产等有利，把保护十一号矿体文物遗址方案调整为永久保护七号矿体文物遗址是合适的 [2]65。可见，该阶段的保护工作没有把矿冶遗产当成一个整体看待，认为为了保证生产，选择牺牲被认定为次重要或非重要的某一部分遗迹是合理且可行的。

至20世纪90年代中期，虽然古代金属矿冶遗产具有"社会历史、科学价值"和"不可再生、不能替代" [3]118 的重要性的保护理念已经得到明确；"其赋存的地质环境的物理和化学作用不仅有着重要的科学研究意义，更对原地保护有巨大作用" [3]118 也得到肯定，

但这一论断在当时并没有引起足够的重视，对古代金属矿冶遗产的核心价值和价值载体的认识仍不够充分。

总之，2000年之前的二十年，古代金属矿冶遗产保护问题虽已被提出，但并没有得到足够的重视。保护实践工作基本围绕长江中下游的铜矿遗址展开，尚未形成统一的理念和方法，理论研究方面则更关注古代采矿和冶炼方式的研究，鲜见关于保护实践工作的讨论。

（二）古代金属矿冶遗产保护理念形成的准备阶段（2001—2010年）

2001年到2010年的十年内，共完成瑞昌铜岭铜矿遗址和大冶铜绿山铜矿遗址的保护规划编制和宝山—六道沟冶铜遗址的文物本体保护工程等数量极少的保护实践工作。单从保护实践的工作量上看，这一时期可视为古代金属矿冶遗产保护的停滞期。然而，这一时期引入或发生的丰富观点和事件，为古代金属矿冶遗产保护理念的形成发展提供了重要契机。

1. 工业遗产及文化景观与中国矿冶遗产保护思想的发展

工业遗产保护理念最早出现在19世纪的英国，最初更为强调对工业革命与工业大发展时期的工业遗迹和遗物加以记录和保护[4]12。

不少学者认为，根据2003年通过的《关于产业遗产的下塔吉尔宪章》提出的工业遗产的基本定义，"工业遗产包括具有历史、技术、社会、建筑或科学价值的工业文化遗迹，包括建筑和机械，厂房，生产作坊和工厂，矿场以及加工提炼遗址，仓库货栈，生产、转换和使用的场所，交通运输及其基础设施，以及用于住所、宗教崇拜、教育等和工业相关的社会活动场所"，工业遗产应该有更为广泛的外延，应将古代的水利、矿山等遗产纳入工业遗产体系中来。如2007年，陈建立和李延祥在《古代矿冶遗址研究与保护》一文中明确提出：自商周时期以来，我国发现和发掘的大批古代矿冶遗址亦应是工业遗产的重要组成部分。[1]34 以工业遗产的保护思路来保护古代金属矿冶遗产的理念在中国开始萌芽。

国际工业遗产保护协会主席伯格伦（L. Bergeron）曾指出："工业遗产不仅由生产场所构成，而且包括工人的住宅、使用的交通系统及其社会生活遗址等。但即便各个因素都具有价值，它们的真正价值也只能凸显于它们被置于一个整体景观的框架中；在此基础上，我们研究其中各因素之间的联系，整体景观的概念对于理解工业遗产至关重要。"[4]14 这一论断明确了古代金属矿冶遗产作为一个工业生产体系，其价值载体是所有与生产体系相关的遗迹，也包括遗迹的赋存环境，它们是缺一不可的整体，不应将其隔离和分裂。

2007年，日本"石见银山及其文化景观"顺利成为亚洲第一个矿冶类型的世界文化遗产，给中国古代金属矿冶遗产的保护理念带来巨大冲击，"文化景观"这一概念进入中国古代金属矿冶遗产保护领域的视野。

工业遗产保护理念和文化景观概念的提出，都旨在强调对古代金属矿冶遗产生产体系及其赋存环境的整体保护，体系的完整性重要于单一遗迹的完整性，保护对象不应仅局限于采矿或冶炼等单一遗迹本身，而是应该扩展到交通运输、建筑房址、民间祭祀等与生产有关联的遗迹上，甚至在某种程度上应该拓展到管理体系等非物质层面上。2006年，由于地下盗采活动导致的地质问题使铜绿山古铜矿遗址博物馆墙面出现裂缝，致使铜绿山铜矿遗址从中国世界遗产预备清单中移除，进一步说明赋存环境的稳定对古代金属矿冶遗产保护的重要性。因此，国家文物局于 2010 年作出的《关于铜绿山古铜矿遗址保护规划的批复》（文物保函〔2010〕1365 号）的批复文件明确提出，将所有遗迹全部纳入保护范围。①

2. 以再利用带动保护工作的思潮

2004 年，原国土资源部发布了《关于申报国家矿山公园的通知》，拉开了中国国家矿山公园申报和建设的序幕。与工业遗产保护一样，国家矿山公园的建设更倾向于近现代矿山的生态修复和再利用，但以矿冶遗产的再利用来带动环境保护、生态修复和城市产业转型的思路，引起了古代金属矿冶遗产管理者和保护学者的关注。

在 2005 年、2010 年先后公布的第一、二批国家矿山公园清单中，万山汞矿、遂昌金矿、德兴矿山等重要的古代金属矿冶遗产赫然在列。以浙江遂昌金矿矿山公园为代表的一批古代金属矿冶遗产公园的成功建设，让古代金属矿冶遗产第一次真正意义上地走入普通公众视野。

诚然，遗产再利用的手段在很大程度上促进了古代金属矿冶遗产，特别是未定级遗产的原址保护。但由于对遗产价值和价值载体的认识不够充分，实践中常出现不当或过度利用，甚至威胁到遗产的真实性和完整性的情况。如 2009—2011 年间，遂昌金矿构筑了大量的旅游安全设施，同时也毁灭了许多珍贵的古代采矿证据。[5]7

另外，国内的再利用方式单一，展示手段同质化严重，未能深入挖掘遗产本身的价值内涵，已建成的古代金属矿冶遗产矿山公园缺少特色。这些问题也导致以再利用带动古代金属矿冶遗产保护这一理念后续的疲软。

21 世纪的第一个十年，《中国文物古迹保护准则》的发布预示着一个更为国际化和开放的文物保护体系的出现。开放和交流带来了丰富的保护理念，这些理念被引入古代金属矿冶遗产的保护中，为此类遗产后续保护思想的形成奠定了基础。

（三）古代金属矿冶遗产保护理念形成的初步探索（2011年至今）

2011 年至 2015 年是矿冶遗产保护工程实施较为集中的年份。除了大井古铜矿遗址、铜岭铜矿遗址和荥阳故城（荥阳冶铁遗址）三处遗址完成保护规划编制外，还逐步开始实施一批保护工程。

从表 3 中不难发现，这些保护工程的实施对象不仅有采矿遗迹本身，遗址内的木质支护、炼渣堆积、车间饭店等与矿冶生产相关的遗迹均得到了重视和保护。这说明在具体工程实施中，保护人员和管理者都已经明确认识到古代金属矿冶遗产中与矿冶生产相关的遗迹的重要性。

然而，表 3 所列工程性质多为抢险加固工程，且保护对象多为单一遗迹，这反映出古代金属矿冶遗产的保护思路仍停留在"发现问题—实施保护工程"的层面，保护工作仍尚未触及工业遗产保护的核心，没有从宏观层面思考病害产生的原因和发育机制，亦没有深刻理解遗址赋存环境的重要价值和意义。日常维护等简单的保护手段没有得到足够重视，

---

① 《关于铜绿山古铜矿遗址保护规划的批复》（文物保函〔2010〕1365 号）。

监测工作也尚未全面开展，更毋论仍未有一处古代金属矿冶遗产实施过环境整治工程。

表3　全国重点文物保护单位保护工程实施情况

遗址名称	工程性质	工程对象及内容
铜绿山铜矿遗址	文物本体维修保护	VII矿体1号地点本体保护工程
	监测	VII矿体边坡稳定性评价及监测预警工程
	文物本体维修保护	白蚁综合防治工程
铜岭铜矿遗址	抢险加固工程	遗址发掘区抢险加固工程
	安防、消防、防雷等保护性设施建设	遗址发掘区安防工程
酒店冶铁遗址	保护性设施	保护棚建设工程
奴拉赛铜矿遗址	抢险加固	露天采坑的边坡加固工程
下河湾冶铁遗址	抢险加固	防洪护坡工程
宝山金银矿冶遗址	抢险加固	矿洞抢险加固工程
蒙山银矿遗址	抢险加固	炼渣区护坡加固及排水工程
水口山铅锌矿冶遗址	抢险加固	第三冶炼厂烧结车间和康汉柳饭店旧址抢险加固工程

2012年，铜绿山古铜矿遗址与汉冶萍煤铁厂矿旧址、大冶铁矿东露天采场和华新水泥厂旧址等近现代矿冶遗址，共同组成了以矿产开采、冶炼、制造、加工为核心的"黄石矿冶工业遗产群"，列入《中国世界文化遗产预备名单》；2017年，铜绿山铜矿遗址列入第二批国家工业遗产名单。这些事件意味着将古代金属矿冶遗产视为工业遗产加以保护的思路已成为主流思想。

2015年至今，虽鲜有具体保护工程的实施，但关于保护理念的讨论研究达到前所未有的繁荣，古代金属矿冶遗产的保护已得到学界和公众的重视。更可喜的是，如遥感测量、物理探测、三维激光扫描等诸多现代技术手段，也更多地被引入古代金属矿冶遗产的考古调查和研究中，为未来保护工作的实施提供了更坚实的基础。

三、小结

中国古代金属矿冶遗产的保护思想是在保护考古研究、对遗产价值及其载体的正确判断、保护概念扩充，以及保护实践工作的交互影响中逐渐形成和发展起来的，其过程伴随着冲突和纠结，虽取得了一定的进展，但仍处于探索阶段。

经过四十年的实践工作，中国古代金属矿冶遗产的保护已经从一般考古遗址的保护思路中脱离出来，一定程度上使这类遗产的保护工作摆脱了考古研究工作进展缓慢的桎梏。从最初关于保证生产还是保护遗址的讨论，到明确认识到古代金属矿冶遗产的赋存环境及矿业生产的完整体系都应是重要的保护对象并对其进行整体保护的思路，在保护思想上已经有了显著进步。

　　然而，古代金属矿冶遗产依然无法完全摆脱与经济生产之间旷日持久的博弈。在 21 世纪第一个十年结束时，预防性保护的思想正逐渐引起遗产保护人员的关注，这一思想完美契合了将古代金属矿冶遗产作为工业遗产整体性保护的思路，也为生产和保护的共存提供了一线生机。

参考文献

[1] 陈建立，李延祥. 古代矿冶遗址的研究与保护 [C]// 中国文物保护技术协会第五次学术年会论文集. 南京，2007.

[2] 郭春林. 铜录山古矿冶遗址文物保护第二次座谈会 [J]. 有色矿山，1981(4).

[3] 吕建军，张巧玲. "大冶铜录山古铜矿遗址原地保护与合理采矿方案论证报告" 荣获湖北省科技进步一等奖 [J]. 地球科学，1994(1).

[4] 单霁翔. 关注新型文化遗产——工业遗产的保护 [J]. 中国文化遗产，2006(4).

[5] 阙维民. 中国矿业遗产的研究意义与保护展望——兼《中国园林》矿业遗产组稿导言 [J]. 中国园林，2012(7).

[6] 大冶市铜绿山古铜矿遗址保护管理委员会. 铜绿山古铜矿遗址考古发现与研究 [M]. 北京：科学出版社，2013.

[7] 罗平. 河北承德专区汉代矿冶遗址的调查 [J]. 考古通讯，1957(1).

[8] 湖北古矿冶遗址调查 [J]. 考古，1974(4).

[9] 王浩清，丁祖荣. 论南陵县古铜矿遗址的环境研究价值 [J]. 安徽师大学报（自然科学版），1993(1).

[10] 王琴红. 瑞昌铜岭古矿冶遗址保护规划通过省级评审 [J]. 南方文物，2001(2).

[11] 故宫博物院文保科技部. 中国文物保护技术协会第五次学术年会论文集 [C]. 中国文物保护技术协会，故宫博物院文保科技部，中国文物保护技术协会，2007.

[12] 齐岩辛，邹霞. 浙江遂昌局下古代银矿遗址特征及综合保护 [J]. 科技通报，2011，27(3).

[13] 戴湘毅，阙维民. 中国矿业遗产的时空分布特征及原因分析——基于文物保护单位视角 [J]. 地理研究，2011，30(4).

[14] 傅舒兰，西村幸夫. 日本矿业遗产概况及其保护趋势 [J]. 中国园林，2012，28(7).

[15] 李百浩，刘婕. 从青铜文明到生态文明——大冶古铜矿遗址保护与再利用规划模式 [J]. 中国园林，2012，28(7).

[16] 刘伯英. 工业建筑遗产保护发展综述 [J]. 建筑学报，2012(1).

[17] 翟艳. 遂昌金矿遗迹的保护及矿山公园的规划和建设 [J]. 工业建筑，2014，44(9).

[18] 周嗣飞. 遂昌县金矿国家矿山公园提升建设研究 [D]. 兰州：西北师范大学，2014.

[19] 吴佳雨，徐敏，刘伟国，等. 遗产区域视野下工业遗产保护与利用研究——以黄石矿冶工业遗产为例 [J]. 城市发展研究，2014，21(11).

[20] 陈建立，李延祥. 再议矿冶遗址的研究、保护与展示 [J]. 湖北理工学院学报（人文社会科学版），2014，31(2).

[21] 陈树祥. 关于早期铜矿业探索如何深化的思考——以鄂东南及铜绿山古铜矿遗址考古为例 [J]. 南方文物，2016(1).

[22] 谭元敏，李社教，陈树祥. 关于铜绿山古铜矿遗址保护管理的思考 [J]. 湖北理工学院学报（人文社会科学版），2017，34(3).

[23] 郑勇. 宝丰银场古矿业遗址保存现状与开发利用研究 [J]. 福建文博，2017(4).

[24] 刘海峰，陈虹利，白国柱. 南京矿冶文化遗产研究与保护模式探索 [J]. 阅江学刊，2018，10(6).

[25] 李尧. 安徽庐枞地区古矿冶遗产保护研究 [D]. 合肥：安徽大学，2019.

行业专类遗产与传统文物保护辨析①

——以"国家工业遗产"为例

徐　桐②

【摘要】工信部2017年、2018年两年共公布"国家工业遗产"名单53项，其特别是行业专类遗产的纵深保护。然而，其与国家遗产保护体系在保护目标、保护对象体系、保护工作的关系尚未明晰。本文通过对新近公布的53处国家工业遗产名单、评选标准的分析，并对比全国重点文物保护单位中符合国家工业遗产主题的合计171处国保单位在历史时期、遗产门类和主题研究，从而明晰作为行业专类遗产的国家工业遗产名单同国家遗产保护体系之间的关系，以期更好地、有区别地建立行业专类遗产，并凸显行业专类遗产体系未来扩展项目的可信性、代表性。

【关键词】国家工业遗产；国保单位；行业专类遗产

2000 年以来，在国家文物局管理下的中国文物保护体系以及联合国教科文组织主持下的世界遗产保护体系等人们熟知的传统遗产保护体系之外，出现了行业专类的遗产评选。例如联合国粮农组织（FAO）于 2002 年发起的全球重要农业文化遗产（Globally Important Agricultural Heritage Systems, GIAHS）、国际灌溉排水委员会（ICID）自 2014 年始主持评选的"世界灌溉工程遗产"等。在中国，2013 年农业部启动"中国重要农业文化遗产"评选，截至 2017 年 6 月共公布四批计 91 处；2017 年工业和信息化部（以下简称"工信部"）启动"国家工业遗产认定试点申报工作"，同年公布第一批国家工业遗产名单计 11 处，2018 年 11 月又公布第二批国家工业遗产名单计 42 处，合计两批共 53 处。

上述行业专类国家遗产的评选有利于国家文化遗产的更全面保护，特别是行业专类遗产的纵深保护；然而，各行业专类遗产与国家遗产保护体系多有交叉覆盖关系，如 91 处中国重要农业遗产中包含多项全国重点文物保护单位（以下简称"国保单位"），其至包括世界文化遗产"哈尼梯田"，"湖南新化紫鹊界梯田"同时是全球重要农业文化遗产和世界灌溉工程遗产。工信部近两年公布的 53 处国家工业遗产名单中，除了省市级文物保护级别外，仅国保单位就有 14 处，其中比例占最多的 6 处"酿酒"主题国家工业遗产全部为国保单位。

新出现的行业专类遗产不应仅仅是给予遗产项目新的保护头衔，而应明晰其与国家遗产保护体系之间的保护目标、保护对象、保护工作的关系，如此方能更好地、有区别地建立行业专类遗产，并凸显行业专类遗产项目的可信性、代表性和平衡性。本文分析新近诞生的 53 处国家工业遗产名单、工信部《国家工业遗产管理暂行办法》对国家工业遗产评

① 本文已发表于《2019 年中国建筑学会建筑史学分会年会暨学术研讨会论文集》，收入本文集时有所改动。
② 徐桐，北京林业大学讲师。

选标准及其名单主题分布，筛选出 1961 年建立并合计公布七批 4296 处全国重点文物保护单位中符合国家工业遗产主题的合计 171 处国保单位，通过对两者历史时期和主题的分析，明晰两者应建立名录体系的区别与关联性，并对行业专类遗产保护应同国家遗产保护体系衔接关系进行展望。

一、工信部"国家工业遗产"遴选标准及公布名单分析

2017 年 8 月，工信部办公厅在《关于开展国家工业遗产认定试点申报工作的通知》中明确指出："国家工业遗产申报范围主要包括：1980 年前建成的厂房、车间、矿区等生产和储运设施，以及其他与工业相关的社会活动场所。"2018 年 11 月，工信部《国家工业遗产管理暂行办法》第 3 条进一步明确认定对象的物质载体为"代表国家工业遗产主要特征的物质遗存和非物质遗存。物质遗存包括作坊、车间、厂房、管理和科研场所、矿区等生产储运设施，以及与之相关的生活设施和生产工具、机器设备、产品、档案等，非物质遗存包括生产工艺知识、管理制度、企业文化等"。

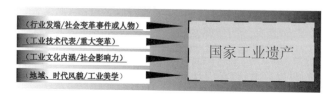

图 1　国家工业遗产遴选标准

关于国家工业遗产遴选标准，根据《国家工业遗产管理暂行办法》第 7 条规定，申请国家工业遗产，需工业特色鲜明，并具备历史见证价值；同时需满足如下几条价值标准之一。

第一，"在中国历史盛行业历史上有标志性意义，见证了本行业在世界或中国的发端、对中国历史或世界历史有重要影响、与中国社会变革或重要历史事件及人物密切相关"，即作为行业发端或社会变革事件或人物的实物见证。与之相对应的是，工信部公布的 53 处国家工业遗产中，包括"中国陆上第一口油井"的延长石油厂、中国水电建设史上第一座水电站的石龙坝水电站；较为特殊的两处遗址为作为相应行业文明溯源见证的李渡烧酒作坊遗址（元代）以及铜绿山古铜矿遗址（周）[①]；还包括以李鸿章、张之洞及唐廷枢等为代表的洋务运动所建立的金陵机器局、汉冶萍公司（汉阳铁厂、大冶铁厂、安源煤矿和太原兵工厂）、秦皇岛西港、开滦唐山矿、启新水泥厂、山海关桥梁厂、旅顺船坞等，以及以张謇、范旭东、侯德榜、荣宗敬和荣德生兄弟等为代表的晚清至民国民族资本"实业报国"的阳泉三矿、茂新面粉厂旧址、张裕酿酒公司、大生纱厂、永利化学工业公司铔厂等。

第二，"工业生产技术重大变革具有代表性，反映某行业、地域或某个历史时期的技术创新、技术突破，对后续科技发展产生重要影响"，即是为工业技术或重大变革的突出实物代表。例如"两弹一星"创立的核工业、航天工业基地遗址或旧址，比如北京卫星制造厂、黎阳航空发动机公司、原子能"一堆一器"、中核四〇四厂、中国工程物理研究院

---

① 国保单位清单中，酿酒类遗址最早为宋代"古井贡酒酿造遗址"。

院部机关旧址等。

第三，"具备丰富的工业文化内涵，对当时社会经济和文化发展有较强的影响力，反映了同时期社会风貌，在社会公众中拥有广泛认同"，即具有突出工业文化内涵或社会影响力。例如作为大庆精神和铁人精神重要发祥地和载体的铁人一口井，以及见证中国传统手工业的继续传承或新生的泸州老窖窖池群及酿酒作坊、五粮液窖池群及酿酒作坊、茅台酒酿酒作坊、泾县宣纸厂、景德镇国营宇宙瓷厂等。

表1　第一、第二批国家重要工业遗产详表

名称	主题	时期	公布批次	建厂具体时间	价值分类	价值核心
国营738厂	电子器件制造	新中国	第二批	1957年	地域、时代风貌/工业美学	新中国工业体系
成都国营红光电子管厂	电子器件制造	新中国	第二批	50年代	地域、时代风貌/工业美学	新中国工业体系
刘家峡水电站	发电	新中国	第二批	1958年	地域、时代风貌/工业美学	新中国工业建设成就
第一拖拉机制造厂	机械制造	新中国	第二批	1955年	地域、时代风貌/工业美学	新中国工业体系
洛阳矿山机器厂	机械制造	新中国	第二批	1955年	地域、时代风貌/工业美学	新中国工业体系
王石凹煤矿	煤矿	新中国	第二批	1957年	地域、时代风貌/工业美学	新中国工业体系
国营751厂	煤气化工	新中国	第二批		地域、时代风貌/工业美学	新中国工业体系
温州矾矿	矾矿	新中国	第一批	1956年	工业技术代表/重大变革	中国传统手工业（新中国工业体系）
合肥钢铁厂	钢铁铸造	新中国	第二批	1958年	工业技术代表/重大变革	新中国工业体系
北京卫星制造厂	航天工业	新中国	第二批		工业技术代表/重大变革	新中国工业体系（航天/核工业）
黎阳航空发动机公司	航天工业	新中国	第二批	1968年	工业技术代表/重大变革	新中国工业体系（航天/核工业）
原子能"一堆一器"	核工业	新中国	第二批	1958	工业技术代表/重大变革	新中国工业体系（航天/核工业）
中核四〇四厂	核工业	新中国	第二批	1957年	工业技术代表/重大变革	新中国工业体系（航天/核工业）
中国工程物理研究院院部机关旧址	核工业	新中国	第二批	1970年初	工业技术代表/重大变革	新中国工业体系（核工业）
开滦矿务局秦皇岛电厂	发电	民国	第二批	1928	工业技术代表/重大变革	国外资本/新中国工业体系
昆明钢铁厂	钢铁铸造	民国	第一批	1939年	工业技术代表/重大变革	抗战/新中国工业体系
重钢型钢厂	钢铁铸造	民国	第二批	1938	工业技术代表/重大变革	抗战/新中国工业体系
沈阳铸造厂	钢铁铸造	民国	第二批	1939	工业技术代表/重大变革	日伪时期/新中国工业体系
鞍山钢铁厂	钢铁铸造	民国	第二批	1916年	工业技术代表/重大变革	日伪时期/新中国工业体系
济南第二机床厂	机械制造	民国	第二批	1937	工业技术代表/重大变革	日伪时期/新中国工业体系
泸州老窖窖池群及酿酒作坊	酿酒	明	第二批		工业文化内涵/社会影响力	中国传统手工业（现代延续）
五粮液窖池群及酿酒作坊	酿酒	明	第二批		工业文化内涵/社会影响力	中国传统手工业（现代延续）
青岛啤酒厂	酿酒	清	第二批	1903	工业文化内涵/社会影响力	国外资本/新中国工业体系
茅台酒酿酒作坊	酿酒	清	第二批		工业文化内涵/社会影响力	中国传统手工业（现代延续）
安化第一茶厂	制茶	清	第二批	1902年	工业文化内涵/社会影响力	中国传统手工业技艺
铁人一口井	石油	新中国	第二批	1960年	工业文化内涵/社会影响力	新中国工业体系
泾县宣纸厂	造纸	新中国	第二批	1951年	工业文化内涵/社会影响力	中国传统手工业（新中国工业体系）
景德镇国营宇宙瓷厂	制陶/制瓷	新中国	第一批	1954年	工业文化内涵/社会影响力	中国传统手工业（新中国工业体系）
太原兵工	兵工	清	第二批	1898	行业发端/社会变革事件或人物	洋务运动
石龙坝水电站	发电	清	第二批	1910年	行业发端/社会变革事件或人物	近现代中国工业开端标志
秦皇岛西港	港口	清	第二批	1898	行业发端/社会变革事件或人物	洋务运动
金陵机器局	机械制造	清	第二批	1865	行业发端/社会变革事件或人物	洋务运动
阳泉三矿	煤矿	清	第二批	1907	行业发端/社会变革事件或人物	民族资本
井陉煤矿	煤矿	清	第二批	1898	行业发端/社会变革事件或人物	民族资本+德国
开滦唐山矿	煤矿	清	第二批	1878	行业发端/社会变革事件或人物	洋务运动
汉冶萍公司—汉阳铁厂—大冶铁厂—安源煤矿	煤铁	清	第一批	1908	行业发端/社会变革事件或人物	洋务运动
本溪湖煤铁公司	煤铁	清	第二批	1905年	行业发端/社会变革事件或人物	日伪时期/新中国工业体系
茂新面粉厂旧址	面粉加工	清	第二批	1900年	行业发端/社会变革事件或人物	民族资本
张裕酿酒公司	酿酒	清	第一批	1892	行业发端/社会变革事件或人物	民族资本
延长石油厂	石油	清	第二批	1905年建厂	行业发端/社会变革事件或人物	近现代中国工业开端标志
启新水泥厂	水泥制造	清	第二批	1889	行业发端/社会变革事件或人物	洋务运动
山海关桥梁厂	铁路建设	清	第二批	1893	行业发端/社会变革事件或人物	洋务运动
旅顺船坞	造船	清	第二批	1883年	行业发端/社会变革事件或人物	洋务运动
青岛国棉五厂	制纱/纺织	清	第二批	1902	行业发端/社会变革事件或人物	国外资本/新中国工业体系
大生纱厂	制纱/纺织	清	第二批	1895年	行业发端/社会变革事件或人物	民族资本
李渡烧酒作坊遗址	酿酒	元	第二批		行业发端/社会变革事件或人物	中国传统手工业/工业（文明溯源）
国营庆阳化工厂	硝化工	中华民国	第二批	1937	行业发端/社会变革事件或人物	日伪时期/新中国工业体系
可可托海矿务局	有色金属/稀	中华民国	第二批	1941	行业发端/社会变革事件或人物	新中国矿业体系
西华山钨矿	有色金属/稀	中华民国	第二批	1915～1916年	行业发端/社会变革事件或人物	新中国矿业体系
宝鸡申新纱厂	制纱/纺织	中华民国	第一批	1941年	行业发端/社会变革事件或人物	抗战/新中国工业体系
菱湖丝厂	制纱/纺织	中华民国	第二批	1946	行业发端/社会变革事件或人物	抗战/新中国工业体系
永利化学工业公司铔厂	制酸工业	中华民国	第二批	1934	行业发端/社会变革事件或人物	民族资本
铜绿山古铜矿遗址	铜矿/冶铜	周	第二批		行业发端/社会变革事件或人物	中国传统手工业/工业（文明溯源）

第四，"其规划、设计、工程代表特定历史时期或地域的风貌特色，对工业美学产生重要影响"，即蕴含地域、时代风貌或具有工业美学价值。例如第一个五年计划期间由苏联援建的 156 个重点工程项目中带有强烈时代规划设计风格的刘家峡水电站、国营 738 厂、成都国营红光电子管厂、合肥钢铁厂、第一拖拉机制造厂、洛阳矿山机器厂、王石凹煤矿、国营 751 厂等。

从表 1 不难看出，已公布的 53 处国家工业遗产涵盖以下几个所属工业门类：

1. 采掘 / 冶炼 / 发电：铜矿 / 冶铜（1）、有色金属 / 稀有金属矿（2）、矾矿（1）、煤铁（2）、煤矿（4）、煤气化工（1）、石油开采（2）、发电（3）。

2. 加工制造：制硝（1）、制酸工业（1）、水泥制造（1）、电子器件制造（2）、钢铁铸造（5）、造船（1）、机械制造（4）。

3. 军工：航天工业（2）、核武工业（3）、兵工（1）。

4. 港口 / 铁路建设：港口建设（1）、铁路建设（1）。

5. 轻工业制造：制陶 / 制瓷（1）、面粉制造（1）、造纸（1）、制茶（1）、制纱 / 纺织（4）、酿酒（6）。

表2　国家工业遗产历史时期、核心价值与工业主题对应关系表

遗产主题分类		国家工业遗产名单		历史时期（始建）						核心价值分类			
		类型数量	国保单位	周	元	明	清末	民国	新中国	行业发端/社会变革事件或人物	工业技术代表/重大变革	工业文化内涵/社会影响力	地域、时代风貌/工业美
采掘/冶炼/发电	铜矿/冶铜	1	1	1	0	0	0	0	0	1	0	0	0
	有色金属/稀有金属矿	2	0	0	0	0	0	0	2	2	0	0	0
	矾矿	1	0	0	0	0	0	0	1	0	1	0	0
	煤铁	2	1	0	0	0	2	0	0	2	0	0	0
	煤矿	4	0	0	0	0	3	0	1	3	0	0	1
	煤气化工	1	0	0	0	0	0	0	1	0	0	0	1
	石油开采	2	1	0	0	0	1	0	1	1	0	1	0
	发电	3	2	0	0	0	1	1	1	1	1	0	1
加工制造	制硝	1	0	0	0	0	0	1	0	1	0	0	0
	制酸工业	1	0	0	0	0	0	1	0	1	0	0	0
	水泥制造	1	0	0	0	0	1	0	0	1	0	0	0
	电子器件制造	2	0	0	0	0	0	0	2	0	0	0	2
	钢铁铸造	5	0	0	0	0	0	4	1	0	5	0	0
	造船	1	1	0	0	0	1	0	0	1	0	0	0
	机械制造	4	0	0	0	0	1	1	2	1	1	0	2
军工	航天工业	2	0	0	0	0	0	0	2	0	2	0	0
	核武工业	3	0	0	0	0	0	0	3	0	3	0	0
	兵工	1	0	0	0	0	1	0	0	1	0	0	0
港口/铁路建设	港口建设	1	0	0	0	0	1	0	0	1	0	0	0
	铁路建设	1	0	0	0	0	1	0	0	1	0	0	0
轻工业制造	制陶/制瓷	1	0	0	0	0	0	0	1	0	0	1	0
	面粉制造	1	0	0	0	0	0	1	0	1	0	0	0
	造纸	1	0	0	0	0	0	1	0	0	0	1	0
	制茶	1	0	0	0	0	1	0	0	0	0	1	0
	制纱/纺织	4	0	0	0	0	4	0	0	4	0	0	0
	酿酒	6	6	0	1	2	3	0	0	0	0	0	4
合计		53	11	1	1	2	20	12	17	25	13	8	7
		100%	21%	2%	2%	4%	38%	23%	32%	47%	25%	15%	13%

上述名单分布基本符合工信部国家工业遗产建立的初衷，即"以展现原材料、装备制造和电子、消费品等工业领域行业发展脉络为重点，从见证中国工业发展进程、反映生产制造技术重大变革、展现中国特色工业风貌等方面"。两批合计 53 处从门类上初步涵盖了原材料、装备制造和电子、消费品等工业领域，数量前三的分别为酿酒（共 6 处，占比 11%），钢铁铸造（共 5 处，占比 9%），煤矿、机械制造、制纱 / 纺织（均为 4 处，占比 8%），分布较为均衡。

从历史时期区分，清末洋务运动、清末延续至民国时期的民族资本兴办工业是中国现

代工业的发端，第一个五年计划期间的苏联援建 156 处重点工业项目等亦在上述清单中有所体现。宏观来看，清末时期最多（共 20 处，占比 38%），其次分别为新中国（共 17 处，占比 32%）和民国（共 12 处，占比 23%），贯彻了工信部国家工业遗产用以"展现工业领域行业发展脉络"的思路和要求；其余 4 处分别为明代的 2 处，均为酿酒作坊且仍在生产，周代和元代各一处，作为相应矿业或行业在中华文明溯源中起见证作用。

公布的 53 处国家工业遗产项目中，有些项目符合的价值标准不止一条。如 1903 年建立的青岛啤酒厂既代表了 20 世纪初中国啤酒行业的发端之一，同时也是当代中国最知名的啤酒品牌，蕴含丰富的工业文化，"具有突出工业文化内涵或社会影响力"的价值标准在该项目中更具代表性，是为其核心价值。以此价值比较方法，将 53 处国家工业遗产择取一条最为突出的核心价值进行梳理，国家工业遗产评选的四项价值标准中，占比由高至低依次为：行业发端或社会变革事件或人物的实物见证（共 25 处，占比 47%），工业技术或重大变革的突出实物代表（共 13 处，占比 25%），具有较大的工业文化内涵或社会影响力（共 8 处，占比 15%），体现地域、时代风貌或具有工业美学价值（共 7 处，占比 13%），同样贯彻了工信部建立国家工业遗产名录"见证中国工业发展进程、反映生产制造技术重大变革"的定位。

二、从国保单位工业遗产体系看国家工业遗产名录未来扩展方向

（一）全国重点文物保护单位名录中"工业性质遗产体系"分析

以上述国家工业遗产名录遗产主题分类、参照其价值评估标准，将 1961 年至 2013 年公布的共七批合计 4296 处国保单位进行梳理，工业性质国保单位合计 171 项，其中 11 项同样被公布作国家工业遗产。按国家工业遗产的主题分类，其分别为：

1. 采掘 / 冶炼 / 发电：采石矿（2）、金矿（1）、金银矿（1）、银矿（3）、铜矿 / 冶铜（7）、锌矿 / 冶锌（1）、铅锌矿（1）、汞矿（1）、铁矿 / 冶铁（9）、煤铁（2）、煤矿（5）、石油开采（6）、发电（1）。

2. 加工制造：制硝（1）、玻璃制造（1）、水泥制造（1）、汽车制造（1）、造船（4）、水碾（1）。

3. 军工：核武工业（2）、兵工（3）。

4. 公路 / 铁路建设：公路建设（1）、铁路建设（11）。

5. 轻工业制造：史前石器制造（1）、青铜冶铸（1）、制陶 / 制瓷（67）、面粉制造（1）、造纸（3）、制茶（4）、制糖（1）、制盐（10）、酿酒（14）、水务（1）。

6. 信息：印刷（1）、通信（1）、电影工业（1）。

全国重点文物保护单位包括古文化遗址、古墓葬、古建筑、石窟寺及石刻、近代现代重要史迹和代表性建筑、其他六类，参照国家工业遗产主题，国保单位的工业性质遗产主要涵盖于古遗址（窑址、窖藏址、矿冶遗址）、古建筑（店铺作坊）、近现代重要史迹及代表性建筑（工业建筑及附属物、水利设施及附属物、交通道路设施）、其他（盐田、茶园）四类之下，占比由高至低分别为古遗址（共 106 处，占比 62%）、近现代重要史迹及代表性建筑（共 52 处，占比 30.4%）、古建筑（共 6 处，占比 3.5%），其他类（共 6 处，

占比 3.5%）仅"顾渚贡茶院遗址及摩崖"由于制茶作坊遗址和摩崖石刻合并一处国保而列于石窟寺及石刻（共 1 处，占比 0.6%）之下。上述遗产大类区分能够反映国保单位中工业性质遗产的两大特征，首先占比 62% 的古遗址类型证明国保单位名录的首要目标仍然是彰显"中华文明见证作用"，特别是以陶瓷烧制为代表的传统手工业、采矿和冶炼业的文明见证作用；其次占比 30.4% 的近现代重要史迹及代表性建筑仍能反映与"国家工业遗产"类似的目标，也即"展现工业领域行业发展脉络"，特别是洋务运动等清末、民国及新中国等工业变革重要历史时期的现代工业起始脉络。

列入国保单位的工业性质遗产，从门类上基本涵盖了前述国家工业遗产的门类，数量前三的分别为制陶/制瓷（共 67 处，占比 39.2%）、酿酒（共 14 处，占比 8.2%）、铁路建设（均为 11 处，占比 6.4%），偏重于中国传统手工业，且在数量上远高于以"展现工业领域行业发展脉络"为目标的工信部"国家工业遗产"；此外，汽车制造、玻璃制造、电影工业等现代工业体系领域也有列入国保单位的遗产，使得国保的整体分布更为多样，展现了国保体系历经 50 余年积累所展现的全面性。

列入国保单位的工业性质遗产按历史时期区分，数量前三的分别为清代（共 33 处，占比 19.3%）以洋务运动为代表的现代工业体系开端、宋代（共 32 处，占比 18.7%）和唐代（共 24 处，占比 14.0%）以制瓷为代表的传统手工业技艺高峰；而以遗产主题类别区分，国保单位中项目最早的年代为"首现时期"（技术基本成熟/初步规模化时期），项目最多的年代为"频现时期"（大规模化/工业化成熟时期），多数遗产类别符合各行业的基本认知，如历史时期较早的"铜矿/冶铜"的首现时期为夏，频现时期为周，而铁路建设、核工业等现代工业体系对应则更为准确，符合国保单位名单"中华文明见证作用"的目标。

表3 国保单位工业性质遗产历史时期、核心价值与工业主题对应关系

遗产主题分类		国保单位中代表性遗产		历史时期																					合计	
		首现时期	频现时期	旧石器时代	新石器时代	夏	商	周	战国	汉	三国	晋	南北朝	隋	唐	五代	宋	辽	金	元	明	清	中华民国	新中国		
采掘/冶炼/发电	采矿	汉	--	0	0	0	0	0	0	1	0	0	0	0	0	0	1	0	0	0	0	0	0	0	2	1.2%
	金矿	唐	--	0	0	0	0	0	0	0	0	1	0	0	0	0	0	0	0	0	0	0	0	0	1	0.6%
	金银矿	唐	--	0	0	0	0	0	0	0	0	0	1	0	0	0	0	0	0	0	0	0	0	0	1	0.6%
	银矿	唐	--	0	0	0	0	0	0	0	0	0	0	0	1	0	0	0	0	0	0	0	0	0	1	0.6%
	铜矿/冶铜	夏	周	0	0	2	1	2	0	1	0	0	0	0	1	0	1	0	0	0	0	1	0	0	7	4.1%
	锌矿/冶锌	明	--	0	0	0	0	0	0	0	0	0	0	0	0	0	0	0	0	0	1	0	0	0	1	0.6%
	铅锌矿	宋	--	0	0	0	0	0	0	0	0	0	0	0	0	0	0	0	0	0	1	0	0	0	1	0.6%
	汞矿	唐	--	0	0	0	0	0	0	0	0	0	0	0	1	0	0	0	0	0	0	0	0	0	1	0.6%
	铁矿/冶铁	战国	汉	0	0	0	0	3	4	0	0	0	0	0	0	0	0	0	0	0	0	1	0	0	9	5.3%
	煤铁	清	--	0	0	0	0	0	0	0	0	0	0	0	0	0	0	0	0	0	0	2	0	0	2	1.2%
	煤矿	清	--	0	0	0	0	0	0	0	0	0	0	0	0	0	0	0	0	0	3	1	0	0	4	2.3%
	石油开采	清	新中国	0	0	0	0	0	0	0	0	0	0	0	0	0	0	0	0	0	0	2	1	3	6	3.5%
	发电	清	--	0	0	0	0	0	0	0	0	0	0	0	0	0	0	0	0	0	0	1	0	0	1	0.6%
加工制造	制硝	明	--	0	0	0	0	0	0	0	0	0	0	0	0	0	0	0	0	0	1	0	0	0	1	0.6%
	玻璃制造	民国	--	0	0	0	0	0	0	0	0	0	0	0	0	0	0	0	0	0	0	0	1	0	1	0.6%
	水泥制造	民国	--	0	0	0	0	0	0	0	0	0	0	0	0	0	0	0	0	0	0	0	1	0	1	0.6%
	汽车制造	新中国	--	0	0	0	0	0	0	0	0	0	0	0	0	0	0	0	0	0	0	0	0	1	1	0.6%
	造船	明	清	0	0	0	0	0	0	0	0	0	0	0	0	0	0	0	0	0	1	3	0	0	4	2.3%
	水碾	明	--	0	0	0	0	0	0	0	0	0	0	0	0	0	0	0	0	0	1	0	0	0	1	0.6%
军工	核武工业	新中国	--	0	0	0	0	0	0	0	0	0	0	0	0	0	0	0	0	0	0	0	0	2	2	1.2%
	兵工	清	--	0	0	0	0	0	0	0	0	0	0	0	0	0	0	0	0	0	0	2	1	0	3	1.8%
公路/铁路	铁路建设	清	--	0	0	0	0	0	0	0	0	0	0	0	0	0	0	0	0	0	0	1	0	0	1	0.6%
经工业制造	史前石器制造	旧石器时代	--	1	0	0	0	0	0	0	0	0	0	0	0	0	0	0	0	0	7	4	0	0	11	6.4%
	青铜冶铸	战国	--	0	0	0	0	0	1	0	0	0	0	0	0	0	0	0	0	0	0	0	0	0	1	0.6%
	制陶/制瓷	商	宋	0	1	0	2	2	1	1	4	3	0	0	16	2	23	1	2	2	5	2	0	0	67	39.2%
	面粉制造	民国	--	0	0	0	0	0	0	0	0	0	0	0	0	0	0	0	0	0	0	0	1	0	1	0.6%
	造纸	明	--	0	0	0	0	0	0	0	0	0	0	0	0	0	0	0	0	0	2	1	0	0	3	1.8%
	制茶	汉	--	0	0	0	0	0	0	0	0	0	0	0	2	0	0	0	0	0	0	1	0	0	3	1.8%
	制糖	民国	--	0	0	0	0	0	0	0	0	0	0	0	0	0	0	0	0	0	1	1	1	0	4	2.3%
	制盐	新石器时代	--	0	1	0	0	0	0	0	0	0	0	0	0	0	0	0	0	0	0	0	0	0	1	0.6%
	酿酒	宋	清	0	0	0	0	0	0	0	0	0	1	0	0	0	2	0	0	1	3	7	0	0	14	8.2%
	水务	清	--	0	0	0	0	0	0	0	0	0	0	0	1	0	1	1	0	0	0	0	0	0	3	1.8%
信息	印刷	清	--	0	0	0	0	0	0	0	0	0	0	0	0	0	0	0	0	0	0	1	0	0	1	0.6%
	通信	民国	--	0	0	0	0	0	0	0	0	0	0	0	0	0	0	0	0	0	0	0	1	0	1	0.6%
	电影工业	民国	--	0	0	0	0	0	0	0	0	0	0	0	0	0	0	0	0	0	0	0	1	0	1	0.6%
合计				1	1	2	3	6	4	9	1	1	4	3	24	2	32	2	2	3	14	33	16	8	171	100.0%
			0.6%	0.6%	0.6%	1.2%	1.8%	3.5%	2.3%	5.3%	0.6%	0.6%	2.3%	1.8%	14.0%	1.2%	18.7%	1.2%	1.2%	1.8%	8.2%	19.3%	9.4%	4.7%	100.0%	

（二）国家工业遗产名录未来扩展方向

基于上述比较分析，作为国家文化遗产保护体系代表的"例如国保单位的工业性质遗产"偏重于相应矿业或行业在中华文明溯源中的见证作用；而作为行业专类遗产保护体系代表的工信部"国家工业遗产"的目标是"见证中国工业发展进程、反映生产制造技术重大变革"，由此形成两者的历史时期和遗产主题类别上的不同。时间跨度方面：国保单位历史时期明显较长，从夏商周直至近代和新中国；而工信部"国家工业遗产"更偏重中国现代工业体系发展脉络下的近现代时期。遗产主题方面：国保单位偏重于中国文明史上旧有的采矿/冶炼、陶瓷烧制等传统手工业等，而行业专业遗产则偏重现代仍在延续的酿酒、钢铁等行业。

作为行业专类遗产，2017 年、2018 年两年公布的国家工业遗产只是开端，53 处遗产项目已经初步反映了其建立的目标，在未来扩展方向上应当进一步凸显与国家文化遗产保护体系的区别。

首先，作为行业专类遗产的国家工业遗产名单代表性应当建立在对本行业体系（中国工业体系）历史沿革的全面研究及分类梳理上。国家文化遗产保护体系为横向门类代表性，公布名单应当覆盖工业各门类、工业变革的各历史时期（首现时期、频现时期等）。

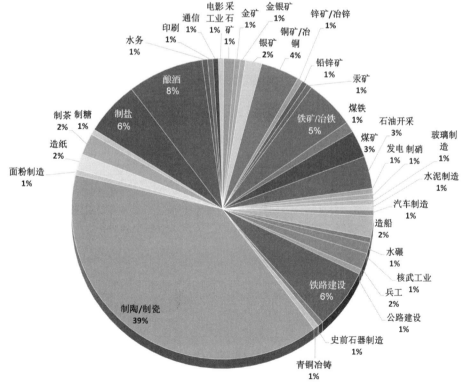

全国重点文物保护单位_分主题工业类型遗产所占比例

图2 国家工业遗产和国保单位工业性质遗产分主题所占比例

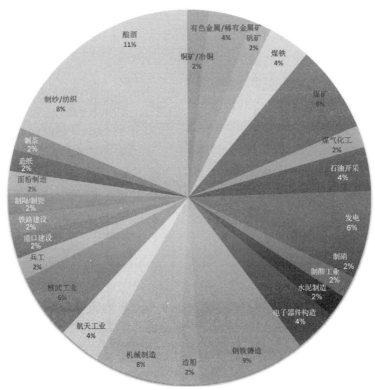

工信部"工业遗产"_分主题所占比例

图2 国家工业遗产和国保单位工业性质遗产分主题所占比例（续）

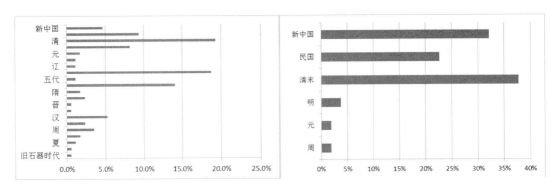

图3 国家工业遗产和国保单位工业性质遗产历史时期统计分析

其次，应当分遗产主题进行行业专类遗产的研究，突出在类别、价值、区域分布上的均衡性和代表性。例如，区别作为中华文明见证的金、银、铜等古代采矿历史遗址，和作为中国现代工业体系代表的石油、稀有金属等采矿作业区，将两者分别通过国家文化遗产体系和行业专类遗产的国家工业遗产进行公布；区分传统手工业的现代延续（制盐、造纸、酿酒等）以及现代工业体系（铁路、汽车制造、航空航天等），以评判其对应国家工业遗产价值遴选标准优先适用"具有突出的工业文化内涵或社会影响力""行业发端或社会变革事件或人物的实物见证""工业技术或重大变革的实物代表"抑或"体现地域、时代风貌或具有工业美学价值"。国家工业遗产总体应当注重中国近现代工业体系见证，兼顾中国传统手工业（陶瓷、制茶、酿酒）的代表性。

再次，筛选遗产项目的价值衡量标准应更为多元，区别于国家文化遗产保护体系以中华文明见证为首要目标的价值评判标准。国家工业遗产应当在行业体系见证基础上，兼顾行业转型及公众展示教育的需求。既筛选出如李渡烧酒作坊遗址、铜绿山古铜矿遗址、合肥钢铁厂等作为行业重要见证的遗产项目，也应优先考虑面临行业转型及展示利用条件较好的遗产，如国营751厂、金陵机器局、青岛啤酒厂等已经作为文化创意产业园区、博物馆等场所。

图4 国家工业遗产——青岛啤酒厂改造为博物馆后室内外展陈

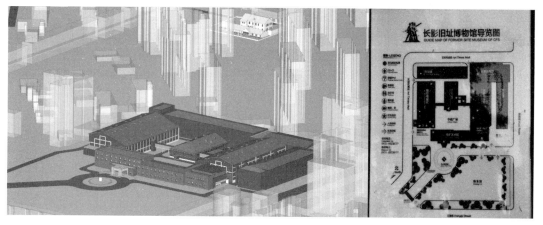

图5 国保单位工业性质遗产——长春电影制片厂早期建筑改造为博物馆展示

图6 国家工业遗产多元评价标准示意

三、结语

作为行业专类遗产的创新性尝试，国家工业遗产通过两批共 53 处项目初步迈出了建立代表中国工业体系的遗产项目库的第一步。通过与作为国家文化遗产保护体系代表的"列入国保单位的工业性质遗产"比较不难发现，后者偏重相应矿业或行业在中华文明溯源中的见证作用，而工信部"国家工业遗产"的目标是"见证中国工业发展进程、反映生产制造技术重大变革"。换句话说，国家文化遗产保护体系偏重文明见证，"列入国保单位的工业性质遗产"凸显历史文明进程中的纵向代表性，而作为行业专类遗产保护体系代表的国家工业遗产应当重视考虑行业体系各门类横向平衡性基础上的代表性。

与见证中华文明为主要目标的国家文化遗产保护体系相比，作为行业专类遗产的国家工业遗产的价值衡量标准应当更为多元，注重将一批社会影响力大、展示利用基础好、从工业向文化转型迫切的项目优先列入。

最后，应当注意行业专类遗产公布以后，其管理的有法可依，以及与国家文化遗产保护体系管理体系有效衔接。由国家文物体系认定的文化遗产能够以《中华人民共和国文物法》第 16 条有关保护规划①和第 17 条有关保护范围和建设控制地带②的规定为法律依据，与城市建设相衔接。而《国家工业遗产管理暂行办法》虽在第 14 条也规定"国家工业遗产应当……划定保护范围……"，却未明确与国家文物体系的对接关系，更缺乏与城市发展规划相衔接的明确规定，纳入城市建设中的有关规划控制中于法无据。此外，该管理办法仅为部门规章，其法律效力远弱于《文物保护法》。

参考文献

[1] 工业和信息化部办公厅. 关于开展国家工业遗产认定试点申报工作的通知 [Z]. 2017-08-09.

[2] 工业和信息化部. 工业和信息化部关于公布第一批国家工业遗产名单的通告 [Z]. 2018-12-20.

[3] 工业和信息化部. 国家工业遗产管理暂行办法 [Z]. 2018-11-05.

[4] 工业和信息化部. 工业和信息化部关于公布第二批国家工业遗产名单的通告 [Z]. 2018-11-15.

[5] 全国人民代表大会常务委员会. 中华人民共和国文物保护法 [Z]. 2017-11-05.

[6] 国家文物局. 全国重点文物保护单位综合管理系统 [DB/OL]. http://www.1271.com.cn.

[7] 国家文物局. 第八批全国重点文物保护单位申报与遴选工作指南 [Z]. 2018-07-01.

[8] 闵庆文. 中国重要农业文化遗产申报中的问题与建议 [J]. 遗产与保护研究, 2019，4(1).

---

① 《文物保护法》第 16 条规定："各级人民政府制定城乡建设规划，应当根据文物保护的需要，事先由城乡建设规划部门会同文物行政部门商定对本行政区域内各级文物保护单位的保护措施，并纳入规划。"

② 《文物保护法》第 17 条规定："文物保护单位的保护范围内不得进行其他建设工程或者爆破、钻探、挖掘等作业。但是，因特殊情况需要在文物保护单位的保护范围内进行其他建设工程或者爆破、钻探、挖掘等作业的，必须保证文物保护单位的安全，并经核定公布该文物保护单位的人民政府批准，在批准前应当征得上一级人民政府文物行政部门同意；在全国重点文物保护单位的保护范围内进行其他建设工程或者爆破、钻探、挖掘等作业的，必须经省、自治区、直辖市人民政府批准，在批准前应当征得国务院文物行政部门同意。"

文化景观启发的三种价值维度[①]

——以世界遗产中的文化景观为例

刘祎绯[②]

【摘要】文化景观于1992年成为世界遗产新类型，20余年来理论探讨与名录实践持续良性互动，影响深远。为了更好地理解这一新类型带来的价值认知扩展，本文以截至2015年8月的共计95处世界遗产文化景观为研究对象，按人类有意设计和创造的景观、有机演进的景观、文化关联性景观3类，进行类型判断和深化阐释。经分析，文化景观呈现出空间、时间、精神3种不同维度的价值，分别归纳为人类创造所得、人类栖居所得、人类信仰所得，这3种维度可架构起一套文化景观价值体系。据此，本文对我国目前建立在历史、科学、艺术三大价值基础上的遗产认知体系做出反思，建议在空间价值之外，加强对时间与精神维度价值的包容。

【关键词】文化景观；世界遗产；突出普遍价值；文化遗产；遗产保护

一、文化景观与世界遗产

早在 1972 年，联合国教科文组织大会就通过并发布了《保护世界文化与自然遗产公约》（以下简称《公约》或《世界遗产公约》），并以此确立了一整套认知与保护具有突出普遍价值的文化与自然遗产的国际制度。《公约》第 1 条将文化遗产的定义最初框定为文物、建筑群、遗址三种类型，其中遗址的细分条款中指出包括"人与自然相结合的作品（combined works of nature and of man）"[③]。自此，关于文化与自然混合遗产，以及社区与其自然环境之间的内在联系等若干问题，一直受到持续关注与讨论。直到 1992 年[④] 世界遗产委员会提出有关"文化景观"的特别保护的机制，将文化景观确立为新的遗产类型。

这一举措既是世界遗产委员会尝试落实《世界遗产公约》中自然与文化融合思考的重要结论，也是 1994 年提出创立"更具平衡性与代表性的世界遗产名录全球战略"的先驱，开拓了遗产认知的视野，并推动了对有关文化多样性、活态遗产、非物质遗产、新遗产类型、真实性、完整性、突出普遍价值、城市历史景观等若干重大遗产保护议题的讨论，影响深远。在实践方面，自文化景观作为新的遗产类型确立以来，世界遗产名录获得了范围扩展和结构性的转变。

① 本文已发表于《风景园林》2015 年第 8 期，收入本文集时有改动。
② 刘祎绯，北京林业大学园林学院副教授，清华大学建筑学院博士。
③ 该《公约》的官方中文译本翻译为"自然与人联合工程"。
④ 1992 年举行了联合国关于环境与发展大会，提出了以可持续发展的愿景重新思考人类与环境，连接文化与自然。这次会议也在一定程度上为同年世界遗产委员会突破性地提出"文化景观"新遗产类型奠定了基础。

20 多年来，理论探讨日渐深刻，实践中世界遗产名录也不断补充，二者形成了持续相互推进的良性互动关系[1][2][3][4]。2015 年 7 月初，德国波恩召开的世界遗产大会最新列入的 24 处世界遗产中，属文化景观类型的，有 7 处之多①，占当年列入名录的遗产项目总数的近 1/3。每处遗产地的价值阐释都愈显精准，折射出文化景观及其相关保护理论正被越来越广泛地接受、理解，并获得践行②。由于其概念与当地传统中对地域文化的理解比较接近，文化景观的概念在亚太地区的特别受到青睐，尤其是在我国，相关的理论与实践探索一直是近年来的研究热点，近 5 年来，相关研究更加全面和深入[6-21]。

二、世界遗产中的文化景观的类型与三种价值维度

按照《实施保护世界文化和自然遗产公约操作指南》（以下简称《操作指南》），文化景观可分为人类有意设计和创造的景观（landscape designed and created intentionally by man）、有机演进的景观（organically evolved landscape）和文化关联性景观（associative cultural landscape）三种主要类型，其中有机演进的景观又可细分为残迹类景观（relict (or fossil) landscape）与延续类景观（continuing landscape）两个子类（以下分别简称设计类、演进 a 类、演进 b 类、关联类）。20 余年来，这一概念化的分类方式在世界遗产名录持续而稳定的全球性构建中得到强化，统计具体列入情况如图 1③所示，迄今已有 95 处在列。

需要指明的是，本研究借鉴了 P.J.Fowler 的部分成果和方法④，Fowler（2003）整理了当时已列入名录的 30 处文化景观，自行判断分类，笔者沿用同样做法，在校验 Fowler 的 30 处分类合理的基础上，对其他 65 处新文化景观也进行了判断分类工作，并做深化阐释[1]。经分析，类型的总体分布情况如图 2 所示。

文化景观的三大类型更偏向于概念性而非功能性划分，触及的是景观的本质，在今天看来仍然较为合理。尽管在实践中，许多文化景观都具有一个以上的类型的特点，但都可以轻易抉择出其最恰当的所属类型。结合世界遗产保护理念 20 余年的进展情况，针对三大类型的核心所指，融入以世界遗产 95 处案例的具体分类和价值解析为样本，笔者认为，文化景观类世界遗产呈现出 3 种价值的维度。这将启发我们更清晰地认识文化景观概念的提出对遗产价值认知的重大贡献，远非仅仅局限于其最初确立时设想的连接文化与自然的最初愿景。

---

① 2015 年新列入的 7 处文化景观分别是：法国的勃艮第特殊气候条件产区与风土（Climats, terroirs of Burgundy）与香槟坡地、建筑及酒窖（Champagne Hillsides, Houses and Cellars）、丹麦的北西兰岛帕—方斯狩猎景观（The Par Force Hunting Landscape in North Zealand）、土耳其的迪亚巴克尔堡与哈维塞尔花园文化景观（Diyarbakr Fortress and Hevsel Gardens Cultural Landscape）、伊朗的梅满德文化景观（Cultural Landscape of Maymand）、新加坡的新加坡植物园（Singapore Botanic Gardens）、乌拉圭的弗赖本托斯文化与工业景观（Fray Bentos Industrial Landscape）。See UNESCO. WHC-15/39.COM/19: Decisions adopted by the World Heritage Committee at its 39th session (Bonn, 2015). 2015.

② UNESCO. WHC-15/39.COM/19: Decisions adopted by the World Heritage Committee at its 39th session (Bonn, 2015). 2015.

③ 本图所统计数据仅考虑列入，不考虑除名情况，95 处世界遗产文化景观中，2009 年有德国的德累斯顿易北河谷（Dresden Elbe Valley）一项曾被除名。

④ 主要可参考文献 [1]。另外我国一些学者也曾就相关研究作出贡献，如参考文献 [8][16]。

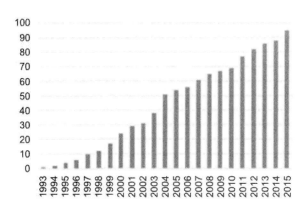 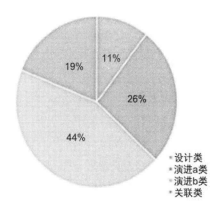

图1 1993—2015年文化景观类世界遗产的累积列入情况　图2 95处世界遗产文化景观按类型的分布总体情况

（一）设计：人类创造所得的空间价值

1. 设计类文化景观的定义解读

人类有意设计和创造的景观，被公认为是文化景观诸类型中概念最为清晰可辨的一类，主要包括以美学为出发点建造的花园、公园等景观，通常也与宗教的或其他纪念性建筑与建筑群相关①。

此类文化景观的概念之所以最为清晰可辨，究其根本，是因为此类景观遗产的价值最接近通常的、传统的文化遗产价值，亦可归纳为基于空间的价值。这类价值是在人类（尤其是优秀个体）进行文化性创造时即刻产生并留存于物质空间中，也因其依托于物质空间，穿越历史至今，此类文化景观，往往是以其日渐倾颓残损却风骨犹在的老者病者形象面对今人。

2. 设计类文化景观的实例阐释

经判断，95处文化景观类世界遗产中，共有10处属于设计类。

总体来讲，设计类的文化景观比较类似于我们通常所说的"历史名园"，可以从多个层面细分为皇家园林、公共园林、私家园林、宗教园林、狩猎园林等，如前所述，属于容易被认知和接受的遗产类型。但即使在最传统的设计类型，最传统的空间价值方面，文化景观也对价值认知的发展独有建构，主要体现在更加关注到园林与大地之间的关系。

比如辛特拉文化景观（葡萄牙）强调其建筑、景观"全都倚着周围的山脉而建"；波斯园林（伊朗）的9个省份中9座园林体现出"为适应各种气候条件而发展出来的多样风格"；阿兰胡埃斯文化景观（西班牙）关注到"人类活动与自然的关系、蜿蜒水道与呈现几何形态的景观设计之间的关系、乡村和城市之间的关系，以及森林环境和当地富丽堂皇的精美建筑之间的关系"；北西兰岛帕—方斯狩猎景观（丹麦）除以狩猎园林的形式体现出独特的人与自然关系外，还"展现了巴洛克景观设计原则如何适用于森林地区"；穆斯考尔公园（德国/波兰）则更是"将周围环境和景观天衣无缝地交织在一起的设计，开拓了一条新的景观设计之路"，在其一体化的景观设计思路中，连城市也被当成了理想景观

---

① UNESCO World Heritage Centre. Operational Guidelines for the Implementation of the World Heritage Convention, 2015.

的一个设计元素……这些文化景观遗产项目虽然呈现出来的形态与内涵价值各有千秋，但都是从设计的角度刻意去寻求人—地之间的和谐关系，对各文化区域的园林设计产生过重要影响。

3. 设计类文化景观拓展空间维度的价值认知

"空间价值"这条线索在世界遗产价值认知中由来已久，经由文化景观，向更大尺度、更面向自然的背景得到延伸和扩展。原本仅用于自然遗产评估的"完整性"（integrity）概念，也是由于受到文化景观理念的启发，在文化遗产评估中逐渐受到重视，并最终在2005年版《操作指南》中被正式提出①，并沿用至今。应当注意的是，在文化景观的特有语境下，完整性是指层积的历史证据、意义、元素间关系在景观中留存完整的且可被阐释的最大极限——其与自然的关系的完整性是最重要的，而非自然本身的完整性。②以完整性为背景，"周边环境"（setting）等重要概念也逐步产生③。这可归纳为"人类有意设计和创造的景观"类型的文化景观为遗产保护拓展价值认知的第一种维度。

（二）演进：人类栖居所得的时间价值

1. 演进类文化景观的定义解读

有机演进的景观产生于社会的、经济的、政治的和（或）宗教的原始需求，在对自然环境的回应和利用中发展至今所见的形式。这类景观通常在形式与构成特征等方面都反映出演化的过程，按演进的时间进程又可分为两个子类：残迹类景观，是指其演进进程在历史上某个时间点就已经终止的演进类景观，无论突然终止抑或是逐渐终止，并要求在其残存的物质形式能展现出显著而独有的特征；延续类景观，则是指在当代社会中仍承担着与传统生活方式紧密相关的积极社会角色，并且演进过程仍在进行当中的演进类景观，同样也要求能显著展现出其随时间演进的物质证据④。

演进类文化景观是文化景观的诸类型中，国内外学者的关注、讨论和争议最为集中和激烈的类型。时间观念的引入将对"遗产"这一看似静态的概念考察重新抛回历史演变的洪流之中，可以说为遗产价值的认定开辟了一个全新的维度，即经由时间所自然获得的价值：即使没有刻意去动用人类文化创造恢宏空间，哪怕只是简单平淡地生活于一方水土，和谐栖居中流过的漫长时光却也已在大地上悄然刻下独特文化的串串印迹。在新的时间价值维度体系下，欧洲地区认知了很多本土农业（尤其葡萄酒相关的）文化景观，更重要的是，在非欧洲的地区（尤其亚太地区），大量仍处在演进之中的地方性传统文化景观得到重视和保护，而在1992年之前，这些文化遗产都很难被认同为是具有全球性的普遍价值。显然，时间价值维度的开启对《世界遗产公约》中文化遗产的包容性具有十分重要的

---

① 从此，文化遗产在进行申报时也需对其完整性作出评估。真实性用以证明（convey）突出普遍价值，而完整性则用以维护（sustain）突出普遍价值。

② UNESCO World Heritage Center.Operational Guidelines for the Implementation of the World Heritage Convention. 2005.

③ 国际古迹遗址理事会《西安宣言》（2005）。

④ UNESCO World Heritage Center.Operational Guidelines for the Implementation of the World Heritage Convention. 2015.

意义，从侧面促进了其代表性和平衡性。

2. 演进类文化景观的实例阐释

经判断，95 处列入世界遗产的文化景观项目中共有 67 处文化景观属于演进类，足足占到多于七成的比例。其中残迹类（演进 a 类）25 处，延续类（演进 b 类）42 处。既为演进，则为徐徐，强调的乃是人与自然之间相对轻柔温和的互动进程，因此笔者选用"栖居"一词描述此类文化景观所表达的精髓。

人类的栖居必然伴随着赖以为生的产业，而文化景观中所见的产业往往是与大地息息相关的。若从与大地相关程度来一一阐释，占到最高比例的便是与大地最直接相关，也是最常见的农业。已为残迹的，例如，古巴东南第一个咖啡种植园考古风景区（古巴）是座丘陵间的 19 世纪咖啡种植园遗迹，被认为见证了"在不规则土地上进行农业种植的创新形式"；再早一些，瓦尔·迪奥西亚公园文化景观（意大利）是"文艺复兴时期农业美景得到良好管理的证明"；继续追溯，叙利亚北部古村落群（叙利亚）的一些遗迹表明"曾使用过水利技术、防护墙以及古罗马农业规划手段，展示了当地居民对农业生产技术的驾驭"；甚至更久远的，库克早期农业遗址（巴布亚新几内亚）"可以见证大约 6500 年前从植物采集到农业产生的技术飞跃"。更多的农业文化景观是隶属于延续类的，比如以菲律宾科迪勒拉山的水稻梯田（菲律宾）、红河哈尼梯田文化景观（中国）为代表的水稻种植；以比尼亚莱斯山谷（古巴）为代表的烟草种植；以圣艾米伦区（法国）、皮库岛葡萄园文化景观（葡萄牙）、托卡伊葡萄酒产地历史文化景观（匈牙利）、拉沃葡萄园梯田（瑞士）等欧洲文化景观为代表的葡萄种植及相关酿酒产业等，都仍然沿用传统技术。

游牧与渔业也是不少土地上人类栖居的主要方式。此类文化景观项目中，已为残迹的多为早期聚落遗址，比如萨卢姆河三角洲（塞内加尔），以及由自然遗产重新提名、增加文化景观属性而扩展为混合遗产的圣基尔达岛（英国）；延续类有以韦内雷港、五村镇以及沿海群岛（意大利）、维嘎群岛文化景观（挪威）为代表的滨海渔村；而霍尔托巴吉国家公园（匈牙利）、喀斯和塞文—地中海农牧文化景观（法国）、梅满德文化景观（伊朗）等，至今仍保持着游牧制度。

工业是产业进化后的较高级形式，演进类文化景观目前也有不少可归为以工业为依托的栖居形式，都分属于与大地相关性较强的工业。比如残迹类中有矿产工业代表，煤矿、铁矿的卡莱纳冯工业区景观（英国）；铜矿、锡矿的康沃尔和西德文矿区景观（英国）；以及出产煤矿 3 个多世纪的加莱海峡北部采矿盆地（法国）；石见银山遗迹及其文化景观（日本）则是一组被深深河谷截断的山脉，"以大型矿藏、熔岩和优美的地貌为主，是 16 世纪至 20 世纪开采和提炼银子的矿山遗址"；延续类中还有哈尔施塔特—达特施泰因萨尔茨卡默古特文化景观（奥地利）以盐矿繁荣至今。另外就是农用工业（agro-industry），比如与畜牧业紧密关联的肉类加工工业弗赖本托斯文化与工业景观（乌拉圭）；以及延续类中与农业种植紧密关联的起泡葡萄酒制造工业代表香槟坡地、建筑及酒窖（法国）等。

往往伴随商业原因兴起的文化交流线路或聚落也是一种形式，比如残迹类的熏香之路——内盖夫的沙漠城镇（以色列）主要反映"公元前 3 世纪起到公元 2 世纪间从阿拉伯南部到地中海地区香料贸易的巨大繁荣景象"；我国的京杭大运河、丝绸之路虽然并未以文化景观类型列入，但也具有相似属性。

上述几种简单的产业划分并不能完整概括这67处演进类的世界遗产文化景观，只是就人类可能与大地发生关系的主要栖居形式列举，实践中，有机演进进程会因特定地区、特定时段或特定文化而千差万别又丰富多彩。比如阿马尔菲海岸景观（意大利）"由于此地地理环境的多样性而被充分加以利用，偏下的坡地由阶梯式的葡萄园和果园构成，靠上面的坡地则是牧场"。又比如文化发展出现更高需求时的宗教性栖居，以安布希曼加的皇家蓝山行宫（马达加斯加）、皮埃蒙特及伦巴第圣山（意大利）等为代表。还有各栖居形式综合的城镇，瓦豪文化景观（奥地利）、莱茵河中上游河谷（德国）、杭州西湖文化景观（中国）等。

而在时间跨度这一根本性的因素上，比如长安景观（越南），则几近完美地诠释着有机演进的景观。该文化景观遗产项目坐落于红河三角洲南缘，拥有石灰石卡斯特山峰遍布山谷的壮丽景观，对各个海拔高度洞穴的考古发掘揭示出3万多年来连续的人类活动踪迹，展示出从季节性狩猎采集的遗迹到古都华间，直到今天的寺庙、佛塔、稻田、村庄的有机演进历程。

3. 演进类文化景观拓展时间维度的价值认知

时间的线索历来为文化遗产所重视，越古老的物件越是金贵。然而文化景观的"时间价值"带来的新维度，并非为了重新强调老物件的历史价值，恰恰是要指出并非必须久远的一定时间区间内便可能获得的价值，这是价值随着时间逐渐累积的一个过程，并非靠某一个或某几个人的短时创造所得，而往往是一个群体、社区在大地诗意栖居的结果。也正是由于其对于时间性而非历史性的强调，许多晚近甚至当下还处于演进当中的文化景观得以被认知，这特别挑战了文化遗产认定中最为重要的"真实性"（authenticity）概念，引发了随后不断讨论和发展完善，使得真实性的概念在《奈良文件》所要求的材料、设计、工艺、环境4个方面外，进一步推进到要求其独特的品质和组成等因素[4]。"景观"作为认知方法理念，最核心的推进也体现在时间维度上指导动态的认知价值和管理变化。在这方面，"城市历史景观"理念在文化景观理论背景下产生，并走到了更远。[13][20][21][22][23][24]

（三）关联：人类信仰所得的精神价值

1. 关联类文化景观的定义解读

最后一类是文化关联性景观，这类景观的判定是以宗教、艺术或文化与自然因素的强烈关联性为特征的，而非基于物质性文化证据，因此允许物质性文化证据的不显著，甚至缺席①。

这类文化景观的提出再度开辟了全新的遗产认知视野[31][32]，获得了可脱离于时空之外的、直接依存于人类信仰的精神价值维度，跨越了世界文化遗产作为物质遗产与非物质遗产之间的鸿沟，且只在自然的角度予以回归，使得最朴素原型可以想象为最纯粹的自然遗产加上神山圣河之类遥遥相望的文化崇拜。

---

① UNESCO World Heritage Center.Operational Guidelines for the Implementation of the World Heritage Convention. 2015.

2. 关联类文化景观的实例阐释

经判断，95 处文化景观类世界遗产中共有 18 处属于关联类。

有若干处混合遗产十分接近上述的最朴素原型，都几乎对原始自然环境毫无扰动。比如最早的汤加里罗国家公园（新西兰）中心的群山"对毛利人具有文化和宗教意义，象征着毛利人社会与外界环境的精神联系"；乌卢鲁—卡塔曲塔国家公园（澳大利亚）巨大的岩石构成"世界上最古老人类社会传统信仰体系的一部分"；近年列入的帕帕哈瑙莫夸基亚国家海洋保护区（美国），则体现着夏威夷原住民概念中人类与自然世界的亲缘关系，"既是生命的摇篮，也是死后魂灵回归之所"。稍有物质性证据的有奥孙—奥索博神树林（尼日利亚），是神圣的密集林地，是"曾经在所有定居点之外广泛种植神圣树林做法的见证"。

有较多物质文化证据的关联类文化景观容易与演进类相混淆，尤其在这种关联至今并未断掉的案例，往往也适于演进 b 类的标准。以庐山国家公园（中国）、五台山（中国）为代表的相当一批文化景观都属于这种情况。这也是很多学者聚焦亚太地区尤其是我国文化景观遗产寻求启示的原因[14][15][17][25][26]。

3. 关联类文化景观拓展精神维度的价值认知

由于其捉摸不定的非物质性，"精神价值"向来是阐释突出（outstanding）价值的难点，该类遗产绑定于地方文化的特性也往往成为阐述为普世（universal）价值的难点。文化关联性景观的设立肯定了这一最难描述和把握的新维度，使大量珍贵的文化传统得以被世界所认同，使得文化多样性、名录的平衡性与代表性、非物质文化遗产等命题得以成立和深入[35][36][37]，共同贡献为遗产保护拓展价值认知的第三种维度。

三、世界遗产文化景观的价值体系及对我国的启示

综上所述，以"揭示和维持人类与其环境之间互动关系的广泛多样性，保护仍处于活态的传统文化，并保存已经消失文化的痕迹"为工作目标，笔者在对文化景观的类型划分和归纳中，归纳出文化景观所呈现的三种不同维度的价值，即空间价值、时间价值、精神价值，其来源分别可归纳为人类创造所得、人类栖居所得、人类信仰所得。在每种维度上，文化景观都已经对世界遗产的认知与保护理论影响深远。以三种维度构成一套文化景观价值体系，如图 3 所示，可以使世人能从更立体、更综合的视角理解世界遗产的突出普遍价值（OUV），将具有极其开阔的视野和极其广博的包容性。

价值的认定是开展文化遗产保护管理工作的基础和依据，重要意义不言而喻。如今，我国的文化遗产认定工作如火如荼，从第七批全国重点文物保护单位名录起，国保单位已包含了较多的工业遗产、乡土建筑、文化景观等新型文化遗产。倘若不能全面认知其价值，不但会影响后期的保护管理，甚至可能造成保护性破坏，这更使得文化景观的启示在今日中国语境下具有特别的意义。然而，对比笔者所构建的这套文化景观类世界遗产语境下更具有立体性和综合性的价值认定体系，不难发现，作为当前我国文物保护管理体系之基础的文化遗产"历史、科学、艺术"三大价值体系，均仅聚焦于空间价值维度上，历史价值的开放性阐释虽然看似可以勉强纳入时间价值维度，但其所指远非上文所讲的深度，

精神价值的维度更是难以涵盖。

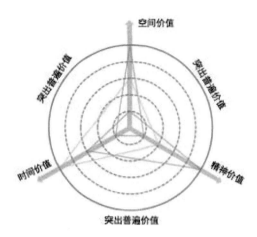

图3　提出由空间、时间、精神三种维度构成的价值体系及三类世界遗产
文化景观的价值判定示意

　　目前公布的 2015 年修订版的《中国文物古迹保护准则》在关于文物古迹价值的论述中，除强调传统的历史、艺术和科学价值之外，特别增加了"社会价值"和"文化价值"的内容表述 [27][28]，在一定程度上能够填补空间价值之外的时间价值与精神价值的维度，可为我国遗产的价值认知搭建更全面的评价体系，有助于促进中国文化遗产保护的发展。为此，笔者建议，遵循 3 种价值维度所确立的基本方向，继续探索和建设适合我国文化遗产价值认知的最佳体系。

参考文献

[1] P.J.Fowler. World Heritage Papers 6: World Heritage Cultural Landscapes 1992-2002[M]. Paris: UNESCO World Heritage Centre, 2003.

[2] UNESCO. World Heritage Papers 7:Cultural Landscapes:the Challenges of Conservation[M]. Paris: UNESCO World Heritage Centre, 2003.

[3] Marc Patry, UNESCO World Heritage Centre. World Heritage Papers 16:World Heritage at the Vth IUCN World Parks Congress[M].Paris: UNESCO World Heritage Centre, 2005.

[4] Nora Mitchell, Mechtild Rössler,Pierre-Marie Tricaud (Authors/Ed.).World Heritage Papers 26:World Heritage Cultural Landscapes: A Handbook for Conservation and Management [M].Paris: UNESCO World Heritage Centre, 2009.

[5] 单霁翔. 从"文化景观"到"文化景观遗产"（上）[J]. 东南文化，2010(2).

[6] 单霁翔. 从"文化景观"到"文化景观遗产"（下）[J]. 东南文化，2010(3).

[7] 韩锋. 文化景观——填补自然和文化之间的空白 [J]. 中国园林，2010(9).

[8] 毛翔，李江海，高危言. 世界遗产文化景观现状、保护与发展 [J]. 五台山研究，2010(2).

[9] 王毅，郑军，吕睿. 文化景观的真实性与完整性 [J]. 东南文化，2011(3).

[10] 刘红纯. 文化景观基础性研究的可行性、必要性和紧迫性 [J]. 风景园林，2012(1).

[11] 邹怡情. 文化景观在争议中影响人类实践的遗产认知 [J]. 中国文化遗产，2012(2).

[12] 韩锋. 探索前行中的文化景观 [J]. 中国园林，2012(5).

[13] 罗·范奥尔斯，韩锋，王溪. 城市历史景观的概念及其与文化景观的联系 [J]. 中国园林，2012(5).

[14] 邬东璠，庄优波，杨锐. 五台山文化景观遗产突出普遍价值及其保护探讨 [J]. 风景园林，2012(1).

[15] 陈同滨，傅晶，刘剑. 世界遗产杭州西湖文化景观突出普遍价值研究 [J]. 风景园林，2012(2).

[16] 王毅. 文化景观的类型特征与评估标准 [J]. 中国园林，2012(1).

[17] 韩锋. 亚洲文化景观在世界遗产中的崛起及中国对策 [J]. 中国园林，2013(11).

[18] 卿雪梅. 世界文化景观遗产命题的提出及其内涵解读 [J]. 旅游纵览，2013(6).

[19] 史艳慧，代莹，谢凝高. 文化景观：学术溯源与遗产保护实践 [J]. 中国园林，2014(11).

[20] 黄昕珮，李琳. 对"文化景观"概念及其范畴的探讨 [J]. 风景园林，2015(3).

[21] UNESCO.VIENNA MEMORANDU Mon "World Heritage and Contemporary Architecture –Managing the Historic Urban Landscape" [Z].2005.

[22] UNESCO. Recommendation on the Historic Urban Landscape[Z].2011.

[23] Francesco Bandarin, Ron Van Oers. The Historic Urban Landscape: Managing Heritage in an Urban Century[M]. Chichester: Wiley Blackwell, 2012.

[24] Francesco Bandarin, Ron Van Oers. Reconnecting the City: The Historic Urban Landscape Approach and the Future of Urban Heritage[M].Chichester:Wiley Blackwell,2014.

[25] 肯·泰勒，韩锋，田丰. 文化景观与亚洲价值：寻求从国际经验到亚洲框架的转变 [J]. 中国园林，2007(11).

[26] 景峰. 从亚太地区的视角看世界遗产的代表性 [J]. 中国园林，2008(5).

[27] 国际古迹遗址理事会中国国家委员会. 中国文物古迹保护准则 [Z]. 2015.

[28] 吕舟. 面对挑战的中国文化遗产保护 [J]. 世界建筑，2014(12).

[29] 刘祎绯. 我国文化遗产认知的空间扩展历程 [J]. 建筑与文化，2015(2).

[30] 刘祎绯. 我国文化遗产认知的时间扩展历程 [J]. 建筑与文化，2015(6).

[31] UNESCO.UNESCO Universal Declaration on Cultural Diversity[Z]. 2001.

[32] ICOMOS.The World Heritage List: Filling the Gaps - an Action Plan for the Future[Z].2004.

[33] UNESCO. Convention for the Safeguarding of the Intangible Cultural Heritage[Z].2003.

中国文化线路遗产保护思想研究综述
（2005—2019）

李芃芃①

【摘要】文化线路是近二十年在中国文化遗产保护领域新兴的一种遗产类型。本文在回顾文化线路遗产保护国际背景的基础上，将中国文化线路遗产保护思想的发展历程分为三个阶段。第一阶段为文化线路概念的引入与阐释阶段（2005—2009年）；第二阶段为文化线路遗产保护理论的深入及实践的展开阶段（2009—2015年）；第三阶段为文化线路遗产保护共识形成与实践蓬勃发展阶段(2015年至今)。最后指出，21世纪以来文化线路已经成为世界遗产保护的新热点，但国内针对其进行的研究仍然不够成熟。本文旨在通过梳理中国文化线路遗产保护思想发展历程，为日后的研究和实践提供思路。

【关键词】文化线路；文化遗产；保护；思想史

文化线路遗产是一种较新且较独特的遗产类型。自 20 世纪末以来，国际上有关文化线路遗产的研究已取得较多成果，并通过了一些共识性文件。中国拥有丰富的文化线路遗产资源，但有关文化线路遗产保护的研究和实践起步较晚。自 2005 年文化线路概念引入中国至今，中国已经初步形成了比较全面的文化线路遗产保护思想。近年来，中国一些重要的文化线路遗产相继被列入各级文物保护单位名单，丝绸之路、大运河也被列入《世界遗产名录》，海上丝绸之路、茶马古道等文化线路相关研究和保护实践也正蓬勃发展。

文化线路遗产的保护不但有利于整合文化资源、提升文化遗产价值，而且有利于促进各民族间的交流和团结。此外，在"一带一路"和"构建人类命运共同体"的背景下，大尺度、跨境文化线路遗产的研究与保护也开始成为各国间交流沟通、增进理解的媒介和平台，有利于促进世界和平与发展。由此，文化线路遗产的研究与保护对遗产保护工作及社会发展都具有很大的积极意义。对中国文化线路遗产保护思想进行回顾性研究，则为进一步开展该类遗产的深入研究和保护奠定了基础。

一、文化线路概念形成的国际背景

20 世纪 80 年代后期，大尺度线性遗产开始在国际社会上引发讨论。1987 年欧洲理事会发布文化线路计划，同年宣布"圣地亚哥·德·孔波斯泰拉朝圣路线"为第一条"欧洲文化线路"。1988 年 UNESCO 在其《世界文化发展十年（1988—1997）》（World Decade for Cultural Development 1988—1997）计划中提出了名为"丝绸之路的整体研究——对话和交流之路"的项目，开启了对文化线路遗产的保护与研究工作。1993 年，圣地亚哥·

---

① 李芃芃，清华大学建筑学院博士研究生，主要研究方向：中国古代建筑历史与理论研究、文化遗产保护、文化线路遗产保护研究等。

德·孔波斯泰拉朝圣线路的西班牙部分被联合国教科文组织确定为世界遗产。

1994 年至 2002 年是文化线路概念的提出和理论不断丰富的时期。文化线路的定义最初在 1994 年西班牙马德里文化线路世界遗产专家会议上正式提出，当时被称作"遗产线路"（heritage routes）。国际古迹遗址理事会（ICOMOS）于 1998 年设立文化线路委员会，标志着国际社会正式确认了"文化线路"这一新的遗产类型。在 2002 年以前，文化线路都被定义为一种特殊的动态文化景观。2002 年 ICOMOS 文化线路委员会马德里科学会议首次指出，文化线路不同于文化景观，此后的国际会议也不断完善文化线路的内容以避免混淆。

2003 年以后是文化线路理论研究的逐步完善时期。2003 年 ICOMOS-CIIC 对《操作指南》的修订给出建议，认为应将"文化线路"遗产类型列入。2004 年，阿根廷、玻利维亚、智利、哥伦比亚、厄瓜多尔、秘鲁等国家提出将印加之路列入《世界遗产名录》的申请，文化线路的跨境研究、保护与申报成为世界遗产事业新的发展趋势。2005 年，文化线路以"遗产线路"的名称作为一类特殊的世界遗产正式出现在修订后的《操作指南》中，与当时已有的文化景观、历史城镇与中心及遗产运河三种类型并列。同年的 ICOMOS 西安会议通过了《文化线路宪章（第五草案）》（Charter on Cultural Routes 5th Draft）。2008 年 11 月 4 日，ICOMOS 第 16 届大会在魁北克通过了《ICOMOS 文化线路宪章》，文化线路的定义得到了最终确认，也标志着世界上基本形成了较为成熟的文化线路遗产保护思想。

二、文化线路概念的引入与阐释阶段（2005—2009 年）

我国文化线路遗产的保护思想研究起步较晚，21 世纪之前还未形成"文化线路"的概念，与之相关的研究更是尚未起步。然而，实践中，一些文化线路的组成要素已早被列入各级文物保护单位名录中。在国务院 1961 年公布的第一批全国重点文物保护单位中，"汉魏洛阳故城""大明宫遗址""莫高窟""高昌故城"等都是丝绸之路沿线遗产，但这些遗产多为因建筑群、遗址等点状的遗产形态及其各自价值而得以列入，各遗产点之间的互动和融合难以体现。大运河的遗产类型的认定与保护在国内也几经波折。早在 1961 年罗哲文就曾提出要将大运河列为全国重点文物保护单位，1986 年中国加入《世界遗产公约》后，他又提出大运河申遗的想法[1]。但因当时对"文物"的认知主要还集中在保护那些已失去原有功能，成为历史的见证、科学研究的对象并开辟为参观游览的地点等领域，使得还在起着现实作用而且涉及面较广、保护管理存在困难的大运河被排除在外[2]。

随着 2003 年以后国际文化线路理论研究的逐步完善，特别是 2005 年 ICOMOS 大会在中国西安的召开，更多中国学者开始关注文化线路遗产的研究。2006 年，第六批全国重点文物保护单位开始列入大尺度的线性遗产项目，如京杭大运河、秦直道遗址等均被列入，实现了保护对象从"点"到"线"的拓展。

（一）概念的引入与阐释

我国学者针对文化线路遗产的研究始于对其概念的引入与阐释。在这一阶段，国内学者们的主要研究工作为对国际会议和共识性文件中所提及的文化线路相关概念进行解读。

1. 概念的引入

北京大学景观设计学研究院（景观规划设计中心）是较早开始关注文化线路的研究机构之一。2005 年 7 月李伟、俞孔坚《世界文化遗产保护的新动向——文化线路》[3] 一文对文化线路在欧洲的发展历程、概念、特征以及保护中的问题进行了梳理和探讨，并将文化线路与遗产廊道两种概念做了比较，这是中国学者首次引入文化线路概念。

2005 年 10 月，国际古迹遗址理事会第十五届大会暨科学研讨会于陕西西安召开，将古迹遗址线性环境的挑战列为国际科学研讨会的四大专题之一，并通过了有关《文化线路宪章（第五草案）》。本次国际研讨会引起了更多国内学者对文化线路的关注，国内学者对于"文化线路"的讨论日益增多。

清华大学吕舟教授（2006）在《文化线路：世界遗产的新类型》[4]《文化线路构建文化遗产保护网络》[5] 等文章中介绍了文化线路的概念及发展历程，并对日本"纪伊山圣地和朝圣线路"、以色列"内盖夫沙漠的香料之路和沙漠城市"、"斯塔夫大地测绘体系"、拉丁美洲国家"印加文化线路"等文化线路遗产热点案例进行了分析。此外，姚雅欣、李小青[6]、刘小方[7][8]、李林[9] 等学者也对文化线路遗产的研究历程、概念、内涵等进行了介绍，并对 ICOMOS-CIIC、UNESCO 等国际机构的工作做了梳理和总结。

一系列学术会议的召开和学者们对文化线路这一遗产新类型的关注，推动"文化线路"在 2006 年成为遗产新闻十大关键词之一[10]。

2. 文化线路与遗产廊道

与文化线路概念几乎同时被引入国内的还有遗产廊道概念。很多学者将这两个概念进行了对比，认为这两个概念的共同点是强调整体性、大尺度、动态性、时空性、多维度，关注文化意义，注意有形遗产和无形遗产保护的结合、自然遗产和文化遗产保护的结合[11]。针对两个概念的不同点。李伟、俞孔坚（2005）[3] 认为，文化线路更注重线路的文化意义和社会意义的严格性，更强调线路在文化上的影响、强调交流和对话；而遗产廊道则只是拥有文化资源的线形景观，尽管也强调线路的文化意义，但更多地以经济振兴为目标，其指定远没有文化线路那么严格。丁援[12]（2007）在认同李伟、俞孔坚的讨论基础上，提出文化线路是个世界性的概念，在特点上强调价值、尺度多样性和文化交流、人类交往，在形态上强调空间标准、时间标准和文化意义，不宜认为是"线性"或"非线性"；遗产廊道的概念范围则是以北美为主，在特点上强调遗产保护和利用，尺度普遍比文化线路小，在线型的基础上，遗产廊道的遗产内容限制较少，在形态上强调历史重要性、建筑或工程上的重要性、自然对文化资源的重要性和经济的重要性，主要为线状、环状、十字状、放射状、网状。

文化线路和遗产廊道虽然在内涵上存在差异，但从研究现状来看，运用"文化线路""遗产廊道"等几种不同概念进行研究的对象基本一致。可以看出，中国对与文化线路相近的各个概念的阐释和区分还没有很清晰，学者在分别引入欧洲和美国的概念时没有结合具体国情建立统一、一致的学术概念。

3. 无形文化线路概念的提出

从文化线路遗产专家会议、ICOMOS-CIIC、UNESCO 等国际机构对文化线路的定义来看，专家认为，文化线路必须是在两点之间进行旅行的真实线路（即具有物质和具体形态）。但是中国学者的研究拓展了这一观念，提出了无形文化线路的概念。丁援[12][13][14]（2007）认为，文化线路更应强调遗产的文化认同，因此在文化线路理论研究的基础上提出了"无形文化线路"的理论，将一些看似分散、实质相联的非线形遗产列入整体保护的范畴，并用无形文化线路理论的视角对武汉近代文化转型期的遗产进行了研究。

（二）文化线路遗产早期保护实践

中国文化线路遗产的研究与保护肇始于国际力量推动下的丝绸之路研究。1988 年，UNESCO 在其《世界文化发展十年（1988—1997）》计划中提出了名为"丝绸之路的整体研究——对话和交流之路"的项目，开始了对文化线路遗产的保护与研究工作，并于 1989年、1990 年、1992 年相继派出专家组考察"沙漠丝绸之路""草原丝绸之路""海上丝绸之路"，中外不同领域的专家共同参与了这一系列研究活动。2001 年、2002 年，宁波、泉州、西安等地相继召开丝绸之路相关国际学术会议，讨论丝绸之路的申遗问题。2005年，在西安召开的第十五届 ICOMOS 大会讨论了丝绸之路跨国联合申遗的总体构想，随后哈萨克斯坦的"阿拉木图会议"达成了中亚地区优先申报丝绸之路遗产的共识。

与丝绸之路不同，京杭大运河的研究则完全由中国机构和专家学者主导完成。2004年，时任国家文物局局长单霁翔在苏州第 28 届世界遗产委员会会议上提出大运河申遗的初步想法。在郑孝燮、罗哲文、朱炳仁等学者的联名推动及刘枫、单霁翔等 58 位政协委员的集体呼吁下，京杭大运河于 2006 年相继被列入第六批全国重点文物保护单位名录和《中国世界文化遗产预备名单》。2007 年 4 月，国家文物局发出《关于做好大运河保护与申报世界文化遗产工作的通知》。2008 年 3 月 24 日，大运河保护与申遗工作会议在扬州召开，会议达成并发表了《大运河保护与申遗扬州共识》。

在大运河早期申遗研究中，阮仪三、丁援、谢青桐等多位专家学者从文化线路的视角对其进行了讨论。2006 年，"阮仪三城市遗产保护基金会"在上海成立了"京杭运河文化遗产保护观察站"，在中国与国际力量间建立了一个协作平台，引导各方共同开展宣传、教育、保护等方面的工作[15]。阮仪三、丁援[16]（2008）等提出了三种定义大运河的方法，即线性遗产模式、生态人文模式、文化线路模式，并分析了目前大运河遗产保护中的种种误区。顾风、孟瑶、谢青桐[17]（2008）等从比较研究的视角，对中国运河与欧美运河遗产展开了研究。此外，汪芳、廉华[18]（2007）、朱隽、钱川[19]（2007）等学者的研究则涉及大运河的保护原则、措施及其旅游空间等方面。

三、文化线路遗产保护理论的深入及实践的展开阶段（2009—2015 年）

2008 年《文化线路宪章》在 ICOMOS 第十五届大会上正式通过，该宪章系统分析并完善了文化线路的特征、定义、识别标准、研究方法等各方面内容，构建了比较完善的文化线路理论框架。作为回应，2009 年中国文化遗产保护"无锡论坛"的主题被定为"文化线路遗产保护"。专家学者围绕文化线路遗产的认定和价值评估、文化线路遗产的科学保护等主题进行了深入交流讨论，并在会议后形成了《关于文化线路遗产保护无锡建议》[20] 和《中国文化遗产保护无锡论坛：文化线路遗产的科学保护论文集》[21]。2011 年的中国文化遗产"无锡论坛"又围绕"运河遗产保护"的主题展开，对运河遗产的保护管理及申遗工作经验进行了深入讨论，并发布了《关于大运河遗产保护的无锡建议》。

《文化线路宪章》的引入和 2009 年、2011 年两次"无锡论坛"的召开对我国文化线路遗产的研究起到了极大推动作用。2009 年以来，我国文化线路理论研究开始深入，实践中的保护对象也日益拓展。

（一）理论研究的深入

这一阶段学者们更加关注文化线路遗产的整体性和动态性。对文化线路遗产的理论研究主要集中在：文化线路遗产的内涵及判定标准研究、文化线路遗产的价值评估研究、文化线路遗产的保护管理研究三个方面。

1. 文化线路遗产的内涵及判定标准研究

（1）文化线路遗产的内涵

基于国际层面对文化线路遗产已有的较为成熟的理论，此阶段的国内研究中文化线路遗产的内涵比以往更加清晰。单霁翔《关注新型文化遗产——文化线路遗产的保护》[22]（2009）详细介绍了文化线路遗产概念的形成与探索、我国文化线路遗产的特点、保护文化线路遗产的时代意义，并提出我国文化线路遗产保护工作的方向和目标，要求多渠道普及文化线路遗产保护的知识，引导社会各界用可持续发展的理念对待文化线路遗产保护。丁援[23]（2009）翻译了《ICOMOS 文化线路宪章》。王建波、阮仪三《作为遗产类型的文化线路——〈文化线路宪章〉解读》[24]（2009）阐释了文化线路遗产的内涵与定义；指出文化遗产保护的对象既包括交通线路本身，还包括与功能相关的有形要素与见证交流和对话的无形要素，以及文化线路的环境背景与沿线城镇；最后探究了文化线路的真实性与完整性的检验标准。郭璇、杨浩祥[25]（2015）对 UNESCO、WHC、ICOMOS、EICR 给出的文化线路概念进行了比较，认为 EICR 强调文化线路在当代的社会属性，ICOMOS 和 UNESCO WHC 强调文化线路自身的遗产属性。

有关文化线路、遗产线路、线性遗产、线状遗产等概念的比较研究方面，阮仪三、丁援[26] 认为，"文化线路"比"遗产线路"等相似概念更强调线路范围内整体上的文化现象（而非事件）、文化认同，但是，以文化现象为纽带的遗产系列往往超出线形范围，而且历史上的线路功能的变换和地理位置的变迁，也使得"文化路线"具有流动性强、边界模糊、交融的特点，造成"文化线路"原真性确认的难度，导致一般民众对所谓的文化线路缺乏文化认同感。孙华[27][28]（2015）认为，线状遗产指遗迹本身呈现连续的线条形态的文化遗产，是构成线性遗产的基础；线性遗产是因历史上某种内在关联，由线状遗迹被串联起来或按线状排列的点状遗产的集合体；线性遗产如果满足一定的条件，就可称为文化线路；遗产线路与文化线路概念相类似。

（2）文化线路遗产的判定

基于 UNESCO-WHC、ICOMOS-CIIC、EICR 等机构对文化线路内涵及特征的讨论，国内学者对文化线路遗产的判定标准做了较为充分的探讨。李伟、俞孔坚[3]（2005）对1994 年马德里会议提出的文化线路的空间特征、时间特征、文化特征、角色和目的四点判别标准分别进行了分析。吴建国[29]（2008）认为，文化线路应具有以下 5 个方面特征：特定的时空性、人类社会文化与自然的有机结合、线形文化景观的多样性、跨文化特征、价值构成的多元性。章剑华[30]（2009）对马德里会议所强调的文化遗产的四大特征（空间特征、时间特征、文化特征、功能特征）做了几点补充，认为文化线路应体现历史与现实的相续、人文与自然的合一、空间与时间的多维度、遗产价值的多元化。王丽萍[31]（2011）从文化线路的内涵、真实性和完整性三方面阐释了文化线路的界定标准，认为界定文化线路要充分考虑其社会、政治、经济、文化等多维度内涵，且要结合文化线路本身、各构成要素、环境背景及非物质因素的真实性和完整性来进行判断。

学界对丝绸之路、京杭大运河、茶马古道、秦直道、川盐古道、剑门蜀道等应被认定为文化线路遗产达成了共识，但是对于长城和红军长征线路这两处遗产是否属于文化遗产的判定存在争议。在有关长城的讨论中，单霁翔[32]认为（2010）长城是因人为行动和战争行为所营造的景观，是体现人类和平诉求的军事类文化景观，刘小方[7]（2006）援引 ICOMOS 的评估，认为长城是可以明显识别的连续的军事建筑，而非文化线路，孙华（2016）也认为，"长城等防御体系……因其不属于交通线路，不应该归属于文化线路"[33]49；吕舟[4]（2006）等则明确指出长城属于文化线路遗产。有关红军长征线路的讨论中，吕舟[4]（2006）、章建华[30]（2009）等认为，长征线路见证了人类文化的交流和传播，沿线包含了丰富的自然和文化遗产资源，应属于文化线路遗产；李伟、俞孔坚[3]（2005）、刘小方[7]（2006）等认为，文化线路遗产是作为一个社会现象来看待的，应具有一定的时空延续性，而不是某个特定的历史事件或历史时刻的产物，因此红军长征线路不能被看作文化线路遗产。

2. 文化线路遗产的价值评估研究

在文化线路遗产价值评估研究方面，学者们主要运用定性评估和定量评估两种思路。

在定性评估方面，陈同滨[34]（2009）在《文化线路宪章》的基础上，将文化线路与其他类型文化遗产在价值构成上所具有的独特性质明确为整体特性、动态特性、环境特性、多层次特性、多品类特性等。杨珂珂[35]（2009）以《国际古迹遗址理事会文化线路宪章》提出的文化线路的五点认定要素，即"关联背景""内容""跨文化的整体意义""动态性"和"背景环境"为依据，对已列入世界遗产名录的 6 处文化线路案例的价值特性进行较为系统的分析。与实际案例的结合方面，阮仪三、丁援[16]对京杭大运河的文化线路属性进行了探究，并以此为基础建立了价值评估框架。周剑虹[36]从文化线路的时间性、空间性以及功能性三个方面对丝绸之路文化线路遗产价值进行了认定。

在定量评估方面，丁援[37]（2009）提出了以文化意象所导致的情感价值（心理因素、文化认同）为一级标准，社会价值和生态价值为二级标准，美学价值、科技价值和历史价值为三级标准的文化线路遗产价值评估模式。此外，还有王景钊[38]（2015）、李博[39]等运用层次分析法、德尔菲法构建由若干级指标构成的文化线路遗产价值评价体系，从而对文化线路遗产的价值进行定性评估。

3. 文化线路遗产的保护管理研究

文化线路遗产往往首尾相连千百里，其保护管理需要多部门的协作，进行资源整合。当前中国文化线路遗产的保护与管理也存在一些问题。如单霁翔[22]（2009）指出，当前我国文化线路保护和管理存在资源家底不清、缺乏有效的法律依据和支持，保护管理、综合整治、合理利用等方面缺少总体保护规划等问题，同时气候变化、城市化快速发展、基础设施建设等都给文化线路遗产的保护带来了很大挑战，而国家层面有缺乏行之有效的保护协调机制。

在保护策略方面，学者们普遍认同针对文化线路遗产的保护管理工作应以系统全面的调查为基础和前提。吕舟[5]（2006）认为，文化线路有效管理的关键在于建立一个跨区域、跨部门、高效的遗产保护体系。单霁翔[22]（2009）从遗产调查、保护规划、法律法规以及阐释方法4个方面对我国的文化线路遗产保护提出了措施建议。陈同滨[34]（2009）、侯卫东、朱光亚[40]（2009）等从编制保护规划框架、依据及体例等方面入手，详细论述了如何编制文化线路遗产的保护规划，并建议应制定专项法规，健全管理机制，实现文化线路遗产的可持续发展。王景慧[41]（2009）认为，保护文化线路遗产要认定保护对象和其价值，应架构包括整体保护、各构成本体保护、展示利用、环境保护、生态保护、沿途工程设施建议、区域城乡规划指导意见、管理等在内的保护规划框架进行架构，并依据现行法律、法规、规范等指定保护控制措施。尚慧婷[42]（2009）从法律的角度对文化线路遗产保护给出了建议，认为应从完善法律、制定行政法规（如《世界文化遗产保护条例》）、完善世界文化遗产监测体系建设、科学发展旅游业的角度等加强对文化线路遗产的保护。邹统轩[43]（2010）主张借鉴欧洲文化线路和美国遗产廊道的保护规划的经验，对中国文化线路资源进行深入调研、鼓励所有利益相关者加入合作、建立完善的技术支撑体系、统一管理机构形成唯一主体、联合保护实现目标。刘蒋[44]（2011）构建了线性文化遗产"三位一体"的保护模式，以文化线路本体为轴，串联起沿线区域内的物质文化遗产，划定保护区域，再将非物质文化遗产融入其中，以促进保护资源的合理分配，以整体带动各类遗产的保护和发展。

此外，杨福泉[45]（2011）、周剑虹[36]、阙维民（2012）[46]、陈韵羽[47]（2014）等针对茶马古道、丝绸之路、京西古道、古蜀道等文化线路的保护管理存在的问题进行了分析，并提出了相应的保护策略。

可见，目前文化线路遗产保护管理的研究主要围绕实施整体性保护战略、编制保护规划、完善相关法律、鼓励多方利益相关者加强合作等内容展开。文化线路的保护策略的研究正逐渐细致，并逐渐关注到文化线路与背景环境的共生。

（二）文化线路的申遗研究与实践

受国家文物局委托，清华大学国家遗产中心于2009年11月起承担了"文化线路申请世界遗产研究"课题[48]，2011年结题。该课题以当时遗产保护领域的热点问题——"文化线路"为研究对象，面向丝绸之路、京杭大运河等文化线路申报和保护的工作，通过对国际已有研究和成功案例的整理，比较分析我国具备申报世界遗产潜力的重要文化线路资源，总结文化线路申报的特点和工作策略，为我国相关工作提供指导建议。该课题研究成果提出，为促成我国文化线路遗产资源成功申报世界遗产，应加强对文化线路资源的基础研究、促进社会对文化线路遗产价值与意义的认知、将文化线路遗产资源的保护工作和申报计划纳入国家战略体系、设立国家级别的文化线路认定和保护管理体系、为国内文化线路申报世界遗产制定申报程序、加强国际交流合作、引导社会参与文化线路遗产的保护管理和利用。

随着丝绸之路、大运河申遗工作的不断推进和2012年"无锡论坛——世界遗产：可持续发展"的召开，有关文化线路申遗的研究逐渐增多。王晶《文化线路申报世界遗产的探讨》[49]（2011）回顾了文化线路遗产理论的发展过程和中国丝绸之路、大运河的申遗工作过程，整理了《世界遗产名录》和《世界遗产预备清单》中的文化线路类型遗产。徐知兰、魏青《文化线路申报世界遗产策略浅析》[50]（2012）在简要回顾"文化线路"保护实践与理论发展的基础上，结合相关研究，就文化线路作为特殊类型申报世界遗产的策略作了简要分析，在遗产认定、价值阐释、比较研究、真实性与完整性阐述、遗产构成的筛选与组合策略等方面提出了具体的建议。陈建华[51]（2014）认为，典型案例成功申报的原因主要体现在合理选取申报的符合标准、恰当阐释文化线路的真实性和完整性、准确界定遗产范围、完善的法律保障体系和管理体系、资金保障充足、引导公众参与六个方面。景峰《丝绸之路文化线路系列跨境申遗研究》[52]（2015）主要记录了国际专业组织对丝路申遗的多次策划活动，并提出了具体跨境申遗策略。

2012年，国家文物局公布了最新的《中国世界文化遗产预备名单》，其中45个项目中有4项为文化线路，文化线路在申遗工作中逐渐受到重视。在此阶段，中国主要完成了丝绸之路和大运河两项文化遗产的申遗工作。丝绸之路和大运河列入《世界遗产名录》，标志着在经历了十余年的概念引入、理论研究的深入和实践探索后，中国已在大尺度、跨国/省境线性遗产使用"文化线路"这一概念进行申遗工作中取得了丰硕的理论和实践成果。两个项目的成功申遗，也促进了中国日后在文化线路遗产领域的深入研究和积极探索。

（三）逐渐开展的文化线路遗产保护实践工作

基于文化线路遗产保护理论研究的深入和申遗工作的推动，文化线路遗产的研究和保护实践工作也逐渐展开。作为对国际文化遗产学界日益重视文化线路保护的趋势的回应，2013年中国第七批全国重点文物保护单位的评估中，也将"内涵丰富的文化线路和文化景观"列为应予以重视的文化遗产类型。此外，除早先已开始的丝绸之路、大运河申遗工作外，对《中国的世界文化遗产预备名录》中已有的海上丝绸之路、蜀道[53][54][55]等文化线路遗产的研究及保护工作也已取得丰硕成果。万里茶道、茶马古道等文化线路也在地方政府和学者的推动下积极探讨研究及申遗问题。

四、文化线路遗产保护共识形成与实践蓬勃发展阶段（2015年至今）

丝绸之路和大运河申遗成功极大促进了政府和学术机构对文化线路这一遗产类型的积极探索。2015年3月28日，国家发展改革委、外交部、商务部联合发布了《推动共建丝绸之路经济带和21世纪海上丝绸之路的愿景与行动》，促使大型、跨区域的文化线路遗产研究、保护和管理工作开始成为推动文化间交流的重要媒介和平台。

在这一背景下，中国在文化线路遗产保护的实践上取得了丰硕的成果。

（一）理论共识的形成

2015年，修订版《中国文物古迹保护准则》将文化线路与文化景观、遗产运河等一并纳入保护对象范围，这是继2013年第七批国家重点文物保护单位保护对象拓展后，中国文物保护体系又一次对文化线路这一遗产类型予以关注。2018年，第七届ICOMOS-Wuhan无界论坛"人文，人居，新时代——文化线路在城乡可持续发展中的角色"[56]在武汉召开。本次论坛的讨论重点是"文化线路"理论的活化利用，回顾近年来有关"文化线路"的理论研究与实践应用，畅谈"文化线路"在城乡可持续发展中的角色问题，力求使"文化线路"理论在改善人居环境方面发挥更大作用。2019年第八批全国重点文物保护单位的遴选标准亦在2013年的标准基础上继续强调，应关注符合"作为多元文化接触、碰撞、融合的产物，能够反映在一定时空范围内人群之间不同形式的重要交流或影响"标准的申报对象。

（二）保护实践的蓬勃发展

随着文化线路遗产保护思想研究的深入，文化线路遗产的保护实践也开始蓬勃发展。

在研究对象上，除已有丰硕研究成果的丝绸之路、大运河、蜀道、茶马古道[57]外，万里茶道、南粤古驿道、川盐古道[58]、梅关古道、滇越铁路、长征路线[59]等文化线路遗产也开始为人所关注。此外，国家文物局已正式确定由泉州牵头，联合广州、宁波、南京等城市，推进中国"海上丝绸之路"的申遗工作。2019年5月，由国家文物局、中国文化遗产研究院等单位举办的"2019海上丝绸之路保护和联合申报世界文化遗产城市联盟联席会议"通过了《海上丝绸之路保护和联合申报世界文化遗产三年行动计划（2019—2021）》，中国海上丝绸之路的申遗工作正在逐步展开中。

可以预见，文化线路遗产的保护和申遗工作在未来将会成为文化遗产工作实践的热点主题。

五、结语

本文对2005年至今中国文化线路遗产保护思想和实践的发展历程进行了整理。虽然文化线路遗产的概念引入中国较晚，但自2005年至今，中国文化线路遗产保护思想的发展较快，已经初步形成了比较全面的理论，并且有了较丰富的实践经验。文化线路遗产概念的引入和研究，体现了中国文物保护工作中由重视静态，重视单体、单学科研究，向重视活态，重视整体、多学科联合研究的转变趋势。

不可否认，文化线路在中国仍然是一个发展中的概念，目前中国文化线路遗产的保护理论研究还不够成熟。虽然围绕文化线路遗产展开的实践工作已经非常丰富，丝绸之路、大运河已经列入《世界遗产名录》，海上丝绸之路、蜀道、茶马古道、万里茶道等文化线路遗产的申遗工作也正在或即将展开，但是文化线路遗产的理论研究还相对薄弱。如何发动文化线路遗产的各个利益相关方参与遗产保护工作，如何从国家层面建立保护协作平台；新时期如何促使文化线路遗产为沿线带来经济效益，如何平衡文化线路遗产保护与开发之间的矛盾等多方面问题，都缺乏深入的讨论。在保护管理层面，虽然 2015 年《中国文物古迹保护准则》已经将文化线路单独列为保护对象，但是 2017 年修正《中华人民共和国文物保护法》和 2019 年第八批全国重点文物保护单位遴选时，仍未将文化线路作为一个单独的遗产类型进行考量。相信未来文化线路遗产的保护思想研究和实践工作在中国会有更大突破。

参考文献

[1] 中国文物界泰斗罗哲文畅谈京杭大运河 [EB/OL]．新浪采访．[2006-10] http://auto.sina.com.cn/news/2006-10-12/0901221082.shtml.

[2] 罗哲文．中国大运河的保护与审议 [C]// 国家图书馆古籍馆讲座．2011-01-29.

[3] 李伟，俞孔坚．世界文化遗产保护的新动向——文化线路 [J]．城市问题，2005(4).

[4] 吕舟．文化线路：世界遗产的新类型 [J]．中华遗产，2006(1).

[5] 吕舟．文化线路构建文化遗产保护网络 [J]．中国文物科学研究，2006(1).

[6] 姚雅欣，李小青．"文化线路"的多维度内涵 [J]．文物世界，2006(1).

[7] 刘小方．文化线路辨析 [J]．桂林旅游高等专科学校学报，2006，17(5).

[8] 刘小方．文化线路研究的新进展 [J]．桂林旅游高等专科学校学报，2007，18(6).

[9] 李林．"文化线路"对我国文化遗产保护的启示 [J]．江西社会科学，2008(4).

[10] 孙华．2006 年度中国十大遗产新闻评选揭晓——"文化线路"成为年度关键词 [J]．中华遗产，2007(1).

[11] 丁援．文化线路理论研究 [D]．上海：同济大学，2009.

[12] 丁援．无形文化线路理论研究——以历史文化名城武汉考评为例 [D]．武汉：华中科技大学，2007.

[13] 丁援，李保峰．武汉近代遗产"无形文化线路"理论研究 (英文)[C]// 同济大学，中国建筑学会建筑史学分会．全球视野下的中国建筑遗产——第四届中国建筑史学国际研讨会论文集（《营造》第四辑）．2007.

[14] 丁援．武汉近代建筑遗产"无形文化线路"理论研究 [C]// 中国建筑学会．2008 年中国近代建筑史国际研讨会论文集．2008.

[15] 阮仪三．我们应当怎样保护京杭运河 [J]．地理教学，2007(10).

[16] 阮仪三，丁援．价值评估、文化线路和大运河保护 [J]．中国名城，2008(01).

[17] 顾风，孟瑶，谢青桐．中国大运河与欧美运河遗产的比较研究 [J]．中国名城，2008(02).

[18] 汪芳，廉华．线型旅游空间研究——以京杭大运河为例 [J]．华中建筑，2007，25(8).

[19] 朱隽，钱川．试论大运河的保护原则和措施 [J]．东莞理工学院学报，2007，14(6).

[20] 关于文化线路遗产保护的无锡倡议 [C]// 国家文物局，无锡市文化遗产局．中国文化遗产保护无锡论坛——文化线路遗产的科学保护论文集．2009．

[21] 国家文物局文物保护与考古司，无锡市文化遗产局．中国文化遗产保护无锡论坛：文化线路遗产的科学保护论文集 [M]．北京：凤凰出版社，2010．

[22] 单霁翔．关注新型文化遗产——文化线路遗产的保护 [J]．中国文物科学研究，2009(3)．

[23] 国际古迹遗址理事会文化线路科学委员会 (CIIC)．国际古迹遗址理事会 (ICOMOS) 文化线路宪章 [J]．中国名城，2009(5)．

[24] 王建波，阮仪三．作为遗产类型的文化线路——《文化线路宪章》解读 [J]．城市规划学刊，2009(4)．

[25] 郭璇，杨浩祥．文化线路的概念比较——UNESCO WHC、ICOMOS、EICR 相关理念的不同 [J]．西部人居环境学刊，2015(2)．

[26] 阮仪三，丁援．价值评估、文化线路和大运河保护 [J]．中国名城，2008(1)．

[27] 孙华．"线状遗产""线性遗产""文化线路"关系说 [J]．世界遗产，2015(3)．

[28] 孙华．论线性遗产的不同类型 [J]．遗产与保护研究，2016，1(1)．

[29] 吴建国．以世界文化遗产的视角看南方丝绸之路——兼谈南方丝路申报世界文化线路遗产问题 [J]．中华文化论坛，2008(S2)．

[30] 章剑华．江苏文化线路遗产及其保护 [J]．中国名城，2009(6)．

[31] 王丽萍．文化线路：理论演进、内容体系与研究意义 [J]．人文地理，2011，26(5)．

[32] 单霁翔．走进文化景观遗产的世界 [M]．天津：天津大学出版社，2010．

[33] 孙华．论线性遗产的不同类型 [J]．遗产与保护研究，2016，1(1)．

[34] 陈同滨．文化线路价值特征与相关规划策略探讨——以丝绸之路沙漠路线（中国段）申遗规划为例 [C]// 国家文物局，无锡市文化遗产局．中国文化遗产保护无锡论坛——文化线路遗产的科学保护论文集．2009．

[35] 杨珂珂．文化线路遗产价值评价特性分析 [D]．北京：中国建筑设计研究院，2009．

[36] 周剑虹．文化线路保护管理研究 [D]．兰州：西北大学，2011．

[37] 丁援．作为"无形文化遗产"的文化线路 [C]// 国家文物局，无锡市文化遗产局．中国文化遗产保护无锡论坛——文化线路遗产的科学保护论文集．2009．

[38] 王景钊．文化线路遗产价值评价与空间特征研究 [D]．昆明：云南大学，2015．

[39] 李博，甘恬静，韩诗洁．基于层次分析法的文化线路遗产价值评价研究——以万里茶道资江段为例 [J]．中外建筑，2018(12)．

[40] 侯卫东，朱光亚．中国巨型在用线性文化遗产保护的思考和实践——大运河遗产保护规划编制要求及相关工作介绍 [C]// 国家文物局，无锡市文化遗产局．中国文化遗产保护无锡论坛——文化线路遗产的科学保护论文集．2009．

[41] 王景慧．文化线路的保护规划方法 [J]．中国名城，2009(7)．

[42] 尚慧婷．从法律角度对"文化线路"保护的初步探讨（节录）[C]// 国家文物局，无锡市文化遗产局．中国文化遗产保护无锡论坛——文化线路遗产的科学保护论文集．2009：66-68．

[43] 邹统钎，万志勇，郑春晖．中国线性文化遗产开发与保护模式初探 [J]．世界遗产，2010(4)．

[44] 刘蒋．文化遗产保护的新思路——线性文化遗产的"三位一体"保护模式初探 [J]．东南文化，2011(2)．

[45] 杨福泉．茶马古道研究和文化保护的几个问题 [J]．云南社会科学，2011(4)．

[46] 阙维民，宋天颖．京西古道的遗产价值与保护规划建议 [J]．中国园林，2012，28(3)．

[47] 陈韵羽．古蜀道基于线性文化遗产的"三位一体"保护模式再探——以剑门蜀道为中心 [J]．中华文化论坛，2014(2)．

[48] 孙燕．中国世界文化遗产潜在资源和发展状况——清华大学 - 国家遗产中心近期研究成果 [J]．南方建筑，2011(5)．

[49] 王晶．文化线路申报世界遗产的探讨 [J]．中国文物科学研究，2011(1)．

[50] 徐知兰，魏青．文化线路申报世界遗产策略浅析 [J]．城市建设理论研究（电子版），2012(30)．

[51] 陈建华．中国文化线路申报世界遗产策略研究 [D]．长沙：湖南师范大学，2014．

[52] 景峰著．丝绸之路文化线路系列跨境申遗研究 [M]．北京：科学出版社，2015．

[53] 林向．蜀道文化线路的保护与申遗中的几个问题：地方文化研究辑刊 (第 5 辑)[M]．成都：巴蜀书社，2012．

[54] 唐飞．蜀道的世界文化遗产价值 [J]．四川画报，2016(5)．

[55] 唐飞．蜀道遗产的研究与保护刍议 [J]．遗产与保护研究，2017，2(2)．

[56] 马志亮，许颖，丁援．从保护到认同与实践：《ICOMOS 文化线路宪章》十年的回顾与实践——来自第七届 ICOMOS-Wuhan 无界论坛的观察与评述 [J]．中国名城，2019，209(2)．

[57] 许凡．茶马古道作为文化线路的特征浅析 [J]．中国文物科学研究，2011(2)．

[58] 杨雪松，赵逵．"川盐古道"文化线路的特征解析 [J]．华中建筑，2008，26(10)．

[59] 杜凡丁，杨戈，张依玫．长征文化线路保护策略初探 [J]．北京规划建设，2018(5)．

文化线路视野下的米仓道（巴中段）遗产认知框架分析[①]

徐 桐[②]

【摘要】在国内文物保护体系下，古道等遗产线路类的文物保护工作尚未能完全对接国际文化线路的保护理念，面临国内文物保护体系和国际保护视野间无法衔接的困境。本文以国际文化线路“物质线路”和“衍生要素”的分析视野，将具有申遗背景同时需要对接文物保护工作的米仓道（巴中段）作为对象，通过梳理其时空范畴和价值认知，分别辨析作为国内文物保护体系的交通遗产构成框架，以及对接申遗工作的文化线路衍生遗产要素。基于此，遗产线路衔接国内文物保护体系和“文化线路”申遗保护要求的工作框架得以厘清，可为国内面临类似研究需求的文化线路类遗产提供借鉴。

【关键词】遗产保护；文化线路；遗产认知框架；米仓道

在2014年6月卡塔尔多哈第38届世界遗产大会上，中哈吉三国联合申报的“丝绸之路：长安—天山廊道的路网”、中国“大运河”成功列入《世界遗产名录》。这标志着在经历了十余年的概念普及、专题研究和保护实践等探索后，大尺度线性遗产使用“文化线路”进行申遗的工作，在中国已经产生了丰硕成果；同时也促进了国家文物局、国内各省市文物保护单位在这一遗产主题上的积极研究和探索，提升了诸如“中国海上丝绸之路”“蜀道”“茶马古道”“南粤古道”“滇缅公路”等具体遗产线路的申遗和保护研究工作。

然而，在《中华人民共和国文物保护法》（以下简称《文物保护法》）保护体系下，不可移动文物保护的理念与实践长期受“古文化遗址、古墓葬、古建筑、石窟寺、石刻、壁画、近代现代重要史迹和代表性建筑等”[③]的分类所制约，文化线路不属于上述中国文物保护体系下的分类。因此，虽然文化线路遗产概念已通过丝绸之路的申遗成功获得了普及，但中国文物保护法制体系下，尚没有线性遗产被明确归为文化线路；此外，“文化线路”的保护强调其遗产构成所见证文化交流的整体性，而我国现行文物保护法制体系则强调实际管理的可行性，大多采取一处文物单位设置一个保护管理机构的“一点一保”管理模式；在个别案例中，一条古道甚至会因处于不同行政辖区内，而被公布为多个文物保护单位，各文物保护单位都需划归《文物保护法》规定的上述不同类型，实践中也难以实现将构成共同“丝绸之路”世界遗产的墓葬、古道、石窟、城镇等不同类型的文物作为一处文化线路遗产进行统一保护管理。换句话说，我国遗产线路的保护与管理面临国际保护理念中的

① 本文发表于《风景园林》2019年第11期。

② 徐桐，北京林业大学讲师。

③ 参见《文物保护法》第3条。

"文化线路"与当前国内"文物保护体系"的管理和保护实践进行衔接的问题。

现今已有的相关研究，或偏重于以文化线路视角分析遗产线路的构成，或单纯以文物保护单位保护的视角与实践对线路遗产构成进行分析，尚缺乏对两者间区别与联系进行有效衔接，并提出可供借鉴的研究方法与遗产认知框架的探索。本文试以米仓道（巴中段）为例，通过对米仓道（巴中段）遗产时空范畴的梳理、明确遗产价值认知，明晰其文化线路的基本特征及承载相应遗产价值的物质载体；同时以文化线路申遗工作实践中对于遗产构成"既应当有物质的线路，也需要有证明了文化交叉融合的衍生遗产作为见证"为分析视野，对米仓道（巴中段）遗产价值承载要素构成进行分析。通过上述研究，本文希冀为将作为功能支撑的交通体系遗产纳入国内《文物保护法》保护体系进行保护管理工作，同时将因文化线路的人员、贸易、文化交流而衍生的遗产作为国际文化线路视野和申遗工作框架进行整体关联保护提供可行建议。

一、文化线路概念及既往研究

在遗产保护实践中，有关"人类迁徙和文明对话"为主题的遗产线路研究早已开展，如对于丝绸之路、奴隶贸易之路和欧洲关于"遗产线路"保护进行的研究等。1993 年，"圣地亚哥·康波斯特拉朝圣线路"的西班牙部分以文化交流的主题列入世界遗产。以此为契机，1994 年，在马德里召开的"将线路作为文化遗产的一部分"专家会议正式提出"遗产线路"概念，其中核心观点在于阐明文化线路"强调国家间或地区间交流和对话"，"遗产线路的文化意义源于其整体性，因此其整体价值大于其组成要素的总和"[1]，这标志着文化线路作为文化遗产的特定类型开始被国际文化遗产领域广泛接受。

在学术研究领域，"文化线路"的概念阐释和保护策略以团体研究形式展开，世界遗产中心（WHC）、国际古迹遗址理事会（ICOMOS）等机构和及其团队，是其中推动相关研究的核心力量。2001 年，国际古迹遗址理事会下设的文化线路科学委员会（CIIC）进一步对文化线路的内涵予以阐释，在其委员会会议《专家报告》（以下简称《2001CIIC 专家报告》）中提出："文化路线必须是两点之间的实际路线（即物质路线和具体路线），这种路线已经在很长的历史时期内使用。这条路线还必须导致文化的交叉融合……并且已经产生了明显的有形和无形的可以作为见证的遗产。"[2]2008 年，国际古迹遗址理事会（ICOMOS）通过了《文化线路宪章》（以下简称《宪章》），《宪章》指出："文化线路概念揭示了人类迁徙和交流这一特定现象的遗产内容，这种迁徙和交流是通过促进其流动的交通线路发展起来的，并且被使用或故意用于具体和特殊的目的。"[3]

通过上述《2001CIIC 专家报告》和《宪章》，国际文化遗产保护界基本厘清了文化线路作为文化遗产的特定类型及其概念框架：文化线路需以实际存在（或历史上实际存在过）的有较长历史跨度和空间跨度的交通线路为依托，这种线路包括陆地、海洋、河流、湖泊、混合或其他类型的路线；文化线路产生和发展以宗教、商业、政治或者其他特定目的作为多元的动力[4]86-92；文化线路应当促进"不同民族、国家、区域或大陆之间，在相当长的时期内的贸易、思想、知识和价值观念上的多维度、持续和相互的交流"[3]，且这种交流成果应当能够通过文化线路沿途遗存的物质和非物质遗产予以充分证明。这一明晰的研究框架拓展并规范了国际范围内文化线路申遗工作中对于遗产构成的分析思路：文化线路既应当有物质的线路载体，同时也需要有证明文化交融的衍生遗产。

2005 年《实施世界遗产公约操作指南》修订，将文化线路作为特殊遗产类型，并列明其保护与申报特殊要求，从而在世界遗产申报的法定规则和程序层面认可了"遗产线路"成为特定的世界文化遗产类型。在此之后，各国专家多将上述一系列国际遗产保护领域的宪章、报告等提出的保护理念、原则、措施和要求应用于其国内线性遗产的研究和保护中，如对非洲与美洲两大陆间"奴隶贸易之路"的文化线路属性的研究[5]、对印加之路遗产梳理[6]102-110、对西班牙圣地亚哥遗产线路的保护与管理[7]以及丝绸之路的主题研究[8]等。通过上述在国际范围内开展的一系列研究和保护实践，文化线路遗产类型的认知得到深化，文化线路遗产研究的基本框架得到确立，有关遗产对象认定、保护框架搭建等较为成熟的方法和流程也得到了快速发展。

与国际文化线路研究与保护快速发展相比较，中国有关文化线路的研究稍晚。2005年以后，随着国际古迹遗址理事会专家对作为文化线路遗产类型的实例——"丝绸之路"进行了主题研究，"文化线路"逐渐成为国内城市、景观和遗产保护研究的热门领域，建筑、规划、风景园林及考古等相关领域学者发表了大量论文，对前述文化线路相关的《宪章》和《2001CIIC专家报告》进行阐释，并解析国外成熟文化线路保护的实践。这些学者的研究对国际上文化线路遗产保护相关理论、概念以及申遗成功的案例进行了介绍、分析和阐释，推动了中国"丝绸之路"和"大运河"的申遗进程。然而，有关中国文物保护体系与"文化线路"作为一种新的文物类型，应如何进行衔接、如何在当前我国文物保护和管理体制下搭建有效的文化线路保护工作框架等问题，尚未受到国内学界的足够关注。

二、米仓道（巴中段）文化线路遗产的空间范畴与价值认知

蜀道连接关中盆地与成都平原，穿越秦岭、巴山，分布于川陕之间，是历史上因两大文化区域的人员、物资、文化交流融合而形成的相对固定的道路体系，绵亘数千年。2015 年 1 月，联合国教科文组织世界遗产中心更新"中国世界文化遗产预备名单"时，将 2012 年列入该清单的蜀道项目名称变更为"古蜀道：金牛道（四川省广元市、巴中市、绵阳市、德阳市、南充市、达州市）"，主体位于巴中市的"米仓道"成为蜀道申遗的重要组成部分。

按空间划分，蜀道以汉中盆地为中转站划分为南、北两段。北段以西安、宝鸡等地为起点，穿越秦岭抵汉水谷地的汉中，自西向东 4 条线路，分别为故道、褒斜道、傥骆道、子午道；南段从汉中开始，向南穿越大巴山、米仓山，最终到达四川盆地的成都、重庆等地，有 3 条线路：西为金牛道、中为米仓道、东为荔枝道[9]12-13。米仓道是秦蜀（巴）"北四南三"道路体系中南半部分的主体，且米仓道翻越米仓山的精华部分几乎全部位于现巴中境内，是为米仓道（巴中段）。

米仓道因翻越大巴山脉的米仓山而得名。历史上又有大竹路、巴岭路、大巴路、小巴路之称，其始于先秦、兴于汉魏、盛于唐宋而衰于明清。米仓道的萌芽和初期发展与巴文化的形成发展有密切关系，是古代巴人建立古巴国、联系巴汉两地的产物。汉末，米仓道

进入兴盛发展阶段，其政治、军事、文化及移民等交通效能显著；魏晋南北朝时期，北来移民大量涌入，极大丰富了巴中地域内城镇及道路体系发展，米仓道网状结构雏形出现。唐宋时期，米仓道进入繁盛阶段。唐以前，从北方入蜀之主要道路是经广元之金牛道。从初唐开始，荔枝道、米仓道渐渐兴起，尤其是在安史之乱后，荔枝道渐衰，米仓道的交通地位则大大提升，作为官道，唐宋时期米仓道沿途设有驿站。元明清时期，米仓道道路性质由官道逐步转化为官民并用和民间行旅通商道路，这一由官道向民间通道的转化过程，至清代基本完成。米仓道（巴中段）为蜀道在巴中市境内段落的简称，在蜀道体系中为米仓道的主体部分[9]487-524。

（一）米仓道（巴中段）的空间范畴

主要连接陕南和四川盆地的古蜀道体系以南北向为主路，同时存在主道间的横向联系。米仓道（巴中段）的道路体系也是由多线构成的南北向交通网络，充分反映了上述古蜀道的整体特征。米仓道（巴中段）由"米仓道"（巴中本地将"汉中—南江—巴中道"称为米仓道，是为狭义上的"米仓道"）、汉壁道、洋壁道三条道路线，其中文化交流及商贸物资交流主线发生在米仓道（狭义）、汉壁道，而洋壁道则基本上为兵旅之道。汉壁道、洋壁道交接于现通江县城，再向南同米仓道（狭义）交于平昌县城。上述南北主线之间存在横向道路联系，共同组成米仓道（巴中段）的网状结构。

（二）米仓道（巴中段）的价值认知

在《文物保护法》确定的文物"历史、艺术和科学价值"的价值体系，以及《中国文物古迹保护准则》有关遗产价值认知的分析框架内，作为遗址类的米仓道（巴中段），其文物价值首先应偏重于其作为交通线路连接区域及更广域地理空间单元的历史信息见证；其次是其工程技术等科学信息的承载，此部分价值的物质载体为米仓道（巴中段）交通体系相关遗存。而以文化线路视野分析，米仓道（巴中段）见证的跨区域文化交流是其核心价值，这一价值的载体为巴中石窟群、古镇、关隘、村落等古道沿线文化遗产要素。

在川陕及更广域宏观空间尺度上，米仓道（巴中段）是"蜀道"体系的主体部分，由其南北主线构成的廊道作为川陕间文化、物资、人员交流的重要通道，促进了四川盆地早期通过汉中同中原文化中心核心区的沟通交流；米仓道（巴中段）见证了四川盆地通过汉中同中国秦汉至隋唐期间中国政治文化中心"西安"（即咸阳、长安）沟通交流的网络体系，是中华民族紧密联系的重要实物证明；米仓道（巴中段）同时也是秦汉、隋唐时期中原地区与南亚文化、物资交流的南方丝绸之路体系的重要组成部分，见证了古代中华文明同南亚在陆路上的物资与文化交流。

在巴中地区中微观尺度上，米仓道（巴中段）网络状的道路体系见证了巴中地区早期文明节点，承担了巴中地区内部交流的通道作用；米仓道（巴中段）丰富的栈道、碥道、桥梁、皇柏林，以及码头、河槽等物质遗存见证了中国古代山区道路与水运交通设施建造技术；以米仓道（巴中段）为纲，能够有序串联巴中石窟群、古镇、关隘、村落、战场、墓葬、民俗文化等文化资源，能够形成巴中丰富的遗存体系的全域历史文化资源的整体展示效果。

三、沿米仓道（巴中段）的文化交流及其历史遗存

米仓道（巴中段）构成的文化廊道依托交通线路本体存在，丰富的石板（梯）路、栈道、碥道、桥梁、皇柏林，以及码头、河槽等物质遗存见证了巴汉间文化、物资、人员交流的重要通道，承担了巴中地区内部交流的通道作用，促进了四川盆地早期通过汉中同西安、洛阳等中原文化中心核心区的沟通交流；同时也在网络状古道体系的道路沿线产生大量依托米仓道（巴中段）进行文化交流产生的基本衍生遗产要素，如上述石窟摩崖造像，以及城镇、村落、墓葬等。

表1　米仓道（巴中段）交通体系遗存构成

遗产大类区分	遗产中类区分		遗产小类区分
交通遗产	交通工程设施	道路路面	石板（梯）路
		普通道路类型	石板（梯）路与土路间隔出现（环境保持原始风貌）
			栈道孔
			碥道
		特殊路段类型	土路（环境保持原始风貌）
		陆路交通设施	挡马墙
		道路构造设施	防滑磴
			拴马林
			哨凳
			歇气台
			道路两侧排水设施
		古桥	古桥、古桥遗址、桥桩孔
	水路设施	码头/码头遗址、栓船孔/栓船桩	
		水路构造设施	河槽
	植树表道	皇柏林	
	相关机构	管理及服务设施	
		管理设施	关隘
			税场
		服务设施	店铺/店铺遗址
			驿站
	相关题刻/碑刻	题刻/碑刻	修路记事
			咏叹
			指路

（一）米仓道（巴中段）交通体系相关遗存

道路修筑及管理使用过程中留存了大量文化遗存，根据古道的交通功能及工程特征，米仓道（巴中段）的交通体系相关遗存可以分为交通工程设施、管理及服务设施和道路修筑及管理相关题刻三大类，其中交通工程设施又可细分为道路本体，按类型分为石梯路、石板路，栈道、碥路等；陆路交通设施，包括道路构造设施，挡马墙、防滑磉、拴马林、哨凳、歇气台、道路两侧排水设施和古桥等；水路交通设施，包括码头、码头遗址、栓船孔，水路构造设施（河槽）等。现留存历史道路合计 269 千米，沿线桥梁中具有重要文物价值的古桥 36 座，其中列为省级文物保护单位 2 座，市县级文物保护单位 2 座，其他仅为保护点或未定级文物。"蜀道—巴中段"码头分布于南江河、恩阳河、巴河沿线；特别是巴河沿线，分布码头更为密集，现留存古码头遗址 6 座。现存关隘遗址包括南江县 3 座、恩阳区 1 座，以及大量修路题刻等，这些遗存大多单独成为文物保护单位，尚未成体系进行综合保护。

上述遗产体系中，保存较为完整、价值较高的段落包括南江县巴峪关、韩溪河桥桩孔、栈道孔遗址、琉璃关桥桩孔及修路题刻、黄柏林及唐代题刻、石板河古桥、修路、修桥题刻及古道路；通江县阎王碥栈道、广纳坝河槽、渡水溪古道、碑坡古道、龙门溪古道、红花溪古道；巴州区灵应山古道、通官古道、曾口古码头；平昌县汉中古道及碑刻、长安古道及题刻、黄梅溪古码头；恩阳区恩阳古镇古码头及古道路、深渡溪古桥及古道路、佛图关碑刻等。

图1　米仓道（巴中段）沿线石板路、碥道、河槽等道路工程类型

（二）作为文化线路的基本衍生遗产要素

作为大蜀道体系下的组成部分，米仓道沟通巴汉地区，其产生及发展的动力是多元的，包括政治、军事、文化及移民等功能。其中文化交流的成果尤为突出。

米仓道（巴中段）沿线丰富的石窟、题刻、墓葬、古镇、关隘及题刻等见证了其作为蜀道主体部分，与其他"北四南三"的道路体系共同构成的南北文化廊道。此廊道成为川陕间文化、物资、人员交流的重要途径，促进了早期四川盆地通过汉中同西安、洛阳等中原文化中心的沟通交流的历史发展。

表2 米仓道（巴中段）作为文化线路的基本衍生遗产要素构成

遗产大类区分	遗产中类区分	遗产小类区分
交流遗产	文化	石窟
		碑刻／题记
		古遗址
		古建筑
	商贸	—
	人员	聚落（城镇／村落）
		墓葬
	军事	—
生态与景观环境	—	—
相关非物质文化遗产	—	—

以巴中石窟为例，从初唐开始，巴州就成为入蜀官宦文人停留或寓居之地，尤其是安史之乱至唐末，唐玄宗、德宗、僖宗先后奔蜀（德宗停留在中途汉中）。伴随唐皇南迁，官宦士绅及文人也随之纷纷涌入巴蜀地区，其中米仓道是重要的交通线路，这在相当程度上促进了其时巴中一带经济、文化的繁荣。其兴盛伴随着佛教文化的传播，特别是许多龛像开凿于与米仓道相连的古道旁，如巴州城周边的南龛、北龛、西龛，水宁镇的水宁寺，化城镇的石门寺，兴文镇的沙溪和三江乡的龙门村等，直接证明了米仓道作为文化廊道的作用。

图2 巴中南龛唐代摩崖造像

此外，在蜀道"北四南三"体系中，米仓道（巴中段）具有线路漫长、体量庞大、内容广泛、串联点多的鲜明特征，从汉代的汉昌县（今巴中）到南北朝的十几个安置北方移民或流民的州郡县，交通与政治中心城镇几乎是同步发展的。这些州、郡、县尤其是治所承担着交通控制支撑点，兼交通中继站的功能，州县的布点在一定程度上决定了米仓道是由主线和若干支线、延长线等陆路和巴江等水路串联起来的多线复合的南北向交通网络，网络结构联系着巴中境内城镇、驿站、聚落，丰富多元的城镇遗产构成是区域人员、物资、文化交流的物质见证。米仓道（巴中段）水陆交汇码头多发展成重要集镇，部分留存的古镇，如恩阳古镇、白衣古镇等，空间布局精巧优美，是川东水陆交汇码头传统村镇的代表。

米仓道（巴中段）古道的艰险与自然景观的峻秀相结合，自古以来大量诗歌咏叹古道沿线风光秀奇，使其成为一条集文化与自然景观于一体的艺术走廊，具有极高的景观价值。南江皇柏林等路段高大的古树，年代久远，不少枝干粗壮，荫翳蔽日，成为古道上重要的人文景观。

图3 米仓道（巴中段）关坝段自然景观

四、结论与讨论

综上所述，米仓道（巴中段）的遗产认知框架应基于对其文化线路时空范畴的梳理和遗产价值认知，用以认定承载其价值的"物质线路"和"衍生要素"，并分别对应于国内文物保护体系和国际文化线路视野。

米仓道（巴中段）作为"蜀道"体系的主体部分，微观上承担了巴中地区内部交流的通道作用，中观上是川陕间文化、物资、人员交流的重要廊道之一，宏观上也是古代中华文明同南亚在陆路上的物资与文化交流的南方丝绸之路的重要组成部分。这些不同空间尺度的文化交流决定了米仓道（巴中段）符合文化线路遗产的基本特征。

作为文化线路类型遗产，米仓道（巴中段）的遗产构成包括作为交通线路功能的基本遗产要素，由丰富的石板（梯）路、栈道、碥道、桥梁、皇柏林，以及码头、河槽等物质遗存构成；这部分遗产要素应当单独作为一处文物保护单位。现今，米仓道（巴中段）平昌汉中古道（汉至民国）、平昌长安古道（汉至民国）、南江米仓古道（秦至民国）三段于 2012 年 7 月 16 日公布为四川省第八批省级文物保护单位，其余交通体系相关遗存大多为未定级不可移动文物，需要进行未来保护级别认定，而大部分尚未完成资源调查，尚未列为保护对象。因此，这部分遗产要素亟须按照现有中国文物保护体系要求，扩展至四川省文物保护单位名录，并将前述价值较高的段落作为对象开展"全国重点文物保护单位"申报工作。同时，在国内文物保护体系下，全面普查米仓道（巴中段）文物遗存，系统掌握文物遗存状况，通过厘清米仓道（巴中段）历史演变脉络和历史定位，真实完整地保护米仓道（巴中段）文物遗存及其所蕴含的文物价值，评估米仓道（巴中段）保存现状和危害因素，搭建动态开放的保护管理框架，确定文物本体保护专项工程方向，清除文本安全隐患，加强对文物赋存文化环境及自然环境的整体保护。

此外，在文化线路视野和申遗工作框架下，依托米仓道（巴中段）进行人员、物资和文化交流在沿线产生的大量衍生遗产要素，如石窟摩崖造像，以及城镇、村落、墓葬等，能够承载前述米仓道（巴中段）文化交流见证价值的，应当纳入申遗范畴，并借鉴丝绸之路等已经申报世界遗产成功的文化线路保护管理工作框架，建立统一的保护协调机制与平台，保证其作为文物保护单位单体，与作为米仓道（巴中段）文化线路遗产构成两部分价值的共同有效保护与展示。

参考文献

[1] 联合国教科文组织．"将线路作为文化遗产的一部分"的专家会议报告 [C/OL]．马德里：联合国教科文组织，1994.http://whc.unesco.org/archive/1994/whc-94-conf003-inf13e.pdf.

[2] 国际古迹遗址理事会文化线路科学委员会（CIIC）．专家会议报告 [C/OL]. International Congress of the ICOMOS CIIC, Pamplona, Navarra, Spain. June, 2001, http://www.univeur.org/cuebc/downloads/PDF%20carte/56.%20Pamplona.PDF.

[3] 国际古迹遗址理事会．文化线路宪章 [EB/OL].Prepared by the International Scientific Committee on Cultural Routes (CIIC) of ICOMOS, Ratified by the 16th General Assembly of ICOMOS, Québec (Canada), on 4 October 2008 https://www.icomos.org/images/DOCUMENTS/Charters/culturalroutes_e.pdf，2005.

[4] 王建波，阮仪三．作为遗产类型的文化线路：《文化线路宪章》解读 [J]．城市规划学刊，2009(4)．

[5] Christian N. The Slave Route: Places of Memory, a Heritage of Humanity [J/OL]. Africa Newsletter, 2004, 10(4): 12 [2004-12-10]. http://www.bcin.ca/bcin/detail.app?id=417467.

[6] Espinosa R M. The Great Inca Route: a Living Experience[J]. Museum International, 2004,56(3).

[7] Martorell Carreño A. The Route of Santiago in Spain (Camino Frances) as WHS: Its Conservation and Management[C/OL]. Proceedings of the ICOMOS 15th General Assembly 2005, and Scientific Symposium. Volume 2, Xi'an, World Publishing Corporation. http://openarchive.icomos.org/450/1/4-33.pdf.

[8] Tim W. The Silk Roads: An ICOMOS Thematic Study[M]. Paris: Charenton-le-Pont, 2014.

[9] 刘庆柱，王子今，李久昌．中国蜀道：第一卷 交通线路 [M]．西安：三秦出版社，2017．

[10] 严耕望．唐代交通图考：第四卷 山剑滇黔区 [M]．上海：上海古籍出版社，2017．

中国城市历史景观研究10年综述①

——缅怀吴瑞梵先生

刘祎绯②

【摘要】 "城市历史景观"(Historic Urban Landscape)自2005年首次提出。本文梳理了该理论不断建构和发展的过程性基础文献——联合国教科文组织先后发布的3份文件,指出"景观"始终是城市历史景观理念阐发所关注的核心,是遗产保护对接城市发展的重要桥梁;并以其为节点,将中国相关文献研究划分为3个阶段,分别是早期以介绍和溯源为主的阶段、中期的多元化丰富化阶段,以及近期的实践性和建构性阶段;最后归纳城市历史景观理论在遗产保护领域引入景观语言的重要意义,兼怀在"城市历史景观"的建构与推广中功勋卓著的吴瑞梵先生。

【关键词】风景园林;吴瑞梵;城市历史景观(历史性城市景观);研究综述;中国;景观方法文章

一、沉痛缅怀吴瑞梵先生

2015 年 4 月 28 日,惊闻吴瑞梵 (Ronald van Oers) 先生在代表联合国教科文组织世界遗产中心参加世界遗产地"拉萨布达拉宫历史建筑群"的反应性监测公务活动中,因突发急病抢救无效,仙逝于中国拉萨,年仅 50 岁,不胜唏嘘。

吴瑞梵先生生前是一名建筑师和城市规划师。他拥有工艺设计 (MTD) 和城市规划 (MEng) 两个方向的硕士学位,并以有关荷兰殖民地的城镇规划 (1600—1800) 的学位论文,于荷兰的代尔夫特理工大学取得博士学位。2000—2012 年,他曾在联合国教科文组织世界遗产中心担任各种职务,主要从事项目管理、方案设计和政策制定。从 2003 年起,他负责协调世界遗产城市的项目 (World Heritage Cities Programme),引领国际力量开发新的城市保护政策,也就是 2011 年 11 月被联合国教科文组织采纳的《关于城市历史景观的建议书》的制定和实施。自 2012 年 10 月起,他赴上海担任联合国教科文组织亚太地区世界遗产培训与研究中心 (World Heritage Institute of Training and Research for the Asia and the Pacific Region,WHITRAP) 副主任,同时也被同济大学聘为研究员,相关研究与实践硕果累累。也正是基于其多年来从事历史城市保护工作的思考,吴瑞梵先生不但是颁布《关于城市历史景观的建议书》的关键性初始推动者,更在该理念提出后,于 2012 年 1 月和 2014 年 12 月与弗朗西斯科·班德林先生 (Francesco Bandarin) 合作,先后出版《城市历史景观:城市世纪的遗产管理》[1] 和《重新连接城市:城市历史景观的方法与城市遗产的

---

① 本文已在《中国园林》2016 年第 2 期发表。
② 刘祎绯,北京林业大学园林学院副教授、清华大学建筑学院博士。

未来》[2] 两部重量级学术著作，进一步阐发"城市历史景观"(Historic Urban Landscape，简称"HUL")理念的理论溯源与方法探索①。与此同时，吴瑞梵先生近年来还在亚太地区推动了若干"城市历史景观试点城市"实践的开展②，依托同济大学的平台多次开展"城市历史景观"主题的国际培训及研讨会。吴瑞梵先生堪称"城市历史景观"理念最为核心的创始人与推广人之一，他对于世界、对于亚太地区，尤其对于我国历史城市保护理论与实践的发展功不可没！

当值此理念问世 10 年之际，仅以拙文沉痛缅怀师长与朋友——吴瑞梵先生。

二、"城市历史景观"理念的三份文件与我国相关研究的三个阶段

"城市历史景观"是近年来在文化遗产保护与城市规划领域逐渐兴起的一种新理论，由联合国教科文组织首先提出并推行，是用于指导历史城市解决保护与发展问题的矛盾采用的一种整体性理论。该理论既继承和发展了自 1962 年起的若干文化遗产保护相关国际公约、建议、宪章、宣言③，又融合了城市规划学科中关于城市景观、历史风貌、历史城市管理等多领域研究成果，尤其借鉴了景观的语言方法，形成一套较为完整的集大成的理论。虽然与以往一些常见术语表述相似，如历史景观、城市景观、城市历史文化景观等，研究内容也有所关联、重叠和相互借鉴，但本文中所综述的"城市历史景观"，特指 2005 年以来逐渐形成和发展的一套独立体系。

"城市历史景观"的概念自 2005 年 5 月的《维也纳备忘录》中首次问世[3]，2011 年 11 月《关于城市历史景观的建议书》中，该术语被正式提出[4]；2013 年 6 月的《历史名城焕发新生城市历史景观保护方法详述》[5] 则将其视为一种保护方法，并就此逐渐形成共识。这 3 份文件均由联合国教科文组织发布，既是见证城市历史景观相关工作推进的 3 座里程碑，也是研究其 10 年来理论不断建构和发展的过程性基础文献。

城市历史景观的概念一经提出，持续受到国际范围内学者的关注和讨论[1-2, 6-11]，在我国也同样引起了研究热潮。需要指出的是，HUL 这一术语的翻译目前仍未统一，本文采用 UNESCO 在 2011 年《建议书》官方中译本中所选用的"城市历史景观"译法，但也有相当数量的文献将其译为"历史性城市景观"。纵览城市历史景观的 10 年讨论，我国的相关研究亦可相应划分为 3 个发展阶段。

---

① 笔者曾在 2014 年 12 月与二人的当面交流中了解到，他们的写作思路大致为：第一部著作探讨 HUL 理论，第二部著作分析 HUL 方法，原本还计划出版第三本有关 HUL 实践的著作。

② 诸如印度的瓦拉纳西、澳大利亚的巴拉瑞特、巴基斯坦的拉瓦尔品第，以及中国的杭州、上海、澳门、苏州同里等。

③ 这些公约、建议、宪章、宣言至少包括：联合国教科文组织颁发的 1962 年《关于保护景观和古迹之美及特色的建议书》、1968 年《关于保护公共或私人工程危及的文化财产的建议书》、1972 年《保护世界文化和自然遗产公约》、1972 年《关于在国家一级保护文化和自然遗产的建议书》、1976 年《关于保护历史或传统建筑群及其在现代生活中的作用的建议书》、2005 年《保护和促进文化表现形式多样性公约》，以及国际古迹遗址理事会颁发的 1964 年《国际古迹遗址保护与修复宪章》(《威尼斯宪章》)、1982 年《国际历史花园宪章》(《佛罗伦萨宪章》)、1987 年《保护历史名城和历史城区宪章》(《华盛顿宪章》)、2005 年《西安宣言》等。

（一）第一阶段：2005—2011年

1. 2005年《维也纳备忘录》

2005 年 5 月，在维也纳召开的"世界遗产与当代建筑"国际会议上签署的《维也纳备忘录》中，"城市历史景观"的概念首次问世。

虽然《维也纳备忘录》的关注对象仅为"已经列入或申请列入教科文组织世界遗产名录的历史城市，以及在市区范围内拥有世界遗产古迹遗址的较大城市"，但其关注点则在于当代的发展对这些"具有遗产意义的城市整体景观"可能造成的影响，并重点建议未来应更关注当代建筑在历史环境中的协调问题[3]。从这个意义上说，该会议提出的城市历史景观可被视为一个超越以往各部宪章和保护法律中惯常使用的"历史中心""整体"或"环境"等传统术语的概念，涵盖"更广阔的区域和景观文脉"。其保护和保存对象既包括保护区内的单独古迹，也包括"建筑群及其与历史地貌和地形之间在实体、功能、视觉、材料和联想等方面的重要关联和整体效果"，从理念上为历史城市中的遗产保护打开了一扇窗，将其与城市设计、城市景观、城市规划连接起来[3]。不过，囿于当时的认知，从实践角度，这一时期"城市历史景观"最终仅仅考虑和表述为"任何建筑群、结构、开放空间，与其自然和生态语境所共同组成的整体，也包括考古和古生物遗址"[3]，今天看来难免略显局促，难以落实。

2. 我国第一阶段的研究

虽然 HUL 的理念早在 2005 年即已提出，我国的相关研究则是以联合国教科文组织世界遗产中心亚洲和太平洋处的景峰对《关于城市历史景观的建议书》草案的介绍性引入为开端的。该文章向国内学者介绍了这一新理念的国际学术动向，强调探讨将当代建筑融入历史城市的议题之重要性[12]，启发了随后以同济大学和清华大学的杨菁丛、张松与镇雪峰、龚晨曦为代表的若干研究[13-15]。

城市历史景观概念的最初提出起源于人们对于文化遗产认识的深化，其内涵得到扩展的一个重要体现就是开始认识到人、自然、社会的关系。为适应这种新的认识扩展，采取相应的方式方法对保护和发展城市提出新要求尤为必要。这是在以往的宪章及建议书等国际文件中尚没有得到充分体现的，也是当时希望以城市历史景观的新理念在可持续保护的整体框架中进行讨论的。因此，这一时期的国内研究成果以对国际上城市历史景观理念的理论溯源及其新进展的介绍，以及对国内以往有关历史城市的景观评价、形成演变、保护规划等相近研究的总结为主要内容，并初步建议尝试将其借鉴和应用于我国历史文化名城的保护与管理中。这些研究较为迅速地追踪了国际讨论动态进展，并反映出早期研究对于作为名词的"景观"的关注，尤其集中在对"空间形态""当代建筑""有形元素"等的控制方面的讨论。

（二）第二阶段：2011—2013年

1. 2011年《关于城市历史景观的建议书》

《维也纳备忘录》提出进一步建设城市历史景观理论的建议并得到采纳之后，2006—2010 年，联合国教科文组织开展了以吴瑞梵先生为负责人的世界遗产城市项目，并先后组织召开了 8 次国际专家研讨会，讨论了在历史城市的保护除当代建筑的影响外可能面对的更多新威胁和新挑战。《关于城市历史景观的建议书》（以下简称《建议书》）便是在这些讨论的基础上形成的。

在《建议书》的定义条目中，城市历史景观被定义为"理解为一片作为文化和自然价值及特性的历史性层积结果的城市地区，这也是超越'历史中心'或'建筑群'的概念，包含更广阔的城市文脉和地理环境"[4]。与此同时，《建议书》的开篇也提出"城市历史景观方法作为一种保存遗产和管理历史名城的创新方式具有重要意义"[4]。这是城市历史景观在官方文件中首次与"方法"连接使用。文件指出，"景观方法"(landscape approach)的采纳将有助于城市特征的保持，并列举出这一方法的关键步骤。城市历史景观作为方法的重新提出，比之于前作为"具有遗产意义的城市整体景观"的实体的理解[3]，更兼有了实体性存在与整体性方法的含义，名词性与动词性的景观解读并存的状况，设定了设计城市遗产保护战略并将其纳入整体可持续发展的更为广泛的目标；有关具体方法步骤的提出，也表明了景观理念之下遗产保护愈加广阔和开放的格局。

2. 我国第二阶段的研究

这一时期国内学者的研究仍以清华大学和同济大学学者为主，其他研究机构的学者也纷纷参与讨论[16-24]。此外，在传统的城市与建筑学科学者之外，风景园林学科（林广思与萧蕾）[18]、民族与社会学科（刘凯茜）[23] 等也开始介入有关这一问题的研究。

在总体成果日益丰富的同时，第二阶段的国内研究在概念上却也折射出同样的含混，在概念理解和运用方面已经开始有所分化。比如同样针对历史文化名城，张松倾向于将其作为整体性的方法来谈保护与发展的全面协调，是动词性景观的理解[17]，而张杰则更强调地形、地貌、水文、自然环境以及整体风貌对价值识别的影响，是名词性景观的理解[21]。

除探寻城市历史景观概念与"文化景观"等已有概念的关联性（吴瑞梵）[16]，以及对相关术语的持续解读归纳外，国内学者也开始挖掘和总结城市历史景观理念不同于以往的创新点。比如郑颖和杨昌鸣指出了从"世界遗产"到"城市遗产"、从"历史中心或整体"到"文化和自然价值的历史积淀"、从"静态的城市"到"动态的城市"、从"保护历史景观"到"维护和改善人类生活环境" 4 个转变[19]。孙燕总结出城市历史景观保护方法中潜在的结构性、活态性、发展性、地方性 4 个景观原则[20]。

理论研究和各国经验介绍仍然是第二阶段的重点，将城市历史景观理念应用于实践的探索在这一时期也开始出现，但都相对粗陋。

（三）第三阶段：2013 年至今

1. 2013 年《历史名城焕发新生，城市历史景观保护方法详述》

2013 年，UNESCO 出版了《历史名城焕发新生，城市历史景观保护方法详述》手册，是对《关于城市历史景观的建议书》的延伸和推广。相比于前两个文件，该手册更注重宣传性、可读性，继续推进城市历史景观相关理论与实践的进程。

该手册重申了城市历史景观已有理论和方法，指出与传统的通过"区域划分"将城市分隔为一个个单独保护区并由此形成历史保护"孤岛"的方法相比，城市历史景观方法

"将文化多样性和创造力视为人文、社会和经济发展的重要资产""确属另辟蹊径"，并列举了里昂、阿姆斯特丹、伊斯坦布尔等城市的优秀实践案例[5]。另外值得注意的是，该手册强化了"层次"(layer) 的概念，是对《建议书》中"层积"(layering) 概念的延伸阐释。虽然"层积"概念在《建议书》中仅出现过 5 次，但随着理论的不断建构，极有可能成为城市历史景观方法进一步深化落实的关键点之一。

2. 我国第三阶段的研究

随着国际上城市历史景观思潮的进一步多元化，更重要的是，随着以吴瑞梵先生为首的联合国教科文组织亚太地区世界遗产培训与研究中心对城市历史景观相关工作的日益推进，加之理论基础和国际思想经过前两个阶段的积累已基本可为我所用，我国对城市历史景观的研究也逐渐进入更加多元化、更加强调实践性和建构性的第三阶段[25-32]。

这一阶段我国相关研究的最主要特点在于实践性明显增加，涌现了大量应用城市历史景观理论阐释的历史城市保护案例，多尝试以理论指导实践，并以实践反哺理论，比如朱亚澜与张平乐、姜滢与张弓、杨涛、赵霞、钱毅等、张松与镇雪锋[25-30]等学者的研究。城市历史景观通常被视为认知一处场所的视角，是对于城市变化的管理过程，是历史城市中物质、经济、社会、文化、制度等方方面面的关联。

第三阶段所呈现的另一个重要特点就是建构性，至少体现在针对方法的深入探究，和对该理念多年发展的全面反思两方面。前者以刘祎绯为代表，她基于在城市历史景观理论研究中越来越受重视的"层积"或"层次"概念，采用城市研究中广泛使用的"地标—基质"模型，搭建"锚固—层积"模型，用以更好地认知、保护与管理城市历史景观[31]。后者以张兵为代表，他通过回顾时间与理论两条线索提出，我国历史城镇保护中"关联性"体现为"历史（时间）的关系、区域（空间）的关系、文化（精神）的关系、功能（要素和结构）的关系"；基于此关联性的研究可以重新定义保护规划的"系统方法"，城市历史景观所提倡的观念和方法则"与我国的保护实践殊途同归"，至于城市历史景观所强调的保护与发展战略结合问题，则结合点"在于从历史文化的关联性中领悟城市发展的内在规律"[32]。

三、从传统城市遗产保护走向城市历史景观管理

由上文分析可知，"城市历史景观"概念自提出至今，10 年间国际讨论方兴未艾，其理念自身持续经历不断深化和扩展的过程，既具有相当的理论连续性，同时也具有继续深化和发展的相当潜力和开放性。

在《维也纳备忘录》发布之初，城市历史景观虽然在强调遗产保护的整体性方面有很大进展，但其概念所指仍为物质或非物质的景观实体；而至《关于城市历史景观的建议书》与《城市历史景观保护方法详述》中这一概念所指则更强调动词属性的景观，即作为"通过对现有建成环境、非物质遗产、文化多样性、社会经济和环境要素以及当地社会价值观的综合考量来设计干预措施"[5]的方法。这体现出此时对于历史城市认知的一个核心转变——开始"承认活态城市的动态性质"[4]；并且体现出由于人类的未来取决于有效的规划和管理资源，保护"成了一种战略，目的是在可持续的基础上实现城市发展与生活质

量之间的平衡"[4]的理念日益被强调。

总体而言，国际文化遗产学界对于文化景观的认识，历经了从借由景观的视角认知城市遗产，到采用景观的方法融合城市战略的过程，"景观"始终是理念阐发所关注的核心，是遗产保护对接城市发展的重要桥梁。国内研究也相应地经历了早期以介绍和溯源为主的阶段，中期的多元化丰富化阶段，以及近期的实践性和建构性阶段。

此外，值得注意的是，虽然城市历史景观是一套最初由联合国教科文组织推出的独立完整的理论体系，但相关思想实则酝酿已久，在我国理论界也早有萌芽。城市历史景观是国际通行的理论，但终须回到每个文化的语境中，回顾我国曾有的相关理论历史也更有益于可持续的建构未来。如徐怡涛的《试论城市景观和城市景观结构》，就是一篇极早认识到景观概念对于城市研究影响的文献，其中的很多阐释和解读相当超前而且深刻。如他指出，很多城市相关学科中都已经在一定程度上应用"景观"作为基本概念研究城市问题的倾向，因此"以此概念为结合点很容易使各学科在不同的领域取得共识"；他还认为，"城市景观结构是一个动态系统，处于不断的发展变化中，它的变化是由结构中诸因素的变化引起的"，其若干核心思想均与后来的城市历史景观理论不谋而合[33]。同样从城市景观角度切入的早期讨论还有顾晓伟[34]、阳建强[35]，但也体现出当时的局限性，分别囿于物质的景观和自然的景观。此外还有姚亦锋[36]、张凡[37]、毛贺[38]、邱冰[39]等从历史地段的景观设计、城市历史景观资源等角度切入，均对此议题有所建树。城市历史景观是国际通行的理论，但终须回到每个文化的语境中，回顾我国曾有的相关理论历史更有益于可持续的建构未来。

综上所述，在此10年甚至更久的过程中，景观话语的引入无疑为传统的城市遗产保护思想打开了一扇大门，在逐渐转向更为积极的城市历史景观管理的同时，也从侧面促进了城市、建筑、风景园林、人类学、社会学、经济学等多学科的交叉，影响深远。我国学界在相关讨论上的参与度也日益增高。

再次沉痛缅怀在"城市历史景观"的建构与推广事业上功勋卓著的吴瑞梵先生。

参考文献

[1] Bandarin F, Ron van Oers. The Historic Urban Landscape: Managing Heritage in an Urban Century [M]. Wiley-Blackwell, 2012.

[2] Bandarin F, Ron van Oers. Reconnecting the City: The Historic Urban Landscape Approach and the Future of Urban Heritage [M]. Wiley-Blackwell, 2014.

[3] UNESCO. Vienna Memorandum on "World Heritage and Contemporary Architecture - Managing the Historic Urban Landscape" [EB/OL].[2005]. http:// whc.unesco.org/en/documents/5965.

[4] UNESCO. Recommendation on the Historic Urban Landscape[EB/OL].[2011]. http://portal.unesco.org/en/ev.php-URL_ID=48857&URL_DO=DO_TOPIC&URL_SECTION=201.html.

[5] UNESCO. New life for historic cities: The historic urban landscape approach explained[EB/OL].[2013]. http://whc.unesco.org/en/news/1026/.

[6] Ron van Oers. Towards New International Guidelines for the Conservation of Historic Urban Landscapes (HUL)[J]. City & Time, 2007(3): 3.

[7]   Dennis R. Urban Regeneration and the Management of Change: Liverpool and the Historic Urban Landscape[J]. Journal of Architectural Conservation, 2008(2).

[8]   Ron van Oers, Haraguchi S. UNESCO World Heritage Centre. World Heritage Paper 27: Managing Historic Cities[R]. Paris: UNESCO World Heritage Centre, 2010.

[9]   Martini V. The Conservation of Historic Urban Landscapes: An Approach[D]. Venice: University of Nova Gorica, 2013.

[10] Girard F, Luigi. Toward a Smart Sustainable Development of Port Cities/areas: The Role of the "Historic Urban Landscape" Approach[J]. Sustainability, 2013(5).

[11] Liu Y. Layered Spaces: Seeing Vicissitudes of Historic Cities with the Historic Urban Landscape Approach[C]//ICOMOS Thailand International Conference 2014: Historic Urban Landscape and Heritages. Bangkok: ICOMOS Thailand, 2014.

[12] 景峰. 联合国教科文组织《关于保护城市历史景观的建议》(稿) 及其意义 [J]. 中国园林，2008(3).

[13] 杨箐丛. 历史性城市景观保护规划与控制引导 [D]. 上海：同济大学，2008.

[14] 张松，镇雪锋. 历史性城市景观：一条通向城市保护的新路径 [J]. 同济大学学报（社会科学版），2011(3).

[15] 龚晨曦. 粘聚和连续性：城市历史景观有形元素及相关议题 [D]. 北京：清华大学，2011.

[16] 罗·范·奥尔斯，韩锋，王溪. 城市历史景观的概念及其与文化景观的联系 [J]. 中国园林，2012(5).

[17] 张松. 历史城区的整体性保护：在"历史性城市景观"国际建议下的再思考 [J]. 北京规划建设，2012(6).

[18] 林广思，萧蕾. 风景园林遗产保护领域及演化 [C]//2012 国际风景园林师联合会 (IFLA) 亚太区会议暨中国风景园林学会 2012 年会论文集 (上册). 上海，2012.

[19] 郑颖，杨昌鸣. 城市历史景观的启示：从"历史城区保护"到"城市发展框架下的城市遗产保护"[J]. 城市建筑，2012(8).

[20] 孙燕. 世界遗产框架下城市历史景观的概念和保护方法 [D]. 北京：清华大学，2012.

[21] 张杰. 作为城市历史景观的街区价值属性识别方法 [J]. 小城镇建设，2012(10).

[22] 朱亚斓. 城市历史景观角度下的我国城市更新途径 [J]. 城市管理与科技，2013(4).

[23] 刘凯茜. 布达佩斯城市历史景观的保护历程及现状研究 [D]. 北京：中央民族大学，2013.

[24] 林可可. 城市历史景观 (HUL) 保护的西湖经验 [C]// 中国风景园林学会. 中国风景园林学会 2013 年会论文集 (上册). 2013.

[25] 朱亚斓，张平乐. 基于城市历史景观角度的襄阳市古襄阳城保护研究 [J]. 湖北文理学院学报，2013(12).

[26] 姜滢，张弓. 城市历史景观：历史街区保护的新思路——以福州上下杭历史文化街区的保护为例 [C]// 中国城市规划学会. 城市时代，协同规划：2013 中国城市规划年会论文集 (11，文化遗产保护与城市更新). 中国城市规划学会，2013.

[27] 杨涛. 历史性城市景观视角下的街区可持续整体保护方法探索：以拉萨八廓街历史文化街区保护规划为例 [J]. 现代城市研究，2014(6).

[28] 赵霞. 基于历史性城市景观的浙北运河聚落整体性保护方法：以嘉兴名城保护规划为例 [J]. 城市发展研究，2014(8).

[29] 钱毅，任璞，张子涵. 德占时期青岛工业遗产与青岛城市历史景观 [J]. 工业建筑，2014(9).

[30] 张松，镇雪锋. 澳门历史性城市景观保护策略探讨 [J]. 城市规划，2014(S1).

[31] 刘祎绯. 认知与保护城市历史景观的"锚固—层积"理论初探 [D]. 北京：清华大学，2014.

[32] 张兵. 历史城镇整体保护中的"关联性"与"系统方法"：对"历史性城市景观"概念的观察和思考 [J]. 城市规划，2014(S2).

[33] 徐怡涛. 试论城市景观和城市景观结构 [J]. 南方建筑，1998(4).

[34] 顾晓伟. 试谈我国历史性城市的景观控制 [J]. 南方建筑，1999(4).

[35] 阳建强. 历史性城市中的自然景观保护 [J]. 新建筑，2003(4).

[36] 姚亦锋. 从平遥古城的保存看南京等城市历史景观资源 [J]. 文物世界，2002(4).

[37] 张凡. 法国城市历史地段景观创造与城市设计 [J]. 时代建筑，2002(1).

[38] 毛贺. 论城市历史文化景观与周边环境关系的处理原则 [D]. 苏州：苏州大学，2004.

[39] 邱冰. 城市历史地段景观设计研究 [D]. 无锡：江南大学，2004.

从《巴拉宪章》(1999)到《加拿大保护标准》（2010）[①]

——外国国家准则代表案例保护原则及对中国文物古迹保护准则的影响

吕　宁[②]

【摘要】《中国文物古迹保护准则》自2000年讨论通过后，成为文化遗产保护领域的行业规则，也是评价各项文物保护措施及有关工程项目效果的主要标准。在梳理和反思《准则》影响的过程中，澳大利亚《巴拉宪章》、英国《保护准则》和加拿大《历史场所保护标准与指南》三份国家准则文件中具有代表性和普世性的核心概念、保护原则和保护方法，对中国有较重要的借鉴意义。

【关键词】国家准则；保护趋势；价值；动态保护；保护参与

作为文化遗产保护领域的行业规则，《中国文物古迹保护准则》（以下简称《准则》）自2000年讨论通过后，成为阐释我国文物古迹保护相关法规和处理文物古迹保护事务的专业依据，也是评价各项文物保护措施及有关工程项目效果的主要标准，具有重要价值和较大的国际影响。然而，自该《准则》颁布至今，我国的社会、经济飞速发展，遗产保护工作中也积累了大量的实践经验；与此同时，新的问题与新的挑战也越来越多，现行《准则》的内容并不能够完全解释这些新趋势或问题。在此背景下，对《准则》的内容进行梳理和反思、提出相应修改建议，十分必要。

此外，中国并非唯一以《威尼斯宪章》为主的国际遗产保护理念为标准或参照制定国家遗产保护准则性文件的国家，澳大利亚、加拿大、巴西、美国等都有成功的经验（见表1）。事实上，中国 ICOMOS 在草拟该《准则》本文时，参考了澳大利亚《巴拉宪章》，并与澳大利亚 ICOMOS、美国盖蒂保护研究所的共同合作完成。研究近十年来这些先进国家的保护案例和经验，有助于我们更好地理解文化遗产核心概念的内涵与外延，并能通过国家级准则文化的比较分析保护发展的趋势，从而对中国的文化遗产保护有所裨益。

一、澳大利亚、英国和加拿大的遗产特点与国家准则文件的颁布

表1所示的各国国家准则文件中，除了《巴拉宪章》外，英国和加拿大的两份文件时间最新、涵盖最广，对于遗产的理解也最深入，因此，选择上述三份文件作为本文重点研究的对象。

---

① 本文已发表于《建筑史》2014年第33辑，收入本文集时略有修改。
② 吕宁，清华大学建筑学博士、高级工程师，目前就职于北京国文琰文化遗产保护中心有限公司，任综合一所主任工程师。师从吕舟老师，从事文化遗产保护工作近十年，主要方向为世界遗产申报与保护管理、古建筑和石窟寺保护。

表1 各国国家级文化遗产保护准则

国 家	机 构	时 间	国家级准则
澳大利亚	澳大利亚 ICOMOS	1979(1981 年、1988 年、1999 年修订)	《巴拉宪章》
加拿大	加拿大 ICOMOS	1982	《魁北克遗产保护宣言》
		1983	《阿普尔顿宪章》
	联合政府	2003，2010	《历史场所保护标准和指南》
巴西	巴西 ICOMOS	1987	《历史中心保护与复兴准则》
新西兰	新西兰 ICOMOS	1992，2010 年 9 月修订并批准实施	《文化遗产地价值保护宪章》
美国	美国 ICOMOS	1996	《圣·安东尼奥宣言》
印度尼西亚	印尼 ICOMOS	2003	《关于遗产保护的印度尼西亚宪章》
中国	中国 ICOMOS	2000	《中国文物古迹保护准则》
英国	英格兰 (English Heritage)	2008	《保护准则：历史环境可持续管理的政策和指导》

（一）澳大利亚的遗产体系与《巴拉宪章》

澳大利亚的遗产被定义为一切构成其包括精神、历史建筑、独特生活景观在内的文化特质的所有事物；其按类型可分为三类：土著（indigenous）遗产、自然（natural）遗产和历史（historic）遗产[1]4，指明所谓"遗产"的场所、价值、传统、事件和经历等要素，要能够捕捉到我们从哪儿来、我们的现在以及由此衍生的未来相关信息，凸显了澳大利亚移民文化特质（《巴拉宪章》，1999）。澳大利亚最重要的遗产机构是可持续发展、环境、人口、社区和水资源部（Department of Sustainability, Environment, Water, Population and Communities），这一政府部门①下设的遗产部以及对遗产部负责的专家委员会——澳大利亚遗产理事会（the Australia Heritage Council），他们在世界遗产咨询委员会和澳大利亚ICOMOS 等相关非政府组织与机构的协助和支持下，负责大部分遗产相关事务；在此基础上，各州和地区还有自己的遗产机构。

其中，遗产部的主要职能包括：

（1）制定遗产战略（从 2011 年始），包括遗产面临的核心问题：什么是遗产、谁参与遗产，土著、历史、自然遗产所面临的现实挑战，确定遗产的评估、保护、管理、沟通、领导的优先顺序，对政府财政负责等；在制定战略时，注重对公众的宣传和教育。

（2）认定和管理各级遗产：根据申请评定各层级遗产地（主要是联邦和国家遗产地）和可移动遗产，依照法案管理包括历史沉船、土著遗产在内的各个遗产地。

（3）遗产保护项目：负责国家重要的遗产基金和国际合作的遗产项目。

（4）阐释和展示：负责对公众的教育和相关出版物的发表。

---

① 2010 年前，此部门称为环境与水资源部（Department of the Environment and Water Resource）。

国家级的遗产相关组织与机构　　　　　国家级非政府遗产相关组织与机构

□ 可持续发展、环境、人口、社区和水资源部（Department of Sustainability, Environment, Water, Population and Communities）
　• 大气（Atmosphere）、生物多样性（Biodiversity）、海洋（Marine）、人类聚居（Human settlement）、土地（Land）、可持续生活（Living sustainably）、公园（Parks Australia）、水资源（Water）、环境和生物多样性保护法（EPBC Act）
　• 遗产部（Heritage）
□ 澳大利亚遗产理事会（The Australian Heritage Council）
□ 澳大利亚土著居民研究所（AIATSIS, Australian Institute of Aboriginal and Torres Strait Islander Studies）
□ 土著政策协调办公室（Office of Indigenous Policy Coordination）
□ 遗产与环境保护委员会（EPHC）：现已重组为环境与水资源委员会（COAG），负责国家自然遗产保护事务；
□ 湿热带管理局（Wet Tropics Management Authority）；

□ 澳大利亚国家信托（Australian Council of National Trusts）
□ 澳大利亚皇家建筑师学会（Royal Australian Institute of Architects）
□ 澳大利亚ICOMOS
□ 澳大利亚世界遗产咨询委员会（The Australian World Heritage Advisory Committee）
□ 澳大利亚历史考古协会（Australasian Society for Historical Archaeology）
□ 澳大利亚海上考古研究所（Australasian Institute for Maritime Archaeology）
□ 文化资料保护研究所（Australian Institute for the Conservation of Cultural Material）
□ 澳大利亚收藏委员会（Collections Council of Australia）
□ 澳大利亚保护基金会（Australian Conservation Foundation）
□ ……

图1　澳大利亚国家级遗产相关事务机构①

遗产理事会的主要职能包括：

（1）评估国家遗产名录和联邦遗产名录；

（2）提名一个遗产地进入国家或联邦遗产名录；

（3）促进遗产地的识别、评估、保护和监测；

（4）对遗产部提出包括联邦遗产战略、管理规划等方面的策略建议。

上述部门在《环境与生物多样性保护法》（1999）这一联邦基本法案的规定下，建立了包括国家遗产名录、联邦遗产名录、海外历史纪念地（LOPHSA）以及在册历史沉船这四个国家主要遗产管理体系，主要采纳澳大利亚ICOMOS制定的《具有文化意义的场所保护指南》（《巴拉宪章》）对各遗产场所实施保护和管理。

《巴拉宪章》是根据1964年《威尼斯宪章》和1978年ICOMOS第五届全体大会（莫斯科）的精神，于1979年在巴拉召开会议讨论通过的，是针对澳大利亚国情的工作指导，并被推荐和建议澳大利亚所有的机构、组织，在建成环境以及所有具有文化意义的场所的保护中予以参考适用。此后，1981年、1988年和1999年《巴拉宪章》又历经三次修订，并于1984年、1985年通过了两部解释性的指南，分别针对第6、第23、第25、第28条内容涉及的文化意义（Guidelines to the Burra Charter：Cultural Significance）和第

---

① 资料来源：澳大利亚相关部门官网，http://www.environment.gov.au/heritage/organisations/index.html，http://www.scew.gov.au/about/index.html，http://australia.icomos.org/，等等。

6、第7、第23、第25条涉及的保护政策（Guidelines to the Burra Charter：Conservation Policy），前者包含文化意义的内涵分类、建立以及评估等工作程序；后者包括保护政策的含义、范围、发展、执行策略以及工作程序等。目前，宪章主要内容分为定义、保护原则、保护程序和保护实践四个部分，共34条，并附有注释。[2]

澳大利亚《巴拉宪章》在国内是公认度很高的准则性文件，被澳大利亚遗产理事会所采纳、推崇和鼓励适用，同时被新南威尔士、昆士兰、维多利亚和塔斯马尼亚遗产委员会认定为关键的政府决策指导文件。[3]此外，其在国际上也有相当的影响力。

（二）历史英格兰管理体系与《保护准则》

英国①的文化遗产是"历史环境"（Historic Environment）的部分或全部，指能够反映一个海洋国家的贸易、人口流动、建筑发展、政治经济发展以及自然资源利用的历史，包括建筑物、纪念物、遗址和景观的遗存。[4]负责遗产相关事务的主要为政府职能部门——数字、文化、媒体和体育部（Department for Digital，Culture, Media and Sport），以及非政府机构"历史英格兰"（原英国遗产 English Heritage 组织）②。

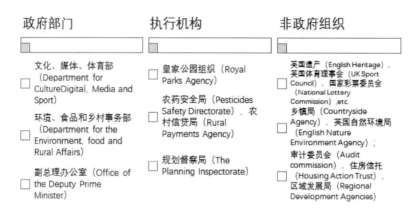

图2　英国的遗产相关事务管理体系③

在这个体系中，执行机构能够很好地发挥"承上启下"的作用，一方面将政府的决策和法令等上传下达，另一方面将具体的建议和意见反馈给政府部门。在遗产具体事务中，以历史英格兰、皇家公园组织为代表的执行机构，就在其中负责政府对遗产的各项拨款的具体运营，维护政府所有的历史建筑，并对政府进行遗产事务方面的建议（包括规划决议）。同时，其他一些咨询机构，比如建筑与建成环境委员会（Commission for Architecture and the Built Environment）、英格兰历史纪念物与历史英格兰联合皇家委员会（Royal Commission on the Historical Monuments of England，1999 年被并入"英国遗产"组织）等机构和相关基金会（比如国家遗产纪念基金和遗产彩票基金）也会对遗产管理相

---

① 本文的遗产管理体系主要以英格兰为例，威尔士部分制度与英格兰不同，在文中不做单独研究。

② 英国遗产（English Heritage）组织经机构改革，分立为主要承袭原"英格兰遗产"机构职能的"历史英格兰"（Historic England），以及文化遗产公益性信托组织"英格兰遗产信托"（English Heritage Trust）。

③ 资料来源：英国政府部门官网，http://www.culture.gov.uk/what_we_do/historic_environment/default. aspx，www.defra.gov.uk，http://www.english-heritage.org.uk/professional/research/，等等。

关决策作出建议。

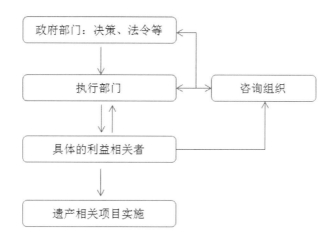

图3 "历史英格兰"事务进行程序

"历史英格兰"组织的作用与国家 ICOMOS 相当类似，其主要职能是对各地区规划部门和政府机构涉及列级纪念物（Scheduled monument）、登录建筑（listed bulidings）、注册园林（registed park）和保护区的相关决策提供专业咨询意见：

- 确认咨询主体的期望；
- 根据要求确认匹配的技能；
- 确定案例具体情况并取得联系；
- 根据保护准则，提供明确的、有建设性的、相关的准确建议；
- 提供对于进度时间表的建议；
- 通过评估和反馈回顾审查。

该保护准则框架明确了遗产保护的原则，阐释了历史建筑如何适应当代的发展变化。

现行的《保护准则》（Conservation Principles: Policies and Guidance for the Sustainable Management of the Historic Environment）公布于 2008 年，其主要宗旨在于加强"历史英格兰"组织所提供和采取的决定和建议的一致性和可信性；同时，也希冀为地区政府、遗产私人所有者、专业建议人员等提供帮助，为继续构建"21 世纪的遗产保护"（2007 年 5月）白皮书作出贡献，最终在历史环境可持续的建设性保护中有所裨益。

在国家政策层面上，《保护准则》为国家在可持续发展战略中提出的"保护和提高自然和历史环境"的目标提供了细节性的指导。《保护准则》提取了规划政策指南（PPG）中第 15 部分"规划以及历史环境（1994）"以及第 16 部分"考古与规划（1990）"中的主要核心原则，并对其进行不断更新，以反映国家遗产保护法制和政策的发展更新。

在国际层面，这份《保护准则》反映了世界遗产委员会的许多设想，比如让自然和文化遗产更多地参与社区生活等。《保护准则》还与本国其他建筑、考古遗址相关保护条例保持一致，并受到《欧洲景观公约》（European Landscape Convention，2000）中有关景观，尤其是在景观中的可持续文化价值管理等核心概念的影响。[5]15

（三）加拿大遗产体系与《历史场所保护标准与指南》

加拿大的历史遗产（historic places）包含构筑物、建筑群、建筑、景观、考古遗址、区域或其他任何被当地、省、州或国家相关机构认定了遗产价值的物理存在[6]10。加拿大遗产部（Department of Canadian Heritage）作为联邦主要遗产事务部门，与加拿大主要文化部门共同负责加拿大人的文化、经济和公民生活。这些机构关注加拿大文化与自身特质的表达（此外他们还负责体育、庆典、人权等相关事务），使居民能够参与、欣赏并更好地生活。

遗产部等政府部门与其他非政府组织一起，共同管理遗产事务。

图4　加拿大遗产事务相关管理体系①

加拿大遗产部有两个部门：遗产信息网（CHIN）和保护研究所（CCI），前者主要为全国的博物馆提供信息联网服务，所有的参观人员由此可通过虚拟技术检索到任意一个博物馆的展品信息；后者在不同的非政府组织的协助下，通过收集、管理、研究、保护实施等职能保存遗产以传承到后代。比如，CCI的研究分为基础知识（建筑材料、构成、结构等）研究、保护技术研究、保护方法和措施发展、保护理论和风险评估等几个方面，具体的研究时常会与加拿大专业保护者学会等机构联合进行；CCI同时面向全国提供保护和修复实施、科学检验和分析、图书馆档案查询、考古遗址保护策略、各类遗产收集等服务，其中，建筑修复会与专业保护者学会、建筑师学会等联合进行；可移动文物收集的服务会在加拿大遗产社区组织（Canada's Heritage Community）的协助下开展。

---

① 资料来源：加拿大遗产官网，https://www.canada.ca/en/canadian-heritage.html，http://www.pch.gc.ca；加拿大政府网，http://www.canada.gc.ca/depts/major；等等。

　　除了遗产社区组织外，加拿大重要的非政府组织还有历史遗迹和古迹委员会（HSMBC），它是遗产部和环境部最权威的咨询机构，负责评估各类遗产地是否符合价值标准，亦有提名遗产地的权利。遗产相关的另一个重要政府部门加拿大公园（Parks Canadian）为 HSMBC 提供专业和行政上的支持，包括考古、历史等相关研究的方向指导以及评估需要进行的行政程序。加拿大公园还负责与当地各类社团组织、利益相关者的沟通工作。

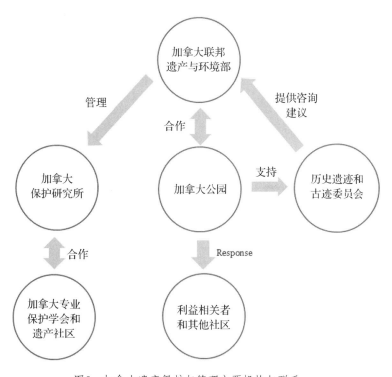

图5　加拿大遗产保护与管理主要机构与联系

　　加拿大重要的遗产体系包括联邦遗产指定名录、国家遗产地体系、注册历史场所（CRHP）、在册历史建筑等，保护和管理这些遗产场所最重要的准则文件即为《历史场所保护标准与指南》（The Standards & Guidelines for the Conservation of Historic Places in Canada）。[7]

　　这份文件最早是由加拿大历史场所（加拿大公园管辖）在 2003 年讨论通过，第一次对泛加拿大（pan-canadian）的遗产保护实践建立了基准，并为历史场所规划、干预和利用方面的决策提供了结果导向的指导。这份文件为所有对加拿大历史场所感兴趣的人建立了一个通用的、一致的保护准则和指导体系，获得了加拿大政府和主要非政府组织的广泛认同，为在保护加拿大独特的、无法取代的遗产并传至后代创造了一种保护文化。在这份准则的制定过程中，加拿大联邦、州、领地和地区各级政府，遗产保护专家、遗产发展利用人员以及众多的遗产所有者和个人都提供了自己的保护实践经验，包括文化景观、考古遗址、现代建筑物和工程，这些经验也共同体现在其中。

　　《历史场所保护标准与指南》第二版于 2010 年通过并公布。这一版对旧版的部分，比如遗产分类，进行了进一步明确；增添了新的、更具有样板意义的保护实践案例，具体更新要点如下：

- 更详细地解释了保护决策的制定过程；
- 提供了更清晰地阐释重要保护原则的14条标准；
- 增添了对于典型可持续发展相关干预的指导；
- 增添了若干新的文化遗产类型，比如文化景观、遗产地区等；
- 增添了现代遗产，包括保护中涉及的现代材料和构件等事务；
- 针对处于特殊环境中的考古遗址的保护，提供了更全面的指导体系。

新版《历史场所保护标准和指南》获得了加拿大公园的大力推崇，作为政府遗产保护部门各类遗产组织所共同认可的行为指南，这份文件为建立世界一流的保护实践体系作出了贡献；同时有助于保护加拿大国家遗产，也有助于每一个加拿大人理解历史场所，并获得不一般的遗产地体验。

二、澳大利亚、英国和加拿大国家准则文件的理解与比较

本节将从保护核心概念、保护原则和保护程序与方法三个方面对上述三份文件进行分析。

（一）保护核心概念的比较

通过对"遗产""保护""构成元素""价值"这几个核心概念的分析（见表2），可以看出，《巴拉宪章》作为形成较早、发展时间较长的准则文件，其价值类型、保护原则等十分全面、完善，其中的"具有文化意义的场所"凸显了本国文化特质，也涉及了诸如参与等目前关注的重点，因此到今天仍具有相当代表性和典型性。英国《保护准则》以时代发展和变化的眼光看待遗产，对待遗产（历史环境、历史场所）的态度开放且包容，在保护理念、保护方式等方面做了十分先进的阐释和尝试，并注重对于变化的认知和管理以及各类群体在保护事务中的参与。加拿大《标准与指南》则同样体现了新时期的发展与变化，强调对于变化的管理和价值的重构与表达；同时在价值类型等标准上又延续了传统的分类；在通用原则的基础上按照遗产传统类型与新类型详细地阐释了具体的保护标准，可以说是一份承前启后、既有传统又有更新的文件。

表2 澳大利亚、英国、加拿大国家保护准则核心概念的比较

国　　家	澳大利亚	英　　国	加　拿　大
准则名称	《巴拉宪章》（1999）	《保护准则：历史环境可持续管理的政策和指导》（2008）	《历史场所保护标准与指南》(2010)
制定机构	澳大利亚 ICOMOS	"历史英格兰"	"加拿大历史场所"、加拿大公园

续表

国　家	澳大利亚	英　国	加 拿 大
遗产的定义	具有文化意义的场所，分为自然、土著和历史三类；包括遗产地（site）、区域（area）、土地（land）、景观（landscape）、建筑、建筑群和其他，其构成（components）、内容（contents）、空间（spaces）和视图（views）	在遗产名称上，用"场所"（place）一词来指代任何一部分的历史环境（historic environment）（包括地下和海下遗产），在超出原有物理形式的基础上包括一切能够为"场所感知"（a sense of place）作出贡献的特征；从一根柱子到一座建筑、历史范围、城镇、区域都需要在不同目的下予以理解和管理，并依据各自独特的地理位置和特征定义不同又有重叠的"场所"	历史场所（historic place）：被联邦、省或地方政府及权威组织认知到具有遗产价值的物理场所（physical place）；包括建筑物、工程构筑、景观、考古遗址等单个或群体，也可能是综合医院、农场、村庄、城市商业区，或者桥梁、道路、公园、学校、房屋等。历史场所可能是单独的，比如车站，也可能是围绕一个中心特征展开的包括土地和其他建筑在内的组群；历史场所并不只是博物馆或者旅游地，也包括正在居住、工作、玩乐和敬仰的使用场所
保护的定义	所有照看某一场所使其文化意义得以延续的过程均被称为保护	保护意味着维持延续（sustaining）遗产价值；这不仅包括了不造成伤害的"保存"（preserve），也包括可能的良性改变——不断揭示和充实价值这种提升（enhance）	保护可被看作一系列从历史场所的理解、规划到干预的行为，包括保护工程、维护等，是不间断且循环性的行为
保护的目的和意义	具有文化意义的场所丰富了人们的生活，为人类社区和自然景观、过去和当代提供了深刻而富有启发的联系，它们是历史的见证，是澳大利亚特质和经历的重要物质表达，反映了国家文化多样性，告诉人们我们的来历；是无可替代的宝贵财富，所以必须为当代和后代保护好这些场所	历史环境是英国文化遗产和国家认同感的核心资源，也是重要的社会的经济资产和文化资源，可供居民学习和欣赏（enjoy），为了当代和后代的利益应当予以保护	历史场所对社区、省、领地或国家具有重要意义，需要予以保护，且能够丰富人们的生活，使居民参与和欣赏（enjoy）
遗产构成元素（fabric）	场所的物理材料，包含组成（components）、固定设施（fixtures）、内容（contents）和实物（objects）	一般用于描述建筑物的材料，在本文件中将其内涵扩展，指代场所的材料物质，包括地理、考古沉积、结构和建筑以及之上和之内的植物	为历史场所的价值作出贡献的特征要素（character-defining element）：包括材料、形式、位置、空间构造、功能和文化联系或意义
价值及类型	对过去、现在、将来的人们具有的文化意义包括：审美价值、历史价值、科学价值、社会或精神价值；这些文化意义可能会随着历史发展而发生改变；文化意义体现于场所自身、场所构造、用途、环境、联系、内涵、记录以及相关场所和实物当中	遗产价值代表了遗产地的一种公众兴趣导向，不论属于何种所有制；价值类型包括证据（evidential）价值、历史价值、审美价值、公民（communal）价值；遗产地因其价值可获得广泛的社会和经济（"工具"）利益，比如作为学习或再创造的资源、作为旅游地或经济投资，这些潜在可能是受到外部因素（如可达性）的影响而获得的，因此使用与市场价值，工具价值与上述因遗产本身特性和成就而获得价值不同；价值可能是自发的，但人类的知识和经历可能会对某些遗产地价值有所提升	对于过去、现在和将来的人们具有的遗产价值包括：审美价值、历史价值、科学价值、文化价值、社会或精神重要性或意义；遗产价值体现在其材料、形式、空间构造、功能和文化联系或意义等特质要素中

（二）保护原则的比较

《巴拉宪章》的保护原则共有 8 条，分别针对保护方法、保护技术的使用、保护价值、保护程序、遗产环境、遗产位置、保护参与和文化价值的共存，提出了包括最小干预、优先使用传统技术、遵守保护程序、保护遗产场所的真实性（环境、位置、构件等）等原则。

英国《保护准则》中规定了 6 条保护原则，分别是：

（1）历史环境是共享的资源；

（2）每个人都应当参与到保护历史环境中；

（3）理解遗产地的意义十分重要；

（4）应当管理重要的遗产地以延续其价值；

（5）关于变化的决策应当有说服力、透明且具有一致性；

（6）依据决策的学习和记录是必要的。

并在每一条大原则下有若干条细则进行说明和阐释。

加拿大《标准与指南》则首先规定了 9 条保存（preservation）、复兴（rehabilitation）和修复（restoration）的通用标准，包括：

（1）保护历史场所的遗产价值。不允许移动、替换或改变其原有或修复过的特征要素（character-defining element）；如果其位置属于特征要素，不允许移动历史场所的部分或全部。

（2）应保护历史场所特征要素自身随时间推移而发生的改变。

（3）采用最小干预的方法保护遗产价值。

（4）应认识到每一处历史场所都是自身时间、地点和使用的物质记录，不允许增添其他历史场所的构件或其他物质，也不允许综合那些从来没有共存过的特征，这样会为历史发展带来错误信息。

（5）寻找对历史场所特征要素不改变或改变最少的使用途径。

（6）保护（protect）或稳定（stabilize）直到干预措施得以实施；保护（protect）并保存（preserve）场所的考古资源，采取减轻危害的措施限制相关信息的消失和损害的发生。

（7）对特征要素的现存状态进行评估以确定具体的干预措施；尽可能使用温和的手段，在干预的过程中应当尊重遗产价值。

（8）在不断的发展变化前提下维护（maintain）特征要素；使用经确认的保护方法对特征要素进行维修（repair），加固其材料；依照现存的原型（prototype），对特征元素中残损严重或缺失的部分进行替换。

（9）对特征要素的任何干预手段需经过仔细检查，在物理和视觉上可识别，并记录每一项干预留作未来参考。

此外，加拿大《标准与指南》还包含针对"复兴"（rehabilitation）的一些具体标准，并在上述总原则的基础上，分五类阐释了针对文化景观（包括遗产区域）、考古遗址、建筑物、工程构筑（包括公共设施、工业设施和军事设施）和材料（木、大理石、混凝土、金属等）的具体保护指南和标准。

　　基于对于上述保护原则内容的简单阐述，可以看出，澳大利亚、英国和加拿大三国在遗产保护基本原则上有一些相似之处，比如：强调对于遗产价值、场所意义的理解和认知是保护的前提和核心；注重社区、公民等相关人群在保护事务中的参与；对于保护干预的态度都非常谨慎，尽可能干预最少、在维修过程中注重真实性且要求建立在有物质以及档案记录的基础上等；重视保护和维护记录，对任何保护措施都应当予以完善记录。

　　而从这三份文件的时间序列上，也可以看出 1999—2010 年这十年中遗产保护领域关注热点的发展：英国、加拿大的准则文件相较于《巴拉宪章》，在价值理解的基础上，对于"变化"和"参与"的重视度明显加强，态度更加开放。

　　英国《保护准则》第 6 章"管理重要场所的变化"在原则 4、原则 5 的基础上，具体阐释了对于变化的认识和应对。在变化不可避免的情况下，要充分认识和理解变化的原因（自然进程、使用老化、人类社会经济和技术发展等）和内容，考虑真实性、完整性元素的本质，同时不能忽略这些改变在未来是否具有可逆性。在这种理念下管理变化，而达到价值的最大延续与不断重构，这才是保护的核心。同样，在加拿大《历史场所保护标准与指南》中，"保护"（conservation）是一个"伞状"的词条（umbrella term），包括修复（restoration）、保存（preservation）和复兴（rehabilitation）三个层面，分别对应对过去的重现、保存现在和未来的可能（见图 6），以时间为线索，随时间改变是保护准则须明确和理解的前提。

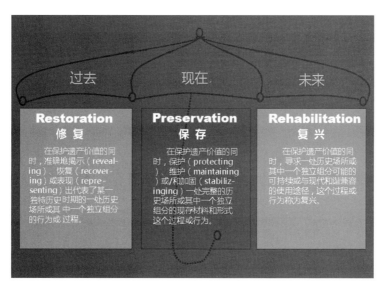

图6　加拿大"伞状"保护与时间变化的关系

　　遗产"价值"也会在"变化"中不断重构，这一点在英国《保护准则》第 3 章"理解遗产价值"和第 4 章"评估遗产的重要性"中阐释得尤为清晰。英国《保护准则》中遗产价值类型与延续了《巴拉宪章》价值分类的加拿大《历史场所保护标准与指南》不同，将遗产的内在非工具性价值分为证据价值、历史价值、审美价值和公民价值。其中证据价值源于某一场所过去人类活动产生的可能证据；历史价值源于通过某一场所与过去的人类、事件或生活方式相关联的方式，是一种解释性的或关联性的（如与文学、音乐、人物、事件、电影等相关联）价值；审美价值源于人们在某一场所获得的感官或智力的刺激；公民价值源于与某一场所相关联的人群，或他们的集体经验和记忆的意义，这种价值与历史和审美价值相关，但也有不同的方面，包括记忆、象征价值，社会价值和精神价值。在遗产价值认知和评估中，首先要认识到的就是场所的构成和进化过程，认识到价值可能会随着人们理解程度、认识角度拓展而在宽广度和复杂性上有所增长，也会随着遗产地因时间流逝的改变而改变；在此基础上，再考虑价值评估者、环境、关联因素的影响等。这种分类体现了其对于遗产价值核心要素的认知——在变化中理解真正"不变"的价值。

英国《保护准则》和加拿大《历史场所保护标准与指南》还体现了强调保护参与的态度。前者在 6 条原则中第 1、第 2、第 5 条都涉及保护参与的内容与意义。不仅说明了专家、相关机构和组织在遗产方面的作用，更重要的是强调了作为普通公民的权利，提出每个人都应当有运用其知识理解价值或参与关于遗产未来决策的机会，要求在管理决策制定前必须有公民广泛参与为基础，并明确作为遗产地利益相关者的权利和义务：除了参与决策外，还要在专家等的帮助下完善和表达遗产价值。这一方面有助于通过加深公众对遗产的理解而提升、拓展价值；另一方面也与保护目的相连——供居民学习和欣赏，意图使某一处场所都能在居民生活中发挥自己的功能和用途。后者则区分不同类型的利益相关者，明确各自的责任和义务。这种遗产融入生活的理念，无疑体现了一种更开放、更先进的态度。

（三）保护程序与方法的比较

澳大利亚、英国、加拿大三份准则文件中规定的保护程序比较类似。首先以理解遗产价值 / 文化意义为基础，继而在该文件的指导下进行评估、规划，最后实施保护管理或干预措施（见图 7 至图 9）。

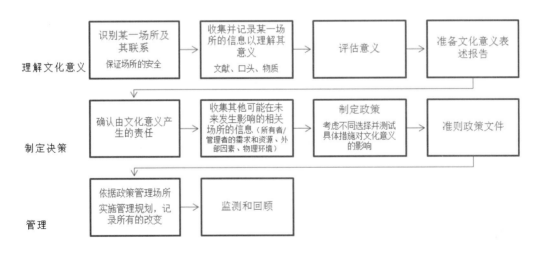

图7 《巴拉宪章》调查、决定和实施的程序

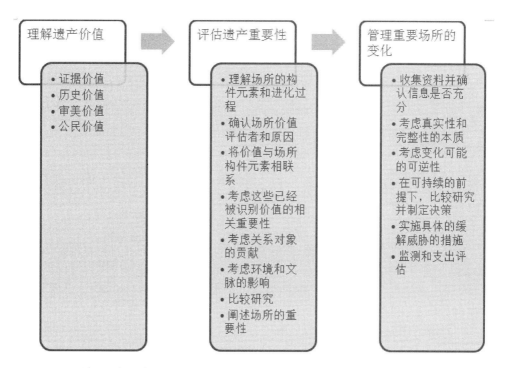

图8 英国《保护准则：历史环境可持续管理的政策和指导》中体现的保护程序

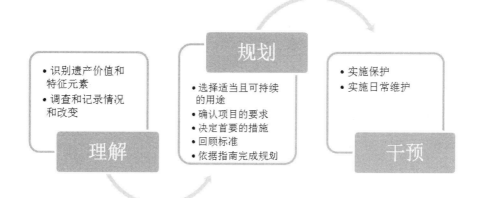

图9 加拿大《历史场所保护标准与指南》中规定的保护决策过程

在相似的保护程序中，涉及的具体保护方法与干预措施却不尽相同（见图10），具体比较如表3所示。

《巴拉宪章》	英国《保护准则》	加拿大《保护标准与指南》
• 改变（change） • 维护（maintenance） • 保存（preservation） • 修复（restoration） • 重建（reconstruction） • 改建（adaptation） • 新工程（new work）	• 日常管理和维护（maintenance） • 周期性更新（renewal） • 维修（repair） • 增加历史知识的干预（intervention to increase） • 修复（restoration） • 新工程和改变（new work & alteration） • 与公众利益一致的保护（Integrating conservation） • 发展（enabling development）	• **保存（preservation）** • 记录documenting • 保护protecting • 维护maintaining • 保持retaining • 加固stabilizing • 维修repairing • 替换replacing • **修复（restoration）** • 维修repairing • 替换replacing • 去除其他时代的特征removing • 修复时代的缺失特征再造recreating • **复兴（rehabilitation）** • 确认可能的延续性使用途径 • 选择相容的功能 • 法典更新

图10　三份文件中规定的保护方法

表3　《巴拉宪章》英国《保护准则》加拿大《历史场所保护标准与指南》中保护方法的比较

	《巴拉宪章》（1999）	英国《保护准则》（2008）	加拿大《保护标准与指南》（2010）	比较分析
改变 （change）	1. 降低文化意义的改动必须是可逆的，不可逆措施只有在作为最后一种手段且不影响未来保护方案的情况下才能实施 2. 不允许破坏场所构件元素，然而在特殊情况下，允许在保护中有微小的破坏	损害文化价值的改动不允许进行，除非：a. 为了场所可持续或最重要的公共政策或需求目的；b. 没有不损害价值的其他更好方法；c. 在改变完成、达成目的后损害会降低到最小；d. 在相对的重要性、影响以及场所本身和/或更宽泛的社区或社会的收益三方面，公众的利益需求超出遗产价值		英国《保护准则》中关于改变的规定更宽容，注重公民的共同要求和发展导向
维护 （maintenance）	1. 维护作为保护的基础，主要针对需要保持文化意义的场所 2. 更多针对于非建筑的场所，比如殖民时期的森林、道路、牧场和相关生产、生活设施等	1. 合适的日常管理和维护是重要场所保护的基础，且应该是长期的，否则价值会迅速流失 2. 日常监测应明确维修、更新等手段的必要性，如暂时不能采取其他措施，应在日常维护基础上采取有效、暂时、可逆的方法	保存的主要措施之一，是其中干预最小的手段，有短期的措施，也有长期的	都看作保护的基础，类似于中国准则的"日常保养"

续表

	《巴拉宪章》(1999)	英国《保护准则》(2008)	加拿大《保护标准与指南》(2010)	比较分析
更新 (renewal)		1. 在不损害价值的前提下，与设计相关的构件更新应定期进行 2. 与维护不同，更新的周期更长，比如更新破旧屋顶或一棵死亡的树木，短时间内可能会损害其部分价值，但在一个新的周期内会重新恢复，如果不更新的话，会对价值和载体（构件）都造成损害		体现了英国《保护准则》中动态的价值观，在变化中价值不断重构
保存 (preserv-ation)	1. 保存要在不模糊其结构和功能的情况下保护场所构件，适用于构件现存状具有重大文化意义、不应改变现状，或没有充分的证据采取其他保护手段的情况 2 如果是以保护构件的物质组成部分，那么可以将保存与新工程（如加固）结合 3. 主要针对岩画、雕刻等石质文物的加固防护	1. 主要指全封不动的留存； 2. 针对考古遗址，在其不能很好地原址保存时，需要一个团队研究和制定策略去揭示提升相关历史知识以有更充分的理由保护	1. 包括对现存形式、材料和完整性的保护、维护和加固等，最关键的方法是维护和维修 2. 保存在下列情况下是首选方法：a. 现有材料、特征和空间在没有经过较多替换和维修时能够完整表达核心历史意义；b. 某一特定时期的形式并不恰当；c. 延续或新功能不需要更多的改变 3. 保存可以是短期的保护或加固措施，也可以是长期的减轻危害的手段，或一些临时措施以待将来的修复或复兴 4. 保存是最需要关注的保护手段	《巴拉宪章》的保存类似于中国的"防护加固"，加拿大则作为三大手段之一，是一个整体概念，包括维修、维护等
维修 (repair)		1. 在三种情况下维修是可取的：a. 有足够的可以全面了解场所意义和维修影响的信息；b. 从经验看，维修措施具有长期的良性效果，并不会影响未来可能的其他方案；c. 为了避免或减少对某特定价值因冲突而造成的伤害，使其持续 2. 应根据材料和技术的表现来选取最接近被替换、维修部分的种类，而不是简单地选择长期使用的、未经试验和更新过的历史材料，比如砖石建筑中的铁作连接以及窗户上未镀锌的钢，都十分容易锈蚀损害	保存和修复所共有的一种重要手段，是在干预较小的"保存"中力度较大，在修复中属于基本方法	英国《保护准则》的重要方法，在材料和技术的选择上体现了更注重持续性的态度；加拿大"保存"和"修复"概念下的主要方法

	《巴拉宪章》（1999）	英国《保护准则》（2008）	加拿大《保护标准与指南》（2010）	比较分析
修复（restor-ation）	1. 只有在有证据充分时才能进行 2. 一般是去除不当维修、恢复被毁坏的部分以及对少量缺失的修补，"只减不加""只修不建"[8]21	1. 修复应满足下列条件：a. 修复后构件价值超过之前；b. 有充分的关于某场所必须进化的证据且方案遵照这些证据；c. 目前的形式并不是重要历史事件的结果；d. 方案遵守了某一特定时期风格；e. 方案的结果是可持续的 2. 修复是一种再揭示和发现遗产价值的手段，在维持原有价值的同时可能增添新的价值或利益，比如修复一个屋顶缺失的房屋使其拥有原价值和经济利益 3. 出于真实性要求，修复之前要严格评估；修复一个原手工作品会与真实性和完整性要求背道而驰，而按照设计图修复一座建筑则符合真实性要求	1. 修复在下列情况下是首要方法：a. 某场所在一特定时期的价值超过其他时期及现在的状态；b. 实物、文献和口头资料非常全面足以准确地支持修复；c. 方案中没有其他增添或改动 2. 将一处历史场所恢复到某一特定历史时期的措施，它意味着：去除后代的特征构件，对缺失构建的再造；包括维修、替换、去除、再建四种方法 3. 修复必须依照准确的证据和关于此时期的精确知识进行，不允许猜想	《巴拉宪章》中的修复概念类似中国的"原状修整"，是后两份文件中"修复"的一部分；英国和加拿大的修复都是将其恢复至某一历史时期，与中国"重点修复"类似；修复的前提是充分、精确的依据，不允许猜想
重建（recons-truction）	1. 只有在某一场所因为部分要素的缺失或毁坏而变得不完整时，且有足够充分的证据能够将其恢复到一个早期的时代，才可能重建 2. 特殊情况下，出于对保存某一场所功能或实践的目的			《巴拉宪章》中的"重建+修复"与英国和加拿大两国的"修复"类似
复兴（rehabil-itation）			1. 所有对保存的要求也同样适用于复兴，不过复兴要求更进一步：改动历史场所以适应新功能的需要和/或适应新的标准和法典 2. 复兴在下列情况下是首选手段：a. 对于损坏构件的维修和替换是必需的；b. 为了新的功能已经规划了改动或增建；c. 并不存在历史上的典型时期 3. 复兴能够振兴历史环境和肌理，并使遗产价值更适应于目前的场所文脉	加拿大对于复兴的要求在英国《保护准则》中体现在"新工程"和"改变"上

续表

	《巴拉宪章》(1999)	英国《保护准则》(2008)	加拿大《保护标准与指南》(2010)	比较分析
振兴 (revital-ization)			复兴的目的	
再建 (recreat-ion)	再建与重建不同，后者必须有较多的实物遗存，重建比例只能占现存量的一小部分；而再建相当于重新创建		在修复过程中的主要方法之一，对于一些缺失的构件，在严格遵守证据和信息的前提下进行再建	是一种再创造的过程，与中国的"复建"有一定的类似性
改建 (adapta-tion)	1. 只有对文化意义没有影响或影响极低的情况下，才能进行；可能涉及对重要要素的微小改动，因此实施前必须评估 2. 可能包括为保护而增添的新设施、新功能或新改变，主要是指为适应与场所兼容的新功能而做的更新			英国、加拿大对于改建的要求融合在改变、复兴、新工程当中
新工程 (new work)	1. 在不歪曲、淡化场所文化意义且不贬低其欣赏价值的前提下，亦可接受新工程，比如添建一些建筑物或构筑物 2. 新工程的选址、体量、形式、风格、颜色、肌理和材料上要与原构件相似，但要避免模仿 3. 新工程须具有可识别性	1. 新工程或改动应满足下列条件：a. 有充分的信息能够全面解释方案对重要场所的影响；b. 方案不危害可能在未来进行加固、再发现的场所价值；c. 工程设计和施工可能在现在或将来具有价值；d. 从经验可判断方案的长期效果，或其不影响未来可能的替换方案 2. 遗产的现有价值与公众利益或兴趣导向结合的更新可以创造未来遗产，可持续文化价值的更新是必要的，但不能损害现有价值	在复兴中允许增添新工程	是更积极的保护态度的体现；为了适应变化发展需求，澳大利亚偏重于关注工程对场所的影响，英国还注重公众参与与导向

　　以上干预措施中，有若干相对公认度较高、普遍出现的，比如维护、修复、维修等，也有根据本国国情确定的较为独特的措施，比如加拿大的"复兴"、英国的"更新"等。然而，应该注意的是，对于前者，相同的用语可能具有不同的含义，比如"修复"于澳大利亚和英国、加拿大的差异，"维修"之于英国和加拿大的不同；而对于后者，不同的用语亦可能代表相类似的含义，比如英国的"更新""新工程"和"改变"与加拿大的综合性概念"复兴"的内涵相似，适用条件和要求也有相同之处。因此，在面对任何一种措施时，都要结合其出现的社会时代和文化背景加以综合分析。

三、对中国《准则》的启发和借鉴

　　《中国文物古迹保护准则》中的保护概念、程序和方法，都是在参考《巴拉宪章》的基础上而制定的，因此与其最为相似。《巴拉宪章》经历了爱尔兰人30余年不懈的努力推行，在国内和国际上也获得了较高的知名度和影响力；此外，我们也不能忽视英国《保护准则》和加拿大《保护标准与指南》这两部最新的文件反映的遗产保护趋势和需求。综合上述三份国家准则的代表文件，我们能够总结出如下几条遗产保护理念的发展与变化。

1. 遗产价值类型的拓展。与20世纪相比，近十年来，文化遗产无疑被赋予了更丰富的价值内涵和类型，在传统的历史、艺术/审美价值之外，文化价值、社会价值、教育/学习价值以及"工具性"的经济和资源价值得到了普遍公认。这从一个侧面反映了全社会对于文化遗产理解、认知的过程，也是遗产价值观发展的体现。

2. 保护对象认知的变化。传统的单一"纪念物"（monument）保护的观念也逐渐被在可持续发展中"场所"（place）、"环境"（environment）保护的观念而取代。从澳大利亚、英国、加拿大的保护体系和准则中，可以看到对于动态保护、保护更新认知的不断深化——保护不再是一种静止的行为，而是可持续发展中不可或缺的部分，而不论是遗产场所要素还是部分价值内涵，都会随着时间变化而不断更新、发展。在此过程中，我们要关注对真实性要素的理解；同时，也看到保护对象——作为价值载体的场所要素的不断拓展，从物理材料到包括物理材料、环境要素以及相关联的文化、精神意义，这种由单纯的物质要素逐渐跨越物质与非物质要素的界限，并且拓展到"人"的特征要素（fabric）系统，反映了一种对于"保护"更完整全面、更宽容积极、更贴近生活的态度。

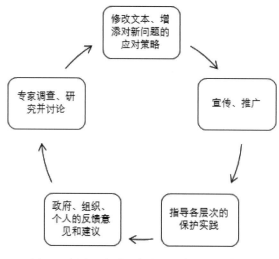

图11 中国《准则》应建立的良性运行机制

3. 强调多元主体参与。不仅仅是遗产相关群体，比如学者、保护工作者在遗产事务中发挥作用，其他的普通群体、一般人群也具有参与的权利和义务，遗产应是人们生活的一部分。

4. 构建完整的保护体系。《巴拉宪章》在颁布后，不断增添实践中反馈欠缺的具体解释、指南和守则；加拿大《保护标准与指南》在通用普遍原则、程序和方法的基础上，分别针对文化景观（包括遗产区域）、考古遗址、建筑物、工程构筑（包括公民设施、工业设施和军事设施）和材料（木、大理石、混凝土、金属等）作了具体保护规定。因此，在遗产学科日益精细的情况下，应该建立包括木结构、石质文物，聚落、文化景观、遗址等不同类型的具体标准。

此外，从上述文件的颁布—推广—认同过程中，我们也应该学习通过不懈的宣传、研讨、解释和证明，使一份非法律性文件最终得到全社会认同的过程和精神。这是一个长期且需要坚持的过程，只要建立起良性的循环机制并努力去推广，才能使中国《准则》文件真正在文物保护实践中发挥其指导作用。

四、结语

古语云："他山之石，可以攻玉。"澳大利亚《巴拉宪章》、英国《保护准则：历史环境可持续管理的政策和指导》以及加拿大《历史场所保护标准与指南》都是国家准则类文件的典范。理解并充分研究这些文件，有助于填补我国文物古迹保护准则的缺陷并完善保护体系。《巴拉宪章》颁布最早，其经典的定义、不断完善的内容以及良性的运行，不但为本国遗产保护良好体系的建立作出了贡献，也在国际上获得了广泛的赞誉和收益，包括中国、加拿大、印度尼西亚等在内的国家和香港地区都从《巴拉宪章》中吸取到了知识和经验。英国《保护准则》最具有与时俱进的创新性质，融合了先进的保护理念和经验，在实现包括 UNESCO 在内的国际保护组织的许多先进构想方面有许多值得借鉴和思考的尝试，这些有益的尝试也为我国遗产保护理念的发展提供了参考。加拿大《保护标准与指南》则以其清晰的逻辑、完整的层次和内容，为我们提供了一个科学系统的标准样本，有助于我国从综合到具体的保护准则体系的建构。与此同时，从这三份不同文件表现出的共性，比如良性机制的建立、对各利益相关者参与的重视、对不同文化背景中真实性要素、价值核心的认知与强调等，可以看出遗产领域对于一些关键问题的普遍性思考，也是值得我们借鉴和学习的。

参考文献

[1]　Australian Heritage Council. Guidelines for the Assessment of Places for the National Heritage List. Canberra: Department of the Environment, Water, Heritage and the Arts, 2009.

[2]　Australia ICOMOS. Burra Chapter,1999.

[3]　Australia ICOMOS:charters[EB/OL]. http://australia.icomos.org/publications.

[4]　Department Of Digital, Cultural, Media And Sport[EB/OL]. https://www.gov.uk/government/organisations/department-for-digital-culture-media-sport.

[5]　English Heritage. Conservation Principles: Policies and Guidance for the sustainable management of the historic envirionment[R]. London: English Heritage, 2008.

[6]　Parks Canada. Canadian Register of Historic Places: writing statement of significance[R]. Gatineau, Quebec: Parks Canada Agency, 2011.

[7]　Canada's Historic Places. The Standards & Guidelines for the Conservation of Historic Places in Canada. 2010.

[8]　王世仁. 保护文物的古迹的新视角：简评澳大利亚《巴拉宪章》[J]. 世界建筑，1999（5）.

无锡论坛上对于新型遗产及世界遗产的讨论

——2006—2012年"中国文化遗产保护无锡论坛"回顾

王昕旸[①]

【摘要】 2006年至2014年，国家文物局在江苏省无锡市连续九年举办中国文化遗产保护无锡论坛，邀请国内外专家、学者、从业人员共同探讨我国新型文化遗产及世界遗产的保护。2006年至2012年，无锡论坛分别以工业遗产、乡土建筑遗产、文化线路遗产、文化景观遗产、运河遗产和世界遗产为主题开展讨论。无锡论坛不仅引入了大量国际上的新型遗产概念和保护经验，同时还结合我国的具体国情对遗产的合理利用、整体保护、社区及社会参与问题等进行了讨论。历年会议提出的倡议文件对新型遗产的保护具有重要的指导意义。无锡论坛对新型遗产的讨论促进了我国学界对新型遗产的认识，对我国的新型遗产保护具有重要的推动作用。

【关键词】 无锡论坛；文化遗产；文化遗产保护；新型遗产

2005年12月，国务院发布《国务院关于加强文化遗产保护的通知》（以下简称《通知》），促进了我国从文物保护走向文化遗产保护。《通知》明确指出要"加大宣传力度，营造保护文化遗产的良好氛围。……各级各类文化遗产保护机构要经常举办展示、论坛、讲座等活动，使公众更多地了解文化遗产的丰富内涵"。为落实《通知》要求，国家文物局、中国古迹遗址保护协会（ICOMOS-China）、江苏省文物局和无锡市人民政府自2006年起，连续九年在江苏省无锡市联合举办中国文化遗产保护无锡论坛（以下简称"无锡论坛"），成为中国文化遗产保护领域具有重要意义的全新探索。

一、无锡论坛概况

中国文化遗产保护无锡论坛于2006年至2014年连续举办九年。其中，2006—2011年，论坛以不同的遗产类型为主题进行探讨，推动相应类型的遗产保护发展，并形成最终的倡议文件。在遗产类型的选择上，新型遗产是无锡论坛的重点关注对象。工业遗产、乡土建筑遗产、20世纪遗产、文化线路、文化景观及运河遗产分别于2006—2011年作为无锡论坛主题。

2012年，适逢《保护世界文化和自然遗产公约》（以下简称《公约》）诞生40周年之际。无锡论坛以"世界遗产：可持续发展"为主题，对我国缔结《公约》的27年历程进行回顾，深入探讨世界遗产与可持续发展的关系，最终形成文件《"世界遗产：可持续发展"无锡倡议》。

---

① 王昕旸，清华大学建筑学院博士研究生。

2013 年和 2014 年，无锡论坛将焦点转移到文化遗产保护的热点问题上，分别以"文化遗产保护与利用——发展中的平衡"和"文物事业与法制建设"为主题，对文化遗产保护中合理利用和法制建设问题进行了探讨。

表1　历届论坛主题及最终形成文件

年份	论坛主题	最终形成文件
2006	中国工业遗产保护	《中国工业遗产保护——无锡建议》
2007	乡土建筑遗产保护	《中国乡土建筑保护——无锡倡议》
2008	中国 20 世纪遗产保护	《关于保护 20 世纪遗产无锡建议》
2009	文化线路遗产的科学保护	《关于文化线路遗产保护的无锡倡议》
2010	文化景观遗产保护	《关于文化景观遗产保护的无锡倡议》
2011	运河遗产保护	《关于中国大运河保护的无锡备忘录》
2012	世界遗产：可持续发展	《"世界遗产：可持续发展"无锡倡议》
2013	文化遗产保护与利用——发展中的平衡	无
2014	文物事业与法制建设	无

二、历年会议主题回顾

（一）2006年——中国工业遗产保护

1. 国际工业遗产概念的提出与发展

工业遗产保护运动起源于 19 世纪末的英国。这一时期，英国以"工业考古学"（Industrial Archaeology）为名对工业革命所遗留下来的工业遗产进行记录和保存工作，使人们对工业遗产概念有了初步的认识。[1] 随着欧美后工业革命时代的到来，各国在产业转型的同时纷纷开始开展工业遗产保护运动。1978 年，国际工业遗产保护委员会（The International Committee for the Conservation of the Industrial Heritage，TICCIH）在瑞典成立，形成世界性工业遗产保护组织。2003 年，国际工业遗产保护委员会通过了工业遗产保护的纲领性文件——《下塔吉尔宪章》。该宪章明确了工业遗产的定义，阐述了工业遗产的价值与内涵。关于工业遗产的定义，宪章有如下表述："工业遗产由工业文化的遗留物组成，这些遗留物拥有历史的、技术的、社会的、建筑的或者说科学上的价值。这些遗留物具体由建筑物和机器设备、车间、制造厂、工厂、矿山和处理精炼遗址、仓库和储藏室、能源生产、传送、使用和运输以及所有的地下构造所在的场所组成，与工业相联系的社会活动场所，比如住宅、宗教朝拜地或者是教育机构都包含在工业遗产范畴内。"[2]21-22 截至 2006 年，工业遗产保护经历一个世纪的发展，其价值在国际上已得到充分认可。

2. 我国工业遗产的保护与发展

从广义的角度来看工业遗产，我国的工业遗产可分为两类。一类为以矿冶遗址和瓷窑遗址为代表的遗址类工业遗产，另一类为以近代工业建筑为主的城市工业遗产。我国对第一类工业遗产的保护起步较早，按照遗址类文物保护策略进行。然而，关于近代工业遗产保护的研究与实践在 2006 年的我国仍处于初级阶段，相关论文数量寥寥无几。这一时期，我国经济发展迅速，许多工业城市面临转型，工业向城市外迁的步伐加快，如何保护和利用城市工业遗产成为急需解决的问题，相关的政策也逐渐开始建立。在北京、上海等地，部分工业遗产已开始进行再利用探索。这些再利用案例中，有些是由政府主导的再利用，例如北京的自来水博物馆；还有一些则是民间自发的再利用，例如，北京的 798 厂房。此外，各地也出台了一些政策以鼓励工业遗产的利用。如 1991 年，上海市发布《上海市优秀近代建筑保护管理办法》，对 1840 年至 1940 年建造的重要建筑提出了明确的保护措施。尽管我国工业遗产的保护与利用已经起步，但是仍然缺乏理论支持，学界关于工业遗产的讨论也尚不成熟。

3. 无锡论坛大力推动我国工业遗产保护

2006 年 4 月 17—18 日，为响应当年"4·18"国际古迹遗址日主题，中国古迹遗址保护协会（ICOMOS-China）、江苏省文物局和无锡市人民政府联合举办了首届中国文化遗产保护无锡论坛——中国工业遗产保护论坛。这是我国第一次举办全国范围的国际古迹遗址日主题活动，也是我国文化遗产保护领域第一次将工业遗产保护作为重要专题提出。[3]

此次论坛邀请了众多国内外相关领域的专家学者共聚一堂，对我国的工业遗产保护问题进行探讨。时任国家文物局局长单霁翔进行了《保护工业遗产：思考与探索》主旨报告。在报告中，单霁翔对国内外工业遗产保护情况进行了梳理和介绍，对工业遗产的保护提出了相关建议，随后发表文章《关注新型文化遗产——工业遗产的保护》。

本次论坛原则通过了《中国工业遗产保护——无锡建议》。该建议明确了工业遗产的定义，肯定了工业遗产所具备的价值，指出了经济高速发展下，工业遗产保护所面临的威胁与困境，并对工业遗产的保护提出了七条建议。该建议还提出，要转变观念、落实普查工作、加大宣传教育及公众监督力度、编制保护规划并纳入城市总体规划、提倡合理利用、加强相关的研究工作。[4]

2006 年的无锡论坛是我国工业遗产保护的一个重要转折点，对于我国工业遗产保护理论和实践的发展起到了重要的推动作用。论坛将工业建筑遗产保护理念引入国内，为我国工业遗产保护体系的建设打下坚实的基础。在无锡论坛召开后，国家文物局于同年 5 月下发了《关于加强工业遗产保护的通知》，以促进工业遗产保护发展。学术研究方面，以"中国知网"的文献数量为依据，以"工业遗产"为主题的研究数量自 2006 年起呈现明显的上升趋势。至 2018 年，以"工业遗产"为主题的论文年度发表量已多达 600 余篇。

（二）2007年——乡土建筑遗产保护

1. 国际乡土建筑遗产概念的提出与发展

20 世纪 60 年代，乡土建筑的概念开始初步形成。在尊重文化多样性思想的影响下，人们对于遗产价值的认识不断深入，遗产类型不断拓展，对乡土建筑遗产的保护也逐渐得到重视。1999 年，国际古迹遗址理事会第 12 届大会在墨西哥召开。大会通过了《乡土建筑遗产宪章》（以下简称《宪章》），对乡土建筑遗产的保护提出基本原则及行动指南，是乡土建筑保护的国际性纲领文件。该宪章对乡土建筑遗产的概念有如下定义："一定地区人们自己建造房屋的一种传统的和自然的方式。"此外，该宪章还强调了乡土遗产具有的五个特点：地域性、动态性、具有一定数量、功能性和原创性。在世界遗产的平衡性策略的影响下，国际古迹遗址保护协会（ICOMOS）于 2005 年发布《世界遗产名录：填补空白——未来行动计划》（The World Heritage List: Filling the Gaps-an Action Plan for the future）报告。报告也明确强调了认识乡土建筑遗产价值的重要性。[5]14

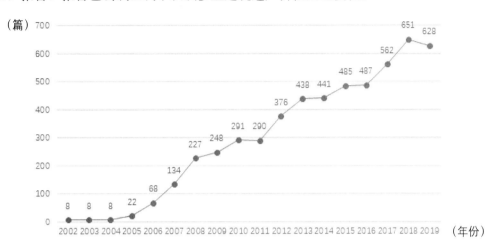

图1　2002—2019年"中国知网"数据库中以"工业遗产"为主题的论文发表数量

（资料来源：中国知网https://www.cnki.net/）

2. 从民居研究走向乡土建筑遗产保护

与工业遗产不同，我国的乡土建筑相关研究与保护起步较早，一直以来受到广泛关注，以 20 世纪 30—40 年代中国营造学社的学者对我国西南地区的民居建筑的研究为开端。新中国成立后，我国对乡土建筑的研究逐渐从民居建筑研究转变为乡土建筑研究。1988 年以来，乡土建筑的数量在我国第三批至第六批全国重点文物保护单位中不断增长。2003 年及 2005 年，建设部和国家文物局先后公布了 80 处中国历史文化名村、名镇，乡土建筑的保护逐渐得到重视。1999 年，皖南古村落成功列入世界文化遗产名录，进一步证明了我国乡土遗产所蕴含的突出普遍价值。[6]

3. 无锡论坛的讨论与成果

2007 年 4 月 11—12 日，第二届中国文化遗产保护无锡论坛顺利召开。论坛邀请了近百位国内外知名专家学者围绕"乡土建筑遗产保护"这一主题进行讨论。最终通过《中国乡土建筑保护——无锡倡议》并出版会议论文集《中国文化遗产保护无锡论坛——乡土建筑保护论坛论文集》。

在会议上，时任国家文物局局长单霁翔以《把握新农村建设机遇，积极推进乡土建筑保护》为题，进行了主旨报告。报告回顾了我国乡土建筑研究的历程，强调了乡土建筑遗产保护的重要性。同时，报告还结合我国社会主义新农村建设的现状，指出了目前乡土建筑遗产保护所面临的重开发轻保护、法规制度建设不健全、产权政策不清晰、资金人才不充足、维修管理体系不完善等问题并提出了相应的解决方案。[6] 国际古迹遗址理事会乡村建筑科学委员会（ICOMOS-CIAV）秘书长 V.P. 洛佩兹（Valeria Prieto Lòpez）向大家介绍了该委员会的目标及策略，同时分享了他们在墨西哥米却肯州 San Antonio 土著部落的实践经验。国家文物局的郭旃以"世界遗产申报过程中的中国传统村镇"为题进行了讲话。在讲话中，郭旃强调了乡土建筑遗产的价值，同时对乡土建筑遗产保护中的真实性问题进行了阐述。郭旃指出："真实性不排斥合理的更新。……其实，保护与发展不必互相排斥。"[7]62

本次无锡论坛为我国乡土建筑遗产保护引入了国际化的视野，推动了乡土建筑遗产在文化遗产框架下的发展。会议最终形成的《中国乡土建筑保护——无锡倡议》[8]为我国乡土建筑遗产保护提出了 8 条倡议，肯定了乡土建筑遗产的价值，推动了相关政策法规的建立及保护规划的编制。在保护策略上，该倡议提倡对保护对象实施整体保护，搭建跨学科、多层次的研究平台，加强乡土建筑保护宣传，提高当地居民的价值认同及保护意识。此外，在《中国乡土建筑保护——无锡倡议》的影响下，乡土建筑遗产在第三次全国文物普查中被列为重点普查内容。

（三）2008年——中国20世纪遗产保护

1. 国际20世纪遗产保护的发展

20 世纪遗产，即反映 20 世纪人类活动的遗产，与之相近的概念还有"当代遗产"（Modern Heritage）①。在遗产评估的标准中，时间是一个重要的参考指标。由于 20 世纪过于晚近，人们很难清晰地认识到 20 世纪遗产的价值，以及 20 世纪遗产面临着的极大威胁。对于 20 世纪遗产保护的讨论既涉及我们如何认识自己曾亲身经历的历史，也涉及遗产保护方面年代的界定，其保护迫在眉睫。

关于 20 世纪遗产保护的讨论开始于 20 世纪末。1981 年，澳大利亚在第五届世界遗产大会上将"悉尼歌剧院"作为本次大会的申报项目进行申报。尽管申报并未成功，但这一举动引发了国际组织对战后建筑和 20 世纪遗产保护的思考。[9]在此之后，国际遗产保护界举办多次会议以讨论 20 世纪遗产的定义、价值、与现有世界遗产体系的关系等问题。

2001 年起，联合国教科文组织、国际古迹遗址理事会、现代主义运动记录与保护国际组织（Working Party for the Documentation and Conservation of Buildings, Sites and Neighbourhoods of the Modern Movement，DOCOMOMO）发起了一项以识别、记录和推广 19 世纪和 20 世纪的建筑遗产（即当代遗产）的联合计划——现代遗产计划。2002 年"4·18"国际古迹遗址日主题确定为"20 世纪遗产"。

根据国际古迹遗址理事会于 2005 年出版的《世界遗产名录：填补空白——未来行动计划》报告，截至 2003 年年初，已有 15 处当代遗产列入世界遗产名录，亚太地区尚未有当代遗产项目列入世界遗产名录及预备名录。[5]44

2. 我国的近现代建筑保护与20世纪遗产保护

在我国，20 世纪遗产与近现代建筑这两个概念有许多相似之处。一直以来，我国将

---

① 当代遗产（Modern Heritage）是指自 19 世纪末建造的建筑、建筑群、艺术品、城镇、工业遗产。参见《世界遗产名录：填补空白——未来行动计划》。

20世纪遗产归纳至近现代建筑这一概念下进行保护。我国对于近现代建筑的保护源于对"革命文物"的保护。1956年，国务院在《关于在农业生产建设中保护文物的通知》中要求"必须在全国范围内对历史和革命文物遗迹进行普查调查工作"。1961年，我国公布的第一批全国重点文物保护单位中有33处"革命遗址及革命纪念建筑物"得以列入。1982年，《中华人民共和国文物保护法》（以下简称《文物保护法》）颁布，其中规定"与重大历史事件、革命运动和著名人物有关的，具有重要纪念意义、教育意义和史料价值的建筑物、遗址、纪念物"可被列入我国文物保护范围。这一时期，我国对于近现代建筑价值的认识是基于其对革命历史的见证作用。众多近现代建筑所蕴含的艺术价值、科学价值尚未被认可。1996年，在我国公布第四批全国重点文物保护单位时，对近现代建筑的表述更改为"近现代重要史迹及代表性建筑"。这一改变说明了我国对于近现代建筑遗产价值的认识正在拓展，近现代建筑的其他价值正在得到认可。单霁翔在《20世纪遗产保护的实践与探索》一文中总结道："这些20世纪遗产大体可分为三类，一是以推动社会进步的重点历史事件为基本内涵的物质载体；二是以塑造人类文明的杰出人物历史遗迹为背景的物质载体；三是以反映不同流派特点、艺术风格和时代精神为特征的建筑载体。"[10]12

3. 无锡论坛的讨论与成果

2008年4月10—11日，第三届中国文化遗产保护无锡论坛在无锡召开。论坛以"中国20世纪遗产保护"为主题，对我国20世纪遗产的保护工作进行讨论，并最终通过我国首个保护20世纪遗产的纲领性文件——《关于保护20世纪遗产无锡建议》。

论坛上，多位专家学者对20世纪遗产的特点进行了总结。在《20世纪遗产保护的实践与探索》发言中，时任国家文物局局长单霁翔将20世纪遗产归纳出四个显著特点：①种类繁多、保存完整；②时代变迁、文化多元；③功能延续、贴近生活；④内涵丰富、感召力强。中国城市规划设计研究院规划师王景慧在《20世纪遗产保护的若干问题》中谈道，20世纪遗产具有内容丰富、类型多样、建成时间短、目前还在使用、结构完好且方便改为他用等特征。清华大学吕舟教授在《20世纪建筑遗产的价值认定与保护》中指出，20世纪建筑遗产具有三个方面的共同特征：①通过建筑师个性化的创作反映的人类的创造性和想象力；②作品所体现的时代精神——例如建筑理论、规划理论等；③建筑所反映的技术进步。

江苏省文化厅厅长章剑华、无锡市委书记杨卫泽、首都博物馆副研究员张燕分别对江苏省、无锡市和北京市的20世纪遗产及工业遗址的保护情况进行了介绍。杨卫泽在《走在保护20世纪文化遗产前列》发言中将无锡市在20世纪文化遗产保护方面进行的探索实践总结为以下五点：①推动思想转变，将"文化遗产保护"列入构建和谐宜人新无锡的重要内容；②创新体制机制，形成全社会保护文化遗产的新局面；③强化立法立规，增强文化遗产保护工作的刚性和力度；④坚持科学管理，实现文化遗产保护修复的有序推进和重点突破；⑤激活历史资源，让历史文化遗产成为城市创新文化的新亮点。张燕在《北京工业遗址保护调查》中，将北京目前的工业遗址保护形态分为工业遗址公园的创建、园林奥运场馆内的工业遗产、工业遗产与创意文化产业结合、工业遗址与行业博物馆等8种类型。

在建立 20 世纪遗产保护体系方面，各位专家也发表了看法。王景慧在《20 世纪遗产保护的若干问题》发言中强调了应正确认识 20 世纪遗产与其他遗产之间的区别以及 20 世纪遗产的价值，在操作的过程中应尽可能保存遗产的历史信息。吕舟教授在《20 世纪建筑遗产的价值认定与保护》发言中指出了我国对于 20 世纪建筑遗产基础研究薄弱的问题，他建议首先应建立一个跨学科的研究、评估体系。其次，在环境控制和保护方面也应当建立有针对性的措施，通过建立完善的法律和保护体系，将遗产保护工作和当代城市发展更加密切地结合起来。同济大学的张松教授在《20 世纪遗产保护若干问题的探讨——以建筑遗产为中心》的发言中同样肯定了制度建设的重要性。他指出，在制度建设中应包含立法、普查与调查、保护修缮技术、公众参与、经济政策及城乡建设规划管理等方面。

清华大学张复合教授多年从事我国近代建筑研究。他在《对 20 世纪遗产的中国近代建筑的认识》发言中，将我国的近代建筑分为"影响型"和"承续型"两类，分别代表的是受到外来建筑文化影响的近代建筑，以及在我国传统建筑基础上发展、延续、主动吸纳外来文化和建造材料及技术两种类型。他认为，对我国 20 世纪遗产的认定是进行保护工作的基础，而充分认识我国近代建筑的特性和复杂性是我国 20 世纪遗产认定工作中的重要部分。[11]

（四）2009 年——文化线路遗产的科学保护

1. 文化线路遗产概念的提出与发展

1994 年，在西班牙政府资助下，"线路作为我们文化遗产的一部分"（Routes as Part of our Cultural Heritage）主题专家会议在西班牙马德里召开。本次会议最终形成的《专家报告》从空间、时间、文化及目的四个角度对"文化线路"这一概念进行了定义。1998 年，国际古迹遗址理事会成立文化线路科学委员会（International Scientific Committee on Cultural Routes，CIIC），并形成该委员会的工作计划、宪章等文件。这标志着以"对话与交流"为特征的跨地区或跨国家的文化线路，作为新型文化遗产的理念，已为国际文化遗产保护领域所认同。[12]2002 年，文化线路科学委员会以"文化景观相关的文化线路的观念上与实质上的独立性"为题，在西班牙马德里召开会议，通过《马德里共识》，首次明确了"文化线路"的文化遗产价值地位。2005 年，"文化线路"以"遗产线路"（Heritage Routes）为名列入世界遗产名录中的特定遗产类型。2008 年，国际古迹遗址理事会第十六届大会通过了《文化线路宪章》。该宪章对文化线路的定义、构成、真实性、完整性等内容进行了解释和说明，使得文化线路的保护具备了一定的可操作性。

《文化线路宪章》指出，文化线路应当具备如下特征：①必须来自并反映人类的互动，和跨越较长历史时期的民族、国家、地区或大陆间的多维、持续、互惠的货物、思想、知识和价值观的交流；②必须在时空上促进涉及的所有文化间的交流互惠，并反映在其物质和非物质遗产中；③必须将相关联的历史关系与文化遗产有机融入一个动态系统中。

2. 我国关于文化线路的讨论

2005 年 10 月，国际古迹遗址理事会第十五届大会于我国陕西省西安市召开。会议将文化线路列为四大专题之一，并对文化线路被列入世界文化遗产的项目进行讨论，形成了有关《文化线路宪章（草案）》的决议。通过这次会议，文化线路这一概念开始进入我国学者的视野。在文化线路概念引入的影响下，2006年5月，京杭大运河列入第六批全国重点文物保护单位，同年12月，大运河列入我国世界遗产名录预备清单。2007年9月，国家文物局确定丝绸之路联合申报世界文化遗产第一批申报推荐项目名单，这也是我国首个与他国联合申报世界文化遗产的项目。

2005年至2009年，关于文化线路的研究主要为对于文化线路概念的形成与发展的综述以及相关、对我国文化线路案例的具体研究。在案例的选择上，大多数研究围绕大运河、丝绸之路、川盐古道、茶马古道几处文化线路进行。

3. 无锡论坛的讨论与成果

2009年4月10—11日，第四届中国文化遗产保护无锡论坛在无锡召开。本次论坛以"文化线路遗产的科学保护"为主题进行探讨，最终形成《关于文化线路遗产保护的无锡倡议》并出版会议论文集《文化线路遗产的科学保护论文集》。

会议上，时任国家文物局局长单霁翔以"关注新型文化遗产——文化线路遗产的保护"为题进行主旨报告，后整理成文章《关注新型文化遗产"文化线路遗产"的保护》。在报告中，单霁翔对文化线路的定义进行了详细的阐述，梳理了文化线路的发展历程。单霁翔提出，保护文化线路遗产具有深刻的时代意义，但在城市化发展和大规模城乡建设的过程中，文化线路的保护也面临巨大压力。文化线路的保护有利于整合文化遗产资源。在文化遗产概念不断扩大的当下，文化线路将范围更为广阔的遗产纳入整体保护的行动中，使文化遗产可以获得更为全面、更为系统的保护。与会专家认为，文化线路遗产的保护在我国乃至全世界仍处于起步阶段。由于缺乏有效的法律依据与支持，加上气候变化、环境污染等影响，以及因对遗产认识不清导致的人为破坏等，文化线路遗产在我国面临生存威胁，相关的遗存正不断消失。[13]

本次论坛正值我国大运河、丝绸之路申遗筹备阶段，许多专家学者将研究的重点集中在这些项目上。在《文化线路遗产的科学保护论文集》中，共收录46篇文章。其中，有19篇与大运河相关的研究，6篇关于海上丝绸之路的研究，4篇关于丝绸之路的研究。

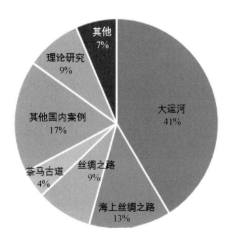

图2　《文化线路遗产的科学保护论文集》研究主题分析

在基础理论研究方面，王建波、阮仪三在《作为遗产类型的文化线路——〈文化线路宪章〉》一文中对《文化线路宪章》进行了深刻解读，强调了文化线路遗产的复杂性和整体性"是其文化重要性所在"。[14]丁援在《作为"无形文化遗产"的文化线路》一文中指出，以"文化交流"为内核的文化线路遗产不应仅局限于有形的交通线路，还应反映其作为遗产保护和城乡规划的视角和方法论的角色，从而对文化线路的概念进行了重新定义："文化线路是指在一定时期内，随着不同人群在一定空间（线性或非线性）上产生的具有目的性的流动交往行为，继而在产生了跨文化碰撞与整合作用的同时，于有形和无形遗产基础上，以文化交流的过程，以及文化传播或文化涵化的显形或者隐形的路径为线索，形成的具有一定类型特征的文化意象和遗产保护、城乡规划的视角。"[15]48

（五）2010年——文化景观遗产保护

1. 国际文化景观遗产概念的形成与发展

文化景观概念源于地理学研究。19世纪下半叶，德国地理学家F. 拉采尔（F.Ratzel）最先阐明文化景观的概念，并将之称为"历史景观"。他指出，历史景观是人类活动所造成的景观，反映出文化体系的特征和一个地区的地理特性。同时，他主张对田地、村落、城镇及道路等进行分类，以便了解其分布、相互联系和历史起源。[16]20世纪，美国地理学家C.O. 索尔（C.O.Sauer）继承和发展了此前学者的观点，强调"自然与人兼容并蓄"，文化景观的概念开始初步形成。

20世纪60年代后，与景观和环境相关的概念开始引入文化遗产保护领域。例如1964年《威尼斯宪章》中所提出的"古迹不能与其所见证的历史和其产生的环境分离"，1972年《公约》在对"遗址"进行定义时所提到的"自然与人的联合工程"。1992年，"文化景观"正式成为世界遗产中的特殊类型，人与自然之间的关系得到了越来越多的关注。单霁翔在《从"文化景观"到"文化景观遗产"（下）》一文中提道："文化景观遗产的确立使世界遗产更具平衡性和代表性，也使世界遗产所代表的自然与文化、人类与环境、物质与非物质遗产之间的关系更加全面和深刻。"[17]8

作为一种新型文化遗产，文化景观的保护与管理对各国来说都是一个巨大的挑战。文化景观的复杂性和整体性导致保护工作需要结合当地的特色文化、建设需求、社会发展等多方面因素进行综合考虑，从而达到对遗产地进行可持续保护。

2. 我国文化景观遗产保护与发展

我国对于文化景观遗产的研究源于文化地理学的研究。1994年，我国"庐山国家公园"项目以文化景观类型列入世界文化遗产。2009年，五台山以文化景观类型列入世界文化遗产，成为我国第二项文化景观类世界遗产。尽管我国已有两处文化景观遗产，但是，两个项目均以文化自然双遗产进行申报，最终改为文化景观类型。这表明，我国对于文化景观概念尚不明晰，相关的研究并不深入。

3. 无锡论坛的讨论与成果

2010年4月10—11日，第五届中国文化遗产保护无锡论坛召开。本次论坛以"文化景观遗产保护"为主题进行分享和讨论，最终形成会议文件《关于文化景观遗产保护的无锡倡议》。

在本次论坛中，与会国内外专家、领导围绕"文化景观"这一主题，分别从基础理论研究、世界遗产申报以及实践案例分析三个角度进行分享。在对于文化景观的具体认识上，谢辰生认为，文化景观类遗产所具有的共性是"互动"，但互动的形式有所不同，应注意明确文化景观和文化自然双遗产之间的差别。[18]侯卫东则指出："文化景观概念的核心应该是景观，景观的核心则应该是遗产所能体现出的足以打动人类情感的物质文化形态之美。"[19]25在世界遗产申报方面，清华大学吕舟教授以"文化景观与文化价值"为题，对已列入名录的文化景观项目进行了分析和总结。[18]中国建筑设计研究院的陈同滨则以"中国文化景观的申遗策略初探"为题，从遗产申报的角度对我国预备名录中的文化景观类项目进行了分析。[20]

（六）2011年——运河遗产保护

1. 国际运河遗产的概念与特点

20世纪90年代起，运河遗产的保护在国际上迅速发展。1994年，联合国教科文组织于加拿大组织了遗产运河专家会。会议文件将"遗产运河"（Heritage canals）定义为"人工水道"（Human Engineered Waterway）。"运河是人类兴建的水路。从历史或技术角度看，运河本质上或作为这种文化遗产类型的一个特例都可能具有突出的普遍价值。历史运河可以被看作一个文物古迹，一种线性文化景观的决定性特征，或是一个复杂的文化景观中的一部分。"[21]1996年，国际工业遗产保护协会制定《国际运河史迹名录》。两份文件的出台标志着国际运河保护的理论体系初步形成。

国际上，运河遗产通常被视为工业遗产的一种类型，强调其在"技术"上的价值和代表性。例如法国的米迪运河（Canal du Midi），通过船闸、沟渠、桥梁、隧道等328个的人工建筑连接了地中海和大西洋；加拿大的里多运河（Rideau Canal），沿河共建有47座船闸和53处大坝。中国文化遗产研究院的王毅在《中外运河突出普遍价值对比分析研究》一文中指出，国际上的运河大多是"欧美同一技术体系之下运河建造的不同特点的范例，代表了不同时期、不同技术的发展阶段，因不同功能需求而传承并各自创作的特点，均为工业革命时期的水利规划与工程技术典范"[22]87。

2. 我国的大运河申遗项目

国际上对于运河遗产保护的关注也促进了我国对运河遗产保护的关注。2005年，罗哲文、郑孝燮、朱炳仁三位专家提出倡议，加快大运河的"申遗"工作。2006年，京杭大运河列入第六批全国重点文物保护单位。

中国大运河位于我国中东部，公元5世纪开始开凿，7世纪完成第一次全线贯通，13世纪完成第二次贯通，地跨北京、天津、河北、山东、江苏、浙江、河南和安徽8个省级行政区，连通海河、黄河、淮河、长江、钱塘江五大水系。与国际上的遗产运河不同，中国大运河并非工业革命的产物，同时也不以工程技术的突出性为价值论述的重点。大运河的开凿以漕运为主要功能，进而达到稳定政权、维持国家统一的目标。此外，大运河也起到了一定的促进文化交流的作用。

大运河的遗产元素多元化，遗产价值十分多样，在遗产类型的选择上也有着诸多可能。在遗产类型上，中国保护学界主要有五种基本观点：传统遗产类型、遗产运河、文化景观、文化线路及复合类型遗产。关于大运河的研究主题十分多样，历史研究、保护管理研究、遗产监测等内容都是大运河的热点研究方向。

3. 无锡论坛的讨论与成果

2011 年 4 月 10—11 日，第六届中国文化遗产保护无锡论坛顺利召开。2011 年，"4·18" 国际古迹遗址日主题为 "与水有关的文化遗产"。本次论坛结合国际古迹遗址日主题将主题定为 "运河遗产保护"，围绕我国的大运河申遗项目进行探讨，最终形成会议文件《关于中国大运河保护的无锡备忘录》。

本次论坛共有三个主旨发言。单霁翔在《中国大运河的突出普遍价值研究》报告中分析了大运河的突出普遍价值，并强调了大运河所具有的活态特征。无锡市市长毛小平在发言中对无锡运河遗产保护的情况进行了介绍。世界遗产委员会前主席克里斯蒂娜·喀麦隆对世界遗产运河的申报和管理进行了介绍。此外，各方专家也就大运河的保护管理、真实性、完整性等问题进行了讨论，对我国大运河遗产价值的挖掘以及保护管理工作都有着巨大的推动作用和借鉴意义。[23]

（七）2012年——世界遗产：可持续发展

1. 《保护世界文化和自然遗产公约》40周年

1972 年 11 月 16 日，联合国教科文组织在巴黎举办第十七届联合国教科文组织大会上通过《保护世界文化和自然遗产公约》（以下简称《公约》）。公约明确了世界文化遗产和自然遗产的定义和保护措施，同时规定了缔约国申报世界遗产的规章流程及职责。

1972 年至 2012 年，在《公约》所提倡的价值体系促进人们对于遗产认识不断深化的同时，其自身也在不断发展和完善。随着越来越多的国家加入《公约》，在经济全球化发展的 40 年中，特别是进入 21 世纪后，《公约》从最初对 "人类在历史和文明进程中创造的杰作及有重大历史建筑意义的古迹" 的关注逐渐转变为对尊重文化多样性的关注。在遗产类型上，遗产线路、文化景观、历史城镇及城镇中心等新兴遗产类型不断扩充到世界遗产的体系内。

1985 年，我国加入《公约》，成为缔约国。1987 年，长城、明清故宫、莫高窟、周口店北京人遗址和秦始皇陵及兵马俑坑成为我国首批列入世界遗产的五个项目。截至 2012 年，我国共有 41 处世界遗产，其中文化遗产 29 处，自然遗产 8 处，文化和自然双遗产 4 处。国家文物局副局长童明康在论坛主旨发言中提到，我国在加入《公约》的 25 年来，对世界文化遗产的保护高度重视，主要体现在健全法律体系、完善管理机构、建立监管体系、实时保护工程、重视研究宣传和注重国际交流六个方面。[24]

2. 世界遗产与可持续发展

"可持续发展" 是指 "在不损害后代人满足其自身需要的能力的前提下满足当代人的需要的发展"。这一概念于 1987 年世界环境与发展委员会在《我们共同的未来》报告中提出，并于联合国第四十二届大会公布。2000 年，联合国在《联合国千年宣言》中强调的自由、平等、团结、容忍、尊重大自然、共同承担责任的基本价值进一步阐明了以人类社会可持续发展为目标的发展方向。

《公约》自建立之初便扮演着促进世界可持续发展的角色，其发展也展现了人们对于"可持续发展"这一目标的认识不断深化的过程。童明康在主旨发言中指出："世界遗产与可持续发展的重要命题，包括两层含义：一是世界遗产自身的可持续发展，一是世界遗产对人类可持续发展的贡献。"[24] 从第一个层面来看，世界遗产自身的保护与管理是维持世界遗产自身可持续发展的关键。从第二个层面来看，促进跨文化交流、加强公众对于世界遗产的认识与理解是世界遗产所承担的更为重要的职责。20 世纪 90 年代，联合国教科文组织提出"4C"战略以促进世界遗产的保护与发展。"4C"战略指：建立可信的世界遗产名录（Credibility）、进行世界遗产管理和保护的能力建设（Conservation）、加强对遗产的保护（Capacity-building）、促进遗产各利益相关方的沟通（Communication）。2007 年，世界遗产委员会将全球战略由"4C"发展为"5C"，增加"社区参与"（Community），强调当地居民对世界遗产及其可持续发展的重要性。

世界遗产作为一种不可再生的"精神资源"，对促进不同文化间的理解与包容、人类的可持续发展有着重要的支撑作用，保护世界遗产是谋求可持续发展的基础。

3. 无锡论坛的讨论与成果

2012 年 4 月 10—11 日，第七届中国文化遗产保护无锡论坛在江苏省无锡市召开。论坛以"世界遗产：可持续发展"为主题，邀请国内外著名专家学者一同讨论。最终形成会议论文集《世界遗产：可持续发展》和会议文件《"世界遗产：可持续发展"无锡倡议》。

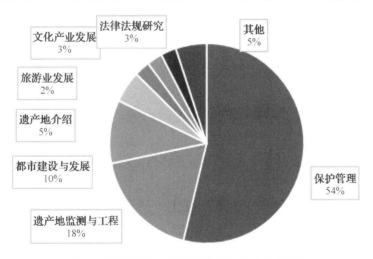

图3 《世界遗产：可持续发展》论文主题分析

"万方数据"知识平台共收录 39 篇本次会议的会议论文，共有 32 处遗产地结合自身经验和遗产地特色对世界遗产与可持续发展话题进行探讨。在 39 篇论文中，21 篇论文为遗产地管理机构对该遗产地保护管理措施进行介绍，7 篇论文对遗产地监测与具体工程案例进行介绍，4 篇论文探讨了遗产地与所在城市建设发展间的平衡问题。从各遗产地提交的论文可以看出，我国世界遗产保护体系虽然已初步建立，但是，在公众意识建立及社区参与推动方面的建设十分薄弱，世界遗产的保护管理仍然停留在对遗产本体的保护上。

会议最终形成文件《"世界遗产：可持续发展"无锡倡议》，对我国的世界遗产保护工作提出了四点倡议：①密切关注世界遗产的保护和可持续发展，提高公众意识；②广泛整合社会资源和力量，实现世界遗产保护发展的跨学科、跨行业联手；③积极构建社区发展与遗产保护的良性互动，实现共生共济；④充分发挥政府的主导作用，有效调动地方管理部门积极性。

三、从会议文件看新型遗产保护思想

（一）合理利用

文化遗产的合理利用离不开对文化遗产价值的认识。随着我国对文化遗产的价值认识的不断加深，合理利用逐渐成为我国文化遗产保护界的热点话题。2002年，《中华人民共和国文物保护法》进行修订，我国文物保护方针从"保护为主，抢修第一"修订为"保护为主、抢救第一、合理利用、加强管理"，大大推动了我国文物建筑合理利用的发展。在历年无锡论坛形成的会议文件中，共有4年的会议文件对文化遗产的合理利用问题进行了阐述，分别涉及工业遗产、乡土遗产、20世纪遗产及文化景观遗产四个遗产类型。

2006年的无锡论坛在将工业建筑遗产这一遗产类型引入我国学者视野的同时，也促进了文物建筑合理利用的讨论与发展。在无锡论坛的倡导下，工业建筑的价值得到认可，对于工业建筑的利用也得到重视。一方面，我国对于文物建筑的利用一直强调的是对其"历史价值"的利用，所以在《中国工业遗产保护——无锡建议》中首先提到的是要"鼓励区别对待、合理利用工业遗产的历史价值"[4]。另一方面，在这一时期我国的实践经验较少，《中国工业遗产保护——无锡建议》提出主要通过"借鉴和吸取国外工业遗产保护与利用的经验教训"[4]以发展我国的工业遗产利用。2008年，在对20世纪遗产的保护问题进行讨论时，论坛再一次提到合理利用的相关内容。《关于保护20世纪遗产无锡建议》提出"应制定20世纪遗产保护与合理利用的标准和管理办法，规范保护手段和程序，对保护和利用途径作出明确规定"[25]1，我国的文化遗产合理利用开始走向制度化。

2007年，在对乡土建筑遗产进行讨论时也提到了合理利用。在我国早期的乡土建筑遗产保护实践中，"博物馆式"的保护占据主导地位。对乡土建筑遗产的合理利用体现了我国对于遗产活态特征的认识。《中国乡土建筑保护——无锡倡议》提出要在"保护的前提下对乡土建筑进行合理利用。鼓励、指导村民通过房屋内部设施改造，使乡土建筑内部具备现代生活的居住要求。对难以或不应改造的乡土建筑，应实行原地保护"[8]。这一表述肯定了乡土建筑遗产所具备的活态价值以及对居住在其中的村民来说所承载的情感价值。2010年，关于文化景观遗产的讨论中，"合理利用"同样体现了我国对于遗产活态特征的认识，并将其提升到"可持续发展"的高度，呼应了联合国的发展目标。《关于文化景观遗产保护的无锡建议》提出要"……以可持续发展为目标，以延续保护对象生命功能为手段，实现遗产的合理利用，使保护成果惠及民众"[26]1。

（二）整体保护

整体保护思想是对文化线路遗产、文化景观遗产以及大运河遗产实施保护的核心思想。由于这些遗产在空间上分布十分广泛，价值上具有复杂性和整体性，同时还具有动态的、活态的特征，传统的遗产保护方法无法完全适用于这些大型新型遗产的保护。在对这些新型遗产进行保护时，涉及各个部门之间的协调，需要从更为整体的角度出发进行统一筹划。在历届无锡论坛的会议文件中，谈及整体保护的共有 4 年，分别涉及乡土建筑遗产、文化线路遗产、文化景观遗产以及大运河遗产。

2007 年，在对乡土建筑遗产进行讨论时，《中国乡土建筑保护——无锡倡议》提出要"对乡土建筑形成的聚落整体，包括周边环境及其所蕴含的合理的生活方式、传统民俗等非物质文化遗产同样要加以保护"[8]。与活化利用的提出相同，整体保护的提出是可以解决在早期乡土建筑遗产保护中出现的问题，并对乡土建筑遗产的活化特征进行强调。在早期乡土建筑保护过程中，出现了大量异地迁建及"博物馆式"的保护案例。这些保护方法的出现源于我国早期对于乡土建筑遗产的价值认识仅仅是对其作为古建筑这一层面上的价值认识。随着文化遗产概念的引入，乡土建筑遗产的价值被进一步扩展。人们开始意识到这些保护方法忽视了乡土建筑遗产在其所在的环境中的特殊意义以及其所承载的非物质文化遗产和活态特征。

2009 年，在对文化线路进行讨论时，《关于文化线路遗产保护的无锡倡议》提出要"结合第三次全国文物普查，对文化线路遗产进行全面、系统和深入的调查，逐步摸清家底，充分认识其价值和内涵。科学划定保护范围和建设控制地带，编制文化线路遗产保护和管理规划，探索文化线路遗产整体保护的方法"[27]3。作为以反映文化交流为目的的新型文化遗产，文化线路的保护与我国的文物普查制度及保护管理规划编制工作相结合，探索新的整体保护方法。这一方法在 2011 年的会议文件《关于中国大运河保护的无锡备忘录》中有着更为详细的说明。相较于其他几年的会议文件，《关于中国大运河保护的无锡备忘录》更具操作性，是一份围绕大运河保护及申遗工作开展讨论的文件。在该文件中，关于整体保护问题有如下表述：

2. 对于大运河这样超大规模的在用遗产，考虑到发展演变是其重要特性之一，要准确认定其真实性和完整性。有关认识会丰富对运河遗产的认知。

3. 制定、发布不同位阶的法律规范，整体保护大运河。

4. 制定并实施大运河保护管理总体规划和其他各级规划，保护大运河的遗产价值，体现其真实性的遗产要素和体现完整性的各组成部分。这些规划应纳入城乡发展规划，同时注意与土地利用、水利、航运、环保等专项规划相协调。

5. 动员和鼓励与大运河相关的政府部门，在各自的职权范围内，共同为保护大运河遗产的本体及其环境景观的真实性和完整性付出努力。不同部门之间应加强沟通与合作，探索更加多样的形式，建立更加高效的协调机制和广泛的合作模式。[28]3

文件强调了大运河真实性和完整性的特殊性，明确了大运河的活态特征。在操作层面上，文件指出要通过制定法律法规和各级规划来规范大运河的保护管理。此外，文件还强调了要加强各部门间的合作，共同为大运河的整体保护作出贡献。

（三）社区及公众参与

社区及公众参与是文化遗产可持续发展的重要内容。社区及公众参与可以让公众更深层次地认识文化遗产的价值，让文化遗产发挥更大的作用。同时，在对于文化遗产保护方面，公众的监督同样促进了相关部门开展保护工作。2007 年，社区参与被列入全球战略的 5C 战略中，也反映了社区参与的重要意义。历年无锡论坛形成的会议文件中，共有 6 年提到了社区及公众参与的问题，分别涉及工业遗产、乡土建筑遗产、文化线路遗产、文化景观遗产、大运河遗产以及世界遗产的可持续发展几个议题。

在无锡会议的会议文件中，最常见的提升社区及公众参与的方法是通过宣传教育传播遗产的价值，从而提高公众的认知度、参与性，进而发挥公众的监督作用。2006 年的《中国工业遗产保护——无锡建议》提到要"加大宣传教育力度，发挥媒体及公众监督作用"[4]20；2009 年的《关于文化线路遗产保护的无锡倡议》提出要"加强对文化线路遗产保护的宣传工作，提高全社会的认知度和参与性"[27]3；2010 年的《关于文化景观遗产保护的无锡建议》提出要"提高重视程度，提升保护意识。加大投入力度，加强宣传工作，鼓励公众参与，赢得全社会的普遍重视"[26]1。

在对文化遗产进行保护时，当地居民、社区对于遗产价值的认可及保护意识对遗产的保护尤为重要。2007 年的《中国乡土建筑保护——无锡倡议》就提出要"提高当地居民对乡土建筑价值的认同和保护意识"[8]1，促进当地居民爱护遗产，对遗产产生认同感。2012 年的《"世界遗产：可持续发展"无锡倡议》从世界遗产的角度对社区参与作出了更为详细的解释。该文件提出要"积极构建社区发展与遗产保护的良性互动，实现共生共济。鼓励社区参与遗产保护和利用，成为保护与发展的重要力量；促进遗产地保护惠及社区民生、丰富社区文化、调整社区产业结构、提升社区形象；推动社区发展为遗产保护扩大经费来源，壮大人员队伍，搭建交流研讨平台，营造良好秩序环境"[29]2。

四、结语

自 2000 年起，我国的文化遗产保护事业进入高速发展时期，各种国际的概念、经验、保护方法开始被引入国内并进行实践。在此期间，2006—2012 年举办的中国文化遗产保护无锡论坛对新型遗产在我国的发展起到了巨大的推动作用。在理论层面上，无锡论坛的讨论明确了新型遗产的概念，各界学者发表了自己的见解以及对国外案例的深入研究，总结了现有的研究成果。在实践层面上，与会专家分享了自己的实践经验，文物局、政府、文物管理部门总结并分享了当时所面临的保护困境，并利用最终形成的倡议文件加以改善。在申遗工作方面，新型遗产的申遗工作经验得到分享，相关的外国申遗经验得到借鉴和总结。在政策法规及制度建设方面，在无锡论坛的影响下，国家文物局下发多个通知以推动新型遗产的保护。在无锡论坛的影响下，全国第三次文物普查的过程中，对新型遗产的普查力度加大，更多的新型遗产得到保护。

参考文献

[1] 单霁翔. 关注新型文化遗产——工业遗产的保护 [J]. 中国文化遗产，2006(4).

[2] 工业遗产之下《塔吉尔宪章》[J]. 建筑创作，2006(8).

[3] 马永红，李静. 协会成立 15 周年，回顾成长（一）[DB/OL]. http://www.icomoschina.org.cn/news.php ?class=623,2020-02-18/2020-03-01.

[4] 无锡建议——注重经济高速发展时期的工业遗产保护 [J]. 建筑创作，2006(8).

[5] Jukka Jokilehto. ICOMOS. The World Heritage List: Filling the Gaps-an Action Plan for the future[DB/ OL]. 2005. https://whc.unesco.org/document/102409.

[6] 单霁翔. 把握新农村建设机遇，积极推进乡土建筑保护 [J]. 中国文物科学研究，2008(2).

[7] 郭旃. 世界遗产申报过程中的中国传统村镇 [C]// 国家文物局. 2007 年中国文化遗产保护无锡论坛——乡土建筑保护会议论文集. 2007.

[8] 无锡倡议 [N]. 中国文物报，2007-04-13(1).

[9] 单霁翔. 20 世纪遗产保护的理念与实践（一）[J]. 建筑创作，2008(6).

[10] 单霁翔. 20 世纪遗产保护的实践与探索 [J]. 城市规划，2008(6).

[11] 中国文化遗产保护新课题——保护 20 世纪遗产 [N]. 中国文物报，2008-04-16(3).

[12] 单霁翔. 关注新型文化遗产——文化线路遗产的保护 [J]. 中国名城，2009(5).

[13] 廖翊. 文化线路遗产：中国文化遗产保护面临新挑战 [DB/OL]. http://www.sach.gov.cn/sach_ tabid_1142/tabid/1145/InfoID/23926/Default.html, 2010-4-16.

[14] 王建波，阮仪三. 作为遗产类型的文化线路——《文化线路宪章》解读 [J]. 城市规划学刊，2009(4).

[15] 丁援. 作为"无形文化遗产"的文化线路 [C]// 中国文化遗产保护无锡论坛. 2009.

[16] 单霁翔. 从"文化景观"到"文化景观遗产"（上）[J]. 东南文化，2010(2).

[17] 单霁翔. 从"文化景观"到"文化景观遗产"（下）[J]. 东南文化 (3).

[18] 郭桂香. 无锡论坛聚焦文化景观遗产 [N]. 中国文物报，2010-04-30(4).

[19] 侯卫东. 从遗产中的"文化景观"到"文化景观"遗产 [J]. 东南文化，2010(3).

[20] 陈同滨. 中国文化景观的申遗策略初探 [J]. 东南文化，2010(3).

[21] UNESCO. Information Doucument on Heritage Canals[DB/OL]. https://whc.unesco.org/archive/canals94. htm.

[22] 王毅，王喆. 中外运河突出普遍价值对比分析研究 [J]. 中国文化遗产，2014(3).

[23] 国家文物局. 第六届"中国文化遗产保护无锡论坛"召开关注运河遗产保护 [DB/OL]. http://www. ncha.gov.cn/art/2011/4/13/art_722_109071.html，2011-04-13.

[24] 国家文物局. 童明康副局长在 2012 年无锡论坛上的致辞 [DB/OL]. http://www.sach.gov.cn/sach_ tabid_1388/tabid/1389/InfoID/32837/Default.html. 2012-04-17.

[25] 文丹. 无锡论坛：关注保护 20 世纪遗产 [N]. 中国文物报，2008-04-16(1).

[26] 关于文化景观遗产保护的无锡倡议 [N]. 中国文物报，2010-04-14(1).

[27] 关于文化线路遗产保护的无锡倡议 [N]. 中国文物报，2009-04-15(3).

[28] 关于中国大运河保护的无锡备忘录 [N]. 中国文物报，2011-04-13(3).

[29] 《"世界遗产：可持续发展"无锡倡议》发布 [N]. 中国文物报，2012-04-15(2).

[30] 阙维民. 国际工业遗产的保护与管理 [J]. 北京大学学报 (自然科学版)，2007(4).

[31] 吕舟. 基于价值认识的世界遗产事业发展趋势 [N]. 中国文物报，2012-02-10(5).

[32] 国家文物局. 中国工业遗产保护论坛将在江苏无锡举行 [DB/OL]. http://www.sach.gov.cn/sach_tabid_1142/tabid/1145/InfoID/23924/Default.html. 2010-04-16.

[33] 国家文物局. 文化遗产保护领域的全新探索中国工业遗产保护论坛在无锡举行 [DB/OL]. http://www.sach.gov.cn/sach_tabid_1142/tabid/1145/InfoID/23912/Default.html. 2010-04-15.

[34] 李韵. 中国文化遗产保护无锡论坛发倡议：保护乡土建筑 [DB/OL]. http://www.gov.cn/jrzg/2007-04/12/content_579465.htm. 2007-04-12.

[35] 国家文物局. "中国文化遗产保护无锡论坛——乡土建筑保护"在无锡、兰溪举行 [DB/OL]. http://www.ncha.gov.cn/art/2008/4/2/art_722_111463.html. 2008-04-02.

[36] 单霁翔. 20世纪遗产保护的理念与实践（二）[J]. 建筑创作，2008(7).

[37] 国家文物局. 人民网：国内首个保护20世纪遗产的纲领性文件通过 [DB/OL]. http://www.ncha.gov.cn/art/2008/4/15/art_1027_104628.html. 2008-04-15.

[38] 国家文物局. 中国文化报：2010年中国文化遗产保护无锡论坛聚焦文化景观遗产保护 [DB/OL]. http://www.ncha.gov.cn/art/2010/4/13/art_1027_106020.html. 2010-04-13.

[39] 国家文物局. 第七届中国文化遗产保护无锡论坛召开 [DB/OL]. http://www.ncha.gov.cn/art/2012/4/11/art_722_107047.html. 2012-04-11.

[40] 张松. 20世纪遗产与晚近建筑的保护 [J]. 建筑学报，2008(12).

附件：无锡论坛历年会议倡议

《中国工业遗产保护——无锡建议》①

2006年

中国工业遗产保护论坛于2006年"4·18"国际古迹遗址日在江苏省无锡市举行，我们来自有关城市和文物部门的代表及专家学者，一致同意并建议，应注重经济高速发展时期的工业遗产保护，实现经济建设与文化遗产保护的协调和可持续发展。

我们认识到，工业遗产应包括以下内容：

——具有历史学、社会学、建筑学和科技、审美价值的工业文化遗存。包括工厂车间、磨坊、仓库店铺等工业建筑物，矿山、相关加工冶炼场地、能源生产和传输及使用场所、交通设施、工业生产相关的社会活动场所，相关工业设备，以及工艺流程、数据记录、企业档案等物质和非物质遗产。

——鸦片战争以来，中国各阶段的近现代化工业建设都留下了各具特色的工业遗产，构成了中国工业遗产的主体，见证并记录了近现代中国社会的变革与发展。

我们注意到，工业遗产正受到以下威胁：

——近年来，随着城市空间结构和使用功能需求的巨大变化，新型工业建设项目开始向城外拓展，城内的旧工业区日渐废置。

——由于现代技术的运用、社会生活方式的转变，使传统工业陷入困境，先后遭遇工业衰退和逆工业化过程，不少企业面临"关、停、并、转"的局面。

——城市建设进入高速发展时期，一些尚未被界定为文物、未受到重视的工业建筑物和相关遗存，没有得到有效保护，正急速从城市中消失。

我们意识到，保护工业遗产可以通过以下途径实现：

——提高认识，转变观念，呼吁全社会广泛关注工业遗产；

——开展工业遗产资源普查，做好评估和认定工作；

——将重要工业遗产及时公布为文物保护单位，或登记公布为不可移动文物；

——加大宣传教育力度，发挥媒体及公众监督作用；

——编制工业遗产保护专项规划，并纳入城市总体规划；

——鼓励区别对待、合理利用工业遗产的历史价值；

——加强工业遗产的保护研究，借鉴和吸取国外工业遗产保护与利用的经验教训。

在全球范围内，如何对待工业遗产已成为全世界共同关注的课题。我们支持国际古迹遗址理事会（ICOMOS）将2006年"4·18"国际古迹遗址日的主题确定为"工业遗产"，并通过主题活动推动工业遗产保护、利用的各项措施在实践中得到落实。我们赞同国际工业遗产保护协会（TICCIH）于2003年通过的旨在保护工业遗产的《下塔吉尔宪章》，尤

---

① 无锡建议——注重经济高速发展时期的工业遗产保护 [J]. 建筑创作，2006(8)：195-196.

其是该宪章对工业遗产的定义和价值界定，以及就工业遗产立法、保护、教育培训、宣传展示等提出的原则和方法。

我们相信，保护好不同发展阶段有价值的工业遗存，给后人留下中国工业发展尤其是近现代工业化的风貌，留下相对完整的社会发展轨迹，是我们义不容辞的责任。

我们建议中国工业遗产保护论坛定期召开。我们支持各级文物行政部门和地方政府在保护工业遗产方面作出的努力。

最后，我们衷心感谢中国古迹遗址保护协会（ICOMOS CHINA）、江苏省文物局和无锡市人民政府组织和主办这次论坛。

《中国乡土建筑保护——无锡倡议》①

2007年

近年来，乡土建筑以其独特的历史文化价值和保护状况日益受到国际关注。1999年，国际古迹遗址理事会第12届大会通过了保护乡土建筑遗产的专门文件。在我国，随着城市化进程的加快和新农村建设的全面推开，乡土建筑的保护遇到了一些新的问题。有的地方没有对文化遗产资源进行调查就开展了大规模的村容整治，破坏了古村落的传统格局；一些地方在古村落内复建、兴建人造景观，破坏了古村落和谐的人文环境；一些地区拆旧建新，导致众多传统民居被毁。这些把新农村建设理解为新村建设的错误做法，已经威胁到中华传统文化的保护和弘扬，这种现象必须引起高度重视。为此，我们来自全国文化遗产保护领域和相关专业的全体会议代表，提出以下倡议：

1. 乡土建筑是文化遗产的重要组成部分，蕴含着丰富的历史、科学和艺术价值，直接表达着民族、地域的个性特征，体现了中华文化的多元性，各级政府和全社会应当重视乡土建筑的保护。

2. 加强立法，制定有关乡土建筑保护的专项法规，在乡土建筑保护所涉及的土地置换、产权转移等问题上，积极探索并制定有利于乡土建筑保护的政策和措施。

3. 把乡土建筑的保护纳入各级政府新农村建设的总体规划之中，在保护的前提下对乡土建筑进行合理利用。鼓励、指导村民通过房屋内部设施改造，使乡土建筑内部具备现代生活的居住要求。对难以或不应改造的乡土建筑，应实行原地保护。

4. 对乡土建筑形成的聚落整体，包括周边环境及其所蕴含的合理的生活方式、传统民俗等非物质文化遗产同样要加以保护。

5. 将乡土建筑作为第三次全国文物普查的重点内容。通过普查准确掌握乡土建筑的资源分布和保护现状，并对其予以登记认定，公布为不可移动文物，其中具有重要价值的公布为各级文物保护单位。

6. 各级政府应从新农村建设基础设施补助费中安排资金用于乡土建筑的保护，同时鼓励、引导社会资金的投入。

---

① 无锡倡议 [N]. 中国文物报，2007-04-13(1).

7. 成立中国古迹遗址保护协会乡土建筑专业委员会，广泛吸收社会各界人士加入到乡土建筑的保护中来，搭建跨学科、多层次的保护研究平台，加强与国际相关组织的交流与合作，更加科学有效地保护乡土建筑。

8. 加强乡土建筑保护的宣传，提高当地居民对乡土建筑价值的认同和保护意识，鼓励复兴传统建造工艺和知识，开展乡土建筑保护的培训活动，不断提高乡土建筑保护的工作水平。

总之，乡土建筑是祖先留给我们的宝贵财富。我们呼吁，各级政府积极行动起来，动员并依靠全社会的力量，加强乡土建筑的保护，使新农村建设与乡土建筑保护和谐共进，使我们民族的智慧与品格永续传承！

"中国文化遗产保护无锡论坛——乡土建筑保护"会议

全体代表 2007 年 4 月 11 日于江苏省无锡市

《关于保护 20 世纪遗产无锡建议》[①]

2008年

人类社会步入新的千年，20 世纪遗产保护日渐提到重要议程。20 世纪遗产是文化遗产的重要组成部分，反映了百年变迁和多元文化，具有丰富的内涵和强烈的感召力。在我国，20 世纪遗产保护已逐渐进入工作视野，但仍未得到充分重视。认定标准的局限、法律保障的缺失、保护经验的匮乏，以及一些不合理的利用方式，导致大量具有重要价值的 20 世纪遗产正在加速消亡，抢救保护工作日趋紧迫。为此，我们来自全国文化遗产保护领域和相关专业的全体会议代表，提出以下建议：

1. 提高 20 世纪遗产的保护意识。保护 20 世纪遗产，将使人类发展记录更加完整，使文化遗产社会教育功能更加完善，使城市化特色更加鲜明，各级政府和全社会应当给予充分重视，加以保护。

2. 开展 20 世纪遗产的科学评估。20 世纪人类的创造数量庞大，应组织开展科学评估，进行价值判别，确定遗产纳入保护体系。

3. 探索 20 世纪遗产的保护方法。针对 20 世纪遗产中广泛运用的新结构、新材料、新技术，借鉴国内外保护经验与技术方法，从研究、价值认定和保护等层面积极开展多学科合作，逐步建立 20 世纪遗产保护的理论与技术体系，实现 20 世纪遗产的有效保护。

4. 实施 20 世纪遗产的合理利用。应制定 20 世纪遗产保护与合理利用的标准和管理办法，规范保护手段和程序，对保护和利用途径作出明确规定。应结合城市文化建设，优化历史街区的功能调整。应依托 20 世纪遗产大力推进 20 世纪历史题材博物馆的建设，并列为爱国主义教育基地或学生素质教育基地。应在不破坏文化遗产价值的前提下，采取"再利用"的保护方式，确保 20 世纪遗产的延续性。

---

① 文丹. 无锡论坛：关注保护 20 世纪遗产 [N]. 中国文物报，2008-04-16(1).

"今天的杰作,就是明天的遗产,而保护工作应从其落成之日就要开始。"20世纪虽然刚刚过去,但20世纪遗产同样是人类社会的财富,文化记忆的摇篮。我们呼吁,各级政府积极行动起来,动员并依靠全社会的力量,加强20世纪遗产的保护,尊重历史,传承文明,并赋予它们新的使命!

《关于文化线路遗产保护的无锡倡议》①

2009年

我们,第四届"中国文化遗产保护无锡论坛——文化线路遗产的科学保护"的全体与会者,通过研讨与交流,对文化线路遗产的科学保护形成一致意见:

我们认识到,随着文化遗产事业发展,文化遗产的内涵和外延不断扩展。保护对象由遗产本体向周边环境和视觉廊道扩展,遗产形态由点状向线状和面状扩展,遗产类型由静态向动态和活态扩展。在此背景下,文化线路概念显示出文化遗产认识观念的演变、边界范围的扩展以及宏观构架的完善。2008年,国际古迹遗址理事会第16届大会正式通过了《文化线路宪章》,成为国际文化线路保护的基础性文件。

文化线路将现有的文化遗产范畴和类型纳入一个联合系统,将陆路、水路或其他交通线路用一种有历史联系和文化关联的动态方式集中起来,呈现出多边的、更完整的和准确的历史图景,构成跨地域、跨学科的共享架构。文化线路遗产包括具有漕运、邮驿、商贸、宗教、迁徙等特定功能的线路主体及其附属设施,以及相关历史环境和景观、可移动文物、非物质文化遗产等。其所体现的重要历史时期中民众、国家、地区或大陆间进行的多维、持续和互惠的货物、思想、知识以及价值观等方面的交流,不仅加深了世界民族间的了解和沟通,还加强了文化遗产保护的国际和地域间合作。

我们注意到,因受自然、人为破坏以及保护力度不足等因素的影响,文化线路遗产呈现出不同程度的损坏状况,有的面临消亡的危险,有的环境景观亟待保护。此外,部分文化线路遗产的整体价值尚需得到科学论证,以有效体现其应有的价值,并进行妥善保护。

同时,我们意识到,保护文化线路遗产,有助于进一步整合文化遗产资源,有利于促进文化遗产事业发展,有利于提升文化遗产价值,有利于增强地域凝聚力,实现地方经济、社会的可持续和谐发展。

为此,我们提出以下倡议:

1. 提高对文化线路遗产的重视程度。各级人民政府、文物主管部门和相关机构应不断加大对文化线路遗产保护在经费、人员和技术等方面的投入力度。

2. 加强文化线路遗产的基础研究。鼓励以建立科学研究机构、设立专项研究课题、召开学术研讨会等方式,开展更大范围的研究工作。在此基础上,不断完善文化线路遗产的评估、保护、管理和修缮体系。

3. 结合第三次全国文物普查,对文化线路遗产进行全面、系统和深入的调查,逐步

---

① 关于文化线路遗产保护的无锡倡议 [N]. 中国文物报,2009-04-15(3).

摸清家底，充分认识其价值和内涵。科学划定保护范围和建设控制地带，编制文化线路遗产保护和管理规划，探索文化线路遗产整体保护的方法。

4. 建立文化线路遗产保护的协调机制，解决保护中的重大问题，控制破坏速度，减少因开发和忽视带来的负面影响；鼓励采取法律措施、多学科方法、先进的科学技术开展保护实践，促进不同地域间文化线路遗产保护的交流与合作。

5. 加强文化线路遗产的展示工作。研究、探索有效方式，兼顾单体文化遗产间关联和文化线路遗产整体价值的阐释，凸显线路遗产展示的整体性。

6. 加强对文化线路遗产保护的宣传工作，提高全社会的认知度和参与性。

我们呼吁，各级人民政府积极行动起来，动员并依靠全社会的力量，加强文化线路遗产的保护，使其在促进当今人类社会的和平与和谐发展中发挥更大的作用！

"中国文化遗产保护无锡论坛——文化线路遗产的科学保护"会议
全体代表 2009 年 4 月 11 日于江苏省无锡市（江苏省文物局）

《关于文化景观遗产保护的无锡建议》①

2010年

我们，来自不同国家和地区的代表，于 2010 年 4 月 10—11 日齐聚中国无锡，参加由中国国家文物局主办，无锡市人民政府和江苏省文物局承办，中国古迹遗址保护协会协办的第五届中国文化遗产保护无锡论坛。本届论坛以"文化景观遗产的保护"为主题。会议期间与会代表就文化景观遗产的保护进行了交流，并考察了无锡的文化景观遗产。

与会代表感谢主办方和承办方为举办此次论坛付出的积极、热情和卓有成效的工作。与会代表经过讨论，形成《关于文化景观遗产保护的无锡倡议》如下：

文化景观遗产是人与自然互动的结果，是文化和自然的复合体，具有历史、艺术、科学价值。大多数文化景观遗产是"动态"或"活态"遗产，包括物质和非物质两个相互依存、不可分割的方面。

尽管对文化景观遗产的研究与保护取得了很大成绩，但各国文化景观遗产保护在保护理念、开发建设、社会变迁、生态环境等方面仍面临诸多问题。

为了更好地保护文化景观遗产，我们倡议：

1. 提高重视程度，提升保护意识。加大投入力度，加强宣传工作，鼓励公众参与，赢得全社会的普遍重视。

2. 突出保护特色，树立科学理念。文化景观遗产的保护应以人为本，以整体保护为核心，以可持续发展为目标，以延续保护对象生命功能为手段，实现遗产的合理利用，使保护成果惠及民众。

3. 完善法规体系，理顺管理机制。加强立法工作，制定有针对性的专项保护法规；

---

① 关于文化景观遗产保护的无锡倡议 [N]. 中国文物报，2010-04-14(1).

建立协调机制以解决保护中的重大问题；积极探索以政府为主导，各社会团体、专业人士和公众积极参与的科学化、制度化和程序化保护模式，在保护与发展之间建立积极的协作关系。

4. 深化专项规划，实施科学保护。针对每一处文化景观遗产制定专项保护规划，在对遗产价值、保存现状科学评估的基础上划定保护范围和建设控制地带；提出前瞻性的分期实施目标；制定详细的保护措施；科学安排和实施各项保护工作，包括非物质景观要素的保护。

5. 加强基础研究，鼓励多方合作。鼓励开展多学科综合研究及跨行业、跨地区和跨国合作，建立起文化景观遗产的界定方法、分类与价值体系以及价值评估的理论框架，解析不同类型文化景观遗产的历史意蕴和文化价值，对于人类可持续发展的意义，和对当代以及后世所具有的深刻意义和深远影响，并完善相应的保护、管理体系。

6. 加强能力建设，扩大保护队伍。根据文化景观遗产保护的需求，开展多种形式的专业教育、职业培训，培养不同层次的文化景观遗产保护人才。

我们呼吁，各级政府积极行动起来，做好宣传普及、立法、规划以及文化景观遗产保护的其他各项工作；呼吁全社会关注、支持并参与到文化景观遗产的保护当中；呼吁以更加开放的思维、长远的眼光，将具备潜力的文化创造成果培育成为未来的文化景观遗产。

全体代表 2010 年 4 月 11 日于江苏省无锡市

《关于中国大运河保护的无锡备忘录》①

2011

我们，"中国文化遗产保护无锡论坛——运河遗产保护"的全体与会者，通过研讨与交流，对大运河的科学保护形成一致意见：

大运河是农业文明时期，中国人民适应自然、利用自然，并且至今仍发挥着航运、行洪、输水等重要作用的伟大工程，在历史、技术、经济、社会和景观等方面具有国际重要价值。在长达 2500 多年的历史中，运河的河道、走向、设计、建筑形态、使用功能、管理组织等都不断地发生变化，这一动态演变过程和不同时期的各种用途、技术变化都是大运河的典型特征，造就了大运河的独特价值。大运河不同时期的物质遗存都是其重要组成部分，为延续运河功能而进行的水工设施维护和建设，是维护大运河真实性和完整性的必要措施。

我们注意到，大运河历史延续 2500 余年，全程 3200 余公里，遗产类型丰富，地跨 8个省级行政区域，涉及国土、环保、建设、交通、水利、文化遗产保护等多个部门，其保护和管理面临着压力与挑战。

为了进一步保护大运河遗产，我们建议：

---

① 关于中国大运河保护的无锡备忘录 [N]. 中国文物报，2011-04-13(3).

1. 在准确界定大运河遗产组成、开展深入对比分析研究的基础上，对大运河的突出普遍价值进行更加深入的研究，以进一步明确大运河遗产内涵。

2. 对于大运河这样超大规模的在用遗产，考虑到发展演变是其重要特性之一，要准确认定其真实性和完整性。有关认识会丰富对运河遗产的认知。

3. 制定、发布不同位阶的法律规范，整体保护大运河。

4. 制定并实施大运河保护管理总体规划和其他各级规划，保护大运河的遗产价值，体现其真实性的遗产要素和体现完整性的各组成部分。这些规划应纳入城乡发展规划，同时注意与土地利用、水利、航运、环保等专项规划相协调。

5. 动员和鼓励与大运河相关的政府部门，在各自的职权范围内，共同为保护大运河遗产的本体及其环境景观的真实性和完整性付出努力。不同部门之间应加强沟通与合作，探索更加多样的形式，建立更加高效的协调机制和广泛的合作模式。

6. 进一步加强专业咨询，开展深入的理念和观点的交流，鼓励国内外专业机构和团体开展紧密的合作，加强大运河遗产保护管理机构能力建设，激励更多的利益相关者参与，以更好地保护、阐释和展示大运河的国际重要价值（大运河保护的 5C 战略，与世界遗产委员会的 5C 战略精神相一致）。

"中国文化遗产保护无锡论坛——运河遗产保护"会议

全体代表 2011 年 4 月 11 日于江苏省无锡市

《"世界遗产：可持续发展"无锡倡议》①

2012年

2012 年 4 月，第七届中国文化遗产保护无锡论坛成功召开。时逢联合国教科文组织《保护世界文化和自然遗产公约》诞生 40 周年，百余名国内外业界代表共聚一堂，围绕"世界遗产：可持续发展"这一时代主题展开充分讨论和深入交流。

纪念《公约》诞生 40 周年，回顾世界遗产事业的发展历程，与会代表认为：

一、作为《公约》缔约国，中国切实履行相关义务，在识别、保护和传承世界文化遗产方面积极开展工作，取得了良好的成效，使一批全面代表了中国悠久历史和多元文化、具有全球突出普遍价值的宝贵遗产纳入世界遗产保护范畴，并得以妥善保存和科学利用。《公约》促进了中国文化遗产保护事业的发展，而中国同行践行《公约》的行动必将对人类文化遗产保护事业作出积极贡献。

二、作为世界文化遗产，各地在政府指导和社会多方参与下，认真开展相关研究和实践，努力提高保护管理水平，与时俱进，紧跟经济社会发展步伐，积极探索适应自身特点和需求的发展道路，逐步实现着对中国文化遗产事业的推动和示范作用。

三、当前，中国的世界文化遗产保护迎来了前所未有的机遇，但同样面临着一系列来

---

① 《"世界遗产：可持续发展"无锡倡议》发布 [N]. 中国文物报，2012-04-15(2).

自经济建设、气候变化、自然灾害、环境改变、旅游发展等带有国际普遍性的压力和挑战，我们看到了威胁的存在，意识到了形势的严峻，我们将把实现世界遗产可持续发展作为今后的重大课题和核心任务。为此，论坛代表共同倡议：

一、密切关注世界遗产的保护和可持续发展，提高公众意识。让百姓了解遗产的历史和价值，让游客敬畏遗产的珍稀和脆弱，让城市维护遗产健康的环境和充足的空间，让社会理解和支持为保护世界遗产所作出的各种努力。

二、广泛整合社会资源和力量，实现世界遗产保护发展的跨学科、跨行业联手。让法律为其建立严明的保障，让规划为其统筹保护与发展，让科技为其提供高效的手段，让监测为其增强防范的能力，让宣传为其争取广泛的参与。

三、积极构建社区发展与遗产保护的良性互动，实现共生共济。鼓励社区参与遗产保护和利用，成为保护与发展的重要力量；促进遗产地保护惠及社区民生、丰富社区文化、调整社区产业结构、提升社区形象；推动社区发展为遗产保护扩大经费来源，壮大人员队伍，搭建交流研讨平台，营造良好秩序环境。

四、充分发挥政府的主导作用，有效调动地方管理部门积极性。各世界遗产地政府作为保护管理的责任主体，各遗产地管理机构作为保护管理的执行实体，应当积极开展遗产保护各项行动，以捍卫遗产安全和尊严为己责，以落实遗产保护规划措施为己任，以实现遗产价值、扩大遗产影响为己荣，为保护和传承世界遗产不遗余力。

我们将从自身做起，并呼唤社会各界人士加入这一行列，共同努力，推动中国的世界遗产可持续发展，实现人类文明的永续流传！

法制变迁视角下中国文物利用观念与实践的发展

胡姗辰①

【摘要】 文物利用问题虽于20世纪后半叶才被提出，但事实上伴随着现代文化遗产保护运动的全过程。自文物法制近代化开始，我国文物利用相关法律规则从清末民国时期以维护民族利益，塑造公民意识为核心，到新中国以为公民教育与国家建设发展服务为宗旨，再到改革开放以来谨防短视性利用，凸显公众参与和权利保障。2018年《关于加强文物保护利用改革的若干意见》发布，开启了将文物利用全面融入社会发展的第一步。从法制发展视角分析，中国文物利用观念伴随着对文物价值体系和时代意义的认识的不断深入而日益发展：从主要发挥文物在科学研究和公民教育中的意义，逐渐发展到在经济、社会全面协调发展的目标下，全面统筹协调发挥文物在精神文明建设、文化创新发展以及促进经济发展和改善人民生活水平方面的重要作用；从对文物本体的功能性和展示性利用，逐步扩展至对文物所承载历史文化信息的挖掘、传播和二次利用；从对文物本体的"原状展示"和科学研究，到通过引入市场化的利用方式和公众参与机制，创新和丰富利用方式，拓展文物的时代功能；从"以物为本"的遗产保护理念下将文物保护和利用视为两个相对独立的环节，到注重全面发展和"以人为本"的保护理念下将遗产保护视为通过文物的合理利用发挥文化遗产价值和意义的过程，完成文物保护和利用的统一。

【关键词】 文物利用；文物保护；文物法制；文物价值

近年来，文物利用日渐受到关注，"让文物活起来"作为文物工作的重点问题之一，日益成为全社会共识。为应对各地如火如荼开展的文物活化利用探索，自2012年起启动的《文物保护法》的修订工作，也将完善文物利用法律制度、规范和促进文物合理利用的创新实践作为修法的重要内容之一。2015年年底，国务院法制办公室公布并公开征求社会意见的《中华人民共和国文物保护法修订草案（送审稿）》创新性设置"合理利用"专章，引起了社会公众的广泛关注与激烈讨论，其争论焦点集中于应如何认识文物保护与利用的关系，以及何为"合理利用"两大主要问题，这也成为阻碍《文物保护法》修订进程的重要原因之一。

法律规则和制度的发展，反映的是社会发展中出现的新的理念和实践日益凝结成为社会共识、并最终成为具有广泛和强制约束力的社会规则的过程，根植于社会观念和实践变迁的发展历程之中。当前有关文物利用法律规范之争议的形成，与我国文物事业发展的社会背景和历史进程密切相关，体现出由于文化遗产保护理念的发展和社会发展与治理方式转型形成的，关于文物的价值意义和文物工作宗旨和方式的分歧。有鉴于此，梳理我国文

---

① 胡姗辰，清华大学国家遗产中心博士后，中国人民大学法学院、法国图卢兹大学法学院联合培养博士，主要研究方向为文化遗产法、文物法制与管理。

物利用相关法律规则的发展历程，分析法制变迁背后我国文物利用相关观念与实践的发展，对于深入理解当前有关文物利用法制构建争议形成的原因，从而有针对性地破解争议，寻求《文物保护法》规范文物利用的可行方式，具有重要的基础性意义。

一、"文物利用"的问题提出与内涵解读

我国文物保护相关法律文件中首见"利用"一词，是在 1950 年《中央人民政府政务院关于保护古文物建筑的指示》，其中规定："凡全国各地具有历史价值及革命史实的文物建筑……凡因事实需要，不得不暂时利用者，应尽量保持旧观。"由此可见，该指示中的"利用"，仅有"使用"之意，仅指在一般意义上使用建筑本身，意即维持该古建筑现已形成的使用现状及其功能。1952 年，罗哲文在借鉴苏联文物保护法的基础上，分别起草了《历史建筑物（即古建筑）管理暂行办法》《历史建筑物（即古建筑）修缮保养暂行办法》以及《古建筑的使用办法草案》，在《古建筑使用办法》中为古建筑使用提出了一些原则性和限制性要求，但这些法规最终并未能正式实施。1961 年新中国第一部综合性文物保护法规《文物保护管理暂行条例》虽然已存在零星的文物利用相关条款[①]，但彼时"利用"并未作为一个独立问题被提出。

"文物利用"成为一个备受争议的专门的问题，主要出现于改革开放初期经济体制改革转型初期。有关文物利用的正当性以及文物保护与利用的关系争论，其争议焦点，主要集中于是否应通过市场化手段发挥文物的经济价值、"以文物养文物"的问题。文物的市场化、商业化利用是否可行以及如何规范等问题，也正是《文物保护法》虽经数次修改依然受热议和争论至今、阻碍新一轮法律修改进程的关键问题之一。

然而，"文物利用"作为一个各国所共同面对的问题，其内涵远比对文物本体的功能性使用或对文物的市场化、商业化利用更加广泛和丰富。从词义上说，"利用"即使事物发挥其功用和效能，指主体基于某一事物客观存在的价值属性使其服务于一定目的的过程。"文物利用"即在一定目的指导下，通过一定方式使文物的价值和功能施展出来，为一定的主体服务，在西方语境中表述为文物价值的发挥（la mise en valeur）。在国际文化遗产保护领域，"文物利用"作为一个独立问题最早由 1964 年《威尼斯宪章》提出。该宪章明确提出"为社会公用之目的利用古迹始终有利于古迹的保护"，即包含一切以社会公用为目的发挥文物古迹之多元价值的方式，都应当涵括于"文物利用"的范畴之内，都是"合理利用"的方式，正是对前述以"文物价值发挥"为核心的文物利用之内涵的呼应与彰显。《威尼斯宪章》还将"古迹利用"与"古迹保护"作为两个不同问题区分开来，划定了有关"文物利用"的探讨最为根本的两大问题，一是文物利用的宗旨和方式问题；二是保护与利用的关系问题。

在"文物价值发挥"的意义上，"文物利用"与主体对文物价值的认识密切相关，不论是否作为一个专门问题被提出，事实上都伴随着现代文化遗产保护实践发展的全过程。

[①] 《文物保护管理暂行条例》第 12 条规定："核定为文物保护单位的纪念建筑物或者古建筑，除可以建立博物馆、保管所或者辟为参观游览场所外，如果必须用作其他用途，应当由主管的文化行政部门报人民委员会批准，使用单位要严格遵守不改变原状原则，并且负责保证建筑物及附属文物的安全。"

与文物利用相关的法律规则，也客观存在于中国自清末第一部具有现代意义的《保存古迹推广章程》至当前以《文物保护法》为基础和核心的文物法制体系的文物法制发展全过程。这些法律规则从有关博物馆等文物保存机构之职能的零星规定，发展至《文物保护法》在"保护为主，合理利用"的方针下设置的一些具体法律原则、规则及其配套下位法规（如《博物馆条例》等）的相关具体规定，乃至由《公共文化服务保障法》《旅游法》等与之密切相关的法律法规与上述文物保护立法共同构建的更广泛意义上的文物利用法制体系，勾勒出我国文物利用观念和实践不断丰富和发展的过程。

二、中国文物利用法制与实践的发展：基于价值认知的分析

对文物价值的认知，是一国文物保护实践及法制建设的基础。有关文物利用的法律规则及其实践，更直观地体现出该国基于其文物价值观念，对于文物所承担的时代使命与社会功能的认识。中国文化遗产保护实践与法制形成于"内忧外患"的特殊历史背景下，其发展又历经社会制度和经济体制的重大改革，在不同时代呈现出不同的侧重与特征。

（一）清末民国时期：维护民族利益，塑造公民意识

中国文化遗产公共利益观念的形成，一方面源于"内忧外患"的社会危机中逐渐激发的民族主义和对文化遗产民族性的认识；另一方面也与社会近代化转型中出现的公共博物馆及现代科学和教育体系建立密切相关，都建立在文物利用的需求和实践的基础上。

民族主义立场下文化遗产保护运动的兴起，直接诱因在于近代以来珍贵古籍文物和考古资源等新史学研究材料的大量流失，导致史学和其他相关科学研究所面临的发展危机。如由于敦煌经卷的流失，导致敦煌学在中国尚未起步，在法国、英国、俄国和日本等国却已产生了一批在国际学术界具有影响力的研究成果，成为一门国际性学问，成为"吾国学术之伤心史"。又如，与中国同类著作相比，许多外国学者在实地测绘、调查的基础上对中国古建筑和传统民居展开的研究取得成果，"时间更早、眼界更开阔、材料更丰富、理论更周全"，而彼时建筑学在中国古代"素为匠学，非士大夫之事"，建筑技术多靠师承制下的口授心传，鲜见于典籍流布。[1]130-131 "对于从外国输入之新学，曰我固不如人，犹可说也；此等自己家业，不但无人整理之，研究之，并保存而不能，一听其流转散佚，不知顾惜……以中国典籍如此之宏富，国人竟不能发扬光大，于世界学术界中争一立脚地，此非极可痛心之事耶！"[2]362 中国知识分子阶层对于通过独立研究和传承自己的民族文化，在"世界学术界争一立脚地"，使中华民族平等地跻身于世界各民族之林的渴望[3]8,12，既成为近代中国文化遗产保护运动兴起的重要原因之一，同时也彰显了彼时对文化遗产在科学研究和民族文化教育与传承中的重要作用的直观认识。中华民国南京国民政府在成立大学院古物保存委员会时更是明确指出，古物是"先民文化之结晶"与"民族精神之所寄托"，提出"欲发扬民族之精神，宜先明过去之历史文化；欲研究历史文化，非取资于古物不为功"[4]1，已将文物视为中国历史文化研究的重要资源为抓手，使得古物超越阶级的公共意义凝结在"民族"和"国家"这一新观念和符号上。为切实维护国家在利用文物开展学术研究活动中的主导权，阻止外国人以学术交流和合作的名义进行考古资源掠夺和利

用，1930 年民国政府在《古物保存法》[5]609-611 中明确规定了考古资源和埋藏文物的国家所有权 ①、外国学术团体或专门人才协助中央或地方政府直辖学术机构开展古物采掘的特别许可制度 ②，以及中央或地方政府直辖学术机关因研究之必要派员携带古物或考古资源前往国外开展研究的出境申请及文物归还制度 ③；还于 1935 年依据《古物保存法》专门公布《外国人学术团体或私人参加采掘古物规则》（以下简称《规则》）[5]630-631，细化了进行考古发掘的学术机关容纳外国学术团体或私人协助采掘古物的特别申请程序和申请条件 ④，确立了主持采掘工作的本国学术机关和中央古物保管委员会对参加古物采掘之外国学术团体或私人的指挥权和监察权 ⑤，并明确规定外国学术团体或专门人员在古物采掘过程中有越界采掘测绘、拍摄，或其他不服从本国学术机关指挥的越界行为的，中央古物保管委员会有权随时停止其采掘工作 ⑥。《规则》还重申"除照片拓片准由参加工作之外国学术团体或私人依规定手续领取外"，采掘所得古物和考古资源概归国有 ⑦，明确该外国学术团体或私人欲将所发现的古物运出国外研究时，应当由主持该考古发掘的学术机关依古物出国护照规则呈请办理 ⑧。

公共博物馆的建立与开放，对于塑造中国现代文化遗产公共利益观念、推动我国文化遗产保护近代化而言，亦具有十分重要的推动意义。清末《古迹保存推广办法》即明确提出"拟由督抚在省城创设博物馆，随时搜辑，分类储藏……庶世间珍品，共之众人，既免幽闭之害，兼得保存之益"，使藏于一姓一家的文物成为公众收藏，使更多的人有机会欣赏。[6]197-188 民国初期，博物馆、图书馆等公共设施建设，成为政府推行"天下为公"理念的重要方式，承担着培育公共价值观，从而培育和重塑"公民"意识的重要使命。中央和一些地方政府先后设立并开放了一批公众博物馆机构，中央政府设立的一些重要博物馆的机构章程通过法令或法规的形式发布，通过对文物的搜集、调查和公众展示，促进有关科学研究，增进国民教育，是此类机构的共同宗旨。搜集和整理革命战争相关史料、文献与实物，通过设立革命博物馆或者举办专题展览等方式，或者以此为素材和依托开展有关题材的文学和艺术创作，宣扬革命精神、传播革命目标和理想，也是中国共产党政权在近代革命斗争历程中的优良传统。自 1931 年中华苏维埃工农兵第一次全国代表大会决议通过的《中国工农红军优待条例》，首次正式提出建立陈列死亡战士遗物的革命历史博物馆 ⑨ 开始，建立革命博物馆的努力一直传承与发扬于中国共产党领导的各类革命根据地时期，一

① 中华民国《古物保存法》第 7 条。
② 中华民国《古物保存法》第 10 条。
③ 中华民国《古物保存法》第 13 条。
④ 中华民国行政院《外国人学术团体或私人参加采掘古物规则》第 2 条。
⑤ 中华民国行政院《外国人学术团体或私人参加采掘古物规则》第 4～5 条。
⑥ 中华民国行政院《外国人学术团体或私人参加采掘古物规则》第 6 条。
⑦ 中华民国行政院《外国人学术团体或私人参加采掘古物规则》第 7 条。
⑧ 中华民国行政院《外国人学术团体或私人参加采掘古物规则》第 8 条。
⑨ 该条例规定了苏维埃共和国对于红军战士及其家属的各种优待，其中第 16 条有关在战斗中牺牲或在服务中因劳病故的红军战士的抚恤规定，包含"死亡战士的遗物应由红军机关或政府收集，在革命历史博物馆中陈列以表纪念"，以及"死亡战士应由当地政府帮助红军机关收殓，并立纪念碑"的内容。《中国工农红军优待条例》全文参见《江西社会科学》1981 年 S1 期，第 6～7 页。

些革命根据地政府陆续成立了一系列文化（遗产）研究、宣传和展陈机构，组织举办了数次宣传革命精神和革命文化的专题展览。

（二）新中国成立初期：为公民教育与国家建设发展服务

新中国成立后，在古文物（又称"历史文物"）之外确立了"革命文物"①的类型，并在新民主主义文化和社会主义文化理论体系下，以历史唯物主义和共产主义为理论指导，对文物的价值体系进行了重新解读。新中国批判继承了民国立法对古文物"三大价值"的确认，并针对由古文物和革命文物共同组成的新"文物"之新范畴的特点，将文物工作与爱国主义和社会主义—共产主义教育以及意识形态工作相结合。时任文物局局长郑振铎从唯物史观出发，提出"文物是中国人民的最高的艺术创作"[7]79；参与新中国第一批文物法规和首部《文物保护法》起草的谢辰生也强调，"古代文物大都是劳动人民创造的，保护它正是尊重自己的历史，尊重古代人民的创造"[8]119。通过明确人民群众在历史和文物创造中的主体地位，进一步强化了文物的公共属性。为使文物的多元价值得到切实发挥，新中国着力推进博物馆事业，一方面对民国时期遗留下来的博物馆、图书馆进行改造，另一方面新建中国历史博物馆、中国革命博物馆等一些重要的国立博物馆，"以史释物，以物证史，史物结合，用博物语言来展现中华民族的历史、中国革命的历史"[7]85，以发挥新民主主义的，即科学的、民族的、大众的文化教育作用，同时也为改进相关工业技术和创造历史题材的文艺作品提供重要参考资料[7]77-78。郑振铎指出，"'古董'是活的，不是死的；是动的，不是静的；是有生命的，是有新生命、新光芒的，不是僵尸、骸骨，更不是消极无意义的，和人民大众的实际生活全无联系的东西"。在人民当家做主的新时代，文物必须恢复其新生命，使其复活起来。这种"利用"必须是充分体现文物的精神文化价值、充分发挥文物在当代教育、科研和文化发展创造等方面积极意义的利用，以面向公众、服务公众为基本原则。通过博物馆等文化机构建设，在文物陈列展示中国历史，同时为改进相关工业技术和创造历史题材文艺作品提供重要参考资料，是"给文物以新生命"的重要方式。具有较高历史、艺术价值的古迹建筑物，也应设专门机构负责保护、研究并向公众开放。通过以上两种公益利用方式，使文物的科学的、民族的、大众的文化教育作用得到充分发挥。[7]77-78,80-81文物、博物馆事业作为社会主义文化事业的一个组成部分，还是党在思想战线上进行宣传教育的理论工具。[9]103这些烙印时代特色的对文物的时代功能意义的解读，都鲜明地体现在这一时期的法规政策文件和文物工作实践中：如1953年中央人民政府政务院《关于在基本建设工程中保护历史及革命文物的指示》和1956年国务院《关于在农业生产建设中保护文物的通知》均明确，文物是"研究我国历史与文化的最

---

① "革命文物"的概念形成于近代中国共产党领导人民开展革命斗争的过程中，有一个从具体列举到抽象概括的过程，以1939年12月陕甘宁边区政府发布第163号通令对革命文物概念和范畴的界定为基础。1950年中央人民政府政务院发布的《征集革命文物令》界定革命文物为"以五四以来新民主主义革命为中心，远溯鸦片战争、太平天国、辛亥革命及同时期的其他革命运动史料"，包括"一切有关革命之文献与实物，如秘密和公开时期之报章、杂志、图画、档案、货币、邮票、印花、土地证、路条、粮票、摄影图片、表册、宣言、标语、言语、标语、文告、年画、木刻、雕像、传记、墓表；革命先进和烈士的文稿、墨迹及用品，如兵器、旗帜、证章、符号、印信、照相、衣服、日用具等；以及在革命战争中所缴获的反革命文献和实物等"。

可靠的实物例证"和"宝贵资料",同时还强调文物对于开展爱国主义教育的重要意义。"大跃进"时期,还涌现出一批具有鲜明政治方向和现实内容的小型博物馆、展览馆。1961 年国务院颁布的《进一步加强文物保护和管理工作的指示》重申了古文物的历史、科学、艺术价值,明确了文物在科学研究、文化建设和爱国主义教育等方面的实践意义。

与此同时,基本建设时期"两重两利"的方针,以及关于"保存什么,怎样保存"的争论,也是中国关注文化遗产在城市建设和发展中的角色和作用的开端。面对地上地下丰富的文物资源与大规模基本建设需求的矛盾,中央提出了"两重两利"的文物工作方针,即"重点保护、重点发掘"和"既对文物保护有利,又对经济建设有利",要求各级政府的基本建设主管部门与同级文化主管部门建立联系商议机制,共同承担起对具有较高价值的文物古迹的保护责任。由于缺少"重点保护"对象的明确标准,"两种两利"方针在贯彻实施过程中引发了"保存什么、怎样保存"的争论。激进一方认为,我国古建筑数量众多,对于价值相对不高而同类数量众多的古建筑,本着不阻碍基本建设的原则,在进行详细的勘察、记录并保存翔实的图像、数据之后,可拆除本体;仅择其中具有典型性和代表性的极少数予以本体保存。[①][10]7 保守一方则主张,"乱拆"而非"错保"才是当时文物工作实践中面临的更为突出的问题。[11]49 资料保存只是在文物本体已遭到破坏的情况下采取的一种不得已的保存措施,不可取代对文物本体的保存,"宁可多保一个,不使得错误地拆除一个""要看到今天,更要看到明天";不能单从科学研究和学术需求的角度出发,还应以人民喜爱,群众需要为标准,为子孙后代留下更多的古建筑实物遗存。[12]97-91;[8]73 "两重两利"方针及由此引发的争议提出了如何看待社会发展过程中数量众多的历史古迹和文物建筑保护与城市建设的矛盾的问题,体现出决策者对于文化遗产在当代城市发展中的价值和意义的认识。为落实"宁可保守、不可粗暴"的原则,一个理想的解决方案是将文物建筑保护纳入城市规划中,通过科学规划使这些文物建筑本身成为彰显城市文化的靓丽风景,利用古建筑来丰富建设而非阻碍城市建设[13]20-22。为此,1961 年《文物保护管理暂行条例》第 6 条明确规定"各级人民委员会在制定生产建设规划和城市建设规划的时候,应当将所辖地区内的各级文物保护单位纳入规划,加以保护",即通过规划发挥古建筑的价值和功能,从而与城市建设和发展相协调的积极的制度尝试,为通过规划手段促进文物合理利用奠定了基础。

此外,新中国还认识到文物的民族性和作为人类共同遗产的普遍价值的共生关系。首任文物局长郑振铎提出,文物不仅是民族的文化艺术遗产,"其中有许多还是人类文化艺术的最珍贵的遗产"[13]13。民族文物作为"世界人类进步文化的宝贵遗产"的价值维度也在 1961 年国务院《进一步加强文物保护和管理工作的指示》中得到确认。随着自基本建设时期开始的一系列重大考古发掘的完成和一些珍贵地下文物的出土,为了向世界介绍新

---

① 如陈明达认为,在社会建设和发展的现实需要以及当时有限的考古和文物保护资金和能力的制约下,对于历史艺术价值并不突出,且遗存数量较多的古建筑,只需择其中具有代表性的部分进行本体留存,其余的则可在做好扎实的调查、测绘和图文资料记录工作后予以拆除,以"资料保存"为主,必须辨别清楚要保存的是什么,并将保护工作与新建设密切联系起来。"再不能抱着多保存的思想了",对于"妨碍城市发展的建筑物,要毫不犹豫地拆除它,而具有高度历史艺术价值的建筑物,要有机地配合到城市建设计划中去"。

中国文物事业取得的巨大成就、展示中国古代文明的魅力，以文物外展为契机打开我国与西方国家的外交格局，1971 年，经文化部建议，国务院发出《关于选送文物到国外展览的通知》。经过一年多的筹备，1973 年 1 月，专门负责国家对外文物展览工作的机构——中华人民共和国出土文物展览工作委员会、出土文物展览工作室成立，是为中国文物交流中心的前身。委员会从全国 29 个省、市、自治区挑选出表现中国悠久的历史文化和人民的智慧创造的出土文物精品 600 余件，自同年 5 月开始，分别在法国、日本、美国等多个西方国家展出。[14]29 展览在这些国家受到强烈反响，改变了许多西方人对于社会主义国家的误解和刻板印象，对树立新中国良好的国际形象产生了重要的积极作用。

（三）改革开放以来：谨防短视性利用，凸显公众参与和权利保障

改革开放拉开了中国经济体制转型和社会管理改革序幕，从根本上改变了过去单纯依靠计划和行政、由国家"大包大揽"的发展方式，注重市场环境中各类主体主观能动性的发挥。此外，20 世纪后半叶，可持续发展理念日益兴起。可持续发展目标突出发展的主题，兼顾和贯通经济、社会、文化和生态与自然环境等不同领域，并将文化和自然遗产保护作为"建设包容、安全、有抵御灾害能力和可持续的城市和人类住区"的重要组成部分，极大地扩展和深化了文化遗产形态及其价值叙事的层次和内涵，并将文化遗产置于它所处的社会关系中，将其保护与改善人居环境与推动城市建设发展的需求紧密联系起来，推动了当代遗产保护从"以物为本"向"以人为本"迈进[15]16-17。同时，可持续发展注重人的主体性和需求，以代际公平为原则，以人权保障为核心价值导向，遗产保护与人的关系在可持续发展理念下得到强调。面对全新的时代背景和发展方式，文物工作的改革探索也由此展开，"文物利用"问题作为一个与"文物保护"相对的独立问题被提出来。

"文物利用"一经提出，就伴随着文物工作是否也应顺应经济体制的转变进行市场化改革的争论。争论围绕"以文物养文物"的文物工作思路和文物保护与利用的关系问题展开，既涉及通过市场化的文物交易，以部分文物的经济价值换取文物保护和发展经费的问题，也涉及是否可采取市场化的方式，由市场主体对国有文物进行商业化旅游开发的行为。与此同时，在不成熟的市场化运作经验及监管环境下，文物商业化和市场化利用所引发的诸多问题已经凸显：经济利益驱使下的文物走私、盗窃，古墓葬盗掘和非法倒卖等文物犯罪活动激增，"要想富，挖古墓"成了诱使群众走向文物犯罪的信条。部分文物商店为追求经济效益，以假充真、以次充好，甚至出售库存珍贵文物、出土文物或来路不明的文物；拍卖行违法拍卖国家禁止买卖的文物的现象也时有发生。[16]35-37 还有的地方为追逐旅游产业带来的经济效益，片面强调文物为旅游服务，保护不严和过度利用，使文物本体及其价值遭受严重损失，或者破坏了文物与周边环境风貌的和谐和传统文化气息。[17]29 如曲阜市将"三孔"世界文化遗产的专营权交由缺乏足够文物保护意识的曲阜孔子国际旅游股份有限公司行使，导致著名的"水洗三孔"事件的发生①，一度引发全社会对于文物所有权与经营权、管理权是否可分离的热烈讨论。

片面地追求文物带来的经济效益，忽视对文物本体保护的行为，显然既违背文物保护

---

① 《国家文物局首次公开表态"水洗三孔"属实》，http://news.eastday.com/epublish/gb/paper148/20010217/class014800018/hwz313811.html，2019 年 7 月 14 日访问。

利用的宗旨，也不利于文物价值的持续发挥。有鉴于此，2002 年《文物保护法》修改时，除了确立"保护为主，抢救第一，合理利用，加强管理"的文物工作基本方针[①]；并以文物安全为首要目标，从宏观层面明确了文物保护与旅游发展、文物保护与城市建设和发展的关系[②]；还从具体规则层面为文物利用设置了一定规范：如明确了国有不可移动文物不得转让、抵押，建立博物馆、保管所或者辟为参观场所的国有文物保护单位不得作为企业资产经营[③]。在修法过程中，开放馆藏文物有偿流通的议案亦因此未获得通过。[④] 作为我国《文物保护法》积极规范文物利用行为的开端，这些规定体现出中国对于文物商业化、市场化利用的态度：一方面，《文物保护法》将"合理利用"写入文物工作基本方针中，彰显了其对"文物利用"的支持态度，体现了我国文物工作服务公众的核心宗旨；另一方面，对文物的利用应以"合理"为限。遵循"保护为主"的原则，始终将文物安全放在第一位，避免违反上述规定的"短视性"利用行为，是为"合理利用"的最低标准。

对国有文物流通、转让以及不可作为企业资产及逆行经营的限制性规定，也彰显了国家注重发挥此类文物公益性价值的态度，反映出立法者始终将文物的公益性价值置于其多元价值体系之首加以特别保障的价值导向。事实上，近年来，我国在更好地发挥文物的公益性价值，提升依托文物资源提升公共文化服务方面的法制建设也取得显著进步，极大地提升了公众接触和享用文化遗产的机会和可能性。如 2015 年《博物馆条例》取代了原《博物馆管理办法》，除从原则上明确"博物馆开展社会服务应当坚持为人民服务、为社会主义服务的方向和贴近实际、贴近生活、贴近群众的原则，丰富人民群众精神文化生活"外，还新设"博物馆社会服务"专章，就博物馆向公众开放相关具体事宜进行规范，内容包括展品成列与展示方式、公众特别是中小学生等特殊群体可享有的优惠与权利等，还包括博物馆进校园、博物馆进社区等方面的内容，突出彰显了该法要求作为公共文化服务机构的博物馆在文物藏品展示利用过程中应坚持保障公众文化权利、满足公众文化生活需求的价值导向。2017 年，《公共文化服务保障法》正式实施，使得包括博物馆和其他公共文化服务机构在"促进基本公共文化服务标准化均等化、提升服务效能，切实保障人民群众基本文化权益"中的基本职责法定化。

此外，随着文化遗产保护利用领域的公众参与日益受到重视，公众参与文化遗产保护利用在国家政策和许多地方性法律政策层面得到大力支持和倡导。一方面，"文物认养"作为一种对保护级别较低的文物建筑进行保护利用的创新模式，已在广东、山西、安徽、江苏、浙江等越来越多的省市得到推广。"文物认养"可采取认捐、认护、认租甚至认购等多种形式进行，对象可以是经所有权人同意的私有不可移动文物[⑤]，也可以是低级别国有

---

① 2002 年《文物保护法》第 4 条。
② 2002 年《文物保护法》第 9 条。
③ 2002 年《文物保护法》第 24 条。
④ 2002 年 4 月 24 日在第九届全国人民代表大会常务委员会第二十七次会议上全国人大法律委员会关于《中华人民共和国文物保护法（修订草案）》修改情况的汇报；2002 年 10 月 25 日在第九届全国人民代表大会常务委员会第三十次会议上全国人大法律委员会关于《中华人民共和国文物保护法（修订草案）》修改情况的汇报，载《全国人民代表大会常务委员会公报》，2002 年第 6 号，第 480～483，483～486 页。
⑤ 如在开平碉楼的认养中，当地政府先与碉楼的所有权主体签订托管协议，再采取认养的方式，引入社会力量参与这些为政府托管文物建筑的保护与利用。

不可移动文物①。参与文物认养的社会主体享有其所认养文物的使用权。为促进文物公益价值的发挥，多数地方都在认养协议中与认养人约定，认养人对文物建筑的使用应以公益性为原则，在文物建筑内开展的相关活动，既不能对文物本体或其安全造成损害，也不能显著违背该文物建筑的原有社会功能或文化属性，一些地方的认养协议中，还伴随着要求认养人采取预约开放、定期开放或部分开放的灵活的公众开放方式，并对开放的参观价格进行一定限制，以促进文物公益性价值的发挥。另一方面，在深入挖掘文物的历史信息和文化价值的基础上，采取创新性、多样化的公众喜闻乐见的方式，对文物背后的历史信息和文化价值加以传播，是近年来备受推崇的又一种文物利用方式。如《博物馆条例》鼓励博物馆"挖掘藏品内涵，与文化创意、旅游等产业相结合，开发衍生产品"。正在稳步推进的《文化产业促进法》的立法工作，也为依托文物开展的文化创意产业的发展提供了法律依据和支持。文物利用中公众参与机制的引入和文物利用方式的创新，为以适当的方式认识和处理文物的经济价值和社会文化价值的关系，全面认识文物的多元价值在当代社会建设和发展中的积极意义，在可持续发展的目标下促进文物多元价值协调发挥，提供了可能。

（四）《关于加强文物保护利用改革的若干意见》：将文物利用融入社会发展

2012 年 4～5 月，全国人大常委会在全国范围开展了《文物保护法》执法检查。检查报告提出了当前《文物保护法》在贯彻实施中存在的若干问题，认为现行《文物保护法》在一些方面已同文物工作实际不相适应，文物保护法律制度应进一步完善。②《文物保护法》的修订随即被列入全国人大常委会和国务院立法工作议程。然而，由于文物保护涉及广泛主体，不同群体有关文物保护的理念存在较大分歧，文物保护利用中的法律关系和利益结构也十分庞杂，加之各地方文物资源分布不均，文物工作现状和问题存在较大差距，《文物保护法》修订进程受到较大阻力。2015 年 9 月，文化部和国家文物局向国务院法制办报送《文物保护法》修订草案（送审稿）设置的"文物利用"专章，更是受到广泛争议③，阻碍了修法进程，也体现出当前我国"文物利用"观念存在的较大分歧。

针对《文物保护法》在文物利用问题上的滞后和模糊的规定，为加快推进《文物保护法》修改和文物利用改革实践进程，2018 年 10 月，中共中央办公厅、国务院办公厅印发

---

① 如在 2017 年 4 月山西省政府主导启动的"文明守望工程"的文物建筑认领认养中，首批开放认领的多为市保单位及更低级别的国有文物建筑。

② 参见《全国人民代表大会常务委员会执法检查组关于检查〈中华人民共和国文物保护法〉实施情况的报告》，国家文物局官网，http://www.sach.gov.cn/art/2012/8/10/art_722_107415.html，2019 年 7 月 16 日访问。

③《中华人民共和国文物保护法修订草案（送审稿）》为引进社会力量更多地利用现有的文物资源，将"合理利用"单独成章，并在一定程度上放松对文物利用的限制，受到不少质疑。部分人认为，文物保护的"十六字方针"中，"合理利用"应以"保护为主，抢救第一"为基础和前提，利用不能和保护并举。"合理利用"单独成章将使公众和文物执法者误解保护和利用的关系；此外，该草稿放宽了对国有不可移动文物不得转让和不得抵押的限制，使得国有不可移动文物面临商业化经营的风险。另一些人却主张，《文物保护法》的修订应正视当前国有文物保护单位混合经营的需求，明确鼓励商业化经营。该草案虽将"合理利用"单独成章，但其具体规定却过于原则，不利于将活化利用的措施落到实处。

了《关于加强文物保护利用改革的若干意见》（以下简称《意见》）。《意见》以当前一些地方实际探索开展对文物保护利用实践的有益经验为基础，以解决当前文物工作中的突出实际问题为目的，以坚持依法保护利用和创造性转化、创新性发展为基本原则，提出了促进文物利用的一系列举措，体现了当代我国文物利用理念与实践的最新发展。

《意见》以统筹推进"五位一体"社会发展总体布局为指导思想，坚持以人民为中心，统筹推进文物保护利用传承，切实增强中华优秀传统文化的生命力影响力，更好促进经济社会发展，不断满足人民日益增长的美好生活需要的理念，将文物保护利用置于社会发展的大局中。在"五位一体"协调发展的理念和目标下，《意见》明确提出，"文物承载灿烂文明，传承历史文化，维系民族精神，是弘扬中华优秀传统文化的珍贵财富，是促进经济社会发展的优势资源，是培育社会主义核心价值观、凝聚共筑中国梦磅礴力量的深厚滋养。保护文物功在当代、利在千秋"，对文物的价值及其时代意义与功能进行了具有创新意义的全面解读。此外，《意见》并未将"保护"和"利用"置于鲜明的区分对立的位置，而是循着以利用促进保护、以保护推动利用的思路，强调"统筹好文物保护与经济社会发展，在保护中发展、在发展中保护"，同时"加强文物价值的挖掘阐释和传播利用，让文物活起来，发挥文物资源独特优势"。《意见》明确了加快文物保护利用改革的 16 项主要任务，涉及文物利用，主要分为以下四类：

1. 文物价值挖掘与传播，如：①深化中华文明研究，推进中华文明探源工程，开展考古中国重大研究，实证中华文明延绵不断、多元一体、兼收并蓄的发展脉络。依托价值突出、内涵丰厚的珍贵文物，推介一批国家文化地标和精神标识，增强中华民族的自豪感和凝聚力。②创新文物价值传播推广体系：将文物保护利用常识纳入中小学教育体系和干部教育体系，完善中小学生利用博物馆学习长效机制。实施中华文物全媒体传播计划，发挥政府和市场作用，用好传统媒体和新兴媒体，广泛传播文物蕴含的文化精髓和时代价值，更好构筑中国精神、中国价值、中国力量。③发展智慧博物馆，打造博物馆网络矩阵。鼓励文物博物馆单位开发文化创意产品。④开展文物外展精品工程，打造文物外交品牌。依托国家海外文化阵地和海外机构，搭建多层次机制性文物交流合作平台，与国外文物机构共建合作传播基地，增强中华文化国际传播力、影响力。

2. 凸显文物在经济社会发展中的重要作用，如：①开展革命文物集中连片保护利用，助力革命老区脱贫攻坚。②依托不同类型文物资源，推动区域性文物资源整合和集中连片保护利用，创新文物保护利用机制，在确保文物安全的前提下，支持在文物保护区域因地制宜适度发展服务业和休闲农业。③充分认识利用文物资源对提高国民素质和社会文明程度、推动经济社会发展的重要作用。地方各级文物部门要加强统筹规划，依法加大本行政区域文物资源配置力度。文物博物馆单位要强化基本公共文化服务功能，盘活用好国有文物资源。支持社会力量依法依规合理利用文物资源，提供多样化多层次的文化产品与服务。

3. 促进文物利用中的公众参与和公众权益保障，如：坚持政府主导、多元投入，调动社会力量参与文物保护利用的积极性。在坚持国有不可移动文物所有权不变、坚守文物保护底线的前提下，探索社会力量参与国有不可移动文物使用和运营管理。鼓励依法通过流转、征收等方式取得属于文物建筑的农民房屋及其宅基地使用权。加大文物资源基础信息开放力度，支持文物博物馆单位逐步开放共享文物资源信息。

4. 促进文物利用适应市场化环境，如：①促进文物旅游融合发展，推介文物领域研学旅行、体验旅游、休闲旅游项目和精品旅游线路。②激发博物馆创新活力，分类推进博物馆法人治理结构建设，赋予博物馆更大办馆自主权。鼓励文物博物馆单位开发文化创意产品，其所得收入按规定纳入本单位预算统一管理，可用于公共服务、藏品征集、对符合规定的人员予以绩效奖励等。落实非国有博物馆支持政策，依法依规推进非国有博物馆法人财产权确权。

三、结论：我国文物利用观念的发展进路

纵观我国文物利用法制和实践的发展过程，我国文物利用观念伴随着对文物价值体系和时代意义的认识的不断深入而日益发展，主要体现在以下几个方面。

从利用目标和宗旨来看，从主要发挥文物的历史、艺术、科学价值在科学研究和公民教育中的意义，逐渐发展到在经济、社会全面协调发展的目标下，全面统筹协调发挥文物的在精神文明建设和文化创新发展方面的价值功能，以及文物在促进经济发展和改善人民生活水平方面的重要作用。

从利用对象来看，从对文物本体的功能性和展示性利用，逐步扩展至对文物所承载历史文化信息的挖掘、传播和二次利用。

从利用方式上看，从最初对文物本体的"原状展示"和科学研究，到经济体制改革转型以后通过引入市场化的利用方式和公众参与机制，不断发挥市场主体的主观能动性，不断创新和丰富利用方式，不断提升文物在当代社会发展中扮演的重要角色与意义，拓展文物的时代功能。

从保护与利用的关系来看，从"以物文本"的遗产保护理念下将文物保护和利用视为两个相对独立的环节，强调对文物的物质保存是对其进行利用的基础，到注重全面发展和"以人为本"的保护理念下将文物保护视为与民众生活密切相关的文化实践和一个动态的利用过去影响当下的文化过程，从而将遗产保护本身视为通过文物的合理利用发挥文化遗产价值和意义的过程，使得文物合理利用不仅为遗产保护的最终目的，同时更是一种立足社会发展需要的文物保护方式，完成了将保护和利用视为一个硬币的两面，相辅相成、相互促进的共生的观念转变。

四、余论：完善我国文物利用法制的共识基础

《文物保护法》制定于中国的改革转型时期，是一部典型的问题导向型立法，是根源于针对一定时期特定国情或者突出问题的实践探索[①]，不论是思维方式还是已有经验，都还停留在"以封闭性保护和技术管理为主要方式，在公有制基础上的行政部门与层级相结合的属地化委托管理"的阶段，鲜明地反映出中国长期以来的社会治理方式中行政—政策手

---

① 〔美〕黄宗智. 经验与理论：中国社会、经济与法律的实践历史研究 [M]. 中国人民大学出版社，2007：446.

段对于法律制定产生的显著影响，具有显著的行业立法和行政立法的特征。一方面，该法着眼于规范行业行为，将与文物工作密切相关的社会公众更多地视为行政管理的相对人而非文物保护主体，对其正当需求和权利保障的关注相对不足；另一方面，该法反映出当前我国文物工作的相对封闭、与其他政府部门的联动和协调不足，"各起草者主要考虑自己的行政管理任务，缺乏普遍的全社会调整的眼光"[①]，更缺乏将文化遗产事业纳入社会发展之全局，各类主体携手合作、相互配合，推进文化遗产事业发展的广阔格局，这也构成文物利用改革与立法受到阻碍与制约的重要原因。此外，作为一个幅员辽阔的多民族国家，我国各地发展程度和社会文化观念方面的巨大差距，在国家立法层面出台放之全国而皆准，而又具有可行性和良好社会效果的文物利用法律制度，亦受到各地方文物保护理念和实践的差异的现实制约。

法律规则和制度修订有赖于全社会在一个共同的目标下形成的共识凝结。当前我国《文物保护法》修改过程中有关文物利用相关规则的争论，其原因包括不同主体有关文物利用目的主张以及对文物的多元价值结构认知两方面的分歧。有鉴于此，作为文物保护利用领域的基本立法的《文物保护法》，在贯彻当代文化遗产保护的新思想和新理念的基础上，立足本土，通过法律原则的构建，在宏观层面统一认识，对于完善我国文物保护法制而言，尤为重要。

第一，确立符合"五位一体"目标和要求的文化遗产的范畴和价值体系。应承认文物价值的多元性，正视包括经济价值、科学文化价值和社会价值等不同价值面向在社会建设和发展中的不同意义和相互影响、相互依存的关系，构建符合时代精神和发展需求的文化遗产价值体系，使其当代意义和功能在可持续发展目标下得到充分发挥。

第二，尊重地方文化遗产保护具体工作思路的自主性，加强不同政府部门之间的联动与协作。为减少各地区文物资源分布及保护利用现状的差异性导致的文物利用方式和具体问题的不同，作为文物保护基本法的《文物保护法》在规范文物利用时，应尊重地区差异性，通过为各级政府及其不同职能部门密切配合、行使相关职能或活动设置底线规则的方式，适当赋予和充分尊重地方在遗产保护利用中的自主权，充分发挥地方政府和群众在文物利用中的智慧和创新能力，以适宜地区发展的创新方式促进文物价值的最优发挥。

第三，注重公民和法人正当利益保障。在文化遗产与公众日常生活的关系日益密切的今天，文物利用离不开公众参与氛围和格局的形成。文化遗产利用中的公众参与和公私协作，本质上即公共利益与私人利益不断博弈和协调达到平衡、实现"共赢"的过程。因此，厘清文物利用中的利益结构，依法保障或补偿公民和法人的合法权益，是依托公众参与推动文物利用的坚实保障。

参考文献

[1] 史勇. 中国近代文物事业简史 [M]. 兰州：甘肃人民出版社，2009.

[2] 沈兼士. 筹画北京大学研究所国学门经费建议书 [C]// 葛信益，启功. 沈兼士学术论文集. 北京：中华书局，1986.

---

① 郑永流. 转型中国的实践法律观——法社会学论集 [M]. 中国法制出版社，2009：69.

[3] 傅斯年. 历史语言研究所工作之旨趣 [C]// 欧阳哲生. 傅斯年全集（第三卷）. 长沙：湖南教育出版社，2003.

[4] 中央古物保管委员会. 古物保管委员会工作汇报（影印本）[M]. 北京：线装书局，2006.

[5] 中国第二历史档案馆. 中华民国史档案资料汇编（第五辑·第一编·文化）[M]. 南京：凤凰出版社，1994

[6] 上海商务印书馆编译所. 大清新法令（1901—1911）·点校本（第六卷）[M]. 北京：商务印书馆，2011.

[7] 郑振铎. 给"古董"以新的生命 [C]// 国家文物局. 郑振铎文博文集. 北京：文物出版社，1998.

[8] 谢辰生（口述），姚远（撰写）. 新中国文物事业重大决策纪事 [M]. 北京：生活·读书·新知三联书店，2018.

[9] 谢辰生. 坚持政治挂帅，积极发展文物、博物馆事业 [C]// 彭卿云. 谢辰生文博文集. 北京：文物出版社，2010.

[10] 陈明达. 保存什么？如何保存？——关于建筑纪念物保存管理的意见 [J]. 文物参考资料，1955(4).

[11] 魏明. 对"保存什么，如何保存"的意见 [J]. 文物参考资料，1957(2).

[12] 谢辰生. 关于"保存什么，如何保存"的争论 [C]// 彭卿云. 谢辰生文博文集. 北京：文物出版社，2010.

[13] 郑振铎. 基本建设与古文物保护工作 [M]. 北京：中华全国科学技术普及协会，1954.

[14] 刘建美. 20 世纪 70 年代的"文物外交" [J]. 党史博览，2014(5).

[15] 马庆凯，程乐. 从"以物为本"到"以人为本"的回归：国际遗产学界新趋势 [J]. 东南文化，2019(2).

[16] 廖盛芳. 民主立法的典范——文物保护法修改过程印象 [J]. 中国人大，2002(21).

[17] 闵瑶. 国家文物局领导成员彭卿云谈——发展旅游与文物保护 [J]. 瞭望周刊，1992(3).